2016 全国勘察设计注册工程师执业资格考试用书

注册道路工程师执业资格考试
基础考试复习题集

Zhuce Daolu Gongchengshi Zhiye Zige Kaoshi
Jichu Kaoshi Fuxi Tiji

（公共基础）

注册工程师考试复习用书编委会 | 编
曹纬浚 | 主编

人民交通出版社股份有限公司
China Communications Press Co.,Ltd.

内 容 提 要

本书按知识内容分节收录近年考试真题及典型模拟题约2000道，题量大、覆盖面广、内容切合考试，参考答案准确、解析详尽，可使考生在短时间内提高做题速度，巩固复习效果。

本书可供参加注册道路工程师执业资格考试基础考试的考生复习使用，还可作为相关专业培训班的辅导材料。

图书在版编目(CIP)数据

注册道路工程师执业资格考试基础考试复习题集 / 注册工程师考试复习用书编委会编. — 北京 : 人民交通出版社股份有限公司，2016.3

ISBN 978-7-114-12880-6

Ⅰ. ①注… Ⅱ. ①注… Ⅲ. ①道路工程—工程师—资格考试—习题集 Ⅳ. ①U41-44

中国版本图书馆 CIP 数据核字(2016)第 051065 号

书　　名：注册道路工程师执业资格考试基础考试复习题集
著 作 者：注册工程师考试复习用书编委会
责任编辑：李　坤　刘彩云
出版发行：人民交通出版社股份有限公司
地　　址：(100011)北京市朝阳区安定门外外馆斜街3号
网　　址：http://www.ccpress.com.cn
销售电话：(010)59757973
总 经 销：人民交通出版社股份有限公司发行部
经　　销：各地新华书店
印　　刷：北京市密东印刷有限公司
开　　本：787×1092　1/16
印　　张：36
字　　数：830千
版　　次：2016年4月　第1版
印　　次：2016年5月　第2次印刷
书　　号：ISBN 978-7-114-12880-6
定　　价：89.00元(含两册)

编写说明

交通运输部、人力资源和社会保障部从2016年起正式实施注册道路工程师[即注册土木工程师(道路工程)]执业资格考试制度。

注册道路工程师今年是第一次考试,没有过去的试题可以借鉴。为了帮助参加注册道路工程师基础考试的考生准备考试,我们研究了注册结构工程师和注册岩土工程师十年来基础考试的试题。上午段公共基础考试所有专业的试卷都是相同的。而注册结构工程师和注册岩土工程师下午段专业基础考试中的"土木工程材料"、"工程测量"、"土力学与地基基础"和"结构设计",与注册道路工程师下午段专业基础考试中的"建筑材料"、"工程测量"、"土质学与土力学"和"结构设计原理"十分相近。注册道路工程师下午段专业基础考试中的"工程地质"在注册岩土工程师下午段考试中也有。这样我们收集了十年间上午段公共基础考试的1100多道试题,并在注册结构工程师和注册岩土工程师下午段专业基础考试的试题中,挑选了与注册道路工程师考试大纲有关的近250道题,加上以上科目有关的习题,汇编成这本《题集》,总共将近2000道题。真题均注明了考试年份,并按考试年份由近及远排列。下午段试题中注明的"结"或"岩",表明是注册结构工程师或注册岩土工程师基础考试试题。

本《题集》分为两部分,"公共基础"部分为上午段试题,"专业基础"部分为下午段试题。因为上午段公共基础考试中有了"法律法规",为避免重复,将下午段专业基础考试中的"职业法规"的试题放到了"公共基础"部分第十一章"法律法规"中,请读者注意!

我们将习题按知识内容分节放置,以便考生在复习完某章某节后可以及时做题以巩固学习成果和检验学习效果。我们将题解、答案和习题分开,在每节中将所有题的题解、答案都集中放在习题的后面,以便考生做题时更好地独立思考。

此外,注考网(www.zhukaowang.com.cn)和微信公众号"注册道路工程师微课程"上有配套辅导视频,考生可登录在线学习。

建议考生先认真复习与本《题集》配套的《教程》,真正掌握考试大纲要求掌握的基本概念和标准、规范内容。在此基础上,再认真做这本《题集》。通过解答习题,参照书中提供的答案和提示,纠正错误概念,必将有利于巩固复习成果,进一步理解考试大纲的要求,更加熟悉各门课程的基本概念及标准、规范。相信这本《题集》能帮助考生提高解题的准确率和解题速度，顺利通过考试。

参加编写本《题集》的老师多年来一直从事注册结构工程师和注册岩土工程师基础考试的培训工作，都是本专业有较深造诣的教授和高级工程师，分别来自北京建筑大学、北京工业大学、北京交通大学、北京工商大学和北京市建筑设计研究院。

知名应试专家曹纬浚主编本书并负责统稿，各章习题和题解、参考答案的编写者，"公共基础"部分：第一章第一至第八节吴昌泽，第一章第九节范元玮；第二章魏京花；第三章谢亚勃；第四章刘燕；第五章钱民刚；第六章李兆年；第七及第八章许怡生；第九章许小重；第十章陈向东；第十一章李魁元。"专业基础"部分：第一章侯云芬；第二章王健；第三章王连俊；第四章杨松林；第五章冯东。

参与本《题集》编写的老师还有：陈璐、贾玲华、程学平、毛怀珍、朋改非、吴景坤、吴扬、张翠兰、王彬、张超艳、张文娟、李平、邓华、冯嘉骝、钱程、李广秋、韩雪、陈启佳、翟平、郭虹、曹京、孙琳、李智民、赵思儒、吴越恺、许博超、张云龙、王坤、刘若禹、楼香林、莫培佳、段修谓、王蓓、宋方佳、杨守俊、王志刚、何承奎、葛宝金、李丹枫、王凯、王志伟、韩智铭、涂洪亮、孙玮、黄丽华、高璐、曹欣、阮文依、王金羽、康义荣、杨洪波、任东勇、曹铎、耿京、李铁柱、仲晓雯、冯存强、阮广青、赵欣然、霍新民、何玉章、颜志敏、曹一兰、周庄、张文革、张岩、周迎旭。

重庆交通大学赵宁雨老师对部分习题和解答进行了审定和改编，在此表示感谢！

注册工程师考试复习用书编委会

2016 年 3 月

主编致考生

一、勘察设计注册工程师在专业考试之前进行基础考试是和国外接轨的做法。通过基础考试并达到职业实践年限后就可以申请参加专业考试。基础考试是考大学中的基础课程，上午段公共基础考试，120 道题，4 个小时，每题 1 分，共 120 分；下午段专业基础考试，60 道题，4 个小时，每题 2 分，共 120 分；上、下午共 240 分。试题均为 4 选 1 的单选题，平均每题时间上午 2 分钟，下午 4 分钟，因此不会有复杂的论证和计算，主要是检验考生的基本概念和基本知识。考生在复习时不要偏重难度大或过于复杂的知识，而应将复习的注意力主要放在弄清基本概念和基本知识方面。

二、建议考生在做本《题集》之前，先认真复习本书的配套《教程》，真正掌握"考试大纲"要求掌握的基本概念、基本理论、基本计算方法、计算公式和步骤，以及基本知识的应用等内容。本《题集》中每章前均有一节"复习指导"，具体说明了本章的复习重点、难点和复习中要注意的问题，建议考生认真阅读，并参考"复习指导"的意见做题。通过解答习题，参照书中提供的答案和提示，纠正错误概念，利于巩固复习成果。

三、勘察设计注册工程师基础考试上下午试卷共计 240 分，上下午不分段计算成绩，这些年及格线都是 55%，也就是说，上下午试卷总分达到 132 分就可以通过。因此，考生在准备考试时应注意扬长避短。从道理上讲自己较弱的科目更应该努力复习，但毕竟时间和精力有限。如 2009 年新增加的"信号与信息技术"，据了解，非信息专业的考生很多未学过，短时间内要掌握好比较困难，而"信号与信息技术"总共只有 6 道题，6 分，只占总分的2.5%，也就是说，即使"信号与信息技术"一分未得，其他科目也还有 234 分，从 234 分中考 132 分是完全可以做到的。因此考生可以根据考试分科题量、分数分配和自己的具体情况，计划自己的复习重点和主要得分科目。当然一些试题和分数分配比较多的科目，如"高等数学"24 题(上午段)24 分，是不能放松的；其他科目则可根据自己过去对课程的掌握情况有所侧重，争取在自己过去学得好的课程中多得分。

四、在考试拿到试卷时，建议考生不要顺着题序顺次往下做。因为有的题会比较难，有的题不很熟悉，耽误的时间会比较多，以致最后时间不够，题做不完，有些题会做但时间来不及，这就太得不偿失了。建议考生将做题过程分为四遍：

1. 首先用15～20分钟将题从头到尾看一遍，一是首先解答自己很熟悉很有把握的题；二是将那些需要稍加思考估计能在平均答题时间里做出的题做个记号。这里说的平均答题时间，是指上午段4个小时考120道题，平均每题2分钟；下午段4个小时考60道题，平均每题4分钟，这个2分钟（上午）、4分钟（下午）就是平均答题时间。将估计在这个时间里能做出来的题做上记号。

2. 第二遍做这些做了记号的题，这些题应该在考试时间里能做完，做完了这些题可以说就考出了你的基本水平，不管你基础如何，复习得怎么样，考得如何，至少不会因为题没做完而遗憾了。

3. 这些会做或基本会做的题做完以后，如果还有时间，就做那些需要稍多花费时间的题，能做几个算几个，并适当抽时间检查一下已答题的答案。

4. 考试时间将近结束时，比如还剩5分钟要收卷了，这时你就应看看还有多少道题没有答，这些题确实不会了，建议你也不要放弃。既然是单选，那也不妨估个答案，答对了也是有分的。建议你回头看看已答题目的答案，A、B、C、D各有多少，虽然整个卷子四种答案的数量并不一定是平均的，但还是可以这样考虑，看看已答的题A、B、C、D中哪个答案最少，然后将不会做没有答的题按这个前边最少的答案通填，这样其中会有1/4可能还会多于1/4的题能得分，如果你前边答对的题离及格正好差几分，这样一补充就能及格了。

五、基础考试是不允许带书和资料的。2012年前，考试时会发给考生一本"考试手册"，载有公式和一些数据，供考生考试时翻找，考后收回。但从2012年起，取消了"考试手册"的配发。据说原因是考生使用不多，事实上也没有更多时间去翻手册。因此一些重要的公式、规定，考生一定要自己记住。

各位考生做题后如自己的结果和参考答案不符，请将疑问发至我的邮箱caowj0818@126.com，我会尽快核查并回复。

相信这本《题集》能帮助大家准备好考试。

最后，祝愿各位考生取得好成绩！

曹纬浚

2016年3月

目　录

公共基础

一、高等数学 …… 1
复习指导 …… 1
练习题、题解及参考答案 …… 4
(一)空间解析几何与向量代数 …… 4
(二)一元函数微分学 …… 12
(三)一元函数积分学 …… 23
(四)多元函数微分学 …… 34
(五)多元函数积分学 …… 38
(六)级数 …… 44
(七)常微分方程 …… 53
(八)线性代数 …… 60
(九)概率论与数理统计 …… 73
二、普通物理 …… 84
复习指导 …… 84
练习题、题解及参考答案 …… 84
(一)热学 …… 84
(二)波动学 …… 96
(三)光学 …… 103
三、普通化学 …… 115
复习指导 …… 115
练习题、题解及参考答案 …… 119
(一)物质结构与物质状态 …… 119
(二)溶液 …… 126
(三)化学反应速率与化学平衡 …… 131
(四)氧化还原反应与电化学 …… 136
(五)有机化合物 …… 140
四、理论力学 …… 147
复习指导 …… 147
练习题、题解及参考答案 …… 149
(一)静力学 …… 149
(二)运动学 …… 163

(三)动力学 …… 172
五、材料力学 …… 189
复习指导 …… 189
练习题、题解及参考答案 …… 190
(一)概论 …… 190
(二)轴向拉伸与压缩 …… 191
(三)剪切和挤压 …… 199
(四)扭转 …… 204
(五)截面图形的几何性质 …… 210
(六)弯曲梁的内力、应力和变形 …… 215
(七)应力状态与强度理论 …… 225
(八)组合变形 …… 232
(九)压杆稳定 …… 239
六、流体力学 …… 245
复习指导 …… 245
练习题、题解及参考答案 …… 246
(一)流体力学定义及连续介质假设 …… 246
(二)流体的主要物理性质 …… 247
(三)流体静力学 …… 248
(四)流体动力学 …… 251
(五)流动阻力和能量损失 …… 257
(六)孔口、管嘴及有压管流 …… 261
(七)明渠恒定流 …… 265
(八)渗流定律、井和集水廊道 …… 268
(九)量纲分析和相似原理 …… 270
七、电工电子技术 …… 273
复习指导 …… 273
练习题、题解及参考答案 …… 275
(一)电场与磁场 …… 275
(二)电路的基本概念和基本定律 …… 278
(三)直流电路的解题方法 …… 281
(四)正弦交流电路的解题方法 …… 285
(五)电路的暂态过程 …… 291
(六)变压器、电动机及继电接触控制 …… 295
(七)二极管及其应用 …… 301
(八)三极管及其基本放大电路 …… 304
(九)集成运算放大器 …… 308
(十)数字电路 …… 311
八、信号与信息技术 …… 319
复习指导 …… 319

练习题、题解及参考答案 …… 320
(一)基本概念 …… 320
(二)数字信号与信息 …… 322
九、计算机应用基础 …… 329
复习指导 …… 329
练习题、题解及参考答案 …… 329
(一)计算机基础知识 …… 329
(二)计算机程序设计语言 …… 333
(三)信息表示 …… 334
(四)常用操作系统 …… 339
(五)计算机网络 …… 344
十、工程经济 …… 350
复习指导 …… 350
练习题、题解及参考答案 …… 351
(一)资金的时间价值 …… 351
(二)财务效益与费用估算 …… 354
(三)资金来源与融资方案 …… 358
(四)财务分析 …… 360
(五)经济费用效益分析 …… 364
(六)不确定性分析 …… 366
(七)方案经济比选 …… 369
(八)改扩建项目的经济评价特点 …… 371
(九)价值工程 …… 372
十一、法律法规 …… 375
复习指导 …… 375
练习题、题解及参考答案 …… 375
(一)中华人民共和国公路法 …… 375
(二)中华人民共和国建筑法 …… 376
(三)中华人民共和国森林法 …… 378
(四)中华人民共和国安全生产法 …… 379
(五)中华人民共和国招标投标法 …… 381
(六)中华人民共和国合同法 …… 383
(七)建设工程勘察设计管理条例 …… 384
(八)建设工程质量管理条例 …… 385
(九)建设工程安全生产管理条例 …… 387

一、高 等 数 学

复习指导

根据“考试大纲”的要求，本部分考试内容覆盖了高等数学、线性代数、概率统计及矢量代数课的知识。我们在复习时，首先要熟悉大纲，按大纲的要求分类进行，分清哪些是考试要求的，哪些不属于考试范围内的，做到有的放矢。对于要求的内容，必须把相关的知识掌握住，如定义、定理、性质以及相关的计算题等。对于概念的理解不能只停留在表面上，要理解深、理解透。对于计算题，要达到熟练掌握的程度，尽量记住解题思路。

另外，试题的题型均为单选题，给出四个选项，选出其中一个正确答案。这些选择题，包括基本概念、基本定理、基本性质、分析题、计算题及记忆判别类题目，有的试题还具有一定的深度。试卷中总共有 120 道题，答卷时间为 4 个小时，平均每道题 2 分钟。这一点也是我们在复习中应该注意到的。高等数学占 20 道题，工程数学占 4 道题，共有 24 道题，占总题数的 1/5。冗长的定理证明、复杂的计算题不可能在试卷中出现，但强调的是应用这些定义、定理，利用由它们推出的性质去解题。最好能记住过去曾做过的题目的结论，并把这些结论灵活地应用于各种类型的计算题目中。对各类计算题的解题思路必须要记清。在做选择题时，应注意解题时的灵活性和技巧性。还要注意，由于题目都是单选题，在四个答案中，如能准确地选出某一选项，其余选项可不再考虑，这样就能节省时间。有时，如果正确答案一时确定不下来，可用逐一排查的方法，去掉其中三个错误选项，得到所要求的选项。以上这些，仅供参考。

以下举例说明。

【例 1-1】 已知函数 $f(x)$在 $x=1$ 处可导，且$\lim\limits_{x\to 1}\dfrac{f(4-3x)-f(1)}{x-1}=2$，则 $f'(1)$等于：

A. 2　　B. 1　　C. $\dfrac{2}{3}$　　D. $-\dfrac{2}{3}$

解 可利用函数在一点 x_0 可导的定义，通过计算得到最后结果。

$$\lim_{x\to 1}\frac{f(4-3x)-f(1)}{x-1}=\lim_{x\to 1}\frac{f[1+(3-3x)]-f(1)}{3(x-1)}\times 3$$

$$\overset{\text{设}3-3x=t}{\underset{x\to 1,t\to 0}{=}}3\lim_{t\to 0}\frac{f(1+t)-f(1)}{-t}=-3f'(1)=2$$

$f'(1)=-\dfrac{2}{3}$

选 D。

【例 1-2】 求$\int xf(x^2)\cdot f'(x^2)\mathrm{d}x$ 等于：

A. $\frac{1}{2}f(x^2)$ B. $\frac{1}{4}f(x^2)+c$ C. $\frac{1}{8}f(x^2)$ D. $\frac{1}{4}[f(x^2)]^2+c$

解 本题为抽象函数的不定积分。考查不定积分凑微分方法的应用及是否会应用不定积分的性质$\int f'(x)\mathrm{d}x=f(x)+c$。

$$\int xf(x^2)f'(x^2)\mathrm{d}x=\int f'(x^2)f(x^2)\mathrm{d}\left(\frac{1}{2}x^2\right)$$

$$=\frac{1}{2}\int f'(x^2)\cdot f(x^2)\mathrm{d}x^2=\frac{1}{2}\int f(x^2)\mathrm{d}f(x^2)$$

$$=\frac{1}{2}\cdot\frac{1}{2}[f(x^2)]^2=\frac{1}{4}[f(x^2)]^2+c$$

选 D。

【例 1-3】 设二重积分 $I=\int_0^2\mathrm{d}x\int_{-\sqrt{2x-x^2}}^0 f(x,y)\mathrm{d}y$,交换积分次序后,则 I 等于:

A. $\int_{-1}^0\mathrm{d}y\int_{1-\sqrt{1-y^2}}^{1+\sqrt{1-y^2}}f(x,y)\mathrm{d}x$ B. $\int_{-1}^1\mathrm{d}y\int_{1-\sqrt{1-y^2}}^{1+\sqrt{1-y^2}}f(x,y)\mathrm{d}x$

C. $\int_{-1}^0\mathrm{d}y\int_0^{1+\sqrt{1-y^2}}f(x,y)\mathrm{d}x$ D. $\int_0^1\mathrm{d}y\int_{1-\sqrt{1-y^2}}^{1+\sqrt{1+y^2}}f(x,y)\mathrm{d}x$

解 本题考查二重积分交换积分次序方面的知识。解这类题的基本步骤:通过原积分次序画出积分区域的图形(见解图),得到积分区域;然后写出先 x 后 y 的积分表达式。

由 $y=-\sqrt{2x-x^2}$,得 $y^2=2x-x^2$,$x^2-2x+y^2=0$,$(x-1)^2+y^2=1$

$$D_{xy}:\begin{cases}-1\leqslant y\leqslant 0\\1-\sqrt{1-y^2}\leqslant x\leqslant 1+\sqrt{1-y^2}\end{cases}$$

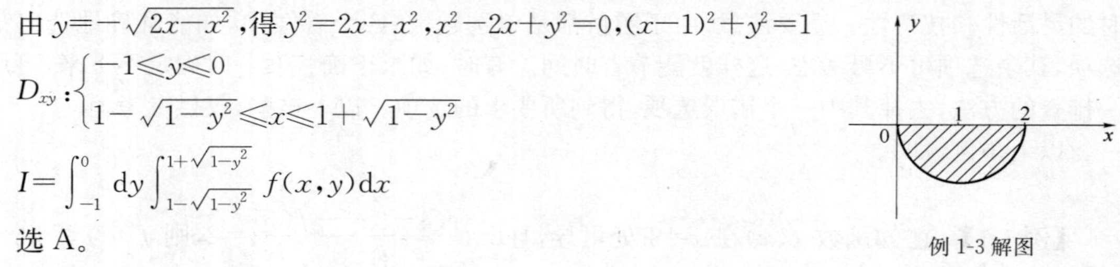

例 1-3 解图

$$I=\int_{-1}^0\mathrm{d}y\int_{1-\sqrt{1-y^2}}^{1+\sqrt{1-y^2}}f(x,y)\mathrm{d}x$$

选 A。

【例 1-4】 已知幂级数 $\sum\limits_{n=1}^{\infty}\frac{a^n-b^n}{a^n+b^n}x^n\ (0<a<b)$,则所得级数的收敛半径 R 等于:

A. b B. $\frac{1}{a}$ C. $\frac{1}{b}$ D. R 值与 a、b 无关

解 本题考查幂级数收敛半径的求法。可通过连续两项系数比的极限得到 ρ 值,由 $R=\frac{1}{\rho}$得到收敛半径。

$$\lim_{n\to\infty}\left|\frac{a^{n+1}}{a^n}\right|=\lim_{n\to\infty}\frac{\dfrac{a^{n+1}-b^{n+1}}{a^{n+1}+b^{n+1}}}{\dfrac{a^n-b^n}{a^n+b^n}}=\lim_{n\to\infty}\frac{a^{n+1}-b^{n+1}}{a^{n+1}+b^{n+1}}\cdot\frac{a^n+b^n}{a^n-b^n}$$

$$=\lim_{n\to\infty}\frac{b^{n+1}\left(\frac{a^{n+1}}{b^{n+1}}-1\right)}{b^{n+1}\left(\frac{a^{n+1}}{b^{n+1}}+1\right)}\cdot\frac{b^{n}\left(\frac{a^{n}}{b^{n}}+1\right)}{b^{n}\left(\frac{a^{n}}{b^{n}}-1\right)}=\lim_{n\to\infty}\frac{\left(\frac{a}{b}\right)^{n+1}-1}{\left(\frac{a}{b}\right)^{n+1}+1}\cdot\frac{\left(\frac{a}{b}\right)^{n}+1}{\left(\frac{a}{b}\right)^{n}-1}$$

$$=(-1)\times(-1)=1=\rho$$

$$R=\frac{1}{\rho}=1$$

选 D。

【例 1-5】 若 n 阶矩阵 $\boldsymbol{A}$ 的任意一行中 n 个元素的和都是 a，则 $\boldsymbol{A}$ 的一特征值为：

A. a　　B. $-a$　　C. 0　　D. a^{-1}

解　本题主要考察两个知识点：特征值的求法及行列的运算。

设 n 阶矩阵 $\boldsymbol{A}=\begin{bmatrix}a_{11}&a_{12}&\cdots&a_{1n}\\a_{21}&a_{22}&\cdots&a_{2n}\\\vdots&\vdots&&\vdots\\a_{n1}&a_{n2}&\cdots&a_{nn}\end{bmatrix}$，利用 $|\lambda\boldsymbol{E}-\boldsymbol{A}|=0$ 求特征值，即

$$\begin{vmatrix}\lambda-a_{11}&-a_{12}&\cdots&-a_{1n}\\-a_{21}&\lambda-a_{22}&\cdots&-a_{2n}\\\vdots&\vdots&&\vdots\\-a_{n1}&-a_{n2}&\cdots&\lambda-a_{nn}\end{vmatrix}\xlongequal[\substack{c_1+c_3\\\vdots\\c_1+c_n}]{c_1+c_2}\begin{vmatrix}\lambda-(a_{11}+a_{12}+\cdots+a_{1n})&-a_{12}&\cdots&-a_{1n}\\\lambda-(a_{21}+a_{22}+\cdots+a_{2n})&\lambda-a_{22}&\cdots&-a_{2n}\\\vdots&\vdots&&\vdots\\\lambda-(a_{n1}+a_{n2}+\cdots+a_{nn})&-a_{n2}&\cdots&\lambda-a_{nn}\end{vmatrix}$$

$$=\begin{vmatrix}\lambda-a&-a_{12}&\cdots&-a_{1n}\\\lambda-a&\lambda-a_{22}&\cdots&-a_{2n}\\\vdots&\vdots&&\vdots\\\lambda-a&-a_{n2}&\cdots&\lambda-a_{nn}\end{vmatrix}=(\lambda-a)\underbrace{\begin{vmatrix}1&-a_{12}&\cdots&-a_{1n}\\1&\lambda-a_{22}&\cdots&-a_{2n}\\\vdots&\vdots&&\vdots\\1&-a_{n2}&\cdots&\lambda-a_{nn}\end{vmatrix}}_{\text{为 }n-1\text{ 次多项式}}=0$$

$\lambda-a=0$，$\lambda=a$。

$\boldsymbol{A}$ 的一特征值为 a。

选 A。

【例 1-6】 有 10 张奖券，其中 2 张有奖，每人抽取一张奖券，问前 4 人中有一人中奖的概率是多少？

解　设 A 为"前 4 人中有一人中奖"，B_i 为"第 i 人中奖"，$i=1,2,3,4$。

所以 $A=B_1\overline{B}_2\overline{B}_3\overline{B}_4+\overline{B}_1B_2\overline{B}_3\overline{B}_4+\overline{B}_1\overline{B}_2B_3\overline{B}_4+\overline{B}_1\overline{B}_2\overline{B}_3B_4$

$$P(B_1\overline{B}_2\overline{B}_3\overline{B}_4)=\frac{2\times8\times7\times6}{10\times9\times8\times7}=\frac{2}{15}$$

或 $P(B_1\overline{B}_2\overline{B}_3\overline{B}_4)=P(B_1)P(\overline{B}_2|B_1)P(\overline{B}_3|B_1\overline{B}_2)P(\overline{B}_4|B_1\overline{B}_2\overline{B}_3)$

$$=\frac{2}{10}\times\frac{8}{9}\times\frac{7}{8}\times\frac{6}{7}=\frac{2}{15}$$

同理 $P(\overline{B}_1B_2\overline{B}_3\overline{B}_4)=P(\overline{B}_1\overline{B}_2B_3\overline{B}_4)=P(\overline{B}_1\overline{B}_2\overline{B}_3B_4)=\frac{2}{15}$

所以 $P(A)=\frac{2}{15}\times4=\frac{8}{15}$。

练习题、题解及参考答案

(一)空间解析几何与向量代数

1-1-1 **(2014,2)**在空间直角坐标系中,方程 $x^2+y^2-z=0$ 所表示的图形是:

A. 圆锥面　　B. 圆柱面
C. 球面　　D. 旋转抛物面

1-1-2 **(2014,9)**设有直线 $L_1:\frac{x-1}{1}=\frac{y-3}{-2}=\frac{z+5}{1}$ 与 $L_2:\begin{cases}x=3-t\\y=1-t\\z=1+2t\end{cases}$,则 L_1 与 L_2 的夹角 θ 等于:

A. $\frac{\pi}{2}$　　B. $\frac{\pi}{3}$　　C. $\frac{\pi}{4}$　　D. $\frac{\pi}{6}$

1-1-3 **(2013,1)**已知向量 $\vec{\alpha}=(-3,-2,1)$,$\vec{\beta}=(1,-4,-5)$,则 $|\vec{\alpha}\times\vec{\beta}|$ 等于:

A. 0　　B. 6
C. $14\sqrt{3}$　　D. $14\vec{i}+16\vec{j}-10\vec{k}$

1-1-4 **(2013,15)**已知直线 L:$\frac{x}{3}=\frac{y+1}{-1}=\frac{z-3}{2}$,平面 π:$-2x+2y+z-1=0$,则:

A. L 与 π 垂直相交　　B. L 平行于 π,但 L 不在 π 上
C. L 与 π 非垂直相交　　D. L 在 π 上

1-1-5 **(2011,1)**设直线方程为 $x=y-1=z$,平面方程为 $x-2y+z=0$,则直线与平面:

A. 重合　　B. 平行不重合
C. 垂直相交　　D. 相交不垂直

1-1-6 **(2011,2)**在三维空间中,方程 $y^2-z^2=1$ 所代表的图形是:

A. 母线平行 x 轴的双曲柱面　　B. 母线平行 y 轴的双曲柱面

C. 母线平行 z 轴的双曲柱面　　　　D. 双曲线

1-1-7　(**2010,1**)设直线方程为$\begin{cases}x=t+1\\y=2t-2\\z=-3t+3\end{cases}$，则直线：

A. 过点$(-1,2,-3)$，方向向量为 $\vec{i}+2\vec{j}-3\vec{k}$

B. 过点$(-1,2,-3)$，方向向量为$-\vec{i}-2\vec{j}+3\vec{k}$

C. 过点$(1,2,-3)$，方向向量为 $\vec{i}-2\vec{j}+3\vec{k}$

D. 过点$(1,-2,3)$，方向向量为$-\vec{i}-2\vec{j}+3\vec{k}$

1-1-8　(**2010,2**)设 $\vec{\alpha}$，$\vec{\beta}$，$\vec{\gamma}$ 都是非零向量，若 $\vec{\alpha}\times\vec{\beta}=\vec{\alpha}\times\vec{\gamma}$，则：

A. $\vec{\beta}=\vec{\gamma}$　　　　B. $\vec{\alpha}/\!/\vec{\beta}$且 $\vec{\alpha}/\!/\vec{\gamma}$

C. $\vec{\alpha}/\!/(\vec{\beta}-\vec{\gamma})$　　　　D. $\vec{\alpha}\perp(\vec{\beta}-\vec{\gamma})$

1-1-9　(**2009,1**)设 $\vec{\alpha}=-\vec{i}+3\vec{j}+\vec{k}$，$\vec{\beta}=\vec{i}+\vec{j}+t\vec{k}$，已知 $\vec{\alpha}\times\vec{\beta}=-4\vec{i}-4\vec{k}$，则 t 等于：

A. -2　　B. 0　　C. -1　　D. 1

1-1-10　(**2009,2**)设平面方程 $x+y+z+1=0$，直线的方程是 $1-x=y+1=z$，则直线与平面：

A. 平行　　B. 垂直　　C. 重合　　D. 相交但不垂直

1-1-11　(**2008,1**)设 $\vec{\alpha}=\vec{i}+2\vec{j}+3\vec{k}$，$\vec{\beta}=\vec{i}-3\vec{j}-2\vec{k}$，则与 $\vec{\alpha}$、$\vec{\beta}$ 都垂直的单位向量为：

A. $\pm(\vec{i}+\vec{j}-\vec{k})$　　　　B. $\pm\frac{1}{\sqrt{3}}(\vec{i}-\vec{j}+\vec{k})$

C. $\pm\frac{1}{\sqrt{3}}(-\vec{i}+\vec{j}+\vec{k})$　　　　D. $\pm\frac{1}{\sqrt{3}}(\vec{i}+\vec{j}-\vec{k})$

1-1-12　(**2008,2**)已知平面 π 过点 $M_1(1,1,0)$，$M_2(0,0,1)$，$M_3(0,1,1)$，则与平面 π 垂直且过点$(1,1,1)$的直线的对称方程为：

A. $\frac{x-1}{1}=\frac{y-1}{0}=\frac{z-1}{1}$　　　　B. $\frac{x-1}{1}=\frac{z-1}{1}, y=1$

C. $\frac{x-1}{1}=\frac{z-1}{1}$　　　　D. $\frac{x-1}{1}=\frac{y-1}{0}=\frac{z-1}{-1}$

1-1-13　(**2008,3**)下列方程中代表锥面的是：

A. $\frac{x^2}{3}+\frac{y^2}{2}-z^2=0$　　　　B. $\frac{x^2}{3}+\frac{y^2}{2}-z^2=1$

C. $\frac{x^2}{3}-\frac{y^2}{2}-z^2=1$　　　　D. $\frac{x^2}{3}+\frac{y^2}{2}+z^2=1$

1-1-14 **(2007,1)**设直线的方程为$\frac{x-1}{-2}=\frac{y+1}{-1}=\frac{z}{1}$，则直线：

A. 过点(1，−1，0)，方向向量为$2\vec{i}+\vec{j}-\vec{k}$
B. 过点(1，−1，0)，方向向量为$2\vec{i}-\vec{j}+\vec{k}$
C. 过点(−1，1，0)，方向向量为$-2\vec{i}-\vec{j}+\vec{k}$
D. 过点(−1，1，0)，方向向量为$2\vec{i}+\vec{j}-\vec{k}$

1-1-15 **(2007,2)**设平面π的方程为$2x-2y+3=0$，以下选项中错误的是：

A. 平面π的法向量为$i-j$
B. 平面π垂直于z轴
C. 平面π平行于z轴
D. 平面π与xOy面的交线为$\frac{x}{1}=\frac{y-\frac{3}{2}}{1}=\frac{z}{0}$

1-1-16 **(2007,3)**下列方程中代表单叶双曲面的是：

A. $\frac{x^2}{2}+\frac{y^2}{3}-z^2=1$　　B. $\frac{x^2}{2}+\frac{y^2}{3}+z^2=1$
C. $\frac{x^2}{2}-\frac{y^2}{3}-z^2=1$　　D. $\frac{x^2}{2}+\frac{y^2}{3}+z^2=0$

1-1-17 **(2006,1)**已知$\vec{\alpha}=\vec{i}+a\vec{j}-3\vec{k}$，$\vec{\beta}=a\vec{i}-3\vec{j}+6\vec{k}$，$\vec{\gamma}=-2\vec{i}+2\vec{j}+6\vec{k}$，若$\vec{\alpha}$，$\vec{\beta}$，$\vec{\gamma}$共面，则$a$等于：

A. 1 或 2　　B. −1 或 2
C. −1 或−2　　D. 1 或−2

1-1-18 **(2006,2)**设平面π的方程为$3x-4y-5z-2=0$，以下选项中错误的是：

A. 平面π过点(−1，0，−1)
B. 平面π的法向量为$-3\vec{i}+4\vec{j}+5\vec{k}$
C. 平面π在z轴的截距是$-\frac{2}{5}$
D. 平面π与平面$-2x-y-2z+2=0$垂直

1-1-19 **(2006,3)**球面$x^2+y^2+z^2=9$与平面$x+z=1$的交线在xOy坐标面上投影的方程是：

A. $x^2+y^2+(1-x)^2=9$　　B. $\begin{cases}x^2+y^2+(1-x)^2=9\\z=0\end{cases}$

C. $(1-z)^2+y^2+z^2=9$　　D. $\begin{cases}(1-z)^2+y^2+z^2=9\\x=0\end{cases}$

1-1-20 **(2005,1)**设 $\vec{a}$、$\vec{b}$ 均为向量，下列等式中正确的是：

A. $(\vec{a}+\vec{b})\cdot(\vec{a}-\vec{b})=|\vec{a}|^2-|\vec{b}|^2$

B. $\vec{a}(\vec{a}\cdot\vec{b})=|\vec{a}|^2 b$

C. $(\vec{a}\cdot\vec{b})^2=|\vec{a}|^2|\vec{b}|^2$

D. $(\vec{a}+\vec{b})\times(\vec{a}-\vec{b})=\vec{a}\times\vec{a}-\vec{b}\times\vec{b}$

1-1-21 **(2005,2)**过点 $M(3,-2,1)$ 且与直线 $L:\begin{cases}x-y-z+1=0\\2x+y-3z+4=0\end{cases}$ 平行的直线方程是：

A. $\dfrac{x-3}{1}=\dfrac{y+2}{-1}=\dfrac{z-1}{-1}$　　B. $\dfrac{x-3}{2}=\dfrac{y+2}{1}=\dfrac{z-1}{-3}$

C. $\dfrac{x-3}{4}=\dfrac{y+2}{-1}=\dfrac{z-1}{3}$　　D. $\dfrac{x-3}{4}=\dfrac{y+2}{1}=\dfrac{z-1}{3}$

1-1-22 **(2005,3)**过 z 轴和点 $M(1,2,-1)$ 的平面方程是：

A. $x+2y-z-6=0$　　B. $2x-y=0$

C. $y+2z=0$　　D. $x+z=0$

1-1-23 **(2005,4)**将椭圆 $\begin{cases}\dfrac{x^2}{9}+\dfrac{z^2}{4}=1\\y=0\end{cases}$，绕 x 轴旋转一周所生成的旋转曲面的方程是：

A. $\dfrac{x^2}{9}+\dfrac{y^2}{9}+\dfrac{z^2}{4}=1$　　B. $\dfrac{x^2}{9}+\dfrac{z^2}{4}=1$

C. $\dfrac{x^2}{9}+\dfrac{y^2}{4}+\dfrac{z^2}{4}=1$　　D. $\dfrac{x^2}{9}+\dfrac{y^2}{4}+\dfrac{z^2}{9}=1$

1-1-24 下面算式中哪一个是正确的？

A. $\vec{i}+\vec{j}=\vec{k}$　　B. $\vec{i}\cdot\vec{j}=\vec{k}$　　C. $\vec{i}\cdot\vec{i}=\vec{j}\cdot\vec{j}$　　D. $\vec{i}\times\vec{j}=\vec{j}\cdot\vec{k}$

题解及参考答案

1-1-1 **解：**$x^2+y^2-z=0$，$z=x^2+y^2$（图形为旋转抛物面）。

答案：D

1-1-2 **解：**$L_1:\dfrac{x-1}{1}=\dfrac{y-3}{-2}=\dfrac{z+5}{1}$，$S_1=\{1,-2,1\}$

$L_2:\dfrac{x-3}{-1}=\dfrac{y-1}{-1}=\dfrac{z-1}{2}=t$，$S_2=\{-1,-1,2\}$

$$\cos\theta=\frac{S_1\cdot S_2}{\sqrt{S_1}\cdot\sqrt{S_2}}=\frac{3}{6}=\frac{1}{2},\theta=\frac{\pi}{3}$$

答案：B

1-1-3 解:$\vec{\alpha}\times\vec{\beta}=\begin{vmatrix}\vec{i} & \vec{j} & \vec{k}\\ -3 & -2 & 1\\ 1 & -4 & -5\end{vmatrix}=14\vec{i}-14\vec{j}+14\vec{k}$

$$|\vec{\alpha}\times\vec{\beta}|=\sqrt{14^2+14^2+14^2}=\sqrt{3\times14^2}=14\sqrt{3}$$

答案:C

1-1-4 解:已知 $\vec{s}=\{3,-1,2\}$,$\vec{n}=\{-2,2,1\}$,则 $\vec{s}\cdot\vec{n}=3\times(-2)+(-1)\times2+2\times1=-6\neq0$,$s$ 与 n 不垂直,所以直线 L 不平行于平面 π(包括不在平面 π 上),选项B、D不成立。又因 $\dfrac{\vec{s}}{\vec{n}}=\dfrac{3}{-2}\neq\dfrac{-1}{2}\neq\dfrac{2}{1}$,$\vec{s}$ 与 $\vec{n}$ 不平行,所以直线 L 不垂直于平面 π,选项 A 不成立。

那么直线 L 与平面 π 既不垂直也不平行,两者只能是非垂直相交。

答案:C

1-1-5 解:直线方向向量 $\vec{s}=\{1,1,1\}$,平面法线向量 $\vec{n}=\{1,-2,1\}$,计算 $\vec{s}\cdot\vec{n}=0$,即 $1\times1+1\times(-2)+1\times1=0$,得 $\vec{s}\perp\vec{n}$,从而知直线//平面或直线与平面重合;再在直线上取一点(0,1,0),验证该点是否满足平面方程。

答案:B

1-1-6 解:方程 $F(x,y,z)=0$ 中缺少一个字母,空间解析几何中这样的曲面方程表示为柱面。本题方程中缺少字母 x,方程 $y^2-z^2=1$ 表示的平面 yoz 上曲线 $y^2-z^2=1$ 为准线,母线平行于 x 轴的双曲柱面。

答案:A

1-1-7 解:把直线的参数方程化成点向式方程,得到 $\dfrac{x-1}{1}=\dfrac{y+2}{2}=\dfrac{z-3}{-3}$,则直线 L 的方向向量取 $\vec{s}=\{1,2,-3\}$ 或 $\vec{s}=\{-1,-2,3\}$ 均可。

另外,由直线的点向式方程,可知直线过 M 点,$M(1,-2,3)$。

答案:D

1-1-8 解:已知 $\vec{\alpha}\times\vec{\beta}=\vec{\alpha}\times\vec{\gamma}$,$\vec{\alpha}\times\vec{\beta}-\vec{\alpha}\times\vec{\gamma}=0$,得 $\vec{\alpha}\times(\vec{\beta}-\vec{\gamma})=0$。由向量积的运算性质可知,$\vec{a}$,$\vec{b}$ 为非零向量,若 $\vec{a}//\vec{b}$,则 $\vec{a}\times\vec{b}=0$;若 $\vec{a}\times\vec{b}=0$,则 $\vec{a}//\vec{b}$,可知 $\vec{\alpha}//(\vec{\beta}-\vec{\gamma})$。

答案:C

1-1-9 解:计算 $\vec{\alpha}\times\vec{\beta}=\begin{vmatrix}\vec{i} & \vec{j} & \vec{k}\\ -1 & 3 & 1\\ 1 & 1 & t\end{vmatrix}=\vec{i}(-1)^{1+1}\begin{vmatrix}3 & 1\\ 1 & t\end{vmatrix}+\vec{j}(-1)^{1+2}\begin{vmatrix}-1 & 1\\ 1 & t\end{vmatrix}+$

$$\vec{k}(-1)^{1+3}\begin{vmatrix}-1 & 3\\ 1 & 1\end{vmatrix}=(3t-1)\vec{i}+(t+1)\vec{j}-4\vec{k}$$

已知 $\vec{\alpha}\times\vec{\beta}=-4\vec{i}-4\vec{k}$

则 $-4=3t-1$,$t=-1$

或 $t+1=0$,$t=-1$

答案:C

1-1-10　解: 直线的点向式方程为$\frac{x-1}{-1}=\frac{y+1}{1}=\frac{z-0}{1}$,$\vec{s}=\{-1,1,1\}$。平面 $x+y+z+1=0$,法向量 $\vec{n}=\{1,1,1\}$。而 $\vec{n}\cdot\vec{s}=\{1,1,1\}\cdot\{-1,1,1\}=1\neq0$,故 $\vec{n}$ 不垂直于 $\vec{s}$,所以选项 A、C 不成立。又$\frac{1}{-1}\neq\frac{1}{1}$,坐标不成比例,$\vec{n}$ 不平行于 $\vec{s}$,选项 B 也不成立。

答案:D

1-1-11　解: 求出与 $\vec{\alpha}$、$\vec{\beta}$ 垂直的向量:

$$\vec{\alpha}\times\vec{\beta}=\begin{vmatrix}\vec{i}&\vec{j}&\vec{k}\\1&2&3\\1&-3&-2\end{vmatrix}=\vec{i}\begin{vmatrix}2&3\\-3&-2\end{vmatrix}+\vec{j}(-1)^{1+2}\begin{vmatrix}1&3\\1&-2\end{vmatrix}+\vec{k}(-1)^{1+3}\begin{vmatrix}1&2\\1&-3\end{vmatrix}$$

$$=5\vec{i}+5\vec{j}-5\vec{k}$$

利用$\vec{a^0}=\frac{\vec{a}}{|\vec{a}|}$求单位向量,与$\vec{a^0}$方向相同或相反的都符合要求。

因此,$\pm\vec{a^0}=\pm\frac{\vec{a}}{|\vec{a}|}=\pm\frac{1}{5\sqrt{3}}(5\vec{i}+5\vec{j}-5\vec{k})=\pm\frac{1}{\sqrt{3}}(\vec{i}+\vec{j}-\vec{k})$

答案:D

1-1-12　解: 求出过 M_1,M_2,M_3 三点平面的法线向量。

$\vec{s}_{M_1M_2}=\{-1,-1,1\}$,$\vec{s}_{M_1M_3}=\{-1,0,1\}$

平面法向量 $\vec{n}=\vec{s}_{M_1M_2}\times\vec{s}_{M_1M_3}=\begin{vmatrix}\vec{i}&\vec{j}&\vec{k}\\-1&-1&1\\-1&0&1\end{vmatrix}=-\vec{i}+0\vec{j}-\vec{k}$

直线的方向向量取 $\vec{s}=\vec{n}=-\vec{i}+0\vec{j}-\vec{k}$

已知点坐标(1,1,1),故所求直线的点向式方程$\frac{x-1}{-1}=\frac{y-1}{0}=\frac{z-1}{-1}$

即$\frac{x-1}{1}=\frac{y-1}{0}=\frac{z-1}{1}$

答案:A

1-1-13　解: 以原点为顶点,z 轴为主轴的椭圆锥面标准方程为$\frac{x^2}{a^2}+\frac{y^2}{b^2}=z^2$　$(a\neq b)$。

选项 A 中$\frac{x^2}{3}+\frac{y^2}{2}-z^2=0$,变为$\frac{x^2}{3}+\frac{y^2}{2}=z^2$,即$\frac{x^2}{(\sqrt{3})^2}+\frac{y^2}{(\sqrt{2})^2}=z^2$。

答案:A

1-1-14　解: 由直线方程$\frac{x-x_0}{m}=\frac{y-y_0}{n}=\frac{z-z_0}{l}$可知,直线过$(x_0,y_0,z_0)$点,方向向量 $\vec{S}=\{m,n,p\}$。所以直线过点 $M(1,-1,0)$,方向向量 $\vec{S}=\{-2,-1,1\}$;方向向量也可取为 $\vec{S}=\{2,1,-1\}$。

答案:A

1-1-15 **解**:平面 π 的法向量 $\vec{n}=\{+2,-2,0\}$,z 轴方向向量 $\vec{s}_z=\{0,0,1\}$,$\vec{n}$、$\vec{s}_z$ 坐标不成比例,因而 $\vec{s}_z \not\parallel \vec{n}$,所以平面 π 不垂直于 z 轴。

答案:B

1-1-16 **解**:单叶双曲面的标准方程 $\frac{x^2}{a^2}+\frac{y^2}{b^2}-\frac{z^2}{c^2}=1$

所以 $\frac{x^2}{2}+\frac{y^2}{3}-z^2=1$ 为单叶双曲面。

答案:A

1-1-17 **解**:方法 1:因为 $\vec{\alpha},\vec{\beta},\vec{\gamma}$ 共面,则 $\vec{\alpha}\times\vec{\beta}$ 垂直于 $\vec{\gamma}$,即 $(\vec{\alpha}\times\vec{\beta})\cdot\vec{\gamma}=0$

$$\vec{\alpha}\times\vec{\beta}=\begin{vmatrix}\vec{i} & \vec{j} & \vec{k}\\ 1 & a & -3\\ a & -3 & 6\end{vmatrix}\xlongequal{\text{按第一行展开}}\vec{i}\cdot(-1)^{1+1}\begin{vmatrix}a & -3\\ -3 & 6\end{vmatrix}+\vec{j}\cdot(-1)^{1+2}\begin{vmatrix}1 & -3\\ a & 6\end{vmatrix}+$$

$$\vec{k}\cdot(-1)^{1+3}\begin{vmatrix}1 & a\\ a & -3\end{vmatrix}=(6a-9)\vec{i}+(-3a-6)\vec{j}+(-a^2-3)\vec{k}$$

$$\begin{aligned}(\vec{\alpha}\times\vec{\beta})\cdot\vec{\gamma}&=\{6a-9,-3a-6,-a^2-3\}\cdot\{-2,2,6\}\\&=-2(6a-9)+2(-3a-6)+6(-a^2-3)\\&=-6(a+1)(a+2)=0\end{aligned}$$

得 $a=-1$ 或 -2。

方法 2:直接利用 $\vec{\alpha},\vec{\beta},\vec{\gamma}$ 共面,混合积 $[\vec{\alpha},\vec{\beta},\vec{\gamma}]=0$

即 $\begin{vmatrix}1 & a & -3\\ a & -3 & 6\\ -2 & 2 & 6\end{vmatrix}=0$,利用行列式运算性质计算

$$[\vec{\alpha},\vec{\beta},\vec{\gamma}]=\begin{vmatrix}1 & a & -3\\ a & -3 & 6\\ -2 & 2 & 6\end{vmatrix}=-2\begin{vmatrix}1 & a & -3\\ a & -3 & 6\\ -1 & 1 & 3\end{vmatrix}=-2\begin{vmatrix}1 & a+1 & 0\\ a & -3+a & 6+3a\\ -1 & 0 & 0\end{vmatrix}$$

$$=-2(-1)(-1)^{3+1}\begin{vmatrix}a+1 & 0\\ -3+a & 6+3a\end{vmatrix}=2(\alpha+1)(6+3a)=0$$

得 $a=-1$ 或 -2。

答案:C

1-1-18 **解**:已知平面 π 法向量 $\vec{n}=\{3,-4,-5\}$

平面 $-2x-y-2z+2=0$ 的法向量 $\vec{n}_2=\{-2,-1,-2\}$

若两平面垂直,则两平面的法向量 $\vec{n}_1,\vec{n}_2$ 应垂直,即 $\vec{n}_1\cdot\vec{n}_2=0$

但 $\vec{n}_1\cdot\vec{n}_2=-6+4+10=8\neq0$

因此,$\vec{n}_1,\vec{n}_2$ 不垂直。

答案:D

1-1-19　解： 通过方程组$\begin{cases}x^2+y^2+z^2=9\\x+z=1\end{cases}$，消去 z，得 $x^2+y^2+(1-x)^2=9$ 为空间曲线在 xOy 平面上的投影柱面。

空间曲线在 xOy 平面上的投影曲线为$\begin{cases}x^2+y^2+(1-x)^2=9\\z=0\end{cases}$

答案：B

1-1-20　解： 利用向量数量积的运算性质及两向量数量积的定义计算：

$$(\vec{a}+\vec{b})\cdot(\vec{a}-\vec{b})=\vec{a}\cdot\vec{a}+\vec{b}\cdot\vec{a}-\vec{a}\cdot\vec{b}-\vec{b}\cdot\vec{b}$$
$$=|\vec{a}|^2-|\vec{b}|^2$$

答案：A

1-1-21　解： 利用两向量的向量积求出直线 L 的方向向量。

$$\vec{s}=\vec{n}_1\times\vec{n}_2=\begin{vmatrix}\vec{i}&\vec{j}&\vec{k}\\1&-1&-1\\2&1&-3\end{vmatrix}=4\vec{i}+\vec{j}+3\vec{k}$$

再利用点向式写出直线 L 的方程，已知 $M(3,-2,1)$，$\vec{s}=\{4,1,3\}$

则 L 的方程$\frac{x-3}{4}=\frac{y+2}{1}=\frac{z-1}{3}$

答案：D

1-1-22　解： z 轴的方向向量 $\vec{s}=\{0,0,1\}$，$\overrightarrow{OM}=\{1,2,-1\}$

平面法向量 $\vec{n}=\vec{s}\times\overrightarrow{OM}=-2\vec{i}+\vec{j}+0\vec{k}$

平面方程 $-2(x-1)+1(y-2)=0$

化简得 $2x-y=0$

答案：B

1-1-23　解： 利用平面曲线方程和旋转曲面方程的关系直接写出。

如已知平面曲线$\begin{cases}F(x,y)=0\\z=0\end{cases}$，绕 x 轴旋转得到的旋转曲面方程为 $F(x,\pm\sqrt{y^2+z^2})=0$，绕 y 轴旋转，旋转曲面方程为 $F(\pm\sqrt{x^2+z^2},y)=0$。

答案：C

1-1-24　解： 本题检查向量代数的基本概念，用到两向量的加法、数量积、向量积的定义。

选项 A：$\vec{i}+\vec{j}=\vec{k}$ 错误在于两向量相加，利用平行四边形法则得到平行四边形的对角线向量，而不等于 $\vec{k}$。

选项 B：$\vec{i}\cdot\vec{j}=\vec{k}$ 错误在于两向量的数量积得一数量，$\vec{i}\cdot\vec{j}=|\vec{i}||\vec{j}|\cdot\cos\frac{\pi}{2}=0$。

选项 D：$\vec{i}\times\vec{j}=\vec{j}\cdot\vec{k}$ 错误在于等号左边由向量积定义求出，为一向量；右边由数量积定义求出，为一数量。因而两边不等。

选项 C 正确。$\vec{i}\cdot\vec{i}=|\vec{i}||\vec{i}|\cos0=1$，$\vec{j}\cdot\vec{j}=|\vec{j}||\vec{j}|\cos0=1$，左边等于右边。

答案:C

(二)一元函数微分学

1-2-1 (2014,1)若$\lim\limits_{x\to 0}(1-x)^{\frac{k}{x}}=2$,则常数 k 等于:

A. $-\ln 2$　　B. $\ln 2$　　C. 1　　D. 2

1-2-2 (2014,3)点 $x=0$ 是 $y=\arctan\dfrac{1}{x}$的:

A. 可去间断点　　B. 跳跃间断点　　C. 连续点　　D. 第二类间断点

1-2-3 (2014,5)$\dfrac{\mathrm{d}\ln x}{\mathrm{d}\sqrt{x}}$等于:

A. $\dfrac{1}{2x^{3/2}}$　　B. $\dfrac{2}{\sqrt{x}}$　　C. $\dfrac{1}{\sqrt{x}}$　　D. $\dfrac{2}{x}$

1-2-4 (2014,7)设 $a_n=(1+\dfrac{1}{n})^n$,则数列 a_n 是:

A. 单调增而无上界　　B. 单调增而有上界

C. 单调减而无下界　　D. 单调减而有上界

1-2-5 (2014,8)下列说法中正确的是:

A. 若 $f'(x_0)=0$,则 $f(x_0)$必是 $f(x)$的极值

B. 若 $f(x_0)$是 $f(x)$的极值,则 $f(x)$在 x_0 处可导,且 $f'(x_0)=0$

C. 若 $f(x)$在 x_0 处可导,则 $f'(x_0)=0$ 是 $f(x)$在 x_0 取得极值的必要条件

D. 若 $f(x)$在 x_0 处可导,则 $f'(x_0)=0$ 是 $f(x)$在 x_0 取得极值的充分条件

1-2-6 (2013,2)若$\lim\limits_{x\to 1}\dfrac{2x^2+ax+b}{x^2+x-2}=1$,则必有:

A. $a=-1,b=2$　　B. $a=-1,b=-2$

C. $a=-1,b=-1$　　D. $a=1,b=1$

1-2-7 (2013,3)若$\begin{cases}x=\sin t\\y=\cos t\end{cases}$,则$\dfrac{\mathrm{d}y}{\mathrm{d}x}$等于:

A. $-\tan t$　　B. $\tan t$　　C. $-\sin t$　　D. $\cot t$

1-2-8 (2013,6)设 $f(x)=\begin{cases}3x^2, & x\leqslant 1\\4x-1, & x>1\end{cases}$,则 $f(x)$在点 $x=1$ 处:

A. 不连续　　B. 连续但左、右导数不存在

C. 连续但不可导　　　　D. 可导

1-2-9　**(2013,7)**函数 $y=(5-x)x^{\frac{2}{3}}$ 的极值可疑点的个数是：

A. 0　　B. 1　　C. 2　　D. 3

1-2-10　**(2013,13)**若 $f(-x)=-f(x)(-\infty<x<+\infty)$，且在 $(-\infty,0)$ 内 $f'(x)>0$，$f''(x)<0$，则 $f(x)$ 在 $(0,+\infty)$ 内是：

A. $f'(x)>0, f''(x)<0$　　B. $f'(x)<0, f''(x)>0$
C. $f'(x)>0, f''(x)>0$　　D. $f'(x)<0, f''(x)<0$

1-2-11　**(2012,2)**设 $\alpha(x)=1-\cos x$，$\beta(x)=2x^2$，则当 $x\to 0$ 时，下列结论中正确的是：

A. $\alpha(x)$与$\beta(x)$是等价无穷小
B. $\alpha(x)$是$\beta(x)$的高阶无穷小
C. $\alpha(x)$是$\beta(x)$的低阶无穷小
D. $\alpha(x)$与$\beta(x)$是同阶无穷小但不是等价无穷小

1-2-12　**(2012,3)**设 $y=\ln(\cos x)$，则微分 dy 等于：

A. $\frac{1}{\cos x}dx$　　B. $\cot x dx$

C. $-\tan x dx$　　D. $-\frac{1}{\cos x\sin x}dx$

1-2-13　**(2012,4)**$f(x)$的一个原函数为 e^{-x^2}，则 $f'(x)$等于：

A. $2(-1+2x^2)e^{-x^2}$　　B. $-2xe^{-x^2}$
C. $2(1+2x^2)e^{-x^2}$　　D. $(1-2x)e^{-x^2}$

1-2-14　**(2012,8)**当 $a<x<b$ 时，有 $f'(x)>0$，$f''(x)<0$，则在区间 (a,b) 内，函数 $y=f(x)$图形沿 x 轴正向是：

A. 单调减且凸的　　B. 单调减且凹的
C. 单调增且凸的　　D. 单调增且凹的

1-2-15　**(2011,3)**当 $x\to 0$ 时，3^x-1 是 x 的：

A. 高阶无穷小　　B. 低阶无穷小
C. 等价无穷小　　D. 同阶但非等价无穷小

1-2-16　**(2011,4)**函数 $f(x)=\frac{x-x^2}{\sin\pi x}$的可去间断点的个数为：

A. 1 个　　B. 2 个　　C. 3 个　　D. 无穷多个

1-2-17 **(2011,5)**如果 $f(x)$在 x_0 可导，$g(x)$在 x_0 不可导，则 $f(x)g(x)$在 x_0：

A. 可能可导也可能不可导　　B. 不可导
C. 可导　　D. 连续

1-2-18 **(2011,6)**当 $x>0$ 时，下列不等式中正确的是：

A. $e^x<1+x$　　B. $\ln(1+x)>x$　　C. $e^x<ex$　　D. $x>\sin x$

1-2-19 **(2010,3)**设 $f(x)=\dfrac{e^{3x}-1}{e^{3x}+1}$，则：

A. $f(x)$为偶函数，值域为$(-1,1)$
B. $f(x)$为奇函数，值域为$(-\infty,0)$
C. $f(x)$为奇函数，值域为$(-1,1)$
D. $f(x)$为奇函数，值域为$(0,+\infty)$

1-2-20 **(2010,4)**下列命题正确的是：

A. 分段函数必存在间断点
B. 单调有界函数无第二类间断点
C. 在开区间内连续，则在该区间必取得最大值和最小值
D. 在闭区间上有间断点的函数一定有界

1-2-21 **(2010,5)**设函数 $f(x)=\begin{cases}\dfrac{2}{x^2+1} & x\leqslant 1\\ ax+b & x>1\end{cases}$可导，则必有：

A. $a=1,b=2$　　B. $a=-1,b=2$
C. $a=1,b=0$　　D. $a=-1,b=0$

1-2-22 **(2010,6)**求极限 $\lim\limits_{x\to 0}\dfrac{x^2\sin\frac{1}{x}}{\sin x}$时，下列各种解法中正确的是：

A. 用洛必达法则后，求得极限为 0

B. 因为 $\lim\limits_{x\to 0}\sin\dfrac{1}{x}$不存在，所以上述极限不存在

C. 原式$=\lim\limits_{x\to 0}\dfrac{x}{\sin x}x\sin\dfrac{1}{x}=0$

D. 因为不能用洛必达法则，故极限不存在

1-2-23 **(2009,3)**设函数 $f(x)=\begin{cases}1+x & x\geqslant 0\\ 1-x^2 & x<0\end{cases}$，在$(-\infty,+\infty)$内：

A. 单调减少　　B. 单调增加

C. 有界　　D. 偶函数

1-2-24 **(2009,4)**若函数 $f(x)$在点 x_0 间断,$g(x)$在点 x_0 连续,则 $f(x)g(x)$在点 x_0：

A. 间断　　B. 连续

C. 第一类间断　　D. 可能间断可能连续

1-2-25 **(2009,5)**函数 $y=\cos^2\dfrac{1}{x}$在 x 处的导数是：

A. $\dfrac{1}{x^2}\sin\dfrac{2}{x}$　　B. $-\sin\dfrac{2}{x}$

C. $-\dfrac{2}{x^2}\cos\dfrac{1}{x}$　　D. $-\dfrac{1}{x^2}\sin\dfrac{2}{x}$

1-2-26 **(2009,6)**设 $y=f(x)$是(a,b)内的可导函数,x 和 $x+\Delta x$ 是(a,b)内的任意两点,则：

A. $\Delta y=f'(x)\Delta x$

B. 在 $x,x+\Delta x$ 之间恰好有一点ξ,使 $\Delta y=f'(\xi)\Delta x$

C. 在 $x,x+\Delta x$ 之间至少有一点ξ,使 $\Delta y=f'(\xi)\Delta x$

D. 在 $x,x+\Delta x$ 之间任意一点ξ,使 $\Delta y=f'(\xi)\Delta x$

1-2-27 **(2008,4)**函数 $f(x)=\begin{cases}2x,0\leqslant x<1\\4-x,1\leqslant x\leqslant 3\end{cases}$,在 $x\to 1$ 时,$f(x)$的极限是：

A. 2　　B. 3

C. 0　　D. 不存在

1-2-28 **(2008,5)**函数 $y=\sin^2\dfrac{1}{x}$在 x 处的导数$\dfrac{\mathrm{d}y}{\mathrm{d}x}$是：

A. $\sin\dfrac{2}{x}$　　B. $\cos\dfrac{1}{x}$　　C. $-\dfrac{1}{x^2}\sin\dfrac{2}{x}$　　D. $\dfrac{1}{x^2}$

1-2-29 **(2008,6)**已知 $f(x)$是二阶可导的函数,$y=e^{2f(x)}$,则$\dfrac{\mathrm{d}^2y}{\mathrm{d}x^2}$为：

A. $e^{2f(x)}$　　B. $e^{2f(x)}f''(x)$

C. $e^{2f(x)}[2f'(x)]$　　D. $2e^{2f(x)}\{2[f'(x)]^2+f''(x)\}$

1-2-30 **(2008,7)**曲线 $y=x^3-6x$ 上切线平行于 x 轴的点是：

A. $(0,0)$　　B. $(\sqrt{2},1)$

C. $(-\sqrt{2},4\sqrt{2})$和$(\sqrt{2},-4\sqrt{2})$　　D. $(1,2)$和$(-1,2)$

1-2-31 **(2008,8)**设函数 $f(x)$在$(-\infty,+\infty)$上是偶函数，且在$(0,+\infty)$内有 $f'(x)>0$，$f''(x)>0$，则在$(-\infty,0)$内必有：

A. $f'>0,f''>0$　　B. $f'<0,f''>0$

C. $f'>0,f''<0$　　D. $f'<0,f''<0$

1-2-32 **(2007,4)**若有$\lim\limits_{x\to a}\dfrac{f(x)}{x-a}=0$，则当 $x\to a$ 时，$f(x)$是：

A. 有极限的函数　　B. 有界函数

C. 无穷小量　　D. 比$(x-a)$高阶的无穷小

1-2-33 **(2007,5)**函数 $y=\dfrac{x}{\sqrt{1-x^2}}$在 x 处的微分是：

A. $\dfrac{1}{(1-x^2)^{\frac{3}{2}}}\mathrm{d}x$　　B. $2\sqrt{1-x^2}\,\mathrm{d}x$

C. $x\mathrm{d}x$　　D. $\dfrac{1}{1-x^2}\mathrm{d}x$

1-2-34 **(2007,7)**函数 $y=f(x)$在点 $x=x_0$ 处取得极小值，则必有：

A. $f'(x_0)=0$　　B. $f''(x_0)>0$

C. $f'(x_0)=0$ 且 $f''(x_0)>0$　　D. $f'(x_0)=0$ 或导数不存在

1-2-35 **(2007,8)**对于曲线 $y=\dfrac{1}{5}x^5-\dfrac{1}{3}x^3$，下列各性态不正确的是：

A. 有 3 个极值点　　B. 有 3 个拐点

C. 有 2 个极值点　　D. 对称原点

1-2-36 **(2006,4)**若$\lim\limits_{x\to\infty}\left(\dfrac{ax^2-3}{x^2+1}+bx+2\right)=\infty$，则 a 与 b 的值是：

A. $b\neq0$，a 为任意实数　　B. $a\neq0,b=0$

C. $a=1,b=0$　　D. $a=0,b=0$

1-2-37 **(2006,5)**函数 $y=x\sqrt{a^2-x^2}$ 在 x 点的导数是：

A. $\dfrac{a^2-2x^2}{\sqrt{a^2-x^2}}$　　B. $\dfrac{1}{2\sqrt{a^2-x^2}}$

C. $\dfrac{-x}{2\sqrt{a^2-x^2}}$　　D. $\sqrt{a^2-x^2}$

1-2-38 **(2006,7)**设 $f(x)$在$(-\infty,+\infty)$上是奇函数，在$(0,+\infty)$上 $f'(x)<0$，$f''(x)>0$，则在$(-\infty,0)$上必有：

A. $f'>0, f''>0$　　B. $f'<0, f''<0$

C. $f'<0, f''>0$　　D. $f'>0, f''<0$

1-2-39　**(2005,5)**下列极限计算中，错误的是：

A. $\lim\limits_{n\to\infty}\frac{2^n}{x}\cdot\sin\frac{x}{2^n}=1$　　B. $\lim\limits_{x\to\infty}\frac{\sin x}{x}=1$

C. $\lim\limits_{x\to 0}(1-x)^{\frac{1}{x}}=e^{-1}$　　D. $\lim\limits_{x\to\infty}\left(1+\frac{1}{x}\right)^{2x}=e^2$

1-2-40　**(2005,6)**设函数 $f(x)=\begin{cases}e^{-2x}+a & x\leqslant 0\\ \lambda\ln(1+x)+1 & x>0\end{cases}$，要使 $f(x)$ 在 $x=0$ 处连续，则 a 的值是：

A. 0　　B. 1　　C. -1　　D. λ

1-2-41　**(2005,7)**设函数 $f(x)=\begin{cases}e^{-x}+1 & x\leqslant 0\\ ax+2 & x>0\end{cases}$，若 $f(x)$ 在 $x=0$ 处可导，则 a 的值是：

A. 1　　B. 2　　C. 0　　D. -1

1-2-42　当 $x\to 0$ 时，$x^2+\sin x$ 是 x 的：

A. 高阶无穷小　　B. 同阶无穷小，但不是等价无穷小

C. 低阶无穷小　　D. 等价无穷小

题解及参考答案

1-2-1　**解：** $\lim\limits_{x\to 0}(1-x)^{\frac{k}{x}}=2$

因 $\lim\limits_{x\to 0}(1-x)^{\frac{-k}{-x}}=\lim\limits_{x\to 0}[(1-x)^{\frac{1}{-x}}]^{-k}=e^{-k}$，

所以 $e^{-k}=2, k=-\ln 2$。

答案：A

1-2-2　**解：** $y=\arctan\frac{1}{x}, x=0$，分母为零，该点为间断点，

因 $\lim\limits_{x\to 0^+}\arctan\frac{1}{x}=\frac{\pi}{2}, \lim\limits_{x\to 0^-}\arctan\frac{1}{x}=-\frac{\pi}{2}$，

所以 $x=0$ 为跳跃间断点。

答案：B

1-2-3　**解：** $\frac{d(\ln x)}{d\sqrt{x}}=\frac{\frac{1}{x}dx}{\frac{1}{2}\cdot\frac{1}{\sqrt{x}}dx}=\frac{2}{\sqrt{x}}$

答案：B

1-2-4 **解**:$a_n=\left(1+\frac{1}{n}\right)^n$,数列$\{a_n\}$是单调增而有上界。

答案:B

1-2-5 **解**:函数 $f(x)$在点 x_0 处可导,则 $f'(x_0)=0$ 是 $f(x)$在 x_0 取得极值的必要条件。

答案:C

1-2-6 **解**:因$\lim\limits_{x\to 1}(x^2+x-2)=0$,故$\lim\limits_{x\to 1}(2x^2+ax+b)=0$,即 $2+a+b=0$,得到 $b=-2-a$,代入原式

$$\lim_{x\to 1}\frac{2x^2+ax-2-a}{x^2+x-2}=\lim_{x\to 1}\frac{2(x+1)(x-1)+a(x-1)}{(x+2)(x-1)}=\lim_{x\to 1}\frac{2\times 2+a}{3}=1$$

所以 $4+a=3\Rightarrow a=-1,b=-1$。

答案:C

1-2-7 **解**:$\frac{\mathrm{d}y}{\mathrm{d}x}=\frac{\frac{\mathrm{d}y}{\mathrm{d}t}}{\frac{\mathrm{d}x}{\mathrm{d}t}}=\frac{-\sin t}{\cos t}=-\tan t$

答案:A

1-2-8 **解**:$\lim\limits_{x\to 1^-}f(x)=\lim\limits_{x\to 1^-}3x^2=3$,$\lim\limits_{x\to 1^+}(4x-1)=3$,$f(1)=3$,所以在 $x=1$ 处连续。

$$f'_+(1)=\lim_{x\to 1^+}\frac{4x-1-3\times 1}{x-1}=\lim_{x\to 1^+}\frac{4(x-1)}{x-1}=4$$

$$f'_-(1)=\lim_{x\to 1^-}\frac{3x^2-3}{x-1}=\lim_{x\to 1^-}\frac{3(x+1)(x-1)}{x-1}=6$$

$f'_+(1)\neq f'_-(1)$,在 $x=1$ 处不可导,

所以 $f(x)$在 $x=1$ 处连续不可导。

答案:C

1-2-9 **解**:$y'=-1\cdot x^{\frac{2}{3}}+(5-x)\frac{2}{3}x^{-\frac{1}{3}}=-x^{\frac{2}{3}}+\frac{2}{3}\cdot\frac{5-x}{x^{\frac{1}{3}}}=\frac{-3x+2(5-x)}{3x^{\frac{1}{3}}}$

$$=\frac{-3x+10-2x}{3x^{\frac{1}{3}}}=\frac{5(2-x)}{3x^{\frac{1}{3}}}$$

可知 $x=0,x=2$ 为极值可疑点,所以极值可疑点的个数为 2。

答案:C

1-2-10 **解**:已知 $f(-x)=-f(x)$,函数在$(-\infty,+\infty)$为奇函数,可配合图形说明在$(-\infty,0)$,$f'(x)>0$,$f''(x)<0$,凸增。

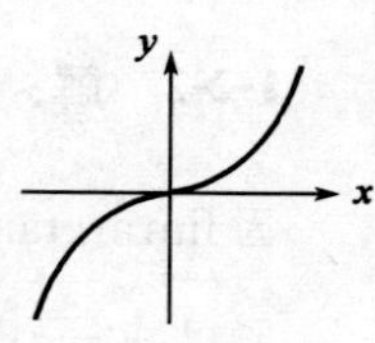

题 1-2-10 解图

故在$(0,+\infty)$为凹增,即在$(0,+\infty)$,$f'(x)>0$,$f''(x)>0$。

答案:C

1-2-11 **解**:$\lim\limits_{x\to 0}\frac{1-\cos x}{2x^2}=\lim\limits_{x\to 0}\frac{\frac{1}{2}x^2}{2x^2}=\frac{1}{4}\neq 1$,当 $x\to 0$,$1-\cos x\sim\frac{1}{2}x^2$。

答案:D

1-2-12 **解:**$y=\ln\cos x$,$y'=\dfrac{-\sin x}{\cos x}=-\tan x$,$\mathrm{d}y=-\tan x\mathrm{d}x$。

答案:C

1-2-13 **解:**$f(x)=(e^{-x^2})'=-2xe^{-x^2}$

$f'(x)=-2[e^{-x^2}+xe^{-x^2}(-2x)]=2e^{-x^2}(2x^2-1)$

答案:A

1-2-14 **解:**$f'(x)>0$ 单调增;$f''(x)<0$,凸,所以函数沿 x 轴正向是单调增且凸的。

答案:C

1-2-15 **解:**可通过求$\lim\limits_{x\to 0}\dfrac{3^x-1}{x}$的极限判断。

答案:D

1-2-16 **解:**使分母为 0 的点为间断点,令 $\sin\pi x=0$,得 $x=0,\pm1,\pm2,\cdots$为间断点,再利用可去间断点定义,找出可去间断点。计算当 $x=0$ 时,$\lim\limits_{x\to 0}\dfrac{x-x^2}{\sin\pi x}\overset{\frac{0}{0}}{=\!=}\lim\limits_{x\to 0}\dfrac{x-x^2}{\pi x}=\lim\limits_{x\to 0}\dfrac{1-x}{\pi}=\dfrac{1}{\pi}$,极限存在,可知 $x=0$ 为函数的一个可去间断点。

同样可计算当 $x=1$ 时,极限存在为$\dfrac{1}{\pi}$,计算如下:$\lim\limits_{x\to 1}\dfrac{x-x^2}{\sin\pi x}\overset{\frac{0}{0}}{=\!=}\lim\limits_{x\to 1}\dfrac{1-2x}{\pi\cos\pi x}=\dfrac{1}{\pi}$,因而 $x=1$ 也是一个可去间断点。其余点求极限均不满足可去间断点定义。

答案:B

1-2-17 **解:**举例说明。

如 $f(x)=x$ 在 $x=0$ 可导,$g(x)=|x|=\begin{cases}x & x\geqslant 0\\ -x & x<0\end{cases}$在 $x=0$ 不可导,$f(x)g(x)=x|x|=\begin{cases}x^2 & x\geqslant 0\\ -x^2 & x<0\end{cases}$,通过计算 $f'_+(0)=f'_-(0)=0$,知 $f(x)g(x)$在 $x=0$ 可导。

如 $f(x)=2$ 在 $x=0$ 可导,$g(x)=|x|$在 $x=0$ 不可导,$f(x)g(x)=2|x|=\begin{cases}2x & x\geqslant 0\\ -2x & x<0\end{cases}$,通过计算函数 $f(x)g(x)$在 $x=0$ 处的右导为 2,左导为-2,可知 $f(x)g(x)$在 $x=0$ 不可导。

答案:A

1-2-18 **解:**利用逐项排除法判定。当 $x>0$,幂函数比对数函数趋向无穷大的速度快,指数函数又比幂函数趋向无穷大的速度快,故选项 A、B、C 均不成立,从而可知选项 D 成立。

还可利用函数的单调性证明。设 $f(x)=x-\sin x$,$x\subset(0,+\infty)$,得 $f'(x)=1-\cos x\geqslant 0$,所以 $f(x)$单增,当 $x=0$ 时,$f(0)=0$,从而当 $x>0$ 时,$f(x)>0$,即 $x-\sin x>0$。

答案:D

1-2-19　解：用奇偶函数定义判定。有 $f(-x)=-f(x)$ 成立，$f(-x)=\frac{e^{-3x}-1}{e^{-3x}+1}=\frac{1-e^{3x}}{1+e^{3x}}=-\frac{e^{3x}-1}{e^{3x}+1}=-f(x)$ 确定为奇函数。另外，由函数式可知定义域 $(-\infty,+\infty)$，确定值域为 $(-1,1)$。

答案：C

1-2-20　解：通过题中给出的命题，较容易判断选项A、C、D是错误的。

对于选项B，给出条件"有界"，函数不会有无穷间断点，给出条件单调函数不会出现振荡间断点，从而可判定函数无第二类间断点。

答案：B

1-2-21　解：根据给出的条件可知，函数在 $x=1$ 可导，则在 $x=1$ 必连续。就有 $\lim\limits_{x\to1^+}f(x)=\lim\limits_{x\to1^-}f(x)=f(1)$ 成立，得到 $a+b=1$。

再通过给出条件在 $x=1$ 可导，即有 $f'_+(1)=f'_-(1)$ 成立，利用定义计算 $f(x)$ 在 $x=1$ 处左右导数：

$$f'_-(1)=\lim_{x\to1^-}\frac{f(x)-f(1)}{x-1}=\lim_{x\to1^-}\frac{\frac{2}{x^2+1}-1}{x-1}=\lim_{x\to1^-}\frac{1-x^2}{(x^2+1)(x-1)}=-1$$

$$f'_+(1)=\lim_{x\to1^+}\frac{f(x)-f(1)}{x-1}=\lim_{x\to1^+}\frac{ax+b-1}{x-1}=\lim_{x\to1^+}\frac{ax-a}{x-1}=a$$

则 $a=-1,b=2$。

答案：B

1-2-22　解：分析题目给出的解法，A、B、D均不正确。

正确的解法为C选项，原式 $=\lim\limits_{x\to0}\frac{x}{\sin x}x\sin\frac{1}{x}=1\times0=0$。

$\lim\limits_{x\to0}\frac{x}{\sin x}=1$，第一重要极限，而 $\lim\limits_{x\to0}x\sin\frac{1}{x}=0$，为无穷小量乘有界函数，极限为0。

答案：C

1-2-23　解：方法1：可通过画出函数图形判定（见解图）。

方法2：求导数 $f'(x)=\begin{cases}1 & x>0\\ -2x & x<0\end{cases}$，

在 $(-\infty,+\infty)$ 内，$f'(x)>0$。

答案：B

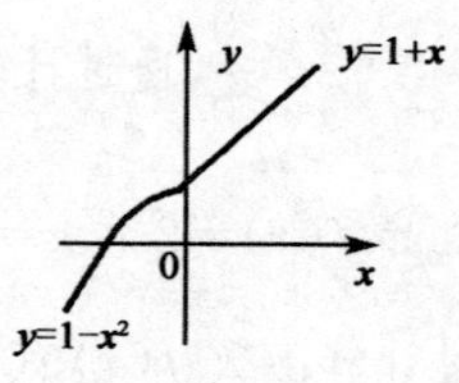

题1-2-23解图

1-2-24　解：通过举例来说明。

设点 $x_0=0$，$f(x)=\begin{cases}1 & x\geqslant0\\ 0 & x<0\end{cases}$，在 $x_0=0$ 间断，$g(x)=0$，在 $x_0=0$ 连续，而 $f(x)\cdot g(x)=0$，在 $x_0=0$ 连续。

设点 $x_0=0$，$f(x)=\begin{cases}1 & x\geqslant0\\ 0 & x<0\end{cases}$，在 $x_0=0$ 间断，$g(x)=1$，在 $x_0=0$ 连续，而 $f(x)\cdot g(x)=$

$\begin{cases}1 & x\geqslant 0\\ 0 & x<0\end{cases}$，在 $x_0=0$ 间断。

答案：D

1-2-25 **解**：利用复合函数求导公式计算，本题由 $y=u^2$，$u=\cos v$，$v=\dfrac{1}{x}$复合而成。

答案：A

1-2-26 **解**：利用拉格朗日中值定理计算，$f(x)$在$[x,x+\Delta x]$连续，在$(x,x+\Delta x)$可导，则有$f(x+\Delta x)-f(x)=f'(\xi)\Delta x$，即 $\Delta y=f'(\xi)\Delta x$，（至少存在一点 ξ，$x<\xi<x+\Delta x$）。

答案：C

1-2-27 **解**：计算 $f(x)$在 $x=1$ 的左、右极限：

$$f(1+0)=\lim_{x\to 1^+}(4-x)=3,\ f(1-0)=\lim_{x\to 1^-}2x=2$$

$$f(1+0)\neq f(1-0)$$

答案：D

1-2-28 **解**：利用复合函数导数计算公式计算：

$$y'=2\sin\frac{1}{x}\cdot\cos\frac{1}{x}\cdot\left(-\frac{1}{x^2}\right)=-\frac{1}{x^2}\sin\frac{2}{x}$$

答案：C

1-2-29 **解**：计算抽象函数的复合函数的二次导数：

$$y'=e^{2f(x)}\cdot 2f'(x)=2f'(x)e^{2f(x)}$$

$$y''=2[f''(x)e^{2f(x)}+f'(x)\cdot e^{2f(x)}\cdot 2f'(x)]=2e^{2f(x)}\{f''(x)+2[f'(x)]^2\}$$

答案：D

1-2-30 **解**：x 轴的斜率 $k=0$，在曲线 $y=x^3-6x$ 上找出一点在该点切线的斜率也为 $k=0$，对函数 $y=x^3-6x$ 求导。

$y'=3x^2-6$，令 $3x^2-6=0$，得 $x=\pm\sqrt{2}$；

当 $x=\pm\sqrt{2}$ 时，$y'=0$，当 $x_1=\sqrt{2}$ 时，$y_1=-4\sqrt{2}$；当 $x_1=-\sqrt{2}$ 时，$y_2=4\sqrt{2}$。

答案：C

1-2-31 **解**：已知 $f(x)$在$(-\infty,+\infty)$上是偶函数，函数图像关于 y 轴对称，已知函数在$(0,+\infty)$，$f'(x)>0$，$f''(x)>0$，表明在$(0,+\infty)$上函数图像为单增且凹向，由对称性可知，$f(x)$在$(-\infty,0)$单减且凹向，所以 $f'(x)<0$，$f''(x)>0$。

答案：B

1-2-32 **解**：由极限运算法则，选项 A、B、C 均不成立，利用两个无穷小比较知识，当 $x\to a$ 时，$\alpha\to 0$，$\beta\to 0$。若$\lim\limits_{x\to a}\dfrac{\alpha}{\beta}=0$，称在 $x\to a$ 时，α 是β 的高阶无穷小，所以选项 D 成立。$f(x)$是比

$(x-a)$高阶的无穷小。

答案:D

1-2-33 **解:**$y=f(x)$,$dy=f'(x)dx$,计算 $y=f(x)$的导数,

$$y'=\left(\frac{x}{\sqrt{1-x^2}}\right)'=\frac{\sqrt{1-x^2}+\frac{x^2}{\sqrt{1-x^2}}}{1-x^2}=\frac{1-x^2+x^2}{(1-x^2)^{\frac{3}{2}}}=\frac{1}{(1-x^2)^{\frac{3}{2}}}$$

即 $dy=\frac{1}{(1-x^2)^{\frac{3}{2}}}dx$。

答案:A

1-2-34 **解:**已知 $y=f(x)$在 $x=x_0$ 处取得极小值,但在题中 $f(x)$是否具有一阶、二阶导数,均未说明,从而答案 A、B、C 就不一定成立。答案 D 包含了在 $x=x_0$ 可导或不可导两种情况,如 $y=|x|$在 $x=0$ 处导数不存在,但函数 $y=|x|$在 $x=0$ 取得极小值。

答案:D

1-2-35 **解:**通过计算 $f(x)$的极值点确定。

$$y'=x^4-x^2=x^2(x^2-1)=x^2(x+1)(x-1)$$

令 $y'=0$,求驻点 $x_1=0,x_2=1,x_3=-1$

利用驻点将定义域分割为 $(-\infty,-1)$、$(-1,0)$、$(0,1)$、$(1,+\infty)$。

题 1-2-35 解表

x	$(-\infty,-1)$	-1	$(-1,0)$	0	$(0,1)$	1	$(1,+\infty)$
$f'(x)$	+	0	−	0	−	0	+
$f(x)$	↗	极大	↘	无极值	↘	极小	↗

函数只有 2 个极值点,选项 C 成立,选项 A 不正确。

还可判定选项 B、D 成立。

答案:A

1-2-36 **解:**将等式左边通分,利用多项式 $x\to\infty$时的结论计算,

$$\lim_{x\to\infty}\left(\frac{ax^2-3}{x^2+1}+bx+2\right)=\lim_{x\to\infty}\frac{bx^3+(a+2)x^2+bx-1}{x^2+1}=\infty$$

只要最高次幂 x^3 的系数 $b\neq 0$ 即可。

即 $b\neq 0$,a 可为任意实数。

答案:A

1-2-37 **解:**利用两函数乘积的导数公式计算,

$$y'=x'\cdot\sqrt{a^2-x^2}+x(\sqrt{a^2-x^2})'=\frac{a^2-2x^2}{\sqrt{a^2-x^2}}$$

答案:A

1-2-38 **解:**已知 $f(x)$在$(-\infty,+\infty)$上为奇函数,图形关于原点对称,由已知条件 $f(x)$

在$(0,+\infty)$，$f'<0$ 单减，$f''>0$ 凹向，即 $f(x)$在$(0,+\infty)$画出的图形为凹减，从而可推出关于原点对称的函数在$(-\infty,0)$应为凸减，因而 $f'<0,f''<0$。

答案:B

1-2-39 **解**:利用无穷小的性质，无穷小量与有界函数乘积为无穷小量。

$$\lim_{x\to\infty}\frac{\sin x}{x}=\lim_{x\to\infty}\frac{1}{x}\cdot\sin x=0$$

答案:B

1-2-40 **解**:分段函数在分界点连续，要满足 $\lim\limits_{x\to x_0^+}f(x)=\lim\limits_{x\to x_0^-}f(x)=f(x_0)$。

求出 $f(0)=1+a$，$\lim\limits_{x\to 0^-}f(x)=\lim\limits_{x\to 0^-}(a+e^{-2x})=a+1$，$\lim\limits_{x\to 0^+}f(x)=\lim\limits_{x\to 0^+}[\lambda\ln(1+x)+1]=1$

所以 $a=0$。

答案:A

1-2-41 **解**:已知 $f(x)$在 $x=0$ 处可导，要满足 $f'_+(0)=f'_-(0)$。

计算 $f(0)=2$，$f'_+(0)=\lim\limits_{x\to 0^+}\dfrac{f(x)-f(0)}{x-0}=\lim\limits_{x\to 0^+}\dfrac{ax+2-2}{x}=a$

$$f'_-(0)=\lim_{x\to 0^-}\frac{f(x)-f(0)}{x-0}=\lim_{x\to 0^-}\frac{e^{-x}+1-2}{x}=\lim_{x\to 0^-}\frac{e^{-x}-1}{x}=\lim_{x\to 0^-}\frac{-x}{x}=-1$$

得 $a=-1$。

答案:D

1-2-42 **解**:通过求极限的结果来确定。$\lim\limits_{x\to 0}\dfrac{x^2+\sin x}{x}=\lim\limits_{x\to 0}\left(x+\dfrac{\sin x}{x}\right)=1$。

答案:D

(三)一元函数积分学

1-3-1 **(2014,4)**$\dfrac{d}{dx}\displaystyle\int_{2x}^{0}e^{-t^2}dt$ 等于：

A. e^{-4x^2}　　B. $2e^{-4x^2}$　　C. $-2e^{-4x^2}$　　D. e^{-x^2}

1-3-2 **(2014,6)**不定积分$\displaystyle\int\frac{x^2}{\sqrt[3]{1+x^3}}dx$ 等于：

A. $\dfrac{1}{4}(1+x^3)^{\frac{4}{3}}+C$　　B. $(1+x^3)^{\frac{1}{3}}+C$

C. $\dfrac{3}{2}(1+x^3)^{\frac{2}{3}}+C$　　D. $\dfrac{1}{2}(1+x^3)^{\frac{2}{3}}+C$

1-3-3 **(2014,11)**抛物线 $y^2=4x$ 与直线 $x=3$ 所围成的平面图形绕 x 轴旋转一周形成的旋转体体积是：

A. $\displaystyle\int_0^3 4x\,dx$　　B. $\pi\displaystyle\int_0^3(4x)^2dx$　　C. $\pi\displaystyle\int_0^3 4x\,dx$　　D. $\pi\displaystyle\int_0^3\sqrt{4x}\,dx$

1-3-4 **(2013,4)**设 $f(x)$ 有连续导数，则下列关系式中正确的是：

A. $\int f(x)\mathrm{d}x = f(x)$　　B. $[\int f(x)\mathrm{d}x]' = f(x)$

C. $\int f'(x)\mathrm{d}x = f(x)\mathrm{d}x$　　D. $[\int f(x)\mathrm{d}x]' = f(x) + C$

1-3-5 **(2013,5)**已知 $f(x)$ 为连续的偶函数，则 $f(x)$ 的原函数中：

A. 有奇函数　　B. 都是奇函数

C. 都是偶函数　　D. 没有奇函数也没有偶函数

1-3-6 **(2013,8)**下列广义积分中发散的是：

A. $\int_0^{+\infty} e^{-x}\mathrm{d}x$　　B. $\int_0^{+\infty} \frac{1}{1+x^2}\mathrm{d}x$　　C. $\int_0^{+\infty} \frac{\ln x}{x}\mathrm{d}x$　　D. $\int_0^1 \frac{1}{\sqrt{1-x^2}}\mathrm{d}x$

1-3-7 **(2012,5)**$f'(x)$ 连续，则 $\int f'(2x+1)\mathrm{d}x$ 等于：(C 为任意常数)

A. $f(2x+1)+C$　　B. $\frac{1}{2}f(2x+1)+C$

C. $2f(2x+1)+C$　　D. $f(x)+C$

1-3-8 **(2012,6)**定积分 $\int_0^{\frac{1}{2}} \frac{1+x}{\sqrt{1-x^2}}\mathrm{d}x$ 等于：

A. $\frac{\pi}{3}+\frac{\sqrt{3}}{2}$　　B. $\frac{\pi}{6}-\frac{\sqrt{3}}{2}$　　C. $\frac{\pi}{6}-\frac{\sqrt{3}}{2}+1$　　D. $\frac{\pi}{6}+\frac{\sqrt{3}}{2}+1$

1-3-9 **(2011,8)** $\int \frac{\mathrm{d}x}{\sqrt{x}(1+x)} =$

A. $\arctan\sqrt{x}+C$　　B. $2\arctan\sqrt{x}+C$

C. $\tan(1+x)$　　D. $\frac{1}{2}\arctan x+C$

1-3-10 **(2011,9)**设 $f(x)$ 是连续函数，且 $f(x)=x^2+2\int_0^2 f(t)\mathrm{d}t$，则 $f(x)=$

A. x^2　　B. x^2-2　　C. $2x$　　D. $x^2-\frac{16}{9}$

1-3-11 **(2011,10)** $\int_{-2}^{2}\sqrt{4-x^2}\,\mathrm{d}x =$

A. π　　B. 2π　　C. 3π　　D. $\frac{\pi}{2}$

1-3-12　**(2010,8)**若函数 $f(x)$ 的一个原函数是 e^{-2x}，则 $\int f''(x)\mathrm{d}x$ 等于：

A. $e^{-2x}+C$　　B. $-2e^{-2x}$　　C. $-2e^{-2x}+C$　　D. $4e^{-2x}+C$

1-3-13　**(2010,9)** $\int xe^{-2x}\mathrm{d}x$ 等于：

A. $-\frac{1}{4}e^{-2x}(2x+1)+C$　　B. $\frac{1}{4}e^{-2x}(2x-1)+C$

C. $-\frac{1}{4}e^{-2x}(2x-1)+C$　　D. $-\frac{1}{2}e^{-2x}(x+1)+C$

1-3-14　**(2010,10)**下列广义积分中收敛的是：

A. $\int_0^1 \frac{1}{x^2}\mathrm{d}x$　　B. $\int_0^2 \frac{1}{\sqrt{2-x}}\mathrm{d}x$

C. $\int_{-\infty}^0 e^{-x}\mathrm{d}x$　　D. $\int_1^{+\infty} \ln x\mathrm{d}x$

1-3-15　**(2009,8)**若 $\int f(x)\mathrm{d}x=F(x)+C$，则 $\int \frac{1}{\sqrt{x}}f(\sqrt{x})\mathrm{d}x$ 等于：(C 为任意常数)

A. $\frac{1}{2}F(\sqrt{x})+C$　　B. $2F(\sqrt{x})+C$

C. $F(x)+C$　　D. $\frac{F(\sqrt{x})}{\sqrt{x}}$

1-3-16　**(2009,9)** $\int \frac{\cos 2x}{\sin^2 x\cos^2 x}\mathrm{d}x$ 等于：

A. $\cot x-\tan x+C$　　B. $\cot x+\tan x+C$

C. $-\cot x-\tan x+C$　　D. $-\cot x+\tan x+C$

1-3-17　**(2009,10)** $\frac{\mathrm{d}}{\mathrm{d}x}\int_0^{\cos x}\sqrt{1-t^2}\,\mathrm{d}t$ 等于：

A. $\sin x$　　B. $|\sin x|$

C. $-\sin^2 x$　　D. $-\sin x|\sin x|$

1-3-18　**(2009,11)**下列结论中正确的是：

A. $\int_{-1}^1 \frac{1}{x^2}\mathrm{d}x$ 收敛　　B. $\frac{\mathrm{d}}{\mathrm{d}x}\int_0^{x^2} f(t)\mathrm{d}t=f(x^2)$

C. $\int_1^{+\infty}\frac{1}{\sqrt{x}}\mathrm{d}x$ 发散　　D. $\int_{-\infty}^0 e^{-\frac{x^2}{2}}\mathrm{d}x$ 发散

1-3-19 **(2008,9)**若在区间(a,b)内，$f'(x)=g'(x)$，则下列等式中错误的是：

A. $f(x)=Cg(x)$　　B. $f(x)=g(x)+C$

C. $\int \mathrm{d}f(x)=\int \mathrm{d}g(x)$　　D. $\mathrm{d}f(x)=\mathrm{d}g(x)$

1-3-20 **(2008,10)**设$f(x)$函数在$[0,+\infty)$上连续，且满足$f(x)=xe^{-x}+e^{x}\int_0^1 f(x)\mathrm{d}x$，则$f(x)$是：

A. xe^{-x}　　B. $xe^{-x}-e^{x-1}$

C. e^{x-2}　　D. $(x-1)e^{-x}$

1-3-21 **(2008,11)**广义积分$\int_0^{+\infty}\frac{C}{2+x^2}\mathrm{d}x=1$，则$C$等于：

A. π　　B. $\frac{\pi}{\sqrt{2}}$　　C. $\frac{2\sqrt{2}}{\pi}$　　D. $-\frac{2}{\pi}$

1-3-22 **(2008,13)**在区间$[0,2\pi]$上，曲线$y=\sin x$与$y=\cos x$之间所围图形的面积是：

A. $\int_{\frac{\pi}{4}}^{\pi}(\sin x-\cos x)\mathrm{d}x$　　B. $\int_{\frac{\pi}{4}}^{\frac{5}{4}\pi}(\sin x-\cos x)\mathrm{d}x$

C. $\int_0^{2\pi}(\sin x-\cos x)\mathrm{d}x$　　D. $\int_0^{\frac{5}{4}\pi}(\sin x-\cos x)\mathrm{d}x$

1-3-23 **(2007,9)**若$\int f(x)\mathrm{d}x=x^3+C$，则$\int f(\cos x)\sin x\mathrm{d}x$等于：(式中$C$为任意常数)

A. $-\cos^3 x+C$　　B. $\sin^3 x+C$

C. $\cos^3 x+C$　　D. $\frac{1}{3}\cos^3 x+C$

1-3-24 **(2007,10)**$\int_{-3}^{3}x\sqrt{9-x^2}\mathrm{d}x$等于：

A. 0　　B. 9π　　C. 3π　　D. $\frac{9}{2}\pi$

1-3-25 **(2007,11)**$\int_0^{+\infty}xe^{-2x}\mathrm{d}x$等于：

A. $-\frac{1}{4}$　　B. $\frac{1}{2}$　　C. $\frac{1}{4}$　　D. 4

1-3-26 **(2007,13)**直线$y=\frac{H}{R}x(x\geqslant 0)$与$y=H$及$y$轴所围图形绕$y$轴旋转一周所得旋转体的体积为($H$，$R$为任意常数)：

A. $\frac{1}{3}\pi R^2 H$

B. $\pi R^2 H$

C. $\frac{1}{6}\pi R^2 H$

D. $\frac{1}{4}\pi R^2 H$

1-3-27 **(2006,9)** $\int x\sqrt{3-x^2}\,\mathrm{d}x$ 等于：（C 为任意常数）

A. $\frac{1}{\sqrt{3-x^2}}+C$

B. $-\frac{1}{3}(3-x^2)^{\frac{3}{2}}+C$

C. $3-x^2+C$

D. $(3-x^2)^2+C$

1-3-28 **(2006,10)**若 $\int_0^k(3x^2+2x)\mathrm{d}x=0,(k\neq 0)$，则 k 等于：

A. 1　　B. -1　　C. $\frac{3}{2}$　　D. $\frac{1}{2}$

1-3-29 **(2006,11)**设 $\int_0^x f(t)\mathrm{d}t=2f(x)-4$，且 $f(0)=2$，则 $f(x)$是：

A. $e^{\frac{x}{2}}$　　B. $e^{\frac{x}{2}+1}$　　C. $2e^{\frac{x}{2}}$　　D. $\frac{1}{2}e^{2x}$

1-3-30 **(2005,9)**下列结论中，错误的是：

A. $\int_{-\pi}^{\pi}f(x^2)\mathrm{d}x=2\int_0^{\pi}f(x^2)\mathrm{d}x$

B. $\int_0^{2\pi}\sin^{10}x\mathrm{d}x=\int_0^{2\pi}\cos^{10}x\mathrm{d}x$

C. $\int_{-\pi}^{\pi}\cos 5x\sin 7x\mathrm{d}x=0$

D. $\int_0^1 10^x\mathrm{d}x=9$

1-3-31 **(2005,12)**曲线 $y=\frac{2}{3}x^{\frac{3}{2}}$ 上相应于 x 从 0 到 1 的一段弧的长度是：

A. $\frac{2}{3}(\sqrt[3]{4}-1)$

B. $\frac{4}{3}\sqrt{2}$

C. $\frac{2}{3}(2\sqrt{2}-1)$

D. $\frac{4}{15}$

1-3-32 下列函数中，哪一个不是 $f(x)=\sin 2x$ 的原函数？

A. $3\sin^2 x+\cos 2x-3$

B. $\sin^2 x+1$

C. $\cos 2x-3\cos^2 x+3$

D. $\frac{1}{2}\cos 2x+\frac{5}{2}$

题解及参考答案

1-3-1 **解：** $\frac{\mathrm{d}}{\mathrm{d}x}\int_{2x}^{0}e^{-x^2}\mathrm{d}t=-\frac{\mathrm{d}}{\mathrm{d}x}\int_0^{2x}e^{-x^2}\mathrm{d}t=-e^{-4x^2}\cdot 2=-2e^{-4x^2}$

答案:C

1-3-2 解:$\int \frac{x^2}{\sqrt[3]{1+x^3}}dx = \frac{1}{3}\int \frac{1}{\sqrt[3]{1+x^3}}dx^3 = \frac{1}{3}\int \frac{1}{\sqrt[3]{1+x^3}}d(1+x^3)$

$$= \frac{1}{3}\times\frac{3}{2}(1+x^3)^{\frac{2}{3}}+C = \frac{1}{2}(1+x^3)^{\frac{2}{3}}+C$$

答案:D

1-3-3 解:$V = \int_0^3 \pi y^2 dx = \int_0^3 \pi 4x dx = \pi\int_0^3 4x dx$

答案:C

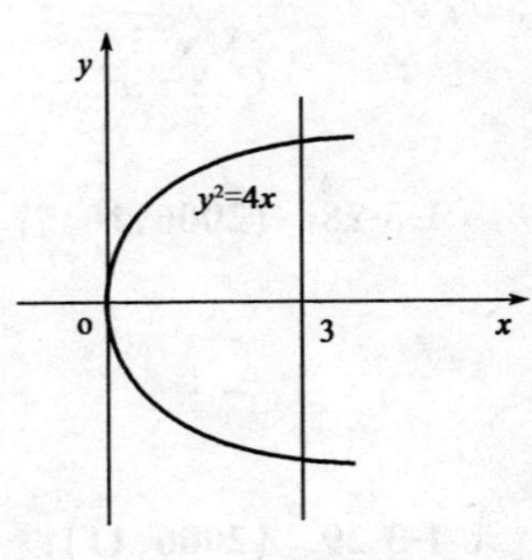

题 1-3-3 解图

1-3-4 解:$[\int f(x)dx]' = f(x)$

答案:B

1-3-5 解:举例 $f(x)=x^2$,$\int x^2 dx = \frac{1}{3}x^3 + C$

当 $C=0$ 时,为奇函数;

当 $C=1$ 时,$\int x^2 dx = \frac{1}{3}x^3+1$ 为非奇非偶函数。

答案:A

1-3-6 解:A 项:$\int_0^{+\infty} e^{-x}dx = -\int_0^{+\infty} e^{-x}d(-x) = -e^{-x}\big|_0^{+\infty} = -(\lim\limits_{x\to+\infty} e^{-x} - 1) = 1$

B 项:$\int_0^{+\infty} \frac{1}{1+x^2}dx = \arctan x\big|_0^{+\infty} = \frac{\pi}{2}$

C 项:$\int_0^{+\infty} \frac{\ln x}{x}dx = \int_0^1 \frac{\ln x}{x}dx + \int_1^{+\infty} \frac{\ln x}{x}dx = \int_0^1 \ln x d\ln x + \int_1^{+\infty} \ln x d\ln x$

$\int_0^1 \ln x d\ln x = \frac{1}{2}(\ln x)^2\big|_0^1 = -\infty$,故广义积分发散。

(注:$\lim\limits_{x\to0^+}\frac{\ln x}{x}=\infty$,$x=0$ 为无穷间断点)

D 项:$\int_0^1 \frac{1}{\sqrt{1-x^2}}dx = \arcsin x\big|_0^1 = \frac{\pi}{2}$ 。

答案:C

1-3-7 解:$\int f'(2x+1)dx = \frac{1}{2}\int f'(2x+1)d(2x+1) = \frac{1}{2}f(2x+1)+C$

答案:B

1-3-8 解:$\int_0^{\frac{1}{2}} \frac{1+x}{\sqrt{1-x^2}}dx = \int_0^{\frac{1}{2}} \frac{1}{\sqrt{1-x^2}}dx + \int_0^{\frac{1}{2}} \frac{x}{\sqrt{1-x^2}}dx$

$$=\arcsin x\big|_0^{\frac{1}{2}} + \int_0^{\frac{1}{2}} \frac{1}{\sqrt{1-x^2}}d\left(\frac{1}{2}x^2\right)$$

$$=\arcsin\frac{1}{2}+\left(-\frac{1}{2}\right)\times\int_0^{\frac{1}{2}}\frac{1}{\sqrt{1-x^2}}\mathrm{d}(1-x^2)$$

$$=\frac{\pi}{6}+\left(-\frac{1}{2}\right)\times 2(1-x^2)^{\frac{1}{2}}\Big|_0^{\frac{1}{2}}$$

$$=\frac{\pi}{6}-\left(\frac{\sqrt{3}}{2}-1\right)$$

$$=\frac{\pi}{6}+1-\frac{\sqrt{3}}{2}$$

答案:C

1-3-9 解:

方法 1:凑微分再利用积分公式计算,原式$=2\int\frac{1}{1+x}\mathrm{d}\sqrt{x}=2\int\frac{1}{1+(\sqrt{x})^2}\mathrm{d}\sqrt{x}$,再利用积分公式计算。原式$=2\arctan\sqrt{x}+C$。

方法 2:换元,设$\sqrt{x}=t$,$x=t^2$,$\mathrm{d}x=2t\mathrm{d}t$,原式$=\int\frac{2t}{t(1+t^2)}\mathrm{d}t=2\int\frac{1}{1+t^2}\mathrm{d}t=2\arctan t$,求出结果并回代 $t=\sqrt{x}$。

答案:B

1-3-10 解:$f(x)$是连续函数,$\int_0^2 f(t)\mathrm{d}t$ 的结果为一常数,设为 A,那么已知表达式化为 $f(x)=x^2+2A$,两边做定积分,$\int_0^2 f(x)\mathrm{d}x=\int_0^2(x^2+2A)\mathrm{d}x$,化为 $A=\int_0^2 x^2\mathrm{d}x+2A\int_0^2\mathrm{d}x=\frac{1}{3}x^3\Big|_0^2+2Ax\Big|_0^2$,$A=\frac{8}{3}+4A$,$-3A=\frac{8}{3}$,$A=-\frac{8}{9}$。

所以 $f(x)=x^2+2\times\left(-\frac{8}{9}\right)=x^2-\frac{16}{9}$。

答案:D

1-3-11 解:利用偶函数在对称区间的积分公式得原式$=2\int_0^2\sqrt{4-x^2}\,\mathrm{d}x$,而积分 $\int_0^2\sqrt{4-x^2}\,\mathrm{d}x$ 为圆 $x^2+y^2=4$ 面积的$\frac{1}{4}$,即为$\frac{1}{4}\cdot\pi\cdot 2^2=\pi$,从而原式$=2\cdot\pi=2\pi$。

另一方法:可设 $x=2\sin t$,$\mathrm{d}x=2\cos t\mathrm{d}t$,则$\int_0^2\sqrt{4-x^2}\,\mathrm{d}x=\int_0^{\frac{\pi}{2}}4\cos^2 t\mathrm{d}t=4\cdot\frac{1}{2}\int_0^{\frac{\pi}{2}}(1+\cos 2t)\mathrm{d}t=2\left(t+\frac{1}{2}\sin 2t\right)\Big|_0^{\frac{\pi}{2}}=2\cdot\frac{\pi}{2}=\pi$

所以原式$=2\int_0^2\sqrt{4-x^2}\,\mathrm{d}x=2\pi$。

答案:B

1-3-12 解:利用原函数的定义求出 $f(x)=-2e^{-2x}$,$f'(x)=4e^{-2x}$,$f''(x)=-8e^{-2x}$,将 $f''(x)$代入积分即可。计算如下:$\int f''(x)\mathrm{d}x=\int-8e^{-2x}\mathrm{d}x=4\int e^{-2x}\mathrm{d}(-2x)=4e^{-2x}+C$。

答案:D

1-3-13 **解:**对于此不定积分,可利用分部积分方法计算$\int u\mathrm{d}v = uv - \int v\mathrm{d}u$,即$\int xe^{-2x}\mathrm{d}x = -\frac{1}{2}\int xe^{-2x}\mathrm{d}(-2x) = -\frac{1}{2}\int x\mathrm{d}e^{-2x} = -\frac{1}{2}\left(xe^{-2x} - \int e^{-2x}\mathrm{d}x\right) = -\frac{1}{2}\left[xe^{-2x} + \frac{1}{2}\int_e^{-2x}\mathrm{d}(-2x)\right] = -\frac{1}{2}\left(xe^{-2x} + \frac{1}{2}e^{-2x}\right) + C = -\frac{1}{4}(2x+1)e^{-2x} + C$。

答案:A

1-3-14 **解:**利用广义积分的方法计算。选项B的计算如下:

因$\lim\limits_{x\to 2^-}\frac{1}{\sqrt{2-x}} = +\infty$,知$x=2$为无穷不连续点,$\int_0^2\frac{1}{\sqrt{2-x}}\mathrm{d}x = -\int_0^2(2-x)^{-\frac{1}{2}}\mathrm{d}(2-x) = -2(2-x)^{\frac{1}{2}}\Big|_0^2 = 2[\lim\limits_{x\to 2}(2-x)^{\frac{1}{2}} - \sqrt{2}] = 2\sqrt{2}$。

答案:B

1-3-15 **解:**将题目变形$\int\frac{1}{\sqrt{x}}f(\sqrt{x})\mathrm{d}x = \int f(\sqrt{x})\mathrm{d}(2\sqrt{x}) = 2\int f(\sqrt{x})\mathrm{d}\sqrt{x}$,利用已知式子$\int f(x)\mathrm{d}x = F(x) + C$,写出结果。

答案:B

1-3-16 **解:**利用公式$\cos 2x = \cos^2 x - \sin^2 x$将被积函数变形,原式$= \int\frac{\cos^2 x - \sin^2 x}{\sin^2 x\cos^2 x}\mathrm{d}x = \int\left(\frac{1}{\sin^2 x} - \frac{1}{\cos^2 x}\right)\mathrm{d}x = \int\frac{1}{\sin^2 x}\mathrm{d}x - \int\frac{1}{\cos^2 x}\mathrm{d}x = -\cot x - \tan x + C$。

答案:C

1-3-17 **解:**本题为求复合的积分上限函数的导数,利用公式$\frac{\mathrm{d}}{\mathrm{d}x}\int_0^{g(x)}\sqrt{1-t^2}\,\mathrm{d}t = \sqrt{1-g^2(x)}\cdot g'(x)$计算。

答案:D

1-3-18 **解:**逐项排除法。

选项A:$x=0$为被积函数$f(x)=\frac{1}{x^2}$的无穷不连续点,计算方法:

$$\int_{-1}^1\frac{1}{x^2}\mathrm{d}x = \int_{-1}^0\frac{1}{x^2}\mathrm{d}x + \int_0^1\frac{1}{x^2}\mathrm{d}x$$

只要判断其中一个发散,即广义积分发散,计算$\int_0^1\frac{1}{x^2}\mathrm{d}x = -\frac{1}{x}\Big|_0^1 = -1 + \lim\limits_{x\to 0^+}\frac{1}{x} = +\infty$,所以选项A错误。

选项B:$\frac{\mathrm{d}}{\mathrm{d}x}\int_0^{x^2}f(t)\mathrm{d}t = f(x^2)\cdot 2x$,B显然错误。

选项C:$\int_1^{+\infty}\frac{1}{\sqrt{x}}\mathrm{d}x = 2\sqrt{x}\Big|_1^{+\infty} = +\infty$发散,选项正确。

选项 D：由 $\frac{1}{\sqrt{2\pi}}e^{-\frac{x^2}{2}}$ 为标准正态分布的概率密度函数，可知 $\int_{-\infty}^{0}e^{-\frac{x^2}{2}}\mathrm{d}x$ 收敛。

也可用下面的方法判定其收敛：$\int_{-\infty}^{0}e^{-\frac{x^2}{2}}\mathrm{d}x=\int_{-\infty}^{0}e^{-\frac{y^2}{2}}\mathrm{d}y$，$\int_{-\infty}^{0}e^{-\frac{x^2}{2}}\mathrm{d}x\int_{-\infty}^{0}e^{-\frac{y^2}{2}}\mathrm{d}y=\int_{-\infty}^{0}\int_{-\infty}^{0}e^{-\frac{x^2+y^2}{2}}\mathrm{d}x\mathrm{d}y=\int_{\pi}^{\frac{3}{2}\pi}\mathrm{d}\theta\int_{0}^{-\infty}re^{-\frac{r^2}{2}}\mathrm{d}r=\frac{\pi}{2}\left[-\int_{0}^{+\infty}e^{-\frac{r^2}{2}}\mathrm{d}\left(-\frac{r^2}{2}\right)\right]=-\frac{\pi}{2}e^{-\frac{r^2}{2}}\Big|_{0}^{+\infty}=\frac{\pi}{2}$；因此，$\left(\int_{-\infty}^{0}e^{-\frac{x^2}{2}}\mathrm{d}x\right)^2=\frac{\pi}{2}$，$\int_{-\infty}^{0}e^{-\frac{x^2}{2}}\mathrm{d}x=\sqrt{\frac{\pi}{2}}$ 收敛，选项 D 错误。

答案：C

1-3-19 **解**：对 A 求导，得 $f'(x)=cg'(x)$。

答案：A

1-3-20 **解**：已知 $f(x)$ 在 $[0,+\infty]$ 上连续，则 $\int_0^1 f(x)\mathrm{d}x$ 为一常数。设 $\int_0^1 f(x)\mathrm{d}x=A$，于是原题化为

$$f(x)=xe^{-x}+Ae^x \qquad ①$$

对式①两边积分：$\int_0^1 f(x)\mathrm{d}x=\int_0^1(xe^{-x}+Ae^x)\mathrm{d}x$

即

$$A=\int_0^1 xe^{-x}\mathrm{d}x+A\int_0^1 e^x\mathrm{d}x \qquad ②$$

分别计算出定积分值：

$\int_0^1 xe^{-x}\mathrm{d}x=-\int_0^1 x\mathrm{d}e^{-x}=-\left(xe^{-x}\Big|_0^1-\int_0^1 e^{-x}\mathrm{d}x\right)=-\left[xe^{-x}\Big|_0^1+e^{-x}\Big|_0^1\right]=-\left[(e^{-1}-0)+(e^{-1}-1)\right]=1-\frac{2}{e}$，$\int_0^1 e^x\mathrm{d}x=e^x\Big|_0^1=e-1$

代入式②：$A=1-\frac{2}{e}+A(e-1)$，$A(2-e)=\frac{e-2}{e}$，$A=-\frac{1}{e}$

将 A 值代入式①：$f(x)=xe^{-x}+e^x\left(-\frac{1}{e}\right)$，$f(x)=xe^{-x}-e^{x-1}$

答案：B

1-3-21 **解**：计算出左边广义积分即可。

$$\int_0^{+\infty}\frac{C}{2+x^2}\mathrm{d}x=C\int_0^{+\infty}\frac{1}{2+x^2}\mathrm{d}x=C\cdot\frac{1}{\sqrt{2}}\arctan\frac{x}{\sqrt{2}}\Big|_0^{+\infty}$$

$$=\frac{C}{\sqrt{2}}\left(\lim_{x\to+\infty}\arctan\frac{x}{\sqrt{2}}-0\right)=\frac{C}{\sqrt{2}}\cdot\frac{\pi}{2}=1$$

由 $\frac{C\pi}{2\sqrt{2}}=1$，解 $C=\frac{2\sqrt{2}}{\pi}$。

答案：C

1-3-22 **解**：画出 $y=\sin x$，$y=\cos x$ 图形，在 $[0,2\pi]$ 上求出交点 $\left(\frac{\pi}{4},\frac{\sqrt{2}}{2}\right)$，$\left(\frac{5}{4}\pi,-\frac{\sqrt{2}}{2}\right)$

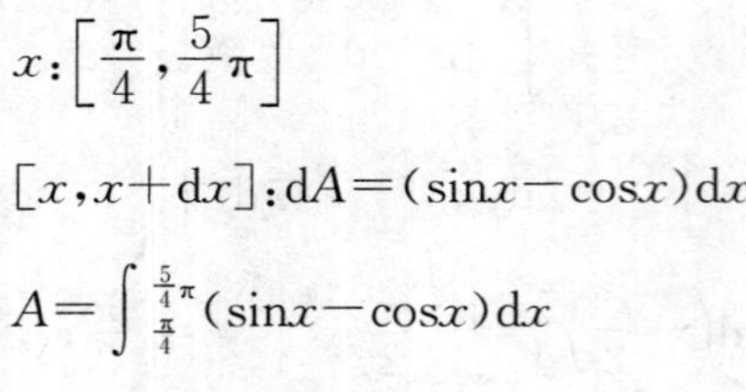

$x:\left[\frac{\pi}{4},\frac{5}{4}\pi\right]$

$[x,x+\mathrm{d}x]:\mathrm{d}A=(\sin x-\cos x)\mathrm{d}x$

$A=\int_{\frac{\pi}{4}}^{\frac{5}{4}\pi}(\sin x-\cos x)\mathrm{d}x$

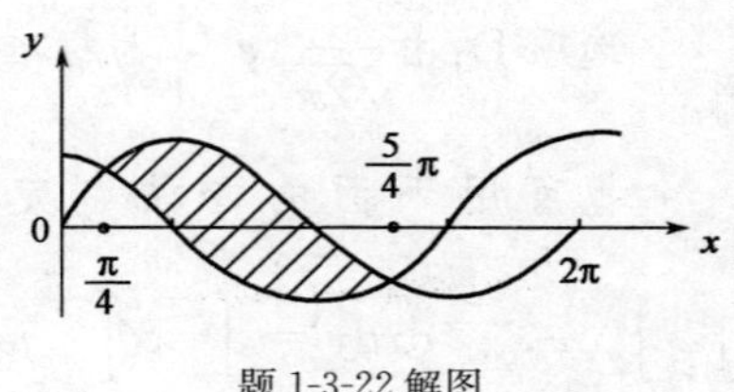

题 1-3-22 解图

答案:B

1-3-23 解:已知 $\int f(x)\mathrm{d}x=x^3+C$,利用此式得:

$$\int f(\cos x)\sin x\mathrm{d}x=-\int f(\cos x)\mathrm{d}(\cos x)$$

$$=-\cos^3 x+C$$

答案:A

1-3-24 解:$f(x)=x\sqrt{9-x^2}$ 为奇函数,$f(-x)=-f(x)$,积分区间 $x:[-3,3]$,由定积分的性质可知,奇函数在对称区间积分为零。

答案:A

1-3-25 解:本题为函数 $f(x)$ 在无穷区间的广义积分。

计算如下:

$$\int_0^{+\infty}xe^{-2x}\mathrm{d}x=-\frac{1}{2}\int_0^{+\infty}xe^{-2x}\mathrm{d}(-2x)$$

$$=-\frac{1}{2}\int_0^{+\infty}x\mathrm{d}e^{-2x}$$

$$=-\frac{1}{2}\left[xe^{-2x}\Big|_0^{+\infty}-\int_0^{+\infty}e^{-2x}\mathrm{d}x\right]$$

$$=-\frac{1}{2}\left[\lim_{x\to+\infty}xe^{-2x}-0+\frac{1}{2}\int_0^{+\infty}e^{-2x}\mathrm{d}(-2x)\right]$$

$$=-\frac{1}{2}\left(\frac{1}{2}e^{-2x}\Big|_0^{+\infty}\right)$$

$$=-\frac{1}{2}\left[\frac{1}{2}\left(\lim_{x\to+\infty}e^{-2x}-1\right)\right]=\frac{1}{4}$$

答案:C

1-3-26 解:画出平面图形,平面图形绕 y 轴旋转,旋转体的体积可通过下面方法计算。

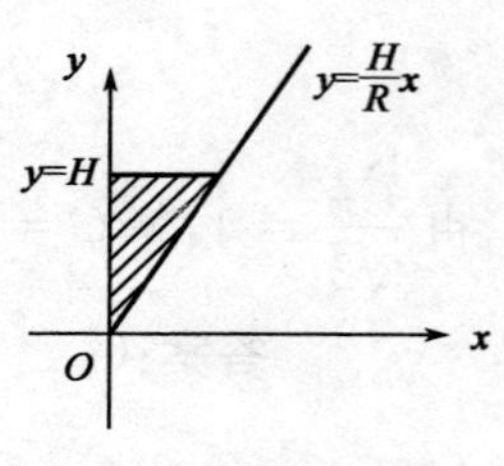

题 1-3-26 解图

$y:[0,H]$

$[y,y+\mathrm{d}y]:\mathrm{d}V=\pi x^2\mathrm{d}y=\pi\frac{R^2}{H^2}y^2\mathrm{d}y$

$$V=\int_0^H \pi\cdot\frac{R^2}{H^2}y^2\mathrm{d}y=\frac{\pi R^2}{H^2}\int_0^H y^2\mathrm{d}y=\frac{1}{3}\pi R^2 H$$

答案:A

1-3-27 **解:**利用不定积分第一类换元积分法计算。

原式$=-\dfrac{1}{2}\int\sqrt{3-x^2}\,\mathrm{d}(3-x^2)=-\dfrac{1}{3}(3-x^2)^{\frac{3}{2}}+c$

答案:B

1-3-28 **解:**计算定积分。$\int_0^k(3x^2+2x)\,\mathrm{d}x=(x^3+x^2)\big|_0^k=k^3+k^2=0$，又 $k\neq0$，则$k=-1$。

答案:B

1-3-29 **解:**将方程两边求导，等式左边为积分上限函数的导数，求导后化为一阶微分方程，再利用一阶微分方程知识计算。

求导得 $f(x)=2f'(x)$，令 $f(x)=y,f'(x)=y'$，

得微分方程 $2y'=y$，分离变量$\dfrac{2}{y}\mathrm{d}y=\mathrm{d}x$，求通解:

$2\ln y=x+c,y=\mathrm{e}^{\frac{1}{2}(x+c)},y=\mathrm{e}^{\frac{1}{2}c}\cdot\mathrm{e}^{\frac{1}{2}x},y=c_1\mathrm{e}^{\frac{1}{2}x}$（其中 $c_1=\mathrm{e}^{\frac{1}{2}c}$），代入初始条件 $x=0,y=2$，得 $c_1=2$，所以 $y=2\mathrm{e}^{\frac{x}{2}}$。

答案:C

1-3-30 **解:**直接计算选项 A、B、C 较复杂，可先从简单选项入手，计算选项 D，$\int_0^1 10^x\mathrm{d}x=\dfrac{10^x}{\ln10}\Big|_0^1=\dfrac{9}{\ln10}$，选项 D 错误。

选项 A、B、C 经计算，均成立。

答案:D

1-3-31 **解:**弧长 $S=\int_L 1\mathrm{d}S$

曲线 L 的参数方程:$\begin{cases}y=\dfrac{2}{3}x^{\frac{3}{2}}\\x=x\end{cases}\quad 0\leqslant x\leqslant1$

$\mathrm{d}S=\sqrt{(x')^2+\left[\left(\dfrac{2}{3}x^{\frac{3}{2}}\right)'\right]^2}\,\mathrm{d}x=\sqrt{1+x}\,\mathrm{d}x$

所以 $S=\int_0^1\sqrt{1+x}\,\mathrm{d}x=\dfrac{2}{3}(2\sqrt{2}-1)$。

答案:C

1-3-32 **解:**将选项 A、B、C、D 逐一求导，验证。

答案:D

(四)多元函数微分学

1-4-1 (2014,15)设方程 $x^2+y^2+z^2=4z$ 确定可微函数 $z=z(x,y)$,则全微分 $\mathrm{d}z$ 等于:

A. $\frac{1}{2-z}(y\mathrm{d}x+x\mathrm{d}y)$ B. $\frac{1}{2-z}(x\mathrm{d}x+y\mathrm{d}y)$

C. $\frac{1}{2+z}(\mathrm{d}x+\mathrm{d}y)$ D. $\frac{1}{2-z}(\mathrm{d}x-\mathrm{d}y)$

1-4-2 (2014,18)设 $z=e^{xe^y}$,则$\frac{\partial^2 z}{\partial x^2}$等于:

A. e^{xe^y+2y} B. $e^{xe^y+y}(xe^y+1)$

C. e^{xe^y} D. e^{xe^y+y}

1-4-3 (2013,11)设 $z=z(x,y)$是由方程 $xz-xy+\ln(xyz)=0$ 所确定的可微函数,则$\frac{\partial z}{\partial y}$等于:

A. $\frac{-xz}{xz+1}$ B. $-x+\frac{1}{2}$ C. $\frac{z(-xz+y)}{x(xz+1)}$ D. $\frac{z(xy-1)}{y(xz+1)}$

1-4-4 (2013,18)若 $z=f(x,y)$和 $y=\varphi(x)$均可微,则$\frac{\mathrm{d}z}{\mathrm{d}x}$等于:

A. $\frac{\partial f}{\partial x}+\frac{\partial f}{\partial y}$ B. $\frac{\partial f}{\partial x}+\frac{\partial f}{\partial y}\frac{\mathrm{d}\varphi}{\mathrm{d}x}$ C. $\frac{\partial f}{\partial y}\frac{\mathrm{d}\varphi}{\mathrm{d}x}$ D. $\frac{\partial f}{\partial x}-\frac{\partial f}{\partial y}\frac{\mathrm{d}\varphi}{\mathrm{d}x}$

1-4-5 (2011,7)若函数 $f(x,y)$在闭区域 D 上连续,下列关于极值点的陈述中正确的是:

A. $f(x,y)$的极值点一定是 $f(x,y)$的驻点

B. 如果 P_0 是 $f(x,y)$的极值点,则 P_0 点处 $B^2-AC<0$ $\left(\text{其中},A=\frac{\partial^2 f}{\partial x^2},B=\frac{\partial^2 f}{\partial x\partial y},C=\frac{\partial^2 f}{\partial y^2}\right)$

C. 如果 P_0 是可微函数 $f(x,y)$的极值点,则在 P_0 点处 $\mathrm{d}f=0$

D. $f(x,y)$的最大值点一定是 $f(x,y)$的极大值点

1-4-6 (2010,7)下列各点中为二元函数 $z=x^3-y^3-3x^2+3y-9x$ 的极值点的是:

A. $(3,-1)$ B. $(3,1)$ C. $(1,1)$ D. $(-1,-1)$

1-4-7 (2009,7)设 $z=f(x^2-y^2)$,则 $\mathrm{d}z$ 等于:

A. $2x-2y$ B. $2x\mathrm{d}x-2y\mathrm{d}y$

C. $f'(x^2-y^2)\mathrm{d}x$ D. $2f'(x^2-y^2)(x\mathrm{d}x-y\mathrm{d}y)$

1-4-8 (2007,6)已知 $xy=kz$(k 为正常数),则$\frac{\partial x}{\partial y}\cdot\frac{\partial y}{\partial z}\cdot\frac{\partial z}{\partial x}$等于:

A. 1　　B. -1　　C. k　　D. $\frac{1}{k}$

1-4-9　**(2006,6)**已知函数 $f\left(xy,\frac{x}{y}\right)=x^2$，则$\frac{\partial f(x,y)}{\partial x}+\frac{\partial f(x,y)}{\partial y}$等于：

A. $2x+2y$　　B. $x+y$　　C. $2x-2y$　　D. $x-y$

1-4-10　**(2006,8)**曲面 $z=1-x^2-y^2$ 在点$\left(\frac{1}{2},\frac{1}{2},\frac{1}{2}\right)$处的切平面方程是：

A. $x+y+z-\frac{3}{2}=0$　　B. $x-y-z+\frac{3}{2}=0$

C. $x-y+z-\frac{3}{2}=0$　　D. $x-y+z+\frac{3}{2}=0$

1-4-11　**(2005,8)**曲面 $z=x^2-y^2$ 在点$(\sqrt{2},-1,1)$处的法线方程是：

A. $\frac{x-\sqrt{2}}{2\sqrt{2}}=\frac{y+1}{-2}=\frac{z-1}{-1}$　　B. $\frac{x-\sqrt{2}}{2\sqrt{2}}=\frac{y+1}{-2}=\frac{z-1}{1}$

C. $\frac{x-\sqrt{2}}{2\sqrt{2}}=\frac{y+1}{2}=\frac{z-1}{-1}$　　D. $\frac{x-\sqrt{2}}{2\sqrt{2}}=\frac{y+1}{2}=\frac{z-1}{1}$

1-4-12　$z=f(x,y)$在 $P_0(x_0,y_0)$一阶偏导数存在是该函数在此点可微的什么条件？

A. 必要条件　　B. 充分条件

C. 充要条件　　D. 无关条件

题解及参考答案

1-4-1　**解:**$x^2+y^2+z^2=4z$，$x^2+y^2+z^2-4z=0$

$F_x=2x$，$F_y=2y$，$F_z=2z-4$

$$\frac{\partial z}{\partial x}=-\frac{F_x}{F_z}=-\frac{2x}{2z-4}=-\frac{x}{z-2}$$

$$\frac{\partial z}{\partial y}=-\frac{F_y}{F_z}=-\frac{2y}{2z-4}=-\frac{y}{z-2}$$

$$dz=\frac{\partial z}{\partial x}dx+\frac{\partial z}{\partial y}dy=-\frac{x}{z-2}dx-\frac{y}{z-2}dy=\frac{1}{2-z}(xdx+ydy)$$

答案:B

1-4-2　**解:** $z=e^{xe^y}$，$\frac{\partial z}{\partial x}=e^{xe^y}\cdot e^y=e^y\cdot e^{xe^y}$

$$\frac{\partial^2 z}{\partial x^2}=e^y\cdot e^{xe^y}\cdot e^y=e^{xe^y}\cdot e^{2y}=e^{xe^y+2y}$$

答案:A

1-4-3 **解**:$F(x,y,z)=xz-xy+\ln(xyz)$

$F_x=z-y+\frac{yz}{xyz}=z-y+\frac{1}{x}, F_y=-x+\frac{xz}{xyz}=-x+\frac{1}{y}, F_z=x+\frac{xy}{xyz}=x+\frac{1}{z}$

$$\frac{\partial z}{\partial y}=-\frac{F_y}{F_z}=-\frac{\frac{-xy+1}{y}}{\frac{xz+1}{z}}=-\frac{(1-xy)z}{y(xz+1)}=\frac{z(xy-1)}{y(xz+1)}$$

答案:D

1-4-4 **解**:$z=f(x,y),\begin{cases}x=x\\y=\varphi(x)\end{cases}$,则$\frac{\mathrm{d}z}{\mathrm{d}x}=\frac{\partial f}{\partial x}\cdot 1+\frac{\partial f}{\partial y}=\frac{\mathrm{d}\varphi}{\mathrm{d}x}$。

答案:B

1-4-5 **解**:在题目中只给出$f(x,y)$在闭区域D上连续这一条件,并未讲函数$f(x,y)$在P_0点是否具有一阶、二阶连续偏导,而选项A、B判定中均利用了这个未给的条件,因而选项A、B不成立。选项D中,$f(x,y)$的最大值点可以在D的边界曲线上取得,因而不一定是$f(x,y)$的极大值点,故选项D不成立。

在选项C中,给出P_0是可微函数的极值点这个条件,因而$f(x,y)$在P_0偏导存在,且$\left.\frac{\partial f}{\partial x}\right|_{P_0}=0,\left.\frac{\partial f}{\partial y}\right|_{P_0}=0$。

故$\mathrm{d}f=\left.\frac{\partial f}{\partial x}\right|_{P_0}\mathrm{d}x+\left.\frac{\partial f}{\partial y}\right|_{P_0}\mathrm{d}y=0$

答案:C

1-4-6 **解**:利用多元函数极值存在的充分条件确定。

①由$\begin{cases}\frac{\partial z}{\partial x}=0\\ \frac{\partial z}{\partial y}=0\end{cases}$即$\begin{cases}3x^2-6x-9=0\\-3y^2+3=0\end{cases}$,求出驻点(3,1),(3,−1),(−1,1),(−1,−1)。

②求出$\frac{\partial^2 z}{\partial x^2},\frac{\partial^2 z}{\partial x\partial y},\frac{\partial^2 z}{\partial y^2}$,分别代入每一驻点,得到$A,B,C$的值。

当$AC-B^2>0$取得极点,再由$A>0$取得极小值,$A<0$取得极大值。

而$\frac{\partial^2 z}{\partial x^2}=6x-6,\frac{\partial^2 z}{\partial x\partial y}=0,\frac{\partial^2 z}{\partial y^2}=-6y$,将$x=3,y=-1$代入得$A=12,B=0,C=6,AC-B=72>0,A>0$,所以在(3,−1)点取得极小值。

极值点为(3,−1),其他点均不能取得极值。

答案:A

1-4-7 **解**:本题为二元复合函数求全微分,计算公式为$\mathrm{d}z=\frac{\partial z}{\partial x}\mathrm{d}x+\frac{\partial z}{\partial y}\mathrm{d}y,\frac{\partial z}{\partial x}=f'(x^2-y^2)\cdot 2x,\frac{\partial z}{\partial y}=f'(x^2-y^2)(-2y)$,代入$\mathrm{d}z=f'(x^2-y^2)\cdot 2x\mathrm{d}x+f'(x^2-y^2)(-2y)\mathrm{d}y=2f'(x^2-y^2)(x\mathrm{d}x-y\mathrm{d}y)$。

答案:D

1-4-8 **解:**$xy=kz, xy-kz=0$

由 $F(x,y,z)=0$,分别求出 F_x、F_y、F_z

$\frac{\partial x}{\partial y}=-\frac{F_y}{F_x}, \frac{\partial y}{\partial z}=-\frac{F_z}{F_y}, \frac{\partial z}{\partial x}=-\frac{F_x}{F_z}$

计算 $F_x=y, F_y=x, F_z=-k$

故 $\frac{\partial x}{\partial y}=-\frac{x}{y}, \frac{\partial y}{\partial z}=\frac{k}{x}, \frac{\partial z}{\partial x}=\frac{y}{k}$

即 $\frac{\partial x}{\partial y}\cdot\frac{\partial y}{\partial z}\cdot\frac{\partial z}{\partial x}=-1$

答案:B

1-4-9 **解:**将 $f(xy,\frac{x}{y})$ 化为 $f(x,y)$ 形式。

设 $xy=u, \frac{x}{y}=v$

而 $u\cdot v=xy\cdot\frac{x}{y}=x^2$,即 $x^2=uv$

代入 $f(xy,\frac{x}{y})=x^2$,化为 $f(u,v)=uv$

即 $f(x,y)=xy$,对函数 $f(x,y)$ 求偏导,得 $\frac{\partial f}{\partial x}=y, \frac{\partial f}{\partial y}=x$

所以 $\frac{\partial f}{\partial x}+\frac{\partial f}{\partial y}=y+x$。

答案:B

1-4-10 **解:**把显函数化为隐函数形式。

$F(x,y,z)=x^2+y^2+z-1=0$,曲面切平面的法向量 $\vec{n}=\{F_x,F_y,F_z\}=\{2x,2y,1\}$

已知 M_0 的坐标为 $\left(\frac{1}{2},\frac{1}{2},\frac{1}{2}\right)$, $n_{M_0}=\{2x,2y,1\}_{M_0}=\{1,1,1\}$

则切平面方程为 $1\times(x-\frac{1}{2})+1\times(y-\frac{1}{2})+1\times(z-\frac{1}{2})=0$

整理得 $x+y+z-\frac{3}{2}=0$

答案:A

1-4-11 **解:**写成隐函数 $F(x,y,z)=0$,即 $z-x^2+y^2=0$

切平面法线向量 $\vec{n}_{切平面}=\{F_x,F_y,F_z\}|_{M_0(\sqrt{2},-1,1)}$,即 $\vec{n}_{切平面}=\{-2\sqrt{2},-2,1\}$

取 $\vec{s}_{法线}=\{-2\sqrt{2},-2,1\}$

法线方程 $\frac{x-\sqrt{2}}{-2\sqrt{2}}=\frac{y+1}{-2}=\frac{z-1}{1}$,即 $\frac{x-\sqrt{2}}{2\sqrt{2}}=\frac{y+1}{2}=\frac{z-1}{-1}$

答案:C

1-4-12　解：函数在 $P_0(x_0,y_0)$ 可微，则在该点偏导一定存在。

答案：A

(五)多元函数积分学

1-5-1　(2014,14)设 L 为从点 $A(0,-2)$ 到点 $B(2,0)$ 的有向直线段，则对坐标的曲线积分 $\int_L \frac{1}{x-y}\mathrm{d}x+y\mathrm{d}y$ 等于：

A. 1　　B. -1　　C. 3　　D. -3

1-5-2　(2014,16)设 D 是由 $y=x,y=0$ 及 $y=\sqrt{a^2-x^2}\,(x\geqslant 0)$ 所围成的第一象限区域，则二重积分 $\iint\limits_D \mathrm{d}x\mathrm{d}y$ 等于：

A. $\frac{1}{8}\pi a^2$　　B. $\frac{1}{4}\pi a^2$　　C. $\frac{3}{8}\pi a^2$　　D. $\frac{1}{2}\pi a^2$

1-5-3　(2013,9)二次积分 $\int_0^1 \mathrm{d}x\int_{x^2}^{x} f(x,y)\mathrm{d}y$ 交换积分次序后的二次积分是：

A. $\int_{x^2}^{x}\mathrm{d}y\int_0^1 f(x,y)\mathrm{d}x$　　B. $\int_0^1\mathrm{d}y\int_{y^2}^{y} f(x,y)\mathrm{d}x$

C. $\int_{y}^{\sqrt{y}}\mathrm{d}y\int_0^1 f(x,y)\mathrm{d}x$　　D. $\int_0^1\mathrm{d}y\int_{y}^{\sqrt{y}} f(x,y)\mathrm{d}x$

1-5-4　(2013,16)设 L 是连接点 $A(1,0)$ 及点 $B(0,-1)$ 的直线段，则对弧长的曲线积分 $\int_L (y-x)\mathrm{d}s$ 等于：

A. -1　　B. 1　　C. $\sqrt{2}$　　D. $-\sqrt{2}$

1-5-5　(2012,15)曲线 $y=(\sin x)^{\frac{3}{2}}(0\leqslant x\leqslant \pi)$ 与 x 轴围成的平面图形绕 x 轴旋转一周而成的旋转体体积等于：

A. $\frac{4}{3}$　　B. $\frac{4}{3}\pi$　　C. $\frac{2}{3}\pi$　　D. $\frac{2}{3}\pi^2$

1-5-6　(2011,11)设 L 为连接 $(0,2)$ 和 $(1,0)$ 的直线段，则对弧长的曲线积分 $\int_L (x^2+y^2)\mathrm{d}S=$

A. $\frac{\sqrt{5}}{2}$　　B. 2　　C. $\frac{3\sqrt{5}}{2}$　　D. $\frac{5\sqrt{5}}{3}$

1-5-7　(2011,12)曲线 $y=e^{-x}(x\geqslant 0)$ 与直线 $x=0,y=0$ 所围图形绕 Ox 轴旋转所得旋转体的体积为：

A. $\frac{\pi}{2}$　　B. π　　C. $\frac{\pi}{3}$　　D. $\frac{\pi}{4}$

1-5-8 (2010,11)圆周 $\rho=\cos\theta,\rho=2\cos\theta$ 及射线 $\theta=0,\theta=\frac{\pi}{4}$ 所围的图形的面积 S 等于：

A. $\frac{3}{8}(\pi+2)$ B. $\frac{1}{16}(\pi+2)$

C. $\frac{3}{16}(\pi+2)$ D. $\frac{7}{8}\pi$

1-5-9 (2010,12)计算 $I=\iiint\limits_{\Omega}z\mathrm{d}v$，其中 Ω 为 $z^2=x^2+y^2,z=1$ 围成的立体，则正确的解法是：

A. $I=\int_0^{2\pi}\mathrm{d}\theta\int_0^1 r\mathrm{d}r\int_0^1 z\mathrm{d}z$ B. $I=\int_0^{2\pi}\mathrm{d}\theta\int_0^1 r\mathrm{d}r\int_r^1 z\mathrm{d}z$

C. $I=\int_0^{2\pi}\mathrm{d}\theta\int_0^1\mathrm{d}z\int_r^1 r\mathrm{d}r$ D. $I=\int_0^1\mathrm{d}z\int_0^{\pi}\mathrm{d}\theta\int_0^z zr\mathrm{d}r$

1-5-10 (2009,12)曲面 $x^2+y^2+z^2=2z$ 之内以及曲面 $z=x^2+y^2$ 之外所围成的立体的体积 V 等于：

A. $\int_0^{2\pi}\mathrm{d}\theta\int_0^1 r\mathrm{d}r\int_r^{\sqrt{1-r^2}}\mathrm{d}z$ B. $\int_0^{2\pi}\mathrm{d}\theta\int_0^r r\mathrm{d}r\int_{r^2}^{1-\sqrt{1-r^2}}\mathrm{d}z$

C. $\int_0^{2\pi}\mathrm{d}\theta\int_0^r r\mathrm{d}r\int_r^{1-r}\mathrm{d}z$ D. $\int_0^{2\pi}\mathrm{d}\theta\int_0^1 r\mathrm{d}r\int_{1-\sqrt{1-r^2}}^{r^2}\mathrm{d}z$

1-5-11 (2008,12)D 域由 x 轴、$x^2+y^2-2x=0(y\geqslant0)$ 及 $x+y=2$ 所围成，$f(x,y)$ 是连续函数，化 $\iint\limits_D f(x,y)\mathrm{d}x\mathrm{d}y$ 为二次积分是：

A. $\int_0^{\frac{\pi}{4}}\mathrm{d}\varphi\int_0^{2\cos\varphi}f(\rho\cos\varphi,\rho\sin\varphi)\rho\mathrm{d}\rho$ B. $\int_0^1\mathrm{d}y\int_{1-\sqrt{1-y^2}}^{2-y}f(x,y)\mathrm{d}x$

C. $\int_0^{\frac{\pi}{3}}\mathrm{d}\varphi\int_0^1 f(\rho\cos\varphi,\rho\sin\varphi)\rho\mathrm{d}\rho$ D. $\int_0^1\mathrm{d}x\int_0^{\sqrt{2x-x^2}}f(x,y)\mathrm{d}y$

1-5-12 (2007,12) 设 D 是曲线 $y=x^2$ 与 $y=1$ 所围闭区域，$\iint\limits_D 2x\mathrm{d}\sigma$ 等于：

A. 1 B. $\frac{1}{2}$ C. 0 D. 2

1-5-13 (2006,12)设 $f(x,y)$ 是连续函数，则 $\int_0^1\mathrm{d}x\int_0^x f(x,y)\mathrm{d}y$ 等于：

A. $\int_0^x\mathrm{d}y\int_0^1 f(x,y)\mathrm{d}x$ B. $\int_0^1\mathrm{d}y\int_0^x f(x,y)\mathrm{d}x$

C. $\int_0^1\mathrm{d}y\int_0^1 f(x,y)\mathrm{d}x$ D. $\int_0^1\mathrm{d}y\int_y^1 f(x,y)\mathrm{d}x$

1-5-14 **(2006,13)** 设 L 为连接(0,0)点与(1,1)点的抛物线 $y=x^2$，则对弧长的曲线积分 $\int_L x\mathrm{d}s$ 等于：

A. $\frac{1}{12}(5\sqrt{5}-1)$　　B. $\frac{5\sqrt{5}}{12}$

C. $\frac{2}{3}(5\sqrt{5}-1)$　　D. $\frac{10\sqrt{5}}{3}$

1-5-15 **(2005,10)** 设平面闭区域 D 由 $x=0, y=0, x+y=\frac{1}{2}, x+y=1$ 所围成。$I_1=\iint\limits_D[\ln(x+y)]^3\mathrm{d}x\mathrm{d}y, I_2=\iint\limits_D(x+y)^3\mathrm{d}x\mathrm{d}y, I_3=\iint\limits_D[\sin(x+y)]^3\mathrm{d}x\mathrm{d}y$。则 I_1, I_2, I_3 之间的关系应是：

A. $I_1<I_2<I_3$　　B. $I_1<I_3<I_2$

C. $I_3<I_2<I_1$　　D. $I_3<I_1<I_2$

1-5-16 **(2005,11)** 计算由曲面 $z=\sqrt{x^2+y^2}$ 及 $z=x^2+y^2$ 所围成的立体体积的三次积分为：

A. $\int_0^{2\pi}\mathrm{d}\theta\int_0^1 r\mathrm{d}r\int_{r^2}^{r}\mathrm{d}z$　　B. $\int_0^{2\pi}\mathrm{d}\theta\int_0^1 r\mathrm{d}r\int_{r^2}^{1}\mathrm{d}z$

C. $\int_0^{2\pi}\mathrm{d}\theta\int_0^{\frac{\pi}{4}}\sin\varphi\mathrm{d}\varphi\int_0^1 r^2\mathrm{d}r$　　D. $\int_0^{2\pi}\mathrm{d}\theta\int_{\frac{\pi}{4}}^{\frac{\pi}{2}}\sin\varphi\mathrm{d}\varphi\int_0^1 r^2\mathrm{d}r$

1-5-17 设 D 是两个坐标轴和直线 $x+y=1$ 所围成的三角形区域，则 $\iint\limits_D xy\mathrm{d}\sigma$ 的值为：

A. $\frac{1}{2}$　　B. $\frac{1}{6}$

C. $\frac{1}{24}$　　D. $\frac{1}{12}$

题解及参考答案

1-5-1 **解**：$L:\begin{cases}y=x-2\\x=x\end{cases}$，$0\leqslant x\leqslant 2$，如图所示。

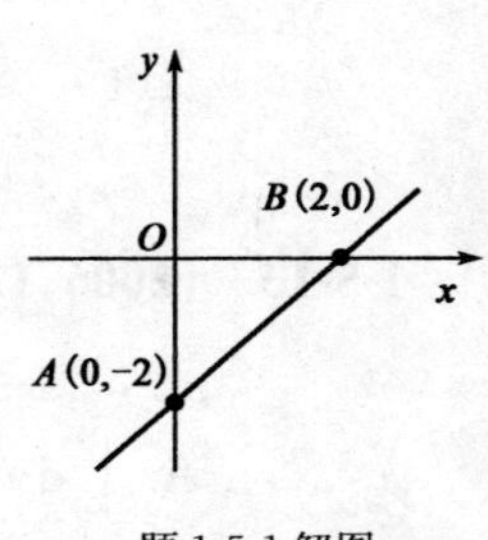

题 1-5-1 解图

$$\int_L\frac{1}{x-y}\mathrm{d}x+y\mathrm{d}y=\int_0^2\frac{1}{x-(x-2)}\mathrm{d}x+(x-2)\mathrm{d}x$$
$$=\int_0^2\left(x-\frac{3}{2}\right)\mathrm{d}x=\left(\frac{1}{2}x^2-\frac{3}{2}x\right)\Big|_0^2$$
$$=\frac{1}{2}\times4-\frac{3}{2}\times2=-1$$

答案：B

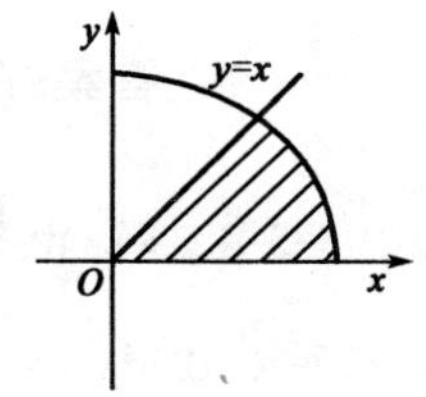

题 1-5-2 解图

1-5-2　解:D:$\begin{cases}0\leqslant\theta\leqslant\dfrac{\pi}{4}\\0\leqslant r\leqslant a\end{cases}$,如图所示。

$$\iint\limits_D \mathrm{d}x\mathrm{d}y=\int_0^{\frac{\pi}{4}}\mathrm{d}\theta\int_0^a r\mathrm{d}r=\frac{\pi}{4}\times\frac{1}{2}r^2\Big|_0^a=\frac{1}{8}\pi a^2$$

答案:A

题 1-5-3 解图

1-5-3　解:D:$0\leqslant y\leqslant 1, y\leqslant x\leqslant\sqrt{y}$

$y=x\Rightarrow x=y$;$y=x^2\Rightarrow x=\sqrt{y}$

所以二次积分交换后为$\int_0^1\mathrm{d}y\int_y^{\sqrt{y}}f(x,y)\mathrm{d}x$。

答案:D

题 1-5-4 解图

1-5-4　解:L:$y=x-1$　故L的参数方程$\begin{cases}x=x\\y=x-1\end{cases}$　$0\leqslant x\leqslant 1$

$\mathrm{d}s=\sqrt{1^2+1^2}\,\mathrm{d}x=\sqrt{2}\,\mathrm{d}x$

所以$\int_L(y-x)\mathrm{d}s=\int_0^1(x-1-x)\sqrt{2}\,\mathrm{d}x=-\sqrt{2}\times 1=-\sqrt{2}$。

答案:D

1-5-5　解:旋转体体积$V=\int_0^{\pi}\pi[(\sin x)^{\frac{3}{2}}]^2\mathrm{d}x$

$$=\pi\int_0^{\pi}\sin^3x\mathrm{d}x=\pi\int_0^{\pi}\sin_x^2\mathrm{d}(-\cos x)$$

$$=-\pi\int_0^{\pi}(1-\cos^2x)\mathrm{d}\cos x=\frac{4}{3}\pi。$$

答案:B

1-5-6　解:利用已知两点求出直线方程L:$y=-2x+2$

L的参数方程$\begin{cases}y=-2x+2\\x=x\end{cases}$,$0\leqslant x\leqslant 1$,

$\mathrm{d}S=\sqrt{1^2+(-2)^2}\,\mathrm{d}x=\sqrt{5}\,\mathrm{d}x$

$$S=\int_0^1[x^2+(-2x+2)^2]\sqrt{5}\,\mathrm{d}x$$

$$=\sqrt{5}\int_0^1[x^2+(4x^2-8x+4)]\mathrm{d}x=\sqrt{5}\int_0^1(5x^2-8x+4)\mathrm{d}x$$

$$=\sqrt{5}\left(\frac{5}{3}x^3-4x^2+4x\right)\Big|_0^1=\sqrt{5}\times\frac{5}{3}=\frac{5}{3}\sqrt{5}。$$

答案:D

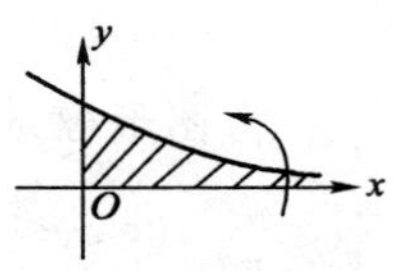

题 1-5-7 解图

1-5-7　解:　$y=e^{-x}$,即$y=\left(\dfrac{1}{e}\right)^x$,画出平面图形见图。

根据$V=\int_0^{+\infty}\pi(e^{-x})^2\mathrm{d}x$,可计算出结果。

答案:A

1-5-8 解:由题目给出的条件知,围成的图形如图所示,化为极坐标计算,$S=\iint\limits_{D}1\mathrm{d}x\mathrm{d}y$,面积元素 $\mathrm{d}x\mathrm{d}y=r\mathrm{d}r\mathrm{d}\theta$。具体计算如下。

$D:\begin{cases}0\leqslant\theta\leqslant\dfrac{\pi}{4}\\ \cos\theta\leqslant r\leqslant 2\cos\theta\end{cases}$,$S=\int_{0}^{\frac{\pi}{4}}\mathrm{d}\theta\int_{\cos\theta}^{2\cos\theta}r\mathrm{d}r=\int_{0}^{\frac{\pi}{4}}\left(\dfrac{1}{2}r^2\right)\Big|_{\cos\theta}^{2\cos\theta}\mathrm{d}\theta=\dfrac{1}{2}\int_{0}^{\frac{\pi}{4}}(4\cos^2\theta-\cos^2\theta)\mathrm{d}\theta=\dfrac{3}{2}\int_{0}^{\frac{\pi}{4}}\cos^2\theta\mathrm{d}\theta=\dfrac{3}{2}\int_{0}^{\frac{\pi}{4}}\dfrac{1+\cos2\theta}{2}\mathrm{d}\theta=\dfrac{3}{16}(\pi+2)$

题 1-5-8 解图

答案:C

1-5-9 解:通过题目给出的条件,画出图形,利用柱面坐标计算,联立消 z:
$\begin{cases}z^2=x^2+y^2\\ z=1\end{cases}$ 得 $x^2+y^2=1$,

$D_{xy}:x^2+y^2\leqslant 1$,$\Omega:\begin{cases}r\leqslant z\leqslant 1\\ 0\leqslant r\leqslant 1\\ 0\leqslant\theta\leqslant 2\pi\end{cases}$,$\mathrm{d}V=r\mathrm{d}r\mathrm{d}\theta\mathrm{d}z$

题 1-5-9 解图

则 $V=\iiint\limits_{\Omega}z\mathrm{d}V=\iiint\limits_{\Omega}zr\mathrm{d}r\mathrm{d}\theta\mathrm{d}z$,再化为柱面坐标系下的三次积分。先对 z 积分,再对 r 积分,最后对 θ 积分,即 $V=\int_{0}^{2\pi}\mathrm{d}\theta\int_{0}^{1}r\mathrm{d}r\int_{r}^{1}z\mathrm{d}z$。

答案:B

1-5-10 解:利用柱面坐标计算三重积分。立体体积 $V=\iiint 1\mathrm{d}V$,联立 $\begin{cases}x^2+y^2+z^2=2z\\ z=x^2+y^2\end{cases}$,消 z 得 $D_{xy}:x^2+y^2\leqslant 1$,由 $x^2+y^2+z^2=2z$,$x^2+y^2+(z-1)^2=1$,$(z-1)^2=1-x^2-y^2$,$z-1=\pm\sqrt{1-x^2-y^2}$,取 $z=1-\sqrt{1-x^2-y^2}$。

积分区域 Ω 在柱面坐标下的不等式组为 $\begin{cases}1-\sqrt{1-r^2}\leqslant z\leqslant r^2\\ 0\leqslant r\leqslant 1\\ 0\leqslant\theta\leqslant 2\pi\end{cases}$,$\mathrm{d}V=r\mathrm{d}r\mathrm{d}\theta\mathrm{d}z$,写成三次积分。先对 z 积,再对 r 积,最后对 θ 积,即得选项 D。

答案:D

1-5-11 解:$x^2+y^2-2x=0$,$(x-1)^2+y^2=1$,D 由 $(x-1)^2+y^2=1(y\geqslant 0)$,$x+y=2$ 与 x 轴围成,画出平面区域 D。由 $(x-1)^2+y^2=1$,$(x-1)^2=1-y^2$,$x-1=\pm\sqrt{1-y^2}$,$x=1\pm\sqrt{1-y^2}$ 取 $x=1-\sqrt{1-y^2}$

由图形确定二重积分先对 x 积分,后对 y 积分。

$D:\begin{cases}0\leqslant y\leqslant 1\\ 1-\sqrt{1-y^2}\leqslant x\leqslant 2-y\end{cases}$

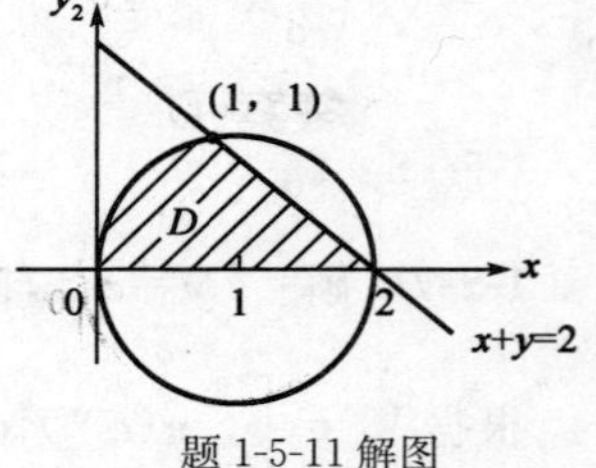

题 1-5-11 解图

故$\iint\limits_D f(x,y)\mathrm{d}x\mathrm{d}y=\int_0^1\mathrm{d}y\int_{1-\sqrt{1-y^2}}^{2-y}f(x,y)\mathrm{d}x$

答案:B

1-5-12 **解:**画出积分区域图形。求$\begin{cases}y=x^2\\y=1\end{cases}$,得交点$(-1,1)$,$(1,1)$,

区域D:$\begin{cases}-1\leqslant x\leqslant 1\\x^2\leqslant y\leqslant 1\end{cases}$,

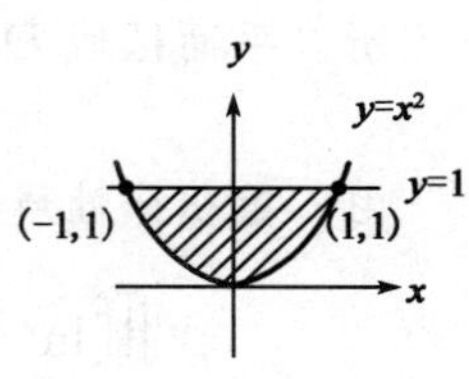

题 1-5-12 解图

原式$=\int_{-1}^1\mathrm{d}x\int_{x^2}^1 2x\mathrm{d}y=\int_{-1}^1 2xy\Big|_{x^2}^1\mathrm{d}x=\int_{-1}^1 2x(1-x^2)\mathrm{d}x$

$=\int_{-1}^1(2x-2x^3)\mathrm{d}x=\left(x^2-\dfrac{1}{2}x^4\right)\Big|_{-1}^1=0$

或利用二重积分的对称性质计算。积分区域D关于y轴对称,函数满足$f(-x,y)=-f(x,y)$,即函数$f(x,y)$是关于x的奇函数,则二重积分$\iint\limits_D f(x,y)\mathrm{d}x\mathrm{d}y=0$。

答案:C

1-5-13 **解:**本题要求改变二重积分的积分顺序。将先对y积分、后对x积分,换成先对x积分、后对y积分。

通过给出的条件D:$\begin{cases}0\leqslant y\leqslant x\\0\leqslant x\leqslant 1\end{cases}$,把积分区域(见解图)$D$复原;

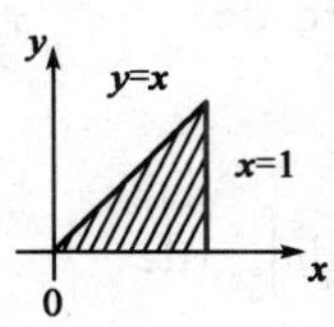

题 1-5-13 解图

再写出先对x积分、后对y积分

D:$\begin{cases}0\leqslant y\leqslant 1\\y\leqslant x\leqslant 1\end{cases}$

原式$=\int_0^1\mathrm{d}y\int_y^1 f(x,y)\mathrm{d}x$

答案:D

1-5-14 **解:**利用对弧长的曲线积分计算。

L:$\begin{cases}y=x^2\\x=x\end{cases}(0\leqslant x\leqslant 1)$,$\mathrm{d}s=\sqrt{1+4x^2}\,\mathrm{d}x$

原式$=\int_0^1 x\sqrt{1+4x^2}\,\mathrm{d}x=\dfrac{1}{8}\int_0^1\sqrt{1+4x^2}\,\mathrm{d}(1+4x^2)=\dfrac{1}{8}\times\dfrac{2}{3}(1+4x^2)^{\frac{3}{2}}\Big|_0^1$

$=\dfrac{1}{12}(5\sqrt{5}-1)$

答案:A

1-5-15 **解:**为了观察方便,做出平面区域D的图形(见解图),区域D在直线$x+y=1$的下方,在直线$x+y=\dfrac{1}{2}$上方以及由直线$x=0$,$y=0$围成。积分区域D上的点满足$\dfrac{1}{2}\leqslant x+y\leqslant 1$。

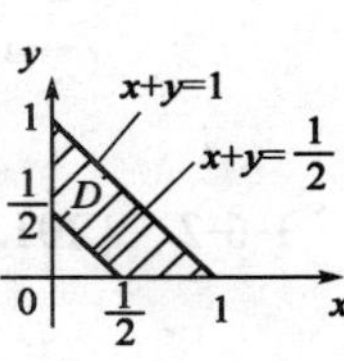

题 1-5-15 解图

故 $\ln(x+y)\leqslant 0,[\ln(x+y)]^3\leqslant 0$

由三角函数知识，当 $0<x<\dfrac{\pi}{2}$ 时，$\sin x<x$，而 D 上的点满足 $\dfrac{1}{2}\leqslant x+y\leqslant 1$，也即满足条件 $0<(x+y)<\dfrac{\pi}{2}$。

故 $0<\sin(x+y)<x+y,0<\sin(x+y)^3<(x+y)^3$

所以平面区域 D 上的点满足：

$$[\ln(x+y)]^3<[\sin(x+y)]^3<(x+y)^3$$

由二重积分性质：

$$\iint_D[\ln(x+y)]^3\mathrm{d}x\mathrm{d}y<\iint_D[\sin(x+y)]^3\mathrm{d}x\mathrm{d}y<\iint_D(x+y)^3\mathrm{d}x\mathrm{d}y$$

答案：B

1-5-16　解：画出图形（见解图）。

求出投影区域 D_{xy}

利用方程组 $\begin{cases}z=\sqrt{x^2+y^2}\\ z=x^2+y^2\end{cases}$ 消去字母 z，得 $D_{xy}:x^2+y^2\leqslant 1$。

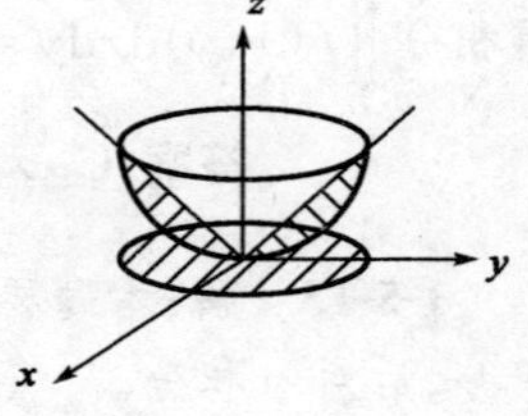

题 1-5-16 解图

写出在柱面坐标系下计算立体体积的三次积分表示式：

$$\begin{cases}r^2\leqslant z\leqslant r\\ 0\leqslant r\leqslant 1\\ 0\leqslant\theta\leqslant 2\pi\end{cases},\mathrm{d}V=r\mathrm{d}r\mathrm{d}\theta\mathrm{d}z$$

$$V=\iiint_\Omega 1\mathrm{d}V=\int_0^{2\pi}\mathrm{d}\theta\int_0^1 r\mathrm{d}r\int_{r^2}^{r}1\mathrm{d}z$$

答案：A

1-5-17　解：画出积分区域 D 的图形，把二重积分化为二次积分，$\iint_D xy\mathrm{d}\sigma=\int_0^1\mathrm{d}x\int_0^{1-x}xy\mathrm{d}y$，计算出最后答案。

答案：C

（六）级数

1-6-1　(2014,12) 级数 $\sum_{n=1}^{\infty}(-1)^n\dfrac{1}{n^{p-1}}$：

A. 当 $1<p\leqslant 2$ 时条件收敛　　B. 当 $p>2$ 时条件收敛

C. 当 $p<1$ 时条件收敛　　D. 当 $p>1$ 时条件收敛

1-6-2　(2013,17) 级数 $\sum_{n=1}^{\infty}\dfrac{(2x+1)^n}{n}$ 的收敛域是：

A. $(-1,1)$　　B. $[-1,1]$　　C. $[-1,0)$　　D. $(-1,0)$

1-6-3 **(2013,12)**正项级数 $\sum_{n=1}^{\infty} a_n$ 的部分和数列 $\{S_n\}$($S_n=\sum_{i=1}^{n} a_i$)有上界是该级数收敛的：

A. 充分必要条件　　B. 充分条件而非必要条件

C. 必要条件而非充分条件　　D. 既非充分又非必要条件

1-6-4 **(2013,17)**下列幂级数中，收敛半径 $R=3$ 的幂级数是：

A. $\sum_{n=0}^{\infty} 3x^n$　　B. $\sum_{n=0}^{\infty} 3^n x^n$　　C. $\sum_{n=0}^{\infty} \frac{1}{3^{\frac{n}{2}}} x^n$　　D. $\sum_{n=0}^{\infty} \frac{1}{3^{n+1}} x^n$

1-6-5 **(2012,10)**下列级数中，条件收敛的是：

A. $\sum_{n=1}^{\infty} \frac{(-1)^n}{n}$　　B. $\sum_{n=1}^{\infty} \frac{(-1)^n}{n^3}$

C. $\sum_{n=1}^{\infty} \frac{(-1)^n}{n(n+1)}$　　D. $\sum_{n=1}^{\infty} (-1)^n \frac{n+1}{n+2}$

1-6-6 **(2012,11)**当 $|x|<\frac{1}{2}$ 时，函数 $f(x)=\frac{1}{1+2x}$ 的麦克劳林展开式正确的是：

A. $\sum_{n=0}^{\infty} (-1)^{n+1}(2x)^n$　　B. $\sum_{n=0}^{\infty} (-2)^n x^n$

C. $\sum_{n=1}^{\infty} (-1)^n 2^n x^n$　　D. $\sum_{n=1}^{\infty} 2^n x^n$

1-6-7 **(2011,13)**若级数 $\sum_{n=1}^{\infty} u_n$ 收敛，则下列级数中不收敛的是：

A. $\sum_{n=1}^{\infty} k u_n (k\neq 0)$　　B. $\sum_{n=1}^{\infty} u_{n+100}$

C. $\sum_{n=1}^{\infty} \left(u_{2n}+\frac{1}{2^n}\right)$　　D. $\sum_{n=1}^{\infty} \frac{50}{u_n}$

1-6-8 **(2011,14)**设幂级数 $\sum_{n=0}^{\infty} a_n x^n$ 的收敛半径为2，则幂级数 $\sum_{n=1}^{\infty} n a_n (x-2)^{n+1}$ 的收敛区间是：

A. $(-2,2)$　　B. $(-2,4)$

C. $(0,4)$　　D. $(-4,0)$

1-6-9 **(2010,13)**下列各级数中发散的是：

A. $\sum_{n=1}^{\infty} \frac{1}{\sqrt{n+1}}$　　B. $\sum_{n=1}^{\infty} (-1)^{n-1} \frac{1}{\ln(n+1)}$

C. $\sum_{n=1}^{\infty} \frac{n+1}{3^n}$　　D. $\sum_{n=1}^{\infty} (-1)^{n-1} \left(\frac{2}{3}\right)^n$

1-6-10 **(2010,14)**幂级数 $\sum_{n=1}^{\infty} \frac{(x-1)^n}{3^n n}$ 的收敛域是：

A. $[-2,4)$　　B. $(-2,4)$　　C. $(-1,1)$　　D. $\left[-\frac{1}{3},\frac{4}{3}\right)$

1-6-11　**(2009,13)**已知级数$\sum_{n=1}^{\infty}(u_{2n}-u_{2n+1})$是收敛的，则下列结论成立的是：

A. $\sum_{n=1}^{\infty}u_n$ 必收敛　　B. $\sum_{n=1}^{\infty}u_n$ 未必收敛

C. $\lim_{n\to\infty}u_n=0$　　D. $\sum_{n=1}^{\infty}u_n$ 发散

1-6-12　**(2009,14)**函数$\frac{1}{3-x}$展开成$(x-1)$的幂级数是：

A. $\sum_{n=0}^{\infty}\frac{x^n}{2^n}$　　B. $\sum_{n=0}^{\infty}\left(\frac{1-x}{2}\right)^n$

C. $\sum_{n=0}^{\infty}\frac{(x-1)^n}{2^{n+1}}$　　D. $\sum_{n=0}^{\infty}(-1)^n\frac{x^n}{4^{n+1}}$

1-6-13　**(2008,14)**级数$\sum_{n=1}^{\infty}\frac{(-1)^{n-1}}{n}$的收敛性是：

A. 绝对收敛　　B. 条件收敛

C. 等比级数收敛　　D. 发散

1-6-14　**(2008,15)**函数 e^x 展开成为 $x-1$ 的幂函数是：

A. $\sum_{n=0}^{\infty}\frac{(x-1)^n}{n!}$　　B. $e\sum_{n=0}^{\infty}\frac{(x-1)^n}{n!}$

C. $\sum_{n=0}^{\infty}\frac{(x-1)^n}{n}$　　D. $\sum_{n=0}^{\infty}\frac{(x-1)^n}{ne}$

1-6-15　**(2007,14)**下列各级数发散的是：

A. $\sum_{n=1}^{\infty}\sin\frac{1}{n}$　　B. $\sum_{n=1}^{\infty}(-1)^{n-1}\frac{1}{\ln(n+1)}$

C. $\sum_{n=1}^{\infty}\frac{n+1}{3^{\frac{n}{2}}}$　　D. $\sum_{n=1}^{\infty}(-1)^{n-1}\left(\frac{2}{3}\right)^n$

1-6-16　**(2007,15)**函数$\frac{1}{x}$展开成$(x-2)$的幂级数是：

A. $\sum_{n=0}^{\infty}(-1)^n\frac{(x-2)^n}{2^{n+1}}$　　B. $\sum_{n=0}^{\infty}\frac{(x-2)^n}{2^{n+1}}$

C. $\sum_{n=0}^{\infty}\frac{(x-2)^n}{2^n}$　　D. $\sum_{n=0}^{\infty}(x-2)^n$

1-6-17　**(2006,14)**已知函数$\sum_{n=1}^{\infty}(u_{2n-1}-u_{2n})$是收敛的，则下列结果成立的是：

A. $\sum_{n=1}^{\infty}u_n$ 必收敛

B. $\sum_{n=1}^{\infty}u_n$ 未必收敛

C. $\lim_{n\to\infty}u_n=0$

D. $\sum_{n=1}^{\infty}u_n$ 发散

1-6-18 **(2006,15)**级数$\sum_{n=0}^{\infty}(-1)^n x^n$ 在$|x|<1$ 内收敛于函数：

A. $\frac{1}{1-x}$

B. $\frac{1}{1+x}$

C. $\frac{x}{1-x}$

D. $\frac{x}{1+x}$

1-6-19 **(2005,13)**级数$\sum_{n=1}^{\infty}\frac{\sin\frac{n\pi}{2}}{\sqrt{n^3}}$的收敛性是：

A. 绝对收敛

B. 发散

C. 条件收敛

D. 无法判定

1-6-20 **(2005,14)**级数$\sum_{n=1}^{\infty}(-1)^{n-1}x^n$ 的和函数是：

A. $\frac{1}{1+x}(-1<x<1)$

B. $\frac{x}{1+x}(-1<x<1)$

C. $\frac{x}{1-x}(-1<x<1)$

D. $\frac{1}{1-x}(-1<x<1)$

1-6-21 **(2005,15)**设 $f(x)=\begin{cases} x & 0\leqslant x\leqslant\frac{\pi}{2} \\ \pi & \frac{\pi}{2}<x<\pi \end{cases}$，$S(x)=\sum_{n=1}^{\infty}b_n\sin nx$，其中 $b_n=\frac{2}{\pi}\int_0^{\pi}f(x)\sin nx\,dx$，则 $S\left(-\frac{\pi}{2}\right)$的值是：

A. $\frac{\pi}{2}$

B. $\frac{3\pi}{4}$

C. $-\frac{3\pi}{4}$

D. 0

1-6-22 **(2005,16)**级数$\sum_{n=1}^{\infty}u_n$ 收敛的充要条件是：

A. $\lim_{n\to\infty}u_n=0$

B. $\lim_{n\to\infty}\frac{u_{n+1}}{u_n}=r<1$

C. $u_n\leqslant\frac{1}{n^2}$

D. $\lim_{n\to\infty}S_n$ 存在（其中 $S_n=u_1+u_2+\cdots+u_n$）

1-6-23 **(2005,17)**正项级数$\sum_{n=1}^{\infty}a_n$，判定 $\lim_{n\to\infty}\frac{a_{n+1}}{a_n}=q<1$ 是此正项级数收敛的什么条件？

A. 充分条件,但非必要条件　　B. 必要条件,但非充分条件
C. 充分必要条件　　D. 既非充分条件,又非必要条件

1-6-24　级数前 n 项和 $S_n=a_1+a_2+\cdots+a_n$,若 $a_n\geqslant 0$,判断数列 $\{S_n\}$ 有界是级数 $\sum\limits_{n=1}^{\infty}a_n$ 收敛的什么条件?

A. 充分条件,但非必要条件　　B. 必要条件,但非充分条件
C. 充分必要条件　　D. 既非充分条件,又非必要条件

题解及参考答案

1-6-1　**解:** $\sum\limits_{n=1}^{\infty}(-1)^n\dfrac{1}{n^{p-1}}$ 级数条件收敛应满足条件:①取绝对值后级数发散;②原级数收敛。

$\sum\limits_{n=1}^{\infty}\left|(-1)^n\dfrac{1}{n^{p-1}}\right|=\sum\limits_{n=1}^{\infty}\dfrac{1}{n^{p-1}}$,当 $0<p-1\leqslant 1$ 时,即 $1<p\leqslant 2$,取绝对值后级数发散,原级数 $\sum\limits_{n=1}^{\infty}(-1)^n\dfrac{1}{n^{p-1}}$ 为交错级数。

当 $p-1>0$ 时,即 $p>1$,① $\dfrac{1}{n^{p-1}}>\dfrac{1}{(n+1)^{p-1}}$;② $\lim\limits_{n\to\infty}\dfrac{1}{n^{p-1}}=0$,故 $\sum\limits_{n-1}^{\infty}(-1)^n\dfrac{1}{n^{p-1}}$ 收敛。

综合以上结论 $1<p\leqslant 2$ 和 $p>1$,应为 $1<p\leqslant 2$。

答案:A

1-6-2　**解:** 设 $2x+1=z$,级数为 $\sum\limits_{n=1}^{\infty}\dfrac{z^n}{n}$。

$$\lim_{n\to\infty}\left|\frac{a_{n+1}}{a_n}\right|=\lim_{n\to\infty}\frac{\frac{1}{n+1}}{\frac{1}{n}}=1,\rho=1,R=\frac{1}{\rho}=1$$

当 $z=1$ 时,$\sum\limits_{n=1}^{\infty}\dfrac{1}{n}$ 发散,当 $z=-1$ 时,$\sum\limits_{n=1}^{\infty}\dfrac{(-1)^n}{n}$ 收敛,

所以 $-1\leqslant z<1$ 收敛,即 $-1\leqslant 2x+1<1$,$-1\leqslant x<0$。

答案:C

1-6-3　**解:** 由定理可判断,即正项级数 $\sum\limits_{n=1}^{\infty}u_n$ 收敛的充分必要条件是,它的部分和数列 $\{S_n\}$ 有界。

答案:A

1-6-4　**解:** $R=3$,则 $\rho=\dfrac{1}{3}$

A 项:$\sum\limits_{n=0}^{\infty}3x^n$,$\lim\limits_{n\to\infty}\left|\dfrac{a_{n+1}}{a_n}\right|=1$

B 项:$\sum\limits_{n=1}^{\infty}3^nx^n$,$\lim\limits_{n\to x}\dfrac{3^{n+1}}{3^n}=3$

C 项：$\sum_{n=0}^{\infty}\frac{1}{3^{\frac{n}{2}}}x^n,\lim_{n\to\infty}\frac{\frac{1}{3^{\frac{n+1}{2}}}}{\frac{1}{3^{\frac{n}{2}}}}=\lim_{n\to\infty}\frac{1}{3^{\frac{n+1}{2}}}\cdot 3^{\frac{n}{2}}=\lim_{n\to\infty}3^{\frac{n}{2}-\frac{n+1}{2}}=3^{-\frac{1}{2}}$

D 项：$\sum_{n=0}^{\infty}\frac{1}{3^{n+1}}x^n,\lim_{n\to\infty}\frac{\frac{1}{3^{n+2}}}{\frac{1}{3^{n+1}}}=\lim_{n\to\infty}\frac{3^{n+1}}{3^{n+2}}\cdot\frac{1}{3},\rho=\frac{1}{3},R=\frac{1}{\rho}=3$

答案:D

1-6-5 解:$\sum_{n=1}^{\infty}\left|\frac{(-1)^n}{n}\right|=\sum_{n=1}^{\infty}\cdot\frac{1}{n}$,发散；

而$\sum_{n=1}^{\infty}\frac{(-1)^n}{n}$满足:①$u_n\geqslant u_{n+1}$;②$\lim_{n\to\infty}u_n=0$,收敛。

所以级数条件收敛。

答案:A

1-6-6 解:$|x|<\frac{1}{2}$,即$-\frac{1}{2}<x<\frac{1}{2}$

$f(x)=\frac{1}{1+2x}$

已知:$\frac{1}{1+x}=1-x+x^2-x^3+\cdots+(-1)^nx^n+\cdots=\sum_{n=0}^{\infty}(-1)^nx^n\quad(-1<x<1)$

$\frac{1}{1+2x}=1-(2x)+(2x)^2-(2x)^3+\cdots+(-1)^n(2x)^n+\cdots$

$=\sum_{n=0}^{\infty}(-1)^n(2x)^n=\sum_{n=0}^{\infty}(-2)^nx^n\quad(-1<2x<1,\text{即}-\frac{1}{2}<x<\frac{1}{2})$

答案:B

1-6-7 解:利用级数性质易判定选项 A、B、C 均收敛;对于选项 D,因$\sum_{n=1}^{\infty}u_n$收敛;则有$\lim_{x\to\infty}u_n=0$,而级数$\sum_{n=1}^{\infty}\frac{50}{u_n}$的一般项为$\frac{50}{u_n}$,计算$\lim_{x\to\infty}\frac{50}{u_n}\to\infty$,故选项 D 的级数发散。

答案:D

1-6-8 解:由已知条件可知$\lim_{n\to\infty}\left|\frac{a_{n+1}}{a_n}\right|=\frac{1}{2}$,设$x-2=t$,幂级数$\sum_{n=1}^{\infty}na_n(x-2)^{n+1}$化为$\sum_{n=1}^{\infty}na_nt^{n+1}$,求系数比的极限确定收敛半径,$\lim_{n\to\infty}\left|\frac{(n+1)a_{n+1}}{na_n}\right|=\lim_{n\to\infty}\left|\frac{n+1}{n}\cdot\frac{a_{n+1}}{a_n}\right|=\frac{1}{2}$,$R=2$,即$|t|\leqslant 2$收敛,代入得$-2<x-2<2$,即$0<x<4$收敛。

答案:C

1-6-9 解:利用交错级数收敛法可判定选项 B 的级数收敛;利用正项级数比值法可判定选项 C 的级数收敛;利用等比级数收敛性的结论知选项 D 的级数收敛,故发散的是选项 A 的级数。

或直接通过正项级数比较法的极限形式判定，$\lim\limits_{n\to\infty}\dfrac{U_n}{V_n}=\lim\limits_{n\to\infty}\dfrac{\frac{1}{\sqrt{n+1}}}{\frac{1}{n}}=\lim\limits_{n\to\infty}\dfrac{n}{\sqrt{n+1}}=\infty$，因级数$\sum\limits_{n=\infty}^{\infty}\dfrac{1}{n}$发散，故$\sum\limits_{n=1}^{\infty}\dfrac{1}{\sqrt{n+1}}$发散。

答案：A

1-6-10 **解**：设 $x-1=t$，级数化为$\sum\limits_{n=1}^{\infty}\dfrac{t^n}{3^n n}$，求级数的收敛半径。因$\lim\limits_{n\to\infty}\left|\dfrac{a_{n+1}}{a_n}\right|=\lim\limits_{n\to\infty}\dfrac{\frac{1}{3^{n+1}(n+1)}}{\frac{1}{3^n\times n}}=\lim\limits_{n\to\infty}\dfrac{n-3^n}{(n+1)3^{n+1}}=\dfrac{1}{3}$，则$R=\dfrac{1}{\rho}=3$，即$|t|<3$收敛。再判定$t=3$，$t=-3$时的敛散性，当$t=3$时发散，当$t=-3$时收敛。计算如下：$t=3$代入级数，$\sum\limits_{n=1}^{\infty}\dfrac{1}{n}$，调和级数发散。$t=-3$代入级数，$\sum\limits_{n=1}^{\infty}(-1)^n\dfrac{1}{n}$，交错级数，满足莱布尼兹条件，收敛。代回，最后得$-2\leqslant x<4$。

答案：A

1-6-11 **解**：通过举例说明。

①取 $u_n=1$，级数$\sum\limits_{n=1}^{\infty}u_n=\sum\limits_{n=1}^{\infty}1$，级数发散，而$\sum\limits_{n=1}^{\infty}(u_{2n}-u_{2n+1})=\sum\limits_{n=1}^{\infty}(1-1)=\sum\limits_{n=1}^{\infty}0$，级数收敛。

②取 $u_n=0$，$\sum\limits_{n=1}^{\infty}u_n=\sum\limits_{n=1}^{\infty}0$，级数收敛，而$\sum\limits_{n=1}^{\infty}(u_{2n}-u_{2n+1})=\sum\limits_{n=1}^{\infty}0$，级数收敛。

答案：B

1-6-12 **解**：将函数$\dfrac{1}{3-x}$变形，利用公式$\dfrac{1}{1-x}=1+x+x^2+\cdots+x^n+\cdots\quad(-1,1)$，将函数展开成 $x-1$ 幂级数，即变形$\dfrac{1}{3-x}=\dfrac{1}{2-(x-1)}=\dfrac{1}{2\left(1-\frac{x-1}{2}\right)}=\dfrac{1}{2}\cdot\dfrac{1}{1-\frac{x-1}{2}}$，利用公式写出最后结果。

答案：C

1-6-13 **解**：把级数各项取绝对值$\sum\limits_{n=1}^{\infty}\left|\dfrac{(-1)^{n-1}}{n}\right|=\sum\limits_{n=1}^{\infty}\dfrac{1}{n}$，调和级数$\sum\limits_{n=1}^{\infty}\dfrac{1}{n}$发散，即取绝对值后级数发散。

原级数为交错级数，满足 $u_n\geqslant u_{n+1}$，且$\lim\limits_{n\to\infty}u_n=0$，级数$\sum\limits_{n=1}^{\infty}(-1)^{n-1}\dfrac{1}{n}$收敛。

故原级数条件收敛。

答案：B

1-6-14 **解**：已知 $e^x=e^{x-1+1}=e\cdot e^{x-1}$。

利用已知函数的展开式 $e^x=1+\dfrac{1}{1!}x+\dfrac{1}{2!}x^2+\cdots+\dfrac{1}{n!}x^n+\cdots(-\infty,+\infty)$

函数 e^{x-1} 展开式为：

$$e^{x-1}=1+\frac{1}{1!}(x-1)+\frac{1}{2!}(x-1)^2+\cdots+\frac{1}{n!}(x-1)^n+\cdots=\sum_{n=0}^{\infty}\frac{1}{n!}(x-1)^n$$

所以 $e^x=e\cdot e^{x-1}=e\sum\limits_{n=0}^{\infty}\frac{1}{n!}(x-1)^n$

答案：B

1-6-15 **解**：选项 B 为交错级数，由莱布尼兹判别法判定其收敛；选项 C，由正项级数比值收敛法判定其收敛。

$$\lim_{n\to\infty}\frac{u_{n+1}}{u_n}=\lim_{n\to\infty}\frac{\dfrac{n+2}{3^{\frac{n+1}{2}}}}{\dfrac{n+1}{3^{\frac{n}{2}}}}=\lim_{n\to\infty}\frac{1}{\sqrt{3}}\cdot\frac{n+2}{n+1}=\frac{1}{\sqrt{3}}<1$$

选项 D 为等比级数，公比 $|q|=\frac{2}{3}<1$，收敛。

选项 A 发散，用正项级数比较法判定。

$$\lim_{n\to\infty}\frac{\sin\dfrac{1}{n}}{\dfrac{1}{n}}=\lim_{t\to 0}\frac{\sin t}{t}=1$$

因为调和级数 $\sum\limits_{n=1}^{\infty}\frac{1}{n}$ 发散，所以 $\sum\limits_{n=1}^{\infty}\sin\frac{1}{n}$ 发散。

答案：A

1-6-16 **解**：将函数 $\frac{1}{x}$ 变形后，再利用已知函数 $\frac{1}{1+x}$ 的展开式写出结果。

$$\frac{1}{x}=\frac{1}{2+(x-2)}=\frac{1}{2}\frac{1}{1+\dfrac{x-2}{2}}$$

已知 $\frac{1}{1+x}=1-x+x^2-\cdots=\sum\limits_{n=0}^{\infty}(-1)^n x^n$

所以 $\frac{1}{x}=\frac{1}{2}\frac{1}{1+\frac{x-2}{2}}=\frac{1}{2}\sum\limits_{n=0}^{\infty}(-1)^n\left(\frac{x-2}{2}\right)^n$

$$=\sum_{n=0}^{\infty}(-1)^n\frac{1}{2^{n+1}}(x-2)^n$$

答案：A

1-6-17 **解**：举反例说明，符合题目条件的级数有两种不同的结果，一种可能收敛，另一种可能发散。

例：令 $u_n=0$，级数 $\sum\limits_{n=1}^{\infty}u_n$，则 $\sum\limits_{n=1}^{\infty}(u_{2n-1}-u_{2n})=\sum\limits_{n=1}^{\infty}0=0$，

而 $\sum\limits_{n=1}^{\infty}u_n$ 收敛，说明选项 D 错误。

例：令 $u_n=1$，级数 $\sum\limits_{n=1}^{\infty}u_n$，则 $\sum\limits_{n=1}^{\infty}(u_{2n-1}-u_{2n})=\sum\limits_{n=1}^{\infty}0=0$，

而$\sum\limits_{n=1}^{\infty}u_n$发散，说明选项A、C错误。

综合以上两例，满足条件的级数未必收敛。

答案:B

1-6-18 **解**:级数$\sum\limits_{n=0}^{\infty}(-1)^n x^n=1-x+x^2-x^3+\cdots+(-1)^n x^n$为公比$q=-x$的等比级数，且$|q|=|x|<1$。

故级数收敛，和函数$S(x)=\dfrac{a_1}{1-q}=\dfrac{1}{1+x}$。

答案:B

1-6-19 **解**:将级数各项取绝对值得$\sum\limits_{n=1}^{\infty}\left|\dfrac{\sin\frac{n\pi}{2}}{\sqrt{n^3}}\right|$，而$\left|\dfrac{\sin\frac{n\pi}{2}}{\sqrt{n^3}}\right|\leqslant\dfrac{1}{n^{\frac{3}{2}}}$

级数$\sum\limits_{n=1}^{\infty}\dfrac{1}{n^{\frac{3}{2}}}$中，$P=\dfrac{3}{2}>1$，故收敛。

由正项级数比较法，级数$\sum\limits_{n=1}^{\infty}\left|\dfrac{\sin\frac{n}{2}\pi}{\sqrt{n^3}}\right|$收敛。

所以原级数$\sum\limits_{n=1}^{\infty}\dfrac{\sin\frac{n}{2}\pi}{\sqrt{n^3}}$绝对收敛。

答案:A

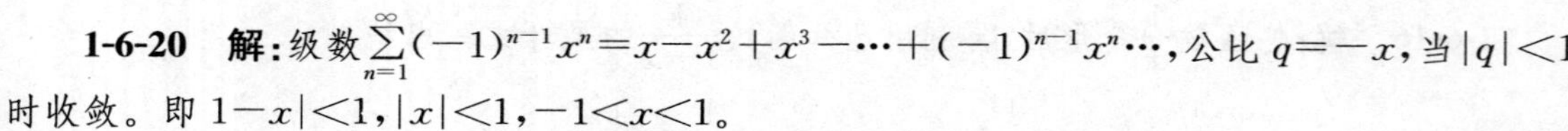

1-6-20 **解**:级数$\sum\limits_{n=1}^{\infty}(-1)^{n-1}x^n=x-x^2+x^3-\cdots+(-1)^{n-1}x^n\cdots$，公比$q=-x$，当$|q|<1$时收敛。即$1-x|<1,|x|<1,-1<x<1$。

级数的和函数$S(x)=\dfrac{a_1}{1-q}=\dfrac{x}{1+x}\qquad(-1,1)$

答案:B

1-6-21 **解**:将函数奇延拓，并作周期延拓。

画出在$(-\pi,\pi]$函数的图形

$x=-\dfrac{\pi}{2}$为函数的间断点

由狄利克雷收敛定理：

$$S\left(-\frac{\pi}{2}\right)=\frac{f\left(-\frac{\pi}{2}+0\right)+f\left(-\frac{\pi}{2}-0\right)}{2}$$

$$=\frac{-\frac{\pi}{2}-\pi}{2}=-\frac{3}{4}\pi$$

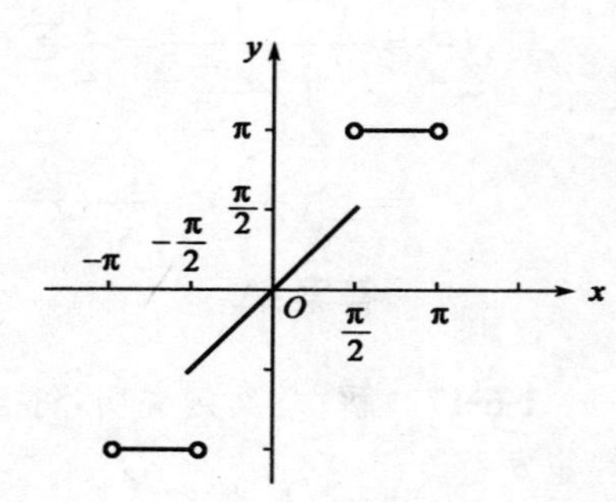

图1-6-21解图

答案:C

1-6-22 **解：**题中未说明级数是何种级数。

选项 B、C 仅适用于正项级数，故 B、C 不一定适用。

选项 A 为级数收敛的必要条件，不是充分条件。

选项 D 对任何级数都适用，是级数收敛的充要条件。

答案：D

1-6-23 **解：**利用正项级数比值法确定级数收敛，而判定正项级数收敛还有其他的方法，因而选 A。

答案：A

1-6-24 **解：**用正项级数基本定理判定。

答案：C

（七）常微分方程

1-7-1 **(2014,10)**微分方程 $xy'-y=x^2e^{2x}$ 通解 y 等于：

A. $x(\frac{1}{2}e^{2x}+C)$　　B. $x(e^{2x}+C)$

C. $x(\frac{1}{2}x^2e^{2x}+C)$　　D. $x^2e^{2x}+C$

1-7-2 **(2014,13)**函数 $y=C_1e^{-x+c_2}$（C_1，C_2 为任意常数）是微分方程 $y''-y'-2y=0$ 的：

A. 通解　　B. 特解

C. 不是解　　D. 解，既不是通解又不是特解

1-7-3 **(2013,10)**微分方程 $xy'-y\ln y=0$ 满足 $y(1)=e$ 的特解是：

A. $y=ex$　　B. $y=e^x$　　C. $y=e^{2x}$　　D. $y=\ln x$

1-7-4 **(2013,14)**微分方程 $y''-3y'+2y=xe^x$ 的待定特解的形式是：

A. $y=(Ax^2+Bx)e^x$　　B. $y=(Ax+B)e^x$

C. $y=Ax^2e^x$　　D. $y=Axe^x$

1-7-5 **(2012,12)**已知微分方程 $y'+p(x)y=q(x)[q(x)\neq 0]$ 有两个不同的特解 $y_1(x)$，$y_2(x)$，则该微分方程的通解是：（C 为任意常数）

A. $y=C(y_1-y_2)$　　B. $y=C(y_1+y_2)$

C. $y=y_1+C(y_1+y_2)$　　D. $y=y_1+C(y_1-y_2)$

1-7-6 **(2012,13)**以 $y_1=e^x$，$y_2=e^{-3x}$ 为特解的二阶线性常系数齐次微分方程是：

A. $y''-2y'-3y=0$　　B. $y''+2y'-3y=0$

C. $y''-3y'+2y=0$　　D. $y''+3y'+2y=0$

1-7-7 **(2011,15)**微分方程 $xy\mathrm{d}x=\sqrt{2-x^2}\,\mathrm{d}y$ 的通解是：

A. $y=e^{-c\sqrt{2-x^2}}$　　B. $y=e^{-\sqrt{2-x^2}}+c$

C. $y=ce^{-\sqrt{2-x^2}}$　　D. $y=c-\sqrt{2-x^2}$

1-7-8 **(2011,16)**微分方程$\frac{\mathrm{d}y}{\mathrm{d}x}-\frac{y}{x}=\tan\frac{y}{x}$的通解是：($C$ 为任意常数)

A. $\sin\frac{y}{x}=Cx$　　B. $\cos\frac{y}{x}=Cx$

C. $\sin\frac{y}{x}=x+C$　　D. $Cx\sin\frac{y}{x}=1$

1-7-9 **(2010,15)**微分方程 $y''+2y=0$ 的通解是：

A. $y=A\sin 2x$

B. $y=A\cos x$

C. $y=\sin\sqrt{2}\,x+B\cos\sqrt{2}\,x$

D. $y=A\sin\sqrt{2}\,x+B\cos\sqrt{2}\,x$

1-7-10 **(2010,16)**微分方程 $y\mathrm{d}x+(x-y)\mathrm{d}y=0$ 的通解是：(C 为任意常数)

A. $\left(x-\frac{y}{2}\right)y=C$　　B. $xy=C\left(x-\frac{y}{2}\right)$

C. $xy=C$　　D. $y=\frac{C}{\ln\left(x-\frac{y}{2}\right)}$

1-7-11 **(2009,15)**微分方程$(3+2y)x\mathrm{d}x+(1+x^2)\mathrm{d}y=0$ 的通解为：(C 为任意常数)

A. $1+x^2=Cy$　　B. $(1+x^2)(3+2y)=C$

C. $(3+2y)^2=\frac{C}{1+x^2}$　　D. $(1+x^2)^2(3+2y)=C$

1-7-12 **(2009,16)**微分方程 $y''+ay'^2=0$ 满足条件 $y|_{x=0}=0, y'|_{x=0}=-1$ 的特解是：

A. $\frac{1}{a}\ln|1-ax|$　　B. $\frac{1}{a}\ln|ax|+1$

C. $ax-1$　　D. $\frac{1}{a}x+1$

1-7-13 **(2008,16)**微分方程$(1+2y)x\mathrm{d}x+(1+x^2)\mathrm{d}y$ 的通解为：(C 为任意常数)

A. $\frac{1+x^2}{1+2y}=C$　　B. $(1+x^2)(1+2y)=C$

C. $(1+2y)^2=\frac{C}{1+x^2}$　　D. $(1+x^2)^2(1+2y)=C$

1-7-14 **(2008,17)**微分方程 $y''=(y')^2$ 的通解是:(C_1,C_2 为任意常数)

A. $\ln x+C$　　B. $\ln(x+C)$

C. $C_2+\ln|x+C_1|$　　D. $C_2-\ln|x+C_1|$

1-7-15 **(2008,18)**下列函数中不是方程 $y''-2y'+y=0$ 的解的函数是:

A. x^2e^x　　B. e^x

C. xe^x　　D. $(x+2)e^x$

1-7-16 **(2007,16)**微分方程 $\cos y\mathrm{d}x+(1+e^{-x})\sin y\mathrm{d}y=0$ 满足初始条件 $y|_{x=0}=\frac{\pi}{3}$ 的特解是:

A. $\cos y=\frac{1}{4}(1+e^x)$　　B. $\cos y=1+e^x$

C. $\cos y=4(1+e^x)$　　D. $\cos^2 y=1+e^x$

1-7-17 **(2007,17)**微分方程 $y''=x+\sin x$ 的通解是:(C_1,C_2 为任意常数)

A. $\frac{1}{3}x^2+\sin x+C_1x+C_2$　　B. $\frac{1}{6}x^3-\sin x+C_1x+C_2$

C. $\frac{1}{2}x^2-\cos x+C_1x-C_2$　　D. $\frac{1}{2}x^2+\sin x-C_1x+C_2$

1-7-18 **(2007,18)**微分方程 $y''-4y=4$ 的通解是:(C_1,C_2 为任意常数)

A. $C_1e^{2x}-C_2e^{-2x}+1$　　B. $C_1e^{2x}+C_2e^{-2x}-1$

C. $e^{2x}-e^{-2x}+1$　　D. $C_1e^{2x}+C_2e^{-2x}-2$

1-7-19 **(2006,16)**微分方程$(1+y)\mathrm{d}x-(1-x)\mathrm{d}y=0$ 的通解是:(C 为任意常数)

A. $\frac{1+y}{1-x}=C$　　B. $1+y=C(1-x)^2$

C. $(1-x)(1+y)=C$　　D. $\frac{1+y}{1+x}=C$

1-7-20 **(2006,17)**微分方程 $y'+\frac{1}{x}y=2$ 满足初始条件 $y|_{x=1}=0$ 的特解是:

A. $x-\frac{1}{x}$　　B. $x+\frac{1}{x}$

C. $x+\frac{C}{x}$,C 为任意常数　　D. $x+\frac{2}{x}$

1-7-21 **(2006,18)**微分方程 $y''+2y=0$ 的通解是:(A,B 为任意常数)

A. $y=A\sin\sqrt{2}x$　　B. $y=A\cos\sqrt{2}x$

C. $y=\sin\sqrt{2}x+B\cos\sqrt{2}x$　　D. $y=A\sin\sqrt{2}x+B\cos\sqrt{2}x$

1-7-22　方程 $y'=p(x)y$ 的通解是：

A. $y=e^{-\int p(x)\mathrm{d}x}+C$　　B. $y=e^{\int p(x)\mathrm{d}x}+C$

C. $y=Ce^{-\int p(x)\mathrm{d}x}$　　D. $y=Ce^{\int p(x)\mathrm{d}x}$

题解及参考答案

1-7-1　**解**：$xy'-y=x^2e^{2x}$

$y'-\frac{1}{x}y=xe^{2x}$

$P(x)=-\frac{1}{x},Q(x)=xe^{2x}$

$y=e^{-\int(-\frac{1}{x})\mathrm{d}x}\left[\int xe^{2x}e^{\int(-\frac{1}{x})\mathrm{d}x}\mathrm{d}x+C\right]$

$=e^{\ln x}(\int xe^{2x}e^{-\ln x}\mathrm{d}x+C)$

$=x(\int e^{2x}\mathrm{d}x+C)=x\left(\frac{1}{2}e^{2x}+C\right)$

答案：A

1-7-2　**解**：$y=C_1e^{-x+C_2}=C_1e^{C_2}e^{-x}$

$y'=-C_1e^{C_2}e^{-x},y''=C_1e^{C_2}e^{-x}$

代入方程得 $C_1e^{C_2}e^{-x}-(-C_1e^{C_2}e^{-x})-2C_1e^{C_2}e^{-x}=0$

$y=C_1e^{-x+C_2}$ 是方程 $y''-y'-2y=0$ 的解，又因 $y=C_1e^{-x+C_2}=C_1e^{C_2}e^{-x}=C_3e^{-x}$（其中 $C_3=C_1e^{C_2}$）只含有一个独立的任意常数，故解 $y=C_1e^{-x+C_2}$ 既不是方程的通解，也不是方程的特解。

答案：D

1-7-3　**解**：$x\frac{\mathrm{d}y}{\mathrm{d}x}=y\ln y,\frac{1}{y\ln y}\mathrm{d}y=\frac{1}{x}\mathrm{d}x,\ln\ln y=\ln x+\ln C$

$\ln y=Cx,y=e^{Cx}$，代入 $x=1,y=e$，有 $e=e^{1C}\Rightarrow C=1$

故 $y=e^x$。

答案：B

1-7-4　**解**：特征方程：$r^2-3r+2=0,r_1=1,r_2=2$

$f(x)=xe^x,\lambda=1$，为对应齐次方程的特征方程的单根，故特解形式为 $y^*=x(Ax+B)\cdot e^x$。

答案：A

1-7-5　**解**：$y'+p(x)y=q(x)$，$y_1(x)-y_2(x)$ 为对应齐次方程的解。

微分方程 $y'+p(x)y=q(x)$ 的通解为 $y=y_1+C(y_1-y_2)$。

答案：D

1-7-6 **解：**$y''+2y'-3y=0 \Rightarrow r^2+2r-3=0 \Rightarrow r_1=-3, r_2=1$，所以 $y_1=e^x, y_2=e^{-3x}$。选项 B 的特解满足条件。

答案：B

1-7-7 **解：**分离变量，化为可分离变量方程 $\dfrac{x}{\sqrt{2-x^2}}\mathrm{d}x=\dfrac{1}{y}\mathrm{d}y$，两边进行不定积分，得到最后结果。注意左边式子的积分 $\displaystyle\int\frac{x}{\sqrt{2-x^2}}\mathrm{d}x=-\frac{1}{2}\int\frac{\mathrm{d}(2-x^2)}{\sqrt{2-x^2}}=-\sqrt{2-x^2}$。

答案：C

1-7-8 **解：**微分方程为一阶齐次方程，设 $u=\dfrac{y}{x}, y=xu, \dfrac{\mathrm{d}y}{\mathrm{d}x}=u+x\dfrac{\mathrm{d}u}{\mathrm{d}x}$，代入化简得 $\cot u\mathrm{d}u=\dfrac{1}{x}\mathrm{d}x$，两边积分。

答案：A

1-7-9 **解：**写出微分方程对应的特征方程 $r^2+2=0, r^2=-2, r=\pm\sqrt{2}i$，即 $\alpha=0, \beta=\sqrt{2}$，写出通解，$y=A\sin\sqrt{2}x+B\cos\sqrt{2}x$。

答案：D

1-7-10 **解：**将微分方程化成 $\dfrac{\mathrm{d}x}{\mathrm{d}y}+\dfrac{1}{y}x=1$，方程为一阶线性方程。其中 $P(y)=\dfrac{1}{y}$，$Q(y)=1$，代入求通解公式 $x=e^{-\int P(y)\mathrm{d}y}\left[\int Q(y)e^{\int P(y)\mathrm{d}y}\mathrm{d}y+C\right]$ 计算。

计算如下：$x=e^{-\int\frac{1}{y}\mathrm{d}y}\left[\int 1\cdot e^{\int\frac{1}{y}\mathrm{d}y}\mathrm{d}y+C\right]=e^{-\ln y}\left[\int e^{\ln y}\mathrm{d}y+C\right]=\dfrac{1}{y}\left(\int y\mathrm{d}y+C\right)$

$=\dfrac{1}{y}\left(\dfrac{1}{2}y^2+C\right)$，

变形得 $xy=\dfrac{1}{2}y^2+C, \left(x-\dfrac{y}{2}\right)y=C$，

或将方程化为齐次方程 $\dfrac{\mathrm{d}y}{\mathrm{d}x}=-\dfrac{\frac{y}{x}}{1-\frac{y}{x}}$ 计算。

答案：A

1-7-11 **解：**方程的类型为可分离变量方程，将方程分离变量得 $-\dfrac{1}{3+2y}\mathrm{d}y=\dfrac{x}{1+x^2}\mathrm{d}x$，两边积分，$-\displaystyle\int\frac{1}{3+2y}\mathrm{d}y=\int\frac{x}{1+x^2}\mathrm{d}x$，$-\dfrac{1}{2}\displaystyle\int\frac{1}{3+2y}\mathrm{d}(3+2y)=\frac{1}{2}\int\frac{1}{1+x^2}\mathrm{d}(x^2+1)$，$-\dfrac{1}{2}\ln(3+2y)=\dfrac{1}{2}\ln(1+x^2)+C$，$\dfrac{1}{2}\ln(1+x^2)+\dfrac{1}{2}\ln(3+2y)=-C$，$\ln(1+x^2)+\ln(3+2y)=-2C$，令 $-2C=\ln C_1$，即 $\ln(1+x^2)+\ln(3+2y)=\ln C_1$，故 $(1+x^2)(3+2y)=C_1$。

答案：B

1-7-12　解:本题为可降阶的高阶微分方程,按不显含变量 x 计算。设 $y'=P,y''=P'$,方程化为 $P'+aP^2=0,\frac{\mathrm{d}P}{\mathrm{d}x}=-aP^2$,分离变量,$\frac{1}{P^2}\mathrm{d}P=-a\mathrm{d}x$,积分得 $-\frac{1}{P}=-ax+C_1$,代入初始条件 $x=0,P=y'=-1$,得 $C_1=1$,即 $-\frac{1}{P}=-ax+1,P=\frac{1}{ax-1},\frac{\mathrm{d}y}{\mathrm{d}x}=\frac{1}{ax-1}$,求出通解,代入初始条件,求出特解,即 $y=\int\frac{1}{ax-1}\mathrm{d}x=\frac{1}{a}\ln|ax-1|+C$,代入初始条件,$x=0,y=0$,得 $C=0$。

特解 $y=\frac{1}{a}\ln|ax-1|$,即 $y=\frac{1}{a}\ln|1-ax|$。

答案:A

1-7-13　解:方程为一阶可分离变量方程,分离变量后求解。

$(1+2y)x\mathrm{d}x+(1+x^2)\mathrm{d}y=0$

$\frac{x}{1+x^2}\mathrm{d}x+\frac{1}{1+2y}\mathrm{d}y=0$

$\int\frac{x}{1+x^2}\mathrm{d}x+\int\frac{1}{1+2y}\mathrm{d}y=0$

$\frac{1}{2}\ln(1+x^2)+\frac{1}{2}\ln(1+2y)=\ln C$

$\ln(1+x^2)+\ln(1+2y)=2\ln C=\ln C_1$

故 $(1+x^2)(1+2y)=C_1$,其中 $C_1=C^2$

答案:B

1-7-14　解:此题为可降阶的高阶微分方程,按方程不显含变量 y 计算。

设 $y'=p,y''=p'$,则方程为 $p'=p^2,\frac{\mathrm{d}p}{\mathrm{d}x}=p^2,\frac{1}{p^2}\mathrm{d}p=\mathrm{d}x$

积分 $-\frac{1}{p}=x+C_1$,即 $p=-\frac{1}{x+C_1},\frac{\mathrm{d}y}{\mathrm{d}x}=-\frac{1}{x+C_1},y=-\int\frac{1}{x+C_1}\mathrm{d}x,y=-\ln|x+C_1|+C_2$

答案:D

1-7-15　解:方法1:方程为二阶常系数线性齐次方程,对应特征方程为 $r^2-2r+1=0$,$(r-1)^2=0$,故 $r=1$(二重根)。

通解 $y=(C_1+C_2x)e^x$　(其中 C_1,C_2 为任意常数)

令 C_1,C_2 为一些特殊值,可验证选项B、C、D均为方程的解。C_1,C_2 无论取何值均得不出选项A,所以A不满足。

方法2:把选项A设为函数,即 $y=x^2e^x$,对函数 y,求 y'、y'' 后代入方程 $y''-2y'+y=0$,不满足微分方程,因此A不满足。

答案:A

1-7-16　解:本题为一阶可分离变量方程,分离变量后两边积分求解。

$\cos y\mathrm{d}x+(1+e^{-x})\sin y\mathrm{d}y=0$

$$\frac{1}{1+e^{-x}}dx+\frac{\sin y}{\cos y}dy=0$$

$$\frac{e^x}{1+e^x}dx+\frac{\sin y}{\cos y}dy=0$$

$$\int\frac{e^x}{1+e^x}dx+\int\frac{\sin y}{\cos y}dy=C$$

$$\int\frac{1}{1+e^x}d(e^x+1)-\int\frac{1}{\cos y}d\cos y=C$$

$$\ln(1+e^x)-\ln\cos y=\ln C,\ln\frac{e^x+1}{\cos y}=\ln C$$

所以$\frac{e^x+1}{\cos y}=C$

代入初始条件 $x=0,y=\frac{\pi}{3}$，得 $C=4$

因此 $\frac{e^x+1}{\cos y}=4$，即 $\cos y=\frac{1}{4}(1+e^x)$

答案:A

1-7-17 解:本题为可降阶的高阶微分方程，连续积分二次，得通解。

$y''=x+\sin x$

$$y'=\int(x+\sin x)dx=\frac{1}{2}x^2-\cos x+c_1$$

$$y=\int\left(\frac{1}{2}x^2-\cos x+c_1\right)dx=\frac{1}{6}x^3-\sin x+c_1x+c_2$$

答案:B

1-7-18 解:本题为二阶常系数线性非齐次方程。

非齐次通解 y=齐次的通解 y+非齐次一个特解 y^*，$y''-4y=0$，特征方程 $r^2-4=0$，$r=\pm2$。齐次通解为 $y=C_1e^{-2x}+C_2e^{2x}$。

将 $y^*=-1$ 代入非齐次方程，满足方程，为非齐次特解。

故通解 $y=C_1e^{-2x}+C_2e^{2x}-1$

答案:B

1-7-19 解:此题为一阶可分离变量方程，分离变量后，两边积分。

微分方程 $(1+y)dx-(1-x)dy=0$，$\frac{1}{1-x}dx-\frac{1}{1+y}dy=0$。

两边积分：$-\ln(1-x)-\ln(1+y)=-\ln C$，$(1-x)(1+y)=C$。

答案:C

1-7-20 解:此题为一阶线性微分方程，直接代入公式计算，设方程为 $y'+p(x)y=\theta(x)$，则通解为 $y=e^{-\int p(x)dx}[\int Q(x)e^{\int p(x)dx}dx+C]$。

本题 $p(x)=\frac{1}{x}$，$\theta(x)=2$，代入公式，有

$$y=e^{-\int\frac{1}{x}dx}\left(\int 2e^{\int\frac{1}{x}dx}dx+C\right)=e^{-\ln x}\left(\int 2e^{\ln x}dx+C\right)=\frac{1}{x}\left(\int 2xdx+C\right)=\frac{1}{x}(x^2+C)$$

代入初始条件，当 $x=1,y=0$，即 $0=\frac{1}{1}(1+C)$

得 $C=-1$，故 $y=x-\frac{1}{x}$。

答案：A

1-7-21 **解**：本题为二阶常系数线性齐次方程求通解，写出方程对应的特征方程 $r^2+2=0$，$r=\pm\sqrt{2}i$。

$\alpha=0,\beta=\sqrt{2}$，通解 $y=e^{0x}(c_1\cos\sqrt{2}x+c_2\sin\sqrt{2}x)$，即 $y=c_1\cos\sqrt{2}x+c_2\sin\sqrt{2}x$。

答案：D

1-7-22 **解**：方程 $y'=p(x)y$ 为一阶可分离变量方程。

分离度量，$\frac{1}{y}dy=p(x)dx$

两边积分，$\ln y=\int p(x)\,dx+C$

$y=e^{\int p(x)dx+C}=e^Ce^{\int p(x)dx}=C_1e^{\int p(x)dx}$

答案：D

(八)线性代数

1-8-1 **(2014,19)**设 $\boldsymbol{A}$，$\boldsymbol{B}$ 为三阶方阵，且行列式 $|\boldsymbol{A}|=-\frac{1}{2}$，$|\boldsymbol{B}|=2$，$\boldsymbol{A}^*$ 是 $\boldsymbol{A}$ 的伴随矩阵，则行列式 $|2\boldsymbol{A}^*\boldsymbol{B}^{-1}|$ 等于：

A. 1　　B. -1　　C. 2　　D. -2

1-8-2 **(2014,20)**下列结论中正确的是：

A. 如果矩形 $\boldsymbol{A}$ 中所有顺序主子式都小于零，则 $\boldsymbol{A}$ 一定为负定矩形

B. 设 $\boldsymbol{A}=(a_{ij})_{mxn}$，若 $a_{ij}=a_{ji}$，且 $a_y>0(i,j=1,2,\cdots,n)$，则 $\boldsymbol{A}$ 一定为正定矩形

C. 如果二次型 $f(x_1,x_2,\cdots,x_n)$ 中缺少平方项，则它一定不是正定二次型

D. 二次型 $f(x_1,x_2,x_3)=x_1^2+x_2^2+x_3^2+x_1x_2+x_1x_3+x_2x_3$ 所对应的矩阵是 $\begin{bmatrix}1&1&1\\1&1&1\\1&1&1\end{bmatrix}$

1-8-3 **(2014,21)**已知 n 元非齐次线性方程组 $\boldsymbol{Ax}=\boldsymbol{B}$，秩 $r(\mathbf{A})=n-2$，$\vec{\alpha}_1,\vec{\alpha}_2,\vec{\alpha}_3$ 为其线性无关的解向量，k_1,k_2 为任意常数，则 $\boldsymbol{Ax}=\boldsymbol{B}$ 通解为：

A. $\vec{x}=k_1(\vec{\alpha}_1-\vec{\alpha}_2)+k_2(\vec{\alpha}_1+\vec{\alpha}_3)+\vec{\alpha}_1$　　B. $\vec{x}=k_1(\vec{\alpha}_1-\vec{\alpha}_3)+k_2(\vec{\alpha}_2+\vec{\alpha}_3)+\vec{\alpha}_1$

C. $\vec{x}=k_1(\vec{\alpha}_2-\vec{\alpha}_1)+k_2(\vec{\alpha}_2-\vec{\alpha}_3)+\vec{\alpha}_1$　　D. $\vec{x}=k_1(\vec{\alpha}_2-\vec{\alpha}_3)+k_2(\vec{\alpha}_1+\vec{\alpha}_2)+\vec{\alpha}_1$

1-8-4 **(2013,19)**已知向量组$\boldsymbol{\alpha}_1=(3,2,-5)^{\mathrm{T}}$,$\boldsymbol{\alpha}_2=(3,-1,3)^{\mathrm{T}}$,$\boldsymbol{\alpha}_3=\left(1,-\frac{1}{3},1\right)^{\mathrm{T}}$,$\boldsymbol{\alpha}_4=(6,-2,6)^{\mathrm{T}}$,则该向量组的一个极大线性无关组是:

A. $\boldsymbol{\alpha}_2,\boldsymbol{\alpha}_4$　　B. $\boldsymbol{\alpha}_3,\boldsymbol{\alpha}_4$　　C. $\boldsymbol{\alpha}_1,\boldsymbol{\alpha}_2$　　D. $\boldsymbol{\alpha}_2,\boldsymbol{\alpha}_3$

1-8-5 **(2013,20)**若非齐次线性方程组$\boldsymbol{AX}=\boldsymbol{b}$中,方程的个数少于未知量的个数,则下列结论中正确的是:

A. $\boldsymbol{AX}=\boldsymbol{0}$仅有零解　　B. $\boldsymbol{AX}=\boldsymbol{0}$必有非零解

C. $\boldsymbol{AX}=\boldsymbol{0}$一定无解　　D. $\boldsymbol{AX}=\boldsymbol{b}$必有无穷多解

1-8-6 **(2013,21)**已知矩阵$\boldsymbol{A}=\begin{bmatrix}1&-1&1\\2&4&-2\\-3&-3&5\end{bmatrix}$与$\boldsymbol{B}=\begin{bmatrix}\lambda&0&0\\0&2&0\\0&0&2\end{bmatrix}$相似,则$\lambda$等于:

A. 6　　B. 5　　C. 4　　D. 14

1-8-7 **(2012,19)**已知n阶可逆矩阵$\boldsymbol{A}$的特征值为λ_0,则矩阵$(2\boldsymbol{A})^{-1}$的特征值是:

A. $\dfrac{2}{\lambda_0}$　　B. $\dfrac{\lambda_0}{2}$　　C. $\dfrac{1}{2\lambda_0}$　　D. $2\lambda_0$

1-8-8 **(2012,20)**设$\vec{\alpha}_1,\vec{\alpha}_2,\vec{\alpha}_3,\vec{\beta}$为$n$维向量组,已知$\vec{\alpha}_1,\vec{\alpha}_2,\vec{\beta}$线性相关,$\vec{\alpha}_2,\vec{\alpha}_3,\vec{\beta}$线性无关,则下列结论中正确的是:

A. $\vec{\beta}$必可用$\vec{\alpha}_1,\vec{\alpha}_2$线性表示　　B. $\vec{\alpha}_1$必可用$\vec{\alpha}_2,\vec{\alpha}_3,\vec{\beta}$线性表示

C. $\vec{\alpha}_1,\vec{\alpha}_2,\vec{\alpha}_3$必线性无关　　D. $\vec{\alpha}_1,\vec{\alpha}_2,\vec{\alpha}_3$必线性相关

1-8-9 **(2012,21)**要使得二次型$f(x_1,x_2,x_3)=x_1^2+2tx_1x_2+x_2^2-2x_1x_3+2x_2x_3+2x_3^2$为正定的,则$t$的取值条件是:

A. $-1<t<1$　　B. $-1<t<0$　　C. $t>0$　　D. $t<-1$

1-8-10 **(2011,17)**设$\boldsymbol{A}=\begin{bmatrix}1&0&1\\0&1&2\\-2&0&-3\end{bmatrix}$,则$\boldsymbol{A}^{-1}=$

A. $\begin{bmatrix}3&0&1\\4&1&2\\2&0&1\end{bmatrix}$　　B. $\begin{bmatrix}3&0&1\\4&1&2\\-2&0&-1\end{bmatrix}$

C. $\begin{bmatrix}-3&0&-1\\4&1&2\\-2&0&-1\end{bmatrix}$　　D. $\begin{bmatrix}3&0&1\\-4&-1&-2\\2&0&1\end{bmatrix}$

1-8-11 (2011,18)设 3 阶矩阵 $\boldsymbol{A}=\begin{bmatrix}1&1&a\\1&a&1\\a&1&1\end{bmatrix}$,已知 $\boldsymbol{A}$ 的伴随矩阵的秩为 1,则 $a=$

A. -2　　B. -1　　C. 1　　D. 2

1-8-12 (2011,19)设 $\boldsymbol{A}$ 是 3 阶矩阵,$\boldsymbol{P}=(\boldsymbol{\alpha}_1,\boldsymbol{\alpha}_2,\boldsymbol{\alpha}_3)$ 是 3 阶可逆矩阵,且 $\boldsymbol{P}^{-1}\boldsymbol{AP}=\begin{bmatrix}1&0&0\\0&2&0\\0&0&0\end{bmatrix}$,若矩阵 $\boldsymbol{Q}=(\boldsymbol{\alpha}_2,\boldsymbol{\alpha}_1,\boldsymbol{\alpha}_3)$,则 $\boldsymbol{Q}^{-1}\boldsymbol{AQ}=$

A. $\begin{bmatrix}1&0&0\\0&2&0\\0&0&0\end{bmatrix}$　　B. $\begin{bmatrix}2&0&0\\0&1&0\\0&0&0\end{bmatrix}$

C. $\begin{bmatrix}0&1&0\\2&0&0\\0&0&0\end{bmatrix}$　　D. $\begin{bmatrix}0&2&0\\1&0&0\\0&0&0\end{bmatrix}$

1-8-13 (2011,20)齐次线性方程组 $\begin{cases}x_1-x_2+x_4=0\\x_1-x_3+x_4=0\end{cases}$ 的基础解系为:

A. $\boldsymbol{\alpha}_1=(1,1,1,0)^{\mathrm{T}},\boldsymbol{\alpha}_2=(-1,-1,1,0)^{\mathrm{T}}$
B. $\boldsymbol{\alpha}_1=(2,1,0,1)^{\mathrm{T}},\boldsymbol{\alpha}_2=(-1,-1,1,0)^{\mathrm{T}}$
C. $\boldsymbol{\alpha}_1=(1,1,1,0)^{\mathrm{T}},\boldsymbol{\alpha}_2=(-1,0,0,1)^{\mathrm{T}}$
D. $\boldsymbol{\alpha}_1=(2,1,0,1)^{\mathrm{T}},\boldsymbol{\alpha}_2=(-2,-1,0,1)^{\mathrm{T}}$

1-8-14 (2010,17)设 $\boldsymbol{A}$ 是 m 阶矩阵,$\boldsymbol{B}$ 是 n 阶矩阵,行列式 $\begin{vmatrix}\boldsymbol{0}&\boldsymbol{A}\\\boldsymbol{B}&\boldsymbol{0}\end{vmatrix}$ 等于:

A. $-|\boldsymbol{A}||\boldsymbol{B}|$　　B. $|\boldsymbol{A}||\boldsymbol{B}|$
C. $(-1)^{m+n}|\boldsymbol{A}||\boldsymbol{B}|$　　D. $(-1)^{mn}|\boldsymbol{A}||\boldsymbol{B}|$

1-8-15 (2010,18)设 $\boldsymbol{A}$ 是 3 阶矩阵,矩阵 $\boldsymbol{A}$ 的第 1 行的 2 倍加到第 2 行,得矩阵 $\boldsymbol{B}$,则下列选项中成立的是:

A. $\boldsymbol{B}$ 的第 1 行的 -2 倍加到第 2 行得 $\boldsymbol{A}$
B. $\boldsymbol{B}$ 的第 1 列的 -2 倍加到第 2 列得 $\boldsymbol{A}$
C. $\boldsymbol{B}$ 的第 2 行的 -2 倍加到第 1 行得 $\boldsymbol{A}$
D. $\boldsymbol{B}$ 的第 2 列的 -2 倍加到第 1 列得 $\boldsymbol{A}$

1-8-16 (2010,19)已知三维列向量 $\boldsymbol{\alpha},\boldsymbol{\beta}$ 满足 $\boldsymbol{\alpha}^{\mathrm{T}}\boldsymbol{\beta}=3$,设 3 阶矩阵 $\boldsymbol{A}=\boldsymbol{\beta}\boldsymbol{\alpha}^{\mathrm{T}}$,则:

A. $\boldsymbol{\beta}$ 是 $\boldsymbol{A}$ 的属于特征值 0 的特征向量
B. $\boldsymbol{\alpha}$ 是 $\boldsymbol{A}$ 的属于特征值 0 的特征向量

C. $\boldsymbol{\beta}$ 是 $\boldsymbol{A}$ 的属于特征值 3 的特征向量

D. $\boldsymbol{\alpha}$ 是 $\boldsymbol{A}$ 的属于特征值 3 的特征向量

1-8-17　(2010,20)设齐次线性方程组$\begin{cases}x_1-kx_2=0\\kx_1-5x_2+x_3=0\\x_1+x_2+x_3=0\end{cases}$，当方程组有非零解时，$k$ 值为：

A. -2 或 3　　B. 2 或 3　　C. 2 或 -3　　D. -2 或 -3

1-8-18　(2009,17)设 $\boldsymbol{\alpha}_1,\boldsymbol{\alpha}_2,\boldsymbol{\alpha}_3$ 是三维列向量，$|\boldsymbol{A}|=|\boldsymbol{\alpha}_1,\boldsymbol{\alpha}_2,\boldsymbol{\alpha}_3|$，则与$|\boldsymbol{A}|$相等的是：

A. $|\boldsymbol{\alpha}_2,\boldsymbol{\alpha}_1,\boldsymbol{\alpha}_3|$　　B. $|-\boldsymbol{\alpha}_2,-\boldsymbol{\alpha}_3,-\boldsymbol{\alpha}_1|$

C. $|\boldsymbol{\alpha}_1+\boldsymbol{\alpha}_2,\boldsymbol{\alpha}_2+\boldsymbol{\alpha}_3,\boldsymbol{\alpha}_3+\boldsymbol{\alpha}_1|$　　D. $|\boldsymbol{\alpha}_1,\boldsymbol{\alpha}_2,\boldsymbol{\alpha}_3+\boldsymbol{\alpha}_2+\boldsymbol{\alpha}_1|$

1-8-19　(2009,18)设 $\boldsymbol{A}$ 是 $m\times n$ 的非零矩阵，$\boldsymbol{B}$ 是 $n\times l$ 非零矩阵，满足 $\boldsymbol{AB}=0$，以下选项中不一定成立的是：

A. $\boldsymbol{A}$ 的行向量组线性相关　　B. $\boldsymbol{A}$ 的列向量组线性相关

C. $\boldsymbol{B}$ 的行向量组线性相关　　D. $r(\boldsymbol{A})+r(\boldsymbol{B})\leqslant n$

1-8-20　(2009,19)设 $\boldsymbol{A}$ 是 3 阶实对称矩阵，$\boldsymbol{P}$ 是 3 阶可逆矩阵，$\boldsymbol{B}=\boldsymbol{P}^{-1}\boldsymbol{AP}$，已知 $\boldsymbol{\alpha}$ 是 $\boldsymbol{A}$ 的属于特征值λ 的特征向量，则 $\boldsymbol{B}$ 的属于特征值λ 的特征向量是：

A. $\boldsymbol{P\alpha}$　　B. $\boldsymbol{P}^{-1}\boldsymbol{\alpha}$

C. $\boldsymbol{P}^{\mathrm{T}}\boldsymbol{\alpha}$　　D. $(\boldsymbol{P}-1)^{\mathrm{T}}\boldsymbol{\alpha}$

1-8-21　(2009,20)设 $\boldsymbol{A}=\begin{bmatrix}1&1\\1&2\end{bmatrix}$，与 $\boldsymbol{A}$ 合同的矩阵是：

A. $\begin{bmatrix}1&-1\\-1&2\end{bmatrix}$　　B. $\begin{bmatrix}-1&1\\1&-2\end{bmatrix}$

C. $\begin{bmatrix}1&1\\-1&2\end{bmatrix}$　　D. $\begin{bmatrix}1&-1\\1&2\end{bmatrix}$

1-8-22　(2008,22)已知矩阵 $\boldsymbol{A}=\begin{bmatrix}1&0&0\\0&1&2\\0&2&4\end{bmatrix}$，则 $\boldsymbol{A}$ 的秩 $r(\boldsymbol{A})=$

A. 0　　B. 1　　C. 2　　D. 3

1-8-23　(2008,23)设 $\vec{\alpha},\vec{\beta},\vec{\gamma},\vec{\delta}$ 是 n 维向量，已知 $\vec{\alpha},\vec{\beta}$ 线性无关，$\vec{\gamma}$ 可以由 $\vec{\alpha},\vec{\beta}$ 线性表示，$\vec{\delta}$ 不能由 $\vec{\alpha},\vec{\beta}$ 线性表示，则以下选项中正确的是：

A. $\vec{\alpha},\vec{\beta},\vec{\gamma},\vec{\delta}$ 线性无关　　B. $\vec{\alpha},\vec{\beta},\vec{\gamma}$ 线性无关

C. $\vec{\alpha},\vec{\beta},\vec{\delta}$ 线性相关　　D. $\vec{\alpha},\vec{\beta},\vec{\delta}$ 线性无关

1-8-24 (2008,24)设λ_1,λ_2是矩阵$\boldsymbol{A}$的2个不同的特征值,$\boldsymbol{\xi}$,$\boldsymbol{\eta}$是$\boldsymbol{A}$的分别属于λ_1,λ_2的特征向量,则以下选项中正确的是:

A. 对任意的$k_1 \neq 0$和$k_2 \neq 0$,$k_1\boldsymbol{\xi}+k_2\boldsymbol{\eta}$都是$\boldsymbol{A}$的特征向量

B. 存在常数$k_1 \neq 0$和$k_2 \neq 0$,使得$k_1\boldsymbol{\xi}+k_2\boldsymbol{\eta}$是$\boldsymbol{A}$的特征向量

C. 存在任意的$k_1 \neq 0$和$k_2 \neq 0$,$k_1\boldsymbol{\xi}+k_2\boldsymbol{\eta}$都不是$\boldsymbol{A}$的特征向量

D. 仅当$k_1=k_2=0$时,$k_1\boldsymbol{\xi}+k_2\boldsymbol{\eta}$是$\boldsymbol{A}$的特征向量

1-8-25 (2007,22)设行列式$\begin{vmatrix} 2 & 1 & 3 & 4 \\ 1 & 0 & 2 & 0 \\ 1 & 5 & 2 & 1 \\ -1 & 1 & 5 & 2 \end{vmatrix}$,$A_{ij}$表示行列式元素$a_{ij}$的代数余子式,则$A_{13}+4A_{33}+A_{43}$等于:

A. -2　　B. 2　　C. -1　　D. 1

1-8-26 (2007,23)设$\boldsymbol{A}=\begin{bmatrix} 1 & -1 & 2 \\ 2 & 1 & 1 \\ -1 & 1 & -2 \end{bmatrix}$,$\boldsymbol{B}=\begin{bmatrix} 2 & \alpha & 1 \\ 0 & 3 & \alpha \\ 0 & 0 & -1 \end{bmatrix}$,则秩$r(\boldsymbol{AB}-\boldsymbol{A})$等于:

A. 1　　B. 2

C. 3　　D. 与α的取值有关

1-8-27 (2007,24)设$\boldsymbol{\beta}_1$,$\boldsymbol{\beta}_2$是线性方程组$\boldsymbol{Ax}=\boldsymbol{b}$的两个不同的解,$\boldsymbol{\alpha}_1$、$\boldsymbol{\alpha}_2$是导出组$\boldsymbol{Ax}=\boldsymbol{0}$的基础解系,$k_1$、$k_2$是任意常数,则$\boldsymbol{Ax}=\boldsymbol{b}$的通解是:

A. $\dfrac{\boldsymbol{\beta}_1-\boldsymbol{\beta}_2}{2}+k_1\boldsymbol{\alpha}_1+k_2(\boldsymbol{\alpha}_1-\boldsymbol{\alpha}_2)$

B. $\boldsymbol{\alpha}_1+k_1(\boldsymbol{\beta}_1-\boldsymbol{\beta}_2)+k_2(\boldsymbol{\alpha}_1-\boldsymbol{\alpha}_2)$

C. $\dfrac{\boldsymbol{\beta}_1+\boldsymbol{\beta}_2}{2}+k_1\boldsymbol{\alpha}_1+k_2(\boldsymbol{\alpha}_1-\boldsymbol{\alpha}_2)$

D. $\dfrac{\boldsymbol{\beta}_1+\boldsymbol{\beta}_2}{2}+k_1\boldsymbol{\alpha}_1+k_2(\boldsymbol{\beta}_1-\boldsymbol{\beta}_2)$

1-8-28 (2006,22)设$\boldsymbol{A}$,$\boldsymbol{B}$是n阶矩阵,且$\boldsymbol{B}\neq 0$,满足$\boldsymbol{AB}=0$,则以下选项中错误的是:

A. $r(\boldsymbol{A})+r(\boldsymbol{B})\leqslant n$　　B. $|\boldsymbol{A}|=0$或$|\boldsymbol{B}|=0$

C. $0\leqslant r(\boldsymbol{A})<n$　　D. $\boldsymbol{A}=0$

1-8-29 (2006,23)设$\boldsymbol{B}$是三阶非零矩阵,已知$\boldsymbol{B}$的每一列都是方程组$\begin{cases} x_1+2x_2-2x_3=0 \\ 2x_1-x_2+tx_3=0 \\ 3x_1+x_2-x_3=0 \end{cases}$的解,则$t$等于:

A. 0　　　　B. 2　　　　C. -1　　　　D. 1

1-8-30　**(2006,24)**设 $\boldsymbol{A}$ 是三阶矩阵，$\boldsymbol{\alpha}_1=(1,0,1)^{\mathrm{T}}$，$\boldsymbol{\alpha}_2=(1,1,0)^{\mathrm{T}}$ 是 $\boldsymbol{A}$ 的属于特征值 1 的特征向量，$\boldsymbol{\alpha}_3=(0,1,2)^{\mathrm{T}}$ 是 $\boldsymbol{A}$ 的属于特征值 -1 的特征向量，则：

A. $\boldsymbol{\alpha}_1-\boldsymbol{\alpha}_2$ 是 $\boldsymbol{A}$ 的属于特征值 1 的特征向量

B. $\boldsymbol{\alpha}_1-\boldsymbol{\alpha}_3$ 是 $\boldsymbol{A}$ 的属于特征值 1 的特征向量

C. $\boldsymbol{\alpha}_1-\boldsymbol{\alpha}_3$ 是 $\boldsymbol{A}$ 的属于特征值 2 的特征向量

D. $\boldsymbol{\alpha}_1+\boldsymbol{\alpha}_2+\boldsymbol{\alpha}_3$ 是 $\boldsymbol{A}$ 的属于特征值 1 的特征向量

1-8-31　**(2005,21)**设 $\boldsymbol{A}$ 和 $\boldsymbol{B}$ 都是 n 阶方阵，已知 $|\boldsymbol{A}|=2$，$|\boldsymbol{B}|=3$，则 $|\boldsymbol{B}\boldsymbol{A}^{-1}|$ 等于：

A. $\dfrac{2}{3}$　　　　B. $\dfrac{3}{2}$　　　　C. 6　　　　D. 5

1-8-32　**(2005,22)**设 $\boldsymbol{A}=\begin{bmatrix} a_1b_1 & a_1b_2 & \cdots & a_1b_n \\ a_2b_1 & a_2b_2 & \cdots & a_2b_n \\ \vdots & \vdots & & \vdots \\ a_nb_1 & a_nb_2 & \cdots & a_nb_n \end{bmatrix}$，其中 $a_i\neq0,b_i\neq0(i=1,2\cdots,n)$，则矩阵 $\boldsymbol{A}$ 的秩等于：

A. n　　　　B. 0　　　　C. 1　　　　D. 2

1-8-33　**(2005,23)**设 $\boldsymbol{A}$ 为矩阵，$\boldsymbol{\alpha}_1=\begin{bmatrix}1\\0\\2\end{bmatrix}$，$\boldsymbol{\alpha}_2=\begin{bmatrix}0\\1\\-1\end{bmatrix}$ 都是线性方程组 $\boldsymbol{A}x=0$ 的解，则矩阵$\boldsymbol{A}$ 为：

A. $\begin{bmatrix}0 & 1 & -1\\4 & -2 & -2\\0 & 1 & 1\end{bmatrix}$　B. $\begin{bmatrix}2 & 0 & -1\\0 & 1 & 1\end{bmatrix}$　C. $\begin{bmatrix}-1 & 0 & 2\\0 & 1 & -1\end{bmatrix}$　D. $[-2,1,1]$

1-8-34　**(2005,24)**设 $\varphi(x、y、z)=xy^2z$，$A=xz\vec{i}-xy^2\vec{j}+yz^2\vec{k}$，则 $\dfrac{\partial(\varphi A)}{\partial z}$ 在点 $(-1,-1,1)$ 处的值为：

A. $2\vec{i}-\vec{j}+3\vec{k}$　　B. $4\vec{i}-4\vec{j}-2\vec{k}$　　C. $\vec{i}-\vec{j}+\vec{k}$　　D. $-\vec{i}+\vec{j}-\vec{k}$

1-8-35　设 $\boldsymbol{A}=\begin{bmatrix}a_1 & b_1 & c_1 & d_1\\a_2 & b_2 & c_2 & d_2\\a_3 & b_3 & c_3 & d_3\\a_4 & b_4 & c_4 & d_4\end{bmatrix}$，$\boldsymbol{B}=\begin{bmatrix}a_1 & b_1 & c_1 & e_1\\a_2 & b_2 & c_2 & e_2\\a_3 & b_3 & c_3 & e_3\\a_4 & b_4 & c_4 & e_4\end{bmatrix}$，且 $|\boldsymbol{A}|=5$，$|\boldsymbol{B}|=1$，则 $|\boldsymbol{A}+\boldsymbol{B}|$ 的值是：

A. 24　　　　B. 36　　　　C. 12　　　　D. 48

题解及参考答案

1-8-1　解：$|2\boldsymbol{A}^*\boldsymbol{B}^{-1}|=2^3|\boldsymbol{A}^*\boldsymbol{B}^{-1}|=2^3|\boldsymbol{A}^*|\cdot|\boldsymbol{B}^{-1}|$

$\boldsymbol{A}^{-1}=\dfrac{1}{|\boldsymbol{A}|}\boldsymbol{A}^*,\boldsymbol{A}^*=|\boldsymbol{A}|\cdot\boldsymbol{A}^{-1}$

$\boldsymbol{A}\cdot\boldsymbol{A}^{-1}=\boldsymbol{E},|\boldsymbol{A}|\cdot|\boldsymbol{A}^{-1}|=1,|\boldsymbol{A}^{-1}|=\dfrac{1}{|\boldsymbol{A}|}=\dfrac{1}{-\dfrac{1}{2}}=-2$

$|\boldsymbol{A}^*|=||\boldsymbol{A}|\cdot\boldsymbol{A}^{-1}|=\left|-\dfrac{1}{2}\mathrm{A}^{-1}\right|=\left(-\dfrac{1}{2}\right)^3|\boldsymbol{A}^{-1}|=\left(-\dfrac{1}{2}\right)^3\times(-2)=\dfrac{1}{4}$

$\boldsymbol{B}\cdot\boldsymbol{B}^{-1}=\boldsymbol{E},|\boldsymbol{B}|\cdot|\boldsymbol{B}^{-1}|=1,|\boldsymbol{B}^{-1}|=\dfrac{1}{|\boldsymbol{B}|}=\dfrac{1}{2}$

因此，$|2\boldsymbol{A}^*\boldsymbol{B}^{-1}|=2^3\times\dfrac{1}{4}\times\dfrac{1}{2}=1$

答案：A

1-8-2　解：由惯性定理可知，实二次型 $f(x_1,x_2,\cdots,x_n)=\boldsymbol{x}^{\mathrm{T}}\boldsymbol{A}\boldsymbol{x}$ 经可逆线性变换化为标准形时，其标准形中正、负平方项的个数是唯一确定的。对于缺少平方项的 n 元二次型的标准形或规范形中正惯性指数不会等于未知数的个数 n，所以一定不是正定二次型。

答案：C

1-8-3　解：已知 n 元非齐次线性方程组 $\boldsymbol{A}\boldsymbol{x}=\boldsymbol{B}$，$r(\boldsymbol{A})=n-2$，对应 n 元齐次线性方程组 $\boldsymbol{A}\boldsymbol{x}=0$ 的基础解系的个数为 $n-(n-2)=2$，可验证 $\boldsymbol{\alpha}_2-\boldsymbol{\alpha}_1,\boldsymbol{\alpha}_2-\boldsymbol{\alpha}_3$ 为齐次线性方程组的解：$\boldsymbol{A}(\boldsymbol{\alpha}_2-\boldsymbol{\alpha}_1)=\boldsymbol{A}\boldsymbol{\alpha}_2-\boldsymbol{A}\boldsymbol{\alpha}_1=\boldsymbol{B}-\boldsymbol{B}=0,\boldsymbol{A}(\boldsymbol{\alpha}_2-\boldsymbol{\alpha}_3)=\boldsymbol{A}\boldsymbol{\alpha}_2-\boldsymbol{A}\boldsymbol{\alpha}_3=\boldsymbol{B}-\boldsymbol{B}=0$；还可验 $\boldsymbol{\alpha}_2-\boldsymbol{\alpha}_1,\boldsymbol{\alpha}_2-\boldsymbol{\alpha}_3$ 线性无关。

所以 $k_1(\boldsymbol{\alpha}_2-\boldsymbol{\alpha}_1)+k_2(\boldsymbol{\alpha}_2-\boldsymbol{\alpha}_3)$ 为 n 元齐次线性方程组 $\boldsymbol{A}\boldsymbol{x}=\boldsymbol{0}$ 的通解，而 $\boldsymbol{\alpha}_1$ 为 n 元非齐次线性方程组 $\boldsymbol{A}\boldsymbol{x}=\boldsymbol{B}$ 的一特解。

因此，$\boldsymbol{A}\boldsymbol{x}=\boldsymbol{B}$ 的通解为 $x=k_1(\boldsymbol{\alpha}_2-\boldsymbol{\alpha}_1)+k_2(\boldsymbol{\alpha}_2-\boldsymbol{\alpha}_3)+\boldsymbol{\alpha}_1$。

答案：C

1-8-4　解：以 $\boldsymbol{\alpha}_1$、$\boldsymbol{\alpha}_2$、$\boldsymbol{\alpha}_3$、$\boldsymbol{\alpha}_4$ 为列向量作矩阵 $\boldsymbol{A}$

$$\boldsymbol{A}=\begin{bmatrix}3&3&1&6\\2&-1&-\frac{1}{3}&-2\\-5&3&1&6\end{bmatrix}\xrightarrow{-r_1+r_3}\begin{bmatrix}3&3&1&6\\2&-1&-\frac{1}{3}&-2\\-8&0&0&0\end{bmatrix}\xrightarrow{-\frac{1}{8}r_3}$$

$$\begin{bmatrix}3&3&1&6\\2&-1&-\frac{1}{3}&-2\\1&0&0&0\end{bmatrix}\xrightarrow[(-2)r_3+r_2]{(-3)r_3+r_1}\begin{bmatrix}0&3&1&6\\0&-1&-\frac{1}{3}&-2\\1&0&0&0\end{bmatrix}\xrightarrow{3r_2+r_1}\begin{bmatrix}0&0&0&0\\0&-1&-\frac{1}{3}&-2\\1&0&0&0\end{bmatrix}$$

$$\xrightarrow{\gamma_1\leftrightarrow\gamma_3}\begin{vmatrix}1&0&0&0\\0&-1&-\frac{1}{3}&-2\\0&0&0&0\end{vmatrix}$$

极大无关组为$\boldsymbol{\alpha}_1$、$\boldsymbol{\alpha}_2$。

答案:C

1-8-5 解:$\boldsymbol{Ax}=0$ 必有非零解。

在解方程组 $\boldsymbol{Ax}=\boldsymbol{0}$ 时,对系数矩阵进行行的初等变换,必有一非零的 r 阶子式,而未知数的个数 n,$n>r$,基础解系的向量个数为 $n-r$,所以必有非零解。选项 D 错误为对 $\boldsymbol{Ax}=\boldsymbol{b}$ 的增广矩阵进行的初导变换后,增广矩阵的秩不一定等于系数矩阵的秩。

答案:B

1-8-6 解:矩阵相似有相同的特征多项式,有相同的特征值。

$$|\lambda E-A|=\begin{vmatrix}\lambda-1 & 1 & -1\\ -2 & \lambda-4 & 2\\ 3 & 3 & \lambda-5\end{vmatrix}\xlongequal{(-3)r_1+r_3}\begin{vmatrix}\lambda-1 & 1 & -1\\ -2 & \lambda-4 & 2\\ -3\lambda+6 & 0 & \lambda-2\end{vmatrix}$$

$$\xlongequal{-(\lambda-4)r_1+r_2}\begin{vmatrix}\lambda-1 & 1 & -1\\ -\lambda^2+5\lambda-6 & 0 & \lambda-2\\ -3\lambda+6 & 0 & \lambda-2\end{vmatrix}=(-1)^{1+2}\begin{vmatrix}-(\lambda-2)(\lambda-3) & \lambda-2\\ -3(\lambda-2) & \lambda-2\end{vmatrix}$$

$$=(\lambda-2)(\lambda-2)\begin{vmatrix}+(\lambda-3) & 1+3\end{vmatrix}=(\lambda-2)(\lambda-2)[+(\lambda-3)-3]$$

$$=(\lambda-2)(\lambda-2)(\lambda-3-3)=(\lambda-2)(\lambda-2)(\lambda-6)$$

特征值为 2,2,6。矩阵 $\boldsymbol{B}$ 中 $\lambda=6$。

答案:A

1-8-7 解:$\boldsymbol{A}$ 的特征值为 λ。$2\boldsymbol{A}$ 的特征值为 2λ。$(2\boldsymbol{A})^{-1}$ 的特征值为$\dfrac{1}{2\lambda}$。

答案:C

1-8-8 解:已知$\vec{\alpha_1}$,$\vec{\alpha_2}$,$\vec{\beta}$ 线性相关,$\vec{\alpha_2}$,$\vec{\alpha_3}$,$\vec{\beta}$ 线性无关。由性质可知:$\vec{\alpha_1}$,$\vec{\alpha_2}$,$\vec{\alpha_3}$,$\vec{\beta}$ 线性相关(部分相关,全体相关),$\vec{\alpha_2}$,$\vec{\alpha_3}$,$\vec{\beta}$ 线性无关。

故$\vec{\alpha_1}$可用$\vec{\alpha_2}$,$\vec{\alpha_3}$,$\vec{\beta}$ 线性表示。

答案:B

1-8-9 解:已知 $\boldsymbol{A}=\begin{bmatrix}1 & t & -1\\ t & 1 & 1\\ -1 & 1 & 2\end{bmatrix}$,由矩阵 $\boldsymbol{A}$ 正定的充分必要条件可知,$\begin{vmatrix}1 & t\\ t & 1\end{vmatrix}=1-t^2>0$,得 $-1<t<1$,$\begin{vmatrix}1 & t & -1\\ t & 1 & 1\\ -1 & 1 & 2\end{vmatrix}\xlongequal[2.\,C_1+C_3]{1.\,C_1+C_2}\begin{vmatrix}1 & t+1 & 1\\ t & t+1 & 1+2t\\ -1 & 0 & 0\end{vmatrix}=(-1)[(t+1)(1+2t)-(t+1)]$
$=-2t(t+1)>0$,得 $t(t+1)<0$,即公共解 $-1<t<0$。

答案:B

1-8-10　解:方法1:用一般方法求$A^{-1}=\frac{1}{|A|}A^*$,但较麻烦。

方法2:简便方法,试探一下给出的哪一个矩阵满足$AB=E$,如:

$$\begin{bmatrix}1&0&1\\0&1&2\\-2&0&-3\end{bmatrix}\begin{bmatrix}3&0&1\\4&1&2\\-2&0&-1\end{bmatrix}=\begin{bmatrix}1&0&0\\0&1&0\\0&0&1\end{bmatrix}$$

方法3:用矩阵初等变换,求逆阵。

答案:B

1-8-11　解:求出$A^*=\begin{bmatrix}a-1&a-1&-(a-1)(a+1)\\a-1&-(a+1)(a-1)&a-1\\-(a-1)(a+1)&a-1&a-1\end{bmatrix}$,将选项A、B、C、D值分别代入,当$a=-2$代入时,$R(A^*)=1$。

答案:A

1-8-12　解:当$P^{-1}AP=\Lambda$时,$P=(\alpha_1,\alpha_2,\alpha_3)$中$\alpha_1$、$\alpha_2$、$\alpha_3$的排列满足对应关系,$\alpha_1$对应$\lambda_1$,$\alpha_2$对应$\lambda_2$,$\alpha_3$对应$\lambda_3$,可知$\alpha_1$对应特征值$\lambda_1=1$,$\alpha_2$对应特征值$\lambda_2=2$,$\alpha_3$对应特征值$\lambda_3=0$,由此可知当$Q=(\alpha_2,\alpha_1,\alpha_3)$时,对应$\Lambda=\begin{bmatrix}2&0&0\\0&1&0\\0&0&0\end{bmatrix}$。

答案:B

1-8-13　解:对方程组的系数矩阵进行初等行变换,$\begin{bmatrix}1&-1&0&1\\1&0&-1&1\end{bmatrix}\longrightarrow\begin{bmatrix}1&-1&0&1\\0&1&-1&0\end{bmatrix}$,即$\begin{cases}x_1-x_2+x_4=0\\x_2-x_3=0\end{cases}$,得到方程组的同解方程组$\begin{cases}x_1=x_2-x_4\\x_3=x_2+0x_4\end{cases}$,当$x_2=1,x_4=0$时,得$x_1=1,x_3=1$;当$x_2=0,x_4=1$时,得$x_1=-1,x_3=0$,写成基础解系$\xi_1,\xi_2$,即$\xi_1=\begin{pmatrix}1\\1\\1\\0\end{pmatrix},\xi_2=\begin{pmatrix}-1\\0\\0\\1\end{pmatrix}$。

答案:C

1-8-14 解:

①将分块矩阵行列式变形为$\begin{vmatrix}A&0\\0&B\end{vmatrix}$的形式。

②利用分块矩阵行列式计算公式$\begin{vmatrix}A&0\\0&B\end{vmatrix}=|A|\cdot|B|$。

将矩阵B的第一行与矩阵A的行互换,换的方法是从矩阵A最下面一行开始换,逐行往上换,换到第一行一共换了m次,行列式更换符号$(-1)^m$。再将矩阵B的第二行与矩阵A的

各行互换，换到第二行，又更换符号为$(-1)^m$，……，最后再将矩阵$\boldsymbol{B}$的最后一行与矩阵$\boldsymbol{A}$的各行互换到矩阵的第n行位置，这样原矩阵行列式$\begin{vmatrix}\boldsymbol{0} & \boldsymbol{A}\\ \boldsymbol{B} & \boldsymbol{0}\end{vmatrix}=\underbrace{(-1)^m\cdot(-1)^m\cdots(-1)^m}_{n\text{个}}\begin{vmatrix}\boldsymbol{B} & \boldsymbol{0}\\ \boldsymbol{0} & \boldsymbol{A}\end{vmatrix}=$ $(-1)^{m\cdot n}\begin{vmatrix}\boldsymbol{B} & \boldsymbol{0}\\ \boldsymbol{0} & \boldsymbol{A}\end{vmatrix}=(-1)^{mn}|\boldsymbol{B}||\boldsymbol{A}|=(-1)^{mn}|\boldsymbol{A}||\boldsymbol{B}|$。

答案:D

1-8-15 解:由题目给出的运算写出相应行列式，再验证还原到原行列式时应用哪一种运算方法。

答案:A

1-8-16 解:通过矩阵的特征值、特征向量的定义判定。只要满足式子$\boldsymbol{A}\boldsymbol{x}=\lambda\boldsymbol{x}$，非零向量$\boldsymbol{x}$即为矩阵$\boldsymbol{A}$对应特征值$\lambda$的特征向量。

再利用题目给出的条件：

$$\boldsymbol{\alpha}^{\mathrm{T}}\boldsymbol{\beta}=3 \quad ①$$

$$\boldsymbol{A}=\boldsymbol{\beta}\boldsymbol{\alpha}^{\mathrm{T}} \quad ②$$

将等式②两边右乘$\boldsymbol{\beta}$，得$\boldsymbol{A}\cdot\boldsymbol{\beta}=\boldsymbol{\beta}\boldsymbol{\alpha}^{\mathrm{T}}\cdot\boldsymbol{\beta}$，变形$\boldsymbol{A}\boldsymbol{\beta}=\boldsymbol{\beta}(\boldsymbol{\alpha}^{\mathrm{T}}\boldsymbol{\beta})$，代入式①得$\boldsymbol{A}\boldsymbol{\beta}=\boldsymbol{\beta}\cdot3$，故$\boldsymbol{A}\boldsymbol{\beta}=3\cdot\boldsymbol{\beta}$成立。

答案:C

1-8-17 解:齐次线性方程组，当变量的个数与方程的个数相同时，方程组有非零解的充要条件是系数行列式为零。即

$$\begin{vmatrix}1 & -k & 0\\ k & -5 & 1\\ 1 & 1 & 1\end{vmatrix}=0\text{，变形}\begin{vmatrix}1 & -k & 0\\ k & -5 & 1\\ 1 & 1 & 1\end{vmatrix}\xlongequal{(-1)r_2+r_3}\begin{vmatrix}1 & -k & 0\\ k & -5 & 1\\ 1-k & 6 & 0\end{vmatrix}=1(-1)^{2+3}\begin{vmatrix}1 & -k\\ 1-k & 6\end{vmatrix}=$$

$$-[6-(-k)(1-k)]=-(6+k-k^2)=0,k^2-k-6=0$$

解得$k_1=3,k_2=-2$。

答案:A

1-8-18 解:利用行列式的运算性质分析。

A项：$|\boldsymbol{\alpha}_2,\boldsymbol{\alpha}_1,\boldsymbol{\alpha}_3|\xlongequal{c_1\leftrightarrow c_2}-|\boldsymbol{\alpha}_1,\boldsymbol{\alpha}_2,\boldsymbol{\alpha}_3|$，错误。

B项：$|-\boldsymbol{\alpha}_2,-\boldsymbol{\alpha}_3,-\boldsymbol{\alpha}_1|=(-1)^3|\boldsymbol{\alpha}_2,\boldsymbol{\alpha}_3,\boldsymbol{\alpha}_1|\xlongequal{c_1\leftrightarrow c_3}(-1)^3(-1)|\boldsymbol{\alpha}_1,\boldsymbol{\alpha}_3,\boldsymbol{\alpha}_2|\xlongequal{c_2\leftrightarrow c_3}$ $(-1)^3(-1)(-1)|\boldsymbol{\alpha}_1,\boldsymbol{\alpha}_2,\boldsymbol{\alpha}_3|=-|\boldsymbol{\alpha}_1,\boldsymbol{\alpha}_2,\boldsymbol{\alpha}_3|$，错误。

C项：$|\alpha_1+\alpha_2,\alpha_2+\alpha_3,\alpha_3+\alpha_1|=|\alpha_1,\alpha_2+\alpha_3,\alpha_3+\alpha_1|+|\alpha_2,\alpha_2+\alpha_3,\alpha_3+\alpha_1|=|\alpha_1,\alpha_2+\alpha_3,\alpha_3|+$ $|\alpha_1,\alpha_2+\alpha_3,\alpha_1|+|\alpha_2,\alpha_2,\alpha_3+\alpha_1|+|\alpha_2,\alpha_3,\alpha_3+\alpha_1|=|\alpha_1,\alpha_2+\alpha_3,\alpha_3|+|\alpha_2,\alpha_3,\alpha_3+\alpha_1|=|\alpha_1,\alpha_2,\alpha_3|$ $+|\alpha_2,\alpha_3,\alpha_1|=|\alpha_1,\alpha_2,\alpha_3|+|\alpha_1,\alpha_2,\alpha_3|=2|\alpha_1,\alpha_2,\alpha_3|$，错误。

D项：$|\alpha_1,\alpha_2,\alpha_3+\alpha_2+\alpha_1|\xlongequal{(-1)c_1+c_3}|\alpha_1,\alpha_2,\alpha_3+\alpha_2|\xlongequal{(-1)c_2+c_3}|\alpha_1,\alpha_2,\alpha_3|$，正确。

答案:D

1-8-19　解: $\boldsymbol{A}$、$\boldsymbol{B}$ 为非零矩阵且 $\boldsymbol{AB}=0$，由矩阵秩的性质可知 $r(\boldsymbol{A})+r(\boldsymbol{B})\leqslant n$，而 $\boldsymbol{A}$、$\boldsymbol{B}$ 为非零矩阵，则 $r(\boldsymbol{A})\geqslant 1$，$r(\boldsymbol{B})\geqslant 1$，又因 $r(\boldsymbol{A})<n$，$r(\boldsymbol{B})<n$，则由 $1\leqslant r(\boldsymbol{A})<n$，知 $\boldsymbol{A}_{m\times n}$ 的列向量相关，$1\leqslant r(\boldsymbol{B})<n$，$\boldsymbol{B}_{n\times l}$ 的行向量相关，从而选项 B、C、D 均成立。

答案: A

1-8-20　解: 利用矩阵的特征值、特征向量的定义判定，即问满足式子 $\boldsymbol{Bx}=\lambda\boldsymbol{x}$ 中的 $\boldsymbol{x}$ 是什么向量？已知 $\boldsymbol{\alpha}$ 是 $\boldsymbol{A}$ 属于特征值 λ 的特征向量，故：

$$\boldsymbol{A\alpha}=\lambda\boldsymbol{\alpha} \qquad ①$$

将已知式子 $\boldsymbol{B}=\boldsymbol{P}^{-1}\boldsymbol{AP}$ 两边，左乘矩阵 $\boldsymbol{P}$，右乘矩阵 $\boldsymbol{P}^{-1}$，得 $\boldsymbol{PBP}^{-1}=\boldsymbol{PP}^{-1}\boldsymbol{APP}^{-1}$，化简为 $\boldsymbol{PBP}^{-1}=\boldsymbol{A}$，即：

$$\boldsymbol{A}=\boldsymbol{PBP}^{-1} \qquad ②$$

将式②代入式①，得：

$$\boldsymbol{PBP}^{-1}\boldsymbol{\alpha}=\lambda\boldsymbol{\alpha} \qquad ③$$

将式③两边左乘 $\boldsymbol{P}^{-1}$，得 $\boldsymbol{BP}^{-1}\boldsymbol{\alpha}=\lambda\boldsymbol{P}^{-1}\boldsymbol{\alpha}$，即 $\boldsymbol{B}(\boldsymbol{P}^{-1}\boldsymbol{\alpha})=\lambda(\boldsymbol{P}^{-1}\boldsymbol{\alpha})$，成立。

答案: B

1-8-21　解: 由合同矩阵定义知，若存在一个可逆矩阵 $\boldsymbol{C}$，使 $\boldsymbol{C}^{\mathrm{T}}\boldsymbol{AC}=\boldsymbol{B}$，则称 $\boldsymbol{A}$ 合同于 $\boldsymbol{B}$。

取 $\boldsymbol{C}=\begin{bmatrix}-1 & 0\\ 0 & 1\end{bmatrix}$，$|\boldsymbol{C}|=-1\neq 0$，$\boldsymbol{C}$ 可逆，可验证 $\boldsymbol{C}^{\mathrm{T}}\boldsymbol{AC}=\begin{bmatrix}1 & -1\\ -1 & 2\end{bmatrix}$。

另一方法，矩阵 $\boldsymbol{A}$ 为实对称矩阵，合同矩阵的特征值相同，易得答案为 A。

答案: A

1-8-22　解: 可以利用矩阵秩的定义验证

三阶行列式 $\begin{vmatrix}1 & 0 & 0\\ 0 & 1 & 2\\ 0 & 2 & 4\end{vmatrix}=0$，二阶行列式 $\begin{vmatrix}1 & 0\\ 0 & 1\end{vmatrix}\neq 0$

故 $r(\boldsymbol{A})=2$。

答案: C

1-8-23　解: 已知 $\vec{\alpha},\vec{\beta}$ 线性无关，$\vec{\gamma}$ 可以由 $\vec{\alpha},\vec{\beta}$ 线性表示。

故 $\vec{\alpha},\vec{\beta},\vec{\gamma}$ 线性相关，可推出 $\vec{\alpha},\vec{\beta},\vec{\gamma},\vec{\delta}$ 也相关。

所以选项 A、B 错误。

选项 C、D 其中必须有一个错误，用反证法。

设 $\vec{\alpha},\vec{\beta},\vec{\delta}$ 相关，由已知条件 $\vec{\alpha},\vec{\beta}$ 线性无关，而 $\vec{\alpha},\vec{\beta},\vec{\delta}$ 线性相关，则 $\vec{\delta}$ 可由 $\vec{\alpha},\vec{\beta}$ 线性表示，与已知条件 $\vec{\delta}$ 不能由 $\vec{\alpha},\vec{\beta}$ 线性表示矛盾。

所以 $\vec{\alpha},\vec{\beta},\vec{\delta}$ 线性无关。

答案: D

1-8-24　解: 特征向量必须是非零向量，选项 D 错误。

由矩阵的特征值、特征向量关系可知：①当 $\boldsymbol{\xi}$、$\boldsymbol{\eta}$ 是 $\boldsymbol{A}$ 对应特征值 λ 的特征向量，当 $k_1\neq 0$，$k_2\neq 0$ 时，$k_1\boldsymbol{\xi}+k_2\boldsymbol{\eta}$ 仍是 $\boldsymbol{A}$ 对应特征值 λ 的特征向量。②如果 $\boldsymbol{\xi}$、$\boldsymbol{\eta}$ 是 $\boldsymbol{A}$ 对应不同特征值的特征向量，则 $k_1\boldsymbol{\xi}+k_2\boldsymbol{\eta}$ 不是 $\boldsymbol{A}$ 的特征向量。

所以选项 A、B 均不成立。

答案:C

1-8-25　解:将行列式的第 3 列换成 1,0,4,1,得到新的行列式,然后再计算新行列式的值。将行列式$\begin{vmatrix} 2 & 1 & 1 & 4 \\ 1 & 0 & 0 & 0 \\ 1 & 5 & 4 & 1 \\ -1 & 1 & 1 & 2 \end{vmatrix}$按第 3 列展开,即为要求的结果。实际算法如下:

$$A_{13}+4A_{33}+A_{43}=\begin{vmatrix} 2 & 1 & 1 & 4 \\ 1 & 0 & 0 & 0 \\ 1 & 5 & 4 & 1 \\ -1 & 1 & 1 & 2 \end{vmatrix}\xlongequal[\text{按第二行展开计算}]{\text{计算行列的值}}(-1)^{2+1}\begin{vmatrix} 1 & 1 & 4 \\ 5 & 4 & 1 \\ 1 & 1 & 2 \end{vmatrix}=-\begin{vmatrix} 1 & 1 & 4 \\ 5 & 4 & 1 \\ 0 & 0 & -2 \end{vmatrix}=-2$$

答案:A

1-8-26　解:由矩阵秩的性质可知,若 $\boldsymbol{A}$ 可逆,则 $r(\boldsymbol{AB})=r(\boldsymbol{B})$,若 $\boldsymbol{B}$ 可逆,则$r(\boldsymbol{AB})=r(\boldsymbol{A})$,

$\boldsymbol{AB}-\boldsymbol{A}=\boldsymbol{A}(\boldsymbol{B}-\boldsymbol{E})$,$\boldsymbol{B}-\boldsymbol{E}=\begin{vmatrix} 1 & \alpha & 1 \\ 0 & 2 & \alpha \\ 0 & 0 & -2 \end{vmatrix}$,$|\boldsymbol{B}-\boldsymbol{E}|=-4\neq 0$,$\boldsymbol{B}-\boldsymbol{E}$ 可逆,$r[\boldsymbol{A}(\boldsymbol{B}-\boldsymbol{E})]=r(\boldsymbol{A})$。

计算矩阵 $\boldsymbol{A}$ 的秩:$\boldsymbol{A}=\begin{bmatrix} 1 & -1 & 2 \\ 2 & 1 & 1 \\ -1 & 1 & -2 \end{bmatrix}\sim\begin{bmatrix} 1 & -1 & 2 \\ 0 & 3 & -5 \\ 0 & 0 & 0 \end{bmatrix}$,所以 $r(\boldsymbol{A})=2$。

答案:B

1-8-27　解:非齐次方程组的通解 $y=y$(齐次方程的通解)$+y^*$(非齐次方程的一个特解),可验证$\frac{1}{2}(\boldsymbol{\beta}_1+\boldsymbol{\beta}_2)$是 $\boldsymbol{Ax}=\boldsymbol{b}$ 的一个特解。

因为 $\boldsymbol{\beta}_1$,$\boldsymbol{\beta}_2$ 是线性方程组 $\boldsymbol{Ax}=\boldsymbol{b}$ 的两个不同的解

$$\boldsymbol{A}\left[\frac{1}{2}(\boldsymbol{\beta}_1+\boldsymbol{\beta}_2)\right]=\frac{1}{2}\boldsymbol{A\beta}_1+\frac{1}{2}\boldsymbol{A\beta}_2=\frac{1}{2}\boldsymbol{b}+\frac{1}{2}\boldsymbol{b}=\boldsymbol{b}$$

又已知 $\boldsymbol{\alpha}_1$,$\boldsymbol{\alpha}_2$ 为导出组 $\boldsymbol{Ax}=\boldsymbol{0}$ 的基础解系,可知 $\boldsymbol{\alpha}_1$,$\boldsymbol{\alpha}_2$ 是 $\boldsymbol{Ax}=\boldsymbol{0}$ 解,同样可验证 $\boldsymbol{\alpha}_1-\boldsymbol{\alpha}_2$ 也是 $\boldsymbol{Ax}=\boldsymbol{0}$ 的解.$\boldsymbol{A}(\boldsymbol{\alpha}_1-\boldsymbol{\alpha}_2)=\boldsymbol{A\alpha}_1-\boldsymbol{A\alpha}_2=0-0=0$。

还可验证 $\boldsymbol{\alpha}_1$,$\boldsymbol{\alpha}_1-\boldsymbol{\alpha}_2$ 线性无关。

设有任意两个实数 K_{11},K_{22} 使 $K_{11}\boldsymbol{\alpha}_1+K_{22}(\boldsymbol{\alpha}_1-\boldsymbol{\alpha}_2)=0$,即$(K_{11}+K_{22})\boldsymbol{\alpha}_1-K_{22}\boldsymbol{\alpha}_2=0$,因 $\boldsymbol{\alpha}_1$,$\boldsymbol{\alpha}_2$ 线性无关,所以 $\boldsymbol{\alpha}_1$,$\boldsymbol{\alpha}_2$ 的系数,$K_{11}+K_{22}=0$,$-K_{22}=0$。

即$\begin{cases} K_{11}+K_{22}=0 \\ K_{22}=0 \end{cases}$,解得 $K_{11}=0$,$K_{22}=0$;因此 $\boldsymbol{\alpha}_1$,$\boldsymbol{\alpha}_1-\boldsymbol{\alpha}_2$ 线性无关。

故齐次方程组 $\boldsymbol{A}x=0$ 的通解为 $y=K_1\boldsymbol{\alpha}_1+K_2(\boldsymbol{\alpha}_1-\boldsymbol{\alpha}_2)$。

又 $y^*=\frac{1}{2}(\boldsymbol{\beta}_1+\boldsymbol{\beta}_2)$ 是 $\boldsymbol{A}x=\boldsymbol{b}$ 的一个特解;

所以 $\boldsymbol{A}x=\boldsymbol{b}$ 的通解为 $y=\frac{(\boldsymbol{\beta}_1+\boldsymbol{\beta}_2)}{2}+K_1\boldsymbol{\alpha}_1+K_2(\boldsymbol{\alpha}_1-\boldsymbol{\alpha}_2)$。

答案:C

1-8-28 **解:**根据矩阵乘积秩的性质,$\boldsymbol{B}\neq 0$,$\boldsymbol{AB}=0$,有 $r(\boldsymbol{A})+r(\boldsymbol{B})\leqslant n$ 成立,选项 A 正确。$\boldsymbol{AB}=\boldsymbol{0}$,取矩阵的行列式,$|\boldsymbol{A}||\boldsymbol{B}|=0$,$|\boldsymbol{A}|=0$ 或 $|\boldsymbol{B}|=0$,选项 B 正确。又因为 $\boldsymbol{B}\neq\boldsymbol{0}$,$\boldsymbol{B}$ 为非零矩阵,$r(\boldsymbol{B})\geqslant 1$,由上式 $r(\boldsymbol{A})+r(\boldsymbol{B})\leqslant n$,推出 $0\leqslant r(\boldsymbol{A})<n$,选项 C 也正确。所以错误选项为 D。

答案:D

1-8-29 **解:**已知条件 $\boldsymbol{B}$ 是三阶非零矩阵,而 $\boldsymbol{B}$ 的每一列都是方程组的解,可知齐次方程 $\boldsymbol{Ax}=0$ 有非零解。所以齐次方程组的系数行列式为 0,即 $\begin{vmatrix}1 & 2 & -2\\ 2 & -1 & t\\ 3 & 1 & -1\end{vmatrix}=0$,计算此行列式,$t=1$。

答案:D

1-8-30 **解:**已知 $\boldsymbol{\alpha}_1,\boldsymbol{\alpha}_2$ 是矩阵 $\boldsymbol{A}$ 属于特征值 1 的特征向量,即有 $\boldsymbol{A\alpha}_1=1\cdot\boldsymbol{\alpha}_1$,$\boldsymbol{A\alpha}_2=1\cdot\boldsymbol{\alpha}_2$成立,则 $\boldsymbol{A}(\boldsymbol{\alpha}_1-\boldsymbol{\alpha}_2)=1\cdot(\boldsymbol{\alpha}_1-\boldsymbol{\alpha}_2)$,$\boldsymbol{\alpha}_1-\boldsymbol{\alpha}_2$ 为非零向量,因此 $\boldsymbol{\alpha}_1-\boldsymbol{\alpha}_2$ 是 $\boldsymbol{A}$ 属于特征值 1 的特征向量。

答案:A

1-8-31 **解:**利用矩阵行列式性质 $|\boldsymbol{BA}^{-1}|=|\boldsymbol{B}||\boldsymbol{A}^{-1}|$,又因为 $\boldsymbol{AA}^{-1}=\boldsymbol{E}$,$|\boldsymbol{A}||\boldsymbol{A}^{-1}|=1$,所以 $|\boldsymbol{A}^{-1}|=\dfrac{1}{|\boldsymbol{A}|}$,故 $|\boldsymbol{BA}^{-1}|=|\boldsymbol{B}|\cdot\dfrac{1}{|\boldsymbol{A}|}=\dfrac{3}{2}$。

答案:B

1-8-32 **解:**$\boldsymbol{A}=\boldsymbol{BC}=\begin{bmatrix}a_1\\ a_2\\ \cdots\\ a_n\end{bmatrix}[b_1b_2\cdots b_n]$,由矩阵的性质可知,$R(\boldsymbol{BC})\leqslant\min[R(\boldsymbol{B}),R(\boldsymbol{C})]$,因 $R(\boldsymbol{B})=1$,$R(\boldsymbol{C})=1$,而 $\boldsymbol{A}$ 是非零矩阵,故 $R(\boldsymbol{A})=R(\boldsymbol{BC})=1$。

答案:C

1-8-33 **解:**$\boldsymbol{\alpha}_1,\boldsymbol{\alpha}_2$ 是方程组 $\boldsymbol{Ax}=\boldsymbol{0}$ 的两个线性无关的解,方程组含有 3 个未知量,故矩阵 $\boldsymbol{A}$ 的秩 $R(\boldsymbol{A})=3-2=1$,而选项 A、B、C 的秩分别为 3、2、2 均不符合要求。或将选项 D 代入方程组验证,$[-2,1,1]\begin{bmatrix}x_1\\ x_2\\ x_3\end{bmatrix}=0$,$-2x_1+x_2+x_3=0$,$x_3=2x_1-x_2$,$\begin{bmatrix}x_1\\ x_2\end{bmatrix}$取值$\begin{bmatrix}1\\ 0\end{bmatrix}$,$\begin{bmatrix}0\\ 1\end{bmatrix}$,方程组解为 $\boldsymbol{\alpha}_1=\begin{bmatrix}1\\ 0\\ 2\end{bmatrix}$,$\boldsymbol{\alpha}_2=\begin{bmatrix}0\\ 1\\ -1\end{bmatrix}$。

答案:D

1-8-34 **解:**$\dfrac{\partial(\varphi A)}{\partial z}=\varphi\dfrac{\partial A}{\partial z}+\dfrac{\partial\varphi}{\partial z}A=xy^2z(x,0,2yz)+xy^2(xz,-xy^2,yz^2)$,$\left.\dfrac{\partial(\varphi A)}{\partial z}\right|_{(-1,-1,1)}=$

$(-1)\{-1,0,-2\}+(-1)\{-1,1,-1\}=\{2,-1,3\}$。

答案:A

1-8-35 **解**:① $|\boldsymbol{A}+\boldsymbol{B}|=\begin{vmatrix}2a_1 & 2b_1 & 2c_1 & d_1+e_1\\2a_2 & 2b_2 & 2c_2 & d_2+e_2\\2a_3 & 2b_3 & 2c_3 & d_3+e_3\\2a_4 & 2b_4 & 2c_4 & d_4+e_4\end{vmatrix}$;

② $\begin{vmatrix}a_{11} & a_{12}+b_1\\a_{21} & a_{22}+b_2\end{vmatrix}=\begin{vmatrix}a_{11} & a_{12}\\a_{21} & a_{22}\end{vmatrix}+\begin{vmatrix}a_{11} & b_1\\a_{21} & b_2\end{vmatrix}$,

则 $|\boldsymbol{A}+\boldsymbol{B}|=\begin{vmatrix}2a_1 & 2b_1 & 2c_1 & d_1\\2a_2 & 2b_2 & 2c_2 & d_2\\2a_3 & 2b_3 & 2c_3 & d_3\\2a_4 & 2b_4 & 2c_4 & d_4\end{vmatrix}+\begin{vmatrix}2a_1 & 2b_1 & 2c_1 & e_1\\2a_2 & 2b_2 & 2c_2 & e_2\\2a_3 & 2b_3 & 2c_3 & e_3\\2a_4 & 2b_4 & 2c_4 & e_4\end{vmatrix}=2^3|\boldsymbol{A}|+2^3|\boldsymbol{B}|$

$=2^3\cdot 5+2^3\cdot 1=48$

答案:D

(九)概率论与数理统计

1-9-1 **(2014,22)**设 A 与 B 是互不相容的事件,$p(A)>0$,$p(B)>0$,则下列式子一定成立的是:

A. $P(A)=1-P(B)$　　B. $P(A|B)=0$

C. $P(A|\overline{B})=1$　　D. $P(\overline{AB})=0$

1-9-2 **(2014,23)**设(X,Y)的联合概率密度为 $f(x,y)=\begin{cases}k,0<x<1,0<y<x\\0,\text{其他}\end{cases}$,则数学期望 $E(XY)$等于:

A. $\frac{1}{4}$　　B. $\frac{1}{3}$　　C. $\frac{1}{6}$　　D. $\frac{1}{2}$

1-9-3 **(2014,24)**设 $X_1,X_2,\cdots,X_n$ 与 $Y_1,Y_2,\cdots,Y_n$ 是来自正态总体 $X\sim N(\mu,\sigma^2)$的样本,并且相互独立,$\overline{X}$ 与 $\overline{Y}$ 分别是其样本均值,则$\frac{\sum_{i=1}^{n}(X_i-\overline{X})^2}{\sum_{i=1}^{n}(Y_i-\overline{Y})^2}$服从的分布是:

A. $t(n-1)$　　B. $F(n-1,n-1)$

C. $\chi^2(n-1)$　　D. $N(\mu,\sigma^2)$

1-9-4 **(2013,22)**设 A 和 B 为两个相互独立的事件,且 $P(A)=0.4$,$P(B)=0.5$,则 $P(A\cup B)$等于:

A. 0.9　　B. 0.8

C. 0.7　　D. 0.6

1-9-5　**(2013,23)**下列函数中,可以作为连续型随机变量的分布函数的是:

A. $\Phi(x)=\begin{cases}0, & x<0\\ 1-e^{x}, & x\geqslant 0\end{cases}$　　B. $F(x)=\begin{cases}e^{x}, & x<0\\ 1, & x\geqslant 0\end{cases}$

C. $G(x)=\begin{cases}e^{-x}, & x<0\\ 1, & x\geqslant 0\end{cases}$　　D. $H(x)=\begin{cases}0, & x<0\\ 1+e^{-x}, & x\geqslant 0\end{cases}$

1-9-6　**(2013,24)**设总体 $X\sim N(0,\sigma^2)$,$X_1,X_2,\cdots X_n$ 是来自总体的样本,则 σ^2 的矩估计是:

A. $\frac{1}{n}\sum_{i=1}^{n}X_i$　　B. $n\sum_{i=1}^{n}X_i$　　C. $\frac{1}{n^2}\sum_{i=1}^{n}X_i^2$　　D. $\frac{1}{n}\sum_{i=1}^{n}X_i^2$

1-9-7　**(2012,22)**若事件 A、B 互不相容,且 $P(A)=p$,$P(B)=q$,则 $P(\overline{A}\ \overline{B})$等于:

A. $1-p$　　B. $1-q$　　C. $1-(p+q)$　　D. $1+p+q$

1-9-8　**(2012,23)**若随机变量 X 与 Y 相互独立,且 X 在区间$[0,2]$上服从均匀分布,Y 服从参数为 3 的指数分布,则数学期望 $E(XY)$等于:

A. $\frac{4}{3}$　　B. 1　　C. $\frac{2}{3}$　　D. $\frac{1}{3}$

1-9-9　**(2011,21)**设 A,B 是两个事件,$P(A)=0.3$,$P(B)=0.8$,则当 $P(A\cup B)$为最小值时,$P(AB)=$

A. 0.1　　B. 0.2　　C. 0.3　　D. 0.4

1-9-10　**(2011,22)**三个人独立地破译一份密码,每人能独立译出这份密码的概率分别为 $\frac{1}{5}$、$\frac{1}{3}$、$\frac{1}{4}$,则这份密码被译出的概率为:

A. $\frac{1}{3}$　　B. $\frac{1}{2}$　　C. $\frac{2}{5}$　　D. $\frac{3}{5}$

1-9-11　**(2011,23)**设随机变量 X 的概率密度为 $f(x)=\begin{cases}2x & 0<x<1\\ 0 & \text{其他}\end{cases}$,则 Y 表示对 X 的 3 次独立重复观察中事件$\left\{X\leqslant\frac{1}{2}\right\}$出现的次数,则 $P\{Y=2\}=$

A. $\frac{3}{64}$　　B. $\frac{9}{64}$　　C. $\frac{3}{16}$　　D. $\frac{9}{16}$

1-9-12　**(2011,24)**设随机变量 X 和 Y 都服从 $N(0,1)$分布,则下列叙述中正确的是:

A. $X+Y\sim N(0,2)$　　B. $X^2+Y^2\sim\chi^2$ 分布

C. X^2 和 Y^2 都～χ^2 分布　　　　D. $\frac{X^2}{Y^2}$～F 分布

1-9-13　**(2010,21)** 设事件 A,B 相互独立,且 $P(A)=\frac{1}{2}$,$P(B)=\frac{1}{3}$,则 $P(B|A\cup\overline{B})$ 等于:

A. $\frac{5}{6}$　　B. $\frac{1}{6}$　　C. $\frac{1}{3}$　　D. $\frac{1}{5}$

1-9-14　**(2010,22)** 将 3 个球随机地放入 4 个杯子中,则杯中球的最大个数为 2 的概率为:

A. $\frac{1}{16}$　　B. $\frac{3}{16}$　　C. $\frac{9}{16}$　　D. $\frac{4}{27}$

1-9-15　**(2010,23)** 设随机变量 X 的概率密度为 $f(x)=\begin{cases}\frac{1}{x^2} & x\geqslant 1\\ 0 & \text{其他}\end{cases}$,则 $P(0\leqslant X\leqslant 3)$ 等于:

A. $\frac{1}{3}$　　B. $\frac{2}{3}$　　C. $\frac{1}{2}$　　D. $\frac{1}{4}$

1-9-16　**(2010,24)** 设随机变量 (X,Y) 服从二维正态分布,其概率密度为 $f(x,y)=\frac{1}{2\pi}e^{-\frac{1}{2}(x^2+y^2)}$,则 $E(X^2+Y^2)$ 等于:

A. 2　　B. 1　　C. $\frac{1}{2}$　　D. $\frac{1}{4}$

1-9-17　**(2009,21)** 若 $P(A)=0.5$,$P(B)=0.4$,$P(\overline{A}-B)=0.3$,则 $P(A\cup B)$ 等于:

A. 0.6　　B. 0.7　　C. 0.8　　D. 0.9

1-9-18　**(2009,22)** 设随机变量 $X\sim N(0,\sigma^2)$,则对于任何实数 λ,都有:

A. $P(X\leqslant\lambda)=P(X\geqslant\lambda)$　　B. $P(X\geqslant\lambda)=P(X\leqslant-\lambda)$

C. $X-\lambda\sim N(\lambda,\sigma^2-\lambda^2)$　　D. $\lambda X\sim N(0,\lambda\sigma^2)$

1-9-19　**(2009,23)** 设随机变量 X 的概率密度为 $f(x)=\begin{cases}\frac{3}{8}x^2 & 0<x<2\\ 0 & \text{其他}\end{cases}$,则 $Y=\frac{1}{X}$ 数学期望是:

A. $\frac{3}{4}$　　B. $\frac{1}{2}$　　C. $\frac{2}{3}$　　D. $\frac{1}{4}$

1-9-20 **(2009,24)**设总体 X 的概率密度为 $f(x,\theta)=\begin{cases} e^{-(x-\theta)} & x\geqslant\theta \\ 0 & x<\theta \end{cases}$，而 $x_1,x_2\cdots,x_n$ 是来自总体的样本值，则未知参数 θ 的最大似然估计值是：

A. $\overline{x}-1$　　B. $n\overline{x}$

C. $\min(x_1,x_2,\cdots,x_n)$　　D. $\max(x_1,x_2,\cdots,x_n)$

1-9-21 **(2008,19)** 若 $P(A)>0,P(B)>0,P(A\mid B)=P(A)$，则下列各式不成立的是：

A. $P(B\mid A)=P(B)$　　B. $P(A\mid \overline{B})=P(A)$

C. $P(AB)=P(A)P(B)$　　D. A、B 互斥

1-9-22 **(2008,21)**设总体 X 的概率分布为：

X	0	1	2	3
P	θ^2	$2\theta(1-\theta)$	θ^2	$1-2\theta$

其中 $\theta\left(0<\theta<\frac{1}{2}\right)$ 是未知参数，利用样本值 3、1、3、0、3、1、2、3，所得 θ 的矩估计值是：

A. $\frac{1}{4}$　　B. $\frac{1}{2}$　　C. 2　　D. 0

1-9-23 **(2007,19)** 若 $P(A)=0.8,P(A\overline{B})=0.2$，则 $P(\overline{A}\cup\overline{B})$ 等于：

A. 0.4　　B. 0.6　　C. 0.5　　D. 0.3

1-9-24 **(2007,20)** 离散型随机变量 X 的分布为 $P(X=k)=C\lambda^k(k=0,1,2\cdots)$，则不成立 的是：

A. $C>0$　　B. $0<\lambda<1$　　C. $C=1-\lambda$　　D. $C=\frac{1}{1-\lambda}$

1-9-25 **(2007,21)** 设总体 X 的概率密度为 $f(x)=\begin{cases}(\theta+1)x^\theta, & 0<x<1 \\ 0, & \text{其他}\end{cases}$，其中 $\theta>-1$ 是未知参数，$X_1,X_2,\cdots,X_n$ 是来自总体 X 的样本，则 θ 的矩估计量是：

A. $\overline{X}$　　B. $\frac{2\overline{X}-1}{1-\overline{X}}$　　C. $2\overline{X}$　　D. $\overline{X}-1$

1-9-26 **(2006,19)** 当下列哪项成立时，事件 A 与 B 为对立事件？

A. $AB=\varnothing$　　B. $A+B=\Omega$

C. $\overline{A}+\overline{B}=\Omega$　　D. $AB=\varnothing$ 且 $A+B=\Omega$

1-9-27 **(2006,20)**袋中有 5 个大小相同的球，其中 3 个是白球，2 个是红球，一次随机地取出 3 个球，其中恰有 2 个是白球的概率是：

A. $\left(\frac{3}{5}\right)^2\frac{2}{5}$　　B. $C_5^3\left(\frac{3}{5}\right)^2\frac{1}{5}$　　C. $\left(\frac{3}{5}\right)^2$　　D. $\frac{C_3^2C_2^1}{C_5^3}$

1-9-28 **(2006,21)** X 的分布函数 $F(x)$，而 $F(x)=\begin{cases}0, & x<0,\\ x^3, & 0\leqslant x<1,\\ 1, & x\geqslant 1,\end{cases}$ 则 $E(X)$ 等于：

A. 0.7　　B. 0.75　　C. 0.6　　D. 0.8

1-9-29 **(2005,18)**重复进行一项试验，事件 A 表示“第一次失败且第二次成功”，则事件 $\overline{A}$ 表示：

A. 两次均失败　　B. 第一次成功或第二次失败

C. 第一次成功且第二次失败　　D. 两次均成功

1-9-30 **(2005,19)** 设$(X_1,X_2,\cdots,X_{10})$ 是抽自正态总体 $N(\mu,\sigma^2)$ 的一个容量为 10 的样本，其中 $-\infty<\mu<+\infty,\sigma^2>0$，记 $\overline{X}_9=\frac{1}{9}\sum_{i=1}^{9}X_i$，则 $\overline{X}_9-X_{10}$ 所服从的分布是：

A. $N\left(0,\frac{10}{9}\sigma^2\right)$　　B. $N\left(0,\frac{8}{9}\sigma^2\right)$

C. $N(0,\sigma^2)$　　D. $N\left(0,\frac{11}{9}\sigma^2\right)$

1-9-31 **(2005,20)**设 $\varphi(x)$ 为连续型随机变量的概率密度，则下列结论中一定正确的是：

A. $0\leqslant\varphi(x)\leqslant 1$　　B. $\varphi(x)$ 在定义域内单调不减

C. $\int_{-\infty}^{-\infty}\varphi(x)\mathrm{d}x=1$　　D. $\lim\limits_{x\to+\infty}\varphi(x)=1$

1-9-32 设 A、B、C 为三个事件，则 A、B、C 中至少有两个发生可表示为：

A. $A\cup B\cup C$　　B. $A(B\cup C)$

C. $AB\cup AC\cup BC$　　D. $\overline{A}\cup\overline{B}\cup\overline{C}$

题解及参考答案

1-9-1 **解：**因为 A 与 B 互不相容，即 $AB=\varnothing$ 。

所以 $P(A|B)=\frac{P(AB)}{P(B)}=\frac{P(\varnothing)}{P(B)}=0$。

答案：B

1-9-2　解: $\int_{-\infty}^{+\infty}\int_{-\infty}^{+\infty} f(x,y)\mathrm{d}x\mathrm{d}y = \int_0^1\int_0^x k\mathrm{d}y\mathrm{d}x = \frac{k}{2} = 1$，得 $k=2$

$E(XY) = \int_{-\infty}^{+\infty}\int_{-\infty}^{+\infty} xyf(x,y)\mathrm{d}x\mathrm{d}y = \int_0^1\int_0^x 2xy\mathrm{d}y\mathrm{d}x = \frac{1}{4}$

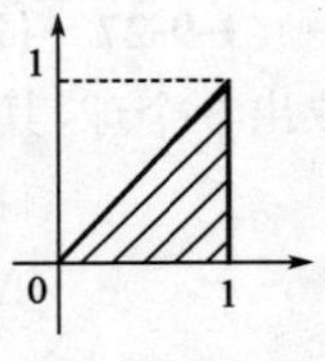

题 1-9-2 解图

答案:A

1-9-3　解:设 $S_1^2 = \frac{1}{n-1}\sum_{i=1}^{n}(X_i-\bar{X})^2$

因为总体 $X \sim N(\mu,\sigma^2)$

所以 $\frac{\sum_{i=1}^{n}(X_i-\bar{X})^2}{\sigma^2} = \frac{(n-1)S_1^2}{\sigma^2} \sim \chi^2(n-1)$

同理 $\frac{\sum_{i=1}^{n}(Y_i-\bar{Y})^2}{\sigma^2} \sim \chi^2(n-1)$

又因为两样本相互独立

所以 $\frac{\sum_{i=1}^{n}(X_i-\bar{X})^2}{\sigma^2}$ 与 $\frac{\sum_{i=1}^{n}(Y_i-\bar{Y})^2}{\sigma^2}$ 相互独立

$$\frac{\sum_{i=1}^{n}(X_i-\bar{X})^2}{\sum_{i=1}^{n}(Y_i-\bar{Y})^2} = \frac{\dfrac{\sum_{i=1}^{n}(X_i-\bar{X})^2}{(n-1)\sigma^2}}{\dfrac{\sum_{i=1}^{n}(Y_i-\bar{Y})^2}{(n-1)\sigma^2}} \sim F(n-1,n-1)$$

答案:B

1-9-4　解:A、B 相互独立，则 $P(AB)=P(A)P(B)$，$P(A\cup B)=P(A)+P(B)-P(AB)$。

答案:C

1-9-5　解:分布函数[记为 $Q(x)$]性质为：①$0\leqslant Q(x)\leqslant 1$，$Q(-\infty)=0$，$Q(+\infty)=1$；②$Q(x)$是非减函数；③$Q(x)$是右连续的。

$\Phi(+\infty)=-\infty$，$F(x)$满足分布函数的性质①、②、③；

$G(-\infty)=+\infty$，$x\geqslant 0$ 时 $H(x)>1$。

答案:B

1-9-6　解:注意 $E(x)=0$，$\sigma^2=D(x)=E(x^2)-[E(x)]^2=E(x^2)$，$\sigma^2$ 也是 x 的二阶原点矩，σ^2 的矩估计量是样本的二阶原点矩。

答案:D

1-9-7　解:A、B 互不相容时 $P(AB)=0$，$\overline{AB}=\overline{A\cup B}$，

$P(\overline{AB})=P(\overline{A\cup B})=1-P(A\cup B)=1-[P(A)+P(B)-P(AB)]=1-(p+q)$。

答案:C

1-9-8　解:X 与 Y 独立时，$E(XY)=E(X)E(Y)$，X 在$[a,b]$上服从均匀分布时，$E(X)=\frac{a+b}{2}$，Y 服从参数为 λ 的指数分布时，$E(Y)=\frac{1}{\lambda}$。

答案: D

1-9-9　解: $P(A\cup B)=P(A)+P(B)-P(AB)$,$P(A\cup B)+P(AB)=P(A)+P(B)=1.1$,$P(A\cup B)$取最小值时,$P(AB)$取最大值$A$、$B$之间可有包含关系,由$P(A)<P(B)$得$A\subset B$,$P(AB)$的最大值为$P(A)=0.3$。

答案: C

1-9-10　解: 设甲、乙、丙单人译出密码分别记为A、B、C,则这份密码被破译出可记为$A\cup B\cup C$,因为A、B、C相互独立,

所以 $P(A\cup B\cup C)=P(A)+P(B)+P(C)-P(AB)-P(AC)-P(BC)+P(ABC)$
$=P(A)+P(B)+P(C)-P(A)P(B)-P(A)P(C)-P(B)P(C)-P(A)P(B)P(C)=\dfrac{3}{5}$,

或由$\overline{A}$、$\overline{B}$、$\overline{C}$也相互独立,

$$P(A\cup B\cup C)=1-P(\overline{A\cup B\cup C})=1-P(\overline{A}\overline{B}\overline{C})=1-P(\overline{A})P(\overline{B})P(\overline{C})$$
$$=1-[1-P(A)][1-P(B)][1-P(C)]=\frac{3}{5}。$$

答案: D

1-9-11　解: 由题意可知$Y\sim B(3,p)$,其中$p=P\left\{X\leqslant\dfrac{1}{2}\right\}=\int_0^{\frac{1}{2}}2x\mathrm{d}x=\dfrac{1}{4}$,$P(Y=2)=C_3^2\left(\dfrac{1}{4}\right)^2\dfrac{3}{4}=\dfrac{9}{64}$。

答案: B

1-9-12　解: 由χ^2分布定义,$X^2\sim\chi^2(1)$,$Y^2\sim\chi^2(1)$。因为X与Y的关系不清,所以A、B、D都不对。

答案: C

1-9-13　解: $P(B|A\cup\overline{B})=\dfrac{P(B(A\cup\overline{B}))}{P(A\cup\overline{B})}=\dfrac{P(AB\cup B\overline{B})}{P(A\cup\overline{B})}=\dfrac{P(AB)}{P(A)+P(\overline{B})-P(A\overline{B})}$

因为A、B相互独立,所以A、$\overline{B}$也相互独立。

有 $P(AB)=P(A)P(B)$,$P(A\overline{B})=P(A)P(\overline{B})$

$$P(B|A\cup\overline{B})=\frac{P(A)P(B)}{P(A)+P(\overline{B})-P(A)P(\overline{B})}=\frac{1}{5}。$$

答案: D

1-9-14　解: 显然为古典概型,$P(A)=\dfrac{m}{n}$。

一个球一个球地放入杯中,每个球都有4种放法,所以所有可能结果数$n=4\times4\times4=64$,事件A"杯中球的最大个数为2"即4个杯中有一个杯子里有2个球,有1个杯子有1个球,还有两个空杯。第一个球有4种放法,从第二个球起有两种情况:①第2个球放到已有一个球的

杯中(一种放法),第 3 个球可放到 3 个空杯中任一个(3 种放法);②第 2 个球放到 3 个空杯中任一个(3 种放法),第 3 个球可放到两个有球杯中(2 种放法)。则 $m=4\times[1\times3+3\times2]=36$,因此 $P(A)=\frac{36}{64}=\frac{9}{16}$。

答案:C

1-9-15 **解:**$P(0\leqslant X\leqslant 3)=\int_0^3 f(x)\mathrm{d}x=\frac{2}{3}$。

答案:B

1-9-16 **解:**因 $f(x,y)=\frac{1}{2\pi}e^{-\frac{x^2+y^2}{2}}=\frac{1}{\sqrt{2\pi}}e^{-\frac{x^2}{2}}\cdot\frac{1}{\sqrt{2\pi}}e^{-\frac{y^2}{2}}$,

所以 $X\sim N(0,1),Y\sim N(0,1),X,Y$ 相互独立。

$E(X^2+Y^2)=E(X^2)+E(Y^2)=D(X)+[E(X)^2]+D(Y)+[E(Y)]^2=1+1=2$

或 $E(X^2+Y^2)=\int_{-\infty}^{+\infty}\int_{-\infty}^{+\infty}(x^2+y^2)\,\frac{1}{2\pi}e^{-\frac{x^2+y^2}{2}}\mathrm{d}x\mathrm{d}y$

$$=\int_0^{2\pi}\int_0^{+\infty}r^2\,\frac{1}{2\pi}e^{-\frac{r^2}{2}}r\mathrm{d}r\mathrm{d}\theta$$

$$=\int_0^{2\pi}\mathrm{d}\theta\int_0^{+\infty}r^2\,\frac{1}{4\pi}e^{-\frac{r^2}{2}}\mathrm{d}r^2(\text{令 } t=r^2)$$

$$=2\pi\cdot\frac{1}{4\pi}\int_0^{+\infty}te^{-\frac{t}{2}}\mathrm{d}t$$

$$=\frac{1}{2}\left[-2te^{-\frac{t}{2}}\Big|_0^{+\infty}+\int_0^{+\infty}2e^{-\frac{t}{2}}\mathrm{d}t\right]$$

$$=2$$

答案:A

1-9-17 **解:**$P(\overline{A}-B)=P(\overline{A}\,\overline{B})=\overline{P(A\cup B)}=0.3$,$P(A\cup B)=1-P(\overline{A\cup B})=0.7$
$P(\overline{A}-\overline{B})=P(\overline{A}\,\overline{B})=P(\overline{AUB})=0.3$

答案:B

1-9-18 **解:**(1)判断选项 A、B 对错。

方法 1:利用定积分、广义积分的几何意义

$$P(a<X<b)=\int_a^b f(x)\mathrm{d}x=S$$

S 为 $[a,b]$ 上曲边梯形的面积。

$N(0,\sigma^2)$ 的概率密度为偶函数,图形关于直线 $x=0$ 对称。

因此选项 B 对,选项 A 错。

方法 2:利用正态分布概率计算公式

$$P(X\leqslant\lambda)=\Phi\left(\frac{\lambda-0}{\sigma}\right)=\Phi\left(\frac{\lambda}{\sigma}\right)$$

$$P(X\geqslant\lambda)=1-P(x<\lambda)=1-\Phi\left(\frac{\lambda}{\sigma}\right)$$

$$P(X \leqslant -\lambda) = \Phi\left(\frac{-\lambda}{\sigma}\right) = 1 - \Phi\left(\frac{\lambda}{\sigma}\right)$$

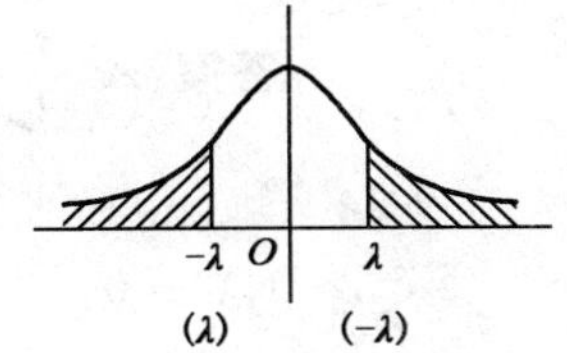

题 1-9-18 解图

选项 B 对,选项 A 错。

(2)判断选项 C、D 对错。

方法 1:验算数学期望与方差

$E(X-\lambda) = \mu - \lambda \neq \lambda(\lambda \neq 0$ 时),选项 C 错;

$D(\lambda X) = \lambda^2\sigma^2 \neq \lambda\sigma^2(\lambda \neq 0, \lambda \neq 1)$ 时,选项 D 错。

方法 2:利用结论

若 $X \sim N(\mu, \sigma^2)$,a、b 为常数且 $a \neq 0$,则 $aX+b \sim N(a\mu+b, a^2\sigma^2)$;

$X-\lambda \sim N(-\lambda, \sigma^2)$,选项 C 错;

$\lambda X \sim N(0, \lambda^2\sigma^2)$,选项 D 错。

答案:B

1-9-19 解: $E(Y) = E\left(\frac{1}{X}\right) = \int_0^2 \frac{1}{x}\frac{3}{8}x^2 \mathrm{d}x = \frac{3}{4}$。

答案:A

1-9-20 解:似然函数:

$$L(\theta) = \prod_{i=1}^{n} e^{-(x_i-\theta)}, x_1, x_2, \cdots, x_n \geqslant \theta$$

$$\ln L(\theta) = \sum_{i=1}^{n} \ln e^{-(x_i-\theta)} = \sum_{i=1}^{n}(\theta - x_i) = n\theta - \sum_{i=1}^{n} x_i$$

$$\frac{\mathrm{d}\ln L(\theta)}{\mathrm{d}\theta} = n > 0$$

$\ln L(\theta)$ 及 $L(\theta)$ 均为 θ 的单调增函数,θ 取最大值时,$L(\theta)$ 取最大值。

由于 $x_1, x_2 \cdots, x_n \geqslant \theta$,因此 θ 的极大似然估计值为 $\min(x_1, x_2, \cdots, x_n)$。

答案:C

1-9-21 解:因 $P(A|B) = P(A)$,所以 $\frac{P(AB)}{P(B)} = P(A)$,$P(AB) = P(A)P(B)$(C 成立),$A$、$B$ 相互独立;

因 $P(A) > 0$,$P(B) > 0$,所以 $P(AB) > 0$。

答案:D

1-9-22 解: $E(X) = 0 \cdot \theta^2 + 1 \cdot 2\theta(1-\theta) + 2 \cdot \theta^2 + 3 \cdot (1-2\theta) = 3 - 4\theta$,可得 $\theta = \frac{3-E(X)}{4}$,用 $\overline{X}$ 替换 $E(X)$ 得 θ 的矩估计量 $\hat{\theta} = \frac{3-\overline{X}}{4}$,代入 $\overline{X} = \frac{3+1+3+0+3+1+2+3}{8} = 2$,得 θ 的矩估计值 $\hat{\theta} = \frac{3-2}{4} = \frac{1}{4}$。或因 $0 < \theta < \frac{1}{2}$,选项 B、C、D 错。

答案:A

1-9-23 解: $P(A\overline{B}) = P(A-B) = P(A) - P(AB)$

$P(AB) = P(A) - P(A\overline{B}) = 0.8 - 0.2 = 0.6$

$P(\overline{A}\cup\overline{B})=P(\overline{AB})=1-P(AB)=1-0.6=0.4$

答案:A

1-9-24 **解:**由分布律性质(1):$P(X=k)=c\lambda^k\geqslant 0,k=0,1,2,\cdots$
得 $C>0,\lambda>0$。

由分布律性质(2):$\sum\limits_{k=0}^{\infty}P(X=k)=\sum\limits_{k=0}^{\infty}C\lambda^k=1$,

知等比函数 $\sum\limits_{k=0}^{\infty}C\lambda^k$ 收敛,则有 $|\lambda|<1$;

因为 $\sum\limits_{k=0}^{\infty}C\lambda^k=\dfrac{C}{1-\lambda}=1,C=1-\lambda$;

所以 $C>0,0<\lambda<1,C=1-\lambda$,选项 D 不成立。

答案:D

1-9-25 **解:**$E(X)=\int_0^1 x(\theta+1)x^{\theta}\mathrm{d}x=\dfrac{\theta+1}{\theta+2}$

$(\theta+2)E(X)=\theta+1,\theta=\dfrac{2E(X)-1}{1-E(X)}$,用 $\overline{X}$ 替换 $E(X)$,得 θ 的矩估计量 $\hat{\theta}=\dfrac{2\overline{X}-1}{1-\overline{X}}$。

答案:B

1-9-26 **解:**依据对立事件的定义判定。

答案:D

1-9-27 **解:**用公式 $P(A)=\dfrac{C_M^mC_{N-M}^{n-m}}{C_N^n}$,代入 $N=5,n=3,M=3,m=2$。

或直接用古典概型公式 $P(A)=\dfrac{m}{n}$,分母 n 为所有可能结果数(从 5 个中取出 3 个),$n=C_5^3$;分子 m 为 A 包含的可能结果数(从 3 个白球中取出 2 个,从 2 个红球中取出 1 个),$m=C_3^2C_2^1$。

答案:D

1-9-28 **解:**X 的概率密度 $f(x)=F'(x)=\begin{cases}3x^2,0\leqslant x<1\\0,其他\end{cases}$

$E(X)=\int_{-\infty}^{+\infty}xf(x)\mathrm{d}x=\int_0^1 x\cdot 3x^2\mathrm{d}x=\dfrac{3}{4}$

答案:B

1-9-29 **解:**设 B 表示“第一次失败”,C 表示“第二次成功”,则 $A=BC,\overline{A}=\overline{BC}=\overline{B}\cup\overline{C}$,$\overline{B}$ 表示“第一次成功”,$\overline{C}$ 表示“第二次失败”。

答案:B

1-9-30 **解:**$X_1,X_2,\cdots,X_{10}$ 相互独立,且都服从 $N(\mu,\sigma^2)$ 分布,所以 $\overline{X}_9=\dfrac{1}{9}\sum\limits_{i=1}^{9}X_i\sim$

$N(\mu,\frac{\sigma^2}{9})$，$X_{10} \sim N(\mu,\sigma^2)$，$\overline{X}_9$ 与 X_{10} 独立，$E(\overline{X}_9 - X_{10}) = E(\overline{X}_9) - E(X_{10}) = 0$，$D(\overline{X}_9 - X_{10})$ $= D(\overline{X}_9) + D(X_{10}) = \frac{10}{9}\sigma^2$。

答案：A

1-9-31 解：因为 $\varphi(x)$ 为连续型随机变量的概率密度，不是分布函数，所以有 $\int_{-\infty}^{+\infty}\varphi(x)\mathrm{d}x = 1$。

答案：C

1-9-32 解：A、B、C 中有两个发生的情况有 AB、AC、BC 三种。

"至少"对应"和"，则 A、B、C 中至少有两个发生，可表示为 $AB \cup AC \cup BC$。

也可利用图形来判定。

"A、B、C 中至少有两个发生"对应解图 a) 的阴影部分，即 $AB \cup AC \cup BC$。

选项 A：$A \cup B \cup C$ 表示 A、B、C 中至少有一个发生，见解图 b) 的阴影部分。

选项 B：$A(B \cup C) = AB \cup AC$，见解图 c) 的阴影部分。

选项 D：$\overline{A} \cup \overline{B} \cup \overline{C} = \overline{ABC}$，见解图 d) 的阴影部分。

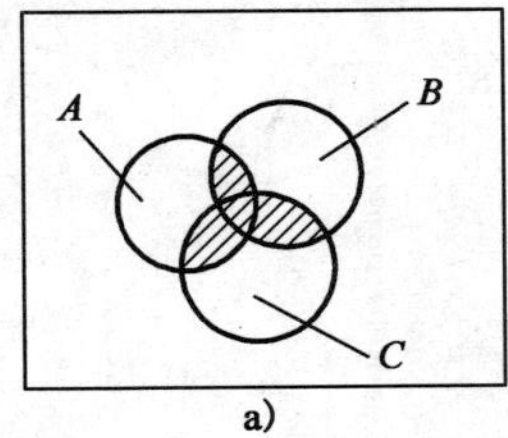

a)

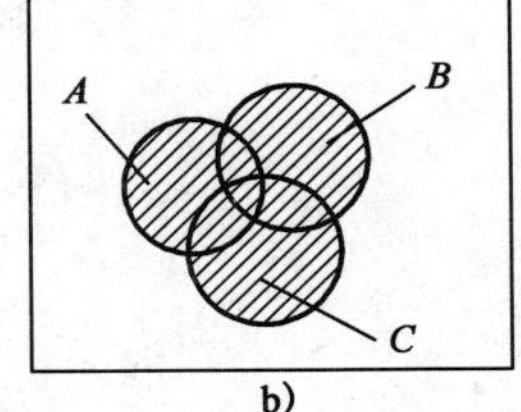

b)

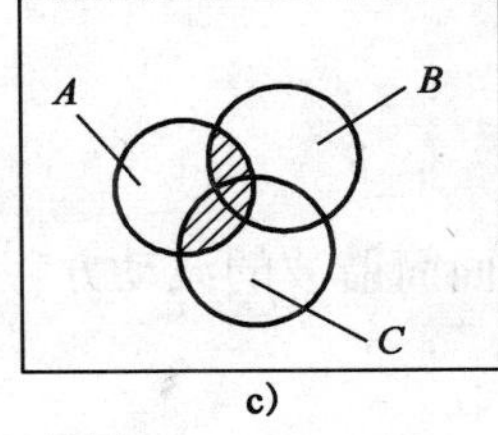

c)

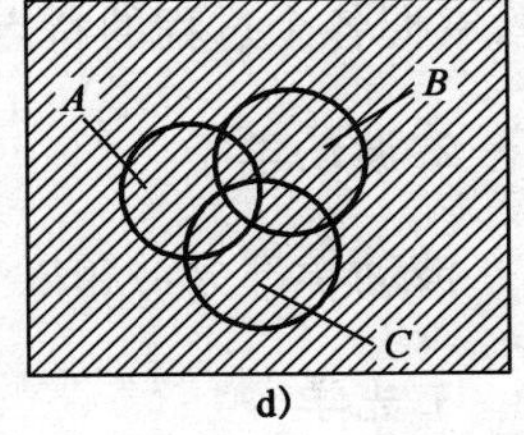

d)

题 1-9-32 解图

答案：C

二、普 通 物 理

复 习 指 导

1. 热学

热学包含气体分子运动和热力学两部分。

气体分子运动论部分习题多以考察基本概念为主，没有复杂的计算。读者一定要掌握气体分子运动的统计规律。

热气学部分习题主要围绕热力学第一定律、循环过程的计算。解题前首先弄清是什么过程，掌握各个过程的特点。

2. 波动学

波动学部分习题以平面简谐波的波动方程为重点。

3. 光学

光学部分习题以光的干涉、衍射、偏振为重点，尤其是光的干涉，一定要掌握光干涉中几个基本概念，如相干光、光程、光程差、半波损失、干涉加强减弱需要满足的基本条件。

练习题、题解及参考答案

(一)热学

2-1-1 **(2014,25)**在标准状态下，当氢气和氦气的压强与体积都相等时，氢气和氦气的内能之比为：

A. 5/3　　B. 3/5　　C. 1/2　　D. 3/2

2-1-2 **(2014,26)**速率分布函数 $f(v)$的物理意义是：

A. 具有速率 v 的分子数占总分子数的百分比
B. 速率分布在 v 附近的单位速率间隔中百分数占总分子数的百分比
C. 具有速率 v 的分子数
D. 速率分布在 v 附近的单位速率间隔中的分子数

2-1-3 **(2014,27)**有 1mol 刚性双原子分子理想气体，在等压过程中对外做功 W，则其温度变化 ΔT 为：

A. R/W　　B. W/R　　C. $2R/W$　　D. $2W/R$

2-1-4 **(2014,28)**理想气体在等温膨胀过程中：

A. 气体做负功，向外界放出热量
B. 气体做负功，从外界吸收热量
C. 气体做正功，向外界放出热量
D. 气体做正功，从外界吸收热量

2-1-5 **(2013,25)**一瓶氦气和一瓶氮气，它们每个分子的平均平动动能相同，而且都处于平衡态。则它们：

A. 温度相同，氦分子和氮分子平均动能相同
B. 温度相同，氦分子和氮分子平均动能不同
C. 温度不同，氦分子和氮分子平均动能相同
D. 温度不同，氦分子和氮分子平均动能不同

2-1-6 **(2013,27)**气体做等压膨胀，则：

A. 温度升高，气体对外做正功　　B. 温度升高，气体对外做负功
C. 温度降低，气体对外做正功　　D. 温度降低，气体对外做负功

2-1-7 **(2013,28)**一定量理想气体由初态(p_1, V_1, T_1)经等温膨胀到达终态(p_2, V_2, T_1)，则气体吸收的热量 Q 为：

A. $Q=p_1V_1\ln\dfrac{V_2}{V_1}$　　B. $Q=p_1V_2\ln\dfrac{V_2}{V_1}$

C. $Q=p_1V_1\ln\dfrac{V_1}{V_2}$　　D. $Q=p_2V_1\ln\dfrac{p_2}{p_1}$

2-1-8 **(2012,27)**一定量的理想气体由 a 状态经过一过程到达 b 状态，吸热为 335J，系统对外做功 126J；若系统经过另一过程由 a 状态到达 b 状态，系统对外做功 42J，则过程中传入系统的热量为：

A. 530J　　B. 167J　　C. 251J　　D. 335J

2-1-9 **(2012,28)**一定量的理想气体，经过等体过程，温度增量 ΔT，内能变化 ΔE_1，吸收热量 Q_1；若经过等压过程，温度增量也为 ΔT，内能变化 ΔE_2，吸收热量 Q_2，则一定是：

A. $\Delta E_2=\Delta E_1, Q_2>Q_1$　　B. $\Delta E_2=\Delta E_1, Q_2<Q_1$
C. $\Delta E_2>\Delta E_1, Q_2>Q_1$　　D. $\Delta E_2<\Delta E_1, Q_2<Q_1$

2-1-10 **(2011,26)**最概然速率 v_p 的物理意义是：

A. v_p 是速率分布中的最大速率
B. v_p 是大多数分子的速率
C. 在一定的温度下，速率与 v_p 相近的气体分子所占的百分率最大
D. v_p 是所有分子速率的平均值

2-1-11 **(2011,27)**1mol 理想气体从平衡态 $2p_1$、V_1 沿直线变化到另一平衡态 p_1、$2V_1$，则此过程中系统的功和内能的变化是：

A. $W>0, \Delta E>0$
B. $W<0, \Delta E<0$
C. $W>0, \Delta E=0$
D. $W<0, \Delta E>0$

2-1-12 **(2011,28)**在保持高温热源温度 T_1 和低温热源温度 T_2 不变的情况下，使卡诺热机的循环曲线所包围的面积增大，则会：

A. 净功增大，效率提高
B. 净功增大，效率降低
C. 净功和功率都不变
D. 净功增大，效率不变

2-1-13 **(2010,25)**一定量的刚性双原子分子理想气体储于一容器中，容器的容积为 V，气体压强为 p，则气体的内能为：

A. $\frac{3}{2}pV$　　B. $\frac{5}{2}pV$
C. $\frac{1}{2}pV$　　D. pV

2-1-14 **(2010,26)**理想气体的压强公式是：

A. $p=\frac{1}{3}nmv^2$　　B. $p=\frac{1}{3}nm\overline{v}$
C. $p=\frac{1}{3}nm\overline{v^2}$　　D. $p=\frac{1}{3}n\overline{v^2}$

2-1-15 **(2010,27)**“理想气体和单一热源接触做等温膨胀时，吸收的热量全部用来对外做功。”对此说法，有如下几种讨论，哪种是正确的：

A. 不违反热力学第一定律，但违反热力学第二定律
B. 不违反热力学第二定律，但违反热力学第一定律
C. 不违反热力学第一定律，也不违反热力学第二定律
D. 违反热力学第一定律，也违反热力学第二定律

2-1-16 **(2010,28)**一定量的理想气体，由一平衡态 p_1, V_1, T_1 变化到另一平衡态 p_2, V_2, T_2，若 $V_2>V_1$，但 $T_2=T_1$，无论气体经历什么样的过程：

A. 气体对外做的功一定为正值　　B. 气体对外做的功一定为负值

C. 气体的内能一定增加　　D. 气体的内能保持不变

2-1-17 **(2009,25)**1mol 刚性双原子理想气体，当温度为 T 时，每个分子的平均平动动能为：

A. $\frac{3}{2}RT$　　B. $\frac{5}{2}RT$　　C. $\frac{3}{2}kT$　　D. $\frac{5}{2}kT$

2-1-18 **(2009,26)**在恒定不变的压强下，气体分子的平均碰撞频率 $\overline{Z}$ 与温度 T 的关系为：

A. $\overline{Z}$ 与 T 无关　　B. $\overline{Z}$ 与 $\sqrt{T}$ 成正比

C. $\overline{Z}$ 与 $\sqrt{T}$ 成反比　　D. $\overline{Z}$ 与 T 成反比

2-1-19 **(2009,27)**气缸内有一定量的理想气体，先使气体做等压膨胀，直至体积加倍，然后做绝热膨胀，直至降到初始温度，在整个过程中，气体的内能变化 ΔE 和对外做功 W 为：

A. $\Delta E=0, W>0$　　B. $\Delta E=0, W<0$

C. $\Delta E>0, W>0$　　D. $\Delta E<0, W<0$

2-1-20 **(2009,28)**一个气缸内有一定量的单原子分子理想气体，在压缩过程中对外界做功 209J，此过程中气体的内能增加 120J，则外界传给气体的热量为：

A. -89J　　B. 89J　　C. 329J　　D. 0

2-1-21 **(2008,25)**质量相同的氢气(H_2)和氧气(O_2)，处在相同的室温下，则它们的分子平均平动动能和内能的关系是：

A. 分子平均平动动能相同，氢气的内能大于氧气的内能

B. 分子平均平动动能相同，氧气的内能大于氢气的内能

C. 内能相同，氢气的分子平均平动动能大于氧气的分子平均平动动能

D. 内能相同，氧气的分子平均平动动能大于氢气的分子平均平动动能

2-1-22 **(2008,26)**某种理想气体的总分子数为 N，分子速率分布函数为 $f(v)$，则速率在 $v_1 \rightarrow v_2$ 区间内的分子数是：

A. $\int_{v_1}^{v_2} f(v)\mathrm{d}v$　　B. $N\int_{v_1}^{v_2} f(v)\mathrm{d}v$

C. $\int_{0}^{\infty} f(v)\mathrm{d}v$　　D. $N\int_{0}^{\infty} f(v)\mathrm{d}v$

2-1-23 **(2008,27)**已知$\frac{m}{M}$摩尔的理想气体，它的分子自由度为i，k为玻兹曼常量，R为摩尔气体常量，当该气体从状态$a(p_1,V_1,T_1)$到状态$b(p_2,V_2,T_2)$的变化过程中，其内能变化为：

A. $\frac{m}{M}\frac{i}{2}k(T_2-T_1)$　　B. $\frac{i}{2}(p_2V_2-p_1V_1)$

C. $\frac{i}{2}R(T_2-T_1)$　　D. $\frac{m}{M}\frac{i}{2}(p_2V_2-p_1V_1)$

2-1-24 **(2008,28)**两种摩尔质量不同的理想气体，它们压强相同，温度相同，体积不同。则它们的：

A. 单位体积内的分子数不同
B. 单位体积内的气体的质量相同
C. 单位体积内的气体分子的总平均平动动能相同
D. 单位体积内的气体的内能相同

2-1-25 **(2008,29)**一定量的理想气体在进行卡诺循环时，高温热源温度为500K，低温热源温度为400k，则该循环的效率为：

A. 56%　　B. 34%　　C. 80%　　D. 20%

2-1-26 **(2008,30)**根据热力学第二定律可知：

A. 功可以完全转换为热量，但热量不能全部转换为功
B. 热量可以从高温物体传到低温物体，但不能从低温物体传到高温物体
C. 不可逆过程就是不能向相反方向进行的过程
D. 一切自发过程都是不可逆的

2-1-27 **(2007,25)**一容器内储有某种理想气体，如果容器漏气，则容器内气体分子的平均平动动能和容器内气体内能变化情况是：

A. 分子的平均平动动能和气体的内能都减少
B. 分子的平均平动动能不变，但气体的内能减少
C. 分子的平均平动动能减少，但气体的内能不变
D. 分子的平均平动动能和气体的内能都不变

2-1-28 **(2007,26)**容器内储有一定量的理想气体，若保持容积不变，使气体的温度升高，则分子的平均碰撞次数$\overline{Z}$和平均自由程$\overline{\lambda}$的变化情况是：

A. $\overline{Z}$增大，但$\overline{\lambda}$不变　　B. $\overline{Z}$不变，但$\overline{\lambda}$增大

C. $\overline{Z}$和$\overline{\lambda}$都增大　　D. $\overline{Z}$和$\overline{\lambda}$都不变

2-1-29 **(2007,27)**已知某理想气体的压强为p，体积为V，温度为T，气体的摩尔质量为

M,k 为玻兹曼常量,R 为摩尔气体常量。则该理想气体的密度为:

A. $\frac{M}{V}$　　B. $\frac{pM}{RT}$　　C. $\frac{pM}{kT}$　　D. $\frac{p}{RT}$

2-1-30 **(2007,28)**在麦克斯韦速率分布律中,速率分布函数 $f(v)$的意义可理解为:

A. 速率大小等于 v 的分子数

B. 速率大小在 v 附近的单位速率区间内的分子数

C. 速率大小等于 v 的分子数占总分子数的百分比

D. 速率大小在 v 附近的单位速率区间内的分子数占总分子数的百分比

2-1-31 **(2007,29)**某理想气体在进行卡诺循环时,低温热源的温度为 T,高温热源的温度为 nT,则该理想气体在一次卡诺循环中,从高温热源吸取的热量与向低温热源放出的热量之比为:

A. $(n+1)/n$　　B. $(n-1)/n$

C. n　　D. $n-1$

2-1-32 **(2007,30)**有 1mol 氧气(O_2)和 1mol 氦气(He),均视为理想气体,它们分别从同一状态开始作等温膨胀,终态体积相同,则此两种气体在这一膨胀过程中:

A. 对外做功和吸热都相同　　B. 对外做功和吸热都不相同

C. 对外做功相同,但吸热不同　　D. 对外做功不同,但吸热相同

2-1-33 **(2006,25)**两瓶不同类的理想气体,其分子平均平动动能相等,但它们单位体积内的分子数不相同,则这两种气体的温度和压强关系为:

A. 温度相同,但压强不同　　B. 温度不相同,但压强相同

C. 温度和压强都相同　　D. 温度和压强都不相同

2-1-34 **(2006,26)**设某种理想气体的麦克斯韦分子速率分布函数为 $f(v)$,则速率在 $v_1 \rightarrow v_2$ 区间内分子的平均速率 $\overline{v}$ 表达式为:

A. $\int_{v_1}^{v_2} vf(v)\mathrm{d}v$　　B. $\int_{v_1}^{v_2} f(v)\mathrm{d}v$

C. $\frac{\int_{v_1}^{v_2} vf(v)\mathrm{d}v}{\int_{v_1}^{v_2} f(v)\mathrm{d}v}$　　D. $\frac{\int_{v_1}^{v_2} f(v)\mathrm{d}v}{\int_{0}^{\infty} f(v)\mathrm{d}v}$

2-1-35 **(2006,27)**已知某理想气体的体积为 V,压强为 p,温度为 T,k 为玻耳兹曼常量,R 为摩尔气体常量,则该理想气体单位体积内的分子数为:

A. $pV/(kT)$　　B. $p/(kT)$

C. $pV/(RT)$ D. $p/(RT)$

2-1-36 **(2006,28)**一定量理想气体，从同一状态开始，分别经历等压、等体和等温过程。若气体在各过程中吸收的热量相同，则气体对外做功为最大的过程是：

A. 等压过程 B. 等体过程

C. 等温过程 D. 三个过程相同

2-1-37 **(2006,29)**某单原子分子理想气体进行卡诺循环时，高温热源温度为 227℃，低温热源温度为 127℃。则该循环的效率为：

A. 56％ B. 34％

C. 80％ D. 20％

2-1-38 **(2006,30)**如果一定量理想气体的体积 V 和压强 p 依照 $V=\frac{a}{\sqrt{p}}$ 的规律变化，式中 a 为常量，当气体从 V_1 膨胀到 V_2 时，温度 T_1 和 T_2 的关系为：

A. $T_1>T_2$ B. $T_1=T_2$

C. $T_1<T_2$ D. 无法确定

2-1-39 **(2005,25)**一定质量的理想气体，在温度不变的条件下，当压强降低时，分子的平均碰撞次数 $\overline{Z}$ 和平均自由程 $\overline{\lambda}$ 的变化情况是：

A. $\overline{Z}$ 和 $\overline{\lambda}$ 都增大 B. $\overline{Z}$ 和 $\overline{\lambda}$ 都减小

C. $\overline{\lambda}$ 减小而 $\overline{Z}$ 增大 D. $\overline{\lambda}$ 增大而 $\overline{Z}$ 减小

2-1-40 **(2005,26)**1mol 刚性双原子分子理想气体，当温度为 T 时，其内能为：

A. $\frac{3}{2}RT$ B. $\frac{3}{2}kT$

C. $\frac{5}{2}RT$ D. $\frac{5}{2}kT$

2-1-41 **(2005,27)**设高温热源的热力学温度是低温热源的热力学温度的 n 倍，则理想气体在一次卡诺循环中，传给低温热源的热量是从高温热源吸取的热量的多少倍?

A. n B. $n-1$

C. $\frac{1}{n}$ D. $\frac{n+1}{n}$

2-1-42 **(2005,28)**根据热力学第二定律判断下列哪种说法是正确的：

A. 热量能从高温物体传到低温物体，但不能从低温物体传到高温物体

B. 功可以全部变为热，但热不能全部变为功

C. 气体能够自由膨胀，但不能自动收缩

D. 有规则运动的能量能够变为无规则运动的能量，但无规则运动的能量不能变为有规则运动的能量

2-1-43 (2005,29)理想气体向真空做绝热膨胀，则：

A. 膨胀后，温度不变，压强减小

B. 膨胀后，温度降低，压强减小

C. 膨胀后，温度升高，压强减小

D. 膨胀后，温度不变，压强升高

2-1-44 (2005,36)有两种理想气体，第一种的压强记作 p_1，体积记作 V_1，温度记作 T_1，总质量记作 m_1，摩尔质量记作 M_1；第二种的压强记作 p_2，体积记作 V_2，温度记作 T_2，总质量记作 m_2，摩尔质量记作 M_2。当 $V_1 = V_2, T_1 = T_2, m_1 = m_2$ 时，则 $\frac{M_1}{M_2}$ 为：

A. $\frac{M_1}{M_2} = \sqrt{\frac{p_1}{p_2}}$　　B. $\frac{M_1}{M_2} = \frac{p_1}{p_2}$

C. $\frac{M_1}{M_2} = \sqrt{\frac{p_2}{p_1}}$　　D. $\frac{M_1}{M_2} = \frac{p_2}{p_1}$

2-1-45 压强为 p、体积为 V 的氢气(视为刚性分子理想气体)的内能为：

A. $\frac{5}{2}pV$　　B. $\frac{3}{2}pV$　　C. $\frac{1}{2}pV$　　D. pV

题解及参考答案

2-1-1 **解**：由 $E_{内} = \frac{m}{M}\frac{i}{2}RT = \frac{i}{2}pV$，注意到氢为双原子分子，氦为单原子分子，

即 $i(H_2) = 5, i(He) = 3$，又 $p(H_2) = p(He), V(H_2) = V(He)$

故 $\frac{E_{内}(H_2)}{E_{内}(He)} = \frac{i(H_2)}{i(He)} = \frac{5}{3}$

答案：A

2-1-2 **解**：见教程第二章第一节第六条麦克斯韦速率分布律。

答案：B

2-1-3 **解**：由 $W_{等压} = p\Delta V = \frac{m}{M}R\Delta T$

$\frac{m}{M} = 1$，故 $\Delta T = \frac{W}{R}$

答案：B

2-1-4 **解**：等温膨胀过程的特点是：理想气体从外界吸收的热量 Q，全部转化为气体对外

做功 $A(A>0)$。

答案:D

2-1-5 解:①分子的平均平动动能$=\frac{3}{2}kT$。若分子的平均动能相同,则温度相同。

②分子的平均动能=平均(平均动能+转动动能)$=\frac{i}{2}kT$。式中 i 为分子自由度,而 $i(\mathrm{He})=3$,$i(N_2)=5$,故氦分子和氮分子的平均动能不同。

答案:B

2-1-6 解:画等压膨胀 p-V 图,由图知 $V_2>V_1$,故气体对外做正功。

由等温线知 $T_2>T_1$,温度升高。

答案:A

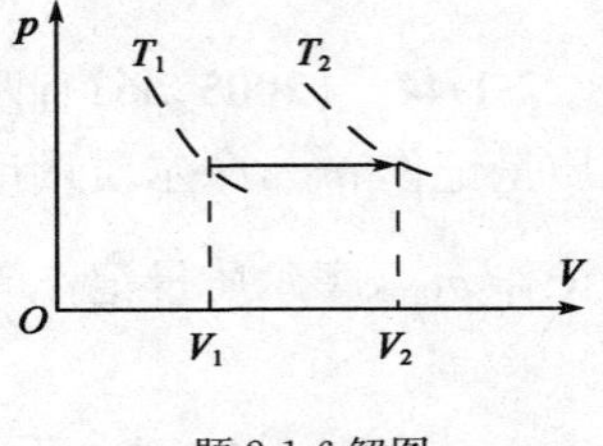

题 2-1-6 解图

2-1-7 解:$Q_T=\frac{m}{M}RT\ln V_2/V_1=p_1V_1\ln V_2/V_1$。

答案:A

2-1-8 解:注意内能的增量 ΔE 只与系统的起始和终了状态有关,与系统所经历的过程无关,$Q_{ab}=335=\Delta E_{ab}+126$,$\Delta E_{ab}=209\mathrm{J}$,$Q'_{ab}=\Delta E_{ab}+42=251\mathrm{J}$。

答案:C

2-1-9 解:

等体过程:

$$Q_1=Q_v=\Delta E_1=\frac{M}{\mu}\frac{i}{2}R\Delta T \quad ①$$

等压过程:

$$Q_2=Q_p=\Delta E_2+A=\frac{M}{\mu}\frac{i}{2}R\Delta T+A \quad ②$$

对于给定的理想气体,内能的增量只与系统的起始和终了状态有关,与系统所经历的过程无关,$\Delta E_1=\Delta E_2$。

比较式①和式②,注意到 $A>0$,显然 $Q_2>Q_1$。

答案:A

2-1-10 答案:C

2-1-11 解:画 p-V 图,注意到平衡态 $\mathrm{A}(2p_1,V_1)$和平衡态 $\mathrm{B}(p_1,2V_2)$都在同一等温线上。

答案:C

2-1-12　解: $\eta_{卡诺}=1-\dfrac{T_2}{T_1}$。

答案:D

2-1-13　解: 由 $E_内=\dfrac{m}{M}\dfrac{i}{2}RT$,又 $pV=\dfrac{m}{M}RT$,$E_内=\dfrac{i}{2}pV$,对双原子分子 $i=5$。

答案:B

2-1-14　解: $p=\dfrac{2}{3}n\overline{w}=\dfrac{2}{3}n\left(\dfrac{1}{2}m\overline{v}^2\right)=\dfrac{1}{3}nm\overline{v}^2$

答案:C

2-1-15　解: 单一等温膨胀过程并非循环过程,可以做到从外界吸收的热量全部用来对外做功,既不违反热力学第一定律也不违反热力学第二定律。

答案:C

2-1-16　解: 对于给定的理想气体,内能的增量只与系统的起始和终了状态有关,与系统所经历的过程无关。

内能增量 $\Delta E=\dfrac{M}{\mu}\dfrac{i}{2}R(T_2-T_1)=\dfrac{M}{\mu}\dfrac{i}{2}R\Delta T$,若 $T_2=T_1$,则 $\Delta E=0$,气体内能保持不变。

答案:D

2-1-17　解: 分子平均平动动能 $\overline{\omega}=\dfrac{3}{2}kT$。

答案:C

2-1-18　解: 气体分子的平均碰撞频率 $\overline{Z}=\sqrt{2}\pi d^2 n\overline{v}$,其中 $\overline{v}$ 为分子的平均速率,n 为分子数密度(单位体积内分子数),$\overline{v}=1.6\sqrt{\dfrac{RT}{M}}$,$p=nkT$,于是 $\overline{Z}=\sqrt{2}\pi d^2\dfrac{p}{kT}1.6\sqrt{\dfrac{RT}{M}}=\sqrt{2}\pi d^2\dfrac{p}{k}1.6\sqrt{\dfrac{R}{MT}}$

所以 p 不变时,$\overline{Z}$ 与 $\sqrt{T}$ 成反比。

答案:C

2-1-19　解: 因为气体内能与温度有关,今"降到初始温度",$\Delta T=0$,则 $\Delta E_内=0$;又等压膨胀和绝热,膨胀都对外做功,$A>0$。

答案:A

2-1-20　解: 根据热力学第一定律 $Q=\Delta E+W$,注意到"在压缩过程中外界做功 209J",即系统对外做功 $W=-209$J。又 $\Delta E=120$J,故 $Q=120+(-209)=-89$J,即系统对外放热 89J,也就是说外界传给气体的热量为 -89J。

答案:A

2-1-21 **解:**$\overline{\omega}=\frac{3}{2}kT$,知分子平均平动内能相同,又 $E_{内}=\frac{m}{M}\frac{i}{2}RT$,摩尔质量 $M(H_2)<M(O_2)$;H_2 和 O_2 均为双原子分子,$i=5$,故 $E_{内}(H_2)>E_{内}(O_2)$。

答案:A

2-1-22 **解:**$N\int_{v_1}^{v_2}f(v)\mathrm{d}v$ 表示速率在 $v_1\rightarrow v_2$ 区间内的分子数。

答案:B

2-1-23 **解:**$\Delta E_{内}=\frac{i}{2}\frac{m}{M}R(T_2-T_1)=\frac{i}{2}(p_2V_2-p_1V_1)$。

答案:B

2-1-24 **解:**$\overline{w}=\frac{3}{2}kT$,温度、压湿相等,单位体积分子数相同,知选项 C 正确;由 $pV=\frac{m}{M}RT$,知选项 B 不正确;由 $E_{内}=\frac{i}{2}\frac{m}{M}RT=\frac{i}{2}pV$,知选项 D 不正确;由 $p=nkT$,知选项 A 不正确。

答案:C

2-1-25 **解:**对卡诺循环,$\eta_{卡}=1-\frac{T_2}{T_1}=1-\frac{400}{500}=20\%$。

答案:D

2-1-26 **解:**热力学第二定律。

答案:D

2-1-27 **解:**$\overline{\omega}=\frac{3}{2}kT$,容器漏气温度并没有改变,温度不变则平均平动动能不变,又 $E_{内}=\frac{m}{M}\frac{i}{2}RT$,容器漏气即 m 减少。

答案:B

2-1-28 **解:**平均碰撞次数 $\overline{Z}=\sqrt{2}\pi d^2 n\overline{v}$,平均速率 $\overline{v}=1.6\sqrt{\frac{RT}{M}}$,平均自由程 $\overline{\lambda}=\frac{\overline{v}}{\overline{Z}}=\frac{1}{\sqrt{2}\pi d^2 n}$。

答案:A

2-1-29 **解:**注意"气体的密度"不是气体分子数密度,气体的密度$=\frac{m(\text{气体质量})}{V(\text{气体体积})}$。气体状态方程 $pV=\frac{m}{M}RT$,得 $\frac{pM}{RT}=\frac{m}{V}$。

答案:B

2-1-30　解:麦克斯韦速率分布律。

答案:D

2-1-31　解:$\eta_{卡}=1-\dfrac{T_{低}}{T_{高}}=1-\dfrac{Q_{放}}{Q_{吸}}$。

答案:C

2-1-32　解:理想气体在等温膨胀中从外界吸收的热量全部转化对外做功(内能不变)。即 $Q_T=A_r=\dfrac{m}{M}RT\ln\dfrac{V_2}{V_1}$,现"两种 1mol 气体分别从同一状态开始做等温膨胀,终态体积相同",所以它们对外做功和吸热都相同。

答案:A

2-1-33　解:$\bar{\omega}=\dfrac{3}{2}kT$,$\bar{\omega}$ 相等,则温度相同,又 $p=nkT$,知 n 不同,则 p 不同。

答案:A

2-1-34　解:设分子速率在 $v_1\sim v_2$ 区间内的分子数为 N,其速率的算术平均值为 $\bar{v}$,

$\bar{v}=\dfrac{v_1\Delta N_1+v_2\Delta N_2+\cdots+v_i\Delta N_i+\cdots+v_N\Delta N_N}{N}$,即 $\bar{v}=\dfrac{\int_{v_1}^{v_2}v\mathrm{d}N}{\int_{v_1}^{v_2}\mathrm{d}N}$

由 $f(v)=\dfrac{\mathrm{d}N}{N\mathrm{d}v}$,$\bar{v}=\dfrac{\int_{v_1}^{v_2}vNf(v)\mathrm{d}v}{\int_{v_1}^{v_2}Nf(v)\mathrm{d}v}=\dfrac{\int_{v_1}^{v_2}vf(v)\mathrm{d}v}{\int_{v_1}^{v_2}f(v)\mathrm{d}v}$。

答案:C

2-1-35　解:$p=nkT$,n 为单位体积内分子数,因此 $n=\dfrac{p}{kT}$。

答案:B

2-1-36　解:因等体过程做功为零,现只要考察等压和等温过程,由 $Q_p=A_p+\Delta E_{内}$,等温过程温度不变,$\Delta T=0$,$\Delta E_{T内}=0$,$Q_T=A_T$,今 $Q_p=Q_T$,即 $Q_p=A_p+\Delta E_{内}=A_T$,$\Delta E_{内}>0$,故$A_T>A_p$。

答案:C

2-1-37　解:$\eta_{卡}=1-\dfrac{T_2}{T_1}=1-\dfrac{400}{500}=20\%$,注意一定要把摄氏温度转换成热力学温度。

答案:D

2-1-38　解:V_1 膨胀到 V_2,即 $V_1<V_2$,由 $V=\dfrac{a}{\sqrt{p}}$ 知 $p_1>p_2$;又 $p=nkT$,知 $T_1>T_2$。

答案：A

2-1-39 **解**：$\bar{\lambda}=\dfrac{kT}{\sqrt{2}\pi d^2 p}$，$\bar{\lambda}=\dfrac{\bar{v}}{\bar{Z}}$。注意：温度不变，$\bar{v}$ 不变。

答案：D

2-1-40 **解**：$E_{内}=\dfrac{M}{\mu}\dfrac{i}{2}RT$。

答案：C

2-1-41 **解**：$\eta_{卡诺}=1-\dfrac{Q_2}{Q_1}=1-\dfrac{T_2}{T_1}$，今$\dfrac{T_1}{T_2}=n$，故$\dfrac{Q_{低}}{Q_{高}}=\dfrac{Q_2}{Q_1}=\dfrac{T_2}{T_1}=\dfrac{1}{n}$。

答案：C

2-1-42 **解**：此题需要对热力学第二定律的各种表述有全面的理解。

答案：C

2-1-43 **解**：气体向真空膨胀相当于气体向真空扩散，气体不做功，绝热情况下温度不变；气体向真空膨胀体积增大，压强减小。

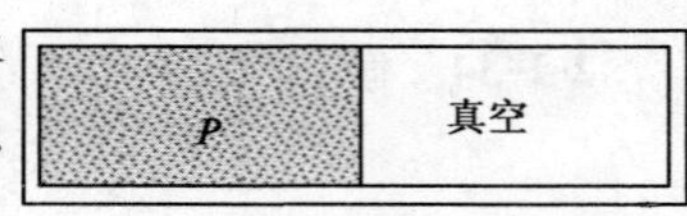

题 2-1-43 解图

答案：A

2-1-44 **解**：由 $pV=\dfrac{m}{M}RT$，今 $V_1=V_2, T_1=T_2, m_1=m_2$，故 $M\propto\dfrac{1}{p}$。

答案：D

2-1-45 **解**：$E_{内}=\dfrac{i}{2}\dfrac{m}{M}RT=\dfrac{i}{2}pV$。

答案：A

（二）波动学

2-2-1 **(2014,29)**一横波的波动方程是 $y=2\times10^{-2}\cos2\pi(10t-\dfrac{x}{5})$(SI)，$t=0.25$s 时，距离原点($x=0$)处最近的波峰位置为：

A. ±2.5m　　B. ±7.5m　　C. ±4.5m　　D. ±5m

2-2-2 **(2014,30)**一平面简谐波在弹性媒质中传播，在某一瞬时，某质元正处于其平衡位置，此时它的：

A. 动能为零，势能最大　　B. 动能为零，势能为零

C. 动能最大，势能最大　　D. 动能最大，势能为零

2-2-3 **(2014,31)**通常人耳可听到的声波的频率范围是：

A. 20～200Hz　　B. 20～2000Hz

C. 20～20000Hz　　D. 20～200000Hz

2-2-4　(2013,26)最概然速率 v_p 的物理意义是：

A. v_p 是速率分布中的最大速率
B. v_p 是大多数分子的速率
C. 在一定的温度下，速率与 v_p 相近的气体分子所占的百分率最大
D. v_p 是所有分子速率的平均值

2-2-5　(2013,29)一横波沿一根弦线传播，其方程为 $y=-0.02\cos\pi(4x-50t)(SI)$，该波的振幅与波长分别为：

A. 0.02cm，0.5cm　　B. −0.02m，−0.5m
C. −0.02m，0.5m　　D. 0.02m，0.5m

2-2-6　(2013,30)一列机械横波在 t 时刻的波形曲线如图所示，则该时刻能量处于最大值的媒质质元的位置是：

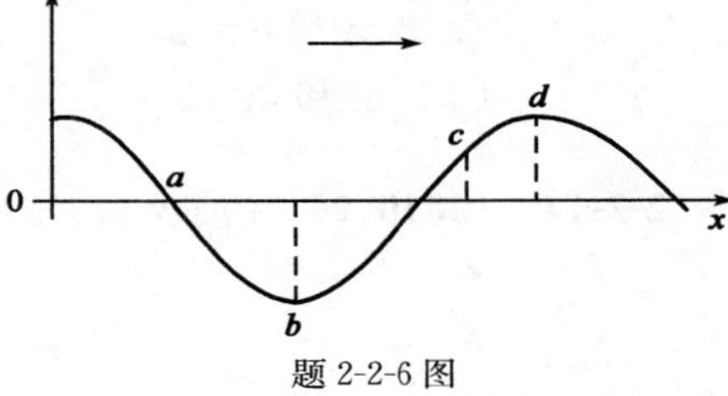

题 2-2-6 图

A. a　　B. b
C. c　　D. d

2-2-7　(2013,31)在波长为 λ 的驻波中，两个相邻波腹之间的距离为：

A. $\lambda/2$　　B. $\lambda/4$　　C. $3\lambda/4$　　D. λ

2-2-8　(2012,29)一平面简谐波的波动方程为 $y=2\times10^{-2}\cos2\pi\left(10t-\frac{x}{5}\right)$(SI)。$t=0.25$s 时，处于平衡位置，且与坐标原点 $x=0$ 最近的质元的位置是：

A. ±5m　　B. 5m　　C. ±1.25m　　D. 1.25m

2-2-9　(2012,30)一平面简谐波沿 x 轴正方向传播，振幅 $A=0.02$m，周期 $T=0.5$s，波长 $\lambda=100$m，原点处质元的初相位 $\phi=0$，则波动方程的表达式为：

A. $y=0.02\cos2\pi\left(\frac{t}{2}-0.01x\right)$(SI)　　B. $y=0.02\cos2\pi(2t-0.01x)$(SI)

C. $y=0.02\cos2\pi\left(\frac{t}{2}-100x\right)$(SI)　　D. $y=0.02\cos2\pi(2t-100x)$(SI)

2-2-10　(2012,31)两人轻声谈话的声强级为 40dB，热闹市场上噪声的声强级为 80dB。市场上噪声的声强与轻声谈话的声强之比为：

A. 2　　B. 20　　C. 10^2　　D. 10^4

2-2-11 (**2011,29**)一平面简谐波的波动方程为 $y=0.01\cos10\pi(25t-x)$(SI),则在 $t=0.1$s时刻,$x=2$m 处质元的振动位移是:

A. 0.01cm　　B. 0.01m　　C. −0.01m　　D. 0.01mm

2-2-12 (**2011,30**)对于机械横波而言,下面说法正确的是:

A. 质元处于平衡位置时,其动能最大,势能为零
B. 质元处于平衡位置时,其动能为零,势能最大
C. 质元处于波谷处时,动能为零,势能最大
D. 质元处于波峰处时,动能与势能均为零

2-2-13 (**2011,31**)在波的传播方向上,有相距为 3m 的两质元,两者的相位差为$\frac{\pi}{6}$,若波的周期为 4s,则此波的波长和波速分别为:

A. 36m 和 6m/s　　B. 36m 和 9m/s
C. 12m 和 6m/s　　D. 12m 和 9m/s

2-2-14 (**2010,29**)在波长为 λ 的驻波中,两个相邻的波腹之间的距离为:

A. $\frac{\lambda}{2}$　　B. $\frac{\lambda}{4}$　　C. $\frac{3\lambda}{4}$　　D. λ

2-2-15 (**2010,30**)一平面简谐波在弹性媒质中传播时,某一时刻在传播方向上一质元恰好处在负的最大位移处,则它的:

A. 动能为零,势能最大　　B. 动能为零,势能为零
C. 动能最大,势能最大　　D. 动能最大,势能为零

2-2-16 (**2010,31**)一声波波源相对媒质不动,发出的声波频率是 ν_0。设一观察者的运动速度为波速的$\frac{1}{2}$,当观察者迎着波源运动时,他接收到的声波频率是:

A. $2\nu_0$　　B. $\frac{1}{2}\nu_0$　　C. ν_0　　D. $\frac{3}{2}\nu_0$

2-2-17 (**2009,29**)已知平面简谐波的主程为 $y=A\cos(Bt-Cx)$,式中 A、B、C 为正常数,此波的波长和波速为:

A. $\frac{B}{C},\frac{2\pi}{C}$　　B. $\frac{2\pi}{C},\frac{B}{C}$　　C. $\frac{\pi}{C},\frac{2B}{C}$　　D. $\frac{2\pi}{C},\frac{C}{B}$

2-2-18 (**2009,30**)一平面简谐波在弹性媒质中传播,在某一瞬间,某质元正处于其平衡位置,此时它的:

A. 动能为零,势能最大　　B. 动能为零,热能为零

C. 动能最大，势能最大　　　　D. 动能最大，势能为零

2-2-19　**(2009,31)**通常声波的频率范围是：

A. 20～200Hz　　　　B. 20～2000Hz
C. 20～20000Hz　　　　D. 20～200000Hz

2-2-20　**(2008,31)**有两列频率不同的声波在空气中传播，已知 $\nu_1=500$Hz 的声波在其传播方向相距为 l 的两点的振动相位差为 π，那么频率 $\nu_2=1000$Hz 的声波在其传播方向相距为 $\frac{l}{2}$的两点的相位差为：

A. $\pi/2$　　　　B. π
C. $3\pi/4$　　　　D. $3\pi/2$

2-2-21　**(2008,32)**一平面谐波的表达式为 $y=0.05\cos(20\pi t+4\pi x)$ (SI)，取 $k=0,\pm1,\pm2\cdots$，则 $t=0.5$s 时各波峰所处的位置为：

A. $\frac{2k-10}{4}$ (m)　　　　B. $\frac{k+10}{4}$ (m)
C. $\frac{2k-9}{4}$ (m)　　　　D. $\frac{k+9}{4}$ (m)

2-2-22　**(2007,31)**频率 4Hz 沿 X 轴正向传播的简谐波，波线上有两点 a 和 b，若开始它们振动的时间差为 0.25s，则它们的相位差为：

A. $\frac{\pi}{2}$　　　　B. π　　　　C. $\frac{3\pi}{2}$　　　　D. 2π

2-2-23　**(2007,32)**一平面谐波的表达式为 $y=0.002\cos(400\pi t-20\pi x)$ (SI)，取 $k=0,\pm1,\pm2,\cdots$，则$t=1$s 时各波谷所在的位置为：

A. $\frac{400-2k}{20}$(m)　　　　B. $\frac{400+2k}{20}$(m)
C. $\frac{399-2k}{20}$(m)　　　　D. $\frac{399+2k}{20}$(m)

2-2-24　**(2006,31)**一列火车驶过车站时，站台边上观察者测得火车鸣笛声频率的变化情况(与火车固有的鸣笛声频率相比)为：

A. 始终变高　　　　B. 始终变低
C. 先升高，后降低　　　　D. 先降低，后升高

2-2-25　**(2006,32)**一平面谐波的表达式为 $y=0.03\cos(8t+3x+\pi/4)$ (SI)，则该波的频率 ν(Hz)，波长 λ(m)和波速 u(m/s)依次为：

A. $\frac{4}{\pi},\frac{2\pi}{3},\frac{8}{3}$　　B. $\frac{2\pi}{3},\frac{4}{\pi},\frac{8}{3}$　　C. $\frac{\pi}{4},\frac{2\pi}{3},\frac{8}{3}$　　D. $\frac{\pi}{4},\frac{3}{2\pi},\frac{3}{8}$

2-2-26　**(2005,31)**频率为 100Hz,传播速度为 300m/s 的平面简谐波,波线上两点振动的相位差为$\frac{\pi}{3}$,则此两点相距:

A. 2m　　B. 2. 19m　　C. 0. 5m　　D. 28. 6m

2-2-27　**(2005,32)**若用衍射光栅准确测定一单色可见光的波长,在下列各种光栅常数的光栅中选择哪一种最好?

A. 1.0×10^{-1}mm　　B. 5.0×10^{-1}mm
C. 1.0×10^{-2}mm　　D. 1.0×10^{-3}mm

2-2-28　在下面几种说法中,哪一个说法是正确的?

A. 波源不动时,波源的振动周期与波动的周期在数值上是不同的
B. 波源振动的速度与波速相同
C. 在波传播方向上的任一质点振动相位总是比波源的相位滞后
D. 在波传播方向上的任一质点的振动相位总是比波源的相位超前

题解及参考答案

2-2-1　**解:**所谓波峰,其纵坐标 $y=2\times10^{-2}$m,亦即要求 $\cos2\pi(10t-\frac{x}{5})=1$,即 $2\pi(10t-\frac{x}{5})=\pm2k\pi$;

当 $t=0.25$s 时,$20\pi\times0.25-\frac{2\pi x}{5}=\pm2k\pi, x=(12.5\mp5k)$;

因为要取距原点最近的点(注意 k=0 并非最小),逐一取 $k=0,1,2,3,\cdots$,其中 $k=2$,$x=2.5$ $k=3, x=-2.5$ 。

答案:A

2-2-2　**解:**质元处于平衡位置,此时速度最大,故质元动能最大,势能最大。
答案:C

2-2-3　**解:**基本常识,详见教程第二章第二节第七条声波、超声波。
答案:C

2-2-4　**解:**此题需要对最概然速率的物理意义正确理解。
答案:C

2-2-5　**解:**①波动方程标准式:$y=A\cos\left[\omega\left(t-\frac{x-x_0}{u}\right)+\varphi_0\right]$

②本题方程：$y=-0.02\cos\pi(4x-50t)=0.02\cos[\pi(4x-50t)+\pi]$

$$=0.02\cos[\pi(50t-4x)+\pi]=0.02\cos\left[50\pi(t-\frac{4x}{50})+\pi\right]$$

$$=0.02\cos\left[50\pi\left(t-\frac{x}{\frac{50}{4}}\right)+\pi\right]$$

故 $\omega=50\pi=2\pi\nu,\nu=25\text{Hz}$，$u=\frac{50}{4}$

波长 $\lambda=\frac{u}{\nu}=0.5\text{m}$，振幅 $A=0.02\text{m}$。

答案：D

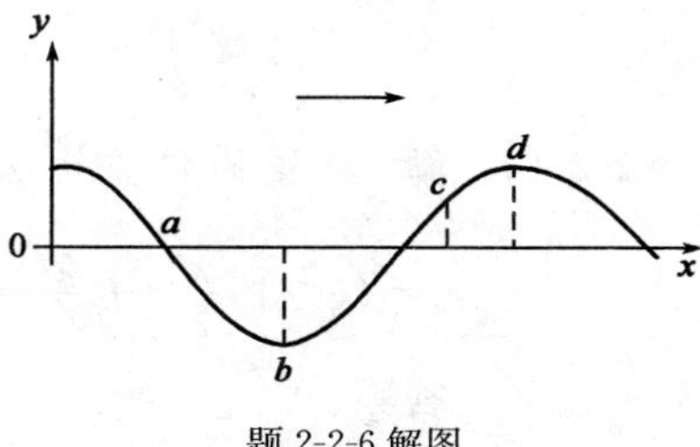

题 2-2-6 解图

2-2-6 解：a、b、c、d 处质元都垂直于 x 轴上下振动。由解图知，t 时刻 a 处质元位于振动的平衡位置，此时速率最大，动能最大，势能也最大。

答案：A

2-2-7 解：$x_{腹}=\pm k\frac{\lambda}{2},k=0,1,2,\cdots$

相邻两波腹之间的距离为：

$x_{k+1}-x_k=(k+1)\frac{\lambda}{2}-k\frac{\lambda}{2}=\frac{\lambda}{2}$。

答案：A

2-2-8 解：处于平衡位置，即 $y=0=2\times10^{-2}\cos2\pi(10t-\frac{x}{5})$

即 $\cos(20\pi\times0.25-2\pi x/5)=\cos(5\pi-2\pi x/5)=\cos(\pi-2\pi x/5)=0$

$\pi-\frac{2\pi x}{5}=(2k+1)\frac{\pi}{2}$，取 $k=0$，$x=1.25\text{m}$。

答案：D

2-2-9 解：当初相位 $\phi=0$ 时，波动方程的表达式为 $y=A\cos\omega\left(t-\frac{x}{u}\right)$，利用 $\omega=2\pi\nu$，$\nu=\frac{1}{T}$，$u=\lambda\nu$，表达式 $y=A\cos\left[2\pi\nu\left(t-\frac{x}{\lambda\nu}\right)\right]=A\cos2\pi\left(\nu t-\frac{\nu x}{\lambda\nu}\right)=A\cos2\pi\left(\frac{t}{T}-\frac{x}{\lambda}\right)$，令 $A=0.02\text{m}$，$T=0.5\text{s}$，$\lambda=100\text{m}$，则 $y=0.02\cos\left(\frac{t}{1/2}-\frac{x}{100}\right)=0.02\cos2\pi(2t-0.01x)$。

答案：B

2-2-10 解：声强级 $L=10\lg\frac{I}{I_0}\text{dB}$，由题意 $40=10\lg\frac{I}{I_0}$，即 $\frac{I}{I_0}=10^4$；同理 $\frac{I'}{I_0}=10^8$，$\frac{I'}{I}=10^4$。

答案：D

2-2-11 **解：**按题意，$y=0.01\cos 10\pi(25\times 0.1-2)=0.01\cos 5\pi=0.01\text{m}$。

答案：C

2-2-12 **解：**质元在最大位移处，速度为零，“形变”为零。

答案：D

2-2-13 **解：**$\Delta\varphi=\dfrac{2\pi\Delta x}{\lambda}$，$u=\lambda\nu$。

答案：B

2-2-14 **解：**波腹的位置由公式 $x_{腹}=k\dfrac{\lambda}{2}$（$k$ 为整数）决定。相邻两波腹之间距离即 $\Delta x=x_{k+1}-x_k=(k+1)\dfrac{\lambda}{2}-k\dfrac{\lambda}{2}=\dfrac{\lambda}{2}$。

答案：A

2-2-15 **解：**质元在最大位移处，速度为零，“形变”为零，故质元的动能为零，势能也为零。

答案：B

2-2-16 **解：**按多普勒效应公式 $\nu=\dfrac{u+v_0}{u}\nu_0$，今 $v_0=\dfrac{u}{2}$，故 $\nu=\dfrac{u+\dfrac{u}{2}}{u}\nu_0=\dfrac{3}{2}\nu_0$。

答案：D

2-2-17 **解：**比较平面谐波的波动方程 $y=A\cos 2\pi(\dfrac{t}{T}-\dfrac{x}{\lambda})$。

$y=A\cos(Bt-Cx)=A\cos 2\pi(\dfrac{Bt}{2\pi}-\dfrac{Cx}{2\pi})=A\cos 2\pi\left(\dfrac{t}{\dfrac{2\pi}{B}}+\dfrac{x}{\dfrac{2\pi}{C}}\right)$，故周期 $T=\dfrac{2\pi}{B}$，频率 $\nu=\dfrac{B}{2\pi}$，波长 $\lambda=\dfrac{2\pi}{C}$，由此波速 $u=\lambda\nu=\dfrac{B}{C}$。

答案：B

2-2-18 **解：**质元经过平衡位置时，速度最大，故动能最大，根据机械波动特性，质元动能最大势能也最大。

答案：C

2-2-19 声学常识。

答案：C

2-2-20 **解：**$\Delta\phi=\dfrac{2\pi\nu\Delta x}{u}$，今 $\Delta\phi=\pi$，$\Delta x=l$，$v_1=500\text{Hz}$，$\pi=\dfrac{2\pi l\times 500}{u}$，即 $l=\dfrac{u}{1000}$，又 $\nu_2=1000\text{Hz}$，$\Delta x'=\dfrac{l}{2}$，故 $\Delta\phi'=\dfrac{2\pi\times 1000\times\dfrac{l}{2}}{u}=\dfrac{\pi\times 1000\times l}{u}=\dfrac{\pi\times 1000\times\dfrac{u}{1000}}{u}=\pi$。

答案:B

2-2-21 **解**:依题意 $t=0.5\text{s}$,$y=+0.05\text{m}$ 代入波动方程,$\cos(10\pi+4\pi x)=1$,$(10\pi+4\pi x)=2k\pi$。

答案:A

2-2-22 **解**:对同一列波,振动频率为 4Hz,周期即为 $1/4=0.25\text{s}$,a、b 两点时间差正好是一周期,那么它们的相位差$=2\pi$。

答案:D

2-2-23 **解**:波谷位置应满足 $y=-0.002$,得出 $\cos(400\pi t-20\pi x)=-1$,即 $400\pi t-20\pi x=(2k+1)\pi$,推出 $x=\dfrac{400\pi t-(2k+1)\pi}{20\pi}=\dfrac{400t-(2k+1)}{20}$。

令 $t=1\text{s}$,得 $x=\dfrac{400-(2k+1)}{20}=\dfrac{399-2k}{20}$。

答案:C

2-2-24 **解**:考虑多普勒效应:观察者和波源相互靠近,接收到的频率就高于原来波源的频率。反之,两者相互远离,则接收到的频率就低于原波源频率。

答案:C

2-2-25 **解**:比较波动方程 $y=A\cos2\pi\left(\dfrac{1}{T}+\dfrac{x}{\lambda}+\phi_0\right)=A\cos\left(2\pi\nu t+\dfrac{2\pi x}{\lambda}+\phi_0\right)$,$T=\dfrac{1}{\nu}$。原式$y=0.03\cos\left(8t+3x+\dfrac{\pi}{4}\right)=0.03\cos\left[\left(8t+\dfrac{2\pi x}{\frac{2\pi}{3}}\right)+\dfrac{\pi}{4}\right]$,由此可知 $T=\dfrac{2\pi}{8}$,则 $\nu=\dfrac{4}{\pi}$,$\lambda=\dfrac{2\pi}{3}$。又 $u=\lambda\nu=\dfrac{8}{3}$。

答案:A

2-2-26 **解**:$\Delta\phi=\dfrac{2\pi\nu\Delta x}{u}$。

答案:C

2-2-27 **解**:选光栅常数小的。

答案:D

2-2-28 **解**:复习机械波的产生过程。

答案:C

(三)光学

2-3-1 **(2014,32)**在空气中用波长为 λ 的单色光进行双缝干涉验时,观测到相邻明条纹的间距为1.33mm,当把实验装置放入水中(水的折射率为 $n=1.33$)时,则相邻明条纹的间距变为:

A. 1. 33mm　　B. 2. 66mm　　C. 1mm　　D. 2mm

2-3-2　**(2014,33)**在真空中可见的波长范围是：

A. 400～760nm　　B. 400～760mm
C. 400～760cm　　D. 400～760m

2-3-3　**(2014,34)**一束自然光垂直穿过两个偏振片，两个偏振片的偏振化方向成 45°。已知通过此两偏振片后光强为 I，则入射至第二个偏振片的线偏振光强度为：

A. I　　B. $2I$　　C. $3I$　　D. $I/2$

2-3-4　**(2014,25)**在单缝夫琅禾费衍射实验中，单缝宽度 $a=1\times10^{-4}$m，透镜焦距 $f=0.5$m。若用 $\lambda=400$nm 的单色平行光垂直入射，中央明纹的宽度为：

A. 2×10^{-3}m　　B. 2×10^{-4}m　　C. 4×10^{-4}m　　D. 4×10^{-3}m

2-3-5　**(2014,36)**一单色平行光垂直入射到光栅上，衍射光谱中出现了五条明纹，若已知此光栅的缝宽 a 与不透光部分 b 相等，那么在中央明纹一侧的两条明纹级次分别是：

A. 1 和 3　　B. 1 和 2　　C. 2 和 3　　D. 2 和 4

2-3-6　**(2013,32)**两偏振片叠放在一起，欲使一束垂直入射的线偏振光经过两个偏振片后振动方向转过 90°，且使出射光强尽可能大，则入射光的振动方向与前后两偏振片的偏振化方向夹角分别为：

A. 45°和 90°　　B. 0°和 90°　　C. 30°和 90°　　D. 60°和 90°

2-3-7　**(2013,33)**光的干涉和衍射现象反映了光的：

A. 偏振性质　　B. 波动性质　　C. 横波性质　　D. 纵波性质

2-3-8　**(2013,34)**若在迈克耳逊干涉仪的可动反射镜 M 移动了 0.620mm 的过程中，观察到干涉条纹移动了 2300 条，则所用光波的波长为：

A. 269nm　　B. 539nm　　C. 2690nm　　D. 5390nm

2-3-9　**(2013,35)**在单缝夫琅禾费衍射实验中，屏上第三级暗纹对应的单缝处波面可分成的半波带的数目为：

A. 3　　B. 4　　C. 5　　D. 6

2-3-10　**(2013,36)**波长为 λ 的单色光垂直照射在折射率为 n 的劈尖薄膜上，在由反射光形成的干涉条纹中，第五级明条纹与第三级明条纹所对应的薄膜厚度差为：

A. $\frac{\lambda}{2n}$

B. $\frac{\lambda}{n}$

C. $\frac{\lambda}{5n}$

D. $\frac{\lambda}{3n}$

2-3-11 **(2012,32)**P_1 和 P_2 为偏振化方向相互垂直的两个平行放置的偏振片，光强为 I_0 的自然光垂直入射在第一个偏振片 P_1 上，则透过 P_1 和 P_2 的光强分别为：

A. $\frac{I_0}{2}$和 0　　B. 0 和$\frac{I_0}{2}$　　C. I_0 和 I_0　　D. $\frac{I_0}{2}$和$\frac{I_0}{2}$

2-3-12 **(2012,33)**一束自然光自空气射向一块平板玻璃，设入射角等于布儒斯特角，则反射光为：

A. 自然光

B. 部分偏振光

C. 完全偏振光

D. 圆偏振光

2-3-13 **(2012,34)**波长 $\lambda=550\text{nm}(1\text{nm}=10^{-9}\text{m})$的单色光垂直入射于光栅常数为 $2\times10^{-4}\text{cm}$ 的平面衍射光栅上，可能观察到光谱线的最大级次为：

A. 2　　B. 3　　C. 4　　D. 5

2-3-14 **(2012,35)**在单缝夫琅禾费衍射实验中，波长为 λ 的单色光垂直入射到单缝上，对应于衍射角为 30°的方向上，若单缝处波阵面可分成 3 个半波带。则缝宽 a 等于：

A. λ　　B. 1.5λ　　C. 2λ　　D. 3λ

2-3-15 **(2012,36)**以双缝干涉实验中，波长为 λ 的单色平行光垂直入射到缝间距为 a 的双缝上，屏到双缝的距离为 D，则某一条明纹与其相邻的一条暗纹的间距为：

A. $\frac{D\lambda}{a}$　　B. $\frac{D\lambda}{2a}$　　C. $\frac{2D\lambda}{a}$　　D. $\frac{D\lambda}{4a}$

2-3-16 **(2011,32)**在双缝干涉实验中，入射光的波长为 λ，用透明玻璃纸遮住双缝中的一条缝(靠近屏一侧)，若玻璃纸中光程比相同厚度的空气的光程大 2.5λ，则屏上原来的明纹处：

A. 仍为明条纹

B. 变为暗条纹

C. 既非明纹也非暗纹

D. 无法确定是明纹还是暗纹

2-3-17 **(2011,33)**在真空中，可见光的波长范围是：

A. 400～760nm

B. 400～760mm

C. 400～760cm

D. 400～760m

2-3-18 **(2011,34)**有一玻璃劈尖，置于空气中，劈尖角为 θ，用波长为 λ 的单色光垂直照射时，测得相邻明纹间距为 l，若玻璃的折射率为 n，则 θ、λ、l 与 n 之间的关系为：

A. $\theta=\frac{\lambda n}{2l}$　　B. $\theta=\frac{l}{2n\lambda}$　　C. $\theta=\frac{l\lambda}{2n}$　　D. $\theta=\frac{\lambda}{2nl}$

2-3-19　**(2011,35)**一束自然光垂直穿过两个偏振片，两个偏振片的偏振化方向成45°角。已知通过此两偏振片后的光强为I，则入射至第二个偏振片的线偏振光强度为：

A. I　　B. $2I$　　C. $3I$　　D. $\frac{I}{2}$

2-3-20　**(2011,36)**一单缝宽度$a=1\times10^{-4}$m，透镜焦距$f=0.5$m，若用$\lambda=400$nm的单色平行光垂直入射，中央明纹的宽度为：

A. 2×10^{-3}m　　B. 2×10^{-4}m　　C. 4×10^{-4}m　　D. 4×10^{-3}m

2-3-21　**(2010,32)**在双缝干涉实验中，光的波长600nm，双缝间距2mm，双缝与屏的间距为300cm，则屏上形成的干涉图样的相邻明条纹间距为：

A. 0.45mm　　B. 0.9mm
C. 9mm　　D. 4.5mm

2-3-22　**(2010,33)**在双缝干涉实验中，若在两缝后(靠近屏一侧)各覆盖一块厚度均为d，但折射率分别为n_1和$n_2(n_2>n_1)$的透明薄片，从两缝发出的光在原来中央明纹处相遇时，光程差为：

A. $d(n_2-n_1)$　　B. $2d(n_2-n_1)$　　C. $d(n_2-1)$　　D. $d(n_1-1)$

2-3-23　**(2010,34)**在空气中做牛顿环实验，如图所示，当平凸透镜垂直向上缓慢平移而远离平面玻璃时，可以观察到这些环状干涉条纹：

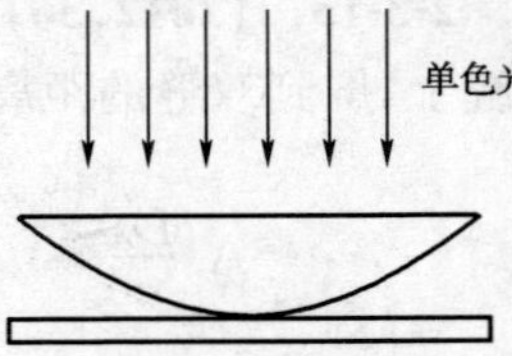

A. 向右平移
B. 静止不动
C. 向外扩张
D. 向中心收缩

单色光

题2-3-23图

2-3-24　**(2010,35)**一束自然光通过两块叠放在一起的偏振片，若两偏振片的偏振化方向间夹角由α_1转到α_2，则转动前后透射光强度之比为：

A. $\frac{\cos^2\alpha_2}{\cos^2\alpha_1}$　　B. $\frac{\cos\alpha_2}{\cos\alpha_1}$　　C. $\frac{\cos^2\alpha_1}{\cos^2\alpha_2}$　　D. $\frac{\cos\alpha_1}{\cos\alpha_2}$

2-3-25　**(2010,36)**若用衍射光栅准确测定一单色可见光的波长，在下列各种光栅常数的光栅中，选用哪一种最好：

A. 1.0×10^{-1}mm　　B. 5.0×10^{-1}mm
C. 1.0×10^{-2}mm　　D. 1.0×10^{-3}mm

2-3-26 **(2009,32)**在空气中用波长为λ的单色光进行双缝干涉实验，观测到相邻明条纹间的间距为1.33mm，当把实验装置放入水中(水的折射率$n=1.33$)时，则相邻明条纹的间距变为：

A. 1.33mm　　B. 2.66mm　　C. 1mm　　D. 2mm

2-3-27 **(2009,33)**波长为λ的单色光垂直照射到置于空气中的玻璃劈尖上，玻璃的折射率为n，则第三级暗条纹处的玻璃厚度为：

A. $\frac{3\lambda}{2n}$　　B. $\frac{\lambda}{2n}$　　C. $\frac{3\lambda}{2}$　　D. $\frac{2n}{3\lambda}$

2-3-28 **(2009,34)**若在迈克尔逊干涉仪的可动反射镜M移动0.620mm过程中，观察到干涉条纹移动了2300条，则所用光波的波长为：

A. 269nm　　B. 539nm　　C. 2690nm　　D. 5390nm

2-3-29 **(2009,35)**波长分别为$\lambda_1=450$nm和$\lambda_2=750$nm的单色平行光，垂直射入到光栅上，在光栅光谱中，这两种波长的谱线有重叠现象，重叠处波长为λ_2谱线的级数为：

A. 2,3,4,5,…　　B. 5,10,15,20,…
C. 2,4,6,8,…　　D. 3,6,9,12,…

2-3-30 **(2009,36)**一束自然光从空气投射到玻璃板表面上，当折射角为30°时，反射光为完全偏振光，则此玻璃的折射率为：

A. $\frac{\sqrt{3}}{2}$　　B. $\frac{1}{2}$　　C. $\frac{\sqrt{3}}{3}$　　D. $\sqrt{3}$

2-3-31 **(2008,33)**在双缝干涉实验中，在给定入射单色的情况下，用一片能透过光的薄介质片(不吸收光线)遮住下面的一条缝，则屏幕上干涉条纹的变化情况是：

A. 零级明纹仍在中心，其他条纹上移
B. 零级明纹仍在中心，其他条纹下移
C. 零级明纹和其他条纹一起上移
D. 零级明纹和其他条纹一起下移

2-3-32 **(2008,34)**在单缝夫琅和费衍射实验中，屏上第三级明纹对应的缝间的波阵面，可划分半波带的数目为：

A. 5个　　B. 6个　　C. 7个　　D. 8个

2-3-33 **(2008,35)**光强为I_0的自然光垂直穿过两个偏振化方向成45°的偏振片，若不考虑偏振片的反射和吸收，则出射光强I与入射光强I_0之比为：

A. 1/4　　B. 3/8　　C. 1/2　　D. 3/4

2-3-34　**(2008,36)**一束波长为 λ 的单色光分别在空气中和玻璃中传播，则在相同的传播时间内：

A. 传播的路程相等，走过的光程相等

B. 传播的路程相等，走过的光程不相等

C. 传播的路程不相等，走过的光程相等

D. 传播的路程不相等，走过的光程不相等

2-3-35　**(2007,33)**在双缝干涉实验中，当入射单色光的波长减小时，屏幕上干涉条纹的变化情况是：

A. 条纹变密并远离屏幕中心　　B. 条纹变密并靠近屏幕中心

C. 条纹变宽并远离屏幕中心　　D. 条纹变宽并靠近屏幕中心

2-3-36　**(2007,34)**在单缝夫琅禾费衍射实验中，若单缝两端处的光线到达屏幕上某点的光程差为 $\delta=2.5\lambda$（λ 为入射单色光的波长），则此衍射方向上的波阵面可划分的半波带数目和屏上该点的衍射情况是：

A. 4 个半波带，明纹　　B. 4 个半波带，暗纹

C. 5 个半波带，明纹　　D. 5 个半波带，暗纹

2-3-37　**(2007,35)**如果两个偏振片堆叠在一起，且偏振化方向之间夹角呈 30°，假设二者对光无吸收，光强为 I_0 的自然光垂直入射在偏振片上，则出射光强为：

A. $\frac{I_0}{2}$　　B. $\frac{3I_0}{2}$　　C. $\frac{3I_0}{4}$　　D. $\frac{3I_0}{8}$

2-3-38　**(2007,36)**波长为 λ 的 X 射线，投射到晶体常数为 d 的晶体上，取 $k=0,2,3,\cdots$ 出现 X 射线衍射加强的衍射角 θ（衍射的 X 射线与晶面的夹角）满足的公式为：

A. $2d\sin\theta=k\lambda$　　B. $d\sin\theta=k\lambda$

C. $2d\cos\theta=k\lambda$　　D. $d\cos\theta=k\lambda$

2-3-39　**(2006,33)**在双缝干涉实验中，对于给定的入射单色光，当双缝间距增大时，则屏幕上干涉条纹的变化情况是：

A. 条纹变密并远离屏幕中心　　B. 条纹变密并靠近屏幕中心

C. 条纹变宽并远离屏幕中心　　D. 条纹变宽并靠近屏幕中心

2-3-40　**(2006,34)**在单缝夫琅和费衍射实验中，屏上第三级暗纹对应的缝间波阵面，可划分为半波带数目为：

A. 3 个　　B. 6 个　　C. 9 个　　D. 2 个

2-3-41 **(2006,35)**如果两个偏振片堆叠在一起，且偏振化方向之间夹角呈 60°，假设二者对光无吸收，光强为 I_0 的自然光垂直入射在偏振片上，则出射光强为：

A. $\frac{I_0}{2}$　　B. $\frac{I_0}{4}$　　C. $\frac{3I_0}{8}$　　D. $\frac{I_0}{8}$

2-3-42 **(2006,36)**为了提高光学仪器的分辨本领，通常可以采用的措施有：

A. 减小望远镜的孔径，或者减小光的波长
B. 减小望远镜的孔径，或者加大光的波长
C. 加大望远镜的孔径，或者加大光的波长
D. 加大望远镜的孔径，或者减小光的波长

2-3-43 **(2005,33)**波长为 λ 的单色平行光垂直入射到一狭缝上，若第一级暗纹的位置对应的衍射角为 $\theta=\pm\pi/6$，则缝宽的大小为：

A. $\lambda/2$　　B. λ　　C. 2λ　　D. 3λ

2-3-44 **(2005,34)**在双缝干涉实验中，两缝间距离为 d，双缝与屏幕之间的距离为 $D(D\gg d)$，波长为 λ 的平行单色光垂直照射到双缝上，屏幕上干涉条纹中相邻两暗纹之间的距离是：

A. $2\lambda D/d$　　B. $\lambda d/D$　　C. dD/λ　　D. $\lambda D/d$

2-3-45 在真空中波长为 λ 的单色光，在折射率为 n 的透明介质中从 A 点沿某路径传播到 B 点，若 A、B 两点相位差为 3π，则此路径 AB 的光程为：

A. 1.5λ　　B. $1.5n\lambda$　　C. 3λ　　D. $1.5\lambda/n$

题解及参考答案

2-3-1 **解：**由间距 $\Delta x=\frac{D\lambda}{nd}$［$D$ 为双缝到屏幕的垂直距离（如解图），d 为缝宽，n 为折射率］

今 $1.33=\frac{D\lambda}{d}$（$n_{空气}\approx 1$），当把实验装置放入水中，则 $\Delta x_{水}=\frac{D\lambda}{1.33d}=1$。

答案：C

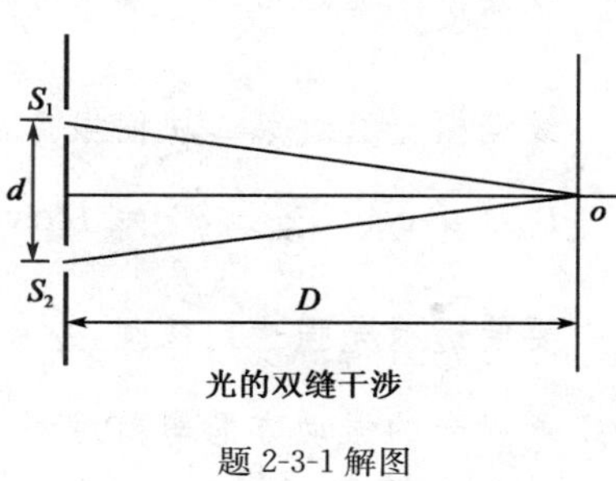

题 2-3-1 解图

2-3-2 **解：**$1\text{nm}=10^{-9}\text{m}$

答案：A

2-3-3 **解：**自然光垂直通过第一个偏振片后，变为线偏振光，光强设为 I'，即入射至第二

个偏振片的线偏振光强度。根据马吕斯定律，自然光通过两个偏振片后，$I = I'\cos^2 45° = \frac{I'}{2}$，$I' = 2I$。

答案：B

2-3-4 **解**：中央明纹的宽度由紧邻中央明纹两侧的暗纹($k=1$)决定。如解图，通常衍射角 ϕ 很小，且 $D \approx f$(f 为焦距)，则 $x \approx \phi f$

由暗纹条件 $a\sin\phi = 1 \times \lambda (k=1)$ (a 缝宽)，得 $\phi \approx \frac{\lambda}{a}$

第一级暗纹距中心 P_0 距离为

$$x_1 = \phi f = \frac{\lambda}{a} f$$

所以中央明纹的宽度 $\Delta x(\text{中央}) = 2x_1 = \frac{2\lambda f}{a}$

故 $\Delta x = \frac{2 \times 0.5 \times 400 \times 10^{-9}}{10^{-4}}$

$= 400 \times 10^{-5}\text{m}$

$= 4 \times 10^{-3}\text{m}$

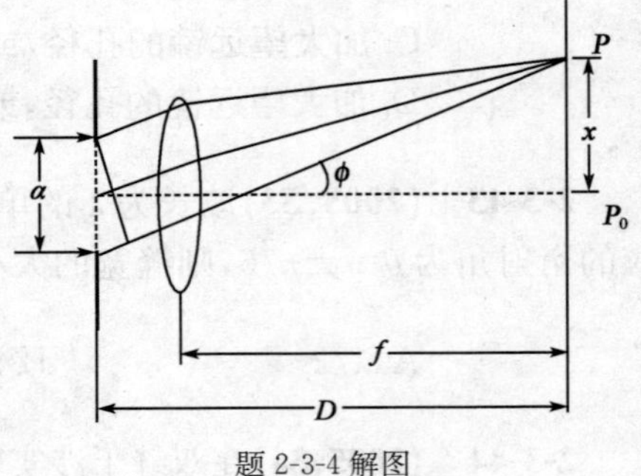

题 2-3-4 解图

答案：D

2-3-5 **解**：根据光栅的缺级理论，当 $\frac{a+b(\text{光栅常数})}{a(\text{缝宽})}$ = 整数时，会发生缺级现象，今 $\frac{a+b}{a} = \frac{2a}{a} = 2$，在光栅明纹中，将缺 $k = 2,4,6,\cdots$ 级。（此题超纲）

答案：A

2-3-6 **解**：设线偏振光的光强为 I，线偏振光与第一个偏振片的夹角为 φ。因为最终线偏振光的振动方向要转过 90°，所以第一个偏振片与第二个偏振片的夹角为 $\frac{\pi}{2} - \varphi$。

根据马吕斯定律：

线偏振光通过第一块偏振片后的光强为

$$I_1 = I\cos^2\varphi$$

线偏振光通过第二块偏振片后的光强为

$$I_2 = I_1\cos^2(\frac{\pi}{2} - \varphi) = I\cos^2\varphi\cos^2(\frac{\pi}{2} - \varphi) = I\cos^2\varphi\sin^2\varphi = \frac{I}{4}\sin^2 2\varphi$$

要使透射光强达到最强，令 $\sin 2\varphi = 1$，得 $\varphi = \frac{\pi}{4}$，透射光强的最大值为 $\frac{I}{4}$。

入射光的振动方向与前后两偏振片的偏振化方向夹角分别为 45° 和 90°。

答案：A

2-3-7 **解**：光的干涉和衍射现象反映了光的波动性质，光的偏振反映了光的横波性质。

答案：B

2-3-8 **解**：注意到 $1\text{nm} = 10^{-9}\text{m} = 10^{-6}\text{mm}$，

由 $\Delta x=\Delta n\frac{\lambda}{2}$，有 $0.62=2300\frac{\lambda}{2}$，$\lambda=5.39\times10^{-4}\text{mm}=539\times10^{-6}\text{mm}=539\text{nm}$。

答案:B

2-3-9　解:对暗纹 $a\sin\varphi=k\lambda=2k\frac{\lambda}{2}$，今 $k=3$，故半波带数目为6。

答案:D

2-3-10　解:劈尖干涉明纹公式：$2ne+\frac{\lambda}{2}=k\lambda$，$k=1,2,\cdots$

对应的薄膜厚度差 $2ne_5-2ne_3=5\lambda-3\lambda=2\lambda$，解得 $e_5-e_3=\frac{\lambda}{n}$。

答案:B

2-3-11　解:自然光 I_0 通过 P_1 偏振片后光强减半为 $\frac{I_0}{2}$，通过 P_2 偏振后光强为 $I=\frac{I_0}{2}\cos^2 90°=0$。

答案:A

2-3-12　解:布儒斯特定律。

答案:C

2-3-13　解:$(a+b)\sin\phi=\pm k\lambda\quad(k=0,1,2,\cdots)$

令 $\phi=90°$，$k=\frac{2000}{550}=3.63$，k 取小于此数的最大正整数，故 k 取3。

答案:B

2-3-14　解:$a\sin\phi=(2k+1)\frac{\lambda}{2}$，即 $a\sin30°=3\times\frac{\lambda}{2}$。

答案:D

2-3-15　解:$x_{明}=\pm k\frac{D\lambda}{a}$，$x_{暗}=(2k+1)\frac{D\lambda}{2a}$，间距 $=x_{暗}-x_{明}=\frac{D\lambda}{2a}$。

答案:B

2-3-16　解:$\delta=2.5\lambda=(2k+1)\frac{\lambda}{2}$。

答案:B

2-3-17　解:光学常识，注意 $1\text{nm}=10^{-9}\text{m}$。

答案:A

2-3-18　解:玻璃劈尖的干涉条件为 $\delta=2nd+\frac{\lambda}{2}=k\lambda(k=1,2,\cdots)$（明纹），相邻两明（暗）纹对应的空气层厚度差为 $d_{k+1}-d_k=\frac{\lambda}{2n}$（见解图）。若劈尖的夹角为 θ，则相邻两明（暗）纹

的间距 l 应满足关系式：

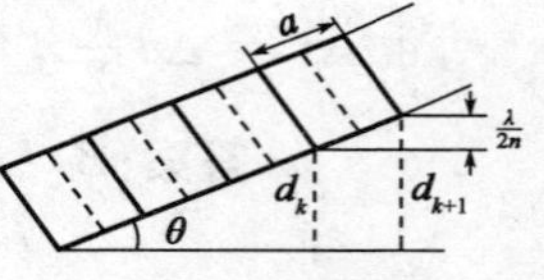

题 2-3-18 解图

$$a\sin\theta=d_{k+1}-d_k=\frac{\lambda}{2n}\text{ 或 }a\sin\theta=\frac{\lambda}{2n}\text{，则 }a=\frac{\lambda}{2n\sin\theta}\approx\frac{\lambda}{2n\theta}$$

答案:D

2-3-19　解:自然光垂直通过第一个偏振片后，变为线偏振光，光强设为 I'，即入射至第二个偏振片的线偏振光强度。根据马吕斯定律，自然光通过两个偏振片后，$I=I'\cos^2 45°=\frac{I'}{2}$，$I'=2I$。

答案:B

2-3-20　解:单缝衍射中央明纹宽度 $\Delta x=\frac{2\lambda f}{a}=\frac{2\times400\times10^{-9}\times0.5}{10^{-4}}=4\times10^{-3}\text{m}$。

答案:D

2-3-21　解:注意，所谓双缝间距指缝宽 d。由 $\Delta x=\frac{D}{d}\lambda$（$\Delta x$ 为相邻两明纹之间距离），所以 $\Delta x=\frac{3000}{2}\times600\times10^{-6}\text{mm}=0.9\text{mm}$。

注：$1\text{nm}=10^{-9}\text{m}=10^{-6}\text{mm}$。

答案:B

2-3-22　解:如题图所示光程差 $\delta=n_2d+r_2-d-(n_1d+r_1-d)$，注意到 $r_1=r_2$，$\delta=(n_2-n_1)d$。

答案:A

题 2-3-22 解图

2-3-23　解:牛顿环属超纲题（超出大纲范围），等厚干涉，同一级条纹对应同一个厚度。

答案:D

2-3-24　解:转动前 $I_1=I_0\cos^2\alpha_1$，转动后 $I_2=I_0\cos^2\alpha_2$，$\frac{I_1}{I_2}=\frac{\cos^2\alpha_1}{\cos^2\alpha_2}$。

答案:C

2-3-25　解:光栅常数越小，分辨率越高。

答案:D

2-3-26　解:双缝干涉时，条纹间距 $\Delta x=\lambda_n\frac{D}{d}$，在空气中干涉，有 $1.33\approx\lambda_n\frac{D}{d}$，此光在水中的波长为 $\lambda_n=\frac{\lambda}{n}$，此时条纹间距 $\Delta x(\text{水})=\frac{\lambda D}{nd}=\frac{1.33}{n}=1\text{mm}$。

答案:C

2-3-27　解:劈尖暗纹出现的条件为 $\delta=2ne+\frac{\lambda}{2}=(2k+1)\frac{\lambda}{2}$，$k=0,1,2,\cdots$。

答案:A

2-3-28 **解**:对迈克尔逊干涉仪,条纹移动 $\Delta x=\Delta n\dfrac{\lambda}{2}$,令 $\Delta x=0.62$,$\Delta n=2300$,则

$$\lambda=\frac{2\times\Delta x}{\Delta n}=\frac{2\times0.62}{2300}=5.39\times10^{-4}\,\text{mm}=539\,\text{nm}$$

注:$1\text{nm}=10^{-9}\text{m}=10^{-6}\text{mm}$。

答案:B

2-3-29 **解**:$(a+b)\sin\phi=k\lambda$,$k=0,1,2,\cdots$,即 $k_1\lambda_1=k_2\lambda_2$,$\dfrac{k_1}{k_2}=\dfrac{\lambda_1}{\lambda_2}=\dfrac{750}{450}=\dfrac{5}{3}$,故重叠处波长 λ_2 的级数 k_2 必须是 3 的整数倍,即 3,6,9,12,…。

答案:D

2-3-30 **解**:注意到"当折射角为 30°时,反射光为完全偏振光",说明此时入射角即起偏角 i_0。

根据 $i_0+\gamma_0=\dfrac{\pi}{2}$,$i_0=60°$,再由 $\tan i_0=\dfrac{n_2}{n_1}$,$n_1\approx1$,可得 $n_2=\sqrt{3}$。

答案:D

2-3-31 答案:D

2-3-32 **解**:$\delta=(2k+1)\dfrac{\lambda}{2}=(2\times3+1)\dfrac{\lambda}{2}$。

答案:C

2-3-33 **解**:$I=I_0\cos^2\alpha$,自然光通过偏振片后,光强减半。

答案:A

2-3-34 **解**:设光波在空气中传播速率为 v,则在玻璃中传播速率为 $\dfrac{v}{n_{玻璃}}$,因而在相同传播时间内传播的路程不相等,根据光程的概念,它们走过的光程相等。

答案:C

2-3-35 **解**:条纹之间间距 $\Delta x=\dfrac{D\lambda}{nd}$,明纹位置 $x_{明}=\pm\dfrac{kD\lambda}{nd}$。

答案:B

2-3-36 **解**:$\delta=2.5\lambda=(2k+1)\dfrac{\lambda}{2}$。

答案:C

2-3-37 **解**:$I=I_0\cos^2\alpha$ 自然光通过偏振片后,光强减半。

答案:D

2-3-38 **解**:根据布拉格公式:$2d\sin\theta=k\lambda(k=0,1,2,\cdots)$

答案:A

2-3-39 **解**:注意区别“双缝间距”和“条纹之间间距”。条纹之间间距 $\Delta x=\dfrac{D\lambda}{nd}$,题中“双缝间距增大”指的是缝宽 d 增大,条纹之间间距变小,即条纹变密。又明纹距中心位置为 $x_{明}=\pm\dfrac{kD\lambda}{nd}$,令缝宽 d 增大,$x_{明}$ 变小,靠近中央明纹即屏幕中心。

答案:B

2-3-40 **解**:按夫琅禾费单缝衍射暗纹条件,$a\sin\phi=k\lambda=2k\dfrac{\lambda}{2}$,令 $k=3$,即 6 个半波带$\left(\dfrac{\lambda}{2}\right)$。

答案:B

2-3-41 **解**:$I=I_0\cos^2\alpha$ 自然光通过偏振片后,光强减半由马吕斯定律得出射光强 $I=\dfrac{I_0}{2}\cos^2 60^\circ=\dfrac{I_0}{8}$。

答案:D

2-3-42 **解**:最小分辨角 $\theta=1.22\dfrac{\lambda}{D}$,注意:对光学仪器,最小分辨角越小越精密。

答案:D

2-3-43 **解**:$a\sin\theta=k\lambda$。

答案:C

2-3-44 **解**:双缝暗纹位置 $x_{暗}=\pm(2k+1)\dfrac{D\lambda}{2nd}$,$k=0,1,2,\cdots$,空气中 $n\approx1$,相邻两暗纹的间距为 $\Delta x_{暗}=x_{k+1}-x_k=2\times\dfrac{D\lambda}{2d}=\dfrac{D\lambda}{d}$。

答案:D

2-3-45 **解**:$\Delta\phi=2\pi\delta/\lambda$($\delta$ 为光程差)。

答案:A

三、普 通 化 学

复 习 指 导

在基础考试中，普通化学部分的试题均为单选题。命题覆盖考试大纲，题目大致均匀分布。题型分基本概念选择、计算类选择、比较类选择、记忆类选择等。普通化学的基本概念和基本理论较多；相反，有关计算公式较简单，计算量较少。因此，考生在复习时应将重点放在对基本概念和基本理论的理解上，达到概念清楚、能灵活应用基本理论解决实际问题，以及利用提供的公式进行简单的计算。

下面选择若干例题，进行具体的分析说明，以供复习时参考。

【例 3-1】 下列说法中正确的是哪一个？

A. 原子轨道是电子运动的轨迹

B. 原子轨道是电子的空间运动状态，即波函数

C. 主量子数为 3 时，有 3s、3p、3d 三个轨道

D. s 轨道绕核旋转时，其轨道为一圆圈，而 p 电子的轨道为“8”字形

解 A 错误。电子质量极小且带负电荷，在原子那样小的体积内以极大的速度运动时，不可能测出它的运动轨迹。

B 正确。在量子力学中，用波函数来表示核外电子的运动状态，波函数也叫原子轨道。

C 错误。主量子数为 3 时，有 3s、3p、3d 三个亚层，共 9 个轨道。

D 错误。s 轨道的角度分布平面示意图才是以原子核为圆心的一个圆圈；而 p 轨道的角度分布平面示意图才是以原子核为切点的两个相切的圆圈。

正确答案应为 B。

【例 3-2】 某元素最高氧化数为+6，最外层电子数为 1，原子半径是同族元素中最小的。下列叙述中哪一个不正确？

A. 外层电子排布为 $3d^5 4s^1$

B. 该元素为第四周期、VIB 族元素铬

C. +3 价离子的外层电子排布式为 $3d^2 4s^1$

D. 该元素的最高价氧化物的水合物为强酸

解 本题涉及核外电子排布与周期表的问题，根据题意，最高氧化数为+6 的元素有 VIA 族和 VIB 族元素；而最外层只有一个电子的条件就排除了 VIA 族元素；最后一个条件是原子半径为同族中最小，可确定该元素是 VIB 族中的铬。Cr 的电子排布式为 $1s^2 2s^2 2p^6 3s^2 3p^6 3d^5 4s^1$，所以得出以下结论。

A 正确。外层电子排布为 $3d^5 4s^1$。

B 正确。因为周期数等于电子层数，等于最高主量子数，即第四周期。它的量后一个电子

填充在 d 亚层上，所以它是副族元素，而副族元素的族数等于[$(n-1)$d+ns]层上的电子数，对铬来讲为 5+1=6，即 VIB 族元素。

C 错误。因为原子失去电子时，首先失去最外层上的电子，继而再失去次外层上的 d 电子。所以+3 价离子的外层电子排布为 $3s^2 3p^6 3d^3$。

D 正确。Cr 的最高氧化物 CrO_3，其水合物为 H_2CrO_4 或 $H_2Cr_2O_7$ 均为强酸。

所以答案应为 C。

【例 3-3】 下列物质的熔点由高到低排列顺序正确的是：

A. HI>HBr>HCl>HF　　B. HF>HI>HBr>HCl

C. SiC>$SiCl_4$>CaO>MgO　　D. SiC>CaO>MgO>$SiCl_4$

解 SiC 为原子晶体，熔点最高；CaO 和 MgO 为离子晶体，熔点次之；HF、HCl、HBr、HI 和 $SiCl_4$ 为分子晶体，熔点较低。离子晶体中，晶格能 $U \propto \frac{|Z_+ \cdot Z_-|}{r_+ + r_-}$，故 MgO 的熔点大于 CaO 的熔点。从色散力判断：HI>HBr>HCl>HF，但由于 HF 分子之间存在分子间氢键，其熔点较 HI 高。故应选择 B。

【例 3-4】 下列说法中哪一个是正确的？

A. 凡是含氢的化合物其分子间必有氢键

B. 取向力仅存在于极性分子之间

C. HCl 分子溶于水生成 H^+ 和 Cl^-，所以 HCl 为离子晶体

D. 酸性由强到弱的顺序为：H_2SO_4>$HClO_4$>H_2SO_3

解 A 错误。氢键形成的条件是：氢原子与电负性大、半径小有孤对电子的原子形成强极性共价键后，还能吸引另一电负性较大的原子中的孤对电子而形成氢键。符合该条件的原子只有如 O、N、F 等原子，故并非所有含氢化合物中的均存在氢键。

B 正确。只有极性分子之间才有取向力。当然极性分子之间除存在取向力外，还存在色散力和诱导力。某些含氢的极性分子中，还可能有氢键，如 HF、H_2O。

C 错误。只有电负性大的非金属原子（如 VIIA 族元素的原子）和电负性小的金属原子（如 I A 族元素的原子）形成化合物时，以离子键结合，其晶体为离子晶体。H 与 Cl 均为非金属元素，它们以共价键结合形成共价型化合物，其晶体为分子晶体。HCl 溶于水后，由于水分子的作用 HCl 才解离成 H^+ 和 Cl^-。

D 错误。根据鲍林规则：含氧酸中不与氢结合的氧原子数(n)越大，酸性越强。所以酸性由强到弱的顺序为 $HClO_4$>H_2SO_4>H_2SO_3。

所以正确答案为 B。

【例 3-5】 下列各组物质中，键有极性，分子也有极性的是：

A. CO_2 和 SO_3　　B. CCl_4 与 Cl_2

C. H_2O 和 SO_2　　D. $HgCl_2$ 与 NH_3

解 以上四组分子中，只有 Cl_2 分子中的共价键无极性，其余分子中的共价键均有极性。首先可以排除 B。CO_2、SO_3、$HgCl_2$、CCl_4 为非极性分子，NH_3、H_2O、SO_2 为极性分子。所以最后排除 A 和 D，只有 C 为正确答案。

【例 3-6】 往醋酸溶液中加入少量下列哪种物质时，可使醋酸电离度和溶质的 pH 值都增大？

A. NaAc 晶体　　B. NaOH 晶体

C. HCl(g)　　　　　　　　　　D. NaCl 晶体

解　醋酸溶液中存在下列电离平衡

$$HAc \rightleftharpoons H^+ + Ac^-$$

若加入 NaAc 或 HCl，均会由于同离子效应使醋酸的电离度下降；当加入 NaAc 时，降低了 H^+ 浓度而使 pH 值升高；当加 HCl 时，增加了 H^+ 浓度而使 pH 值下降。

若加入 NaCl，由于盐效应使醋酸电离平衡向右移动，使醋酸电离度增加，H^+ 浓度升高、pH 值下降。

若加入 NaOH，由于 OH^- 与 H^+ 结合成 H_2O，降低了 H^+ 浓度，使 pH 值升高；同时使醋酸电离平衡向右移动而增加了醋酸的电离度。

所以答案为 B。

【例 3-7】　$Ca(OH)_2$ 和 $CaSO_4$ 的溶度积大致相等，则两物质在纯水中溶解度的关系是：

A. $S_{Ca(OH)_2} = S_{CaSO_4}$　　　　B. $S_{Ca(OH)_2} < S_{CaSO_4}$

C. $S_{Ca(OH)_2} > S_{CaSO_4}$　　　　D. 无法判断

解　$Ca(OH)_2$ 属于 AB_2 型，$CaSO_4$ 属 AB 型的难溶电解质，两者类型不同，不能用溶度积直接比较。溶解度大小，必须通过溶解度与溶度积的关系式，计算出溶解度后才能进行比较。

对 AB 型　　　$S_1 = \sqrt{K_{sp}}$

对 AB_2 型　　　$S_2 = \sqrt[3]{\frac{K_{sp}}{4}}$

由此两式比较：$S_2 > S_1$，即 $S_{Ca(OH)_2} > S_{CaSO_4}$。

所以答案为 C。

【例 3-8】　反应温度改变时，对反应的速率、速率常数、平衡常数等均有影响。下列叙述中哪一个是错误的？

A. 反应温度升高，正、逆反应速率均增加

B. 对吸热反应，温度升高使平衡向右移动

C. 对放热反应，温度升高使平衡常数增加

D. 温度升高使速率常数增加

解　根据阿仑尼乌斯公式，当温度升高时，速率常数变大；再由质量作用定律可得出反应速率增加，所以 A 和 D 都正确。

对吸热反应，温度升高时平衡常数 K 增加，使 $K > Q$，平衡向右移动。所以 B 也正确。

对放热反应，温度升高时平衡常数减小，所以 C 不正确，答案为 C。

【例 3-9】　已知反应 $NO(g) + CO(g) \rightleftharpoons \frac{1}{2}N_2(g) + CO_2(g)$ 的 $\Delta H < 0$。有利于 NO 和 CO 转化的措施是下列中哪一种？

A. 低温低压　　　　B. 低温高压

C. 高温高压　　　　D. 高温低压

解　反应的 $\Delta H < 0$ 为放热反应，温度降低使平衡常数 K 增加。当 $K > Q$ 时平衡向右进行，有利 NO 和 CO 的转化。

反应式左边的气体分子总数为 2，右边的气体分子总数为 1.5，加压有利于向气体分子总数减少的方向移动。高压有利 NO 和 CO 的转化。

所以答案应为 B。

【例 3-10】 下列叙述中哪一个不正确？

A. 对半反应 $Cu^{2+}+2e^{-}=Cu^{-}$ 和 $I_2+2e^{-}\rightleftharpoons 2I^{-}$，离子浓度升高，它们的电极电势增加

B. 已知 $\varphi^0_{Cr_2O_7^{2-}/Cr^{3+}}<\varphi^0_{MnO_4^-/Mn^{2+}}$，所以氧化性的强弱为 $MnO_4^->Cr_2O_7^{2-}$

C. 反应 $2Fe^{3+}+Cu\rightleftharpoons 2Fe^{2+}+Cu^{2+}$ 能自发进行，组成原电池时正极为 $Fe^{3+}(C_1)$、$Fe^{2+}(C_2)|P_t$，负极为 $Cu|Cu^{2+}(C_3)$

D. 腐蚀电池中，电极电势低的是阳极，可被腐蚀掉

解 A 不正确。因为对半反应 $Cu^{2+}+2e^{-}\rightleftharpoons Cu$，能斯特方程为：$\varphi_{Cu^{2+}/Cu}=\varphi^0_{Cu^{2+}/Cu}+\frac{0.059}{2}\lg C_{Cu^{2+}}$，$C_{Cu^{2+}}$ 升高，$\varphi_{Cu^{2+}/Cu}$ 升高。而对半反应 $I_2+2e^{-}\rightleftharpoons 2I^{-}$，能斯特方程为：$\varphi_{I_2/I^-}=\varphi^0_{I_2/I^-}+\frac{0.059}{2}\lg[1/C^2_{I^-}]$，$C_{I^-}$ 升高时 φ_{I_2/I^-} 下降。

B 正确。利用电极电势的大小，可以判断电对中氧化态物质的氧化性强弱和还原态物质的还原性强弱。电极电势越高的电对中，氧化态物质的氧化性越强。所以氧化性：$MnO_4^->Cr_2O_7^{2-}$。

C 正确。自发进行的氧化还原反应组成原电池时，其电动势(E)一定大于零，即

$$E=\varphi_{正}-\varphi_{负}=\varphi_{氧化剂}-\varphi_{还原剂}>0$$

从反应前后物质的氧化数变化来分析，可得出 Fe^{3+} 为氧化剂，Cu 为还原剂，所以 $\varphi_{Fe^{3+}/Fe^{2+}}>\varphi_{Cu^{2+}/Cu}$。电极电势高的为正极，电极电势低的为负极。故原电池中正极为 $Fe^{3+}(C_1)$、$Fe^{2+}(C_2)|P_t$，负极为 $Cu|Cu^{2+}(C_3)$。

D 正确。因为在腐蚀电池中，电极电势低的为阳极，发生氧化反应而被腐蚀掉；电极电势高的为阴极，发生还原反应不可能被腐蚀。

所以答案为 A。

【例 3-11】 下列防止金属腐蚀的方法中不能采用的是哪一种？

A. 在金属表面涂刷油漆

B. 为保护铁管，可使其与锌片相连

C. 被保护金属与外加直流电源的负极相连

D. 被保护金属与外加直流电源的正极相连

解 A 可以采用。

B 可以采用。因为将被保护的铁管与锌片相连组成了原电池，活泼的锌片电极电势低，作为腐蚀电池的阳极被腐蚀掉，而被保护的铁管作为腐蚀电池的阴极得到了保护。

C 可以采用。

D 不可采用。

因为在外加电流保护法中，将被保护的金属与另一附加电极组成电解池。被保护的金属若与电源负极相连，则金属为电解池的阴极，发生还原反应而被保护；若与电源正极相连，则金属为电解池的阳极，发生氧化反应而被腐蚀掉。

所以答案为 D。

【例 3-12】 下列说法中不正确的是哪一个？

A. ABS 树脂是丁二烯、苯乙烯、丙烯腈的共聚物

B. PVC 是氯乙烯加聚而成的高聚物

C. 环氧树脂是双酚 A 和环氧氯丙烷通过缩聚反应得到的高聚物

D. 天然橡胶的主要化学组成是 1.4-聚丁二烯

解 答案为 D。因为天然橡胶的主要化学组成是聚异戊二烯。

练习题、题解及参考答案

(一)物质结构与物质状态

3-1-1 **(2014,37)**下列元素,电负性最大的是:

A. F　　B. Cl　　C. Br　　D. I

3-1-2 **(2014,38)**在 NaCl,$MgCl_2$,$AlCl_2$,$SiCl_4$ 四种物质中,离子极化作用最强的是:

A. NaCl　　B. $MgCl_2$　　C. $AlCl_2$　　D. $SiCl_4$

3-1-3 **(2013,37)**量子数 $n=4$,$l=2$,$m=0$ 的原子轨道数目是:

A. 1　　B. 2　　C. 3　　D. 4

3-1-4 **(2013,38)**PCl_3 分子空间几何构型及中心原子杂化类型分别为:

A. 正四面体,sp^3 杂化　　B. 三角锥型,不等性 sp^3 杂化

C. 正方形,dsp^2 杂化　　D. 正三角形,sp^2 杂化

3-1-5 **(2012,37)**钴的价层电子构型是 $3d^7 4s^2$,钴原子外层轨道中未成对电子数为:

A. 1　　B. 2　　C. 3　　D. 4

3-1-6 **(2012,38)**在 HF、HCl、HBr、HI 中,按熔、沸点由高到低顺序排列正确的是:

A. HF、HCl、HBr、HI　　B. HI、HBr、HCl、HF

C. HCl、HBr、HI、HF　　D. HF、HI、HBr、HCl

3-1-7 **(2011,37)**29 号元素的核外电子分布式为:

A. $1s^2 2s^2 2p^6 3s^2 3p^6 3d^9 4s^2$　　B. $1s^2 2s^2 2p^6 3s^2 3p^6 3d^{10} 4s^1$

C. $1s^2 2s^2 2p^6 3s^2 3p^6 4s^1 3d^{10}$　　D. $1s^2 2s^2 2p^6 3s^2 3p^6 4s^2 3d^9$

3-1-8 **(2011,38)**下列各组元素的原子半径从小到大排序错误的是:

A. Li<Na<K　　B. Al<Mg<Na

C. C<Si<Al　　D. P<As<Se

3-1-9 **(2011,41)**某第 4 周期的元素,当该元素原子失去一个电子成为正 1 价离子时,该离子的价层电子排布式为 $3d^{10}$,则该元素的原子序数是:

A. 19　　B. 24　　C. 29　　D. 36

3-1-10　**(2011,43)**价层电子构型为 $4d^{10}5s^1$ 的元素在周期表中属于：

A. 第四周期ⅦB族　　B. 第五周期ⅠB族
C. 第六周期ⅦB族　　D. 镧系元素

3-1-11　**(2010,38)**$BeCl_2$ 中 Be 的原子轨道杂化类型为：

A. sp　　B. sp^2　　C. sp^3　　D. 不等性 sp^3

3-1-12　**(2010,41)**26 号元素原子的价层电子构型为：

A. $3d^5 4s^2$　　B. $3d^6 4s^2$　　C. $3d^6$　　D. $4s^2$

3-1-13　**(2010,42)**确定原子轨道函数 ψ 形状的量子数是：

A. 主量子数　　B. 角量子数　　C. 磁量子数　　D. 自旋量子数

3-1-14　**(2009,41)**下列各波函数不合理的是：

A. $\psi(1,1,0)$　　B. $\psi(2,1,0)$
C. $\psi(3,2,0)$　　D. $\psi(5,3,0)$

3-1-15　**(2008,40)**下列各组元素中，其性质的相似是由镧系收缩引起的是：

A. Zr 与 Hf　　B. Fe 与 Co、Ni　　C. Li 与 Mg　　D. 锕系

3-1-16　**(2008,42)**下列分子中，属于极性分子的是：

A. O_2　　B. CO_2　　C. BF_3　　D. C_2H_3F

3-1-17　**(2008,43)**下列各系列中，按电离能增加的顺序排列的是：

A. Li，Na，K　　B. B，Be，Li　　C. O，F，Ne　　D. C，B，As

3-1-18　**(2008,46)**近代量子力学的观点，核外电子运动的特征：

A. 具有波粒二象性
B. 可用 ψ^2 表示电子在核外出现的几率
C. 原子轨道的能量呈连续变化
D. 电子运动的轨道可用 ψ 的图像表示

3-1-19　**(2008,47)**下列各物质的化学键中，只存在 σ 键的是：

A. C_2H_2　　B. H_2O　　C. CO_2　　D. CH_3COOH

3-1-20 **(2007,39)**下列分子中，键角最大的是：

A. NH_3　　B. H_2S　　C. $BeCl_2$　　D. CCl_4

3-1-21 **(2007,40)**下列物质中，酸性最强的是：

A. H_3BO_3　　B. HVO_3　　C. HNO_3　　D. H_2SiO_3

3-1-22 **(2007,43)**47 号元素 Ag 的基态价层电子结构为 $4d^{10}5s^1$，它在周期表中的位置是：

A. ds 区　　B. s 区　　C. d 区　　D. p 区

3-1-23 **(2007,45)**3d 轨道的磁量子数 m 的合理值是：

A. 1、2、3　　B. 0、1、2　　C. 3　　D. 0、±1、±2

3-1-24 **(2007,46)**下列各物质的化学键中，只存在 σ 键的是：

A. PH_3　　B. $H_2C{=}CH_2$　　C. CO_2　　D. C_2H_2

3-1-25 **(2006,39)**用杂化轨道理论推测下列分子的空间构型，其中为平面三角形的是：

A. NF_3　　B. BF_3　　C. AsH_3　　D. SbH_3

3-1-26 **(2006,40)**下列各种化合物中，分子间有氢键的是：

A. CH_3Br　　B. NH_3　　C. CH_4　　D. CH_3Cl

3-1-27 **(2006,41)**石墨能够导电的原因，是由于石墨晶体：

A. 层内存在自由电子　　B. 层内有杂化轨道

C. 属金属晶体　　D. 层内存在着离域大 π 键

3-1-28 **(2006,46)**下列物质中，分子的空间构型为“V”字形的是：

A. CO_2　　B. BF_3　　C. $BaCl_2$　　D. H_2S

3-1-29 **(2005,37)**p_z 波函数角度分布的形状是：

A. 双球形　　B. 球形　　C. 四瓣梅花形　　D. 橄榄形

3-1-30 **(2005,38)**24 号元素 Cr 的基态原子价电子构型正确的是：

A. $3d^6 4s^0$　　B. $3d^5 4s^1$　　C. $3d^4 4s^2$　　D. $3d^3 4s^2 4p^1$

3-1-31 **(2005,40)**下列氧化物中既可与稀 H_2SO_4 溶液作用，又可与稀 NaOH 溶液作用的是：

A. Al_2O_3　　B. Cu_2O　　C. SiO_2　　D. CO

3-1-32 下列原子或离子的外层电子排布式，不正确的是：

A. Si $3s^2 3p^2$ B. Ag^+ $4s^2 4p^6 4d^{10}$

C. Cl^- $3s^2 3p^6$ D. Fe^{2+} $3d^4 4s^2$

题解及参考答案

3-1-1 **解**：周期表中元素电负性的递变规律：同一周期从左到右，主族元素的电负性逐渐增大；同一主族从上到下元素的电负性逐渐减小。

答案：A

3-1-2 **解**：离子的极化作用是指离子的极化力，离子的极化力为某离子使其他离子变形的能力。极化力取决于：①离子的电荷，电荷数越多，极化力越强；②离子的半径，半径越小，极化力越强；③离子的电子构型，当电荷数相等、半径相近时，极化力的大小为：18 或 18+2 电子构型>9～17 电子构型>8 电子构型。每种离子都具有极化力和变形性，一般情况下，主要考虑正离子的极化力和负离子的变形性。离子半径的变化规律：同周期不同元素离子的半径随离子电荷代数值增大而减小。四个化合物的阳离子为同周期元素，离子半径逐渐减小，离子电荷的代数值逐渐增大，所以极化作用逐渐增大。

答案：D

3-1-3 **解**：一组允许的量子数 n、l、m 取值对应一个合理的波函数，即可以确定一个原子轨道。量子数 $n=4, l=2, m=0$ 为一组合理的量子数，确是一个原子轨道。

答案：A

3-1-4 **解**：P 和 N 为同主族元素，PCl_3 中 P 的杂化类型与 NH_3 中的 N 原子杂化类型相同，为不等性 sp^3 杂化，四个杂化轨道呈四面体型，有一个杂化轨道被孤对电子占据，其余三个杂化轨道与三个 Cl 原子形成三个共价单键，分子为三角锥形。

答案：B

3-1-5 **解**：除 3d 轨道上的 7 个电子，其他轨道上的电子都已成对。3d 轨道上的 7 个电子填充到 5 个简并的 d 轨道中，按照洪特规则有 3 个未成对电子。

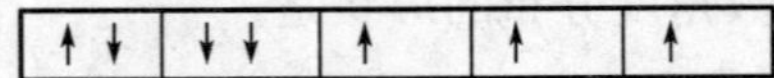

答案：C

3-1-6 **解**：分子间力包括色散力、诱导力、取向力。分子间力以色散力为主。对同类型分子，色散力正比于分子量，所以分子间力正比于分子量。分子间力主要影响物质的熔点、沸点和硬度。对同类型分子，分子量越大，色散力越大，分子间力越大，物质的熔、沸点越高，硬度越大。

分子间氢键使物质熔、沸点升高，分子内氢键使物质熔、沸点减低。

HF 有分子间氢键，沸点最大。其他三个没有分子间氢键，HCl、HBr、HI 分子量逐渐增大,分子间力逐渐增大,沸点逐渐增大。

答案:D

3-1-7 解:原子核个电子排布服从三个原则:泡利不相容原理、能量最低原理、洪特规则。

(1)泡利不相容原理:在同一个原子中,不允许两个电子的四个量子数完全相同,即,同一个原子轨道最多只能容纳自旋相反的两个电子。

(2)能量最低原理:电子总是尽量占据能量最低的轨道。多电子原子轨道的能级取决于主量子数 n 和角量子数 l:主量子数 n 相同时,l 越大,能量越高;当主量子数 n 和角量子数 l,都不相同时,可以发生能级交错现象。轨道能级顺序:1s;2s,2p;3s,3p;4s,3d,4p;5s,4d,5p;6s,4f,5d,6p;7s,5f,6d,…。

(3)洪特规则:电子在 n,l 相同的数个等价轨道上分布时,每个电子尽可能占据磁量子数不同的轨道且自旋方向相同。

原子核外电子分布式书写规则:根据三大原则和近似能级顺序将电子一次填入相应轨道,再按电子层顺序整理,相同电子层的轨道排在一起。

答案:B

3-1-8 解:元素周期表中,同一主族元素从上往下随着原子序数增加,原子半径增大;同一周期主族元素随着原子序数增加,原子半径减小。D 项中 As 和 Se 是同一周期主族元素,Se 的原子半径小于 As。

答案:D

3-1-9 解:原子得失电子原则:当原子失去电子变成正离子时,一般是能量较高的最外层电子先失去,而且往往引起电子层数的减少;当原子得到电子变成负离子时,所得的电子总是分布在它的最外电子层。

本题中原子失去的为 4s 上的一个电子,该原子的价电子构型为 $3d^{10}4s^1$,为 29 号 Cu 原子的电子构型。

答案:C

3-1-10 答案:B

3-1-11 解:利用价电子对互斥理论确定杂化类型及分子空间构型的方法。

对于 AB_n 型分子、离子(A 为中心原子):

(1)确定 A 的价电子对数(x)

$x=\frac{1}{2}$[A 的价电子数+B 提供的价电子数±离子电荷数(负/正)]

原则:A 的价电子数=主族序数;B 原子为 H 和卤素每个原子各提供一个价电子,为氧与硫不提供价电子;正离子应减去电荷数,负离子应加上电荷数。

(2)确定杂化类型

价电子对数	2	3	4
杂化类型	sp 杂化	sp^2 杂化	sp^3 杂化

(3)确定分子空间构型

原则：根据中心原子杂化类型及成键情况分子空间构型。如果中心原子的价电子对数等于σ键电子对数，杂化轨道构型为分子空间构型；如果中心原子的价电子对数大于σ键电子对数，分子空间构型发生变化。

$$价电子对数(x)=\sigma键电子对数+孤对电子数$$

根据价电子对互斥理论：$BeCl_2$ 的价电子对数 $x=\frac{1}{2}$(Be 的价电子数+2 个 Cl 提供的价电子数)$=\frac{1}{2}\times(2+2)=2$，$BeCl_2$ 分子中，Be 原子形成了两 Be-Clσ 健，价电子对数等于σ健数，所以两个 Be-Cl 夹角为 180°，$BeCl_2$ 为直线型分子，Be 为 sp 杂化。

答案：A

3-1-12　解：26 号元素为 Fe 元素，为副族元素。根据原子核外电子排布规律，其原子核外电子排布为：$1s^2 2s^2 2p^6 3s^2 3p^6 3d^6 4s^2$，其价电子构型为 $3d^6 4s^2$。

答案：B

3-1-13　解：一组合理的量子数 n、l、m 取值对应一个合理的波函数 $\psi=\psi_{n,l,m}$，即可以确定一个原子轨道。

(1)主量子数

①$n=1,2,3,4\cdots$对应于第一、第二、第三、第四，…电子层，用 K,L,M,N 表示。②表示电子到核的平均距离。③决定原子轨道能量。

(2)角量子数

①$l=0,1,2,3$ 的原子轨道分别为 s、p、d、f 轨道。②确定原子轨道的形状。s 轨道为球形、p 轨道为双球形、d 轨道为四瓣梅花形。③对于多电子原子，与 n 共同确定原子轨道的能量。

(3)磁量子数

①确定原子轨道的取向。②确定亚层中轨道数目。

答案：B

3-1-14　解：波函数 $\psi(n,l,m)$ 可表示一个原子轨道的运动状态。n，l，m 的取值范围：主量子数 n 可取的数值为 1，2，3，4，…；角量子数 l 可取的数值为 0，1，2，…，$(n-1)$；磁量子数 m 可取的数值为 0，±1，±2，±3，…，$\pm l$。

答案：A

3-1-15　解：第五、六周期副族元素由于镧系收缩原子半径相差很小，性质极为相似。镧系收缩的结果使 Zr 和 Hf，Nb 和 Ta，Mo 和 W 性质极为相似。

答案：A

3-1-16　解：分子极性不仅看化学键是否有极性，还要看分子的空间构型。当分子的正负电荷中心不重合时为极性分子。CO_2 为直线型分子，BF_3 为平面三角形分子，均为非极性分子。C_2H_3F 可以看作甲烷分子(四面体分子)的一个 H 原子被 F 取代，分子中正负电荷重心不重合，为极性分子。

答案：D

3-1-17 **解**:同一周期自左至右,第一电离能一般增加,但有一些波动。满或半充满时,其第一电离能相应较大。主族(包括 IIIB 族),自上而下第一电离能依次减小;副族,自上而下第一电离能略有增加。

答案:C

3-1-18 **解**:核外电子运动具有两大特征:量子化和波粒二象性。

答案:A

3-1-19 **解**:共价单键中只存在 σ 键;双键存在一个 σ 键,一个 π 键;三键存在一个 σ 键,两个 π 键。CO_2 和乙酸中存在双键,乙炔中有三键。

答案:B

3-1-20 **解**:NH_3 中 N 为不等性 sp^3 杂化,分子为三角锥形,键角小于 $109°28'$;H_2S 中 S 为不等性 sp^3 杂化,分子为"V"字型,键角小于 $109°28'$;$BeCl_2$ 中 Be 为 sp 杂化,$BeCl_2$ 为直线型分子,键角为 $180°$;CCl_4 中 C 为 sp^3 杂化,分子为正四面体型,键角等于 $109°28'$。

答案:C

3-1-21 **解**:元素周期表中,元素最高价态的氧化物及其水合物,同周期从左至右酸性增强,碱性减弱;同族自上而下酸性减弱,碱性增强。也就是元素周期表中,右上角元素最高价态的氧化物及其水合物酸性最强,所以 HNO_3 酸性最强。

答案:C

3-1-22 **解**:核外电子排布与周期表的关系:元素所在周期数等于该元素原子基态时电子层数;核外电子排布与族的关系:主族及 IB、IIB 的族数等于最外层电子数;IIIB~VIIB 的族数等于最外层 s 电子数加次外层的 d 电子数$[(n-1)d+ns]$;$[(n-1)d+ns]=8\sim10$ 时为第 VIII 族。

元素的分区:s 区,包括 IA、IIA 元素;p 区,包括 IIIA~VIIA 和零族元素;d 区,包括 IIIB~VIIB 和 VIII 族元素;ds 区,包括 IB、IIB 元素;f 区,包括镧系和锕系元素。Ag 为 IB 元素,为 ds 区。

答案:A

3-1-23 **解**:m 的取值为 0、±1、±2、…、$\pm l$,3d 轨道的 $l=2$。

答案:D

3-1-24 **解**:共价键中只存在 σ 键,双键存在一个 σ 键,一个 π 键;三键存在一个 6 键两个 π 键。CO_2 的结构为 O=C=O,C_2H_2 的结构为 HC≡CH,均存在 π 键,乙炔中有三键。

答案:A

3-1-25 **解**:B 原子的价电子为 $2s^2 2p^1$,在 B 原子与 F 原子形成化学键的过程中,一个 2s 轨道上的电子跃迁到 2p 轨道上,采取 sp^2 杂化形成三个 sp^2 杂化轨道,三个 sp^2 杂化轨道采取最大夹角原则在空间伸展,形成平面三角形排布。故 BF_3 为三角形。

答案:C

3-1-26 **解**：形成氢键条件：氢原子与电负性大、半径小、有弧对电子的原子X(如F、O、N)形成强极性共价键后，还能吸引另一个电负性较大的原子Y(如F、O、N)中的弧对电子而形成氢键。只有B符合形成氢键条件。

答案：B

3-1-27 **解**：石墨为层状结构晶体，层内C原子为sp^2杂化，层内C原子上没有参与杂化的P轨道互相平行，形成碳碳间大π键，电子可以在大π键内自由移动。

答案：D

3-1-28 **解**：H_2S中S为sp^3不等性杂化，四个杂化轨道中，两个杂化轨道有孤对电子，两个杂化轨道有单电子，有单电子的杂化轨道与H原子形成两个共价键，H_2S分子呈"V"形。

答案：D

3-1-29 **解**：s、p、d波函数角度分布的形状分别为球形、双球形、四瓣梅花形等。

答案：A

3-1-30 **解**：洪特规则：同一电子亚层，电子处于全充满、半充满状态时较稳定。

答案：B

3-1-31 **解**：Al_2O_3为两性氧化物，两性氧气既可以与稀酸作用，又可以与稀碱作用。

答案：A

3-1-32 **解**：离子是原子失去(得到)电子形成的。原子失去电子时，首先失去最外层电子，然后进一步失去次外层上的d电子。

答案：D

(二)溶液

3-2-1 **(2014,39)**现有100mL浓硫酸，测得其质量分数为98%，密度为$1.84g \cdot mL^{-1}$，其物质的量浓度为：

A. $18.4mol \cdot L^{-1}$
B. $18.8mol \cdot L^{-1}$
C. $18.0mol \cdot L^{-1}$
D. $1.84mol \cdot L^{-1}$

3-2-2 **(2013,40)**在$BaSO_4$饱和溶液中，加入$BaCl_2$，利用同离子效应使$BaSO_4$的溶解度降低，体系中$c(SO_4^{2-})$的变化是：

A. 增大　B. 减小　C. 不变　D. 不能确定

3-2-3 **(2012,39)**对于HCl气体溶解于水的过程，下列说法正确的是：

A. 这仅是一个物理变化过程
B. 这仅是一个化学变化过程
C. 此过程既有物理变化又有化学变化
D. 此过程中溶质的性质发生了变化，而溶剂的性质未变

3-2-4 **(2011,39)**下列溶液混合，属于缓冲溶液的是：

A. 50mL0.2mol · L^{-1} CH_3COOH 与 50mL0.1mol · L^{-1} NaOH
B. 50mL0.1mol · L^{-1} CH_3COOH 与 50mL0.1mol · L^{-1} NaOH
C. 50mL0.1mol · L^{-1} CH_3COOH 与 50mL0.2mol · L^{-1} NaOH
D. 50mL0.2mol · L^{-1} HCl 与 50mL0.1mol · L^{-1} NH_3H_2O

3-2-5 **(2010,37)**$K_{sp}^{\ominus}(Mg(OH)_2)=5.6\times10^{-12}$，则 $Mg(OH)_2$ 在 0.01mol · L^{-1} NaOH 溶液中的溶解度为：

A. 5.6×10^{-9} mol · L^{-1}　　B. 5.6×10^{-10} mol · L^{-1}
C. 5.6×10^{-8} mol · L^{-1}　　D. 5.6×10^{-5} mol · L^{-1}

3-2-6 **(2010,39)**常温下，在 CH_3COOH 与 CH_3COONa 的混合溶液中，若它们的浓度均为 0.10mol · L^{-1}，测得 pH 是 4.75，现将此溶液与等体积的水混合后，溶液的 pH 值是：

A. 2.38　　B. 5.06　　C. 4.75　　D. 5.25

3-2-7 **(2009,43)**某一弱酸 HA 的标准解离常数为 1.0×10^{-5}，则相应的弱酸强碱盐 MA 的标准水解常数为：

A. 1.0×10^{-9}　　B. 1.0×10^{-2}　　C. 1.0×10^{-19}　　D. 1.0×10^{-5}

3-2-8 **(2008,39)**pH=2.00 的 HCl 溶液与 pH=13.00 的 NaOH 溶液等体积混合后，溶液的 pH 值是：

A. 7.00　　B. 12.65　　C. 3.00　　D. 11.00

3-2-9 **(2008,44)**分别在四杯 100cm^3 水中加入 5g 乙二酸、甘油、季戊四醇、蔗糖形成四种溶液，则这四种溶液的凝固点：

A. 都相同　　B. 加蔗糖的低
C. 加乙二酸的低　　D. 无法判断

3-2-10 **(2007,38)**难溶电解质 $BaCO_3$ 在下列溶液中溶解度最大的是：

A. 0.1 mol/dm^3 HAc 溶液　　B. 纯水
C. 0.1 mol/dm^3 $BaCl_2$ 溶液　　D. 0.1 mol/dm^3 Na_2CO_3 溶液

3-2-11 **(2007,41)**已知 $K_b^{\ominus}(NH_3)=1.77\times10^{-5}$，用广泛 pH 试纸测定 0.10mol/$dm^3$ 氨水液的 pH 值约是：

A. 13　　B. 12　　C. 13　　D. 11

3-2-12 **(2007,42)**能同时溶解 $Zn(OH)_2$、AgI 和 $Fe(OH)_3$ 三种沉淀的试剂是：

A. 氨水　　B. 草酸　　C. KCN 溶液　　D. 盐酸

3-2-13　**(2007,47)**各物质浓度均为 0.10mol/dm^3 的下列水溶液中，其 pH 最小的是：[已知 $K_b^{\ominus}(NH_3)=1.77\times10^{-5}$，$K_b^{\ominus}(CH_3COOH)=1.76\times10^{-5}$]

A. NH_4Cl　　B. NH_3
C. CH_3COOH　　D. $CH_3COOH+CH_3COONa$

3-2-14　**(2006,37)**难溶电解质 AgCl 在浓度为 0.01mol/dm^3 的下列溶液中，溶解度最小的是：

A. NH_3　　B. NaCl　　C. H_2O　　D. $Na_2S_2O_2$

3-2-15　**(2006,45)**25℃时，在$[Cu(NH_3)_4]SO_4$ 水溶液中，滴加 $BaCl_2$ 溶液时有白色沉淀产生，滴加 NaOH 时无变化，而滴加 Na_2S 时则有黑色沉淀，以上现象说明该溶液中：

A. 已无 SO_4^{2+}
B. 已无游离 NH_3
C. 已无 Cu^{2+}
D. $C_{Ba^{2+}}\cdot C_{SO_4^{2-}}\geqslant K_{S(BaSO_4)}$，$C_{Cu^{2+}}\cdot C_{(OH^-)^2}<K_{S[Cu(OH)_2]}$ 和 $C_{Cu^{2+}}\cdot C_{S^{2-}}>K_{S(CuS)}$

3-2-16　**(2005,41)**某温度时，已知 0.100mol/dm^3 氢氰酸(HCN)的电离度为 0.010%，该温度时 HCN 的标准电离常数 $K_a^{\ominus}$ 是：

A. 1.0×10^{-5}　　B. 1.0×10^{-4}
C. 1.0×10^{-9}　　D. 1.0×10^{-6}

3-2-17　**(2005,42)**在某温度时，下列溶液体系中属缓冲溶液的是：

A. 0.100mol/dm^3 的 NH_4Cl 溶液
B. 0.100mol/dm^3 的 NaAC 溶液
C. 0.400mol/dm^3 的 HCl 与 0.200mol/dm^3 的 $NH_3\cdot H_2O$ 等体积混合后的溶液
D. 0.400mol/dm^3 的 NH_3H_2O 与 0.200mol/dm^3 的 HCl 等体积混合后的溶液

3-2-18　将 15.0g 糖($C_6H_{12}O_6$)溶于 200g 水中。该溶液的冰点($k_{fp}=1.86$)是：

A. −0.258℃　　B. −0.776℃
C. −0.534℃　　D. −0.687℃

3-2-19　在 20℃时，将 7.50g 葡萄糖($C_6H_{12}O_6$)溶于 100g 水中。该溶液的渗透压为：

A. 69.3Pa　　B. 1.02×10^3kPa
C. 1.02×10^3Pa　　D. 69.3kPa

题解及参考答案

3-2-1　解：100mL 浓硫酸中 H_2SO_4 的物质的量：$n=\frac{100\times1.84\times0.98}{98}=1.84mol$

物质的量浓度：$c=\frac{1.84}{0.1}=18.4mol\cdot L^{-1}$。

答案：A

3-2-2　解：在 $BaSO_4$ 饱和溶液中，存在 $BaSO_4=Ba^{2+}+SO_4^{2-}$ 平衡，加入 $BaCl_2$，溶液中 Ba^{2+} 增加，平衡向左移动，SO_4^{2+} 的浓度减小。

答案：B

3-2-3　解：HCl 溶于水既有物理变化也有化学变化。HCl 的微粒向水中扩散的过程是物理变化，HCl 的微粒解离生成氢离子和氯离子的过程是化学变化。

答案：C

3-2-4　解：缓冲溶液的组成：弱酸、共轭碱或弱碱及其共轭酸所组成的溶液。A 中 CH_3COOH 过量，和 NaOH 反应生成 CH_3COONa，形成 CH_3COOH/CH_3COONa 缓冲溶液。

答案：A

3-2-5　解：$Mg(OH)_2$ 的溶解度为 s，则 $K_{SP}=s(0.01+2s^2)$，因 s 很小，$0.01+2s\approx0.01$，则 $5.6\times10^{-12}=s\times0.01^2$，$s=5.6\times10^{-8}$。

答案：C

3-2-6　解：醋酸和醋酸钠组成缓冲溶液，醋酸和醋酸钠的浓度相等，与等体积水稀释后，醋酸和醋酸钠的浓度仍然相等。缓冲溶液的 $pH=pK_a-\lg\frac{C_{酸}}{C_{盐}}$，溶液稀释 pH 值不变。

答案：C

3-2-7　解：弱酸强碱盐的标准水解常数为：$K_h=\frac{K_w}{K_a}=\frac{1.0\times10^{-14}}{1.0\times10^{-5}}=1.0\times10^{-9}$。

答案：A

3-2-8　解：pH=2.00 的 HCl 溶液的 $C_{H^-}=10^{-2}$，pH=13.00 的 NaOH 溶液 $C_{OH^-}=0.1$。

答案：B

3-2-9　解：溶液沸点上升和凝固点下降的定量关系为拉乌尔定律。根据拉乌尔定律，溶液中粒子浓度越大，溶液凝固点越低。根据分子量和电离综合考虑，C 中粒子浓度最大，凝固点最低。

答案：C

3-2-10　解：多相同离子效应：在难溶电解质饱和溶液中，加入含有与难溶物组成相同离子的强电解质，使难溶电解质的溶解度降低的现象称为多相同离子效应。由于同离子效应，C、D 溶液中使 $BaCO_3$ 的溶解度减小，A 溶液中的氢离子和碳酸根离子结合生成 CO_2，使

$BaCO_3$的溶解平衡向溶解方向移动，溶解度增大。

答案:A

3-2-11 **解**:$C_{OH^-}=\sqrt{K_b\cdot C}$，pH=14−pOH。

答案:D

3-2-12 **解**:沉淀溶解的条件：降低溶度积常数中相关离子的浓度，使得$Q<K_{sp}$。沉淀溶解的方法：酸解溶解法、氧化还原溶解法、配合溶解法。CN^-能和Zn^{2+}、Ag^+和Fe^{3+}形成非常稳定的配离子。

答案:C

3-2-13 **解**:选项A为强酸弱碱盐，选项B为一元弱碱，选项C为一元弱酸，选项D为缓冲溶液。选项A的氢离子浓度计算公式$C_{H^-}=\sqrt{C\cdot K_W/K_b}$；选项B的氢离子浓度计算公式$C_{H^-}=\frac{K_W}{\sqrt{K_bC}}$；选项C的氢离子浓度计算公式$C_{H^-}=\sqrt{K_a\cdot C}$；选项D的氢离子浓度计算公式$C_{H^-}=K_a\frac{C_{酸}}{C_{盐}}$。pH=−lg$C_{H^-}$。

答案:C

3-2-14 **解**:多相同离子效应：在难溶电解质饱和溶液中，加入含有与难溶物组成相同离子的强电解质，使难溶电解质的溶解度降低的现象称为多相同离子效应。A、D溶液中NH_3和$S_2O_3^{2-}$可以和Ag^+反应，可使AgCl的溶解度增加。B溶液中存在Cl^-，根据多相同离子效应，AgCl的溶解度降低。

答案:B

3-2-15 **解**:根据溶度积规则，滴加$BaCl_2$有白色沉淀，则滴加NaOH无沉淀，滴加Na_2S有黑色沉淀。

答案:D

3-2-16 **解**:电离度与电离常数的关系：$K_\alpha^\theta=\frac{C\alpha^2}{1-\alpha}=\frac{0.1\times(0.0001)^2}{1-0.0001}\approx1.0\times10^{-9}$。

答案:C

3-2-17 **解**:选项D中$NH_3\cdot H_2O$过量，反应后溶液中存在等浓度的$NH_3\cdot H_2O$和NH_4Cl混合溶液，形成$NH_3\cdot H_2O-NH_4Cl$缓冲溶液。

答案:D

3-2-18 **解**:质量摩尔浓度为1000g溶剂中所含溶质的物质的量。所以糖的质量摩尔浓度$m_{糖}=\frac{15\div180}{0.2}=0.417\ \text{mol/kg}$，凝固点下降，$\Delta T_{fp}=K_{fp}\cdot m_{糖}=1.86\times0.417\approx0.776$ ℃，所以该溶液的冰点是−0.776℃。

答案:B

3-2-19 **解**：$p_{渗}=CRT$，$C\approx m$，所以 $p_{渗}=mRT=0.417\times8.31\times293\approx1.02\times10^3$ Pa。
答案：C

(三)化学反应速率与化学平衡

3-3-1 **(2014,40)**已知反应(1)$H_2(g)+S(s)\rightleftarrows H_2S(g)$，其平衡常数为 $K_1^{\ominus}$，(2)$S(s)+O_2(g)\rightleftarrows SO_2(g)$，其平衡常数为 $K_2^{\ominus}$，则反应(3)$H_2(g)+SO_2(s)\rightleftarrows O_2(g)+H_2S(g)$的平衡常数为 $K_3^{\ominus}$ 是：

A. $K_1^{\ominus}+K_2^{\ominus}$　　B. $K_1^{\ominus}\cdot K_2^{\ominus}$
C. $K_1^{\ominus}-K_2^{\ominus}$　　D. $K_1^{\ominus}/K_2^{\ominus}$

3-3-2 **(2014,43)**已知反应 $N_2(g)+3H_2(g)\rightarrow 2NH_3(g)$的 $\Delta_r H_m<0$，$\Delta_r S_m<0$，则该反应为：

A. 低温易自发，高温不易自发　　B. 高温易自发，低温不易自发
C. 任何温度都易自发　　D. 任何温度都不易自发

3-3-3 **(2013,41)**催化剂可加快反应速率的原因。下列叙述正确的是：

A. 降低了反应的 $\Delta_r H_m^{\ominus}$
B. 降低了反应的 $\Delta_r G_m^{\ominus}$
C. 降低了反应的活化能
D. 使反应的平衡常数 $K^{\ominus}$减小

3-3-4 **(2013,42)**已知反应 $C_2H_2(g)+2H_2(g)\rightleftharpoons C_2H_6(g)$的 $\Delta_r H_m<0$，当反应达平衡后，欲使反应向右进行，可采取的方法是：

A. 升温，升压　　B. 升温，减压
C. 降温，升压　　D. 降温，减压

3-3-5 **(2012,40)**体系与环境之间只有能量交换而没有物质交换，这种体系在热力学上称为：

A. 绝热体系　　B. 循环体系　　C. 孤立体系　　D. 封闭体系

3-3-6 **(2012,41)**反应 $PCl_3(g)+Cl_2(g)\rightleftharpoons PCl_5(g)$，298K 时 $K^{\ominus}=0.767$，此温度下平衡时，如$p(PCl_5)=p(PCl_3)$，则 $p(Cl_2)$等于：

A. 130.38kPa　　B. 0.767kPa
C. 760 7kPa　　D. 7.67×10^{-3}kPa

3-3-7 **(2011,40)**在一容器中，反应 $2NO_2(g)\rightleftharpoons 2NO(g)+O_2(g)$，恒温条件下达到平衡后，加一定量 Ar 气体保持总压力不变，平衡将会：

A. 向正方向移动　　B. 向逆方向移动
C. 没有变化　　D. 不能判断

3-3-8　**(2011,42)**对于一个化学反应，下列各组中关系正确的是：

A. $\Delta_r G_m^\ominus>0, K^\ominus<1$　　B. $\Delta_r G_m^\ominus>0, K^\ominus>1$
C. $\Delta_r G_m^\ominus<0, K^\ominus=1$　　D. $\Delta_r G_m^\ominus<0, K^\ominus<1$

3-3-9　**(2010,40)**对一个化学反应来说，下列叙述正确的是：

A. $\Delta_r G_m^\ominus$ 越小，反应速率越快
B. $\Delta_r H_m^\ominus$ 越小，反应速率越快
C. 活化能越小，反应速率越快
D. 活化能越大，反应速率越快

3-3-10　**(2010,43)**下列反应中 $\Delta_r S_m^\ominus>0$ 的是：

A. $2H_2(g)+O_2(g)\rightarrow 2H_2O(g)$
B. $N_2(g)+3H_2(g)\rightarrow 2NH_3(g)$
C. $NH_4Cl(s)\rightarrow NH_3(g)+HCl(g)$
D. $CO_2(g)+2NaOH(aq)\rightarrow Na_2CO_3(aq)+H_2O(l)$

3-3-11　**(2009,37)**化学反应低温自发，高温非自发，该反应的：

A. $\Delta H<0, \Delta S<0$　　B. $\Delta H>0, \Delta S<0$
C. $\Delta H<0, \Delta S>0$　　D. $\Delta H>0, \Delta S>0$

3-3-12　**(2009,40)**升高温度，反应速率常数最大的主要原因是：

A. 活化分子百分数增加　　B. 混乱度增加
C. 活化能增加　　D. 压力增大

3-3-13　**(2008,38)**在一定温度下，下列反应 $2CO(g)+O_2(g)=2CO_2(g)$ 的 K_p 与 K_c 之间的关系下列正确的是：

A. $K_p=K_c$　　B. $K_P=K_c\times(RT)$
C. $K_p=K_c/(RT)$　　D. $K_p=1/K_c$

3-3-14　**(2008,41)**暴露在常温空气中的碳并不燃烧，这是由于反应 $C(s)+O_2(g)=CO_2(g)$ 的[已知：$CO_2(g)$ 的 $\Delta_f G_m^\ominus(298.15K)=-394.36kJ/mol$]：

A. $\Delta_f G_m^\ominus>0$，不能自发进行　　B. $\Delta_f G_m^\ominus<0$，但反应速率缓慢
C. 逆反应速率大于正反应速率　　D. 上述原因均不正确

3-3-15　**(2008,45)**一定温度下，某反应的标准平衡常数 $K^\ominus$ 的数值：

A. 恒为常数，并与反应方程式的写法有关

B. 由反应方程式的写法而定

C. 由平衡浓度及平衡分压而定

D. 由加入反应物的量而定

3-3-16 **(2007,44)**关于化学反应速率常数 k 的说法正确的是：

A. k 值较大的反应，其反应速率在任何情况下都大

B. 通常一个反应的温度越高，其 k 值越大

C. 一个反应的 k 值大小与反应的性质无关

D. 通常一个反应的浓度越大，其 k 值越大

3-3-17 **(2006,43)**在一定条件下，已建立化学平衡的某可逆反应，当改变反应条件使化学平衡向正反应方向移动时，下列有关叙述正确的是：

A. 生成物的体积分数一定增加　　B. 生成物的产量一定增加

C. 反应物浓度一定降低　　D. 使用了合适的催化剂

3-3-18 **(2006,44)**为了减少汽车尾气中 NO 和 CO 污染大气，拟按下列反应进行催化转化 $NO(g)+CO(g)=\frac{1}{2}N_2(g)+CO_2(g)$，$\Delta_r H_m^{\ominus}(298.15K)=-374kJ/mol$。为提高转化率，应采取的措施是：

A. 低温高压　　B. 高温高压

C. 低温低压　　D. 高温低压

3-3-19 **(2005,43)**一般来说，某反应在其他条件一定时，温度升高其反应速率会明显增加，主要原因是：

A. 分子碰撞机会增加　　B. 反应物压力增加

C. 活化分子百分率增加　　D. 反应的活化能降低

3-3-20 反应 $N_2+3H_2 \rightleftharpoons 2NH_3$ 的平均速率，在下面的表示方法中不正确的是？

A. $\frac{-\Delta C_{H_2}}{\Delta t}$　　B. $\frac{-\Delta C_{N_2}}{\Delta t}$

C. $\frac{\Delta C_{NH_3}}{\Delta t}$　　D. $\frac{-\Delta C_{NH_3}}{\Delta t}$

题解及参考答案

3-3-1 **解：**多重平衡规则：当 n 个反应相加（或相减）得总反应时，总反应的 K 等于各个反应平衡常数的乘积（或商）。题中反应(3) = (1)−(2)，所以 $K_3^{\ominus}=\frac{K_1^{\ominus}}{K_2^{\ominus}}$。

答案:D

3-3-2 **解**:由公式 $\Delta G=\Delta H-T\Delta S$ 可知,当 ΔH 和 ΔS 均小于零时,ΔG 在低温时小于零,所以低温自发,高温非自发。

答案:A

3-3-3 **解**:催化剂之所以加快反应的速率,是因为它改变了反应的历程,降低了反应的活化能,增加了活化分子百分数。

答案:C

3-3-4 **解**:此反应为气体分子数减小的反应,升压,反应向右进行;反应的 $\Delta_r H_m<0$,为放热反应,降温,反应向右进行。

答案:C

3-3-5 **解**:系统与环境间只有能量交换,没有物质交换是封闭系统;既有物质交换,又有能量交换是敞开系统;没有物质交换,也没有能量交换是孤立系统。

答案:D

3-3-6 **解**:$K^{\ominus}=\dfrac{\dfrac{p_{PCl_5}}{p^{\ominus}}}{\dfrac{p_{PCl_3}}{p^{\ominus}}\dfrac{p_{Cl_2}}{p^{\ominus}}}=\dfrac{p_{PCl_5}}{p_{PCl_3}\cdot p_{Cl_2}}p^{\ominus}=\dfrac{p^{\ominus}}{p_{Cl_2}},p_{Cl_2}=\dfrac{p^{\ominus}}{K^{\ominus}}=\dfrac{100\text{kPa}}{0.767}=130.38\text{kPa}$

答案:A

3-3-7 **解**:压力对平衡的影响;压力对固相或液相的平衡没有影响;对反应前后气体计量系数不变的反应的平衡也没有影响。反应前后气体计量系数不同的反应:增大压力,平衡向气体分子数减少的方向;减少压力,平衡向气体分子数增加的方向移动。

总压力不变,加入惰性气体Ar,相当于减少压力,反应方程式中各气体的分压减小,平衡向气体分子数增加的方向移动。

答案:A

3-3-8 **解**:根据吉布斯等温方程式 $\Delta_r G_m^{\ominus}=-RT\ln K^{\ominus}$ 推断,$K^{\ominus}<1,\Delta_r G_m^{\ominus}>0$。

答案:A

3-3-9 **解**:由阿仑尼乌斯公式 $k=Ze^{\frac{-\varepsilon}{RT}}$ 可知:温度一定时,活化能越小,速率常数就越大,反应速率也越大。

答案:C

3-3-10 **解**:物质的标准熵值大小一般规律:

(1)对于同一种物质,$S_g>S_l>S_s$。

(2)同一物质在相同的聚集状态时,其熵值随温度的升高而增大,$S_{高温}>S_{低温}$。

(3)对于不同种物质,$S_{复杂分子}>S_{简单分子}$。

(4)对于混合物和纯净物,$S_{混合物}>S_{纯物质}$。

(5)对于一个化学反应的熵变,反应前后气体分子数增加的反应熵变大于零,反应前后气体分子数减小的反应熵变小于零。

4个选项化学反应前后气体分子数的变化：

A=2−2−1=−1

B=2−1−3=−2

C=1+1−1=1

D=0−1=−1

答案:C

3-3-11 **解**:反应自发性判据(最小自由能原理):$\Delta G<0$,自发过程,过程能向正方向进行;$\Delta G=0$,平衡状态;$\Delta G>0$,非自发过程,过程能向逆方向进行。

由公式 $\Delta G=\Delta H-T\Delta S$ 及自发判据可知,当 ΔH 和 ΔS 均小于零时,ΔG 在低温时小于零,所以低温自发,高温非自发。转换温度 $T=\frac{\Delta H}{\Delta S}$。

答案:A

3-3-12 **解**:反应速率常数:表示反应物均为单位浓度时的反应速率。升高温度能使更多分子获得能量而成为活化分子,活化分子百分数可显著增加,发生化学反应的有效碰撞增加,从而增大反应速率常数。

答案:A

3-3-13 **解**:根据 K_p 与 K_c 的定义式推导。

答案:C

3-3-14 **解**:$\Delta_f G_m^{\ominus}(298.15K)=-394.36kJ/mol$,反应可以自发正向进行,但常温下反应速率小。

答案:B

3-3-15 **解**:标准平衡常数特征:不随压力和组成而变,只是温度的函数。符合多重平衡规则,与方程式的书写有关。

答案:A

3-3-16 **解**:速率常数表示反应物均为单位浓度时的反应速率。速率常数的大小取决于反应的本质及反应温度,而与浓度无关。

反应速率常数与温度的定量关系式(阿伦尼乌公式):$k=Ae^{-E_a/RT}$,A 指前因子;E_a 为反应的活化能。A 与 E_a 都是反应的特性常数,基本与温度无关。

结语:反应温度越高,速率常数越大,速率也越大;温度一定时,活化能越大,速率常数越小,速率越小。

答案:B

3-3-17 **解**:催化剂的主要特征:改变反应途径,降低活化能,使反应速率增大,只要改变达到平衡的时间而不能改变平衡的状态。催化剂能够同时增加正、反向反应速率,不会使平衡移动。

答案:D

3-3-18 解:压力对固相或液相的平衡没有影响,对反应前后气体计量数不变的反应的平衡也没有影响。对于反应前后气体计量系数不同的反应,增大压力,平衡向气体分子数减少的方向移动;减少压力,平衡向气体分子数增加的方向移动。

温度对化学平衡的影响,是通过 $K^{\ominus}$ 值改变,从而使平衡发生移动。对于吸热反应,温度 T 升高,$K^{\ominus}$ 值增加,平衡正向运动;对于放热反应,温度 T 升高,$K^{\ominus}$ 降低,平衡逆向移动。

此反应为气体分子数减少的反应,所以增加压力平衡正向移动;此反应还是放热反应,降低温度平衡正向移动。

答案:A

3-3-19 解:温度升高,分子获得能量,活化分子百分率增加。

答案:C

3-3-20 解:反应速率通常由单位时间内反应物或生成物的变化量来表示。

答案:D

(四)氧化还原反应与电化学

3-4-1 (2014,41)有原电池(－)Zn|$ZnSO_4(c_1)$||$CuSO_4(c_2)$|Cu(＋),如向铜半电池中通入硫化氢,则原电池电动势变化趋势是:

A. 变大　　B. 变小　　C. 不变　　D. 无法判断

3-4-2 (2014,42)电解 NaCl 水溶液时,阴极上放电的离子是:

A. H^+　　B. OH^-　　C. Na^+　　D. Cl^-

3-4-3 (2013,39)已知 $Fe^{3+} \xrightarrow{0.771} Fe^{2+} \xrightarrow{-0.44} Fe$,则 $E^{\ominus}(Fe^{3+}/Fe)$等于:

A. 0.331V　　B. 1.211V　　C. －0.036V　　D. 0.110V

3-4-4 (2013,43)向原电池(－)Ag,AgCl|Cl^- ‖ Ag^+|Ag(＋)的负极中加入 NaCl,则原电池电动势的变化是:

A. 变大　　B. 变小　　C. 不变　　D. 不能确定

3-4-5 (2012,42)在铜锌原电池中,将铜电极的 $c(H^+)$由 1mol/L 增加到 2mol/L,则铜电极的电极电势:

A. 变大　　B. 变小　　C. 无变化　　D. 无法确定

3-4-6 (2012,43)元素的标准电极电势图如下:

$Cu^{2+} \xrightarrow{0.159} Cu^+ \xrightarrow{0.52} Cu$

$Au^{3+} \xrightarrow{1.36} Au^+ \xrightarrow{1.83} Au$

$Fe^{3+} \xrightarrow{0.771} Fe^{2+} \xrightarrow{-0.44} Fe$

$MnO_4^- \xrightarrow{1.51} Mn^{2+} \xrightarrow{-1.18} Mn$

在空气存在的条件下，下列离子在水溶液中最稳定的是：

A. Cu^{2+}　　B. Au^+　　C. Fe^{2+}　　D. Mn^{2+}

3-4-7　(2009,38)已知氯电极的标准电势为 1.358V，当氯离子浓度为 $0.1mol\cdot L^{-1}$，氯气分压为$0.1\times100kPa$时，该电极的电极电势为：

A. 1.358V　　B. 1.328V　　C. 1.388V　　D. 1.417V

3-4-8　(2009,39)已知下列电对电极电势的大小顺序为：$E(F_2/F) > E(Fe^{3+}/Fe^{2+}) > E(Mg^{2+}/Mg) > E(Na^+/Na)$，则下列离子中最强的还原剂是：

A. F　　B. Fe^{2+}　　C. Na^+　　D. Mg^{2+}

3-4-9　(2009,42)将反应 $MnO_2 + HCl \rightarrow MnCl_2 + Cl_2 + H_2O$ 配平后，方程中 $MnCl_2$ 的系数是：

A. 1　　B. 2　　C. 3　　D. 4

3-4-10　(2008,37)关于盐桥叙述错误的是：

A. 电子通过盐桥流动
B. 盐桥中的电解质可以中和两个半电池中的过剩电荷
C. 可维持氧化还原反应进行
D. 盐桥中的电解质不参加电池反应

3-4-11　(2007,37)下列物质与 H_2O_2 水溶液相遇时，能使 H_2O_2 显还原性的是：
[已知：$\varphi^{\ominus}_{MnO_4^-/Mn^{2+}}=1.507V$，$\varphi^{\ominus}_{Sn^{4+}/Sn^{2+}}=0.151V$，$\varphi^{\ominus}_{Fe^{3+}/Fe^{2+}}=0.771V$，$\varphi^{\ominus}_{O_2/H_2O_2}=0.695V$，$\varphi^{\ominus}_{H_2O/H_2O_2}=1.776V$，$\varphi^{\ominus}_{O_2}/OH^-=0.401V$]

A. $KMnO_4$（酸性）　　B. $SnCl_2$　　C. Fe^{2+}　　D. NaOH

3-4-12　(2006,38)为保护轮船不被海水腐蚀，可做阳极牺牲的金属：

A. Zn　　B. Na　　C. Cu　　D. Pb

3-4-13　(2006,42)标准电极电势是：

A. 电极相对于标准氢电极的电极电势
B. 在标准状态下，电极相对于标准氢电极的电极电势
C. 在任何条件下，可以直接使用的电极电势
D. 与物质的性质无关的电极电势

3-4-14 **(2005,45)**对于化学反应 $3Cl_2+6NaOH=NaClO_3+5NaCl+3H_2O$，下列叙述正确的是：

A. Cl_2 既是氧化剂，又是还原剂　　B. Cl_2 是氧化剂，不是还原剂
C. Cl_2 是还原剂，不是氧化剂　　D. Cl_2 既不是氧化剂，又不是还原剂

3-4-15 **(2005,46)**已知 $\varphi^{\ominus}_{Cu^{2+}/Cu}=0.342V$，$\varphi^{\ominus}_{I_2/I^-}=0.536V$，$\varphi^{\ominus}_{Fe^{3+}/Fe^{2+}}=0.771V$，$\varphi^{\ominus}_{Sn^{4+}/Sn^{2+}}=0.151V$，试判断下列还原剂的还原性由强到弱的是：

A. Cu、I^-、Fe^{2+}、Sn^{2+}　　B. I^-、Fe^{2+}、Sn^{2+}、Cu
C. Sn^{2+}、Cu、I^-、Fe^{2+}　　D. Fe^{2+}、Sn^{2+}、I^-、Cu

3-4-16 根据反应 $2Fe^{3+}+Sn^{2+}\longrightarrow Sn^{4+}+2Fe^{2+}$ 构成的原电池，测得 $E^{\ominus}=0.616V$，已知 $\varphi^{\ominus}_{Fe^{3+}/Fe^{2+}}=0.770V$，则 $\varphi^{\ominus}_{Sn^{4+}/Sn^{2+}}$ 为：

A. 1.386V　　B. 0.154V　　C. －0.154V　　D. －1.386V

题解及参考答案

3-4-1 **解：**铜电极通入 H_2S，生成 CuS 沉淀，Cu^{2+} 浓度减小。

铜半电池反应为：$Cu^{2+}+2e^-=Cu$，根据电极电势的能斯特方程式

$\varphi=\varphi^{\ominus}+\frac{0.059}{2}\lg\frac{c_{氧化型}}{c_{还原型}}=\varphi^{\ominus}+\frac{0.059}{2}\lg C_{Cu^{2+}}$，$C_{Cu^{2+}}$ 减小，电极电势减小。原电池的电动势 $E=\varphi_{正}-\varphi_{负}$，$\varphi_{正}$ 减小，$\varphi_{负}$ 不变，则电动势 E 减小。

答案：B

3-4-2 **解：**电解产物析出顺序由它们的析出电势决定。析出电势与标准电极电势、离子浓度、超电势有关。总的原则：析出电势代数值较大的氧化型物质首先在阴极还原；析出电势代数值较小的还原型物质首先在阳极氧化。

阴极：当 $\varphi^{\ominus}>\varphi^{\ominus}_{Al^{3+}/Al}$ 时，$M^{n+}+ne^-=M$

当 $\varphi^{\ominus}<\varphi^{\ominus}_{Al^{3+}/Al}$ 时，$2H^++2e^-=H_2$

因 $\varphi^{\ominus}_{Na^+/Na}<\varphi^{\ominus}_{Al^{3+}/Al}$ 时，所以 H^+ 首先放电析出。

答案：A

3-4-3 **解：**由已知条件可知 $Fe^{3+}\xrightarrow[z_1=1]{0.771}Fe^{2+}\xrightarrow[z_2=2]{-0.44}Fe$，$z=3$

即
$$
\begin{array}{l}
Fe^{3+}+z_1e=Fe^{2+}\\
+)\ Fe^{2+}+z_2e=Fe\\
\hline
Fe^{3+}+ze=Fe
\end{array}
$$

$$E^{\ominus}(Fe^{3+}/Fe)=\frac{z_1E^{\ominus}(Fe^{3+}/Fe^{2+})+z_2E^{\ominus}(Fe^{2+}/Fe)}{z}$$

$$=\frac{0.771+2\times(-0.44)}{3}\approx-0.036\text{V}。$$

答案:C

3-4-4　解:负极　氧化反应:$Ag+Cl^-=AgCl+e$

正极　还原反应:$Ag^++e=Ag$

电池反应为:$Ag^++Cl^-=AgCl$

原电池负极能斯特方程式为:$\varphi AgCl/Ag=\varphi^{\ominus}AgCl/Ag+0.059\lg\frac{1}{c(Cl^-)}$

由于负极中加入 NaCl,Cl^- 浓度增加,则负极电极电势减小,正极电极电势不变,因此电池的电动势增大。

答案:A

3-4-5　解:铜电极的电极反应为:$Cu^{2+}+2e^-=Cu$,氢离子没有参与反应,所以铜电极的电极电势不受氢离子影响。

答案:C

3-4-6　解:元素电势图的应用。

(1)判断歧化反应:对于元素电势图 $A\xrightarrow{E^{\theta}_{左}}B\xrightarrow{E^{\theta}_{右}}C$,若 $E^{\theta}_{右}$ 大于 $E^{\theta}_{左}$,B 即是电极电势大的电对的氧化型,可作氧化剂,又是电极电势小的点对的还原型,也可作还原剂,B 的歧化反应能够发生;若 $E^{\theta}_{右}$ 小于 $E^{\theta}_{左}$,B 的歧化反应不能发生。

(2)计算标准电极电势:根据元素电势图,可以从已知某些电对的标准电极电势计算出另一电对的标准电极电势。

从元素电势图可知,Au^+ 可以发生歧化反应。由于 Cu^{2+} 达到最高氧化数,最不易失去电子,最稳定。

答案:A

3-4-7　解:根据电极电势的能斯特方程式

$$\varphi(Cl_2/Cl^-)=\varphi^{\ominus}(Cl_2/Cl^-)+\frac{0.0592}{n}\lg\frac{\left[\frac{p(Cl_2)}{p^{\ominus}}\right]}{\left[\frac{c(Cl)}{c^{\ominus}}\right]^2}=1.358+\frac{0.0592}{2}\lg10=1.388\text{V}$$

答案:C

3-4-8　解:电对中,斜线右边为氧化态,斜线左边为还原态。电对的电极电势越大,表示电对中氧化态的氧化能力越强,是强氧化剂;电对的电极电势越小,表示电对中还原态的还原能力越强,是强还原剂。所以依据电对电极电势大小顺序,知氧化剂强弱顺序:$F_2>Fe^{3+}>Mg^{2+}>Na^+$;还原剂强弱顺序:$Na>Mg>Fe^{2+}>F$。

答案:B

3-4-9　解:可以用氧化还原配平法。配平后的方程式为 $MnO_2+4HCl=MnCl_2+Cl_2+2H_2O$。

答案:A

3-4-10　解:盐桥的作用为沟通内电路,补充电荷,维持电荷平衡,使电流持续产生。

答案:A

3-4-11　解:电对中,斜线右边为氧化态,斜线左边为还原态。电对的电极电势越大,表示电对中氧化态的氧化能力越强,是强氧化剂;电对的电极电势越小,表示电对中还原态的还原能力越强,是强还原剂。H_2O_2 作为还原剂被氧化为 O_2 时的电极电势为 0.695V,所以 MnO_4^{2-} 和 Fe^{3+} 可以使 H_2O_2 显还原性。

答案:A

3-4-12　解:牺牲阳极保护法指用较活泼的金属(Zn、Al)连接在被保护的金属上组成原电池,活泼金属作为腐蚀电池的阳极而被腐蚀,被保护的金属作为阴极而达到不遭腐蚀的目的。此法常用于保护海伦外壳及海底设备。所以应使用比轮船外壳 Fe 活泼的金属作为阳极。四个选项中 Zn、Na 比 Fe 活泼,但 Na 可以和水强烈反应,Zn 作为阳极最合适。

答案:A

3-4-13　解:标准电极电势定义:标准状态时,电极相对于标准氢电极的电极电势。标准状态:当温度为 298K,离子浓度为 1mol/L,气体分压为 100kPa,固体为纯固体,液体为纯液体的状态。

答案:B

3-4-14　解:Cl_2 一部分变成 ClO_3^-,化合价升高,是还原剂;一部分变为 Cl^-,化合价降低,是氧化剂。

答案:A

3-4-15　解:$\varphi^{\ominus}$ 值越小,表示电对中还原态的还原能力越强。

答案:C

3-4-16　解:将反应组成原电池时,反应物中氧化剂为正极,还原剂为负极,电动势等于正极电极电势减负极电极电势。

答案:B

(五)有机化合物

3-5-1　(2014,44)下列有机物中,对于可能处在同一平面上的最多原子数目的判断,正确的是:

A. 丙烷最多有 6 个原子处于同一平面上

B. 丙烯最多有 9 个原子处于同一平面上

C. 苯乙烯(苯环$-CH=CH_2$)最多有 16 个原子处于同一平面上

D. $CH_3CH=CH-C\equiv C-CH_3$ 最多有 12 个原子处于同一平面上

3-5-2 **(2014,45)**下列有机物中，既能发生加成反应和酯化反应，又能发生氧化反应的化合物是：

A. $CH_3CH{=}CHCOOH$ B. $CH_3CH{=}CHCOOC_2H_5$

C. $CH_3CH_2CH_2CH_2OH$ D. $HOCH_2CH_2CH_2CH_2OH$

3-5-3 **(2014,46)**人造羊毛的结构简式为：$\left[CH_2-\underset{\displaystyle CN}{\underset{|}{C}}H\right]_n$，它属于：

①共价化合物 ②无机化合物 ③有机化合物 ④高分子化合物 ⑤离子化合物

A. ②④⑤ B. ①④⑤ C. ①③④ D. ③④⑤

3-5-4 **(2013,44)**下列各组物质在一定条件下反应，可以制得比较纯净的1,2-二氯乙烷的是：

A. 乙烯通入浓盐酸中 B. 乙烷与氯气混合

C. 乙烯与氯气混合 D. 乙烯与卤化氢气体混合

3-5-5 **(2013,45)**下列物质中，不属于醇类的是：

A. C_4H_9OH B. 甘油 C. $C_6H_5CH_2OH$ D. C_6H_5OH

3-5-6 **(2013,46)**人造象牙的主要成分是$\left[CH_2-O\right]_n$，它是经加聚反应制得的。合成此高聚物的单体是：

A. $(CH_3)_2O$ B. CH_3CHO C. HCHO D. HCOOH

3-5-7 **(2012,44)**按系统命名法，下列有机化合物命名正确的是：

A. 2-乙基丁烷 B. 2,2-二甲基丁烷

C. 3,3-二甲基丁烷 D. 2,3,3-三甲基丁烷

3-5-8 **(2012,45)**下列物质使溴水褪色的是：

A. 乙醇 B. 硬脂酸甘油酯 C. 溴乙烷 D. 乙烯

3-5-9 **(2012,46)**昆虫能分泌信息素。下列是一种信息素的结构简式：

$$CH_3(CH_2)_5CH{=}CH(CH_2)_9CHO$$

下列说法正确的是：

A. 这种信息素不可以与溴发生加成反应

B. 它可以发生银镜反应

C. 它只能与1mol H_2发生加成反应

D. 它是乙烯的同系物

3-5-10 **(2011,44)**下列物质中，属于酚类的是：

A. C_3H_7OH　　B. $C_6H_5CH_2OH$

C. C_6H_5OH　　D. $\underset{|}{CH_2}\!-\!\underset{|}{CH}\!-\!\underset{|}{CH_2}$ (OH OH OH)

3-5-11 **(2011,45)**有机化合物 $H_3C-\underset{\underset{CH_3}{|}}{CH}-\underset{\underset{CH_3}{|}}{CH}-CH_2-CH_3$ 的名称是：

A. 2-甲基-3-乙基丁烷　　B. 3,4-二甲基戊烷

C. 2-乙基-3-甲基丁烷　　D. 2,3-二甲基戊烷

3-5-12 **(2011,46)**下列物质中，两个氢原子的化学性质不同的是：

A. 乙炔　　B. 甲酸　　C. 甲醛　　D. 乙二酸

3-5-13 **(2010,44)**下称各化合物的结构式，不正确的是：

A. 聚乙烯：$\left[CH_2-CH_2\right]_n$　　B. 聚氯乙烯：$\left[CH_2-\underset{\underset{Cl}{|}}{CH}\right]_n$

C. 聚丙烯：$\left[CH_2CH_2CH_2\right]_n$　　D. 聚 1-丁烯：$\left[CH_2CH(C_2H_5)\right]_n$

3-5-14 **(2010,45)**下列化合物中，没有顺、反异构体的是：

A. $CHCl=CHCl$　　B. $CH_3CH=CHCH_2Cl$

C. $CH_2=CHCH_2CH_3$　　D. $CHF=CClBr$

3-5-15 **(2010,46)**六氯苯的结构式正确的是：

A. 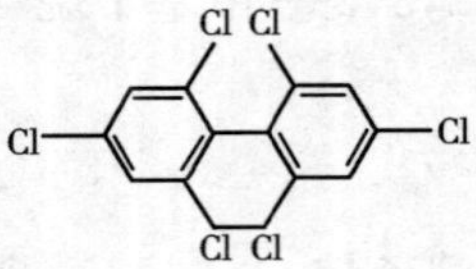　　B.

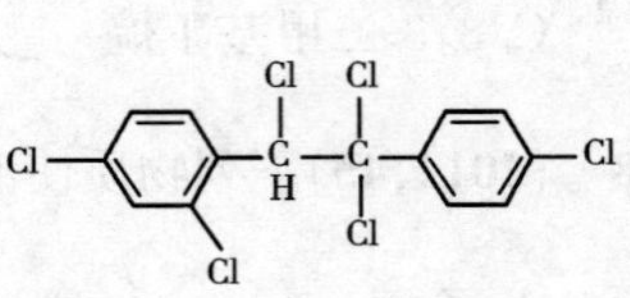

C. 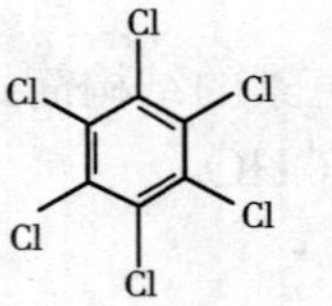　　D.

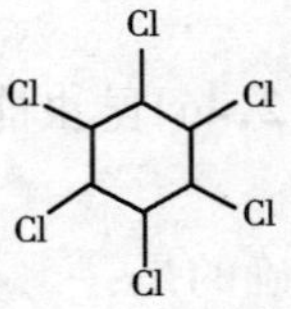

3-5-16 **(2009,44)**某化合物的结构式为 $-CHO$、$-CH_2OH$（苯环邻位取代），该有机化合物不能发生的化学反应类型是：

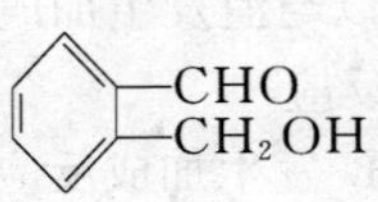

A. 加成反应　　B. 还原反应　　C. 消除反应　　D. 氧化反应

3-5-17　**(2009,45)**聚丙烯酸酯的结构式为$\mathrm{\!\!\left[\!\!\;CH_2-\underset{\displaystyle CO_2R}{\underset{|}{C}H}\;\right]\!\!_n}$，它属于：

①无机化合物；②有机化合物；③高分子化合物；④离子化合物；⑤共价化合物

A. ①③④　　B. ①③⑤　　C. ②③⑤　　D. ②③④

3-5-18　**(2009,46)**下列物质中不能使酸性高锰酸钾溶液褪色的是：

A. 苯甲醛　　B. 乙苯　　C. 苯　　D. 苯乙烯

3-5-19　**(2008,48)**0.1mol 的某不饱和烃在一定条件下能跟 0.1mol H_2 发生加成反应生成饱和烃，完全燃烧时生成 0.3mol CO_2 气体，该不饱和烃是：

A. $CH_2{=}CH_2$　　B. $CH_3CH_2CH{=}CH_2$

C. $CH_3CH{=}CH_2$　　D. $CH_3CH_2C{\equiv}CH$

3-5-20　**(2007,48)**ABS 树脂是下列哪几种物质的共聚物：

A. 丙烯晴、乙烯　　B. 丙烯晴、1,3-丁二烯、苯乙烯

C. 丙烯晴、1,3-丁二烯　　D. 乙烯晴、苯

3-5-21　**(2006,47)**已知柠檬醛的结构式为 $(CH_3)_2C{=}CHCH_2CH_2\overset{\displaystyle CH_3}{\overset{|}{C}}{=}CHCHO$，下列说法不正确的是：

A. 它可使 $KMnO_4$ 溶液褪色　　B. 可以发生银镜反应

C. 可使溴水褪色　　D. 催化加氢产物为 $C_{10}H_{20}O$

3-5-22　**(2006,48)**下列各组物质中，只用水就能鉴别的一组物质是：

A. 苯　乙酸　四氯化碳　　B. 乙醇　乙醛　乙酸

C. 乙醛　乙二醇　硝基苯　　D. 甲醇　乙醇　甘油

3-5-23　**(2005,48)**已知乙酸与乙酸乙酯的混合物中氢(H)的质量分数为 7%，其中碳(C)的质量分数是：

A. 42.0%　　B. 44.0%　　C. 48.6%　　D. 91.9%

3-5-24　下列化合物中不能发生加聚反应的是：

A. $CF_2{=}CF_2$　　B. CH_3CH_2OH

C. $CH_2{=}CHCl$　　D. $CH_2{=}CH{-}CH{=}CH_2$

题解及参考答案

3-5-1　解:丙烷最多5个原子处于一个平面,丙烯最多7个原子处于一个平面,苯乙烯最多16个原子处于一个平面,$CH_3CH=CH-C\equiv C-CH_3$最多10个原子处于一个平面。

答案:C

3-5-2　解:A为丙烯酸,烯烃能发生加成反应和氧化反应,酸可以发生酯化反应。

答案:A

3-5-3　解:人造羊毛为聚丙烯腈,由单体丙烯腈通过加聚反应合成,为高分子化合物。分子中存在共价键,为共价化合物,同时为有机化合物。

答案:C

3-5-4　解:乙烯与氯气混合,可以发生加成反应$C_2H_4+Cl_2=CH_2Cl-CH_2Cl$。

答案:C

3-5-5　解:羟基与烷基直接相连为醇,通式为R—OH(R为烷基);羟基与芳香基直接相连为酚,通式为Ar—OH(Ar为芳香基)。

答案:D

3-5-6　解:加聚反应:由低分子化合物(单体)通过加成反应,相互结合成为高聚物的反应叫加聚反应。加聚反应没有产生副产物,高聚物成分与单体相同,单体含有不饱和键。HCHO为甲醛,加聚反应为:$nH_2C=O\rightarrow \left[CH_2-O\right]_n$。

答案:C

3-5-7　解:系统命名法:

(1)链烃的命名

①选择主链:选择最长碳链或含有官能团的最长碳链为主链;

②主链编号:从距取代基或官能团最近的一端开始对碳原子进行编号;

③写出全称:将取代基的位置编号、数目和名称写在前面,将母体化合物的名称写在后面。

(2)衍生物的命名

①选择母体:选择苯环上所连官能团或带官能团最长的碳链为母体,把苯环视为取代基;

②编号:将母体中碳原子依次编号,使官能团或取代基位次具有最小值。

答案:B

3-5-8　解:含有不饱和键的有机物、含有醛基的有机物可使溴水褪色。

答案:D

3-5-9　解:信息素分子为含有C=C不饱和键的醛,C=C不饱和键和醛基可以与溴发生加成反应;醛基可以发生银镜反应;一个分子含有两个不饱和键(C=C双键和醛基),1mol分子可以和2 mol H_2发生加成反应;它是醛,不是乙烯同系物。

答案:B

3-5-10 **解:**酚类化合物苯环直接和羟基相连。A 为丙醇,B 为苯甲醇,C 为苯酚,D 为丙三醇。

答案:C

3-5-11 **解:**系统命名法:

(1)链烃及其衍生物的命名

①选择主链:选择最长碳链或含有官能团的最长碳链为主链;

②主链编号:从距取代基或官能团最近的一端开始对碳原子进行编号;

③写出全称:将取代基的位置编号、数目和名称写在前面,将母体化合物的名称写在后面。

(2)芳香烃及其衍生物的命名

①选择母体:选择苯环上所连官能团或带官能团最长的碳链为母体,把苯环视为取代基;

②编号:将母体中碳原子依次编号,使官能团或取代基位次具有最小值。

答案:D

3-5-12 **解:**甲酸结构式为 $\mathrm{H{-}\overset{\overset{\Large O}{\|}}{C}{-}O{-}H}$,两个氢处于不同化学环境中。

答案:B

3-5-13 **解:**聚丙烯的结构式为 $\mathrm{\left[CH_2{-}\underset{\underset{\Large CH_3}{|}}{CH}\right]_n}$ 。

答案:C

3-5-14 **解:**烯烃双键两边 C 原子均通过 σ 键与不同基团时,才有顺反异构体。

答案:C

3-5-15 **解:**苯环上六个氢被氯取代为六氯苯。

答案:C

3-5-16 **解:**苯环含有双键,可以发生加成反应;醛基既可以发生氧化反应,也可以发生还原反应。

答案:C

3-5-17 **解:**聚丙烯酸酯不是无机化合物,是有机化合物,是高分子化合物,不是离子化合物;是共价化合物。

答案:C

3-5-18 **解:**苯甲醛和乙苯可以被高锰酸钾氧化为苯甲酸,苯乙烯的乙烯基可以使高锰酸钾溶液褪色。

答案:C

3-5-19 **解:**$CH_3CH{=}CH_2+H_2{=}CH_3CH_2CH_3$,$CH_3CH_2CH_3+5O_2{=}3CO_2+4H_2O$。

答案:C

3-5-20 **解**:ABS 树脂又称丙丁苯树脂,学名丙烯晴-丁二烯-苯乙烯共聚物。

答案:B

3-5-21 **解**:柠檬醛含有三个不饱和基团,可以与高锰酸钾和溴水反应,醛基可以发生银镜反应。催化加氢,最后产物分子式应为 $C_{10}H_{22}O$。

答案:D

3-5-22 **解**:苯不溶水,密度比水小;乙酸溶于水;四氯化碳不溶水,密度比水大。所以分别向盛有三种物质的试管中加入水,与水互溶的物质为乙酸,不溶水且密度比水小的为苯,不溶水且密度比水大的为四氯化碳。

答案:A

3-5-23 **解**:设混合物中乙酸的质量分数为 x,则乙酸乙酯的质量分数为 $1-x$,

乙酸中 H 的质量分数 $=\dfrac{4}{12\times2+4+16\times2}=\dfrac{1}{15}$,C 的质量分数 $=\dfrac{2}{5}$;

乙酸乙酯中 H 的质量分数 $=\dfrac{8}{12\times4+8+16\times2}=\dfrac{1}{11}$,C 的质量分数 $=\dfrac{6}{11}$;

混合物中 H 的质量分数 $=x\times\dfrac{1}{15}+(1-x)\times\dfrac{1}{11}=\dfrac{7}{100}$,则 $x=86.25\%$。

混合物中 C 的质量分数 $=x\times\dfrac{2}{5}+(1-x)\times\dfrac{6}{11}=42.0\%$。

答案:A

3-5-24 **解**:由低分子化合物通过加成反应,相互结合成高聚物的反应叫加聚反应。发生加聚反应的单体必须含有不饱和键。

答案:B

四、理 论 力 学

复 习 指 导

1. 基本要求

(1)静力学

熟练掌握并能灵活运用静力学中的基本概念及公理,分析相关问题,特别是对物体的受力分析;掌握不同力系的简化方法和简化结果;能够根据各种力系和滑动摩擦的特性,定性或定量地分析和解决物体系统的平衡问题。

(2)运动学

熟练运用直角坐标法和自然法求解点的各运动量;能根据刚体的平行移动(平动)、绕定轴转动和平面运动的定义及其运动特征,求解刚体的各运动量;掌握刚体上任一点的速度和加速度的计算公式及刚体上各点速度和加速度的分布规律。

(3)动力学

能应用动力学基本定律列出质点运动微分方程;能正确理解并熟练地计算动力学普遍定理中各基本物理量(如动量、动量矩、动能、功、势能等),熟练掌握动力学普遍定理(包括动量定理、质心运动定理、动量矩定理、刚体定轴转动微分方程、动能定理)及相应的守恒定理;掌握刚体转动惯量的计算公式及方法,熟记杆、圆盘及圆环的转动惯量,并会利用平行移轴定理计算简单组合形体的转动惯量;能正确理解惯性力的概念,并能正确表示出各种不同运动状态的刚体上惯性力系主矢和主矩的大小、方向、作用点,能应用动静法求解质点、质点系的动力学问题;能应用质点运动微分方程列出单自由度系统线性振动的微分方程,并会求其周期、频率和振幅,掌握阻尼对自由振动振幅的影响,受迫振动的幅频特性和共振的概念。

2. 复习要点

本章内容属基础考试部分,在试卷中有 12 道题,每题 1 分。要在平均不到两分钟的时间内解一道题,说明题目的计算量不会很大,但概念性会很强,这就要求我们在复习的时候把重点放在基本理论和基本概念上。过去学习理论力学课程时,通常是把注意力集中在定量解题上,而现在的复习是要注重对问题的定性分析。要想快速准确地作出定性分析,就要熟练掌握并能灵活运用理论力学中的定义、定理及基本概念。

(1)静力学

静力学所研究的是物体受力作用后的平衡规律,重点主要是以下三部分内容。

①静力学的基本概念(平衡、刚体、力、力偶等)和公理,约束的类型及约束力的确定,物体的受力分析和受力图。这一部分的难点就是物体的受力分析。在画受力图时,除根据约束的

类型确定约束力的方向外，还要会利用二力平衡原理、三力汇交平衡定理、力偶的性质等，来确定铰链或固定铰支座约束力的方向。

②各种力系的简化方法及简化结果。其难点在于主矢和主矩的概念及计算。可通过力的平移定理加深对主矢、主矩、合力、合力偶的认识；通过熟练掌握力的投影、力对点之矩和力对轴之矩的计算，来得到主矢和主矩的正确结果。

③各种力系的平衡条件及与之相对应的平衡方程，平衡方程的不同形式及对应的附加条件。难点在于物体及物体系统（包括考虑摩擦）平衡问题的求解。解题时要灵活选取合适的研究对象进行受力分析；列平衡方程时要选取适当的投影轴和矩心（矩轴），使问题能够得到快速准确地解答。

(2)运动学

运动学研究物体运动的几何性质。重点主要是以下四部分内容。

①描述点的运动的矢量法、直角坐标法和自然法。要明确用不同的方法所表示的同一个点的运动量，形式不同，但不同形式的结果之间是相互有关系的；要熟练掌握这些关系，并将这些关系应用到解题当中去。

②刚体的平动及其运动特性（尤其是作曲线平动的刚体）；作定轴转动刚体的转动方程、角速度和角加速度及刚体内各点速度、加速度的计算方法。这是运动学的基本内容，在物理学中都学习过，正是这些看似简单的问题，却往往容易出现概念性错误且不能熟练应用。解决的方法是在认真分析刚体运动形式的基础上，根据其运动特征，选择相应的计算公式。

③点的复合运动。解题时首先要明确一个动点、两个坐标系以及与之相应的三种运动，合理选择动点、动系，其原则是相对运动轨迹易于判断。这一部分的难点是牵连点的概念，以及对牵连速度、牵连加速度的判断与计算。要把动系看成是 $x'O'y'$ 平面，在此平面上与所选动点相重合的点，即为牵连点。该点相对于定参考系的速度、加速度，称为牵连速度和牵连加速度。解题时一定要深刻理解这些定义。

④刚体的平面运动。要会正确判断机构中作平面运动的刚体，熟练掌握并能灵活运用求平面运动刚体上点的速度的三种方法——基点法、瞬心法和速度投影法；会应用基点法求平面运动刚体上点的加速度。特别要熟悉刚体瞬时平动时的运动特征为：刚体的角速度为零，角加速度不为零；刚体上各点的速度相同，加速度不同，但其上任意两点的加速度在该两点连线上的投影相等。

(3)动力学

动力学研究物体受力作用后的运动规律。重点主要是以下三部分内容。

①会应用动力学基本定律（牛顿第二定律）和动力学普遍定理（动量定理、动量矩定理和动能定理）列出质点和质点系（包括平动、定轴转动、平面运动的刚体）的运动微分方程。解微分方程时要注意，初始条件只能用于确定微分方程解中的积分常数；要熟练掌握动量、动量矩、动能、势能、功的概念与计算方法，正确选择及综合应用动力学普遍定理求解质点系动力学问题。动力学普遍定理的综合应用，大体上包含两方面含义：一是对几个定理，即动量定理、质心运动定理、动量矩定理、定轴转动微分方程、平面运动微分方程和动能定理的特点、应用条件、可求解何类问题等有透彻的了解；能根据不同类型问题的已知条件和待求量，选择适当的定理，包括各种守恒情况的判断，相应守恒定理的应用；二是对比较复杂的问题，应能采用多个定理联合求解。此外，求解动力学问题，往往需要进行运动分析，以提供运动学补充方程。因而对动力学普遍定理的综合应用；必须熟悉有关定理及应用范围和条件，多做练习，通过比较总结（包

括一题多解的讨论)从中摸索出规律。其解题步骤是:首先选取研究对象,对其进行受力分析和运动分析;其次是根据分析的结果,针对物体不同的运动选择不同的定理,通常可先应用动能定理求解系统的各运动量(速度、加速度、角速度和角加速度),再应用质心运动定理或动量矩定理(定轴转动微分方程)求解未知力。

②刚体系统惯性力系的简化及达朗贝尔原理的应用。这一部分的关键是要分析物体的运动形式,并根据其运动形式确定惯性力并将其画在受力图上,根据受力图列平衡方程,求解未知量。要注意的是:因为达朗伯原理是采用静力平衡方程求解未知量,故未知量的数目不能超过独立的平衡方程数。未知量中包括速度、加速度、角速度、角加速度、约束力等,若未知量数目超过了独立的平衡方程数,则需要建立补充方程;在多数情况下,是建立运动学的补充方程。当单独使用达朗贝尔原理解题出现计算上的困难(如需解微分方程)时,由于质点系的达朗贝尔原理实际是动量定理、动量矩定理的另一种表达形式,故可联合应用达朗贝尔原理与动能定理求解质点系的动力学问题。

③质点的直线振动是用牛顿第二定律列出自由振动、衰减振动和受迫振动微分方程,并求出固有频率、周期、振幅。这一部分的关键是要会求自由振动的固有频率,了解阻尼对自由振动振幅的影响,通过幅频特性,掌握共振时的频率与固有频率的关系。

练习题、题解及参考答案

(一)静力学

4-1-1 **(2014,47)**将大小为100N的力 $\boldsymbol{F}$ 沿 x、y 方向分解,如图所示,若 $\boldsymbol{F}$ 在 x 轴上的投影为50N,而沿 x 方向的分力的大小为200N,则 $\boldsymbol{F}$ 在 y 轴上的投影为:

A. 0　　　　B. 50N

C. 200N　　　　D. 100N

4-1-2 **(2014,48)**图示边长为 a 的正方形物块 $OABC$,已知:力 $F_1=F_2=F_3=F_4=F$,力偶矩 $M_1=M_2=Fa$。该力系向 O 点简化后的主矢及主矩应为:

A. $F_R=0\text{N}, M_O=4Fa$(↻)　　　　B. $F_R=0\text{N}, M_O=3Fa$(↺)

C. $F_R=0\text{N}, M_O=2Fa$(↺)　　　　D. $F_R=0\text{N}, M_O=2Fa$(↻)

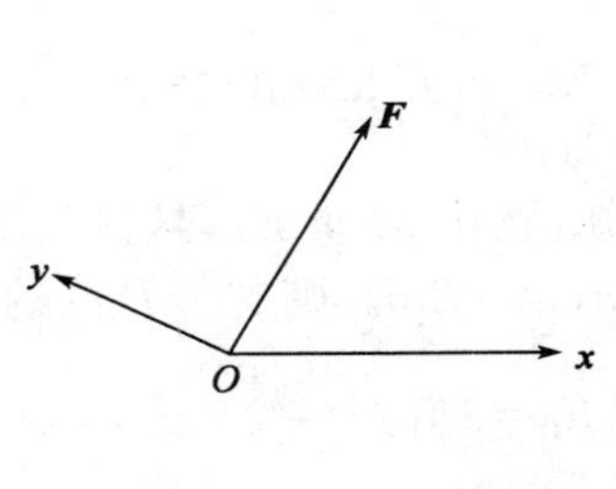

题4-1-1图

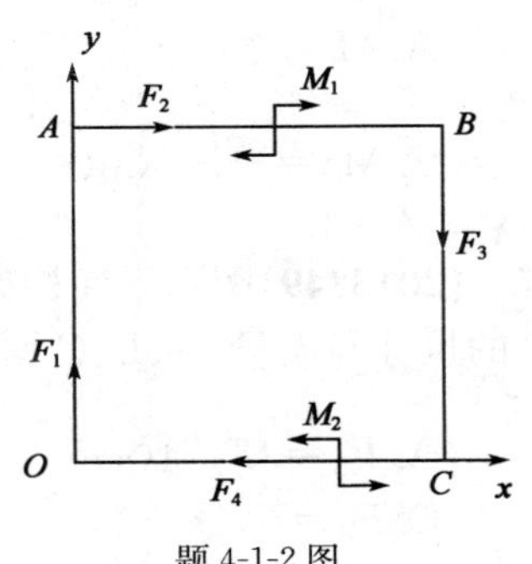

题4-1-2图

4-1-3 **(2014,49)**在图示机构中，已知 F_p，$L=2\text{m}$，$r=0.5\text{m}$，$\theta=30°$，$BE=EG$，$CE=EH$，则支座 A 的约束力为：

A. $F_{Ax}=F_p(\leftarrow)$，$F_{Ay}=1.75F_p(\downarrow)$

B. $F_{Ax}=0$，$F_{Ay}=0.75F_p(\downarrow)$

C. $F_{Ax}=0$，$F_{Ay}=0.75F_p(\uparrow)$

D. $F_{Ax}=F_p(\rightarrow)$，$F_{Ay}=1.75F_p(\uparrow)$

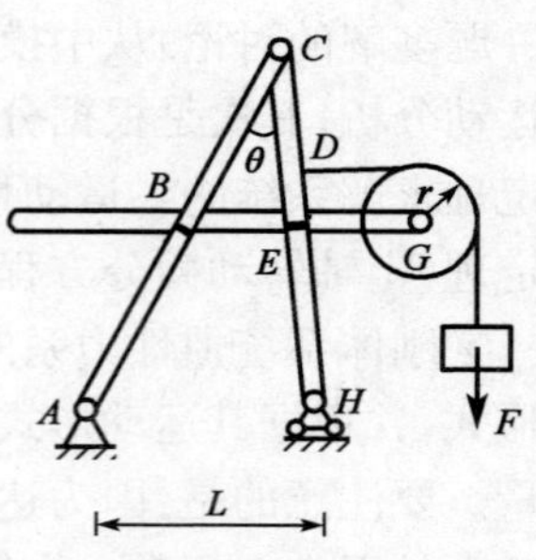

题 4-1-3 图

4-1-4 **(2014,50)**图示不计自重的水平梁与桁架在 B 点铰接。已知：荷载 F_1、F 均与 BH 垂直，$F_1=8\text{kN}$，$F=4\text{kN}$，$M=6\text{kN}\cdot\text{m}$，$q=1\text{kN/m}$，$L=2\text{m}$。则杆件 1 的内力为：

A. $F_1=0$ B. $F_1=8\text{kN}$

C. $F_1=-8\text{kN}$ D. $F_1=-4\text{kN}$

4-1-5 **(2013,47)**图示构架由 AC、BD、CE 三杆组成，A、B、C、D 处为铰接，E 处光滑接触。已知：$F_P=2\text{kN}$，$\theta=45°$，杆及轮重均不计，则 E 处约束力的方向与 x 轴正向所成的夹角为：

A. 0° B. 45° C. 90° D. 225°

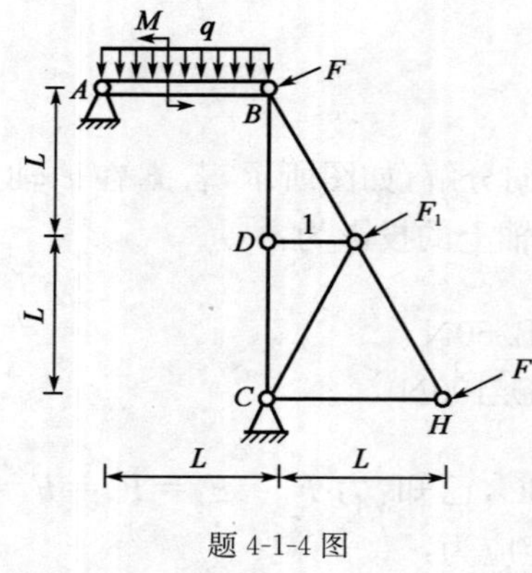

题 4-1-4 图

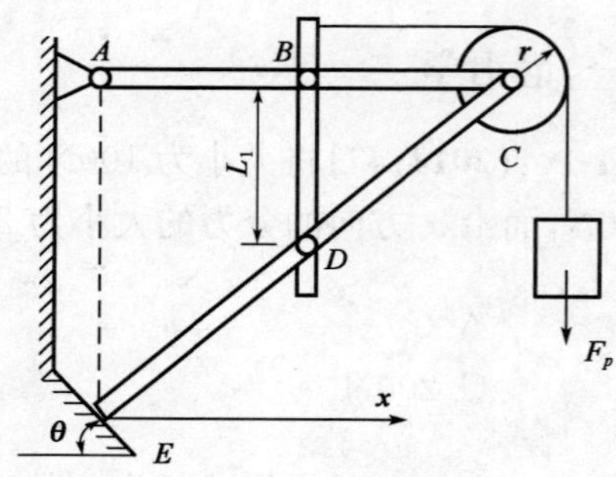

题 4-1-5 图

4-1-6 **(2013,48)**图示结构直杆 BC，受载荷 F，q 作用，$BC=L$，$F=qL$，其中 q 为载荷集度，单位为 N/m，集中力以 N 计，长度以 m 计。则该主动力系数对 O 点的合力矩为：

A. $M_O=0$ B. $M_O=\frac{qL^2}{2}\text{Nm}$(↶)

C. $M_O=\frac{3qL^2}{2}\text{Nm}$(↶) D. $M_O=qL^2\text{kNm}$(↷)

4-1-7 **(2013,49)**图示平面构架，不计各杆自重。已知：物块 M 重 F_P，悬挂如图示，不计小滑轮 D 的尺寸与质量，A、E、C 均为光滑铰链，$L_1=1.5\text{m}$，$L_2=2\text{m}$。则支座 B 的约束力为：

A. $F_B=3F_P/4(\rightarrow)$ B. $F_B=3F_P/4(\leftarrow)$

C. $F_B=F_P(\leftarrow)$ D. $F_B=0$

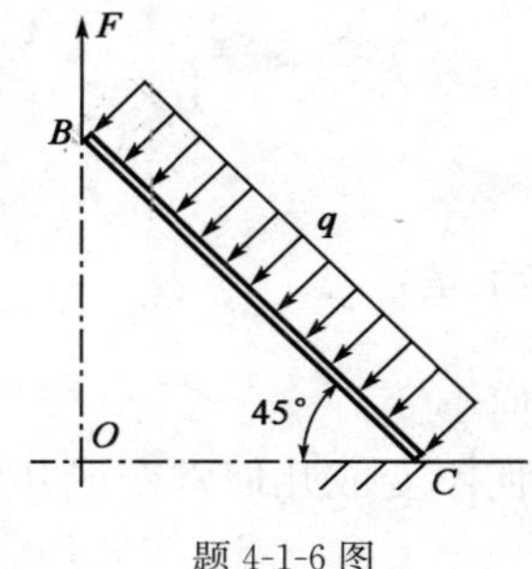

题 4-1-6 图

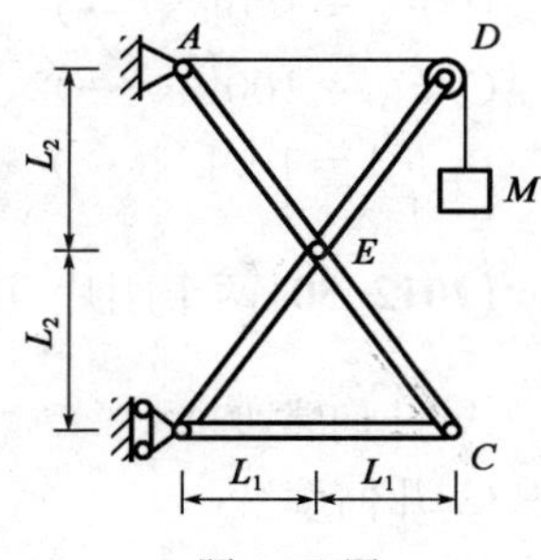

题 4-1-7 图

4-1-8 **(2013,50)**物体重为W。置于倾角为α的斜面上如图所示。已知摩擦角$\varphi_m > \alpha$，则物块处于的状态为：

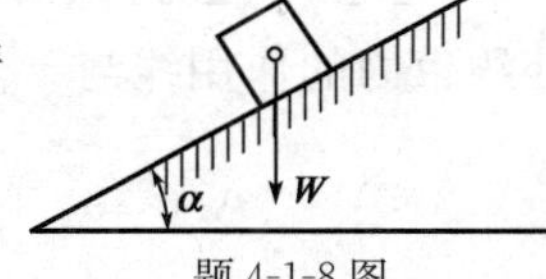

题 4-1-8 图

A. 静止状态　　B. 临界平衡状态

C. 滑动状态　　D. 条件不足，不能确定

4-1-9 **(2012,47)**图示刚架中，若将作用于B处的水平力P沿其作用线移至C处，则A、D处的约束力：

A. 都不变　　B. 都改变

C. 只有A处改变　　D. 只有D处改变

4-1-10 **(2012,48)**图示绞盘有三个等长为l的柄，三个柄均在水平面内，其间夹角都是120°。如在水平面内，每个柄端分别作用一垂直于柄的力F_1、F_2、F_3，且有$F_1 = F_2 = F_3 = F$，该力系向O点简化后的主矢及主矩应为：

A. $F_R = 0$，$M_O = 3Fl$(顺时针)

B. $F_R = 0$，$M_O = 3Fl$(逆时针)

C. $F_R = 2F$，(水平向右)，$M_O = 3Fl$(顺时针)

D. $F_R = 2F$，(水平向左)$M_O = 3Fl$(逆时针)

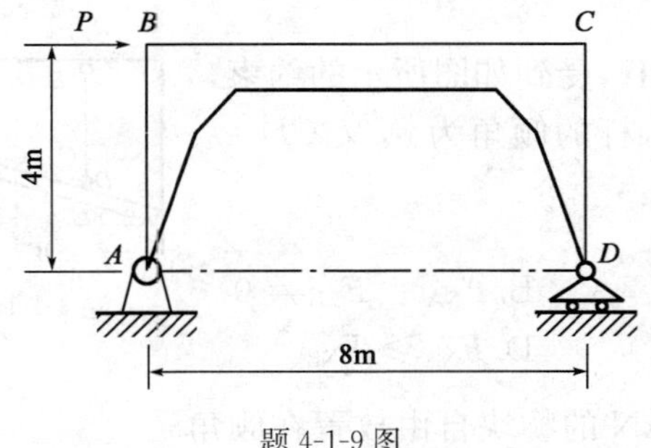

题 4-1-9 图

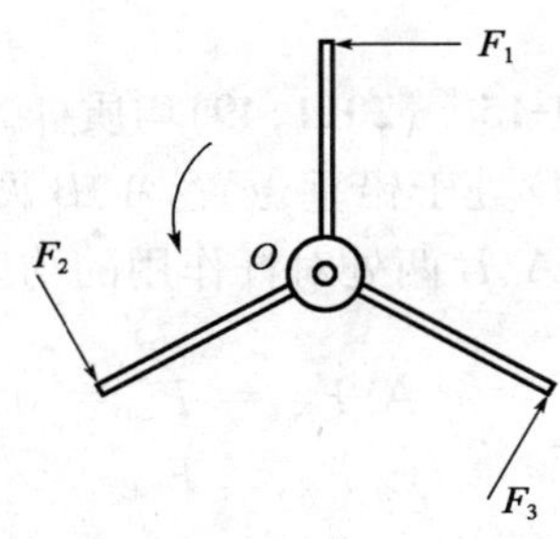

题 4-1-10 图

4-1-11 **(2012,49)**图示起重机的平面构架，自重不计，且不计滑轮质量，已知：$F = 100kN$，$L = 70cm$，B、D、E为铰链连接。则支座A的约束力为：

A. $F_{Ax} = 100kN(\leftarrow)$　　$F_{Ay} = 150kN(\downarrow)$

B. $F_{Ax}=100\text{kN}(\rightarrow)$　　$F_{Ay}=50\text{kN}(\uparrow)$
C. $F_{Ax}=100\text{kN}(\leftarrow)$　　$F_{Ay}=50\text{kN}(\downarrow)$
D. $F_{Ax}=100\text{kN}(\leftarrow)$　　$F_{Ay}=100\text{kN}(\downarrow)$

4-1-12　(2012,50)两个刚片，用三根链杆连接而成的体系是：

A. 几何常变　　B. 几何不变
C. 几何瞬变　　D. 几何不变或几何常变或几何瞬变

4-1-13　(2011,47)两直角刚杆 AC、CB 支承如图所示，在铰 C 处受力 F 作用，则 A、B 两处约束力的作用线与 x 轴正向所成的夹角分别为：

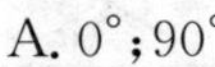

A. 0°;90°　　B. 90°;0°　　C. 45°;60°　　D. 45°;135°

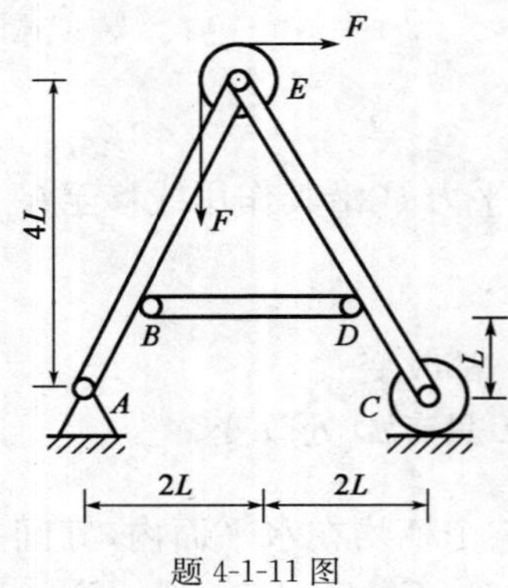

题 4-1-11 图

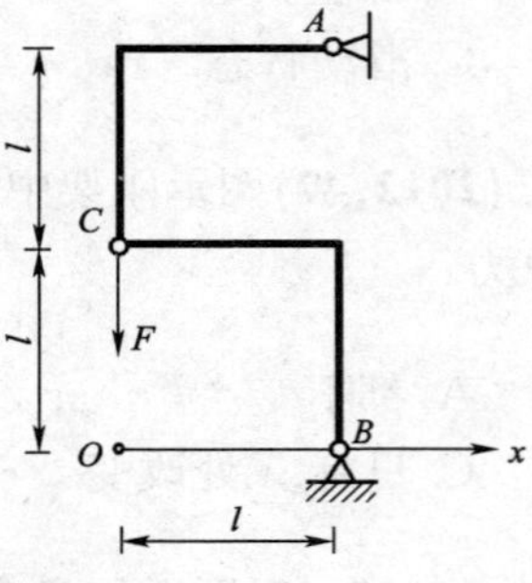

题 4-1-13 图

4-1-14　(2011,48)在图示四个力三角形中，表示 $\boldsymbol{F}_R=\boldsymbol{F}_1+\boldsymbol{F}_2$ 图是：

A. 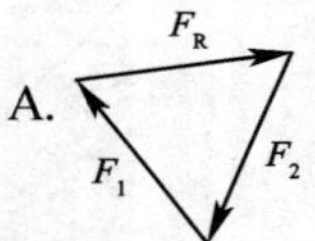

B. 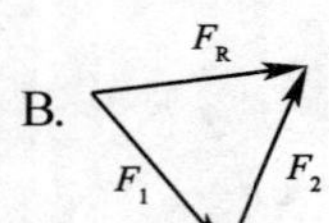

C. 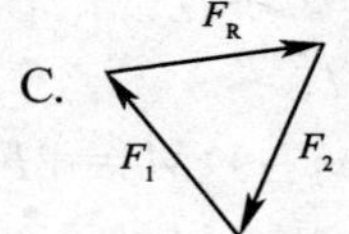

D. 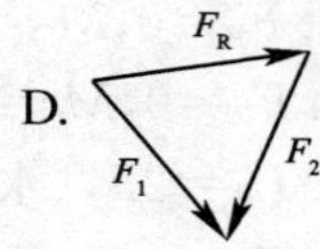

4-1-15　(2011,49)均质杆 AB 长为 l，重为 $\boldsymbol{W}$，受到如图所示的约束，绳索 ED 处于铅垂位置，A、B 两处为光滑接触，杆的倾角为 α，又 $CD=l/4$，则 A、B 两处对杆作用的约束力大小关系为：

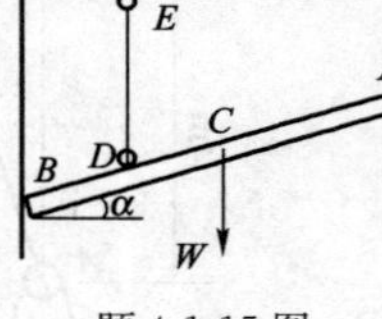

题 4-1-15 图

A. $F_{NA}=F_{NB}=0$　　B. $F_{NA}=F_{NB}\neq 0$
C. $F_{NA}\leqslant F_{NB}$　　D. $F_{NA}\geqslant F_{NB}$

4-1-16　(2011,50)一重力大小为 $W=60\text{kN}$ 的物块自由放置在倾角为 $\alpha=30°$的斜面上（如图所示），若物块与斜面间的静摩擦系数为 $f=0.4$，则该物块的状态为：

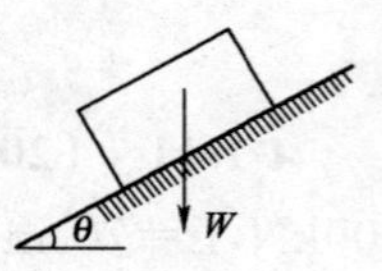

A. 静止状态　　B. 临界平衡状态
C. 滑动状态　　D. 条件不足，不能确定

题 4-1-16 图

4-1-17 **(2010,47)**将大小为100N的力 $\boldsymbol{F}$ 沿 x、y 方向分解，如图所示，若 $\boldsymbol{F}$ 在 x 轴上的投影为50N，而沿 x 方向的分力的大小为200N，则 $\boldsymbol{F}$ 在 y 轴上的投影为：

A. 0　　　　B. 50N

C. 200N　　　　D. 100N

4-1-18 **(2010,48)**图示等边三角形 ABC，边长 a，沿其边缘作用大小均为 F 的力，方向如图所示。则此力系简化为：

A. $F_{R}=0; M_{A}=\frac{\sqrt{3}}{2}Fa$　　　　B. $F_{R}=0; M_{A}=Fa$

C. $F_{R}=2F; M_{A}=\frac{\sqrt{3}}{2}Fa$　　　　D. $F_{R}=2F; M_{A}=\sqrt{3}Fa$

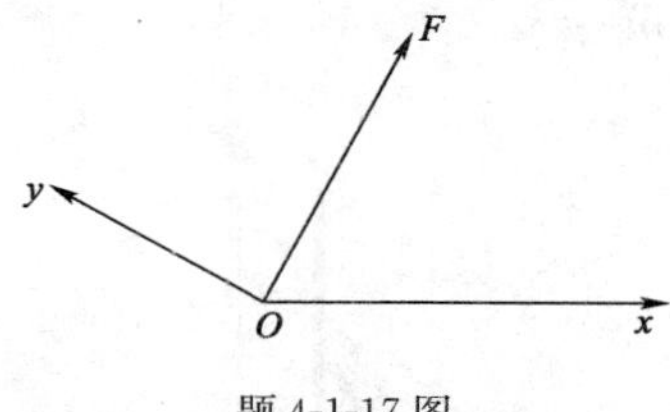

题4-1-17图

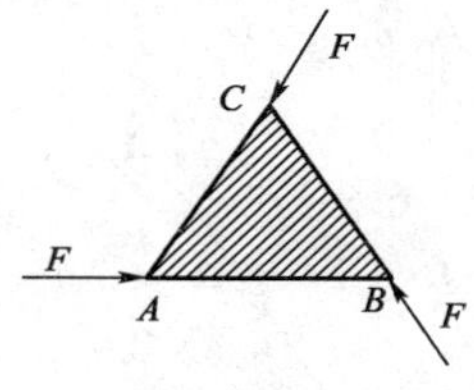

题4-1-18图

4-1-19 **(2010,49)**三铰拱上作用有大小相等，转向相反的二力偶，其力偶矩大小为 M，如图所示。略去自重，则支座 A 的约束力大小为：

A. $F_{Ax}=0; F_{Ay}=\frac{M}{2a}$　　　　B. $F_{Ax}=\frac{M}{2a}; F_{Ay}=0$

C. $F_{Ax}=\frac{M}{a}; F_{Ay}=0$　　　　D. $F_{Ax}=\frac{M}{2a}; F_{Ay}=M$

4-1-20 **(2010,50)**简支梁受分布荷载作用如图所示。支座 A、B 的约束力为：

A. $F_{A}=0, F_{B}=0$　　　　B. $F_{A}=\frac{1}{2}qa\uparrow, F_{B}=\frac{1}{2}qa\uparrow$

C. $F_{A}=\frac{1}{2}qa\uparrow, F_{B}=\frac{1}{2}qa\downarrow$　　　　D. $F_{A}=\frac{1}{2}qa\downarrow, F_{B}=\frac{1}{2}qa\uparrow$

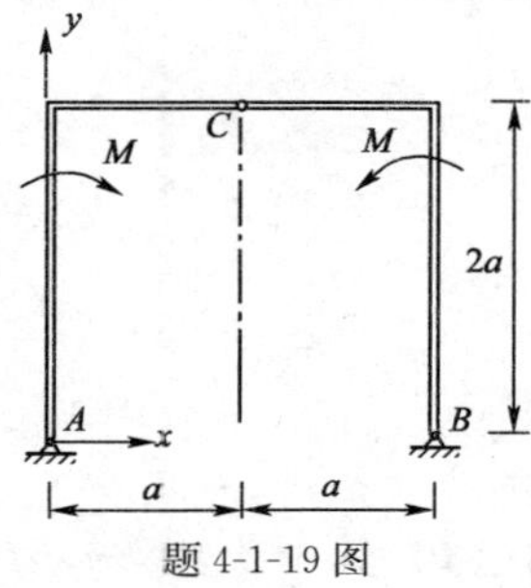

题4-1-19图

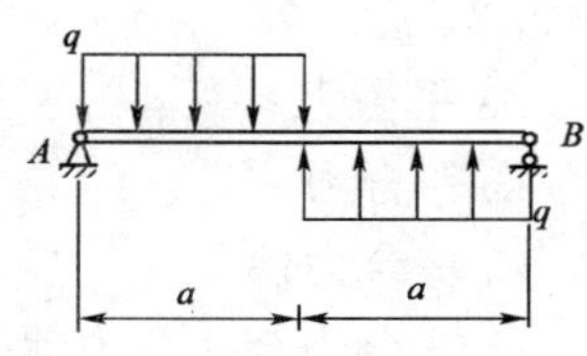

题4-1-20图

4-1-21 **(2009,47)**设力 $\boldsymbol{F}$ 在 x 轴上的投影为 F，则该力在与 x 轴共面的任一轴上的投影：

A. 一定不等于零　　　　B. 不一定不等于零

C. 一定等于零　　　　D. 等于 F

4-1-22　**(2009,48)** 等边三角形 ABC，边长为 a，沿其边缘作用大小均为 F 的力 $\boldsymbol{F}_1$、$\boldsymbol{F}_2$、$\boldsymbol{F}_3$，方向如图所示，力系向 A 点简化的主矢及主矩的大小分别为：

A. $F_R = 2F$，$M_A = \frac{\sqrt{3}}{2}Fa$　　　　B. $F_R = 0$，$M_A = \frac{\sqrt{3}}{2}Fa$

C. $F_R = 2F$，$M_A = \sqrt{3}Fa$　　　　D. $F_R = 2F$，$M_A = Fa$

4-1-23　**(2009,49)** 已知杆 AB 和杆 CD 的自重不计，且在 C 处光滑接触，若作用在杆 AB 上的力偶的矩为 m_1，则欲使系统保持平衡，作用在 CD 杆上的力偶矩 m_2，转向如图所示，其矩的大小为：

A. $m_2 = m_1$　　B. $m_2 = \frac{4m_1}{3}$　　C. $m_2 = 2m_1$　　D. $m_2 = 3m_1$

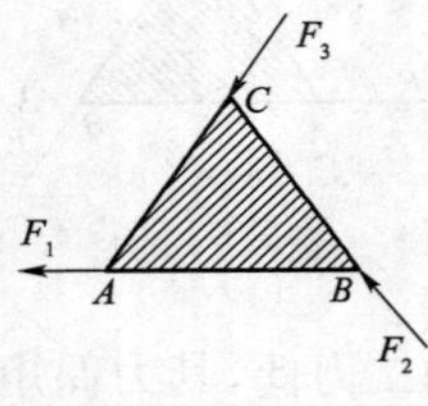

题 4-1-22 图

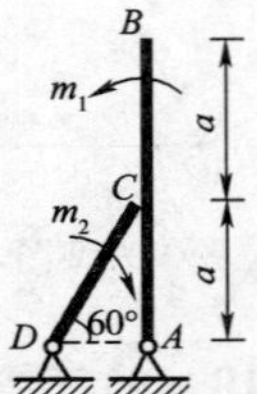

题 4-1-23 图

4-1-24　**(2009,50)** 物块重力的大小 $W = 100\text{kN}$，置于 $\alpha = 60°$ 的斜面上，与斜面平行力的大小 $F_P = 80\text{kN}$（如图所示），若物块与斜面间的静摩擦系数 $f = 0.2$，则物块所受的摩擦力 $\boldsymbol{F}$ 为：

A. $F = 10\text{kN}$，方向为沿斜面向上

B. $F = 10\text{kN}$，方向为沿斜面向下

C. $F = 6.6\text{kN}$，方向为沿斜面向上

D. $F = 6.6\text{kN}$，方向为沿斜面向下

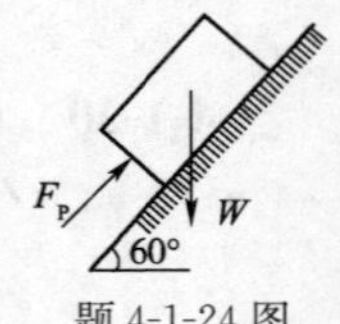

题 4-1-24 图

4-1-25　**(2008,49)** 作用在平面上的三力 $\boldsymbol{F}_1$、$\boldsymbol{F}_2$、$\boldsymbol{F}_3$，组成图示等边三角形，此力系的最后简化结果为：

A. 平衡力系

B. 一合力

C. 一合力偶

D. 一合力与一合力偶

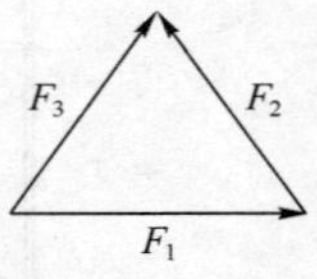

题 4-1-25 图

4-1-26　**(2008,50)** 图示水平梁 CD 的支承力与荷载均已知，其中 $F_p = aq$，$M = a^2q$，支座 A、B 的约束力分别为：

A. $F_{Ax} = 0$，$F_{Ay} = aq(\uparrow)$，$F_{By} = \frac{3}{2}aq(\uparrow)$

B. $F_{Ax}=0, F_{Ay}=\frac{3}{4}aq(\uparrow), F_{By}=\frac{5}{4}aq(\uparrow)$

C. $F_{Ax}=0, F_{Ay}=\frac{1}{2}aq(\uparrow), F_{By}=\frac{5}{2}aq(\uparrow)$

D. $F_{Ax}=0, F_{Ay}=\frac{1}{4}aq(\uparrow), F_{By}=\frac{7}{4}aq(\uparrow)$

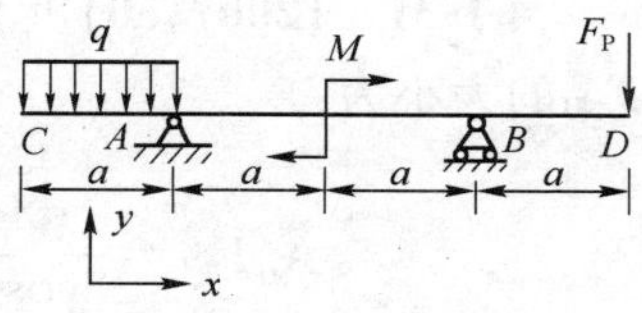

题 4-1-26 图

4-1-27 **(2008,51)**重力大小为W的物块能在倾斜角为α的粗糙斜面上下滑，为了维持物块在斜面上平衡，在物块上作用向左的水平力$\boldsymbol{F}_Q$(如图所示)。在求解力$\boldsymbol{F}_Q$的大小时，物块与斜面间的摩擦力$\boldsymbol{F}$的方向为：

A. $\boldsymbol{F}$只能沿斜面向上　　B. $\boldsymbol{F}$只能沿斜面向下

C. $\boldsymbol{F}$既可能沿斜面向上，也可能向下　　D. $\boldsymbol{F}=0$

4-1-28 **(2008,52)**图示平面桁架的尺寸与荷载均已知。其中，杆1的内力F_{s1}为：

A. $F_{s1}=\frac{5}{3}F_P$(压)　B. $F_{s1}=\frac{5}{3}F_P$(拉)　C. $F_{s1}=\frac{3}{4}F_P$(压)　D. $F_{s1}=\frac{3}{4}F_P$(拉)

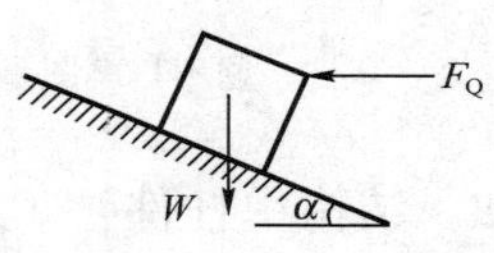

题 4-1-27 图

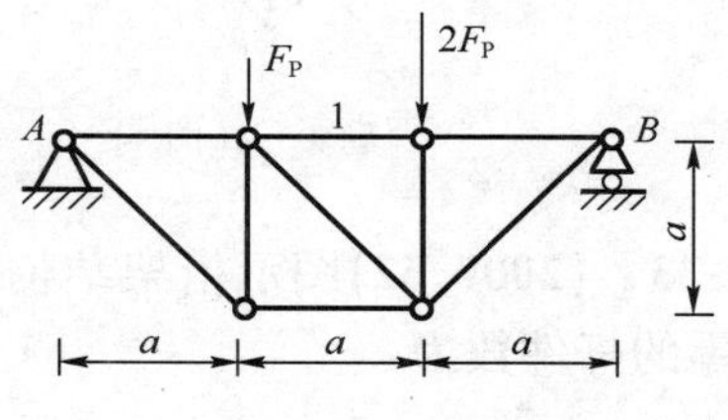

题 4-1-28 图

4-1-29 **(2008,53)**图示平面刚性直角曲杆的支承力、尺寸与荷载均已知，且$F_Pa>m$。B处插入端约束的全部约束力各为：

A. $F_{Bx}=0, F_{By}=F_P(\uparrow)$，力偶$m_B=F_Pa$(↶)

B. $F_{Bx}=0, F_{By}=F_P(\uparrow)$，力偶$m_B=0$

C. $F_{Bx}=0, F_{By}=F_P(\uparrow)$，力偶$m_B=F_Pa-m$(↶)

D. $F_{Bx}=0, F_{By}=F_P(\uparrow)$，力偶$m_B=F_Pb-m$(↶)

4-1-30 **(2007,49)**图示三力矢F_1, F_2, F_3的关系是：

A. $F_1+F_2+F_3=0$　　B. $F_3=F_1+F_2$

C. $F_2=F_1+F_3$　　D. $F_1=F_2+F_3$

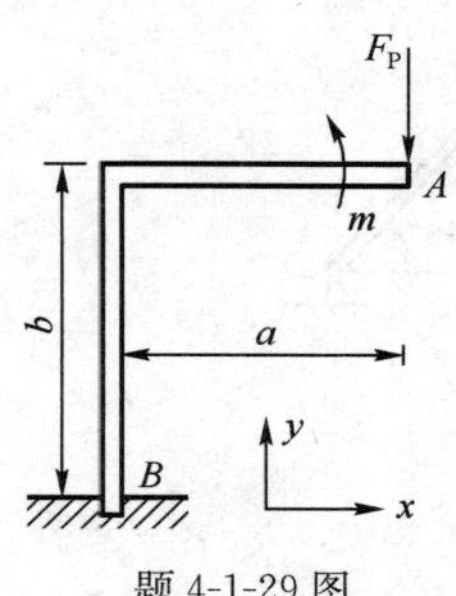

题 4-1-29 图

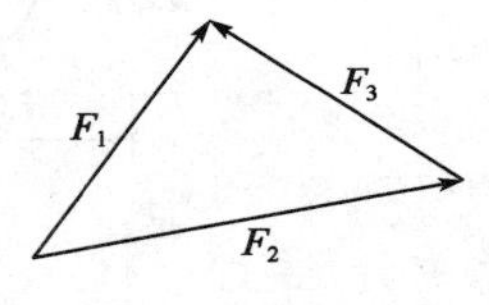

题 4-1-30 图

4-1-31 **(2007,50)**重 W 的圆球置于光滑的斜槽内（如图所示）。右侧斜面对球的约束力 F_{NB} 的大小为：

A. $F_{NB}=\dfrac{W}{2\cos\theta}$　　B. $F_{NB}=\dfrac{W}{\cos\theta}$　　C. $F_{NB}=W\cos\theta$　　D. $F_{NB}=\dfrac{W}{2}\cos\theta$

4-1-32 **(2007,51)**图示物块 A 重 $W=10\text{N}$，被用水平力 $F_p=50\text{N}$ 挤压在粗糙的铅垂墙面 B 上，且处于平衡。物块与墙间的摩擦系数 $f=0.3$。A 与 B 间的摩擦力大小为：

A. $F=15\text{N}$　　B. $F=10\text{N}$

C. $F=3\text{N}$　　D. 只依据所给条件则无法确定

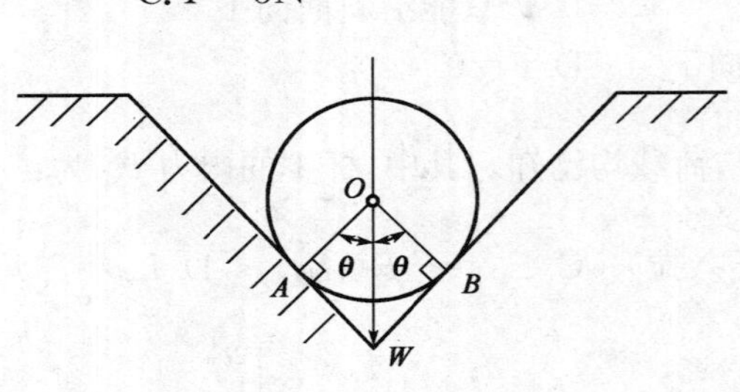

题 4-1-31 图

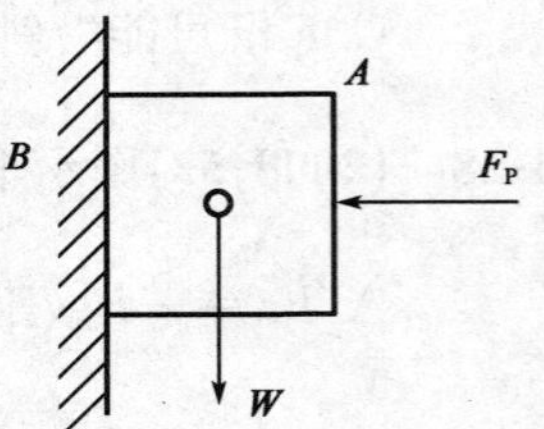

题 4-1-32 图

4-1-33 **(2007,52)**图示桁架结构形式与荷载 $\boldsymbol{F}_P$ 均已知。结构中杆件内力为零的杆件数为：

A. 0 根

B. 2 根

C. 4 根

D. 6 根

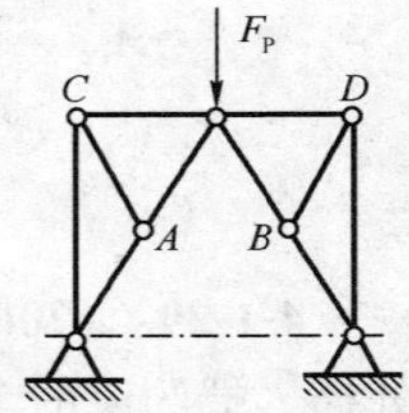

题 4-1-33 图

4-1-34 **(2007,53)**图示水平梁 AB 由铰 A 与杆 BD 支撑。在梁上 O 处用小轴安装滑轮。轮上跨过软绳。绳一端水平地系于墙上，另端悬持重 W 的物块。构件均不计重。铰 A 的约束力大小为：

A. $F_{Ax}=\dfrac{5}{4}W, F_{Ay}=\dfrac{3}{4}W$　　B. $F_{Ax}=W, F_{Ay}=\dfrac{1}{2}W$

C. $F_{Ax}=\dfrac{3}{4}W, F_{Ay}=\dfrac{1}{4}W$　　D. $F_{Ax}=\dfrac{1}{2}W, F_{Ay}=W$

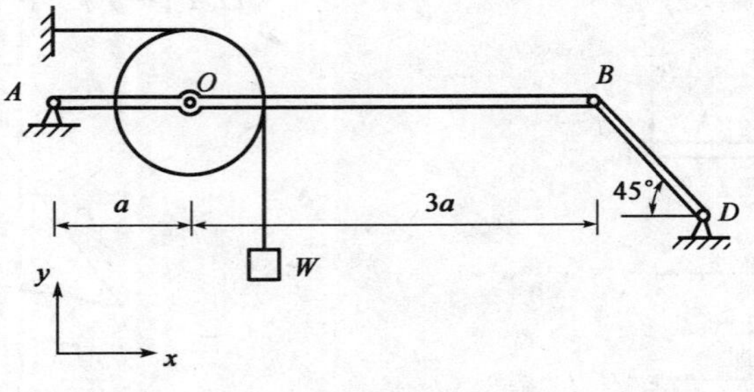

题 4-1-34 图

4-1-35 (2006,49)平面平行力系处于平衡状态时,应有独立的平衡方程个数为:

A. 1　　B. 2　　C. 3　　D. 4

4-1-36 (2006,50)若平面力系不平衡,则其最后简化结果为:

A. 一定是一合力　　B. 一定是一合力偶

C. 或一合力,或一合力偶　　D. 一定是一合力与一合力偶

4-1-37 (2006,51)图示桁架结构中只作用悬挂重块的重力 W,此桁架中杆件内力为零的杆数为:

A. 2　　B. 3　　C. 4　　D. 5

4-1-38 (2006,52)已知图示斜面的倾角为 θ,若要保待物块 A 静止,则物块与斜面之间的摩擦因数 f 所应满足的条件为:

A. $\tan f \leqslant \theta$　　B. $\tan f > \theta$　　C. $\tan\theta \leqslant f$　　D. $\tan\theta > f$

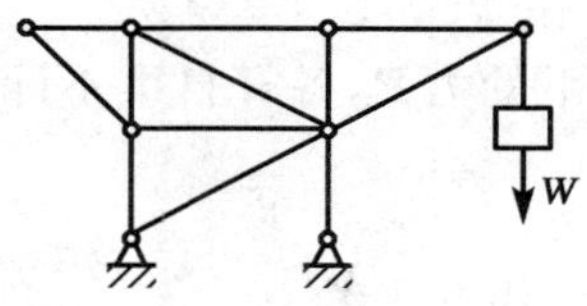

题 4-1-37 图

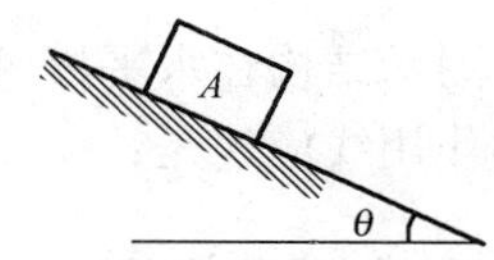

题 4-1-38 图

4-1-39 (2006,53)图示结构的载荷与尺寸均已知。B 处约束的全部约束力为:

A. 力 $F_{Bx}=ql$(←),$F_{By}=ql$(↓),力偶 $M_B=\frac{3}{2}ql^2$(↶)

B. 力 $F_{Bx}=ql$(←),$F_{By}=ql$(↓),力偶 $M_B=0$

C. 力 $F_{Bx}=ql$(←),$F_{By}=0$,力偶 $M_B=\frac{3}{2}ql^2$(↶)

D. 力 $F_{Bx}=ql$(←),$F_{By}=ql$(↑),力偶 $M_B=\frac{3}{2}\mathrm{q}\mathrm{l}^2$(↶)

4-1-40 (2005,49)平面汇交力系($\overline{F}_1$、$\overline{F}_2$、$\overline{F}_3$、$\overline{F}_4$、$\overline{F}_5$)的力多边形如图所示,该力系的合力 $\overline{R}$ 等于:

A. $\overline{F}_3$　　B. $-\overline{F}_3$　　C. $\overline{F}_2$　　D. $\overline{F}_5$

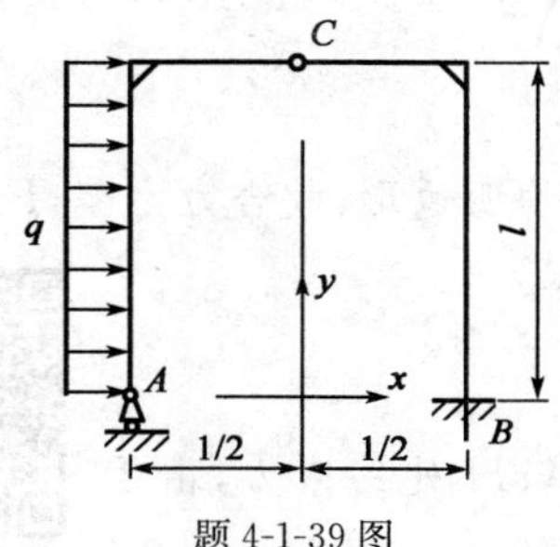

题 4-1-39 图

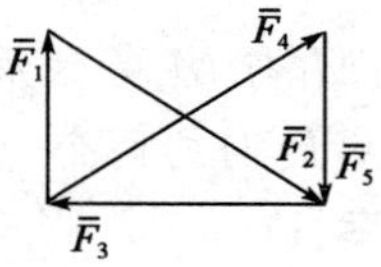

题 4-1-40 图

4-1-41 **(2005,50)**若将图示三铰刚架中 AC 杆上的力偶移至 BC 杆上，则 A、B、C 处的约束反力：

A. 都改变　　　　B. 都不改变

C. 仅 C 处改变　　　　D. 仅 C 处不变

4-1-42 **(2005,52)**重力 W 的物块置于倾角为 $\alpha=30°$ 的斜面上，如图所示。若物块与斜面间的静摩擦系数 $f_s=0.6$，则该物块：

A. 向下滑动　　　　B. 处于临界下滑状态

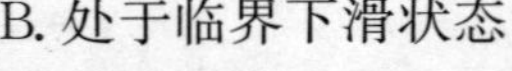

C. 静止　　　　D. 加速下滑

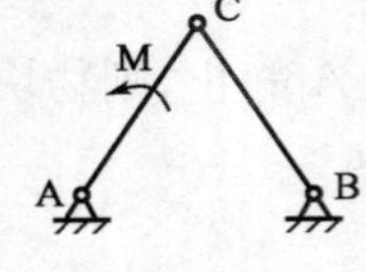

题 4-1-41 图

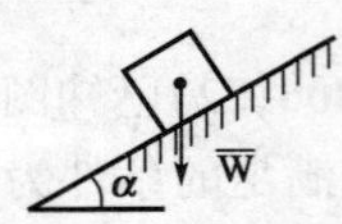

题 4-1-42 图

4-1-43 图示结构在水平杆 AB 的 B 端作用一铅直向下的力 $\boldsymbol{P}$，各杆自重不计，铰支座 A 的反力 $\boldsymbol{F}_A$ 的作用线应该是：

A. $\boldsymbol{F}_A$ 沿铅直线　　　　B. $\boldsymbol{F}_A$ 沿水平线

C. $\boldsymbol{F}_A$ 沿 A、D 连线　　　　D. $\boldsymbol{F}_A$ 与水平杆 AB 间的夹角为 30°

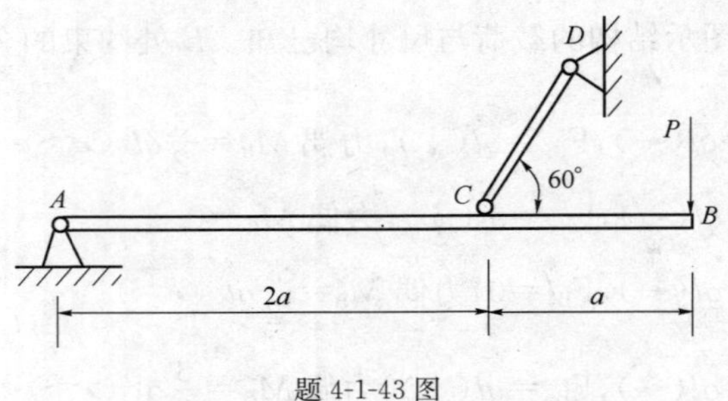

题 4-1-43 图

题解及参考答案

4-1-1 **解**：根据力的投影公式，$F_x=F\cos\alpha$，故 $\alpha=60°$；

而分力 F_x 的大小是力 F 大小的 2 倍，故力 F 与 y 轴垂直。（此题 2010 年考过）

答案：A

4-1-2 **解**：M_1 与 M_2 等值反向，四个分力构成自行封闭的四边形，故合力为零，F_1 与 F_3、F_2 与 F_4 构成顺时针转向的两个力偶，其力偶矩的大小均为 Fa。

答案：D

4-1-3 **解**：对系统进行整体分析，外力有主动力 F_P，A、H 处约束力，由于

F_P与 H 处约束力均为铅垂方向，故 A 处也只有铅垂方向约束力，列平衡方程$\sum M_H(F)=0$，便可得结果。

答案:B

4-1-4 **解**:分析节点 D 的平衡，可知 1 杆为零杆。

答案:A

4-1-5 **解**:E 处为光滑接触面约束，根据约束的性质，约束力应垂直于支撑面，指向被约束物体。

答案:B

4-1-6 **解**:F 力和均布力 q 的合力作用线均通过 O 点，故合力矩为零。

答案:A

4-1-7 **解**:取构架整体为研究对象，列平衡方程：$\sum M_A(F)=0, F_B \cdot 2L_2 - F_P \cdot 2L_1 = 0$。

答案:A

4-1-8 **解**:根据斜面的自锁条件，斜面倾角小于摩擦角时，物体静止。

答案:A

4-1-9 **解**:根据力的可传性判断。

答案:A

4-1-10 **解**:主矢为三力的矢量和，对 O 点的主矩为三力分别对 O 点力矩的代数和。

答案:B

4-1-11 **解**:列两个平衡方程：$\sum F_x=0$；$\sum M_C(F)=0$。

答案:C

4-1-12 **解**:需视三链杆是否共点(含无穷远点)。

答案:D

4-1-13 **解**:AC 与 BC 均为二力杆件，分析铰链 C 的受力即可。

答案:D

4-1-14 **解**:根据力多边形法则，分力首尾相连，合力为力三角形的封闭边。

答案:B

4-1-15 **解**:A、B 处为光滑约束，其约束力均为水平并组成一力偶，与力 $\boldsymbol{W}$ 和 DE 杆约束力组成的力偶平衡。

答案:B

4-1-16 **解**:根据摩擦定律 $F_{max}=W\cos30° \times f=20.8\text{kN}$，沿斜面向下的主动力为 $W\sin30°=30\text{kN} > F_{max}$。

答案:C

4-1-17 **解**:如解图,根据力的投影公式,$F_x = F\cos\alpha$,故 $\alpha=60°$。而分力 $\boldsymbol{F}_x$ 的大小是力 $\boldsymbol{F}$ 大小的 2 倍,故力 $\boldsymbol{F}$ 与 y 轴垂直。

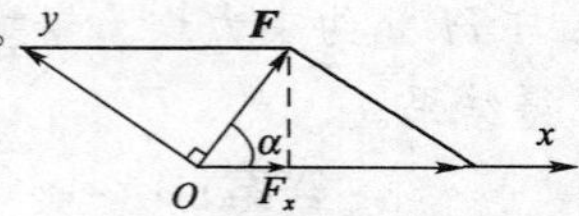

题 4-1-17 解图

答案:A

4-1-18 **解**:将力系向 A 点简化,F_3 沿作用线移到 A 点,F_3 平移到 A 点附加力偶即主矩 $M_A=M_A(F_2)=\frac{\sqrt{3}}{2}aF$,三个力的主矢 $F_{Ry}=0$,$F_{Rx}=F-F\sin30°-F\sin30°=0$。

答案:A

4-1-19 **解**:根据受力分析,A、B、C 处的约束力均为水平方向,分别考虑 AC、BC 的平衡,采用力偶的平衡方程即可。

答案:B

4-1-20 **解**:均布力组成了力偶矩为 qa^2 的逆时针转向力偶。A、B 处的约束力沿铅垂方向组成顺时针转向力偶。

答案:C

4-1-21 **解**:根据力的投影公式,$F_x = F\cos\alpha$,当 $\alpha=0$ 时 $F_x=F$,即力 $\boldsymbol{F}$ 与 x 轴平行,故只有当力 $\boldsymbol{F}$ 在与 x 轴垂直的 y 轴($\alpha=90°$)上投影为 0 外,在其余与 x 轴共面轴上的投影均不为 0。

答案:B

4-1-22 **解**:将力系向 A 点简化,F_3 沿作用线移到 A 点,F_3 平移到 A 点附加力偶即主矩 $M_A=M_A(F_2)=\frac{\sqrt{3}}{2}aF$,三个力的主矢 $F_{Ry}=0$,$F_{Rx}=F_1+F_2\sin30°+F_3\sin30°=2F$(向左)。

答案:A

4-1-23 **解**:根据受力分析,A、C、D 处的约束力均为水平方向(如图所示),考虑杆 AB 的平衡:$\sum M=0$,$m_1-F_{NC}\cdot a=0$,可得:$F_{NC}=\frac{m_1}{a}$;分析杆 DC,采用力偶的平衡方程:$F'_{NC}\cdot a-m_2=0$,$F'_{NC}=F_{NC}$,即得 $m_2=m_1$。

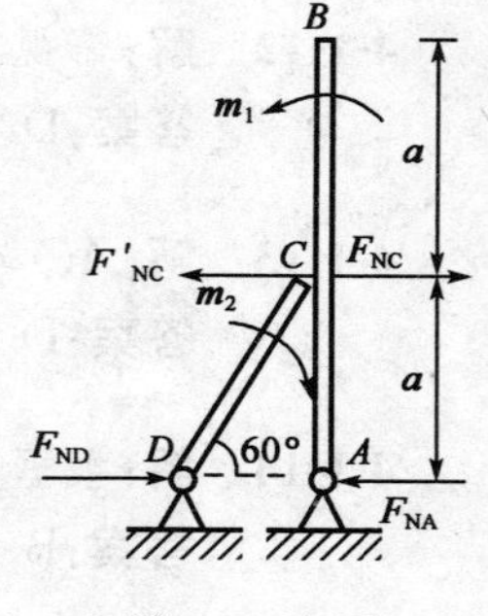

题 4-1-23 解图

答案:A

4-1-24 **解**:根据摩擦定律 $F_{max}=W\cos60°\times f=10\text{kN}$,沿斜面的主动力为 $W\sin60°-F_P=6.6\text{kN}$,方向向下。由平衡方程得摩擦力的大小应为 6.6kN。

答案:C

4-1-25 **解**:根据平面力系简化理论,若将各力向 O 点简化,可得一主矢和一主矩,只要主矢不为零,简化的最后结果为一合力。该题中的三个力并未形成首尾相连的自行封闭的三角形,故主矢不为零。

答案:B

4-1-26 **解**:根据平衡方程$\sum M_B=0, qa\cdot 2.5a-M-F_p 2a-F_{Av}a=0$,得$F_{Av}=\frac{1}{4}aq(\uparrow)$,便可作出选择。

答案:D

4-1-27 **解**:维持物块平衡的力F_Q可在一个范围内,求F_{Qmax}时摩擦力F向下,求F_{Qmin}时摩擦力F向上。

答案:C

4-1-28 **解**:先取整体为研究对象计算出B处约束力,即$\sum M_A=0, F_B\cdot 3a-F_P\cdot a-2F_P\cdot 2a=0, F_B=\frac{3}{5}F_P$,再用$m-m$截面将桁架截开,取右半部分(如题解图),列平衡方程$\sum M_O=0, F_B\cdot a+F_{s1}\cdot a=0$,可得杆1受压,其内力与$F_B$大小相等。

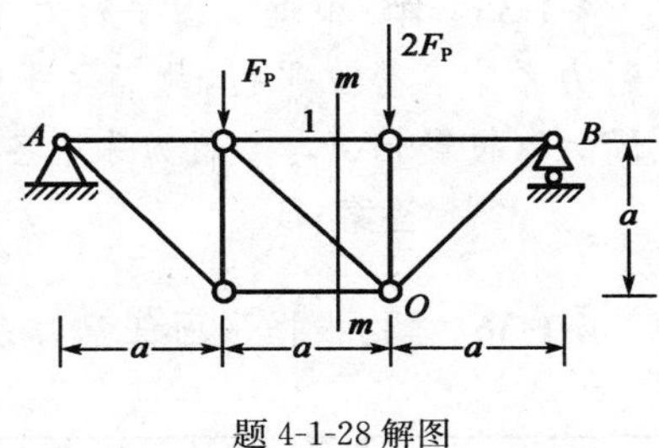

题 4-1-28 解图

答案:A

4-1-29 **解**:将B处的约束解除,固定端处有约束力F_{Bx}、F_{By}及约束力偶M_B,对整体列出力矩的平衡方程:$\sum m_B=0, M_B+M-F_P\cdot a=0$,即$M_B=F_P\cdot a-M$。

答案:C

4-1-30 **解**:根据力多边形法则:分力首尾相连,合力从第一个力的起点指向最后一个力的矢端。

答案:D

4-1-31 **解**:采用平面汇交力系的两个平衡方程求解:以圆球为研究对象,沿OA、OB方向有约束力F_{NA}和F_{NB}(如图),由对称性可知两约束力大小相等,对圆球列铅垂方向的平衡方程:

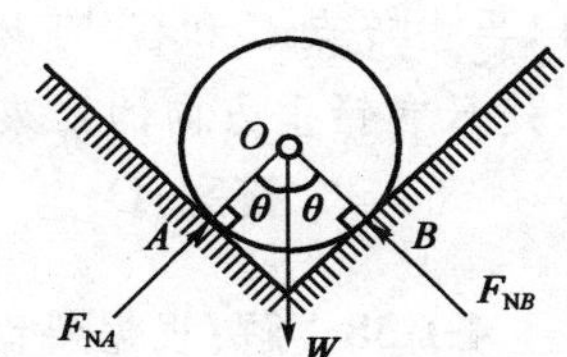

题 4-1-31 解图

$$\sum F_y=0$$

$$F_{NA}\cos\theta+F_{NB}\cos\theta-W=0$$

得
$$F_{NB}=\frac{W}{2\cos\theta}$$

答案:A

4-1-32 **解**:因为$F_{max}=F_p\cdot f=50\times 0.3=15N$,所以此时物体处于平衡状态,可用铅垂方向的平衡方程计算摩擦力$F=10N$。

答案:B

4-1-33 **解**:应用零杆的判断方法,先分别分析节点A和B的平衡,可知杆AC、BD为零杆,再分别分析节点C和D的平衡,两水平和铅垂杆均为零杆。

答案:D

4-1-34 **解:**取 AB 为研究对象,受力如图所示。列平衡方程:

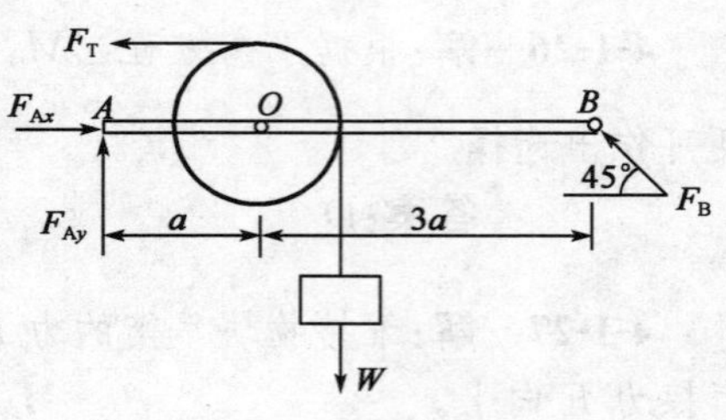

题 4-1-34 解图

$\sum M_B(F)=0$

$F_T \cdot r - F_{Ay} \cdot 4a + W(3a-r)=0$

因为 $F_T=W$,所以 $F_{Ay}=\dfrac{3}{4}W$。

答案:A

4-1-35 **解:**根据平面平行力系向任意点的简化结果,可得一主矢和一主矩,由于主矢与平行力系中各分立平行,故满足平衡条件所需要的平衡方程:主矢为零需要一个力的投影方程 $\sum F_x=0$(投影轴 x 与平行力系中各力不垂直),主矩为零需要一个力矩方程 $\sum M_O(F)=0$。

答案:B

4-1-36 **解:**根据平面任意力系的简化结果分析:

题 4-1-36 解表

$F_R{}'$(主矢)	M_O(主矩)	最后结果	说明
$F'_R \neq 0$	$M_O \neq 0$	合力	合力作用线:$d=\dfrac{\lvert M_O\rvert}{F'_R}$
	$M_O=0$	合力	合力作用线通过简化中心
$F'_R=0$	$M_O \neq 0$	合力偶	主矩与简化中心无关

答案:C

4-1-37 **解:**根据节点法,如图由节点 E 的平衡,可判断出杆 EC、EF 为零杆,再由节点 C 和 G,可判断出杆 CD、GD 为零杆;由系统的整体平衡可知,支座 A 处只有铅垂方向的约束力,故通过分析节点 A,可判断出杆 AD 为零杆。

答案:D

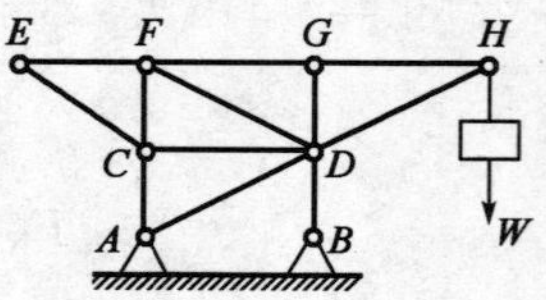

题 4-1-37 解图

4-1-38 **解:**根据斜面自锁的条件:$\theta \leqslant \varphi_m = \arctan f$,故 $\tan\theta \leqslant f$。

答案:C

4-1-39 **解:**选 AC 为研究对象,受力如图 b)所示,列平衡方程:

$$\sum M_C(F)=0$$

$$qL \cdot \frac{L}{2} - F_A \cdot \frac{L}{2}=0$$

$$F_A=qL$$

再选结构整体为研究对象受力如图 a)所示,列平衡方程:

$\sum F_x=0, F_{Bx}+qL=0, F_{Bx}=-qL$

$\sum F_y=0, F_A+F_{By}=0, F_{By}=-qL$

$\sum M_B(F)=0, M_B-qL \cdot \dfrac{L}{2}-F_A \cdot L=0, M_B=\dfrac{3}{2}qL^2$

答案:A

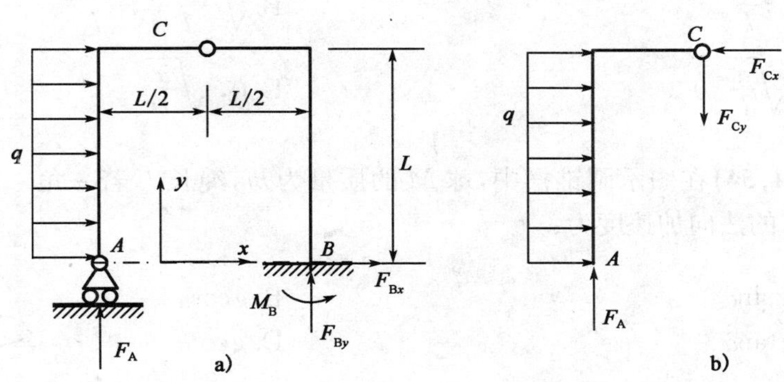

题 4-1-39 解图

4-1-40 **解:**平面汇交力系几何法合成,各分力首尾相连,力多边形的封闭边是合力。

答案:B

4-1-41 **解:**力偶作用在 AC 杆时,BC 杆是二力杆;力偶作用在 BC 杆时,AC 杆是二力杆。

答案:A

4-1-42 **解:**摩擦角 $\varphi_m = \tan^{-1} f_s = 30.96° > \alpha$。

答案:C

4-1-43 **解:**CD 为二力杆。研究 AB,应用三力汇交原理。

答案:D

(二)运动学

4-2-1 **(2014,51)**动点 A 和 B 在同一坐标系中的运动方程分别为$\begin{cases} x_A = t \\ y_A = 2t^2 \end{cases}$,$\begin{cases} x_B = t^2 \\ y_B = 2t^4 \end{cases}$,其中 x、y 以 cm 计,t 以 s 计,则两点相遇的时刻为:

A. $t=1$s　　B. $t=0.5$s

C. $t=2$s　　D. $t=1.5$s

4-2-2 **(2014,52)**刚体作平动时,某瞬时体内各点的速度与加速度为:

A. 体内各点速度不相同,加速度相同

B. 体内各点速度相同,加速度不相同

C. 体内各点速度相同,加速度也相同

D. 体内各点速度不相同,加速度也不相同

4-2-3 **(2014,53)**杆 OA 绕固定轴 O 转动,长为 l,某瞬时杆端 A 点的加速度 a 如图所示。则该瞬时 OA 的角速度及角加速度为:

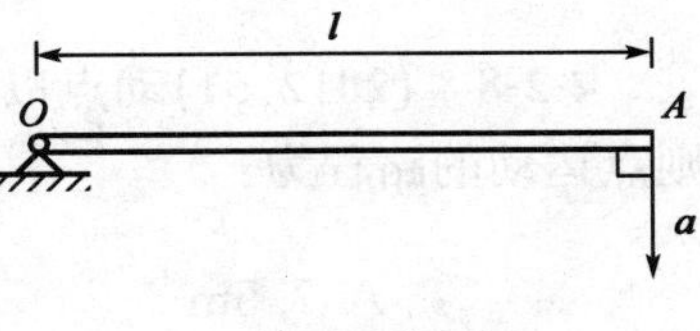

题 4-2-3 图

A. $0,\frac{a}{l}$ B. $\sqrt{\frac{a\cos\alpha}{l}},\frac{a\sin\alpha}{l}$

C. $\sqrt{\frac{a}{l}},0$ D. $0,\sqrt{\frac{a}{l}}$

4-2-4 **(2014,54)**在图示圆锥摆中，球 M 的质量为 m，绳长 l，若 α 角保持不变，则小球的法向加速度为：

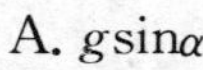

A. $g\sin\alpha$ B. $g\cos\alpha$

C. $g\tan\alpha$ D. $g\cot\alpha$

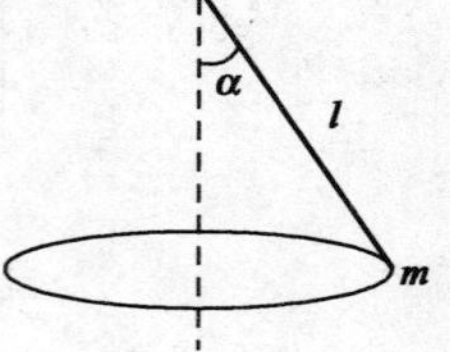

题 4-2-4 图

4-2-5 **(2013,51)**已知动点的运动方程为 $x=t,y=2t^2$。则其轨迹方程为：

A. $x=t^2-t$ B. $y=2t$

C. $y-2x^2=0$ D. $y+2x^2=0$

4-2-6 **(2013,52)**一炮弹以初速度和仰角 α 射出。对于图所示直角坐标的运动方程为 $x=v_0\cos\alpha t,y=v_0\sin\alpha t-\frac{1}{2}gt^2$，则当 $t=0$ 时，炮弹的速度和加速度的大小分别为：

A. $v=v_0\cos\alpha,\alpha=g$ B. $v=v_0,\alpha=g$

C. $v=v_0\sin\alpha,\alpha=-g$ D. $v=v_0,\alpha=-g$

4-2-7 **(2013,53)**两摩擦轮如图所示。则两轮的角速度与半径关系的表达式为：

A. $\frac{\omega_1}{\omega_2}=\frac{R_1}{R_2}$ B. $\frac{\omega_1}{\omega_2}=\frac{R_2}{R_1^2}$

C. $\frac{\omega_1}{\omega_2}=\frac{R_1}{R_2^2}$ D. $\frac{\omega_1}{\omega_2}=\frac{R_2}{R_1}$

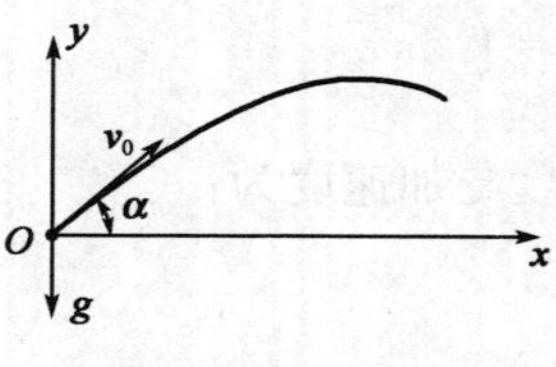

题 4-2-6 图

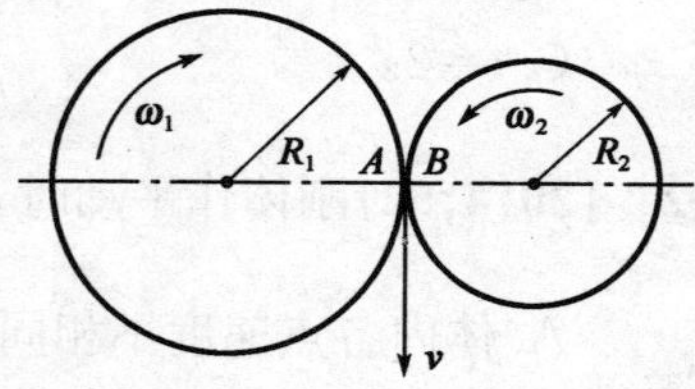

题 4-2-7 图

4-2-8 **(2012,51)**动点以常加速度 $2m/s^2$ 作直线运动。当速度由 5m/s 增加到 8m/s 时，则点运动的路程为：

A. 7.5m B. 12m C. 2.25m D. 9.75m

4-2-9 **(2012,52)**物体作定轴转动的运动方程为 $\varphi=4t-3t^2$（φ 以 rad 计，t 以 s 计）。此

物体内，转动半径 $r=0.5\text{m}$ 的一点，在 $t_0=0$ 时的速度和法向加速度的大小分别为：

A. $2\text{m/s}, 8\text{m/s}^2$　　B. $3\text{m/s}, 3\text{m/s}^2$

C. $2\text{m/s}, 8.54\text{m/s}^2$　　D. $0, 8\text{m/s}^2$

4-2-10　**(2012,53)** 一木板放在两个半径 $r=0.25\text{m}$ 的传输鼓轮上面。在图示瞬时，木板具有不变的加速度 $a=0.50\text{m/s}^2$，方向向右；同时，鼓动边缘上的点具有一大小为 3m/s^2 的全加速度。如果木板在鼓轮上无滑动，则此木板的速度为：

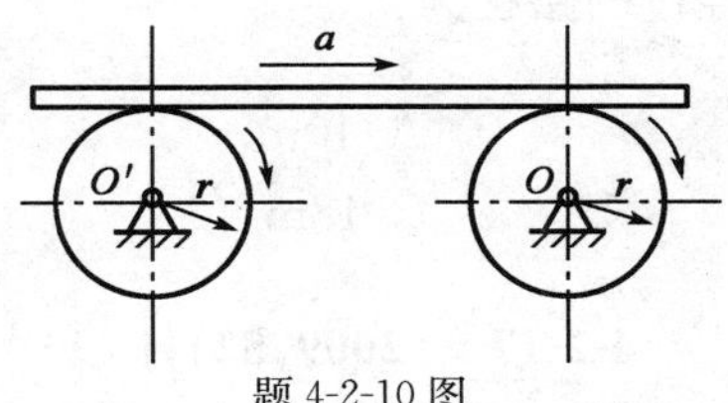

题 4-2-10 图

A. 0.86m/s　　B. 3m/s

C. 0.5m/s　　D. 1.67m/s

4-2-11　**(2011,51)** 当点运动时，若位置矢大小保持不变，方向可变，则其运动轨迹为：

A. 直线　　B. 圆周

C. 任意曲线　　D. 不能确定

4-2-12　**(2011,52)** 刚体做平动时，某瞬时体内各点的速度与加速度为：

A. 体内各点速度不相同，加速度相同

B. 体内各点速度相同，加速度不相同

C. 体内各点速度相同，加速度也相同

D. 体内各点速度不相同，加速度也不相同

4-2-13　**(2011,53)** 在图示机构中，杆 $O_1A=O_2B$，$O_1A /\!/ O_2B$，杆 $O_2C=$ 杆 O_3D，$O_2C /\!/ O_3D$，且 $O_1A=20\text{cm}$，$O_2C=40\text{cm}$，若杆 O_1A 以角速度 $\omega=3\ \text{rad/s}$ 匀速转动，则杆 CD 上任意点 M 速度及加速度的大小为：

A. $60\text{cm/s}; 180\text{cm/s}^2$

B. $120\text{cm/s}; 360\text{cm/s}^2$

C. $90\text{cm/s}; 270\text{cm/s}^2$

D. $120\text{cm/s}; 150\text{cm/s}^2$

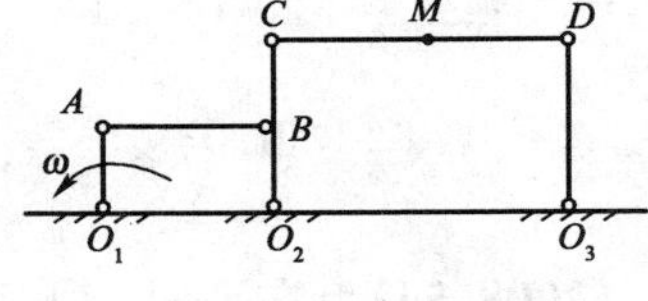

题 4-2-13 图

4-2-14　**(2010,51)** 已知质点沿半径为 40cm 的圆周运动，其运动规律为 $s=20t$（s 以 cm 计，t 以 s 计）。若 $t=1\text{s}$，则点的速度与加速度的大小为：

A. $20\text{cm/s}; 10\sqrt{2}\,\text{cm/s}^2$

B. $20\text{cm/s}; 10\text{cm/s}^2$

C. $40\text{cm/s}; 20\text{cm/s}^2$

D. $40\text{cm/s}; 10\text{cm/s}^2$

4-2-15　**(2010,52)** 已知点的运动方程为 $x=2t$，$y=t^2-t$，则其轨迹方程为：

A. $y=t^2-t$　　B. $x=2t$

C. $x^2-2x-4y=0$　　D. $x^2+2x+4y=0$

4-2-16　(2009,51)若某点按 $s=8-2t^2$（s 以 m 计，t 以 s 计）的规律运动，则 $t=3$s 时点经过的路程为：

A. 10m　　B. 8m

C. 18m　　D. 8m 至 18m 以外的一个数值

4-2-17　(2009,52)杆 $OA=l$，绕固定轴 O 转动，某瞬时杆端 A 点的加速度 a 如图所示，则该瞬时杆 OA 的角速度及角加速度为：

A. $0, \frac{a}{l}$　　B. $\sqrt{\frac{a\cos\alpha}{l}}, \frac{a\sin\alpha}{l}$

C. $\sqrt{\frac{a}{l}}, 0$　　D. $0, \sqrt{\frac{a}{l}}$

4-2-18　(2009,53)绳子的一端绕在滑轮上，另一端与置于水平面上的物块 B 相连（见图）。若物块 B 的运动方程为 $x=kt^2$，其中 k 为常数，轮子半径为 R。则轮缘上 A 点的加速度的大小为：

A. $2k$　　B. $\sqrt{\frac{4k^2t^2}{R}}$

C. $\frac{2k+4k^2t^2}{R}$　　D. $\sqrt{4k^2+\frac{16k^4t^4}{R^2}}$

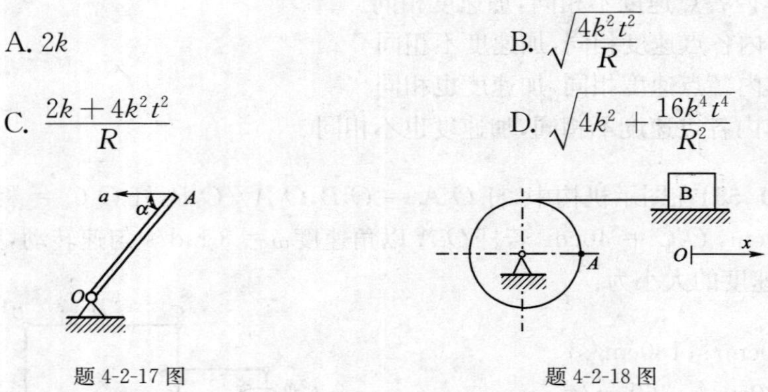

题 4-2-17 图　　题 4-2-18 图

4-2-19　(2008,54)点在平面 xOy 内的运动方程为 $\begin{cases} x=3\cos t \\ y=3-5\sin t \end{cases}$（式中，$t$ 为时间）。点的运动轨迹应为：

A. 直线　　B. 圆　　C. 正弦曲线　　D. 椭圆

4-2-20　(2008,55)杠 $OA=l$，绕定轴 O 以角速度 ω 转动，同时通过 A 端推动滑块 B 沿轴 X 运动（见图）。设分析运动的时间内杆与滑块并不脱离，则滑块的速度 v_B 的大小用杆的转角 φ 与角速度 ω 表示为：

A. $v_B=l\omega\sin\varphi$　　B. $v_B=l\omega\cos\varphi$

C. $v_B=l\omega\cos^2\varphi$　　D. $v_B=l\omega\sin^2\varphi$

4-2-21 (**2008,56**)图示点沿轨迹已知的平面曲线运动时，其速度大小不变，加速度 α 应为：

A. $\alpha_n=\alpha\neq 0$，$\alpha_\tau=0$（α_n：法向加速度，α_τ：切向加速度）

B. $\alpha_n=0$，$\alpha_\tau=\alpha\neq 0$

C. $\alpha_n\neq 0$，$\alpha_\tau\neq 0$，$\alpha_n+\alpha_\tau=\alpha$

D. $\alpha=0$

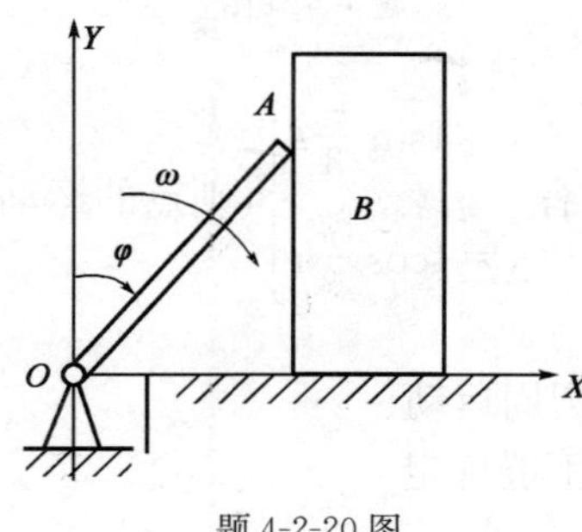

题 4-2-20 图

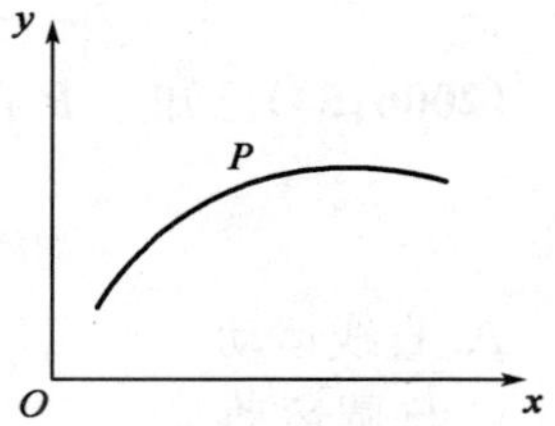

题 4-2-21 图

4-2-22 (**2007,54**)点在铅垂平面 Oxy 内的运行方程 $\begin{cases}x=v_0t\\ y=\dfrac{1}{2}gt^2\end{cases}$，式中，$t$ 为时间，v_0、g 为常数。点的运动轨迹应为：

A. 直线　　B. 圆

C. 抛物线　　D. 直线与圆连接

4-2-23 (**2007,55**)圆轮上绕一细绳，绳端悬挂物块（见图）。物块的速度 v、加速度 a。圆轮与绳的直线段相切之点为 P，该点速度与加速度的大小分别为：

A. $v_p=v$，$a_p>a$　　B. $v_p>v$，$a_p<a$

C. $v_p=v$，$a_p<a$　　D. $v_p>v$，$a_p>a$

4-2-24 (**2007,56**)图示单摆由长 l 的摆杆与摆锤 A 组成，其运动规律 $\varphi=\varphi_0\sin\omega t$。锤 A 在 $t=\dfrac{\pi}{4\omega}$ 秒的速度、切向加速度与法向加速度分别为：

A. $v=\dfrac{1}{2}l\varphi_0\omega$，$a_\tau=-\dfrac{1}{2}l\varphi_0\omega^2$，$a_n=\dfrac{\sqrt{2}}{2}l\varphi_0{}^2\omega^2$

B. $v=\dfrac{1}{2}l\varphi_0\omega$，$a_\tau=\dfrac{1}{2}l\varphi_0\omega^2$，$a_n=-\dfrac{\sqrt{2}}{2}l\varphi_0{}^2\omega^2$

C. $v=\dfrac{\sqrt{2}}{2}l\varphi_0\omega$，$a_\tau=\dfrac{\sqrt{2}}{2}l\varphi_0\omega^2$，$a_n=\dfrac{1}{2}l\varphi_0{}^2\omega^2$

D. $v=\dfrac{\sqrt{2}}{2}l\varphi_0\omega$，$a_\tau=\dfrac{\sqrt{2}}{2}l\varphi_0\omega^2$，$a_n=-\dfrac{1}{2}l\varphi_0{}^2\omega^2$

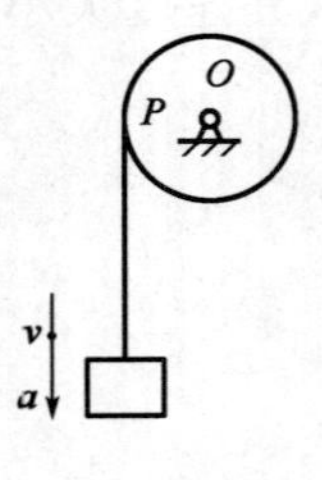

题 4-2-23 图

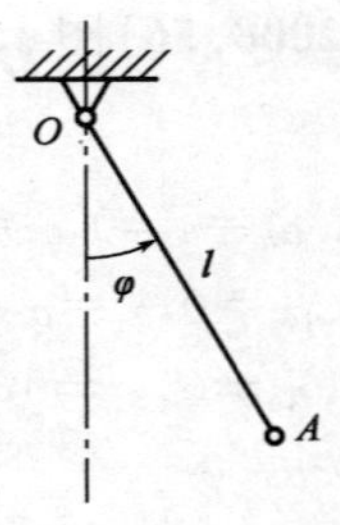

题 4-2-24 图

4-2-25 **(2006,54)**已知点 P 在 Oxy 平面内的运动方程 $\left.\begin{array}{l}x=4\sin\dfrac{\pi}{3}t\\y=4\cos\dfrac{\pi}{3}t\end{array}\right\}$，则点的运动为：

A. 直线运动　　B. 圆周运动
C. 椭圆运动　　D. 不能确定

4-2-26 **(2006,55)**半径 r 的圆盘以其圆心 O 为轴转动，角速度 ω，角加速度为 α。盘缘上点 P 的速度 v_p，切向加速度 $a_{P\tau}$ 与法向加速度 a_{Pn} 的方向如图，它们的大小分别为：

A. $v_p=r\omega, a_{P\tau}=ra, a_{Pn}=r\omega^2$　　B. $v_p=r\omega, a_{P\tau}=ra^2, a_{Pn}=r^2\omega$
C. $v_p=r/\omega, a_{P\tau}=ra^2, a_{Pn}=r\omega^2$　　D. $v_p=r/\omega, a_{P\tau}=ra, a_{Pn}=r\omega^2$

4-2-27 **(2006,56)**图示细直杆 AB 由另二细杆 O_1A 与 O_2B 铰接悬挂。O_1ABO_1 并组成平等四边形。杆 AB 的运动形式为：

A. 平移(或称平动)
B. 绕点 O_1 的定轴转动
C. 绕点 D 的定轴转动($O_1D=DO_2=BC=\dfrac{l}{2}, AB=l$)
D. 圆周运动

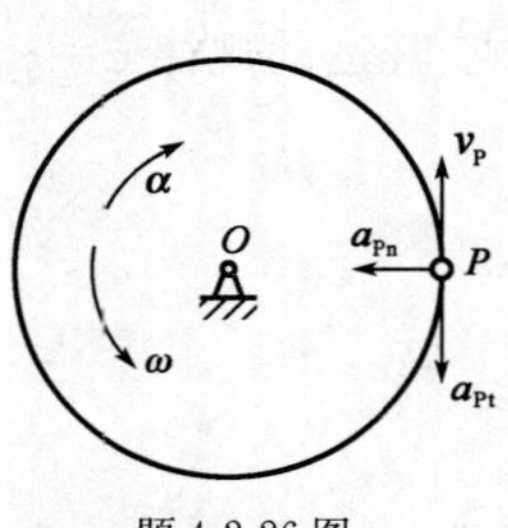

题 4-2-26 图

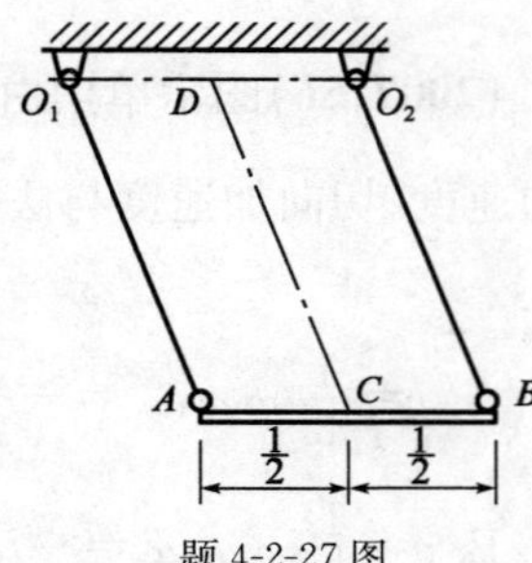

题 4-2-27 图

4-2-28 **(2005,54)**已知点作直线运动，其运动方程为 $x=12-t^3$(x 以 cm 计，t 以秒计)。则点在前 3 秒钟内走过的路程为：

A. 27cm　　B. 15cm　　C. 12cm　　D. 30cm

4-2-29 （2005,55）图示两个相啮合的齿轮，A、B 分别为齿轮 O_1，O_2 上的啮合点，则 A、B 两点的加速度关系是：

A. $a_{A\tau}=a_{B\tau}, a_{An}=a_{Bn}$　　B. $a_{A\tau}=a_{B\tau}, a_{An}\neq a_{Bn}$

C. $a_{A\tau}\neq a_{B\tau}, a_{An}=a_{Bn}$　　D. $a_{A\tau}\neq a_{B\tau}, a_{An}\neq a_{Bn}$

4-2-30 （2005,56）四连杆机构运动到图示位置时，$AB//O_1O_2$，O_1A 杆的角速度为 ω_1，则 O_2B 杆的角速度 ω_2 为：

A. $\omega_2=0$　　B. $\omega_2<\omega_1$

C. $\omega_2>\omega_1$　　D. $\omega_2=\omega_1$

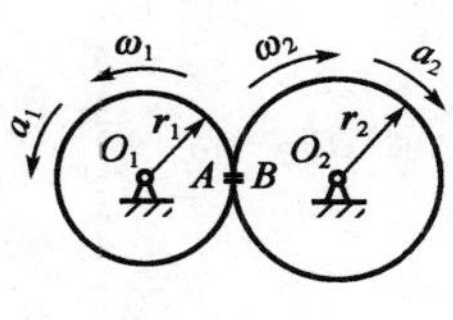

题 4-2-29 图

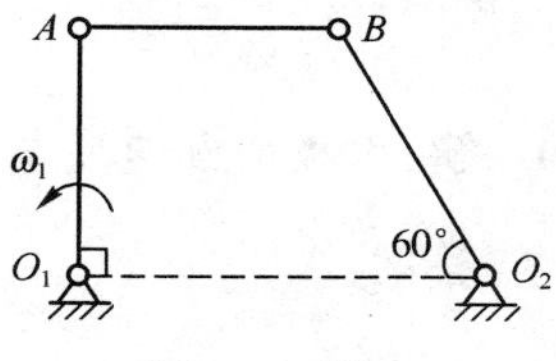

题 4-2-30 图

4-2-31 点作直线运动，已知某瞬时加速度 $a=-2\text{m/s}^2$，$t=1\text{s}$ 时速度为 $v_1=2\text{m/s}$，则 $t=2\text{s}$ 时，该点的速度大小为：

A. 0　　B. -2m/s

C. 4m/s　　D. 无法确定

题解及参考答案

4-2-1 **解：**只有当 $t=1\text{s}$ 时两个点才有相同的坐标。

答案：A

4-2-2 **解：**根据平行移动刚体的定义和特点。（此题 2011 年考过）

答案：C

4-2-3 **解：**根据定轴转动刚体上一点加速度与转动角速度、角加速度的关系：$a_n=\omega^2 l$，$a_\tau=\alpha l$。此题中：$a_n=0$，$a_\tau=a$。

答案：A

4-2-4 **解：**在铅垂平面内垂直于绳的方向列质点运动微分方程（牛顿第二定律），有：

$$ma_n\cos\alpha=mg\sin\alpha$$

答案：C

4-2-5 **解：**将 $t=x$ 代入 y 的表达式。

答案：C

4-2-6 **解**:分别对运动方程 x 和 y 求时间 t 的一阶、二阶导数,再令 $t=0$,且有 $v=\sqrt{\dot{x}^2+\dot{y}^2}$;$a=\sqrt{\ddot{x}^2+\ddot{y}^2}$。

答案:D

4-2-7 **解**:两轮啮合点 A、B 的速度相同,且 $v_A=R_1\omega_1$;$v_B=R_2\omega_2$。

答案:D

4-2-8 **解**:根据公式:$2as=v_t^2-v_0^2$。

答案:D

4-2-9 **解**:根据转动刚体内一点的速度和加速度公式:$v=r\omega$;$a_n=r\omega^2$,且 $\omega=\dot{\varphi}$。

答案:A

4-2-10 **解**:木板的加速度与轮缘一点的切向加速度相等,而 $a_n=r\omega^2=\frac{v^2}{r}=\sqrt{a^2-a_\tau^2}$。

答案:A

4-2-11 **解**:点的运动轨迹为位置矢端曲线。

答案:B

4-2-12 **解**:可根据平行移动刚体的定义判断。

答案:C

4-2-13 **解**:杆 AB 和 CD 均为平行移动刚体,所以 $v_M=v_C=2v_B=2v_A=2\omega\cdot O_1A=120\text{cm/s}$,$a_M=a_C=2a_B=2a_A=2\omega^2\cdot O_1A=360\text{cm/s}^2$。

答案:B

4-2-14 **解**:点的速度、切向加速度和法向加速度分别为:$v=\frac{\mathrm{d}s}{\mathrm{d}t}=20\text{cm/s}$,$a_\tau=\frac{\mathrm{d}v}{\mathrm{d}t}=0$,$a_n=\frac{v^2}{R}=\frac{400}{40}=10\text{cm/s}^2$。

答案:B

4-2-15 **解**:将运动方程中的参数 t 消去,即 $t=\frac{x}{2}$,$y=\left(\frac{x}{2}\right)^2-\frac{x}{2}$,整理得 $x^2-2x-4y=0$。

答案:C

4-2-16 **解**:当 $t=0\text{s}$ 时,$s=8\text{m}$,当 $t=3\text{s}$ 时,$s=-10\text{m}$,点的速度 $v=\frac{\mathrm{d}s}{\mathrm{d}t}=-4t$,即沿与 s 正方向相反的方向从 8m 处经过坐标原点运动到了 -10m 处,故所经路程为 18m。

答案:C

4-2-17 **解**:根据定轴转动刚体上一点加速度与转动角速度、角加速度的关系:$a_n=\omega^2 l$,$a_\tau=\alpha l$,而题中 $a_n=a\cos\alpha=\omega^2 l$,$\omega=\sqrt{\frac{a\cos\alpha}{l}}$,$a_\tau=a\sin\alpha=\alpha l$,$\alpha=\frac{a\sin\alpha}{l}$。

答案:B

4-2-18 **解**:物块B的速度为:$v_B=\frac{dx}{dt}=2kt$;加速度为:$a_B=\frac{d^2x}{dt^2}=2k$;而轮缘点A的速度与物块B的速度相同,即$v_A=v_B=2kt$;轮缘点A的切向加速度与物块B的加速度相同,则$a_A=\sqrt{a_{An}^2+a_{A\tau}^2}=\sqrt{\left(\frac{v_B^2}{R}\right)^2+a_B^2}=\sqrt{\frac{16k^4t^4}{R^2}+4k^2}$。

答案:D

4-2-19 **解**:将两个运动方程平方相加,即可得到轨迹方程$\frac{x^2}{3^2}+\frac{(3-y)^2}{5^2}=1$为一椭圆。

答案:D

4-2-20 **解**:根据解图中速度合成图可知:$v_A=\omega l$,$v_B=v_e=v_A\cos\varphi$。

答案:A

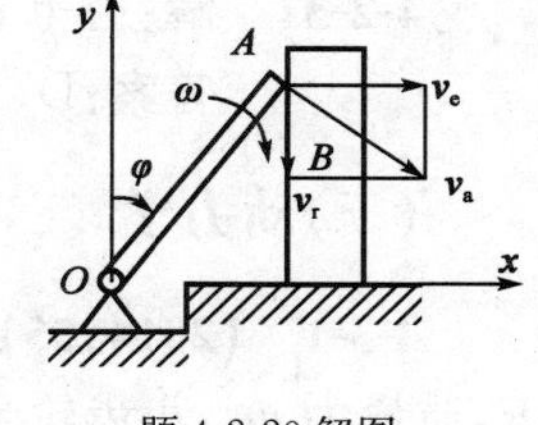

题 4-2-20 解图

4-2-21 **解**:点作匀速曲线运动,其切向加速度为零,法向加速度不为零,即为点的全加速度。

答案:A

4-2-22 **解**:将运动方程中的参数t消去,即$t=\frac{x}{v_0}$;代入方程y,$y=\frac{1}{2}g(\frac{x}{v_0})^2$,为抛物线方程。

答案:C

4-2-23 **解**:定轴转动刚体上P点与绳直线段的速度和切向加速度相同,而P点还有法向加速度,即$a_p=\sqrt{a^2+a_n^2}>a$。

答案:A

4-2-24 **解**:根据定轴转动刚体的转动方程、角速度、角加速度以及刚体上一点的速度、加速度公式:$\omega_{OA}=\dot{\varphi}=\varphi_0\omega\cos\omega t$,$\alpha_{OA}=\ddot{\varphi}=-\varphi_0\omega^2\sin\omega t$,$v=l\omega_{OA}$,$a_\tau=l\alpha_{OA}$,$a_n=l\omega_{OA}^2$。

答案:C

4-2-25 **解**:将两个运动方程平方相加:$x^2+y^2=4^2\left(\sin^2\frac{\pi}{3}t+\cos^2\frac{\pi}{3}t\right)=4^2$,为一圆方程。

答案:B

4-2-26 **解**:根据定轴转动刚体上一点速度、加速度的公式:$v=r\cdot\omega$,$a_\tau=r\cdot\alpha$,$a_n=r\cdot\omega^2$。

答案:B

4-2-27 **解**:根据平移刚体得定义,AB杆在运动过程中,始终与初始位置平行。

答案:A

4-2-28 **解：**点的初始位置在坐标 12cm 处，沿 x 轴负方向运动，3 秒时到达坐标 -15cm处。

答案：A

4-2-29 **解：**两轮啮合点的速度和切向加速度应相等，而两轮半径不同，故法向加速度不同。

答案：B

4-2-30 **解：**可用速度投影定理，通过 A 点的速度求出 B 点速度。

答案：D

4-2-31 **解：**因为 $dv=adt$，故只知 a 的瞬时值，无法通过积分确定 v。

答案：D

(三)动力学

4-3-1 **(2014,55)**图示均质链条传动机构的大齿轮以角速度 ω 转动，已知大齿轮半径为 R，质量为 m_1，小齿轮半径为 r，质量为 m_2，链条质量不计，则此系统的动量为：

A. $(m_1+2m_2)v \rightarrow$　　B. $(m_1+m_2)v \rightarrow$

C. $(2m_1-m_2)v \rightarrow$　　D. 0

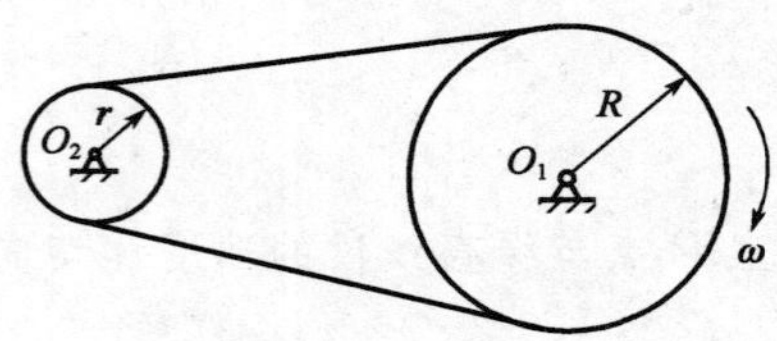

题 4-3-1 图

4-3-2 **(2014,56)**均质圆柱体半径为 R，质量为 m，绕关于对纸面垂直的固定水平轴自由转动，初瞬时静止（G 在 O 轴的沿垂线上），如图所示，则圆柱体在位置 $\theta=90°$时的角速度是：

A. $\sqrt{\frac{g}{3R}}$　　B. $\sqrt{\frac{2g}{3R}}$

C. $\sqrt{\frac{4g}{3R}}$　　D. $\sqrt{\frac{g}{2R}}$

4-3-3 **(2014,57)**质量不计的水平细杆 AB 长为 L，在沿垂图面内绕 A 轴转动，其另一端固连质量为 m 的质点 B，在图示水平位置静止释放。则此瞬时质点 B 的惯性力为：

A. $F_g=mg$　　B. $F_g=\sqrt{2}mg$　　C. 0　　D. $F_g=\frac{\sqrt{2}}{2}mg$

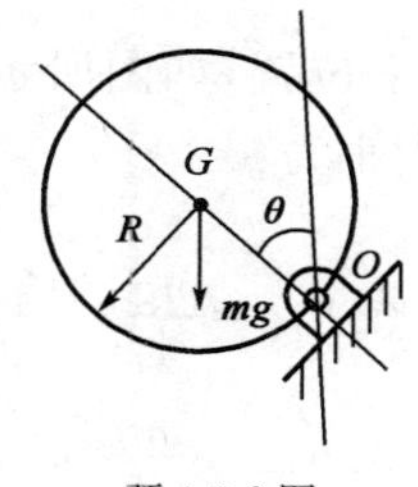

题 4-3-2 图

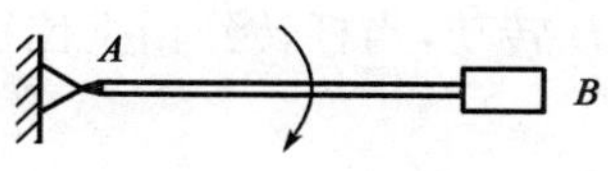

题 4-3-3 图

4-3-4 (2014,58)如图所示系统中，当物块振动的频率比为 1.27 时，k 的值是：

A. 1×10^5 N/m　　B. 2×10^5 N/m

C. 1×10^4 N/m　　D. 1.5×10^5 N/m

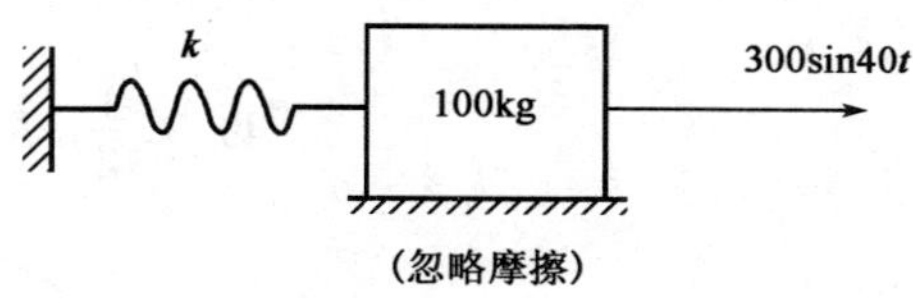

题 4-3-4 图

4-3-5 (2013,54)质量为 m 的物块 A，置于与水平面成 θ 角的斜面 B 上，如图所示。A 与 B 间的摩擦系数为 f，为保持 A 与 B 一起以加速度 a 水平向右运动，则所需的加速度 a 至少是：

A. $a=\dfrac{g(f\cos\theta+\sin\theta)}{\cos\theta+f\sin\theta}$　　B. $a=\dfrac{gf\cos\theta}{\cos\theta+f\sin\theta}$

C. $a=\dfrac{g(f\cos\theta-\sin\theta)}{\cos\theta+f\sin\theta}$　　D. $a=\dfrac{gf\sin\theta)}{\cos\theta+f\sin\theta}$

4-3-6 (2013,55)A 块与 B 块叠放如图所示，各接触面处均考虑摩擦。当 B 块受力 F 作用沿水平面运动时，A 块仍静止于 B 块上，于是：

A. 各接触面处的摩擦力都做负功

B. 各接触面处的摩擦力都做正功

C. A 块上的摩擦力做正功

D. B 块上的摩擦力做正功

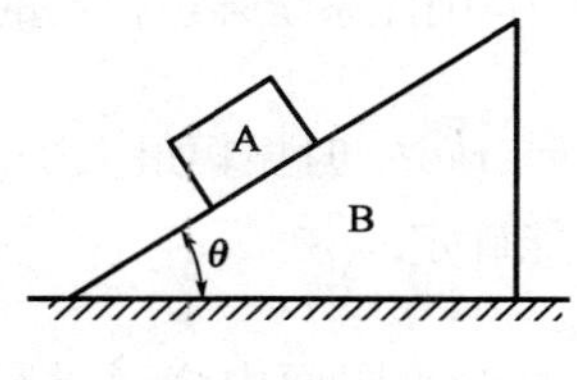

题 4-3-5 图

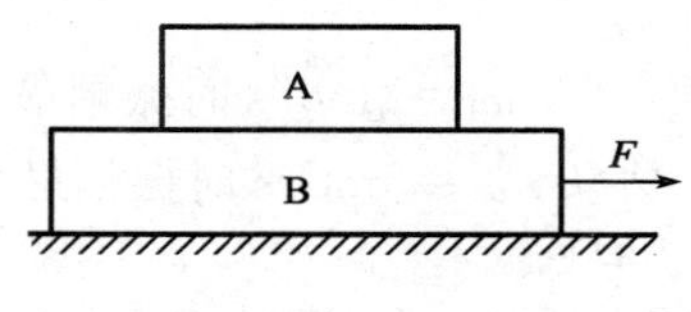

题 4-3-6 图

4-3-7 **(2013,56)**质量为 m，长为 $2l$ 的均质杆初始位于水平位置，如图所示。A 端脱落后，杆绕轴 B 转动，当杆转到铅垂位置时，AB 杆 B 处的约束力大小为：

A. $F_{Bx}=0, F_{By}=0$　　B. $F_{Bx}=0, F_{By}=\frac{mg}{4}$

C. $F_{Bx}=l, F_{By}=mg$　　D. $F_{Bx}=0, F_{By}=\frac{5mg}{2}$

4-3-8 **(2013,57)**质量为 m，半径为 R 的均质圆轮，绕垂直于图面的水平轴 O 转动，其角速度为 ω。在图示瞬时，角加速度为 0，轮心 C 在其最低位置，此时将圆轮的惯性力系向 O 点简化，其惯性力主矢和惯性力主矩的大小分别为：

A. $m\frac{R}{2}\omega^2, 0$　　B. $mR\omega^2, 0$

C. 0,0　　D. $0, \frac{1}{2}mR^2\omega^2$

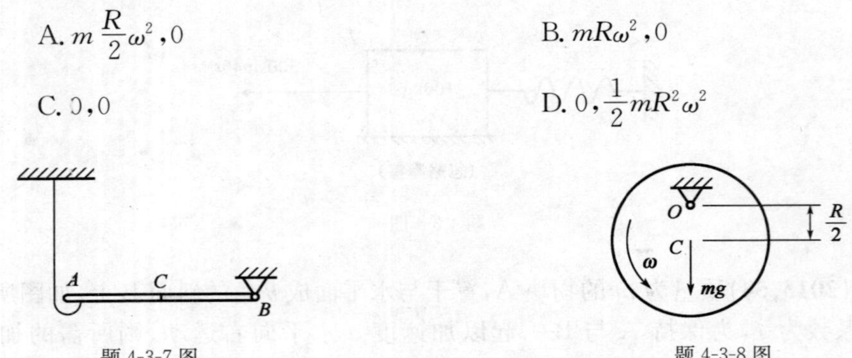

题 4-3-7 图　　题 4-3-8 图

4-3-9 **(2013,58)**质量为 110kg 的机器固定在刚度为 2×10^6 N/m 的弹性基础上，当系统发生共振时，机器的工作频率为：

A. 66.7rad/s　　B. 95.3rad/s

C. 42.6rad/s　　D. 134.8rad/s

4-3-10 **(2012,54)**重为 W 的人乘电梯铅垂上升，当电梯加速上升、匀速上升及减速上升时，人对地板的压力分别为 p_1、p_2、p_3，它们之间的关系为：

A. $p_1=p_2=p_3$　　B. $p_1>p_2>p_3$

C. $p_1<p_2<p_3$　　D. $p_1<p_2>p_3$

4-3-11 **(2012,58)**已知单自由度系统的振动固有频率 $\omega_n=2$rad/s，若在其上分别作用幅值相同而频率为 $\omega_1=1$rad/s；$\omega_2=2$rad/s，$\omega_3=3$rad/s 的简谐干扰力，则此系统强迫振动的振幅为：

A. $\omega_1=1$rad/s 时振幅最大　　B. $\omega_2=2$rad/s 时振幅最大

C. $\omega_3=3$rad/s 时振幅最大　　D. 不能确定

4-3-12 **(2011,54)**图示均质圆轮，质量为 m，半径为 r，在铅垂图面内绕通过圆轮中心 O 的水平轴以匀角速度 ω 转动。则系统动量、对中心 O 的动量矩、动能的大小为：

A. 0； $\frac{1}{2}mr^2\omega$ ； $\frac{1}{4}mr^2\omega^2$　　　　B. $mr\omega$； $\frac{1}{2}mr^2\omega$ ； $\frac{1}{4}mr^2\omega^2$

C. 0； $\frac{1}{2}mr^2\omega$ ； $\frac{1}{2}mr^2\omega^2$　　　　D. 0； $\frac{1}{4}mr^2\omega$ ； $\frac{1}{4}mr^2\omega^2$

4-3-13　(2011,55) 如图所示，两重物 M_1 和 M_2 的质量分别为 m_1 和 m_2，两重物系在不计重量的软绳上，绳绕过均质定滑轮，滑轮半径 r，质量为 M，则此滑轮系统的动量为：

A. $(m_1 - m_2 + \frac{1}{2}M)v\downarrow$　　　　B. $(m_1 - m_2)v\downarrow$

C. $(m_1 + m_2 + \frac{1}{2}M)v\uparrow$　　　　D. $(m_1 - m_2)v\uparrow$

4-3-14　(2011,56) 均质细杆 AB 重力为 $\boldsymbol{P}$、长 $2L$，A 端铰支，B 端用绳系住，处于水平位置，如图所示。当 B 端绳突然剪断瞬时，AB 杆的角加速度大小为：

A. 0　　　B. 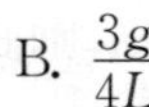 $\frac{3g}{4L}$　　　C. $\frac{3g}{2L}$　　　D. $\frac{6g}{L}$

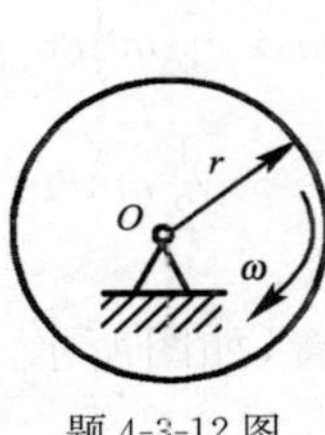

题 4-3-12 图

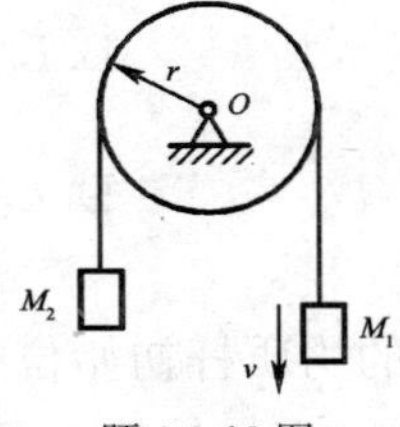

题 4-3-13 图

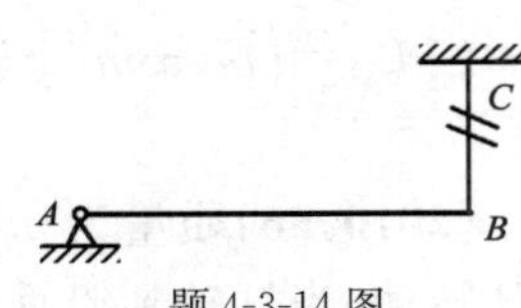

题 4-3-14 图

4-3-15　(2011,57) 质量为 m，半径为 R 的均质圆盘，绕垂直于图面的水平轴 O 转动，其角速度为 ω，在图示瞬时，角加速度为零，盘心 C 在其最低位置，此时将圆盘的惯性力系向 O 点简化，其惯性力主矢和惯性力主矩的大小分别为：

A. $m\frac{R}{2}\omega^2$ ；0　　　B. $mR\omega^2$ ；0　　　C. 0；0　　　D. 0； $\frac{1}{2}mR^2\omega^2$

4-3-16　(2011,58) 图示装置中，已知质量 $m = 200$kg，弹簧刚度 $k = 100$N/cm，则图中各装置的振动周期为：

A. 图 a)装置振动周期最大　　　　B. 图 b)装置振动周期最大

C. 图 c)装置振动周期最大　　　　D. 三种装置振动周期相等

4-3-17　(2010,53) 直角刚杆 OAB 在图示瞬间角速度 ω=2rad/s，角加速度 ε=5rad/s²，若 OA=40cm，AB=30cm，则 B 点的速度大小、法向加速度的大小和切向加速度的大小为：

A. 100cm/s；200cm/s²；250cm/s²

B. 80cm/s²；160cm/s²；200cm/s²

C. 60cm/s²；120cm/s²；150cm/s²

D. 100cm/s²；200cm/s²；200cm/s²

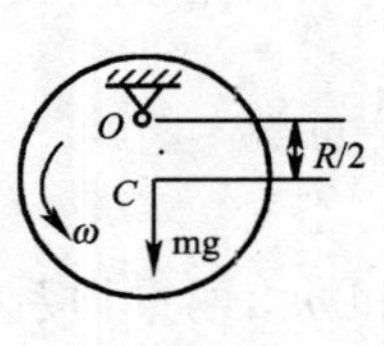

题 4-3-15 图

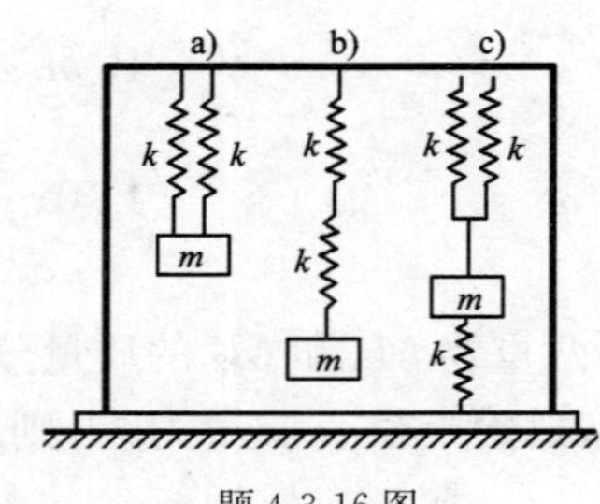

题 4-3-16 图

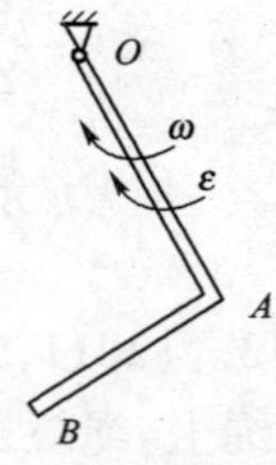

题 4-3-17 图

4-3-18 **(2010,54)**重为 W 的货物由电梯载运下降，当电梯加速下降、匀速下降及减速下降时，货物对地板的压力分别为 R_1、R_2、R_3，它们之间的关系为：

A. $R_1=R_2=R_3$　　B. $R_1>R_2>R_3$

C. $R_1<R_2<R_3$　　D. $R_1<R_2>R_3$

4-3-19 **(2010,55)**如图所示，两重物 M_1 和 M_2 的质量分别为 m_1 和 m_2，两重物系在不计质量的软绳上，绳绕过匀质定滑轮，滑轮半径为 r，质量为 m，则此滑轮系统对转轴 O 之动量矩为：

A. $L_O=\left(m_1+m_2-\frac{1}{2}m\right)rv\downarrow$　　B. $L_O=\left(m_1-m_2-\frac{1}{2}m\right)rv\downarrow$

C. $L_O=\left(m_1+m_2+\frac{1}{2}m\right)rv\downarrow$　　D. $L_O=\left(m_1+m_2+\frac{1}{2}m\right)rv\uparrow$

4-3-20 **(2010,56)**质量为 m，长为 $2l$ 的均质杆初始位于水平位置，如图所示。A 端脱落后，杆绕轴 B 转动，当杆转到铅垂位置时，AB 杆 B 处的约束力大小为：

A. $F_{Bx}=0, F_{By}=0$　　B. $F_{Bx}=0, F_{By}=\frac{mg}{4}$

C. $F_{Bx}=l, F_{By}=mg$　　D. $F_{Bx}=0, F_{By}=\frac{5mg}{2}$

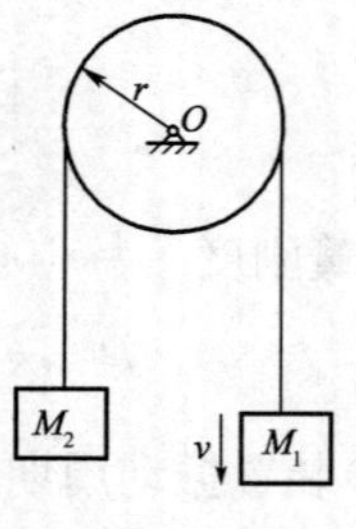

题 4-3-19 图

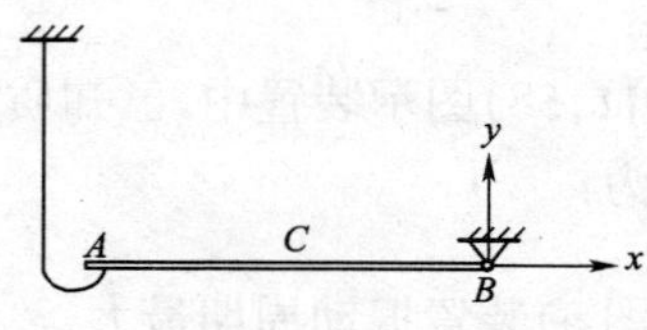

题 4-3-20 图

4-3-21 **(2010,57)**图示均质圆轮，质量为 m，半径为 r，在铅垂图面内绕通过圆盘中心 O 的水平轴转动，角速度为 ω，角加速度为 ε，此时将圆轮的惯性力系向 O 点简化，其惯性力主矢和惯性力主矩的大小分别为：

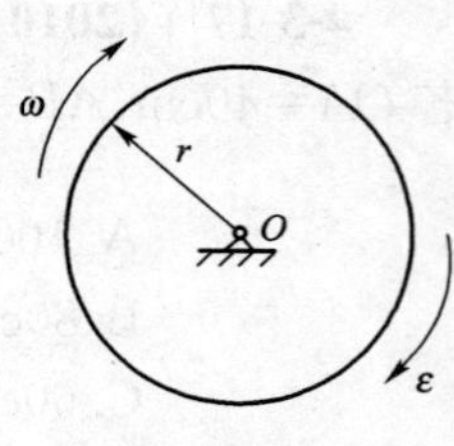

题 4-3-21 图

A. 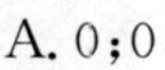0；0　　B. $mr\varepsilon$；$\frac{1}{2}mr^2\varepsilon$

C. 0；$\frac{1}{2}mr^2\varepsilon$　　D. 0；$\frac{1}{4}mr^2\omega^2$

4-3-22　**(2010,58)**5 根弹簧系数均为 k 的弹簧，串联与并联时的等效弹簧刚度系数分别为：

A. $5k$；$\frac{k}{5}$　　B. $\frac{5}{k}$；$5k$

C. $\frac{k}{5}$；$5k$　　D. $\frac{1}{5k}$；$5k$

4-3-23　**(2009,54)**图示质量为 m 的质点 M，受有两个力 F 和 R 的作用，产生水平向左的加速度 a，它在 x 轴方向的动力学方程为：

A. $ma = F - R$　　B. $-ma = F - R$

C. $ma = R + F$　　D. $-ma = R - F$

4-3-24　**(2009,55)**均质圆盘质量为 m，半径为 R，在铅垂平面内绕 O 轴转动，图示瞬时角速度为 ω，则其对 O 轴的动量矩和动能大小分别为：

A. $mR\omega$，$\frac{1}{4}mR\omega$　　B. $\frac{1}{2}mR\omega$，$\frac{1}{2}mR\omega$

C. $\frac{1}{2}mR^2\omega$，$\frac{1}{2}mR^2\omega^2$　　D. $\frac{3}{2}mR^2\omega$，$\frac{3}{4}mR^2\omega^2$

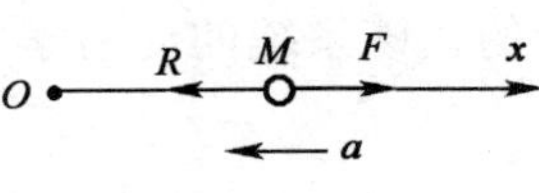

题 4-3-23 图

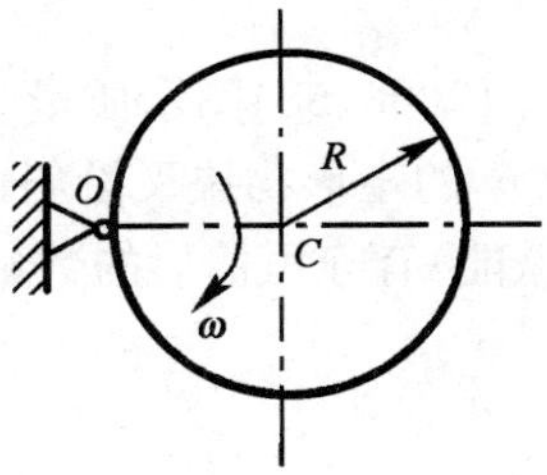

题 4-3-24 图

4-3-25　**(2009,56)**质量为 m，长为 $2l$ 的均质细杆初始位于水平位置，如图所示。A 端脱落后，杆绕轴 B 转动，当杆转到铅垂位置时，AB 杆角加速度的大小为：

A. 0　　B. $\frac{3g}{4l}$　　C. $\frac{3g}{2l}$　　D. $\frac{6g}{l}$

4-3-26　**(2009,57)**均质细杆 AB 重力为 $\boldsymbol{P}$，长为 $2l$，A 端铰支，B 端用绳系住，处于水平位置，如图所示。当 B 端绳突然剪断瞬时，AB 杆的角加速度大小为 $\frac{3g}{4l}$，则 A 处约束力大小为：

A. $F_{Ax} = 0$，$F_{Ay} = 0$　　B. $F_{Ax} = 0$，$F_{Ay} = \frac{P}{4}$

C. $F_{Ax} = P$，$F_{Ay} = \frac{P}{2}$　　D. $F_{Ax} = 0$，$F_{Ay} = P$

4-3-27 **(2009,58)**图示一弹簧质量系统，置于光滑的斜面上，斜面的倾角 α 可以在 $0°\sim 90°$间改变，则随 α 的增大系统振动的固有频率：

A. 增大　　B. 减小

C. 不变　　D. 不能确定

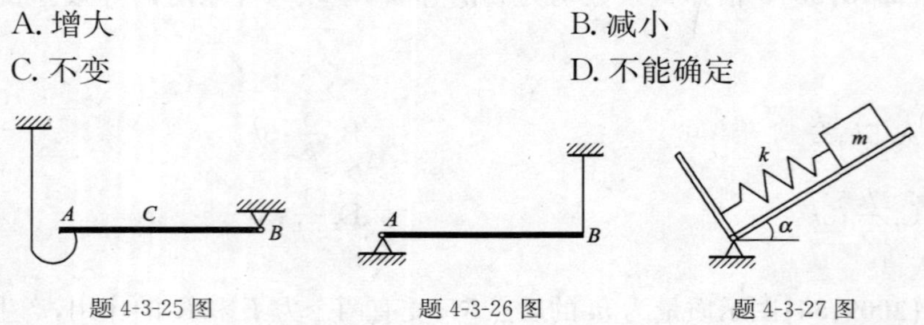

题 4-3-25 图　　题 4-3-26 图　　题 4-3-27 图

4-3-28 **(2008,57)**图示匀质杆 AB 长 l，质量为 m，质心为 C。点 D 距点 A 为 $\frac{1}{4}l$。杆对通过点 D 且垂直于 AB 的轴 y 的转动惯量为：

A. $J_{Dy}=\frac{1}{12}ml^2+m\left(\frac{1}{4}l\right)^2$

B. $J_{Dy}=\frac{1}{3}ml^2+m\left(\frac{1}{4}l\right)^2$

C. $J_{Dy}=\frac{1}{12}ml^2+m\left(\frac{3}{4}l\right)^2$

D. $J_{Dy}=m\left(\frac{1}{4}l\right)^2$

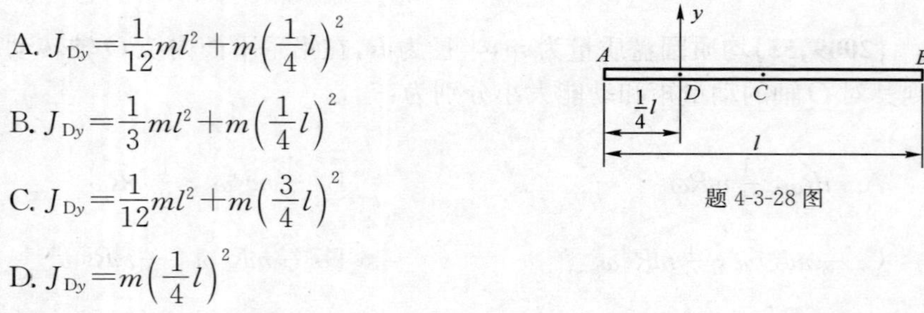

题 4-3-28 图

4-3-29 **(2008,58)**图示质量为 m 的三角形物块，其倾斜角为 θ，可在光滑的水平地面上运动。质量为 m 的矩形物块又沿斜面运动。两块间也是光滑的。该系统的动力学特征(动量、动量矩、机械能)有守恒情形的数量为：

A. 0 个　　B. 1 个　　C. 2 个　　D. 3 个

4-3-30 **(2008,59)**图示质量为 m，半径为 r 的定滑轮 O 上绕有细绳，依靠摩擦使绳在轮上不打滑，并带动滑轮转动。绳之两端均系质量 m 的物块 A 与 B。块 B 放置的光滑斜面倾斜角为 α，$0<\alpha<\frac{\pi}{2}$。假设定滑轮 O 的轴承光滑，当系统在两物块的重力作用下运动时，B 与 O 间，A 与 O 间的绳力 $\boldsymbol{F}_{T1}$ 和 $\boldsymbol{F}_{T2}$ 的大小有关系：

A. $F_{T1}=F_{T2}$　　B. $F_{T1}<F_{T2}$

C. $F_{T1}>F_{T2}$　　D. 只依据已知条件则不能确定

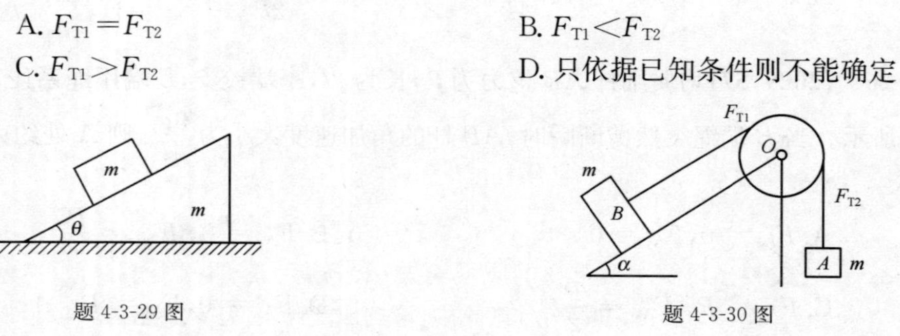

题 4-3-29 图　　题 4-3-30 图

4-3-31 **(2008,60)**图示弹簧—物块直线振动系统中，物块质量 m，两根弹簧的刚度系数各为 k_1 和 k_2。若用一根等效弹簧代替这两根弹簧，则其刚度系数 k 为：

A. $k=\dfrac{k_1k_2}{k_1+k_2}$　　　　B. $k=\dfrac{2k_1k_2}{k_1+k_2}$

C. $k=\dfrac{k_1+k_2}{2}$　　　　D. $k=k_1+k_2$

4-3-32 **(2007,57)**三角形物块沿水平地面运动的加速度为 a，方向如图。物块倾斜角为 α。重 W 的小球在斜面上用细绳拉住，绳另端固定在斜面上。设物块运动中绳不松软，则小球对斜面的压力 F_N 的大小为：

A. $F_N<W\cos\alpha$　　　　B. $F_N>W\cos\alpha$

C. $F_N=W\cos\alpha$　　　　D. 只根据所给条件则不能确定

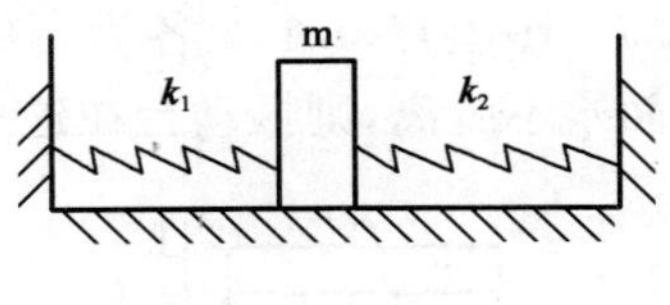

题 4-3-31 图

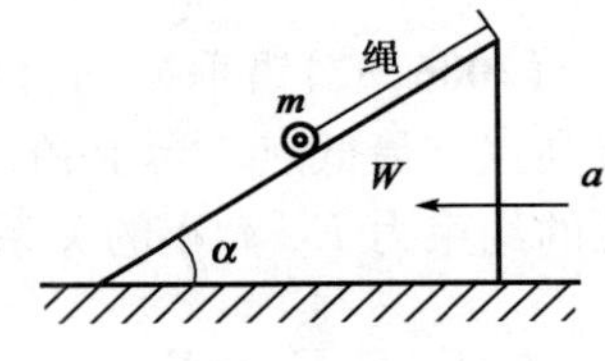

题 4-3-32 图

4-3-33 **(2007,58)**忽略质量的细杆 $OC=l$，其端部固结匀质圆盘。杆上点 C 为圆盘圆心（见图）。盘质量为 m，半径为 r。系统以角速度 ω 绕轴 O 转动。系统的动能是：

A. $T=\dfrac{1}{2}m(l\omega)^2$

B. $T=\dfrac{1}{2}m[(l+r)\omega]^2$

C. $T=\dfrac{1}{2}(\dfrac{1}{2}mr^2)\omega^2$

D. $T=\dfrac{1}{2}(\dfrac{1}{2}mr^2+ml^2)\omega^2$

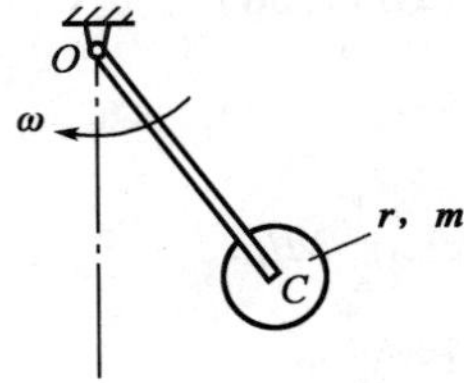

题 4-3-33 图

4-3-34 **(2007,59)**图示弹簧—物块直线振动系统位于铅垂面内。弹簧刚度系数为 k，物块质量为 m。若已知物块的运动微分方程为 $m\ddot{x}+kx=0$，则描述运动的坐标 Ox 的坐标原点应为：

A. 弹簧悬挂处点 O_1

B. 弹簧原长 l_0 处之点 O_2

C. 弹簧由物块重力引起静伸长 δ_{st}之点 O_3

D. 任意点皆可

4-3-35 **(2007,61)**图示两重物的质量均为 m，分别系在两软绳上。此两绳又分别绕在半径各为 r 与 $2r$ 并固结在一起的两轮上。两圆轮构成之鼓轮的质量亦为 m，对轴 O 的回转半径

为 ρ_O。两重物中一铅垂悬挂，一置于光滑平面上。当系统在左重物重力作用下运动时，鼓轮的角加速度 α 为：

A. $\alpha=\dfrac{2gr}{5r^2+\rho_O{}^2}$　　B. $\alpha=\dfrac{2gr}{3r^2+\rho_O{}^2}$

C. $\alpha=\dfrac{2gr}{\rho_O{}^2}$　　D. $\alpha=\dfrac{gr}{5r^2+\rho_O{}^2}$

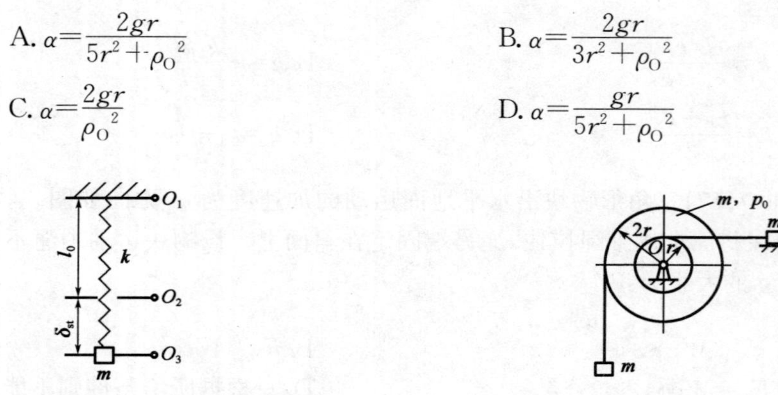

题 4-3-34 图　　题 4-3-35 图

4-3-36　**(2006,57)**铅垂振动台的运动规律 $y=a\sin\omega t$。图上点 0,1,2 各为台的平衡位置。振动最高点与最低点。台上颗粒重 W。设颗粒与台面永不脱离，则振动台在这三个位置作用于颗粒的约束力 F_N 大小的关系为：

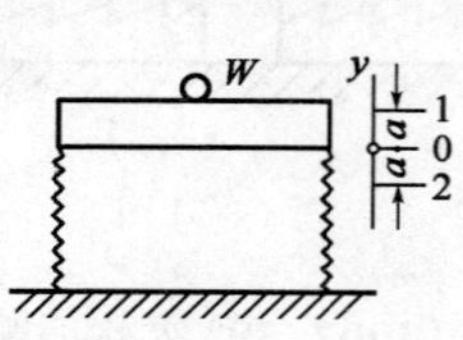

A. $F_{N1}<F_{N0}=W<F_{N2}$

B. $F_{N1}>F_{N0}=W>F_{N2}$

C. $F_{N1}=F_{N0}=F_{N2}=W$

D. $F_{N1}=F_{N2}<F_{N0}=W$

题 4-3-36 图

4-3-37　**(2006,58)**匀质杆 OA 质量为 M，长为 l，角速度为 ω，如图所示。则其动量大小为：

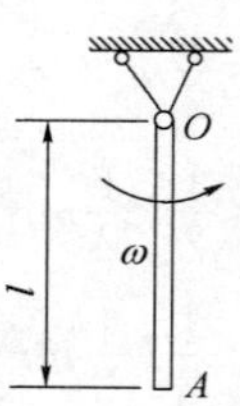

A. $\dfrac{1}{2}Ml\omega$

B. $Ml\omega$

C. $\dfrac{1}{3}Ml\omega$

D. $\dfrac{1}{4}Ml\omega$

题 4-3-37 图

4-3-38　**(2006,59)**匀质杆质量为 m，长 $OA=l$，在铅垂面内绕定轴 O 转动。杆质心 C 处连接刚度系数 k 较大的弹簧，弹簧另端固定。图示位置为弹簧原长，当杆由此位置逆时针方向转动时，杆上 A 点的速度为 v_A，若杆落至水平位置的角速度为零，则 v_A 的大小应为：

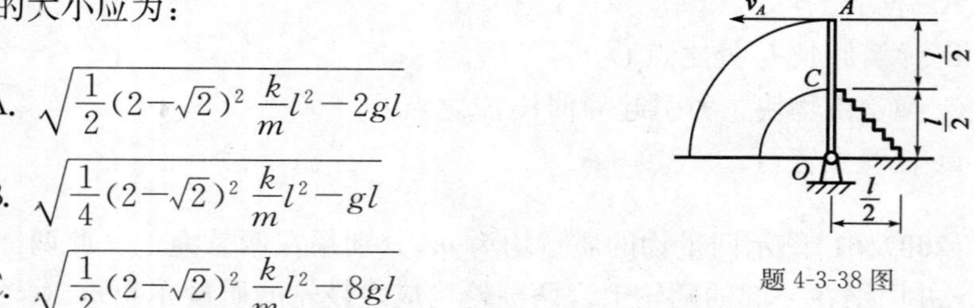

A. $\sqrt{\dfrac{1}{2}(2-\sqrt{2})^2\dfrac{k}{m}l^2-2gl}$

B. $\sqrt{\dfrac{1}{4}(2-\sqrt{2})^2\dfrac{k}{m}l^2-gl}$

C. $\sqrt{\dfrac{1}{2}(2-\sqrt{2})^2\dfrac{k}{m}l^2-8gl}$

题 4-3-38 图

D. $\sqrt{\frac{3}{4}(2-\sqrt{2})^2\frac{k}{m}l^2-3gl}$

4-3-39 **(2006,60)**质点质量 m，悬挂质点的弹簧刚度系数 k（如图所示），系统作直线自由振动的固有频率 ω_0 与周期 T 的正确表达式为：

A. $\omega_0=\frac{k}{m}, T=\frac{1}{\omega_0}$

B. $\omega_0=\frac{m}{k}, T=\frac{2\pi}{\omega_0}$

C. $\omega_0=\sqrt{\frac{m}{k}}, T=\frac{1}{\omega_0}$

D. $\omega_0=\sqrt{\frac{k}{m}}, T=\frac{2\pi}{\omega_0}$

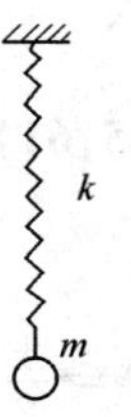

题 4-3-39 图

4-3-40 **(2005,57)**自由质点受力作用而运动时，质点的运动方向是：

A. 作用力的方向
B. 加速度的方向
C. 速度的方向
D. 初速度的方向

4-3-41 **(2005,58)**图示均质细直杆 AB 长为 l，质量为 m，图示瞬时点 A 处的速度为 $\boldsymbol{v}$，则杆 AB 的动量大小为：

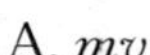

A. mv
B. $2mv$
C. $\sqrt{2}mv$
D. $\frac{mv}{\sqrt{2}}$

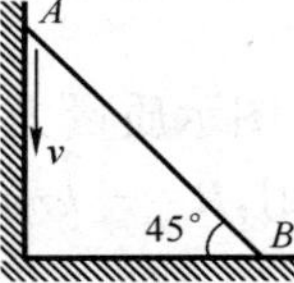

题 4-3-41 图

4-3-42 **(2005,59)**在上题图中，杆 AB 在该位置的动能为：

A. $\frac{1}{2}mv^2$

B. $\frac{1}{3}mv^2$

C. $\frac{2}{3}mv^2$

D. $\frac{4}{3}mv^2$

4-3-43 **(2005,60)**均质细直杆 OA 长为 l，质量为 m，A 端固结一质量为 m 的小球（不计尺寸），如图所示。当 OA 杆以匀角速度绕 O 轴转动时，该系统对 O 轴的动量矩为：

A. $\frac{1}{3}ml^2\omega$

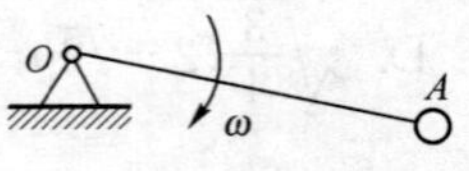

题 4-3-43 图

B. $\frac{2}{3}ml^2\omega$

C. $ml^2\omega$

D. $\frac{4}{3}ml^2\omega$

4-3-44 **(2005,61)**在上题图中，将系统的惯性力系向O点简化，其主矢$\boldsymbol{F}_{\mathrm{I}}$和主矩$\boldsymbol{M}_{\mathrm{IO}}$的数值分别为：

A. $F_{\mathrm{I}}=\frac{1}{2}ml\omega^2, M_{\mathrm{IO}}=0$

B. $F_{\mathrm{I}}=\frac{3}{2}ml\omega^2, M_{\mathrm{IO}}=0$

C. $F_{\mathrm{I}}=\frac{1}{2}ml\omega^2, M_{\mathrm{IO}}\neq 0$

D. $F_{\mathrm{I}}=\frac{3}{2}ml\omega^2, M_{\mathrm{IO}}\neq 0$

4-3-45 图示A物重力的大小$P=20\mathrm{N}$，B物重力的大小$Q=30\mathrm{N}$，滑轮C、D不计质量，并略去各处摩擦，则绳水平段的拉力为：

A. 30N　　　　B. 20N

C. 16N　　　　D. 24N

4-3-46 图示质量为m的物体自高H处水平抛出，运动中受到与速度一次方成正比的空气阻力$\boldsymbol{R}$作用，$\boldsymbol{R}=-km\boldsymbol{v}$，$k$为常数。则其运动微分方程为：

A. $m\ddot{x}=-km\dot{x}, m\ddot{y}=-km\dot{y}-mg$

B. $m\ddot{x}=km\dot{x}, m\ddot{y}=km\dot{y}-mg$

C. $m\ddot{x}=-km\dot{x}, m\ddot{y}=km\dot{y}-mg$

D. $m\ddot{x}=-km\dot{x}, m\ddot{y}=-km\dot{y}+mg$

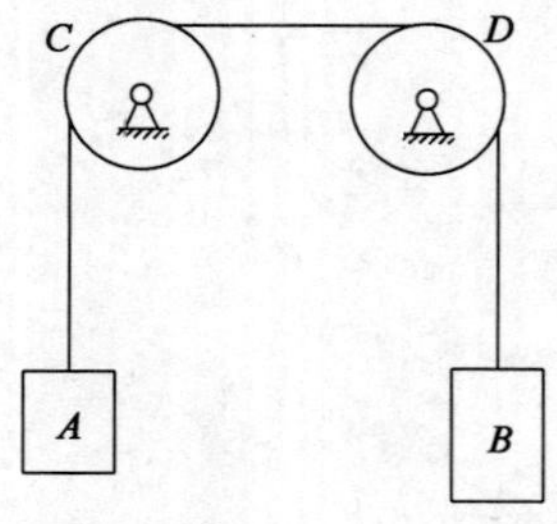

题 4-3-45 图

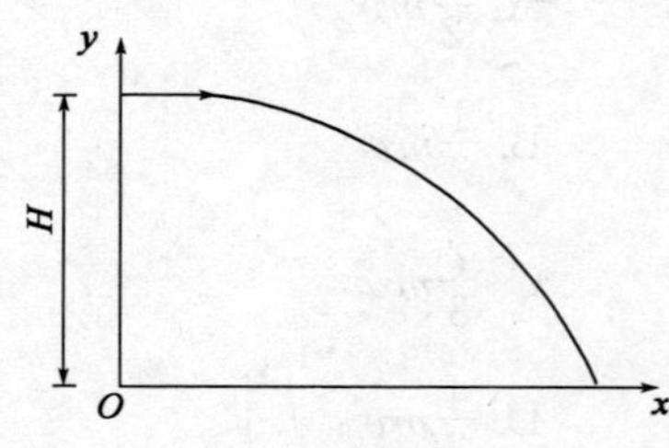

题 4-3-46 图

题解及参考答案

4-3-1 **解**:两轮质心的速度均为零,动量为零,链条不计质量。

答案:D

4-3-2 **解**:根据动能定理:$T_2 - T_1 = W_{12}$,其中 $T_1 = 0$(初瞬时静止),$T_2 = \frac{1}{2} \cdot \frac{3}{2} mR^2 \omega^2$,$W_{12} = mgR$,代入动能定理可得结果。

答案:C

4-3-3 **解**:杆水平瞬时,其角速度为零,加在物块上的惯性力铅垂向上,列平衡方程 $\sum M_O(F)=0$,则有 $(F_g - mg)l = 0$,所以 $F_g = mg$。

答案:A

4-3-4 **解**:已知频率比 $\frac{\omega}{\omega_0} = 1.27$,且 $\omega = 40$ rad/s,$\omega_0 = \sqrt{\frac{k}{m}}$($m =$ 100kg);

所以,$k = (\frac{40}{1.27})^2 \times 100 = 9.9 \times 10^4 \approx 1 \times 10^5 \text{N/m}$。

答案:A

4-3-5 **解**:可在 A 上加一水平向左的惯性力,根据达朗贝尔原理,物块 A 上作用的重力 mg、法向约束力 F_N、摩擦力 F 以及大小为 ma 的惯性力组成平衡力系,沿斜面列平衡方程,当摩擦力 $F = ma\cos\theta + mg\sin\theta \leqslant F_N f(F_N = mg\cos\theta - ma\sin\theta)$ 时可保证 A 与 B 一起以加速度 a 水平向右运动。

答案:C

4-3-6 **解**:物块 A 上的摩擦力水平向右,使其向右运动,故做正功。

答案:C

4-3-7 **解**:杆位于铅垂位置时有 $J_B\alpha = M_B = 0$;故角加速度 $\alpha=0$;而角速度可由动能定理:$\frac{1}{2}J_B\omega^2 = mgl$,得 $\omega^2 = \frac{3g}{2l}$。则质心的加速度为:$a_{Cx} = 0, a_{Cy} = l\omega^2$。根据质心运动定理,有 $ma_{Cx} = F_{Bx}, ma_{Cy} = F_{By} - mg$,便可得最后结果。

答案:D

4-3-8 **解**:根据定义,惯性力系主矢的大小为:$ma_C = m\frac{R}{2}\omega^2$;主矩的大小为:$J_O\alpha=0$。

答案:A

4-3-9 **解**:发生共振时,系统的工作频率与其固有频率相等,为 $\sqrt{\frac{k}{m}} = \sqrt{\frac{2\times10^6}{110}} =$ 134.8rad/s。

答案:D

4-3-10　解:根据牛顿第二定律。

答案:B

4-3-11　解:干扰力的频率与系统固有频率相等时将发生共振。

答案:B

4-3-12　解:根据动量、动量矩、动能的定义,刚体做定轴转动时:

$$\boldsymbol{p}=m\boldsymbol{v}_C, L_O=J_O\omega, T=\frac{1}{2}J_O\omega^2$$

此题中,$v_C=0, J_O=\frac{1}{2}mr^2$。

答案:A

4-3-13　解:根据动量的定义 $\boldsymbol{p}=\sum m_i\boldsymbol{v}_i$,所以,$p=(m_1-m_2)v$(向下)。

答案:B

4-3-14　解:用定轴转动微分方程 $J_A\varepsilon=M_A(F)$,见图,$\frac{1}{3}\frac{P}{g}(2L)^2\varepsilon=PL$,所以角加速度 $\varepsilon=\frac{3g}{4L}$。

题 4-3-14 解图

答案:B

4-3-15　解:根据定轴转动刚体惯性力系向 O 点简化的结果,其主矩大小为 $M_{IO}=J_O\alpha=0$,主矢大小为 $F_I=ma_C=m\cdot\frac{R}{2}\omega^2$。

答案:A

4-3-16　解:装置 a)、b)、c)的自由振动频率分别为 $\omega_{0a}=\sqrt{\frac{2k}{m}}$;$\omega_{0b}=\sqrt{\frac{k}{2m}}$;$\omega_{0c}=\sqrt{\frac{3k}{m}}$,周期 $T=\frac{2\pi}{\omega_0}$。

答案:B

4-3-17　解:根据定轴转动刚体上一点速度、加速度与转动角速度、角加速度的关系,$v_B=OB\cdot\omega=50\times2=100\text{cm/s}$,$a_B^t=OB\cdot\varepsilon=50\times5=250\text{cm/s}$,$a_B^n=OB\cdot\omega^2=50\times2^2=200\text{cm/s}$。

答案:A

4-3-18　解:根据质点运动微分方程 $m\boldsymbol{a}=\sum\boldsymbol{F}$,当货物加速下降、匀速下降和减速下降时,加速度分别向下、为零、向上,代入公式有 $ma=W-R_1$,$0=W-R_2$,$-ma=W-R_3$。

答案:C

4-3-19 **解:**根据动量矩定义和公式：$L_O = M_O(m_1 v) + M_O(m_2 v) + J_{O轮}\omega = m_1 vr + m_2 r + \frac{1}{2}mr^2\omega, \omega = \frac{v}{r}, L_O = (m_1 + m_2 + \frac{1}{2}m)rv$。

答案:C

4-3-20 **解:**根据动能定理，当杆从水平转动到铅垂位置时，$T_1 = 0$；$T_2 = \frac{1}{2}J_B\omega^2 = \frac{1}{2} \cdot \frac{1}{3}m(2l)^2\ \omega^2 = \frac{2}{3}ml^2\omega^2$；$W_{12} = mgl$，代入 $T_2 - T_1 = W_{12}$，得 $\omega^2 = \frac{3g}{2l}$。

再根据定轴转动微分方程：$J_B\alpha = M_B(F) = 0, \alpha = 0$

质心运动定理：$a_{Ct} = l\alpha = 0, a_{Cn} = 1\omega^2 = \frac{3g}{2}$

受力如图：$ml\omega^2 = F_{By} - mg, F_{By} = \frac{5}{2}mg, F_{Bx} = 0$

题 4-3-20 解图

答案:D

4-3-21 **解:**根据定轴转动刚体惯性力系的简化结果，惯性力主矢和主矩的大小分别为 $F_I = ma_C = 0, M_{IO} = J_O\varepsilon = \frac{1}{2}mr^2\varepsilon$。

答案:C

4-3-22 **解:**根据串、并联弹簧等效弹簧刚度的计算公式。

答案:C

4-3-23 **解:**将动力学矢量方程 $ma = F + R$，在 x 方向投影，有 $-ma = F - R$。

答案:B

4-3-24 **解:**根据定轴转动刚体动量矩和动能的公式：$L_O = J_O\omega, T = \frac{1}{2}J_O\omega^2$，其中：$J_O = \frac{1}{2}mR^2 + mR^2 = \frac{3}{2}mR^2, L_O = \frac{3}{2}mR^2\omega, T = \frac{3}{4}mR^2\omega$。

答案:D

4-3-25 **解:**根据定轴转动微分方程 $J_B\alpha = M_B(F)$，当杆转动到铅垂位置时，受力见题解图，杆上所有外力对 B 点的力矩为零，即 $M_B(F) = 0$。

答案:A

4-3-26 **解:**绳剪断瞬时(见图)，杆的 $\omega = 0, \alpha = \frac{3g}{4l}$；则质心的加速度 $a_{Cx} = 0, a_{Cy} = \alpha l = \frac{3g}{4}$。根据质心运动定理：$\frac{P}{g}a_{Cy} = P - F_{Ay}, F_{Ax} = 0, F_{Ay} = P - \frac{P}{g} \times \frac{3}{4}g = \frac{P}{4}$。

答案:B

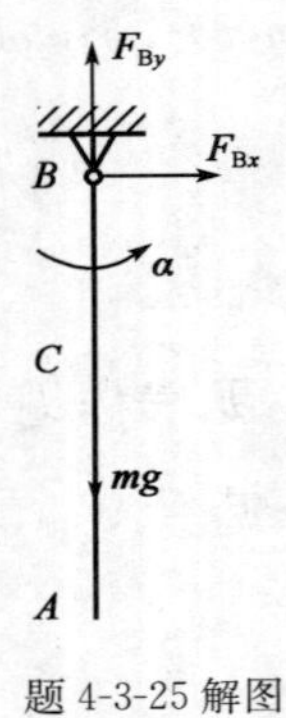

题 4-3-25 解图

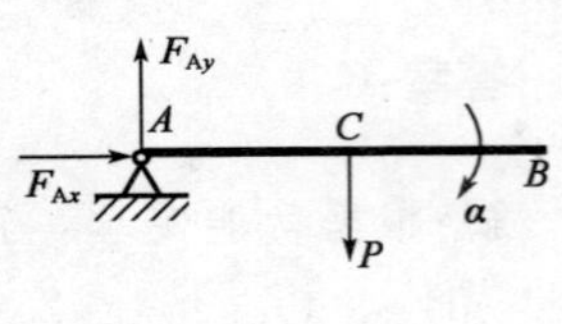

题 4-3-26 解图

4-3-27 **解**:质点振动的固有频率与倾角无关。

答案:C

4-3-28 **解**:根据平行移轴公式:

$$J_{Dy}=J_{Cy}+md^2=\frac{1}{12}ml^2+m\left(\frac{l}{4}\right)^2$$

答案:A

4-3-29 **解**:因为整个系统水平方向所受外力为零,即$\sum F_x=0$,所以系统在x方向动量守恒,又因为做功的力为保守力,故系统机械能守恒。

答案:C

4-3-30 **解**:在右侧物体重力作用下,滑轮顺时针方向转动,故轮上作用的合力矩应有:$(F_{T2}-F_{T1})r>0$,即$F_{T1}<F_{T2}$。

答案:B

4-3-31 **解**:系统为并联弹簧,其等效的弹簧刚度应为两弹簧刚度之和。

答案:D

4-3-32 **解**:小球受力如图,应用牛顿第二定律:沿垂直于斜面方向,$\frac{W}{g}a\sin\alpha=F'_N-W\cos\alpha$;所以$F_N=F'_N=\frac{W}{g}a\sin\alpha+W\cos\alpha>W\cos\alpha$。

答案:B

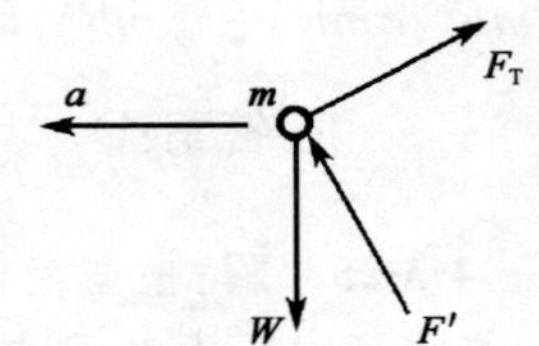

题 4-3-32 解图

4-3-33 **解**:圆盘绕轴O作定轴转动,其动能为$T=\frac{1}{2}J_O\omega^2$。

答案:D

4-3-34 **解**:根据微分方程的推导过程。

答案:C

4-3-35 **解**:应用动能定理:$T_2-T_1=W_{12}$。若设重物A下降h时鼓轮的角速度为ω_O,则

系统的动能为 $T_2=\frac{1}{2}mv_A^2+\frac{1}{2}mv_B^2+\frac{1}{2}J_O\omega_O^2$，$T_1=$ 常量。其中 $v_A=2r\omega_O$；$v_B=r\omega_O$；$J_O=m\rho_0^2$。力所做的功为 $W_{12}=mgh$。

代入动能定理

$$\frac{5}{2}mr^2\omega_O^2+\frac{1}{2}m\rho_0^2\omega_O^2-T_1=mgh$$

将上式的等号两边同时对时间 t 求导数，可得：

$$5mr^2\omega_O\alpha+\frac{1}{2}m\rho_0^2\omega_O\alpha=mg\dot{h}$$

式中，$\dot{h}=v_A=2r\omega_O$，则鼓轮的角加速度为 $\alpha=\frac{2rg}{5r^2+\rho_0^2}$。

答案：A

4-3-36 **解**：应用牛顿第二定律：$\frac{W}{g}\ddot{y}=F_N-W$，0 位置时 $\ddot{y}<0$；1 位置时 $\ddot{y}<0$；2 位置时 $\ddot{y}>0$；因此 $F_{N0}=W$，$F_{N1}<W$，$F_{N2}>W$。

答案：A

4-3-37 **解**：动量的大小等于杆 AB 的质量乘以其质心速度的大小，即 $M\cdot\frac{l}{2}w$。

答案：A

4-3-38 **解**：应用动能定理 $T_2-T_1=W_{12}$，其中：$T_2=0$；$T_1=\frac{1}{2}\cdot\frac{1}{3}ml^2\left(\frac{V_A}{l}\right)^2$；$W_{12}=mg\frac{l}{2}-\frac{1}{2}k\left(l-\frac{\sqrt{2}l}{2}\right)^2$。

答案：D

4-3-39 **解**：根据公式：$\omega_0=\sqrt{\frac{k}{m}}$；$T=\frac{2\pi}{\omega_0}$。

答案：A

4-3-40 **解**：质点的运动方向应与速度方向一致。

答案：C

4-3-41 **解**：动量的大小等于杆 AB 的质量乘以其质心速度的大小。

答案：D

4-3-42 **解**：杆 AB 作平面运动，根据动能的定义求解。

答案：B

4-3-43 **解**:动量矩 $L_O=\frac{1}{3}ml^2\omega+ml^2\omega$。

答案:D

4-3-44 **解**:惯性力系向 O 点简化时,其 $\boldsymbol{F}_I=m\boldsymbol{a}_C$,$M_{IO}=J_O\alpha$。

答案:B

4-3-45 **解**:利用牛顿第二定律求解。

答案:D

4-3-46 **解**:应用牛顿第二定律。

答案:A

五、材 料 力 学

复 习 指 导

根据“考试大纲”的要求，结合以往的考试，考生在复习材料力学部分时，应注意以下几点。

(1)轴向拉伸和压缩部分重点考查基本概念，考题以概念类、记忆类、简单计算类为主。

(2)剪切和挤压实用计算部分，受力分析和破坏形式是重点，剪切面和挤压面的区分是难点，挤压面面积的计算容易混淆，考试题以概念题、比较判别题和简单计算题为主。

(3)扭转部分考题以概念、记忆和一般计算为主，对于实心圆截面和空心圆截面两种情形，截面上剪应力的分布、极惯性矩与抗扭截面系数计算要严格区分。

(4)截面的几何性质部分的考试题，侧重于平行移轴公式的应用，形心主轴概念的理解和有一对称轴的组合截面惯性矩的计算步骤与计算方法。

(5)弯曲内力部分考试题主要考查作 Q、M 图的熟练程度，熟练掌握用简便法计算指定截面的 Q、M 和用简便法作 Q、M 图是这部分的关键所在。

(6)弯曲应力部分考试题重点考查：①正应力最大的危险截面、剪应力最大的危险截面的确定；②梁受拉侧、受压侧的判断，对于U形、T形等截面中性轴为非对称轴的情形尤其重要；③焊接工字形截面梁三类危险点的确定，即除了正应力危险点、剪应力危险点外，还有一类危险点，即在 M、Q 均较大的截面上腹板与翼缘交界处的点；但该类危险点处于复杂应力状态，需要用强度理论进行强度计算。题型以分析、计算为主。

(7)弯曲变形部分考试题重点考查给定梁的边界条件和连续条件的正确写法和用叠加法求梁的位移的灵活应用。叠加法有三方面的应用：①荷载分解、变形或位移叠加，这是叠加法的直接应用；②计算梁不变形部分的位移的叠加法，就是变形部分的位移叠加上不变形部分的位移；③逐段刚化法，是上面两种方法的进一步延拓。

(8)应力状态与强度理论部分考试题重点测试：①应力状态的有关概念；②主应力、最大剪应力的计算；③主应力、最大剪应力计算与强度理论的综合应用；④在各种应力状态下，尤其是单向应力状态、纯剪切应力状态下材料的破坏原因分析。考试题多属于概念理解、分析计算类。

(9)组合变形部分考试题重点考查：①各种基本变形组合时的分析方法；②对于有两根对称轴、四个角点的截面杆，在斜弯曲、拉(压)弯曲、偏心拉(压)时最大正应力计算；③用强度理论解决弯-扭组合变形的强度计算问题。

(10)压杆稳定部分考试题重点测试：①压杆稳定性的概念，压杆的极限应力不但与材料有关，而且与 λ 有关，而 λ 又与长度、支承情况、截面形状和尺寸有关；②压杆临界应力的计算思路，即先计算压杆在两个形心主惯性平面内的柔度，取其中最大的一个作为依据，再根据该最大柔度的范围选择适当的临界应力计算公式计算临界应力。考试题多属概念类和比较判别类。

本章的重点是弯曲内力、弯曲应力、应力状态、强度理论以及压杆稳定,其他各部分均有考题,覆盖了全部内容。

材料力学本身概念性很强,基本内容要求相当熟练,少数部分内容如应力状态分析和压杆稳定还要求能深入进行分析。一般来说,计算都不复杂,但因题量大,时间紧,所以不会涉及很复杂的计算。

练习题、题解及参考答案

(一)概论

5-1-1 **(2009,59)**在低碳钢拉伸实验中,冷作硬化现场发生在:

A. 弹性阶段
B. 屈服阶段
C. 强化阶段
D. 局部变形阶段

5-1-2 图示三种金属材料拉伸时的 σ-ε 曲线,下列中的哪一组判断三曲线的特性是正确的?

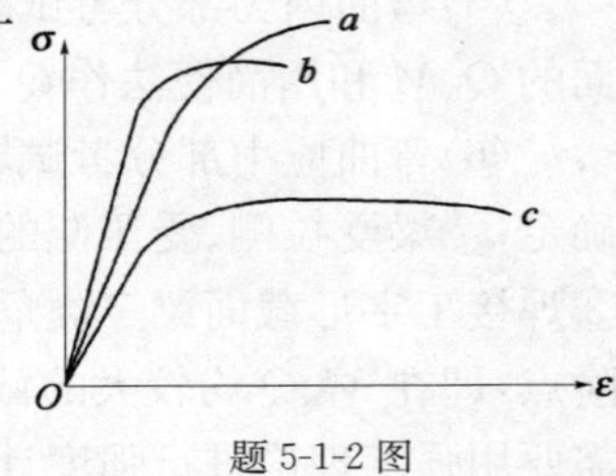

题 5-1-2 图

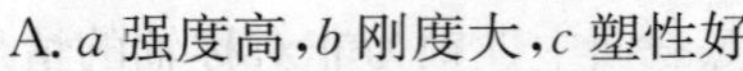

A. a 强度高,b 刚度大,c 塑性好
B. b 强度高,c 刚度大,a 塑性好
C. c 强度高,b 刚度大,a 塑性好
D. 无法判断

5-1-3 对低碳钢试件进行拉伸试验,测得其弹性模量E=200GPa。当试件横截面上的正应力达到 320MPa 时,测得其轴向线应变 $\varepsilon=3.6\times10^{-3}$,此时开始卸载,直至横截面上正应力 $\sigma=0$。最后试件中纵向塑性应变(残余应变)是:

A. 2.0×10^{-3}　　B. 1.5×10^{-3}
C. 2.3×10^{-3}　　D. 3.6×10^{-3}

题解及参考答案

5-1-1 **解:**由低碳钢拉伸实验的应力—应变曲线图可知,卸载时的直线规律和再加载时的冷作硬化现象都发生在强化阶段。

答案:C

5-1-2 **解:**纵坐标最大者强度高,直线段斜率大者刚度大,横坐标最大者塑性好。

答案:A

5-1-3 **解:**低碳钢试件拉伸试验中的卸载规律如解图所示。

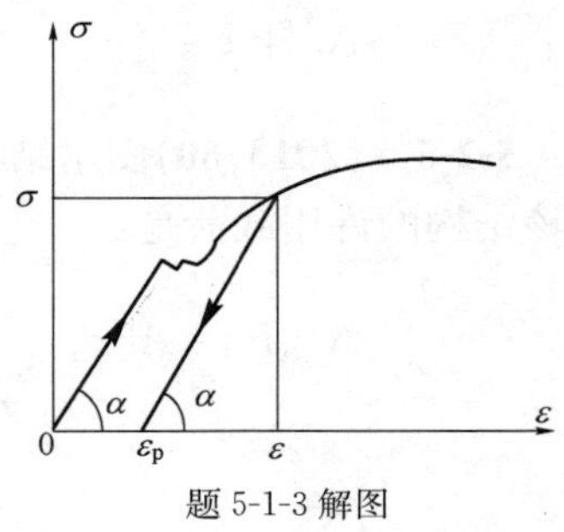

题 5-1-3 解图

因 $E=\tan\alpha=\dfrac{\sigma}{\varepsilon-\varepsilon_p}$

故塑性应变 $\varepsilon_p=\varepsilon-\dfrac{\sigma}{E}=2\times10^{-3}$。

答案:A

(二)轴向拉伸与压缩

5-2-1 **(2014,59)**图示结构的两杆面积和材料相同,在沿直向下的力 F 作用下,下面正确的结论是:

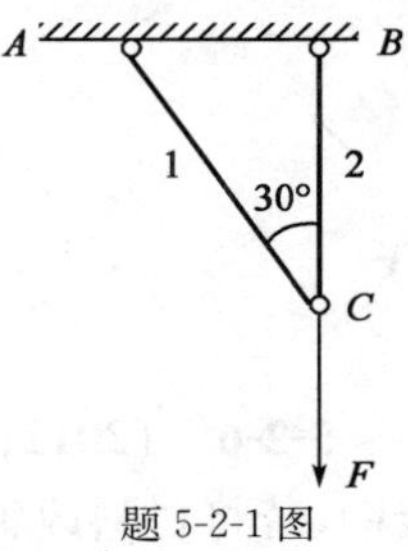

题 5-2-1 图

A. C 点位平放向下偏左,1 杆轴力不为零

B. C 点位平放向下偏左,1 杆轴力为零

C. C 点位平放铅直向下,1 杆轴力为零

D. C 点位平放向下偏右,1 杆轴力不为零

5-2-2 **(2014,60)**圆截面杆 ABC 轴向受力如图,已知 BC 杆的直径 $d=100\text{mm}$,AB 杆的直径为 $2d$,杆的最大拉应力是:

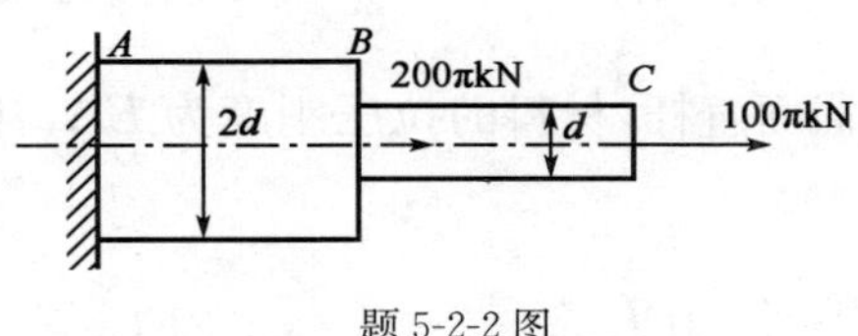

题 5-2-2 图

A. 40MPa　　B. 30MPa　　C. 80MPa　　D. 120MPa

5-2-3 **(2014,61)**桁架由 2 根细长直杆组成,杆的截面尺寸相同,材料分别是结构钢和普通铸铁,在下列桁架中,布局比较合理的是:

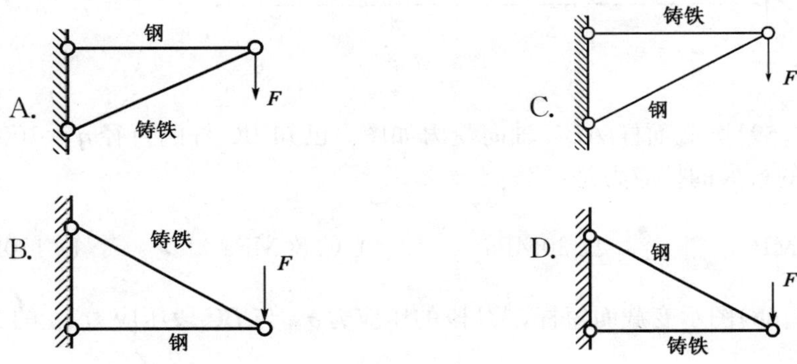

5-2-4 **(2013,59)**图示结构的两杆面积和材料相同,在铅直力 F 作用下,拉伸正应力最先达到许用应力的杆是:

A. 杆 1　　B. 杆 2　　C. 同时达到　　D. 不能确定

5-2-5　(2013,60)图示结构的两杆许用应力均为$[\sigma]$，杆 1 的面积为 A，杆 2 的面积为 $2A$，则该结构的许用载荷是：

A. $[F]=A[\sigma]$　　B. $[F]=2A[\sigma]$　　C. $[F]=3A[\sigma]$　　D. $[F]=4A[\sigma]$

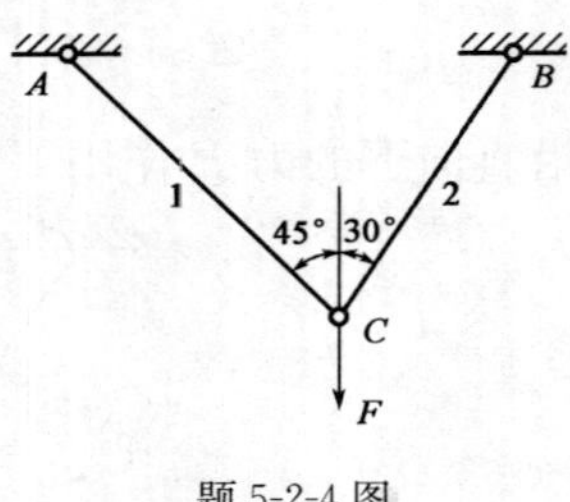

题 5-2-4 图

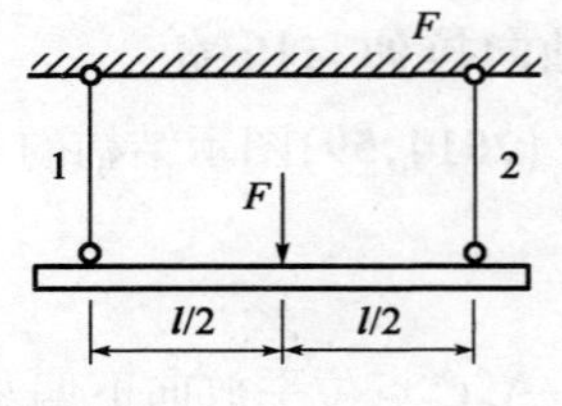

题 5-2-5 图

5-2-6　(2012,59)截面面积为 A 的等截面直杆，受轴向拉力作用。杆件的原始材料为低碳钢，若将材料改为木材，其他条件不变，下列结论中正确的是：

A. 正应力增大，轴向变形增大　　B. 正应力减小，轴向变形减小
C. 正应力不变，轴向变形增大　　D. 正应力减小，轴向变形不变

5-2-7　(2012,60)图示等截面直杆，材料的拉压刚度为 EA，杆中距离 A 端 1.5L 处横截面的轴向位移是：

A. $\dfrac{4FL}{EA}$　　B. $\dfrac{3FL}{EA}$　　C. $\dfrac{2FL}{EA}$　　D. $\dfrac{FL}{EA}$

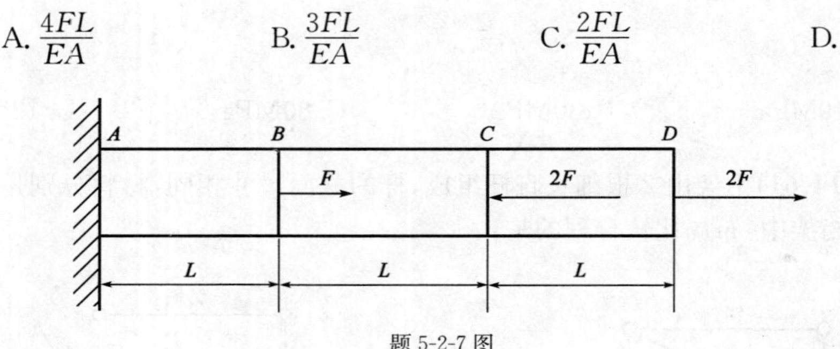

题 5-2-7 图

5-2-8　(2011,59)圆截面杆 ABC 轴向受力如图。已知 BC 杆的直径 $d=100\text{mm}$，AB 杆的直径为 $2d$。杆的最大的拉应力是：

A. 40MPa　　B. 30MPa　　C. 80MPa　　D. 120MPa

5-2-9　(2011,68)图示变截面短杆，AB 段的压应力 σ_{AB} 与 BC 段压应力 σ_{BC} 的关系是：

A. σ_{AB} 比 σ_{BC} 大 1/4　　B. σ_{AB} 比 σ_{BC} 小 1/4
C. σ_{AB} 是 σ_{BC} 的 2 倍　　D. σ_{AB} 是 σ_{BC} 的 1/2

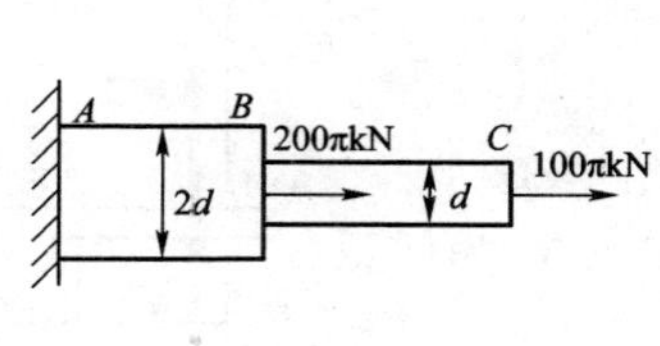

题 5-2-8 图

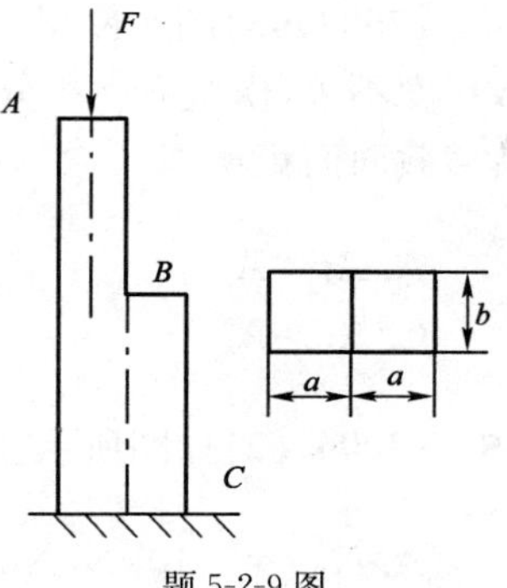

题 5-2-9 图

5-2-10 (2010,59)等截面杆,轴向受力如图所示。杆的最大轴力是:

A. 8kN　　B. 5kN　　C. 3kN　　D. 13kN

5-2-11 (2008,62)图示拉杆承受轴向拉力 $\boldsymbol{P}$ 的作用,设斜截面 m-m 的面积为 A,则$\sigma = P/A$ 为:

A. 横截面上的正应力　　B. 斜截面上的正应力

C. 斜截面上的应力　　D. 斜截面上的剪应力

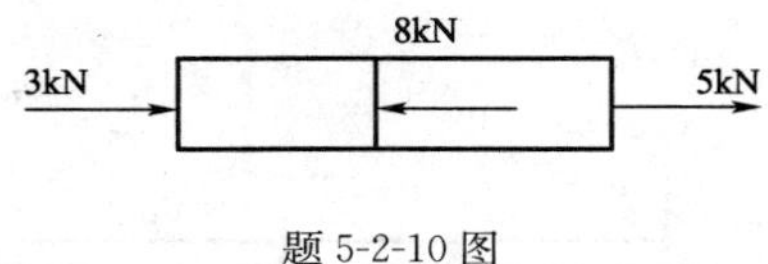

题 5-2-10 图

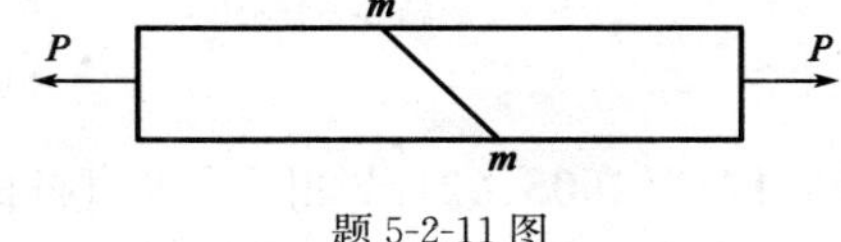

题 5-2-11 图

5-2-12 (2008,63)两拉杆的材料和所受拉力相同,且均处在弹性范围内,若两杆长度相等,横截面面积 $A_1 > A_2$,则:

A. $\Delta l_1 < \Delta l_2$,$\varepsilon_1 = \varepsilon_2$　　B. $\Delta l_1 = \Delta l_2$,$\varepsilon_1 > \varepsilon_2$

C. $\Delta l_1 < \Delta l_2$,$\varepsilon_1 < \varepsilon_2$　　D. $\Delta l_1 = \Delta l_2$,$\varepsilon_1 = \varepsilon_2$

5-2-13 (2007,62)等直杆的受力情况如图所示,则杆内最大轴力 N_{max} 和最小轴力 N_{min} 分别为:

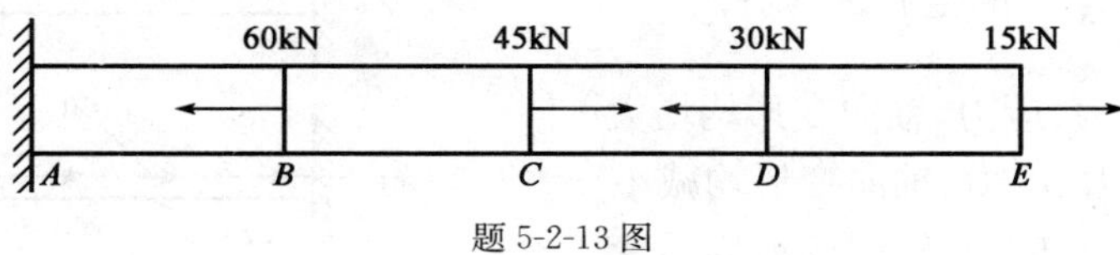

题 5-2-13 图

A. $N_{max} = 60\text{kN}$,$N_{min} = 15\text{kN}$

B. $N_{max} = 60\text{kN}$,$N_{min} = -15\text{kN}$

C. $N_{max} = 30\text{kN}$,$N_{min} = -30\text{kN}$

D. $N_{max} = 90\text{kN}$,$N_{min} = -60\text{kN}$

5-2-14 （2007,63）图示刚梁 AB 由标 1 和杆 2 支承。已知两杆的材料相同，长度不等，横截面面积分别为 A_1 和 A_2，若荷载 $\boldsymbol{P}$ 使刚梁平行下移，则其横截面面积：

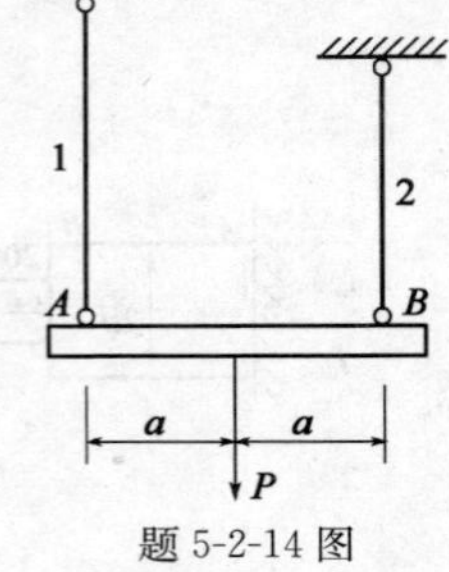

题 5-2-14 图

A. $A_1 < A_2$　　B. $A_1 = A_2$

C. $A_1 > A_2$　　D. A_1、A_2 为任意

5-2-15 （2006,62）如图所示变截面杆中，AB 段、BC 段的轴力为：

A. $N_{AB} = -10\text{kN}$，$N_{BC} = 4\text{kN}$　　B. $N_{AB} = 6\text{kN}$，$N_{BC} = 4\text{kN}$

C. $N_{AB} = -6\text{kN}$，$N_{BC} = 4\text{kN}$　　D. $N_{AB} = 10\text{kN}$，$N_{BC} = 4\text{kN}$

5-2-16 （2006,63）变形杆如图所示，其中在 BC 段内：

A. 有位移，无变形　　B. 有变形，无位移

C. 既有位移，又有变形　　D. 既无位移，又无变形

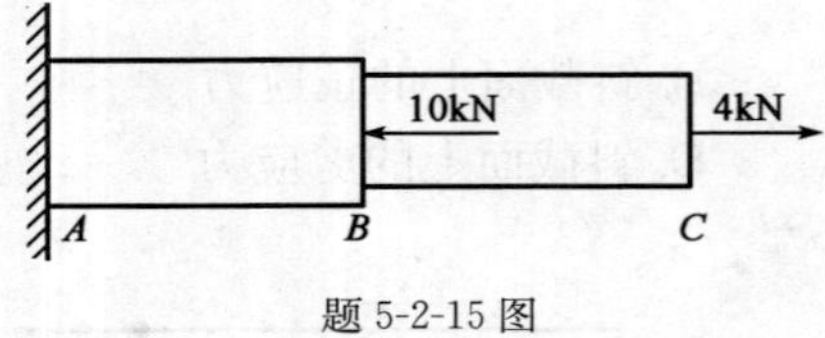

题 5-2-15 图

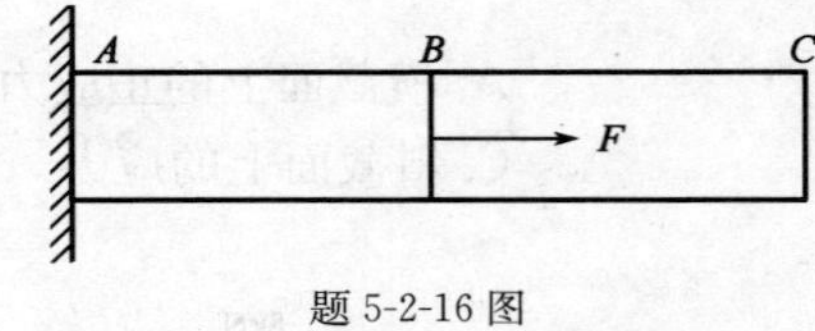

题 5-2-16 图

5-2-17 （2005,62）已知图示等直杆的轴力图（N 图），则该杆相应的荷载图如哪个图所示？（图中集中荷载单位均为 kN，分布荷载单位均为kN/m）

A. 图 a）

B. 图 b）

C. 图 c）

D. 图 d）

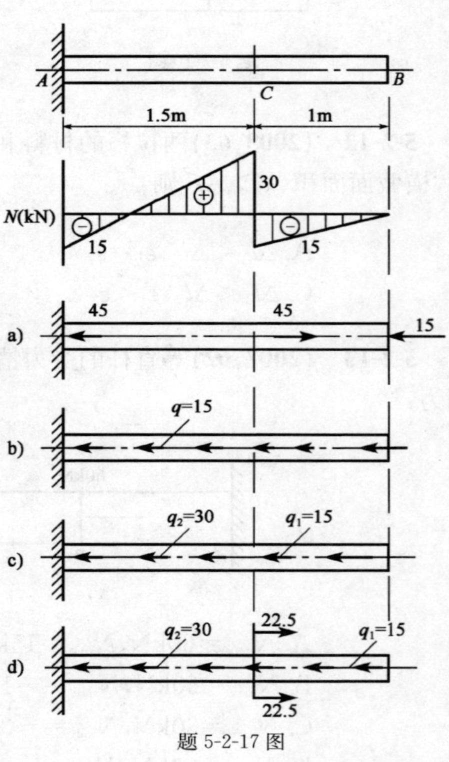

题 5-2-17 图

5-2-18 （2005,63）有一横截面面积为 A 的圆截面杆件受轴向拉力作用，在其他条件不变时，若将其横截面改为面积仍为 A 的空心圆，则杆：

A. 内力、应力、轴向变形均增大

B. 内力、应力、轴向变形均减小

C. 内力、应力、轴向变形均不变

D. 内力、应力不变，轴向变形增大

5-2-19 （2005,64）图示桁架，在结点 C 处沿水平方向受 $\boldsymbol{P}$ 力作用。各杆的抗拉刚度相等。若结点

C 的铅垂位移以 V_C 表示，BC 杆的轴力以 N_{BC} 表示，则：

A. $N_{BC}=0, V_C=0$

B. $N_{BC}=0, V_C\neq0$

C. $N_{BC}\neq0, V_C=0$

D. $N_{BC}\neq0, V_C\neq0$

5-2-20 轴向受拉压杆横截面积为 A，受荷载如图所示，则 m—m 截面上的正应力 σ 为：

A. $-6\dfrac{P}{A}$　　B. $-3\dfrac{P}{A}$

C. $2\dfrac{P}{A}$　　D. $-2\dfrac{P}{A}$

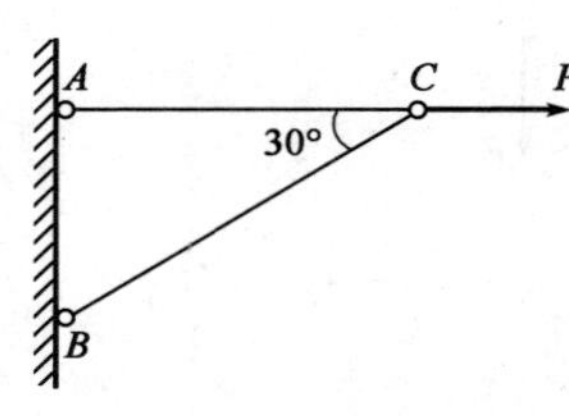

题 5-2-19 图

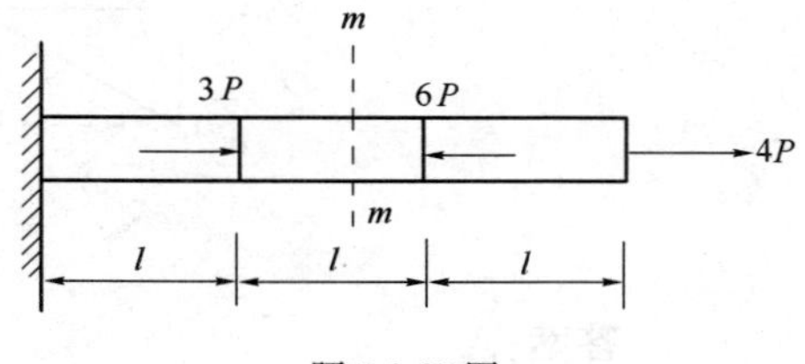

题 5-2-20 图

5-2-21 如图所示两杆 AB、BC 的横截面面积均为 A，弹性模量均为 E，夹角 $\alpha=30°$。设在外力 $\boldsymbol{P}$ 作用下，变形微小，则 B 点的位移为：

A. $\delta_B=\dfrac{Pl}{EA}$

B. $\delta_B=\dfrac{\sqrt{3}Pl}{EA}$

C. $\delta_B=\dfrac{2Pl}{EA}$

D. $\delta_B=\dfrac{Pl}{EA}(\sqrt{3}+l)$

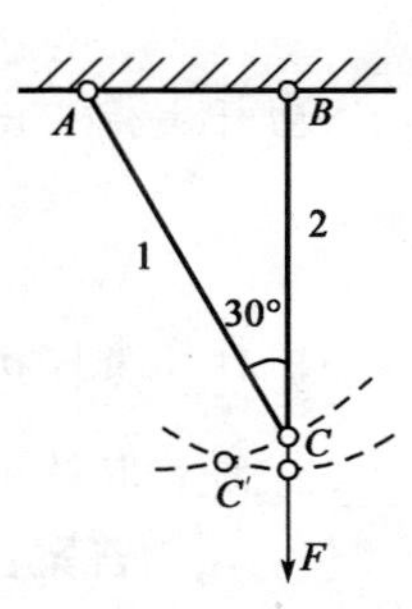

题 5-2-21 图

题解及参考答案

5-2-1 **解**：首先取节点 C 为研究对象，根据节点 C 的平衡可知，杆 1 受力为零，杆 2 的轴力为拉力 F；再考虑两杆的变形，杆 1 无变形，杆 2 受拉伸长。由于变形后两根杆仍然要连在一起，因此 C 点变形后的位置，应该在以 A 点为圆心，以杆 1 原长为半径的圆弧，和以 B 点为圆心、以伸长后的杆 2 长度为半径的圆弧的交点 C' 上，如图所示。显然这个点在 C 点向下偏左的位置。

答案：B

A
B
1
2
30°
C
C'
F

题 5-2-1 解图

5-2-2 **解**:$\sigma_{AB}=\frac{F_{NAB}}{A_{AB}}=\frac{300\pi\times10^3\text{N}}{\frac{\pi}{4}\times200^2\text{mm}^2}=30\text{MPa}$

$\sigma_{BC}=\frac{F_{NBC}}{A_{BC}}=\frac{100\pi\times10^3\text{N}}{\frac{\pi}{4}\times100^2\text{mm}^2}=40\text{MPa}$

显然杆的最大拉应力是40MPa。

答案:A

5-2-3 **解**:A图、B图中节点的受力是图a);C图、D图中节点的受力是图b):

为了充分利用铸铁抗压性能好的特点,应该让铸铁承受更大的压力,显然A图布局比较合理。

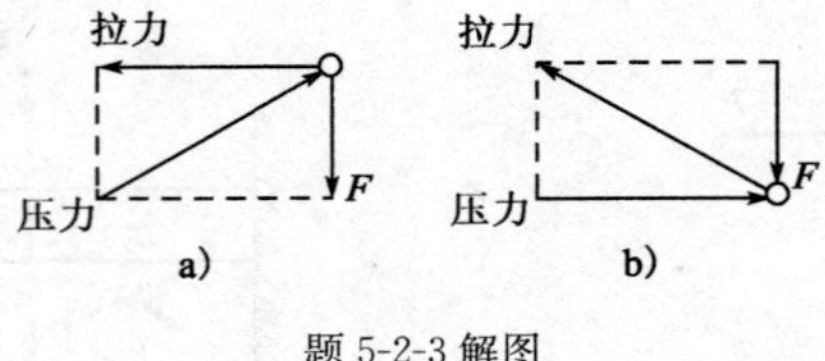

题5-2-3解图

答案:A

5-2-4 **解**:取节点C,画C点的受力图,如图所示。

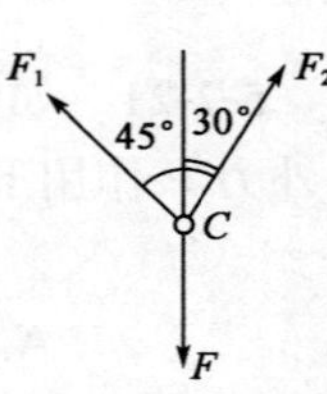

题5-2-4解图

$$\sum F_x=0:F_1\sin45^\circ=F_2\sin30^\circ$$

$$\sum F_y=0:F_1\cos45^\circ+F_2\cos30^\circ=F$$

可得 $F_1=\frac{\sqrt{2}}{1+\sqrt{3}}F,F_2=\frac{2}{1+\sqrt{3}}F$

故$F_2>F_1$,而$\sigma_2=\frac{F_2}{A}>\sigma_1=\frac{F_1}{A}$

所以杆2最先达到许用应力。

答案:B

5-2-5 **解**:此题受力是对称的,故$F_1=F_2=\frac{F}{2}$

由杆1得 $\sigma_1=\frac{F_1}{A_1}=\frac{\frac{F}{2}}{A}=\frac{F}{2A}\leqslant[\sigma]$,故$F\leqslant2A[\sigma]$

由杆2得 $\sigma_2=\frac{F_2}{A_2}=\frac{\frac{F}{2}}{2A}=\frac{F}{4A}\leqslant[\sigma]$,故$F\leqslant4A[\sigma]$

从两者取最小的,所以$[F]=2A[\sigma]$。

答案:B

5-2-6 **解**:若将材料由低碳钢改为木材,则改变的只是弹性模量E,而正应力计算公式

$\sigma=\frac{F_N}{A}$中没有E，故正应力不变。但是轴向变形计算公式$\Delta l=\frac{F_N l}{EA}$中，$\Delta l$与$E$成反比，当木材的弹性模量减小时，轴向变形$\Delta l$增大。

答案：C

5-2-7 **解：**由杆的受力分析可知A截面受到一个约束反力为F，方向向左，杆的轴力图如图所示：由于BC段杆轴力为零，没有变形，故杆中距离A端1.5L处横截面的轴向位移就等于AB段杆的伸长，$\Delta l=\frac{Fl}{EA}$。

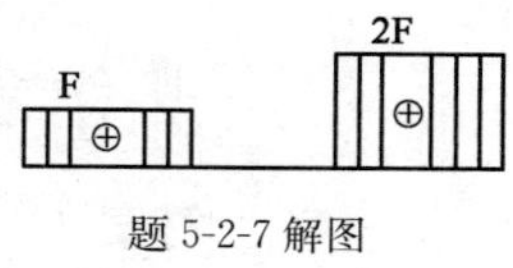

题5-2-7解图

答案：D

5-2-8 **解：**$\sigma_{AB}=\frac{F_{NAB}}{A_{AB}}=\frac{300\pi\times10^3\text{N}}{\frac{\pi}{4}\times(200)^2\text{mm}^2}=30\text{MPa}$

$$\sigma_{BC}=\frac{F_{NBC}}{A_{BC}}=\frac{100\pi\times10^3\text{N}}{\frac{\pi}{4}\times(100)^2\text{mm}^2}=40\text{MPa}=\sigma_{max}$$

答案：A

5-2-9 **解：**AB段是轴向受压，$\sigma_{AB}=\frac{F}{ab}$

$$BC\text{段是偏心受压，}\sigma_{BC}=\frac{F}{2ab}+\frac{F\cdot\frac{a}{2}}{\frac{b}{6}(2a)^2}=\frac{5F}{4ab}$$

答案：B

5-2-10 **解：**轴向受力杆左段轴力是-3kN，右段轴力是5kN。

答案：B

5-2-11 **解：**由于A是斜截面$m-m$的面积，轴向拉力$\boldsymbol{P}$沿斜截面是均匀分布的，所以$\sigma=\frac{P}{A}$应当力斜截面上沿轴线方向的总应力，而不是垂直于斜截面的正应力。

答案：C

5-2-12 **解：**$\Delta l_1=\frac{F_N l}{EA_1}l$，$\Delta l_2=\frac{F_N l}{EA_2}$，因为$A_1>A_2$，所以$\Delta l_1<\Delta l_2$。又$\varepsilon_1=\frac{\Delta l_1}{l}$，$\varepsilon_2=\frac{\Delta l_2}{l}$，故$\varepsilon_1>\varepsilon_2$。

答案：C

5-2-13 **解：**用直接法求轴力可得$N_{AB}=-30$kN，$N_{BC}=30$kN，$N_{CD}=-15$kN，$N_{DE}=15$kN。

答案：C

5-2-14 **解:**$N_1=N_2=\dfrac{P}{2}$若使刚梁平行下移,则应使两杆位移相同:

$$\Delta l_2=\frac{\frac{P}{2}}{E}\frac{l_1}{A_1}=\Delta l_2\ \frac{\frac{P}{2}l_2}{EA_2}$$

即$\dfrac{A_1}{A_2}=\dfrac{l_1}{l_2}>1$

答案:C

5-2-15 **解:**用直接法求轴力,可得 $N_{AB}=-6\text{kN}$,$N_{BC}=4\text{kN}$。

答案:C

5-2-16 **解:**用直接法求内力,可得AB段轴力为$\boldsymbol{F}$,既有变形,又有位移;BC段没有轴力,所以没有变形,但是由于AB段的位移带动BC段有一个向右的位移。

答案:A

5-2-17 **解:**由轴力图(N图)可见,轴力沿轴线是线性渐变的,所以杆上必有沿轴线分布的均布荷载,同时在C截面两侧轴力的突变值是45kN,故在C截面上一定对应有集中力45kN。

答案:D

5-2-18 **解:**受轴向拉力杆件的内力 $F_N=\sum F_X$(截面一侧轴向外力代数和),应力$\sigma=\dfrac{F_N}{A}$,轴向变形 $\Delta l=\dfrac{F_N l}{EA}$,若横截面面积$A$和其他条件不变,则内力、应力、轴向变形均不变。

答案:C

5-2-19 **解:**由零杆判别法可知 BC 杆为零杆,$N_{BC}=0$。但是AC杆受拉伸长后与BC杆仍然相连,由杆的小变形的威利沃特法(Williot)可知变形后C点位移到C'点,如解图所示。

答案:B

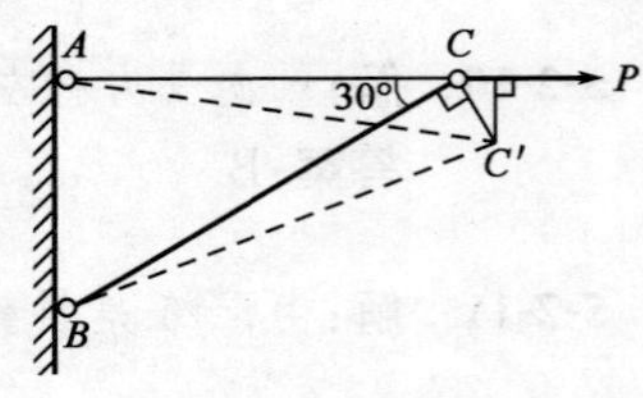

题 5-2-19 解图

5-2-20 **解:**由截面法可求出m-m截面上的轴力为$-2P$,正应力 $\sigma=\dfrac{N}{A}=-2\dfrac{P}{A}$。

答案:D

5-2-21 **解:**由B点的受力分析可知BA杆受拉力$N=P$,伸长$\Delta l=\dfrac{Pl}{EA}$;而BC杆受力为零,$\Delta l'=0$;但变形后两杆仍然连在一起。由于是小变形,可以用切线代替圆弧的方法找出变形后的位置B',则 $BB'=\dfrac{\Delta l}{\sin 30^\circ}=\dfrac{2Pl}{EA}$。

答案:C

(三)剪切和挤压

5-3-1 **(2014,62)**冲床在钢板上冲一圆孔,圆孔直径 $d=100\text{mm}$,钢板的厚度 $\tau=10\text{mm}$,钢板的剪切强度极限 $\tau_b=300\text{MPa}$,需要的冲压力 F 是:

A. $F=300\pi\text{kN}$　　B. $F=3000\pi\text{kN}$　　C. $F=2500\pi\text{kN}$　　D. $F=7500\pi\text{kN}$

5-3-2 **(2014,63)**螺钉受力如图。已知螺钉和钢板的材料相同,拉伸许用应力[σ]是剪切许用应力[τ]的 2 倍,即[σ]=2[τ],钢板厚度 t 是螺钉头高度 h 的 1.5 倍,则螺钉直径 d 的合理值是:

A. $d=2h$　　B. $d=0.5h$　　C. $d^2=2Dt$　　D. $d^2=0.5Dt$

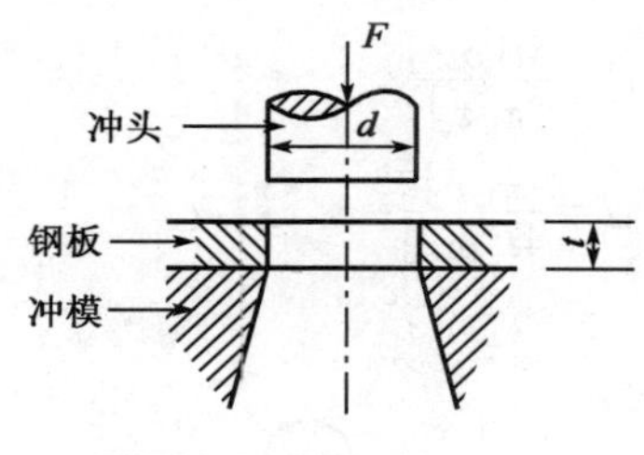

题 5-3-1 图

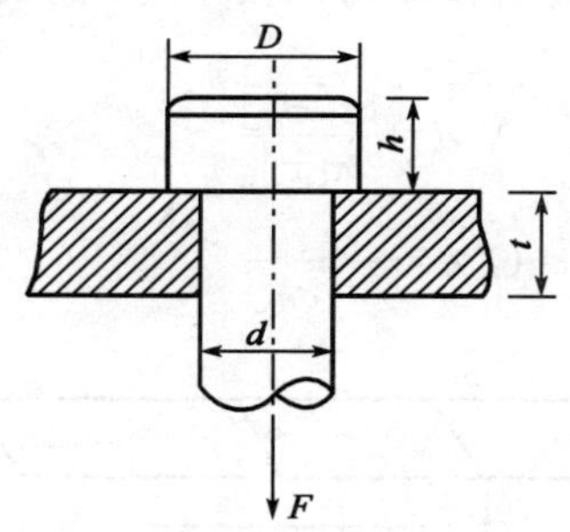

题 5-3-2 图

5-3-3 **(2013,61)**钢板用两个铆钉固定在支座上,铆钉直径为 d,在图示载荷作用下,铆钉的最大切应力是:

A. $\tau_{max}=\dfrac{4F}{\pi d^2}$　　B. $\tau_{max}=\dfrac{8F}{\pi d^2}$

C. $\tau_{max}=\dfrac{12F}{\pi d^2}$　　D. $\tau_{max}=\dfrac{2F}{\pi d^2}$

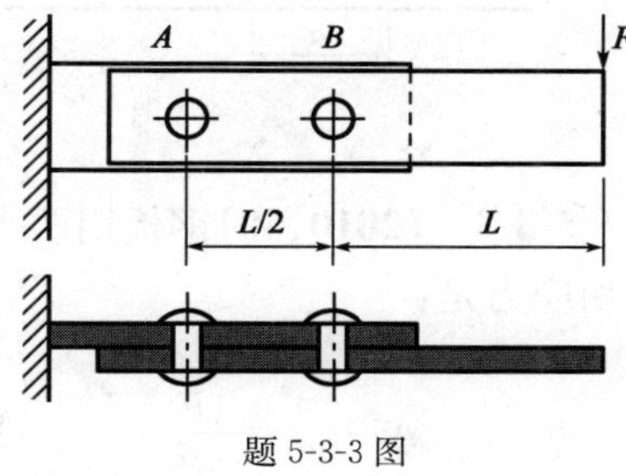

题 5-3-3 图

5-3-4 **(2013,62)**图示螺钉承受轴向拉力 F,螺钉头与钢板之间的挤压应力是:

A. $\sigma_{bs}=\dfrac{4F}{\pi(D^2-d^2)}$

B. $\sigma_{bs}=\dfrac{F}{\pi dt}$

C. $\sigma_{bs}=\dfrac{4F}{\pi d^2}$

D. $\sigma_{bs}=\dfrac{4F}{\pi D^2}$

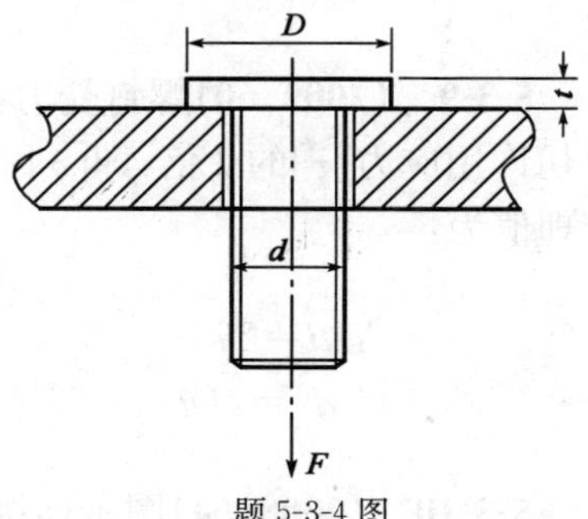

题 5-3-4 图

5-3-5 **(2012,61)**图示冲床的冲压力 $F=300\pi\text{kN}$,钢板的厚度 $t=10\text{mm}$,钢板的剪切强度极限 $\tau_b=300\text{MPa}$。冲床在钢板上可冲圆孔的最大直径 d 是:

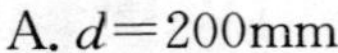

A. $d=200\text{mm}$

B. $d=100\text{mm}$

C. $d=4000\text{mm}$

D. $d=1000\text{mm}$

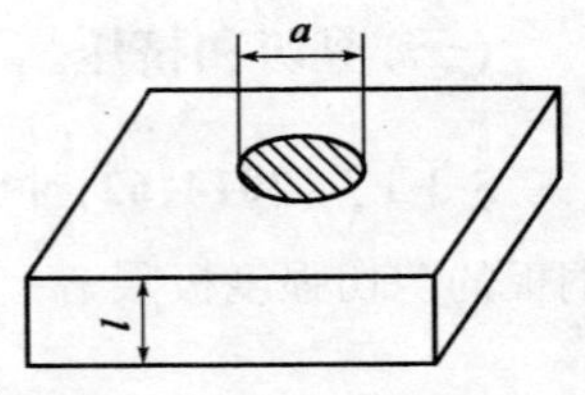

题 5-3-5 图

5-3-6 **(2012,62)**图示两根木杆连接结构，已知木材的许用切应力为$[\tau]$，许用挤压应力为$[\sigma_{bs}]$，则 a 与 h 的合理比值是：

A. $\dfrac{h}{a}=\dfrac{[\tau]}{[\sigma_{bs}]}$　　B. $\dfrac{h}{a}=\dfrac{[\sigma_{bs}]}{[\tau]}$　　C. $\dfrac{h}{a}=\dfrac{[\tau]a}{[\sigma_{bs}]}$　　D. $\dfrac{h}{a}=\dfrac{[\sigma_{bs}]a}{[\tau]}$

5-3-7 **(2011,60)**已知铆钉的许可切应力为$[\tau]$，许可挤压应力为$[\sigma_{bs}]$，钢板的厚度为 t，则图示铆钉直径 d 与钢板厚度 t 的关系是：

A. $d=\dfrac{8t[\sigma_{bs}]}{\pi[\tau]}$　　B. $d=\dfrac{4t[\sigma_{bs}]}{\pi[\tau]}$

C. $d=\dfrac{\pi[\tau]}{8t[\sigma_{bs}]}$　　D. $d=\dfrac{\pi[\tau]}{4t[\sigma_{bs}]}$

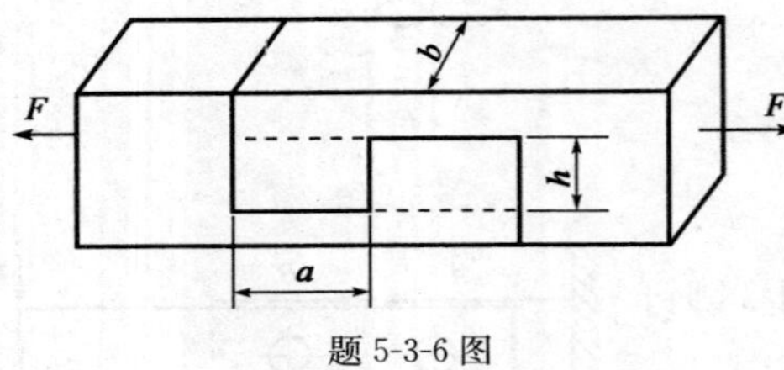

题 5-3-6 图

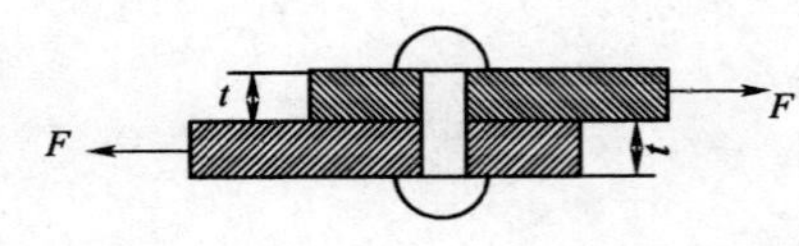

题 5-3-7 图

5-3-8 **(2010,60)**钢板用两个铆钉固定在支座上，铆钉直径为 d，在图示荷载下，铆钉的最大切应力是：

A. $\tau_{max}=\dfrac{4F}{\pi d^2}$　　B. $\tau_{max}=\dfrac{8F}{\pi d^2}$

C. $\tau_{max}=\dfrac{12F}{\pi d^2}$　　D. $\tau_{max}=\dfrac{2F}{\pi d^2}$

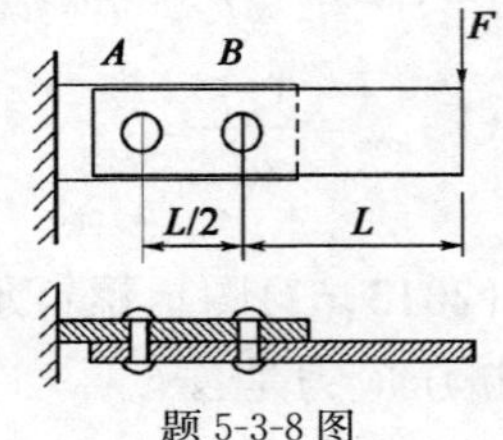

题 5-3-8 图

5-3-9 **(2009,60)**螺钉受力如图所示，一直螺钉和钢板的材料相同，拉伸许用应力$[\sigma]$是剪切许用应力$[\tau]$的 2 倍，即$[\sigma]=2[\tau]$，钢板厚度 t 是螺钉头高度 h 的 1.5 倍，则螺钉直径 d 的合理值为：

A. $d=2h$　　B. $d=0.5h$

C. $d^2=2Dt$　　D. $d^2=Dt$

5-3-10 **(2008,64)**图示连接件，两端受拉力 $\boldsymbol{P}$ 作用，接头的挤压面积为：

A. ab　　B. cb　　C. lb　　D. lc

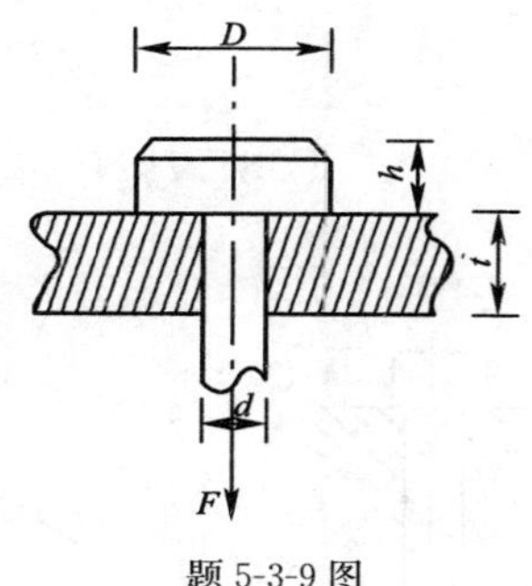

题 5-3-9 图

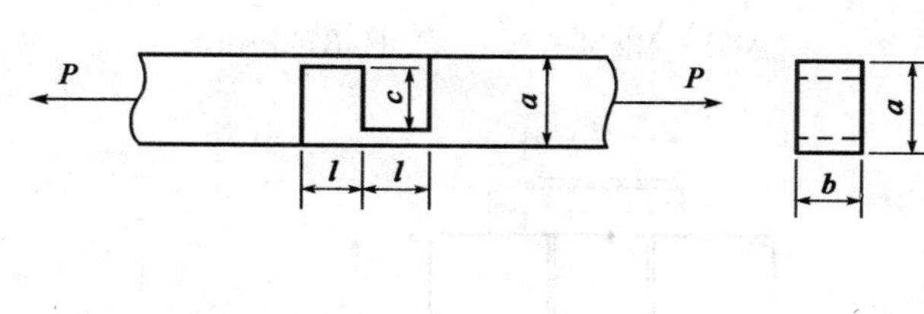

题 5-3-10 图

5-3-11 **(2008,65)**如图所示,在平板和受拉螺栓之间垫上一个垫圈,可以提高:

A. 螺栓的拉伸强度　　B. 螺栓的剪切强度
C. 螺栓的挤压强度　　D. 平板的挤压强度

5-3-12 **(2007,64)**图示铆接件,设钢板和铝铆钉的挤压应力分别为 $\sigma_{jy,1}$、$\sigma_{jy,2}$,则二者的大小关系是:

A. $\sigma_{jy,1} < \sigma_{jy,2}$　　B. $\sigma_{jy,1} = \sigma_{jy,2}$
C. $\sigma_{jy,1} > \sigma_{jy,2}$　　D. 不确定的

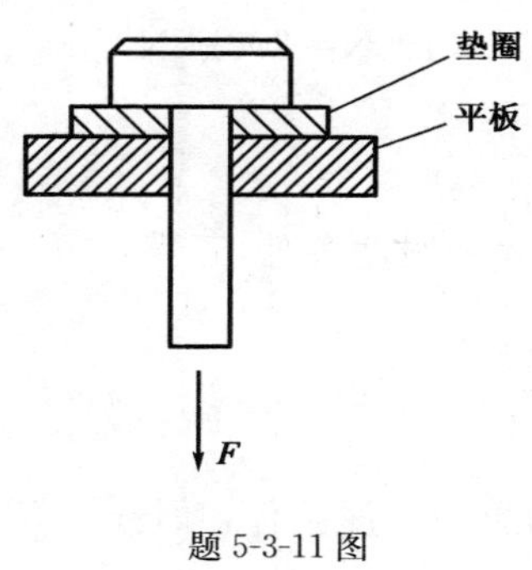

题 5-3-11 图

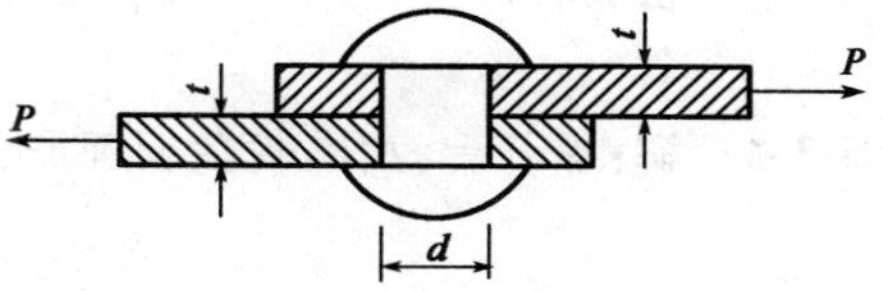

题 5-3-12 图

5-3-13 **(2006,64)**如图所示,插销穿过水平放置平板上的圆孔,在其下端受有一拉力 $\boldsymbol{P}$,该插销的剪切面积和挤压面积分别为:

A. πdh、$\frac{1}{4}\pi D^2$　　B. πdh、$\frac{1}{4}\pi(D^2-d^2)$

C. πDh、$\frac{1}{4}\pi D^2$　　D. πDh、$\frac{1}{4}\pi(D^2-d^2)$

5-3-14 **(2005,65)**要用冲床在厚度为 t 的钢板上冲出一个圆孔,则冲力大小:

A. 与圆孔直径的平方成正比　　B. 与圆孔直径的平方根成正比
C. 与圆孔直径成正比　　D. 与圆孔直径的三次方成正比

5-3-15 已知图示杆件的许用拉应力$[\sigma]=120\text{MPa}$,许用剪应力$[\tau]=90\text{MPa}$,许用挤压应

力$[\sigma_{bs}]=240\text{MPa}$,则杆件的许用拉力$[P]$等于：

A. 18.8kN　　B. 67.86kN　　C. 117.6kN　　D. 37.7kN

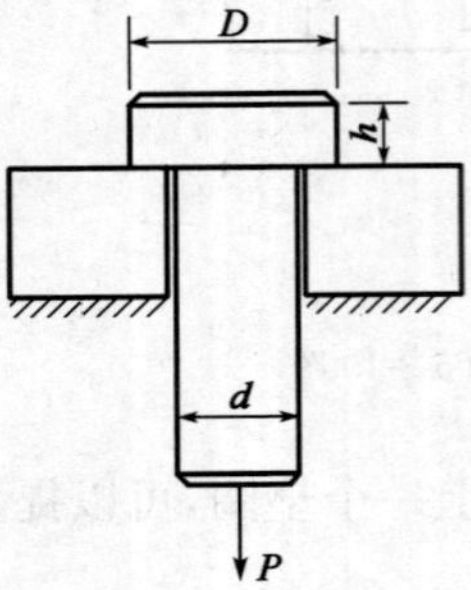

题 5-3-13 图

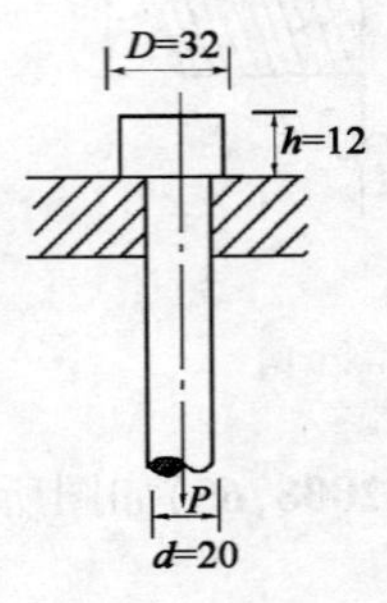

题 5-3-15 图

题解及参考答案

5-3-1　解:被冲断的钢板的剪切面是一个圆柱面,其面积 $A_Q=\pi dt$,根据钢板破坏的条件：

$$\tau_Q=\frac{Q}{A_Q}=\frac{F}{\pi dt}=\tau_b$$

可得 $F=\pi d+\tau_b=\pi\times100\text{mm}\times10\text{mm}\times300\text{MPa}=300\pi\times10^3\text{N}=300\pi\text{kN}$

答案:A

5-3-2　解:螺杆受拉伸,横截面面积是$\frac{\pi}{4}d^2$,由螺杆的拉伸强度条件,可得：

$$\sigma=\frac{F}{\frac{\pi}{4}d^2}=\frac{4F}{\pi d^2}=[\sigma] \quad ①$$

螺母的内圆周面受剪切,剪切面面积是 πdh,由螺母的剪切强度条件,可得

$$\tau_Q=\frac{F_Q}{A_Q}=\frac{F}{\pi dh}=[\tau] \quad ②$$

把①、②两式同时代入$[\sigma]=2[\tau]$,即有$\frac{4F}{\pi d^2}=2\cdot\frac{F}{\pi dh}$,化简后得 $d=2h$。

答案:A

5-3-3　解:把 F 力平移到铆钉群中心 O,并附加一个力偶 $m=F\cdot\frac{5}{4}L$,在铆钉上将产生剪力 Q_1 和 Q_2,其中 $Q_1=\frac{F}{2}$,而 Q_2 计算方法如下。

$$\sum M_O=0:Q_2\cdot\frac{L}{2}=F\cdot\frac{5}{4}L\Rightarrow Q_2=\frac{5}{2}F$$

故 $Q=Q_1+Q_2=3F,\tau_{max}=\frac{Q}{\frac{\pi}{4}d^2}=\frac{12F}{\pi d^2}$

答案:C

5-3-4 **解**:螺钉头与钢板之间的接触面是一个圆环面,故挤压面 $A_{bs}=\frac{\pi}{4}(D^2-d^2)$

而 $\sigma_{bs}=\frac{F_{bs}}{A_{bs}}=\frac{F}{\frac{\pi}{4}(D^2-d^2)}$

答案:A

5-3-5 **解**:圆孔钢板冲断时的剪切面是一个圆柱面,其面积为 πdt,冲断条件是 $\tau_{max}=\frac{F}{\pi dt}=\tau_b$,故 $d=\frac{F}{\pi t\tau_b}=\frac{300\pi\times10^3\text{N}}{\pi\times10\text{mm}\times300\text{MPa}}=100\text{mm}$。

答案:B

5-3-6 **解**:图示结构剪切面面积是 ab,挤压面面积是 hb。

剪切强度条件:
$$\tau=\frac{F}{ab}=[\tau] \qquad ①$$

挤压强度条件:
$$\sigma_{bs}=\frac{F}{hb}=[\sigma_{bs}] \qquad ②$$

由$\frac{①}{②}=\frac{h}{a}=\frac{[\tau]}{[\sigma_{bs}]}$。

答案:A

5-3-7 **解**:$\tau=\frac{Q}{A_Q}=\frac{\text{F}}{\frac{\pi}{4}\text{d}^2}=\frac{4\text{F}}{\pi d^2}=[\tau]$ ①

$$\sigma_{bs}=\frac{P_{bs}}{A_{bs}}=\frac{F}{dt}=[\sigma_{bs}] \qquad ②$$

再用式②除式①,可得$\frac{\pi d}{4t}=\frac{[\sigma_{bs}]}{[\tau]}$。

答案:B

5-3-8 **解**:把 F 力平移到铆钉群中心 O,并附加一个力偶 $m=F\cdot\frac{5}{4}L$,在铆钉上将产生剪力 Q_1 和 Q_2,其中 $Q_1=\frac{F}{2}$,而 Q_2 计算方法如下。

$$\sum M_O=0:Q_2\cdot\frac{L}{2}=F\cdot\frac{5}{4}L\Rightarrow Q_2=\frac{5}{2}F$$

所以
$$Q=Q_1+Q_2=3F,\tau_{max}=\frac{Q}{\frac{\pi}{4}d^2}=\frac{12F}{\pi d^2}$$

答案:C

5-3-9 **解**:把螺钉杆拉伸强度条件 $\sigma=\frac{F}{\frac{\pi}{4}d^2}=[\sigma]$ 和螺母的剪切强度条件 $\tau=\frac{F}{\pi dh}=[\tau]$ 代

入$[\sigma]=2[\tau]$，即得 $d=2h$。

答案：A

5-3-10 **解**：当挤压的接触面为平面时，接触面面积 cb 就是挤压面积。

答案：B

5-3-11 **解**：加垫圈后，螺栓的剪切面、挤压面、拉伸面积都无改变，只有平板的挤压面积增加了，平板的挤压强度提高了。

答案：D

5-3-12 **解**：挤压应力等于挤压力除以挤压面积。钢板和铝铆钉的挤压力互为作用力和反作用力，大小相等、方向相反；而挤压面积就是相互接触面的正投影面积，也相同。

答案：B

5-3-13 **解**：插销中心部分有向下的趋势，插销帽周边部分受平板支撑有向上的趋势，故插销的剪切面积是一个圆柱面积 πdh，而插销帽与平板的接触面积面积就是挤压面积，为一个圆环面积$\frac{\pi}{4}(D^2-d^2)$。

答案：B

5-3-14 **解**：在钢板上冲断的圆孔板，如解图所示。设冲力为 F，剪力为 Q，钢板的剪切强度极限为 τ_b，圆孔直径为 d，则有 $\tau=\frac{Q}{\pi dt}=\tau_b$，故冲力 $F=Q=\pi d\tau_b$。

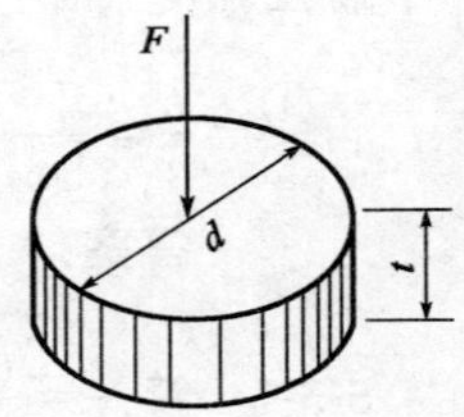

题 5-3-14 解图

答案：C

5-3-15 **解**：由 $\sigma=\frac{P}{\frac{1}{4}\pi d^2}\leqslant[\sigma]$，$\tau=\frac{P}{\pi dh}\leqslant[\tau]$，$\sigma_{bs}=\frac{P}{\frac{\pi}{4}(D^2-d^2)}\leqslant[\sigma_{bs}]$ 分别求出$[P]$，然后取最小值即为杆件的许用拉力。

答案：D

(四)扭转

5-4-1 **(2014,64)**图示受扭空心圆轴横截面上的切应力分布图，其中正确的是：

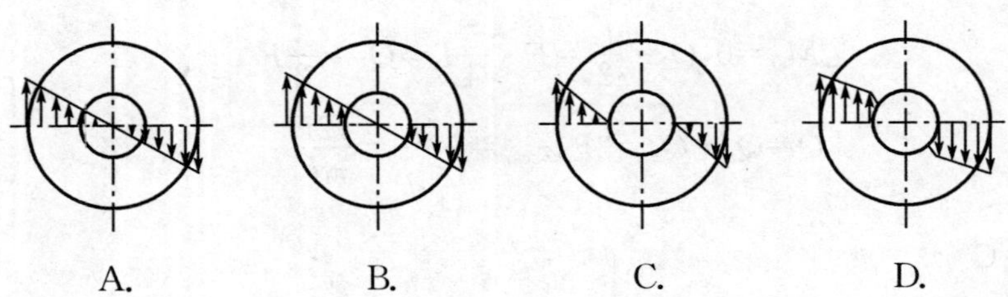

A. B. C. D.

5-4-2 **(2014,65)**在一套传动系统中，有多根圆轴，假设所有圆轴传递的功率相同，但转速不同，各轴所承受的扭矩与其转速的关系是：

A. 转速快的轴扭矩大　　B. 转速慢的轴扭矩大

C. 各轴的扭矩相同　　D. 无法确定

5-4-3 **(2013,63)**圆轴直径为 d,切变模量为 G,在外力作用下发生扭转变形,现测得单位长度扭转角为 θ,圆轴的最大切应力是:

A. $\tau_{\max}=\frac{16\theta G}{\pi d^3}$　　B. $\tau_{\max}=\theta G\frac{\pi d^3}{16}$

C. $\tau_{\max}=\theta Gd$　　D. $\tau_{\max}=\frac{\theta Gd}{2}$

5-4-4 **(2013,64)**图示两根圆轴,横截面面积相同但分别为实心圆和空心圆。在相同的扭矩 T 作用下,两轴最大切应力的关系是:

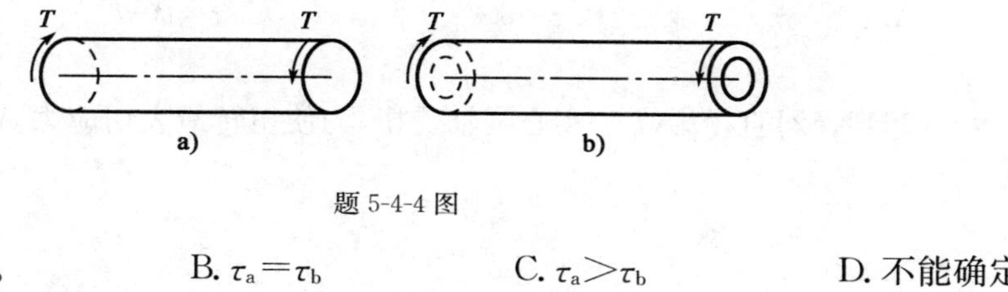

题 5-4-4 图

A. $\tau_a<\tau_b$　　B. $\tau_a=\tau_b$　　C. $\tau_a>\tau_b$　　D. 不能确定

5-4-5 **(2012,63)**圆轴受力如图,下面 4 个扭矩图中正确的是:

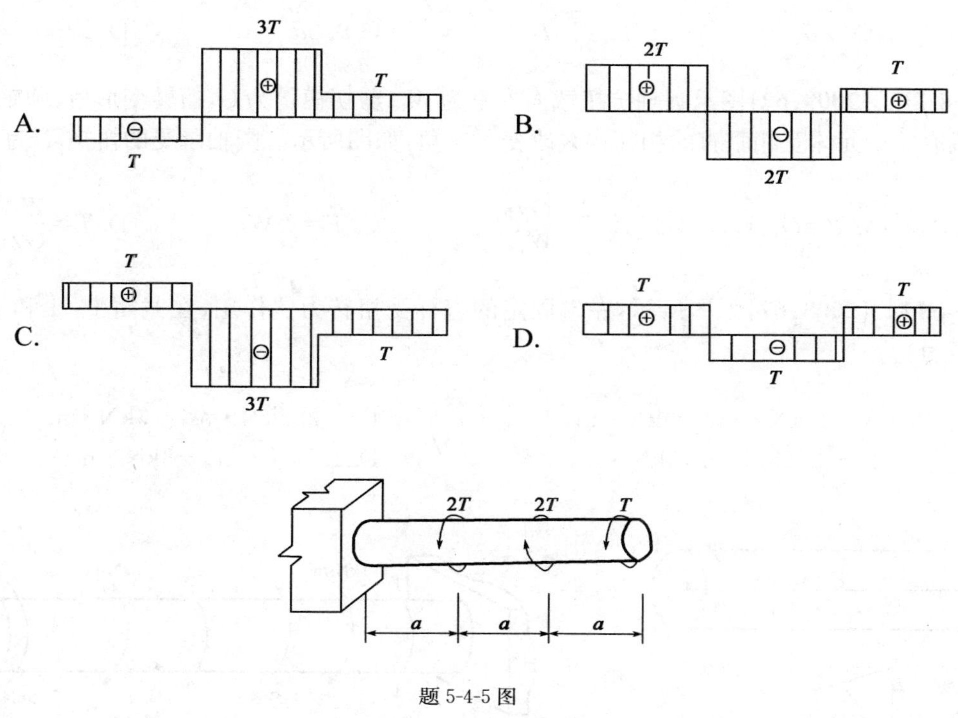

题 5-4-5 图

5-4-6 **(2012,64)**直径为 d 的实心圆轴受扭,若使扭转角减小一半,圆轴的直径需变为:

A. $\sqrt[4]{2}d$　　B. $\sqrt[3]{2}d$　　C. 0.5d　　D. $\frac{8}{3}d$

5-4-7　(2011,61)图示受扭空心圆轴横截面上的切应力分布图中，正确的是：

A. 　　B.　　C. 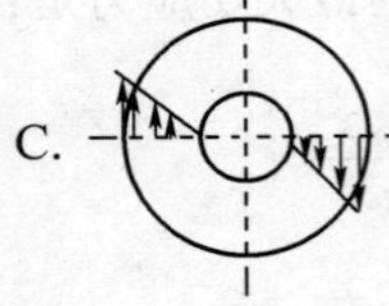　　D. 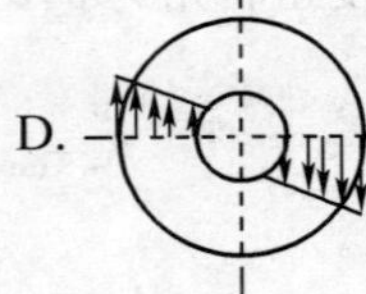

5-4-8　(2010,61)圆轴直径为 d，剪切弹性模量为 G，在外力作用下发生扭转变形，现测得单位长度扭转角为 θ，圆轴的最大切应力是：

A. $\tau=\frac{16\theta G}{\pi d^3}$　　B. $\tau=\theta G\frac{\pi d^3}{16}$　　C. $\tau=\theta Gd$　　D. $\tau=\frac{\theta Gd}{2}$

5-4-9　(2010,62)直径为 d 的实心圆轴受扭，为使扭转最大切应力减小一半，圆轴的直径应改为：

A. 2d　　B. 0.5d　　C. $\sqrt{2}d$　　D. $\sqrt[3]{2}d$

5-4-10　(2009,61)直径为 d 的实心圆轴受扭，若使扭转角减小一半，圆轴的直径需变为：

A. $\sqrt[4]{2}d$　　B. $\sqrt[3]{2}d$　　C. 0.5d　　D. 2d

5-4-11　(2009,62)图示圆轴抗扭截面模量为 W_t，剪切模量为 G，扭转变形后，圆轴表面 A 点处截取的单元体互相垂直的相邻边线改变了 γ 角，如图所示。圆轴承受的扭矩 T 为：

A. $T=G\gamma W_t$　　B. $T=\frac{G\gamma}{W_t}$　　C. $T=\frac{\gamma}{G}W_t$　　D. $T=\frac{W_t}{G\gamma}$

5-4-12　(2008,67)如图所示，左端固定的直杆受扭转力偶作用，在截面 1—1 和 2—2 处的扭矩为：

A. 12. kN・m，−3kN・m　　B. −2.5kN・m，−3kN・m

C. −2.5kN・m，3kN・m　　D. 2.5kN・m，−3kN・m

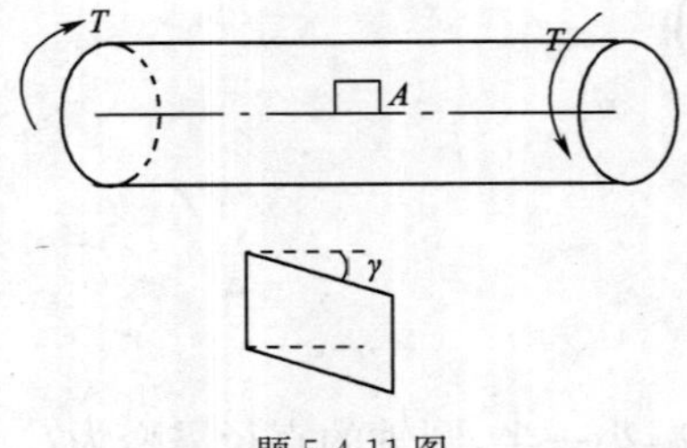

题 5-4-11 图

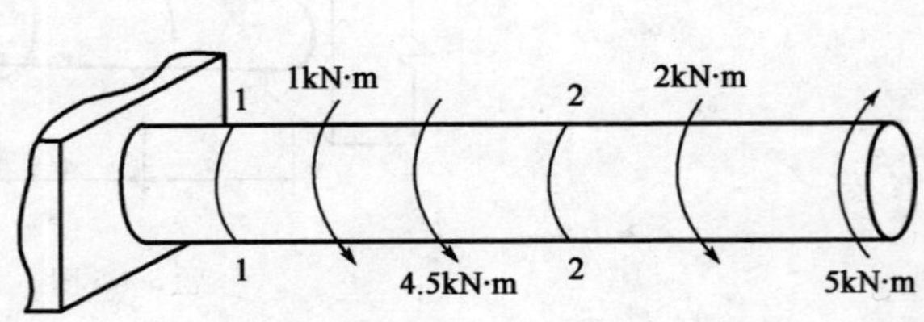

题 5-4-12 图

5-4-13 **(2007,65)**直径为 D 的实心圆轴，两端受扭转力矩作用，轴内最大剪应力为 τ。若轴的直径改为 $D/2$，则轴内的最大剪应力应为：

A. 2τ　　B. 4τ　　C. 8τ　　D. 16τ

5-4-14 **(2007,66)**如图所示，圆轴的扭矩图为：

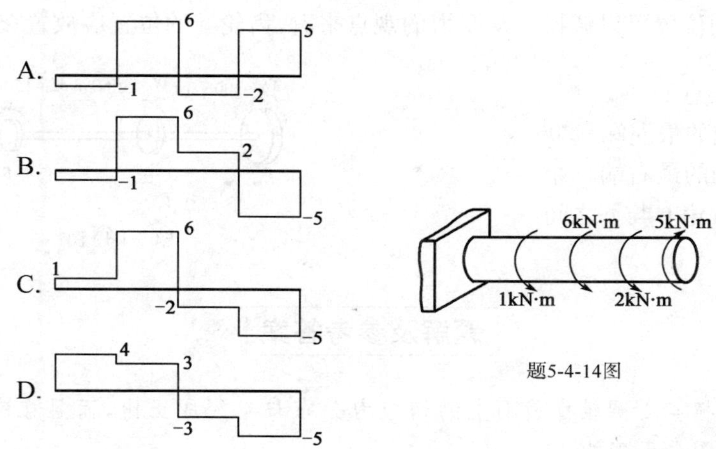

题5-4-14图

5-4-15 **(2006,65)**两端受扭转力偶矩作用的实心圆轴，不发生屈服的最大许可荷载为 M_0，若将其横截面面积增加1倍，则最大许可荷载为：

A. $\sqrt{2}M_0$　　B. $2M_0$

C. $2\sqrt{2}M_0$　　D. $4M_0$

5-4-16 **(2006,66)**如图所示，直杆受扭转力偶作用，在截面1-1和2-2处的扭矩为：

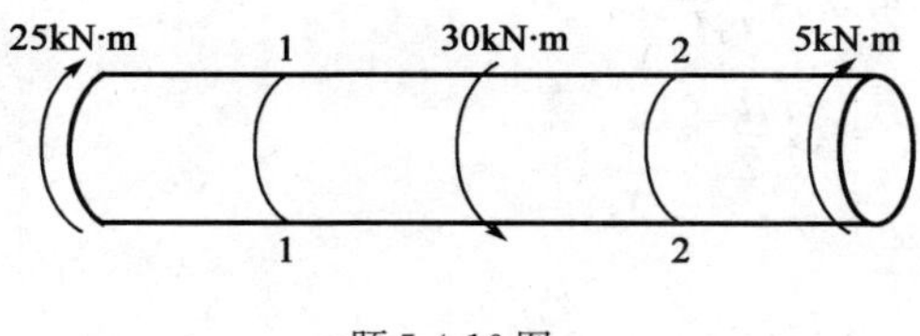

题 5-4-16 图

A. 5kN·m,5kN·m　　B. 25kN·m,－5kN·m

C. 35kN·m,－5kN·m　　D. －25kN·m,25kN·m

5-4-17 **(2005,66)**受扭实心等直圆轴，当直径增大一倍时，其最大剪应力 $\tau_{2\max}$ 和两端相对扭转角 φ_2 与原来的 $\tau_{1\max}$ 和 φ_1 的比值为：

A. $\tau_{2\max}:\tau_{1\max}=1:2,\varphi_2:\varphi_1=1:4$

B. $\tau_{2\max}:\tau_{1\max}=1:4,\varphi_2:\varphi_1=1:8$

C. $\tau_{2\max}:\tau_{1\max}=1:8, \varphi_2:\varphi_1=1:16$

D. $\tau_{2\max}:\tau_{1\max}=1:4, \varphi_2:\varphi_1=1:16$

5-4-18 **(2005,67)**空心圆轴和实心圆轴的外径相同时，截面的抗扭截面模量较大的是：

A. 空心轴　　B. 实心轴　　C. 一样大　　D. 不能确定

5-4-19 等截面传动轴，轴上安装 a、b、c 三个齿轮，其上的外力偶矩的大小和转向一定，如图示。但齿轮的位置可以调换。从受力的观点来看，齿轮 a 的位置应放置在下列中何处？

A. 任意处

B. 轴的最左端

C. 轴的最右端

D. 齿轮 b 与 c 之间

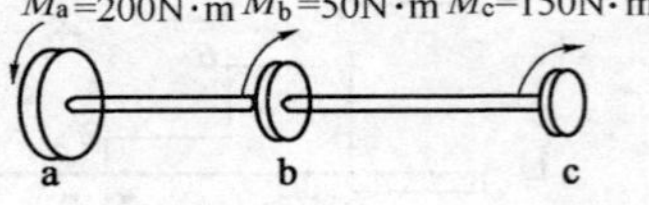

题 5-4-19 图

题解及参考答案

5-4-1 **解：**受扭空心圆轴横截面上的切应力分布与半径成正比，而且在空心圆内径中无应力，只有选项 B 图是正确的。

答案：B

5-4-2 **解：**根据外力矩（此题中即是扭矩）与功率、转速的计算公式：$M(\text{kN}\cdot\text{m})=9.55\dfrac{P(\text{kW})}{n(\text{r/min})}$可知，转速小的轴，扭矩（外力矩）大。

答案：B

5-4-3 **解：**圆轴的最大切应力 $\tau_{\max}=\dfrac{T}{I_p}\cdot\dfrac{d}{2}$

圆轴的单位长度扭转角 $\theta=\dfrac{T}{GI_p}$

故 $\dfrac{T}{I_p}=\theta G$，代入 $\tau_{\max}=\theta G\dfrac{d}{2}$

答案：D

5-4-4 **解：**设实心圆直径为 d，空心圆外径为 D，空心圆内外径之比为 α，因两者横截面积相同，故有

$$\frac{\pi}{4}d^2=\frac{\pi}{4}D^2(1-\alpha^2)\text{，即 } d=D(1-\alpha^2)^{\frac{1}{2}}$$

$$\text{故 }\frac{\tau_a}{\tau_b}=\frac{\dfrac{T}{\frac{\pi}{16}d^3}}{\dfrac{T}{\frac{\pi}{16}D^3(1-\alpha^4)}}=\frac{D^3(1-\alpha^4)}{d^3}=\frac{D^3(1-\alpha^2)(1+\alpha^2)}{D^3(1-\alpha^2)(1-\alpha^2)^{\frac{1}{2}}}=\frac{1+\alpha^2}{\sqrt{1-\alpha^2}}>1$$

答案:C

5-4-5　解:由外力平衡可知左端的反力偶为 T,方向是由外向内转。再由各段扭矩计算可知:左段扭矩为 $+T$,中段扭矩为 $-T$,右段扭矩为 $+T$。

答案:D

5-4-6　解:由 $\phi_1=\frac{\phi}{2}$,即 $\frac{T}{GI_{p1}}=\frac{1}{2}\frac{T}{GI_p}$,得 $I_{p1}=2I_p$ 所以 $\frac{\pi d_1^4}{32}=2\frac{\pi}{32}d^4$,故 $d_1=\sqrt[4]{2}d$。

答案:A

5-4-7　解:受扭空心圆轴横截面上的切应力分布与半径成正比,而且在空心圆内径中无应力,只有 B 图是正确的。

答案:B

5-4-8　解:由 $\theta=\frac{T}{GI_P}$,得 $\frac{T}{I_P}=\theta G$,故 $\tau_{max}=\frac{T}{I_P}\cdot\frac{d}{2}=\frac{\theta Gd}{2}$。

答案:D

5-4-9　解:为使 $\tau_1=\frac{1}{2}\tau$,应使 $\frac{T}{\frac{\pi}{16}d_1^3}=\frac{1}{2}\frac{T}{\frac{\pi}{16}d^3}$,即 $d_1^3=2d^3$,故 $d_1=\sqrt[3]{2}d$。

答案:D

5-4-10　解:使 $\varphi_1=\frac{\varphi}{2}$,即 $\frac{Tl}{GI_{P1}}=\frac{1}{2}\frac{Tl}{GI_P}$,所以 $I_{P1}=2I_P$,$\frac{\pi}{32}d_1^4=2\frac{\pi}{32}d^4$,得 $d_1=\sqrt[4]{2}d$。

答案:A

5-4-11　解:圆轴表面 $\tau=\frac{T}{W_t}$,又 $\tau=G\gamma$,所以 $T=\tau W_t=G\gamma W_t$。

答案:A

5-4-12　解:首先考虑整体平衡,设左端反力偶 m 由外向里转,则有 $\sum M_X=0$: $m-1-4.5-2+5=0$,所以 $m=2.5\text{kN}\cdot\text{m}$。再由截面法平衡求出:$T_1=m=2.5\text{kN}\cdot\text{m}$,$T_2=2-5=-3\ \text{kN}\cdot\text{m}$。

答案:D

5-4-13　解:设直径为 D 的实心圆轴最大剪应力 $\tau=\frac{T}{\frac{\pi}{16}D^3}$,则直径为 $\frac{D}{2}$ 的实心圆轴最大剪应力 $\tau_1=\frac{T}{\frac{\pi}{16}\left(\frac{D}{2}\right)^3}=8\frac{T}{\frac{\pi}{16}D^3}=8\tau$。

答案:C

5-4-14　解:首先考虑整体平衡,设左端反力偶 m 在外表面由外向里转,则有 $\sum M_X=0$,即 $m-1-6-2+5=0$,所以 $m=4\text{kN}\cdot\text{m}$。

再由直接法求出各段扭矩，从左至右各段扭矩分别为 4kN·m、3kN·m、−3kN·m、−5kN·m，在各集中力偶两侧截面上扭矩的变化量就等于集中偶矩的大小。显然符合这些规律的扭矩图只有 D 图。

答案：D

5-4-15 **解**：设实心圆轴原来横截面面积为 $A=\frac{\pi}{4}d^2$，增大后面积 $A_1=\frac{\pi}{4}d_1^2$，则有：$A_1=2A$，即 $\frac{\pi}{4}d_1^2=2\frac{\pi}{4}d^2$，所以 $d_1=\sqrt{2}d$。原面积不发生屈服时，$\tau_{max}=\frac{M_0}{W_p}=\frac{M_0}{\frac{\pi}{16}d^3}\leqslant\tau_S$，$M_0\leqslant\frac{\pi}{16}d^3\tau_S$，将面积增大后，$\tau_{max1}=\frac{M_1}{W_{p1}}=\frac{M_1}{\frac{\pi}{16}d_1^3}\leqslant\tau_S$，最大许可荷载 $M_1\leqslant\frac{\pi}{16}d_1^3\tau_S=2\sqrt{2}\frac{\pi}{16}d^3\tau_S=2\sqrt{2}M_0$。

答案：C

5-4-16 **解**：用截面法（或直接法）可求出截面 1-1 处扭矩为 25kN·m，截面 2-2 处的扭矩为 −5kN·m。

答案：B

5-4-17 **解**：$\tau_{2max}=\frac{T}{\frac{\pi}{16}(2d)^3}=\frac{1}{8}\quad\frac{T}{\frac{\pi}{16}d^3}=\frac{1}{8}\tau_{1max}$

$$\varphi_2=\frac{Tl}{G\frac{\pi}{32}(2d)^4}=\frac{1}{16}\frac{Tl}{G\frac{\pi}{32}d^4}=\frac{1}{16}\varphi_1。$$

答案：C

5-4-18 **解**：实心圆轴截面的抗扭截面模量 $W_{P1}=\frac{\pi}{16}D^3$，空心圆轴截面的抗扭截面模量 $W_{P2}=\frac{\pi}{16}D^3\left(1-\frac{d^4}{D^4}\right)$，当外径 D 相同时，显然 $W_{P1}>W_{P2}$。

答案：B

5-4-19 **解**：由于 a 轮上的外力偶矩 M_a 最大，当 a 轮放在两端时轴内将产生较大扭矩；只有当 a 轮放在中间时，轴内扭矩才较小。

答案：D

（五）截面图形的几何性质

5-5-1 **(2014,68)**梁的横截面可选用图示空心矩形，矩形，正方形和圆形四种之一，假设四种截面的面积均相等，荷载作用方向铅垂向下，承载能力最大的截面是：

A. 空心矩形　　　　B. 实心矩形
C. 正方形　　　　D. 圆形

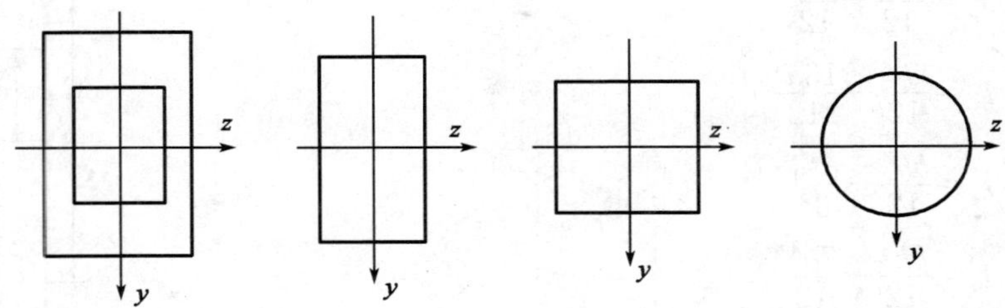

5-5-2　(2012,66)图示空心截面对 z 轴的惯性矩 I_z 为：

A. $I_z=\frac{\pi d^4}{32}-\frac{a^4}{12}$　　B. $I_z=\frac{\pi d^4}{64}-\frac{a^4}{12}$

C. $I_z=\frac{\pi d^4}{32}+\frac{a^4}{12}$　　D. $I_z=\frac{\pi d^4}{64}+\frac{a^4}{12}$

5-5-3　(2011,62)图示截面的抗弯截面模量 W_z 为：

A. $W_z=\frac{\pi d^3}{32}-\frac{a^3}{6}$　　B. $W_z=\frac{\pi d^3}{32}-\frac{a^4}{6d}$

C. $W_z=\frac{\pi d^3}{32}-\frac{a^3}{6d}$　　D. $W_z=\frac{\pi d^4}{64}-\frac{a^4}{12}$

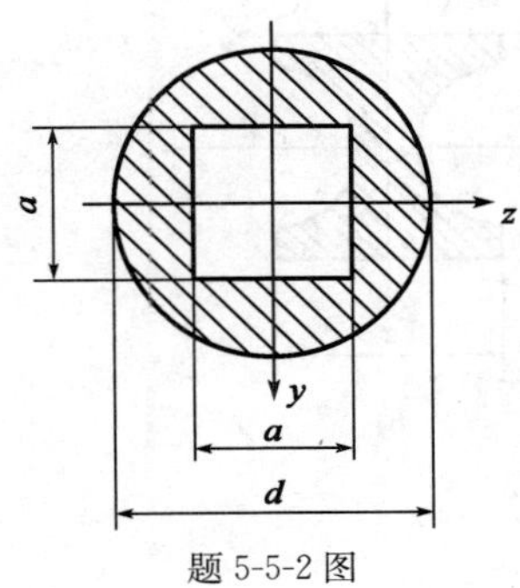

题 5-5-2 图

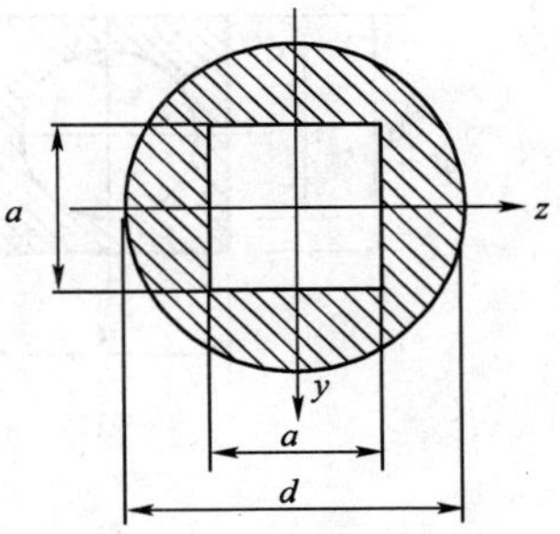

题 5-5-3 图

5-5-4　(2010,63)图示矩形截面对 z_1 轴的惯性矩 I_{z1} 为：

A. $I_{z1}=\frac{bh^3}{12}$

B. $I_{z1}=\frac{bh^3}{3}$

C. $I_{z1}=\frac{7bh^3}{6}$

D. $I_{z1}=\frac{13bh^3}{12}$

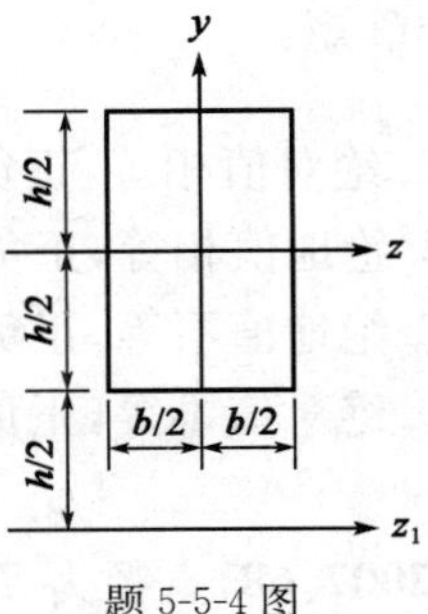

题 5-5-4 图

5-5-5　(2009,63)矩形截面挖去一个边长为 a 的正方形，如图所示，该截面对 z 轴的惯性矩 I_z 为：

A. $I_z=\frac{bh^3}{12}-\frac{a^4}{12}$

B. $I_z=\frac{bh^3}{12}-\frac{13a^4}{12}$

C. $I_z=\frac{bh^3}{12}-\frac{a^4}{3}$

D. $I_z=\frac{bh^3}{12}-\frac{7a^4}{12}$

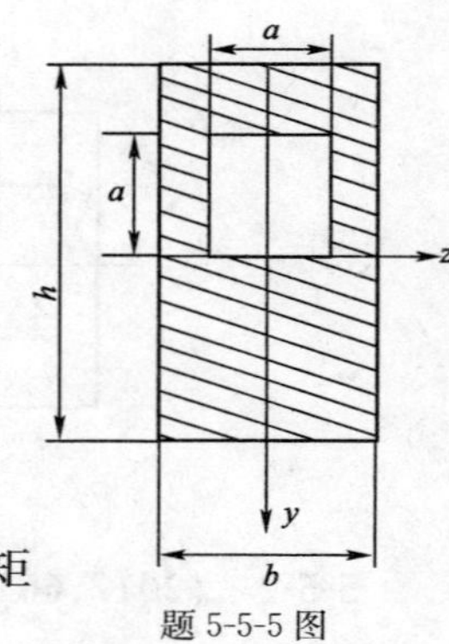

题 5-5-5 图

5-5-6　(2008,68)在 yoz 正交坐标系中，设图形对 y、z 轴的惯性矩分别为 I_y 和 I_z，则图形对坐标原点极惯性矩为：

A. $I_P=0$　　B. $I_P=I_z+I_y$　　C. $I_P=\sqrt{I_z^2+I_y^2}$　　D. $I_P=I_z^2+I_y^2$

5-5-7　(2008,69)面积相等的两个图形分别如图 a)和图 b)所示。它们对对称轴 y、z 轴的惯性矩之间关系为：

A. $I_z^a<I_z^b, I_y^a=I_y^b$　　B. $I_z^a>I_z^b, I_y^a=I_y^b$

C. $I_z^a=I_z^b, I_y^a=I_y^b$　　D. $I_z^a=I_z^b, I_y^a>I_y^b$

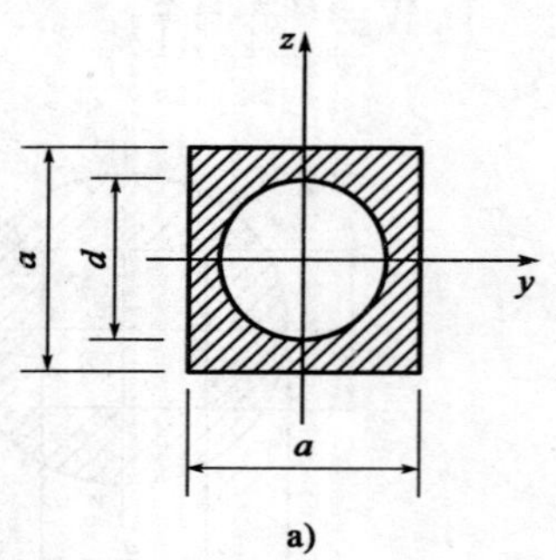

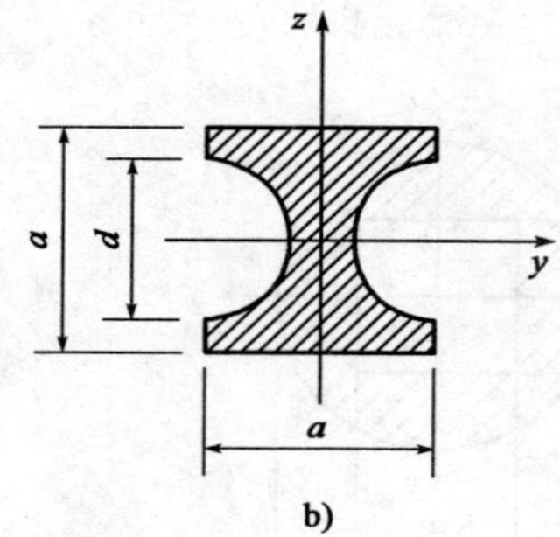

题 5-5-7 图

5-5-8　(2007,67)图示矩形截面，m-m 线以上部分和以下部分对形心轴 z 的两个静矩：

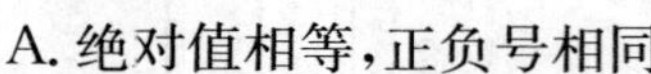

A. 绝对值相等，正负号相同

B. 绝地值相等，正负号不同

C. 绝地值不等，正负号相同

D. 绝对值不等，正负号不同

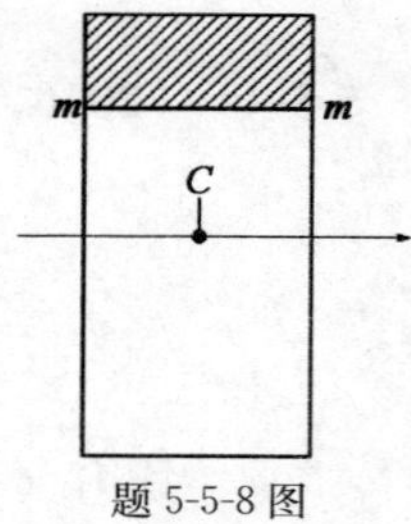

题 5-5-8 图

5-5-9　(2007,68)直径为 d 的圆形对其形心轴的惯性半径 i 等于：

A. $d/2$　　B. $d/4$　　C. $d/6$　　D. $d/8$

5-5-10　(2006,67)图示的矩形截面和正方形截面具有相同的面积。设它们对对称轴 y 的惯性矩分别为 I_y^a、I_y^b，对对称轴 z 的惯性矩分别为 I_z^a、I_z^b，则：

A. $I_z^a > I_z^b, I_y^a < I_y^b$　　B. $I_z^a > I_z^b, I_y^a > I_y^b$　　C. $I_z^a < I_z^b, I_y^a > I_y^b$　　D. $I_z^a < I_z^b, I_y^a < I_y^b$

5-5-11　**(2006,68)**在图形对通过某点的所有轴的惯性矩中,图形对主惯性轴的惯性矩一定:

A. 最大　　B. 最小　　C. 最大或最小　　D. 为零

5-5-12　**(2005,69)**图示截面,其轴惯性矩的关系为:

A. $I_{Z_1} = I_{Z_2}$　　B. $I_{Z_1} > I_{Z_2}$　　C. $I_{Z_1} < I_{Z_2}$　　D. 不能确定

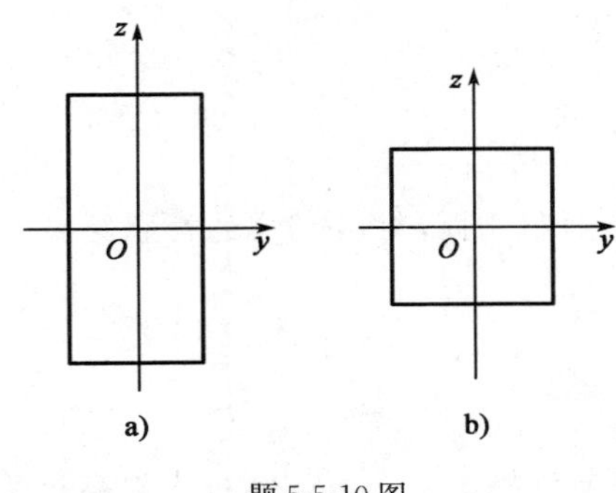

题 5-5-10 图

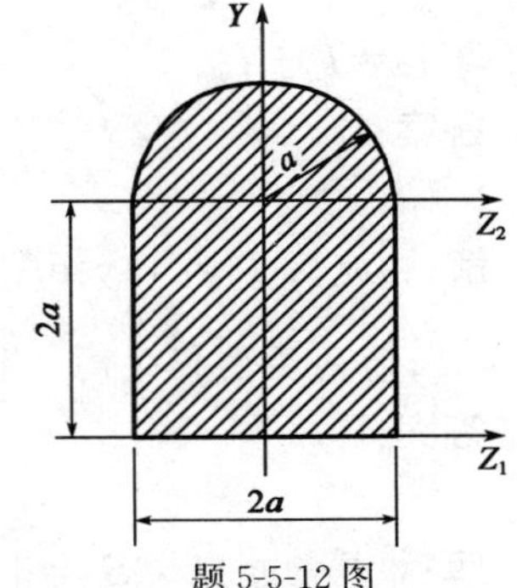

题 5-5-12 图

5-5-13　下面关于截面的形心主惯性轴 y、z 的定义,哪个是正确的?

A. $S_y = S_z = 0$　　B. $I_{yz} = 0$

C. $I_y = I_z = 0$　　D. $S_y = S_z = 0, I_{yz} = 0$

题解及参考答案

5-5-1　**解:**由梁的正应力强度条件:

$$\sigma_{\max} = \frac{M_{\max}}{I} \cdot y_{\max} = \frac{M_{\max}}{W} \leqslant [\sigma]$$

可知,梁的承载能力与梁横截面惯性矩 I(或 W)的大小成正比,当外荷载产生的弯矩 $M_{\max}$ 不变的情况下,截面惯性矩(或 W)越大,其承载能力也越大,显然相同面积制成的梁,矩形比圆形好,空心矩形的惯性矩(或 W)最大,其承载能力最大。

答案:A

5-5-2　**解:**$I_z = \frac{\pi}{64}d^4 - \frac{a^4}{12}$

答案:B

5-5-3　**解:**$W_z = \frac{I_z}{y_{\max}} = \frac{\frac{\pi}{64}d^4 - \frac{a^4}{12}}{\frac{d}{2}} = \frac{\pi d^3}{32} - \frac{a^4}{6d}$

答案:B

5-5-4　解:$I_{z1}=I_z+a^2A=\dfrac{bh^3}{12}+h^2\cdot bh=\dfrac{13}{12}bh^3$

答案:D

5-5-5　解:图中正方形截面 $I_z^{方}=\dfrac{a^4}{12}+\left(\dfrac{a}{2}\right)^2\cdot a^2=\dfrac{a^4}{3}$,整个截面 $I_z=I_z^{矩}-I_z^{方}=\dfrac{bh^3}{12}-\dfrac{a^4}{3}$。

答案:C

5-5-6　解:由定义 $I_P=\int_A\rho^2\mathrm{d}A$,$I_z=\int_A y^2\mathrm{d}A$,$I_y=\int_A z^2\mathrm{d}A$,以及勾股定理 $\rho^2=y^2+z^2$,两边积分就可得 $I_P=I_z+I_y$。

答案:B

5-5-7　解:由定义 $I_z=\int_A y^2\mathrm{d}A$ 可知,a)、b)两图形面积相同,但图 a)中的面积距离 z 轴较远,因此 $I_z^a>I_z^b$;而两图面积距离 y 轴远近相同,故 $I_y^a=I_y^b$。

答案:B

5-5-8　解:根据静矩定义 $S_z=\int_A y\mathrm{d}A$,图示矩形截面的静矩等于 m-m 线以上部分和以下部分静矩之和,即 $S_z=S_z^{上}+S_z^{下}$,又由于 z 轴是形心轴,$S_z=0$,故 $S_z^{上}+S_z^{下}=0$,$S_z^{上}=-S_z^{下}$。

答案:B

5-5-9　解:$i=i_y=i_z=\sqrt{\dfrac{I_z}{A}}=\sqrt{\dfrac{\pi}{64}d^4\Big/\dfrac{\pi}{4}d^2}=\dfrac{d}{4}$

答案:B

5-5-10　解:根据矩的定义 $I_z=\int_A y^2\mathrm{d}A$,$I_y=\int_A z^2\mathrm{d}A$,可知惯性矩的大小与面积到轴的距离有关。面积分布离轴越远,其惯性矩越大;面积分布离轴越近,其惯性矩越小。可见 I_y^a 最大,I_z^a 最小。

答案:C

5-5-11　解:图形对主惯性轴的惯性积为零,对主惯性轴的惯性矩是对通过某点的所有轴的惯性矩中的极值,也就是最大或最小的惯性矩。

答案:C

5-5-12　解:由移轴定理 $I_z=I_{zc}+a^2A$ 可知,在所有与形心轴平行的轴中,距离形心轴越远,其惯性矩越大。图示截面为一个正方形与一半圆形的组合截面,其形心轴应在正方形形心和半圆形形心之间。所以 Z_1 轴距离截面形心轴较远,其惯性矩较大。

答案:B

5-5-13　解:形心主惯性轴 y、z 都过形心,故 $S_z=S_y=0$;又都是主惯性轴,故 $I_{yz}=0$。两条必须同时满足。

答案:D

（六）弯曲梁的内力、应力和变形

5-6-1 **(2014,66)**梁的弯矩图如图所示，最大值在 B 截面。在梁的 A、B、C、D 四个截面中，剪力为 0 的截面是：

A. A 截面　　B. B 截面　　C. C 截面　　D. D 截面

5-6-2 **(2013,65)**简支梁 AC 的 A、C 截面为铰支端。已知的弯矩图如图所示，其中 AB 段为斜直线，BC 段为抛物线。以下关于梁上载荷的正确判断是：

A. AB 段 $q=0$，BC 段 $q\neq0$，B 截面处有集中力

B. AB 段 $q\neq0$，BC 段 $q=0$，B 截面处有集中力

C. AB 段 $q=0$，BC 段 $q\neq0$，B 截面处有集中力偶

D. AB 段 $q\neq0$，BC 段 $q=0$，B 截面处有集中力偶

（q 为分布载荷集度）

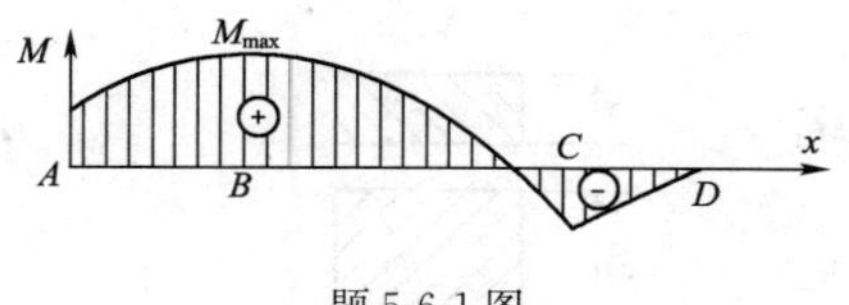

题 5-6-1 图

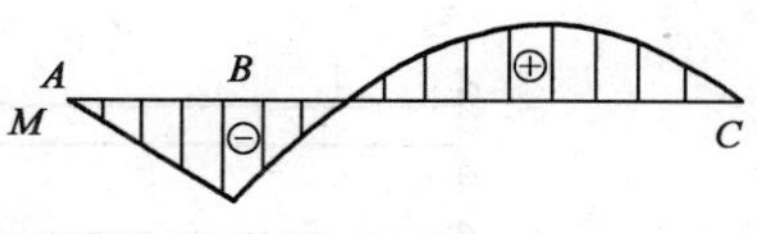

题 5-6-2 图

5-6-3 **(2013,66)**悬臂梁的弯矩如图所示，根据梁的弯矩图，梁上的载荷 F、m 的值应是：

A. $F=6\text{kN}, m=10\text{kN}\cdot\text{m}$　　B. $F=6\text{kN}, m=6\text{kN}\cdot\text{m}$

C. $F=4\text{kN}, m=4\text{kN}\cdot\text{m}$　　D. $F=4\text{kN}, m=6\text{kN}\cdot\text{m}$

5-6-4 **(2013,67)**承受均布载荷的简支梁如图 a)所示，现将两端的支座同时向梁中间移动 $l/8$，如图 b)所示，两根梁的中点$\left(\dfrac{l}{2}\text{处}\right)$弯矩之比$\dfrac{M_a}{M_b}$为：

A. 16　　B. 4　　C. 2　　D. 1

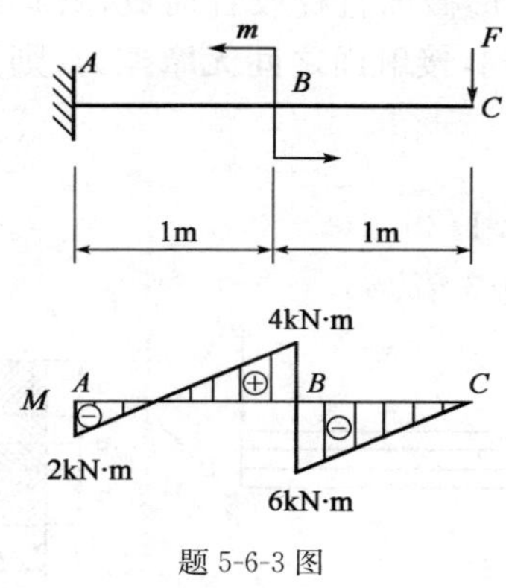

题 5-6-3 图

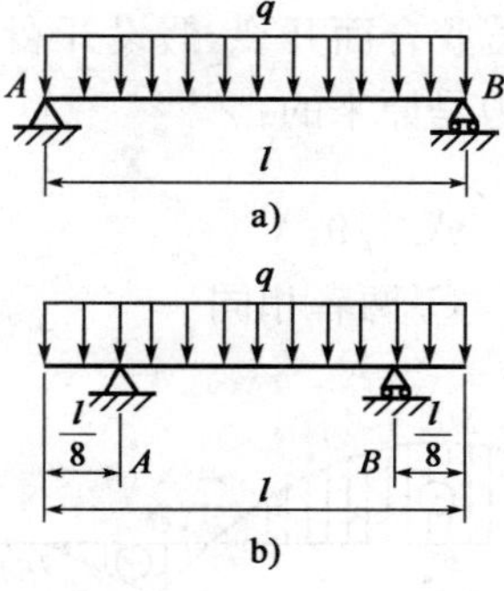

题 5-6-4 图

5-6-5 **(2012,65)**梁 ABC 的弯矩如图所示，根据梁的弯矩图，可以断定该梁 B 点处：

A. 无外载荷　　B. 只有集中力偶

C. 只有集中力　　D. 有集中力和集中力偶

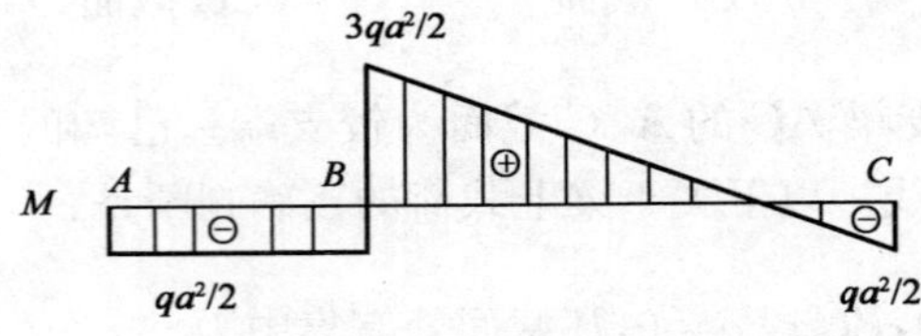

题 5-6-5 图

5-6-6 **(2012,67)**两根矩形截面悬臂梁，弹性模量均为 E，横截面尺寸如图，两梁的载荷均为作用在自由端的集中力偶。已知两梁的最大挠度相同，则集中力偶 M_{e2} 是 M_{e1} 的：$\left(\text{悬臂梁受自由端集中力偶} M \text{作用，自由端挠度为} \dfrac{ML^2}{2EI}\right)$

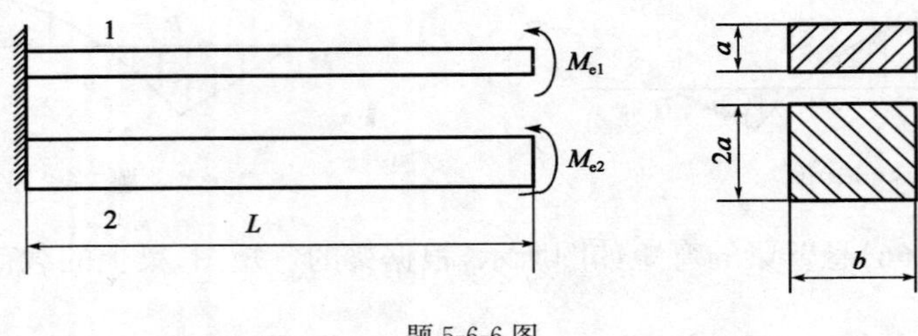

题 5-6-6 图

A. 8 倍　　B. 4 倍　　C. 2 倍　　D. 1 倍

5-6-7 **(2011,63)**梁的弯矩图如图所示，最大值在 B 截面，在梁的 A、B、C、D 四个截面中，剪力为零的截面是：

A. A 截面　　B. B 截面　　C. C 截面　　D. D 截面

5-6-8 **(2011,64)**图示悬臂梁 AB 由三根相同的矩形截面直杆胶合而成，材料的许可应力为$[\sigma]$，若胶合面开裂，假设开裂后三根杆的挠曲线相同，接触面之间无摩擦力，则开裂后的梁承载能力是原来的：

A. 1/9　　B. 1/3

C. 两者相同　　D. 3 倍

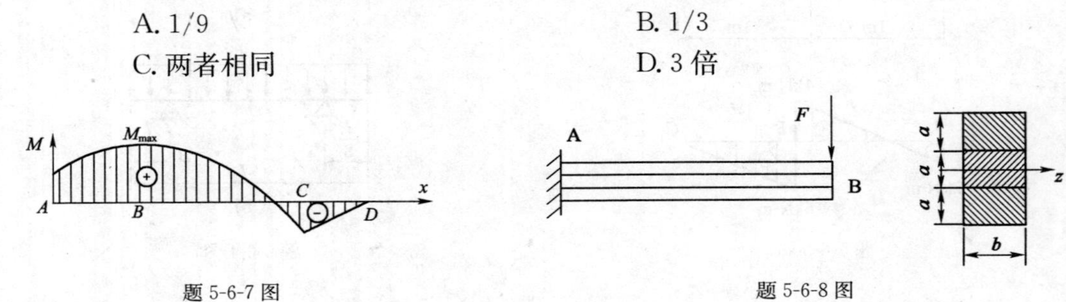

题 5-6-7 图　　题 5-6-8 图

5-6-9 **(2011,65)**梁的横截面是由狭长矩形构成的工字形截面，如图所示。z 轴为中性轴，截面上的剪力竖直向下，该截面上的最大切应力在：

A. 腹板中性轴处

B. 腹板上下缘延长线与两侧翼缘相交处

C. 截面上下缘

D. 腹板上下缘

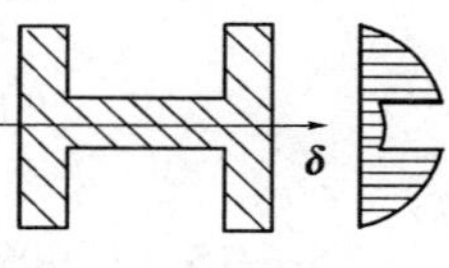

题 5-6-9 图

5-6-10 **(2011,66)**矩形截面简支梁中点承受集中力 F。若 $h=2b$，分别采用图 a)、图 b)两种方式放置，图 a)梁的最大挠度是图 b)梁的：

A. 1/2

B. 2 倍

C. 4 倍

D. 8 倍

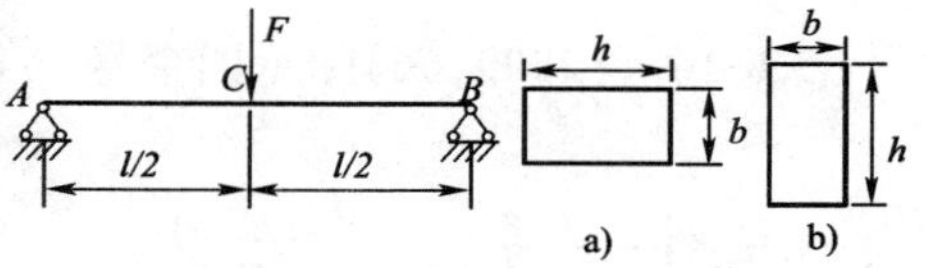

题 5-6-10 图

5-6-11 **(2010,64)**图示外伸梁，在 C、D 处作用相同的集中力 F，截面 A 的剪力和截面 C 的弯矩分别是：

A. $F_{SA}=0, M_C=0$ B. $F_{SA}=F, M_C=FL$

C. $F_{SA}=F/2, M_C=FL/2$ D. $F_{SA}=0, M_C=2FL$

5-6-12 **(2010,65)**图示悬臂梁 AB 由两根相同的矩形截面梁胶合而成。若胶合面全部开裂，假设开裂后两杆的弯曲变形相同，接触面之间无摩擦力，则开裂后梁的最大挠度是原来的：

A. 两者相同 B. 2 倍

C. 4 倍 D. 8 倍

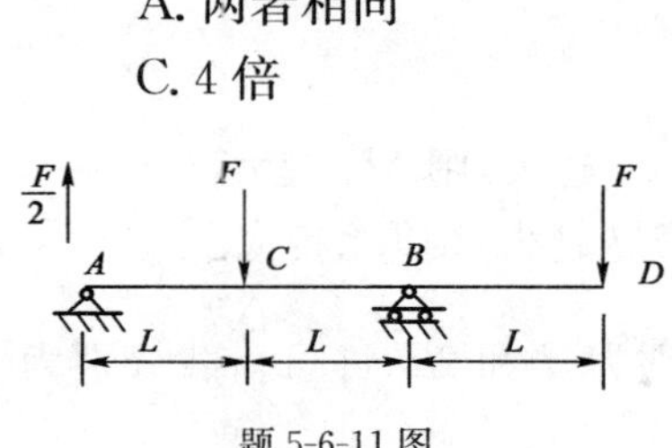

题 5-6-11 图

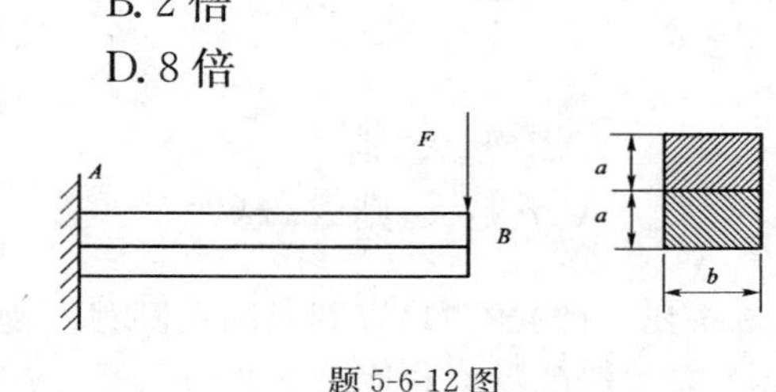

题 5-6-12 图

5-6-13 **(2010,66)**图示悬臂梁自由端承受集中力偶 M。若梁的长度减小一半，梁的最大挠度是原来的：

A. 1/2 B. 1/4 C. 1/8 D. 1/16

5-6-14 **(2009,64)**图示外伸梁，A 截面的剪力为：

A. 0 B. $\frac{3m}{2L}$ C. $\frac{m}{L}$ D. $-\frac{m}{L}$

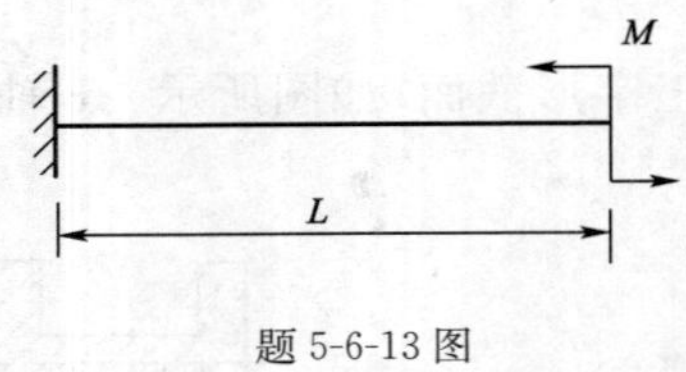

题 5-6-13 图

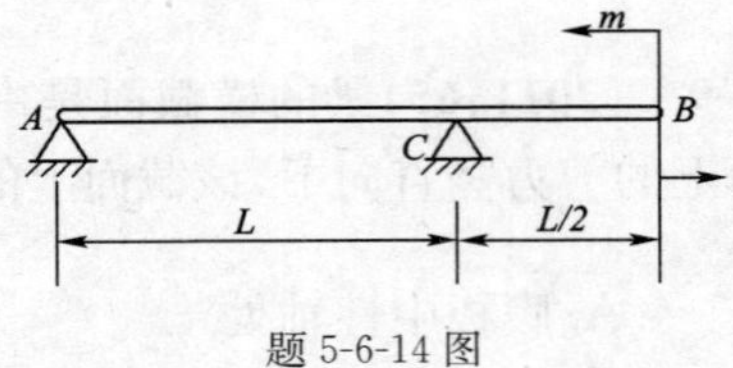

题 5-6-14 图

5-6-15 **(2009,65)**两根梁长度、截面形状和约束条件完全相同，一根材料为钢，另一根为铝。在相同的外力作用下发生弯曲形变，二者不同之处为：

A. 弯曲内力　　B. 弯曲正应力　　C. 弯曲切应力　　D. 挠曲线

5-6-16 **(2009,66)**图示四个悬臂梁中挠曲线是圆弧的为：

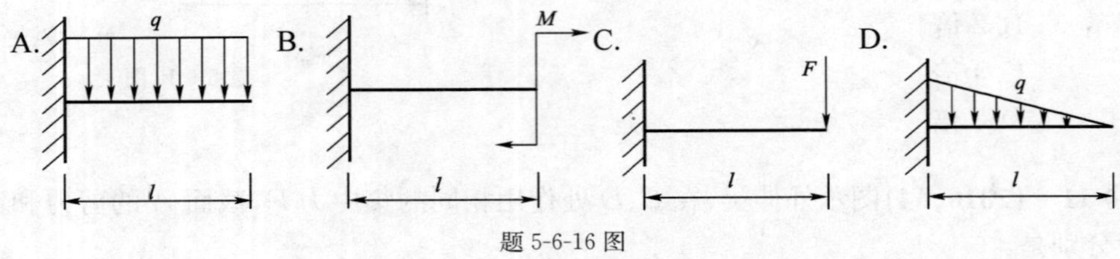

题 5-6-16 图

5-6-17 **(2008,70)**带有中间铰的静定梁受载情况如图所示，则：

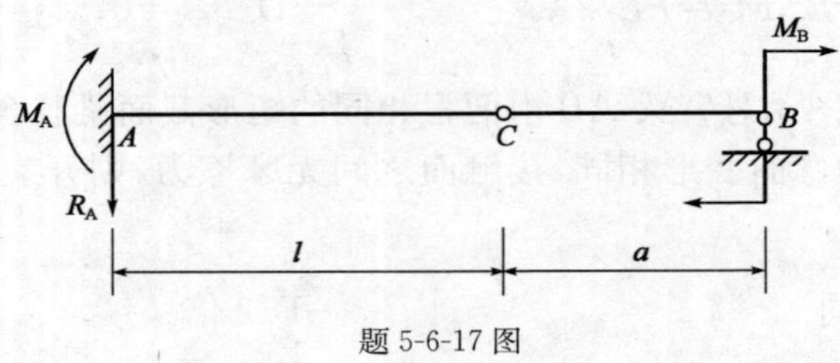

题 5-6-17 图

A. a 越大，则 M_A 越大　　B. l 越大，则 M_A 越大

C. a 越大，则 R_A 越大　　D. l 越大，则 R_A 越大

5-6-18 **(2008,71)**设图示两根圆截面梁的直径分别为 d 和 $2d$，许可荷载分别为 $[P]_1$ 和 $[P]_2$。若二梁的材料相同，则 $[P]_2/[P]_1$ 等于：

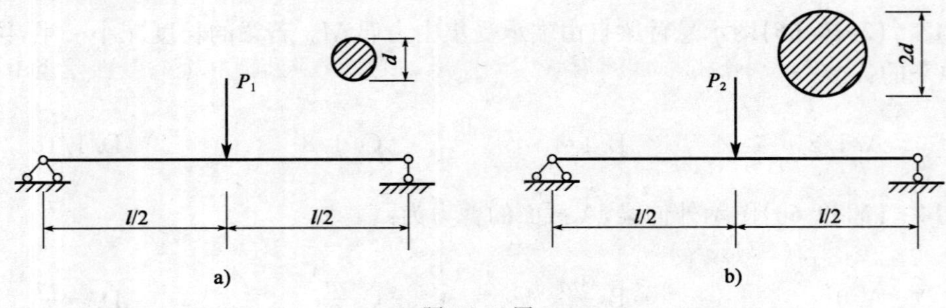

题 5-6-18 图

A. 2　　B. 4　　C. 8　　D. 16

5-6-19　**(2007,69)**悬臂梁受载情况如图所示，在截面 C 上：

A. 剪力为零，弯矩不为零　　B. 剪力不为零，弯矩为零

C. 剪力和弯矩均为零　　D. 剪力和弯矩均不为零

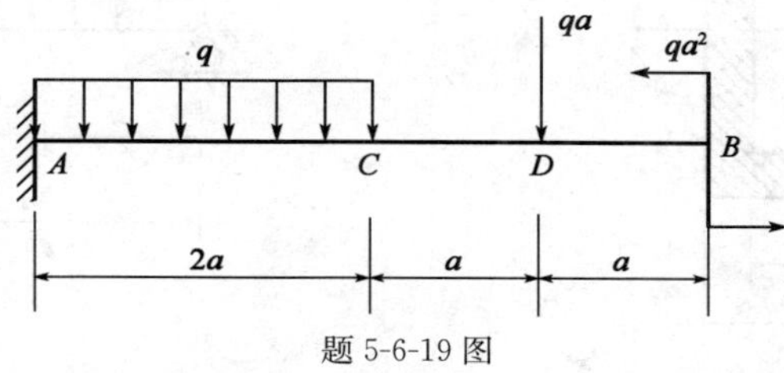

题 5-6-19 图

5-6-20　**(2007,70)**已知图示二梁的抗弯截面刚度 EI 相同，若二者自由端的挠度相等，则 P_1/P_2 为：

A. 2　　B. 4　　C. 8　　D. 16

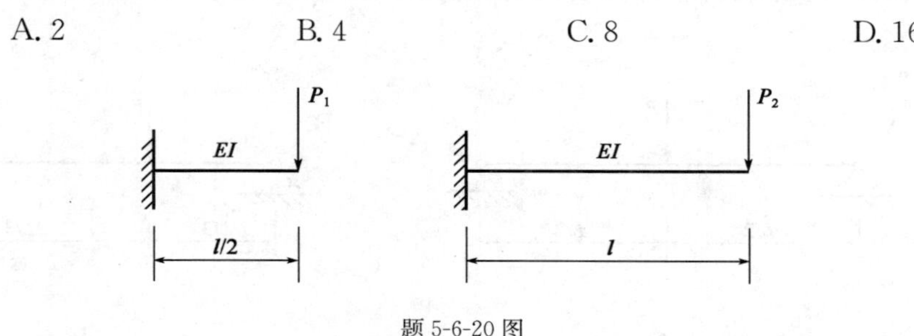

题 5-6-20 图

5-6-21　**(2006,69)**一跨度为 l 的简支架，若仅承受一个集中力 P，当 P 在梁上任意移动时，梁内产生的最大剪力 Q_{max} 和最大弯矩 M_{max} 分别满足：

A. $Q_{max} \leqslant P, M_{max} = Pl/4$　　B. $Q_{max} \leqslant P/2, M_{max} = Pl/4$

C. $Q_{max} \leqslant P, M_{max} = Pl/4$　　D. $Q_{max} \leqslant P/2, M_{max} = Pl/2$

5-6-22　**(2006,70)**矩形截面梁横力弯曲时，在横截面的中性轴处：

A. 正应力最大，剪应力为零　　B. 正应力为零，剪应力最大

C. 正应力和剪应力均最大　　D. 正应力和剪应力均为零

5-6-23　**(2005,68)**梁的横截面形状如图所示，则截面对 Z 轴的抗弯截面模量 W_z 为：

A. $\frac{1}{12}(BH^3 - bh^3)$　　B. $\frac{1}{6}(BH^2 - bh^2)$

C. $\frac{1}{6\text{H}}(BH^2 - bh^3)$　　D. $\frac{1}{6h}(BH^3 - bh^3)$

5-6-24　**(2005,70)**如图所示梁，剪力等于零的截面位置 x 之值为：

A. $\frac{5a}{6}$　　　　B. $\frac{6a}{5}$　　　　C. $\frac{6a}{7}$　　　　D. $\frac{7a}{6}$

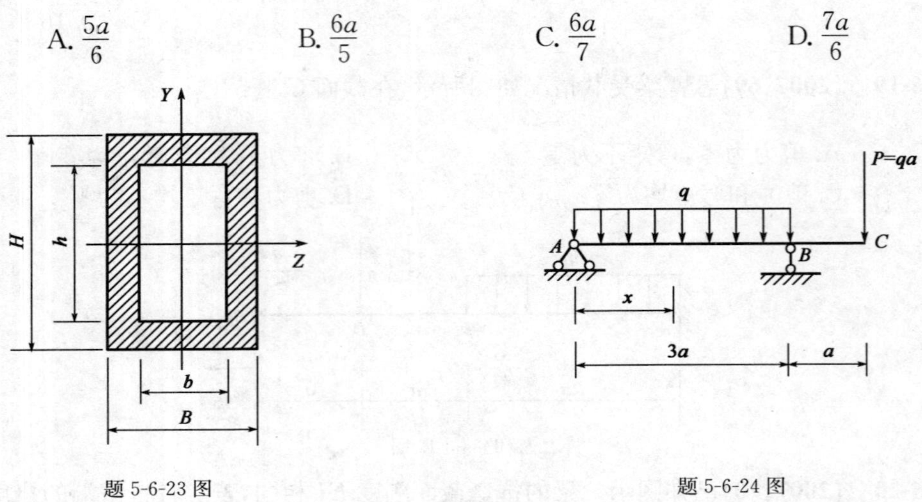

题 5-6-23 图　　　　题 5-6-24 图

5-6-25　(2005,71)就正应力强度而言,题图所示的梁,以下列哪个图所示的加载方式最好?

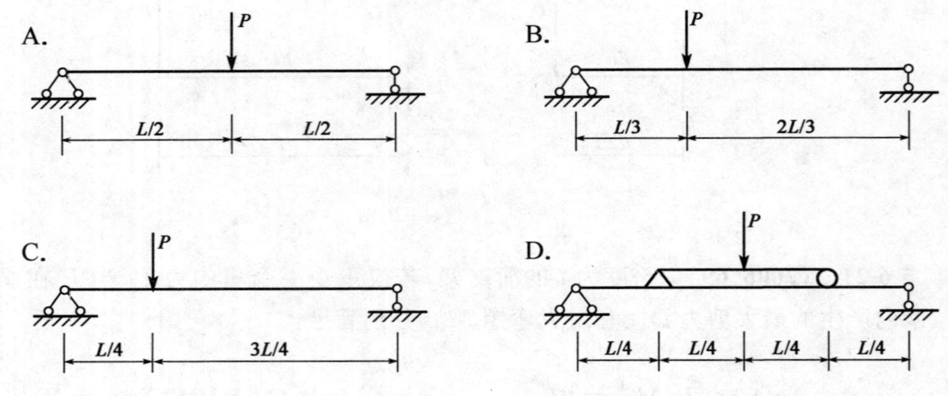

5-6-26　(2005,72)在等直梁平面弯曲的挠曲线上,曲率最大值发生在下面哪项的截面上?

A. 挠度最大　　　　B. 转角最大

D. 弯矩最大　　　　D. 剪力最大

5-6-27　若梁的荷载及支承情况对称于梁的中央截面 C,如图所示,则下列结论中哪一个是正确的?

A. Q 图对称,M 图对称,且 $Q_C=0$

B. Q 图对称,M 图反对称,且 $M_C=0$

C. Q 图反对称,M 图对称,且 $Q_C=0$

D. Q 图反对称,M 图反对称,且 $M_C=0$

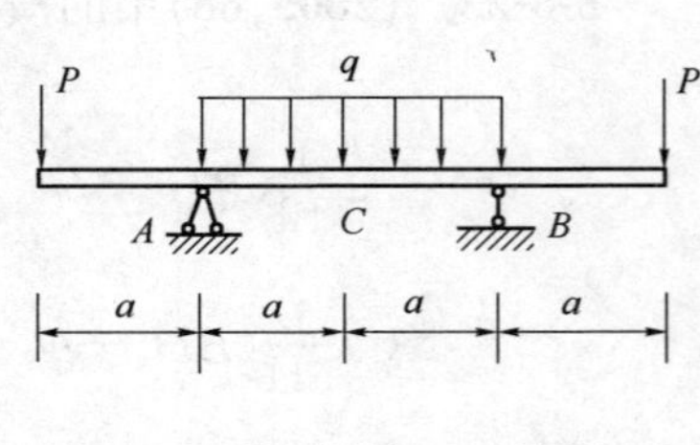

题 5-6-27 图

题解及参考答案

5-6-1　解:根据剪力和弯矩的微分关系$\frac{\mathrm{d}m}{\mathrm{d}x}=Q$可知,弯矩的最大值发生在剪力为零的截面,也就是弯矩的导数为零的截面,故选B截面。

答案:B

5-6-2　解:根据“零、平、斜”,“平、斜、抛”的规律,AB段的斜直线,对应AB段$q=0$,BC段的抛物线,对应BC段$q\neq0$,即应有q。而B截面处有一个转折点,应对应于一个集中力。

答案:A

5-6-3　解:弯矩图中B截面的突变值为10kN·m,故$m=10\text{kN}\cdot\text{m}$。

答案:A

5-6-4　解:$M_a=\frac{1}{8}ql^2$

M_b的计算可用叠加法,如图所示。

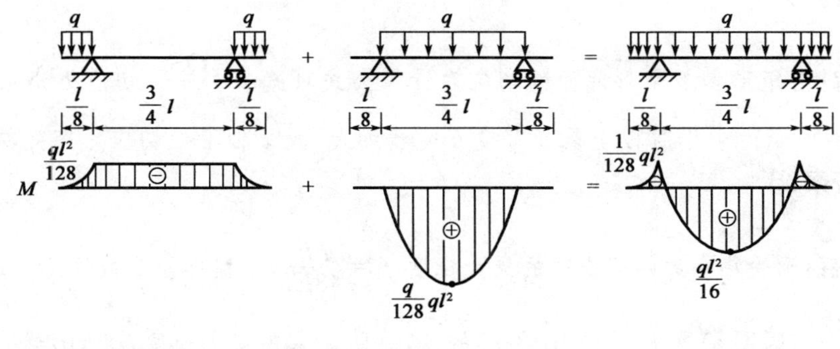

题 5-6-4 解图

$$\frac{M_a}{M_b}=\frac{\frac{ql^2}{8}}{\frac{ql^2}{16}}=2\text{。}$$

答案:C

5-6-5　解:此题未说明梁的类型,有两种可能(见解图),简支梁时答案为B,悬臂梁时答案为D。

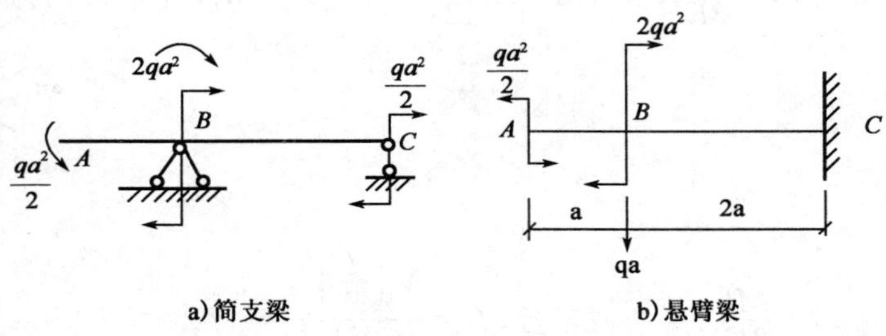

题 5-6-5 解图

答案:B

5-6-6 **解**:因为 $I_2=\frac{b(2a)^3}{12}=8\frac{ba^3}{12}=8I_1$,又 $f_1=f_2$,即$\frac{M_1L^2}{2EI_1}=\frac{M_2L^2}{2EI_2}$,故$\frac{M_2}{M_1}=\frac{I_2}{I_1}=8$。

答案:A

5-6-7 **解**:根据$\frac{dM}{dx}=Q$可知,剪力为零的截面弯矩的导数为零,也即是弯矩有极值。

答案:B

5-6-8 **解**:开裂前 $\sigma_{max}=\frac{M}{W_z}=\frac{M}{\frac{b}{6}(3a)^2}=\frac{2M}{3ba^2}$

开裂后 $\sigma_{1max}=\frac{\frac{M}{3}}{W_{z1}}=\frac{\frac{M}{3}}{\frac{ba^2}{6}}=\frac{2M}{ba^2}$

开裂后最大正应力是原来的 3 倍,故梁承载能力是原来的 1/3。

答案:B

5-6-9 **解**:由矩形和工字形截面的切应力计算公式可知 $\tau=\frac{QS_z}{bI_z}$,切应力沿截面高度呈抛物线分布,如图所示。由于腹板上截面宽度 b 突然加大,故 z 轴附近切应力突然减小。

答案:B

5-6-10 **解**:承受集中力的简支梁的最大挠度 $f_c=\frac{Fl^3}{48EI}$,与惯性矩 I 成反比。$I_a=\frac{hb^3}{12}=\frac{b^4}{6}$,而 $I_b=\frac{bh^3}{12}=\frac{4}{6}b^4$,因图 a)梁 I_a 是图 b)梁 I_b 的$\frac{1}{4}$,故图 a)梁的最大挠度是图 b)梁的 4 倍。

答案:C

5-6-11 **解**:考虑梁的整体平衡:$\sum M_B=0$,$F_A=0$,应用直接法求剪力和弯矩,得 $F_{SA}=0$,$M_C=0$。

答案:A

5-6-12 **解**:开裂前,$f=\frac{Fl^3}{3EI}$,其中 $I=\frac{b(2a)^3}{12}=8\frac{ba^3}{12}=8I_1$,开裂后,$f_1=\frac{\frac{F}{2}l^3}{3EI_1}=\frac{\frac{1}{2}Fl^3}{3E\frac{I}{8}}=4\frac{Fl^3}{3EI}=4f$。

答案:C

5-6-13 **解**:原来,$f=\frac{Ml^2}{2EI}$;梁长减半后,$f_1=\frac{M\left(\frac{l}{2}\right)^2}{2EI}=\frac{1}{4}f$。

答案:B

5-6-14 解:设 F_A 向上,$\sum M_C=0$,$m-F_AL=0$,则 $F_A=\dfrac{m}{L}$,再用直接法求 A 截面的剪力 $F_s=F_A=\dfrac{m}{L}$。

答案:C

5-6-15 解:因为钢和铝的弹性模量不同,而 4 个选项之中只有挠曲线与弹性模量有关,所以选挠曲线。

答案:D

5-6-16 解:由集中力偶 M 产生的挠曲线方程 $f=\dfrac{Mx^2}{2EI}$ 是 x 的二次曲线可知,挠曲线是圆弧的为选项 B。

答案:B

5-6-17 解:由中间铰链 C 处断开,分别画出 AC 和 BC 的受力图(见解图)。

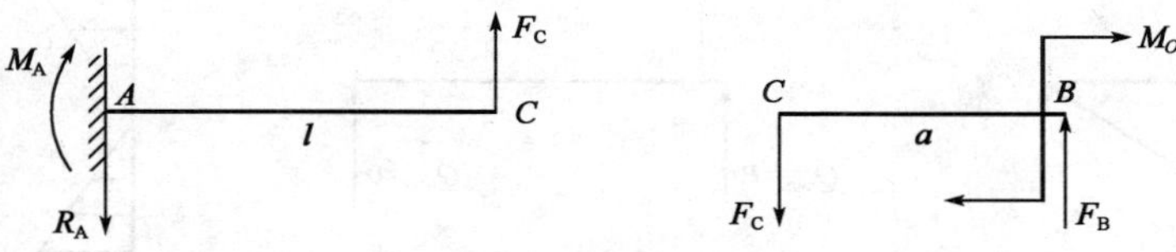

题 5-6-17 解图

先取 BC 杆:$\sum M_B=0$:$F_C\cdot a=M_O$　$F_C=\dfrac{M_O}{a}$

再取 AC 杆:$\sum F_y=0$:$R_A=F_C=\dfrac{M_O}{a}$

$$\sum M_A=0:M_A=F_Cl=\frac{M_O}{a}l$$

可见只有 B 是正确的。

答案:B

5-6-18 解:对图 a),$M_{max}=\dfrac{P_1l}{4}$,$\sigma_{max}=\dfrac{M_{max}}{W_z}=\dfrac{\dfrac{P_1l}{4}}{\dfrac{\pi}{32}d^3}=\dfrac{8P_1l}{\pi d^3}\leqslant[\sigma]$,所以 $P_1\leqslant\dfrac{\pi d^3[\sigma]}{8l}$。对图 b),$M_{max}=\dfrac{P_2l}{4}$,同理 $P_2\leqslant\dfrac{\pi(2d^3)[\sigma]}{8l}$,可见 $\dfrac{P_2}{P_1}=\dfrac{(2d)^3}{d^3}=8$。

答案:C

5-6-19 解:用直接法,取截面 C 右侧计算比较简单:$F_{CD}=qa$,$M_C=qa^2-qa\cdot a=0$。

答案:B

5-6-20 **解**:设 $f_1=\dfrac{P_1\left(\dfrac{l}{2}\right)^3}{3EI}$,$f_2=\dfrac{P_2l^3}{3EI}$,令 $f_1=f_2$,则有 $P_1\left(\dfrac{l}{2}\right)^3=P_2l^3$,$\dfrac{P_1}{P_2}=8$。

答案: C

5-6-21 **解**:矩形截面梁横力弯曲时,横截面上的正应力 σ 沿截面高度线性分布,如解图a)所示。在上下边缘 σ 最大,在中性轴上正应力为零。横截面上的剪应力 τ 沿截面高度呈抛物线分布,如解图b)所示。在上下边缘 τ 为零,在中性轴处剪应力最大。

答案:B

5-6-22 **解**:经分析可知,移动荷载作用在跨中 $\dfrac{l}{2}$ 处时,有最大弯矩 $M_{\max}=\dfrac{Pl}{4}$,支反力和弯矩图如解图 a)所示。当移动荷载作用在支座附近、无限接近支座时,有最大剪力 $Q_{\max}$ 趋近于 P 值,如解图 b)所示。

答案:A

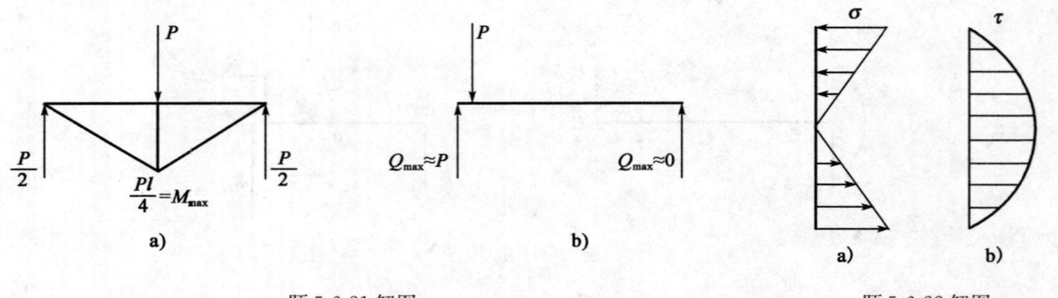

题 5-6-21 解图　　题 5-6-22 解图

5-6-23 **解**:根据定义,$W_z=\dfrac{I_z}{y_{\max}}=\dfrac{\dfrac{Bh^3}{12}-\dfrac{bh^3}{12}}{\dfrac{H}{2}}=\dfrac{BH^3-bh^3}{6H}$

答案:C

5-6-24 **解**:首先求支反力,设 F_A 向上,取整体平衡:$\sum M_B=0$,$F_A\cdot 3a+qa\cdot a=3qa\cdot\dfrac{3}{2}a$,所以 $F_A=\dfrac{7}{6}qa$。由 $F_S(x)=F_A-qx=0$,得 $x=\dfrac{F_A}{q}=\dfrac{7}{6}a$。

答案:D

5-6-25 **解**:题图所示四个梁,其支反力和弯矩图如下:

就梁的正应力强度条件而言,$\sigma_{\max}=\dfrac{M_{\max}}{W_z}\leqslant[\sigma]$,$M_{\max}$ 越小 $\sigma_{\max}$ 越小,梁就越安全。上述四个弯矩图中显然 D 图 $M_{\max}$ 最小。

答案:D

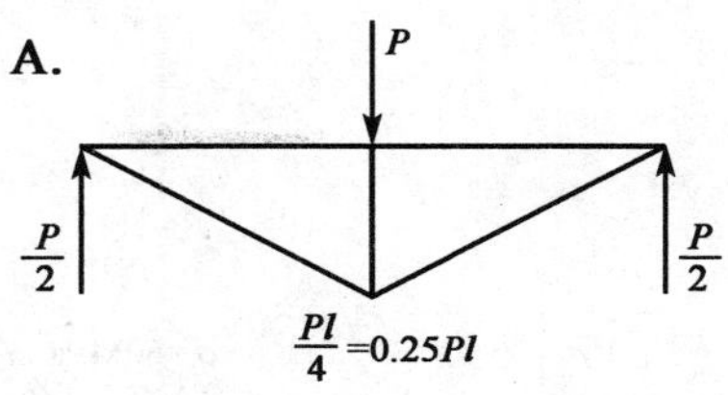

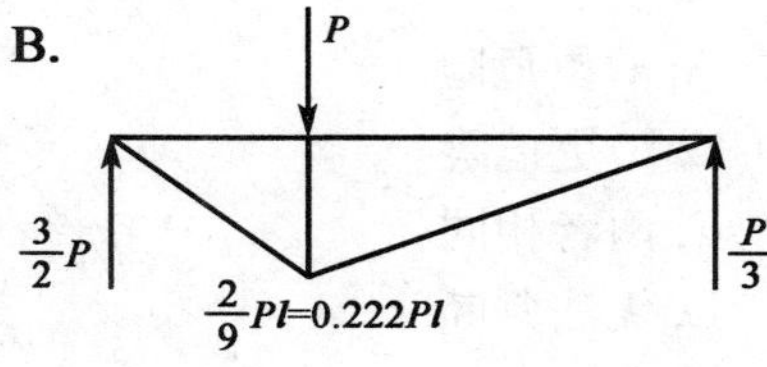

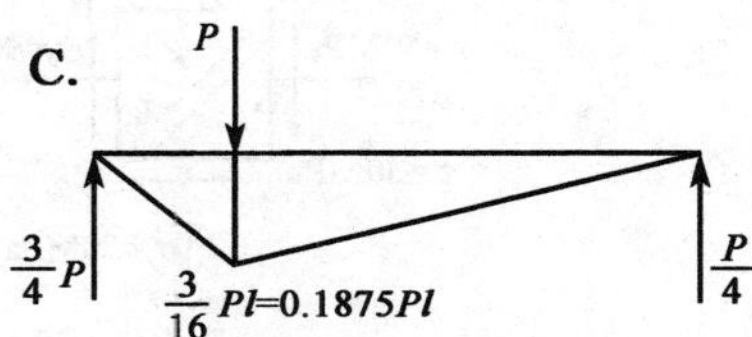

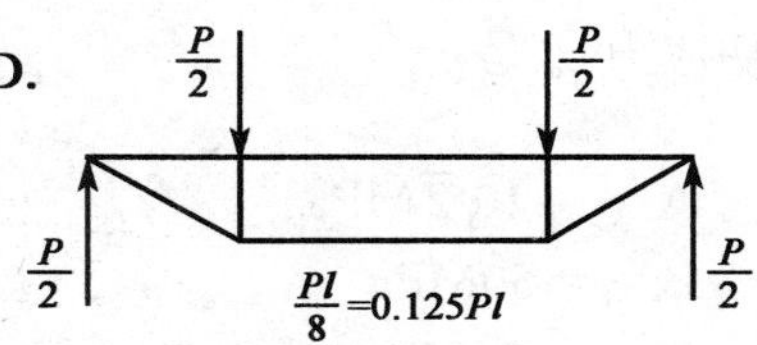

题 5-6-25 解图

5-6-26 解：根据公式梁的弯曲曲率$\frac{1}{\rho}=\frac{M}{EI}$与弯矩成正比，故曲率的最大值发生在弯矩最大的截面上。

答案：C

5-6-27 解：结构对称、荷载对称，则剪力图反对称，弯矩图对称，对称轴上 C 点剪力为零。

答案：C

(七)应力状态与强度理论

5-7-1 (2014,69)按照第三强度理论，图示两种应力状态的危险程度是：

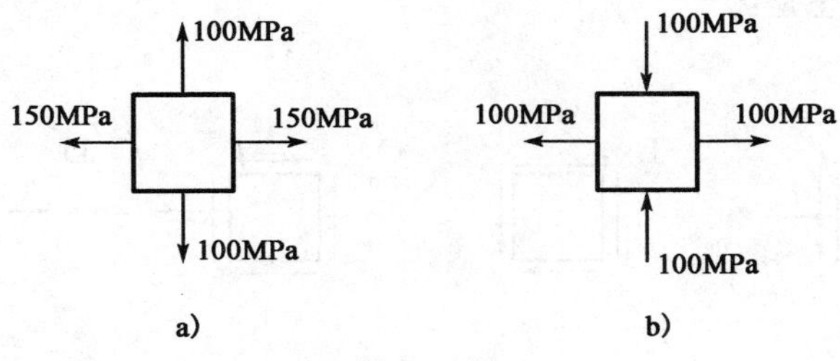

题 5-7-1 图

A. a)更危险　　B. b)更危险　　C. 两者相同　　D. 无法判断

5-7-2 (2013,68)按照第三强度理论，图示两种应力状态的危险程度是：

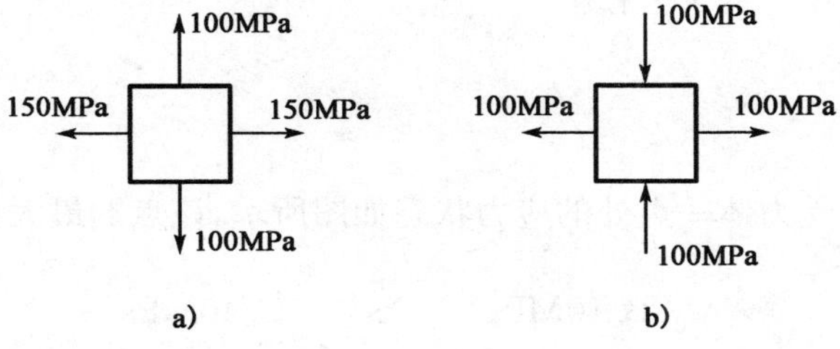

题 5-7-2 图

A. a)更危险

B. b)更危险

C. 两者相同

D. 无法判断

5-7-3 **(2012,69)**图示单元体,法线与 x 轴夹角 $\alpha=45°$ 的斜截面上切应力 τ_α 是:

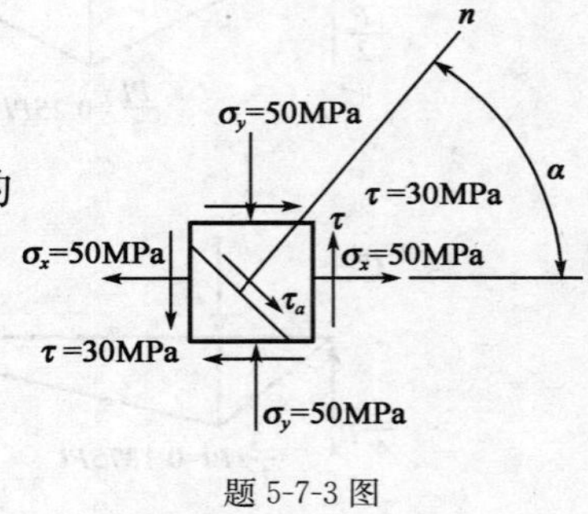

题 5-7-3 图

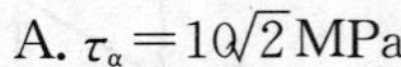

A. $\tau_\alpha=10\sqrt{2}$ MPa

B. $\tau_\alpha=50$MPa

C. $\tau_\alpha=60$MPa

D. $\tau_\alpha=0$

5-7-4 **(2011,67)**在图示 xy 坐标系下,单元体的最大主应力 σ_1 大致指向:

A. 第一象限,靠近 x 轴

B. 第一象限,靠近 y 轴

C. 第二象限,靠近 x 轴

D. 第二象限,靠近 y 轴

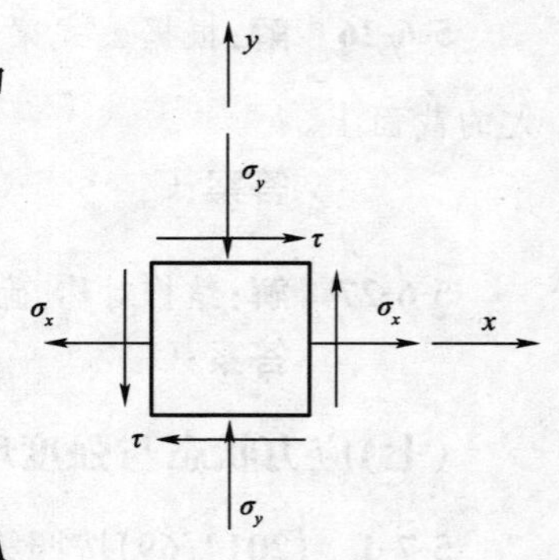

题 5-7-4 图

5-7-5 **(2011,69)**图示圆轴,固定端外圆上 $y=0$ 点(图中 A 点)的单元体的应力状态是:

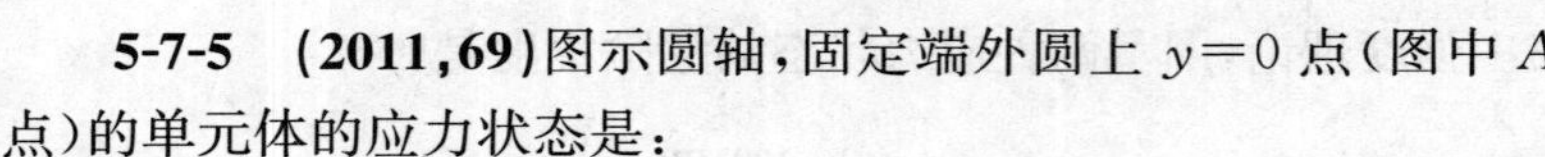

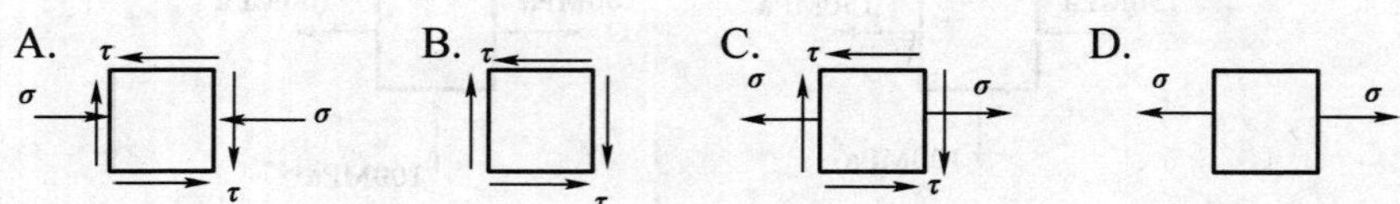

5-7-6 **(2010,67)**在图示 4 种应力状态中,切应力值最大的应力状态是:

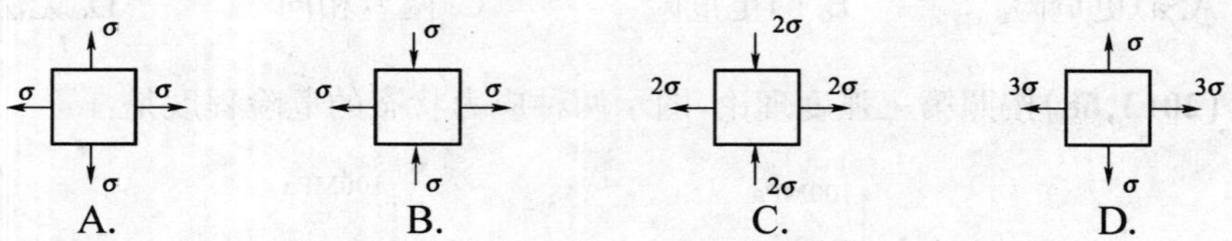

5-7-7 **(2009,67)**受力体一点处的应力状态如图所示,该点的最大主应力 σ_1 为:

A. 70MPa　　B. 10MPa　　C. 40MPa　　D. 50MPa

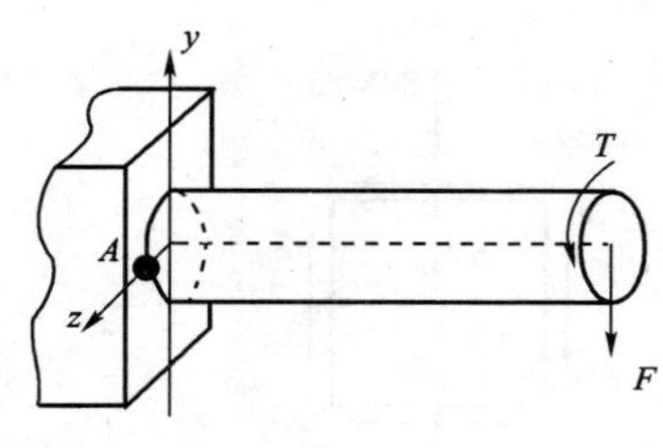

题 5-7-5 图

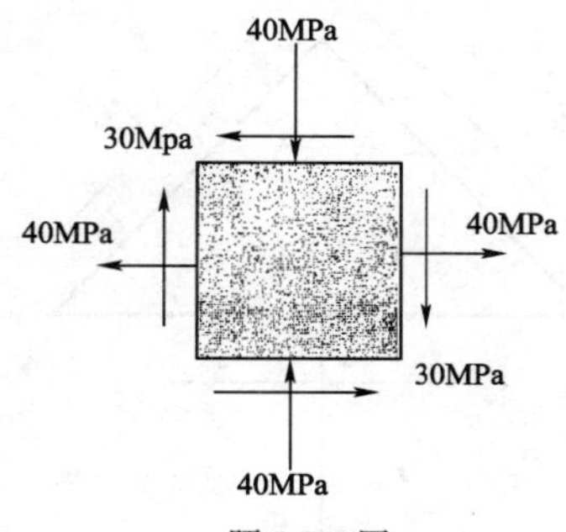

题 5-7-7 图

5-7-8 (2008,66)设受扭圆轴中的最大剪应力为 τ，则最大正应力：

A. 出现在横截面上，其值为 τ　　B. 出现在 45°斜截面上，其值为 2τ

C. 出现在横截面上，其值为 2τ　　D. 出现在 45°斜截面上，其值为 τ

5-7-9 (2008,72)图示为三角形单元体，已知 ab、ca 两斜面上的正应力为 σ，剪应力为零。在竖正面 bc 上有：

A. $\sigma_x=\sigma, \tau_{xy}=0$

B. $\sigma_x=\sigma, \tau_{xy}=\sin60°-\sigma\ \sin=\sigma\ \sin45°$

C. $\sigma_x=\sigma\cos60°+\sigma\cos45°, \tau_{xy}=0$

D. $\sigma_x=\sigma\cos60°+\sigma\cos45°, \tau_{xy}=\sigma\sin60°-\sigma\sin45°$

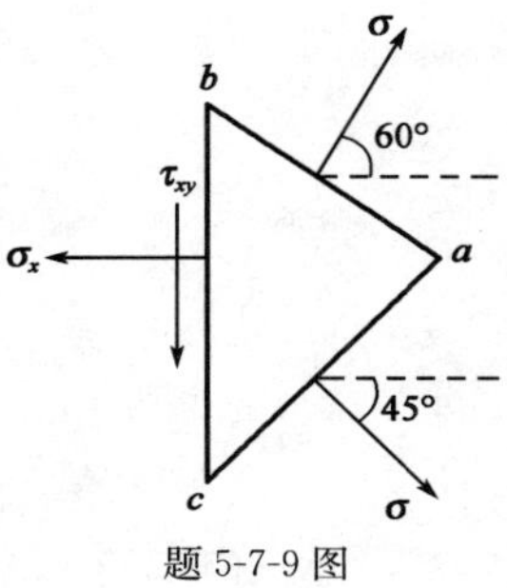

题 5-7-9 图

5-7-10 (2008,73)四种应力状态分别如图所示，按照第三强度理论，其相当应力最大的是：

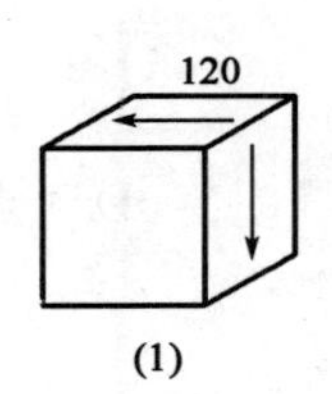

(1)

(2)

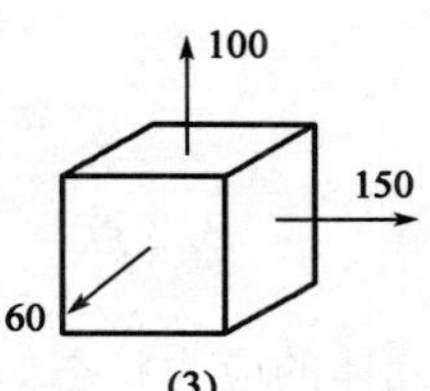

(3)

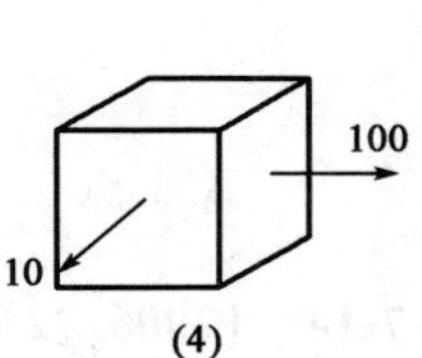

(4)

A. 状态(1)　　B. 状态(2)　　C. 状态(3)　　D. 状态(4)

5-7-11 (2007,71)图示为等腰直角三角形单元体，已知两直角边表示的截面上只有剪应力，且等于 τ_0，则底边表示截面上的正应力 σ 和剪应力 τ 分别为：

A. $\sigma=\tau_0, \tau=\tau_0$　　B. $\sigma=\tau_0, \tau=0$　　C. $\sigma=\sqrt{2}\tau_0, \tau=\tau_0$　　D. $\sigma=\sqrt{2}\tau_0, \tau=0$

5-7-12 (2007,72)单元体的应力状态如图所示，若已知其中一个主应力为 5MPa，则另一个主应力为：

A. -85MPa　　B. 85MPa　　C. -75MPa　　D. 75MPa

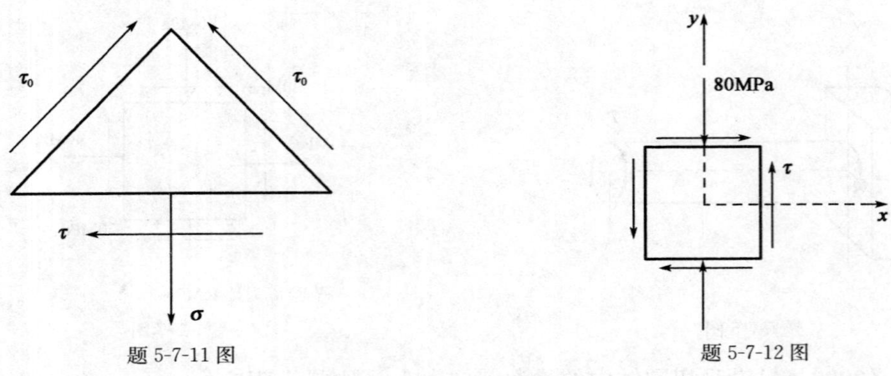

题 5-7-11 图　　　　题 5-7-12 图

5-7-13　(2006,71)题图 a)所示悬臂梁，给出了 1、2、3、4 点处的应力状态如题图 b)所示，其中应力状态错误的位置点是：

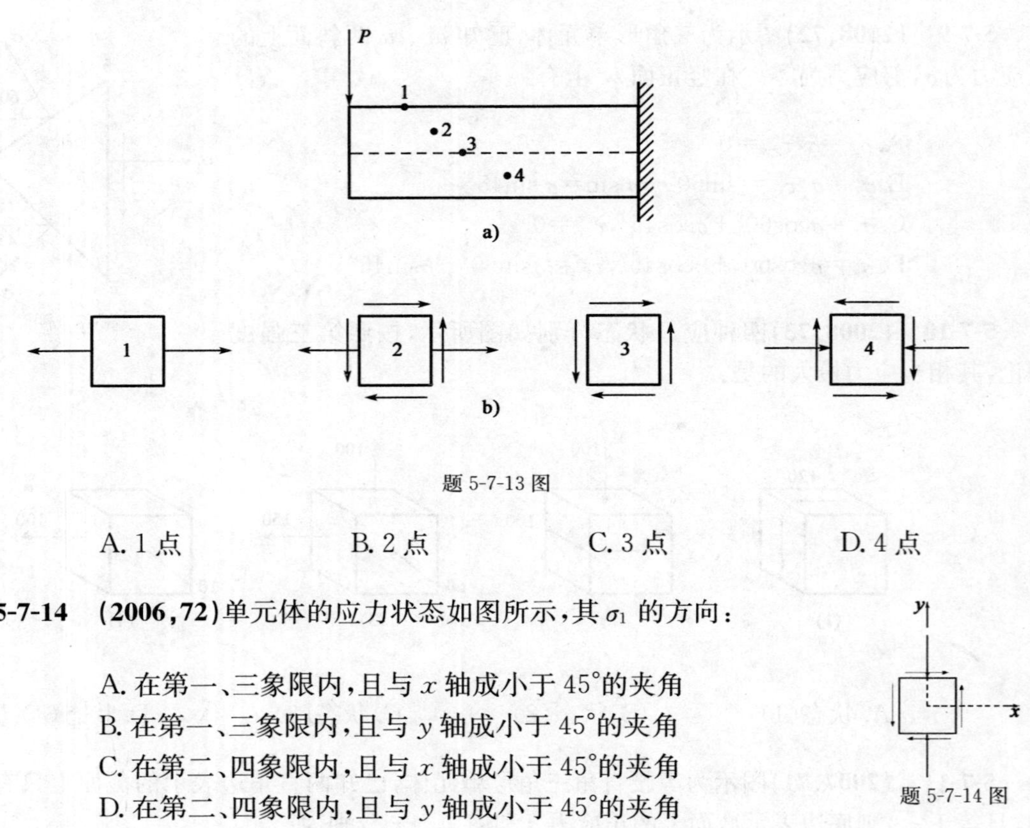

题 5-7-13 图

A. 1 点　　B. 2 点　　C. 3 点　　D. 4 点

5-7-14　(2006,72)单元体的应力状态如图所示，其 σ_1 的方向：

A. 在第一、三象限内，且与 x 轴成小于 45°的夹角

B. 在第一、三象限内，且与 y 轴成小于 45°的夹角

C. 在第二、四象限内，且与 x 轴成小于 45°的夹角

D. 在第二、四象限内，且与 y 轴成小于 45°的夹角

题 5-7-14 图

5-7-15　(2005,73)三种平面应力状态如图所示(图中用 n 和 s 分别表示正应力和剪应力)，它们之间的关系是：

A. 全部等价　　B. a)与 b)等价

C. a)与 c)等价　　D. 都不等价

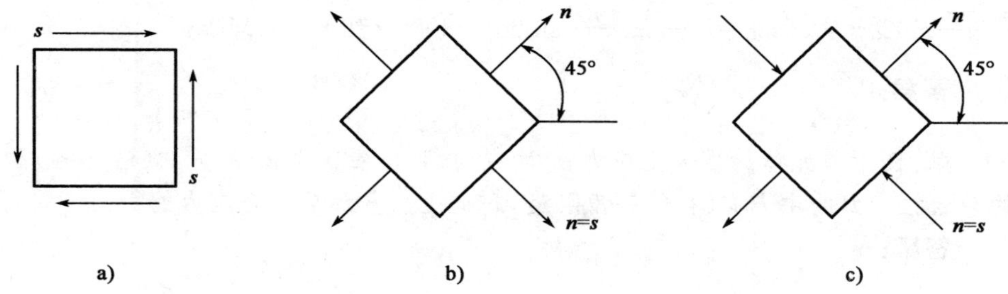

题 5-7-15 图

5-7-16 **(2005,74)**对于平面应力状态，以下说法正确的是：

A. 主应力就是最大正应力
B. 主平面上无剪应力
C. 最大剪力作用的平面上正应力必为零
D. 主应力必不为零

5-7-17 某点的应力状态如图所示，则过该点垂直于纸面的任意截面均为主平面。如何判断此结论？

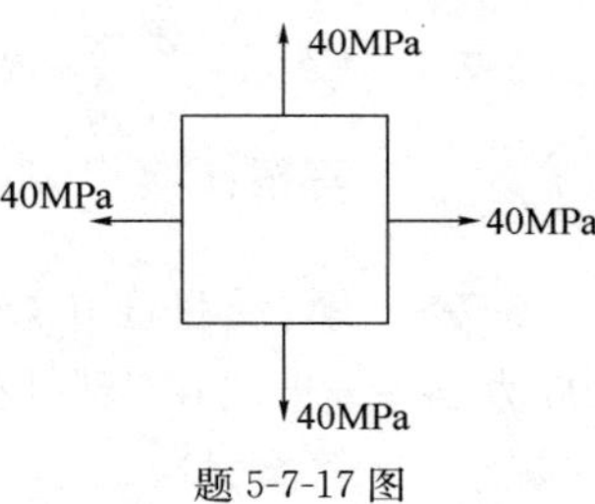

题 5-7-17 图

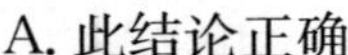

A. 此结论正确
B. 此结论有时正确
C. 此结论不正确
D. 论据不足

题解及参考答案

5-7-1 **解：**图 a)中 $\sigma_1=200\text{MPa}$，$\sigma_2=0$，$\sigma_3=0$

$\sigma_{r3}^{a}=\sigma_1-\sigma_3=200\text{MPa}$

图 b)中 $\sigma_1=\frac{100}{2}+\sqrt{(\frac{100}{2})^2+100^2}=161.8\text{MPa}$，$\sigma_2=0$，

$\sigma_3=\frac{100}{2}-\sqrt{(\frac{100}{2})^2+100^2}=-61.8\text{MPa}$

$\sigma_{r3}^{b}=\sigma_1-\sigma_3=223.6\text{MPa}$

故图 b)更危险。

答案：D

5-7-2 **解：**a)图中 $\sigma_{r3}=\sigma_1-\sigma_3=150-0=150\text{MPa}$

b)图中 $\sigma_{r3}=\sigma_1-\sigma_3=100-(-100)=200\text{MPa}$

显然 b)图 σ_{r3} 更大，更危险。

答案：B

5-7-3　解：图示单元体 $\sigma_x=50\text{MPa}$，$\sigma_y=-50\text{MPa}$，$\tau_x=-30\text{MPa}$，$\alpha=45°$。

故 $\tau_\alpha=\dfrac{\sigma_x-\sigma_y}{2}\sin2\alpha+\tau_x\cos2\alpha=\dfrac{50-(-50)}{2}\sin90°-30\times\cos90°=50\text{MPa}$。

答案：B

5-7-4　解：图示单元体的最大主应力 σ_1 的方向，可以看作是 σ_x 的方向(沿 x 轴)和纯剪切单元体的最大拉应力的主方向(在第一角限沿 45°向上)，叠加后的合应力的指向。

答案：A

5-7-5　解：图示圆轴是弯扭组合变形，在固定端处既有弯曲正应力，又有扭转切应力。但是图中 A 点位于中性轴上，故没有弯曲正应力，只有切应力，属于纯剪切应力状态。

答案：B

5-7-6　解：图 c)中 σ_1 和 σ_3 的差值最大。

$$\tau_{\max}=\frac{\sigma_1-\sigma_3}{2}=\frac{2\sigma-(-2\sigma)}{2}=2\sigma$$

答案：C

5-7-7　解：$\sigma_1=\dfrac{\sigma_x+\sigma_y}{2}+\sqrt{\left(\dfrac{\sigma_x-\sigma_y}{2}\right)^2+\tau_x^2}=\dfrac{40+(-40)}{2}+\sqrt{\left[\dfrac{40-(-40)}{2}\right]^2+30^2}=50\text{MPa}$

答案：D

5-7-8　解：受扭圆轴最大剪应力 τ 发生在圆轴表面，是纯剪切应力状态(见解图 a)，而其主应力 $\sigma_1=\tau$ 出现在 45°斜截面上(见解图 b)，其值为 τ。

答案：D

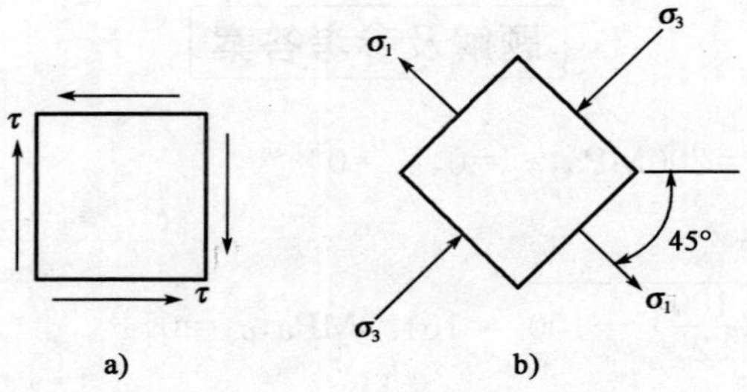

题 5-7-8 解图

5-7-9　解：设 ab、bc、ac 三个面面积相等，都等于 A，且水平方向为 x 轴，竖直方向为 y 轴。

$\sum F_x=0$：$\sigma_xA-\sigma A\cos60°-\sigma A\cos45°=0$，所以 $\sigma_x=\sigma\cos60°+\sigma\cos45°$

$\sum F_y=0$：$\sigma A\sin60°-\sigma A\sin45°-\tau_{xy}A=0$，所以 $\tau_{xy}=\sigma\sin60°-\sigma\sin45°$

答案：　D

5-7-10　解：状态(1)　$\sigma_{r3}=\sigma_1-\sigma_3=120-(-120)=240$

状态(2)　$\sigma_{r3}=\sigma_1-\sigma_3=100-(-100)=200$

状态(3)　$\sigma_{r3}=\sigma_1-\sigma_3=150-60=90$

状态(4)　$\sigma_{r3}=\sigma_1-\sigma_3=100-0=100$

显然状态(1)相当应力 σ_{r3} 最大。

答案:A

5-7-11　解:该题有两种解法。

方法一:对比法

把图示等腰三角形单元体与纯剪切应力状态对比。把两个直角边看作是纯剪切应力状态中单元体的两个边,则 σ 和 τ 所在截面就相当于纯剪切单元体的主平面,故 $\sigma=\tau_0$,$\tau=0$。

方法二:小块平衡法

设两个直角边截面面积为 A,则底边截面面积为 $\sqrt{2}A$。由平衡方程

$\sum F_y=0$:$\sigma\cdot\sqrt{2}A=2\tau_0 A\cdot\sin45°$,所以 $\sigma=\tau_0$;

$\sum F_x=0$:$\tau\cdot\sqrt{2}A+\tau_0 A\cos45°=\tau_0 A\cdot\cos45°$,所以 $\tau=0$。

答案:B

5-7-12　解:图示单元体应力状态类同于梁的应力状态:$\sigma_2=0$ 且 $\sigma_x=0$(或 $\sigma_y=0$),故其主应力的特点与梁相同,即有如下规律

$$\sigma_1=\frac{\sigma}{2}+\sqrt{\left(\frac{\sigma}{2}\right)^2+\tau^2}>0$$

$$\sigma_3=\frac{\sigma}{2}-\sqrt{\left(\frac{\sigma}{2}\right)^2+\tau^2}<0$$

已知其中一个主应力为 5MPa>0,即 $\sigma_1=\frac{-80}{2}+\sqrt{\left(\frac{-80}{2}\right)^2+\tau^2}=5\text{MPa}$,所以 $\sqrt{\left(\frac{-80}{2}\right)^2+\tau^2}=45\text{MPa}$,则另一个主应力必为 $\sigma_3=\frac{-80}{2}-\sqrt{\left(\frac{-80}{2}\right)^2+\tau^2}=-85\text{MPa}$。

答案:A

5-7-13　解:题图单元体的主方向可用叠加法判断。把图中单元体看成是单向压缩和纯剪切两种应力状态的叠加,如解图 a)和 b)所示。

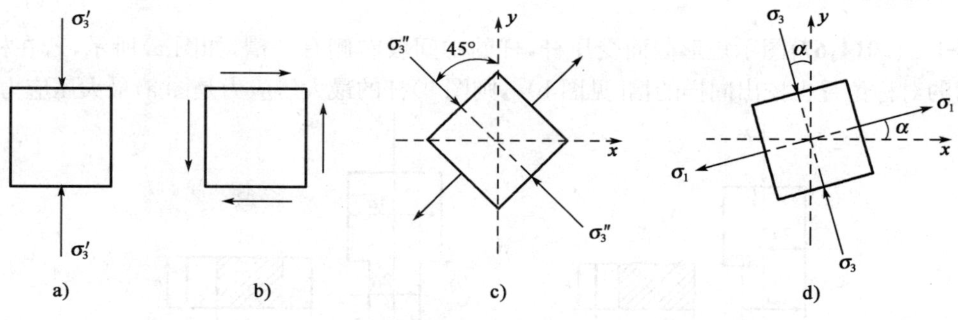

题 5-7-13 解图

其中,图 a)主压应力 σ_3' 的方向即为 σ_y 的方向(沿 y 轴),而图 b)与图 c)等价,其主应压力 σ_3'' 的方向沿与 y 轴成 45°的方向。因此题中单元体主力主应力 σ_3 的方向应为 σ_3' 和 σ_3'' 的合力方向。根据求合力的平行四边形法则,σ_3 与 y 轴的夹角 σ 必小于 45°,而 σ_1 与 σ_3 相互垂直,故 σ_1

与 x 轴夹角也是 $\alpha < 45°$，如图 d)所示。

答案：A

5-7-14 **解**：首先分析各横截面上的内力——剪力 Q 和弯矩 M，如解图 a)所示。再分析各横面上的正应力 σ 和剪应力 γ 沿高度的分布，如解图 b)和 c)所示。可见 4 点的剪应力方向不对。

答案：D

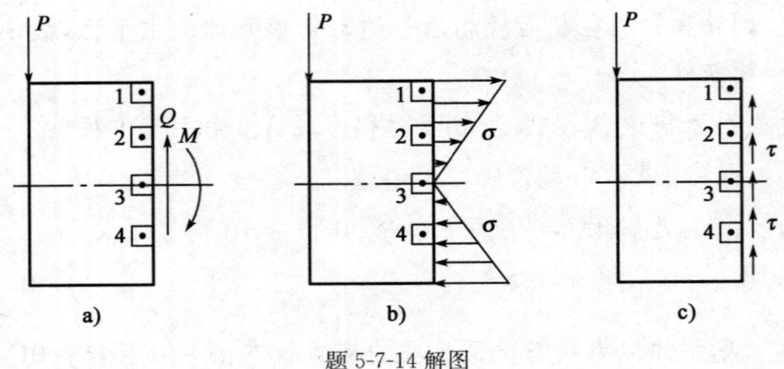

题 5-7-14 解图

5-7-15 **解**：图 a)为纯剪切应力状态，经分析可知其主应力为 $\sigma_1 = s, \sigma_2 = 0, \sigma_3 = -s$，方向如图 c)所示。

答案：C

5-7-16 **解**：根据定义，剪应力等于零的平面为主平面，主平面上的正应力为主应力。可以证明，主应力为该点平面中的最大或最小正应力。主应力可以是零。

答案：B

5-7-17 **解**：斜截面上剪应力 $\tau_\alpha = \frac{\sigma_x - \sigma_y}{2}\sin 2\alpha + \tau_x \cos 2\alpha$，在本题中 $\sigma_x - \sigma_y = 0, \tau_x = 0$，故任意斜截面上都有 $\tau_\alpha = 0$，即任意斜截面均为主平面。

答案：A

(八)组合变形

5-8-1 **(2014,67)**图示矩形截面受压杆，杆的中间段右侧有一槽，如图 a)所示，若在杆的左侧，即槽的对称位置也挖出同样的槽[见图 b)]，则图 b)杆的最大压应力是图 a)最大压应力的：

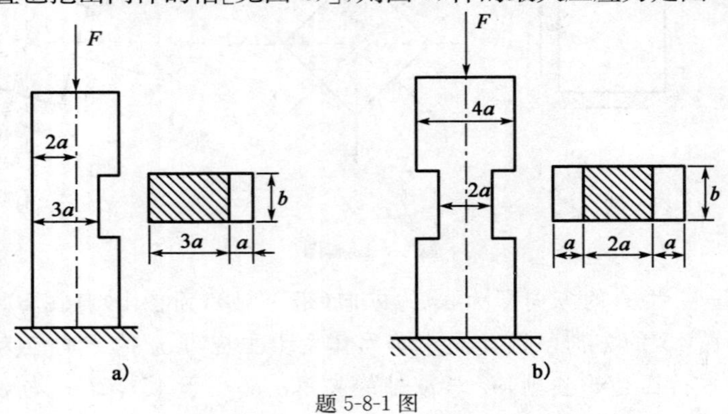

题 5-8-1 图

A. 3/4　　　　B. 4/3　　　　C. 3/2　　　　D. 2/3

5-8-2　**(2014,70)**正方形截面杆 AB,力 F 作用在 xoy 平面内,与 x 轴夹角 α,杆距离 B 端为 a 的横截面上最大正应力在 $\alpha=45°$ 时的值是 $\alpha=0$ 时值的:

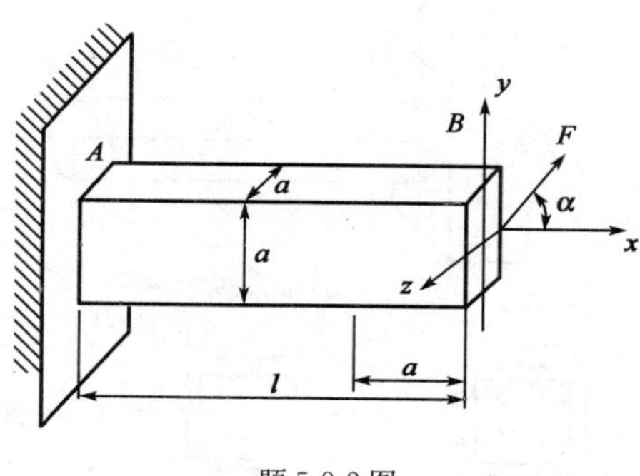

题 5-8-2 图

A. $\frac{7\sqrt{2}}{2}$倍　　　　B. $3\sqrt{2}$倍　　　　C. $\frac{5\sqrt{2}}{2}$倍　　　　D. $\sqrt{2}$倍

5-8-3　**(2013,69)**两根杆黏合在一起,截面尺寸如图。杆 1 的弹性模量为 E_1,杆 2 的弹性模量为 E_2,且 $E_1=2E_2$。若轴向力 F 作用在截面形心,则杆件发生的变形是:

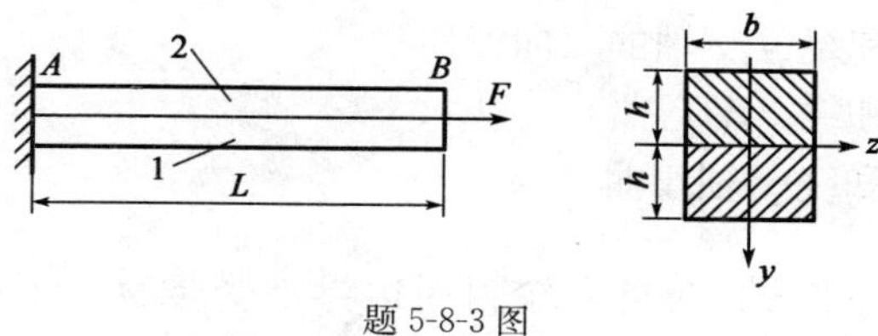

题 5-8-3 图

A. 拉伸和向上弯曲变形　　　　B. 拉伸和向下弯曲变形

C. 弯曲变形　　　　D. 拉伸变形

5-8-4　**(2012,68)**图示等边角钢制成的悬臂梁 AB,c 点为截面形心,x' 为该梁轴线,y'、z' 为形心主轴。集中力 F 竖直向下,作用线过角钢两个狭长矩形边中线的交点,梁将发生以下变形:

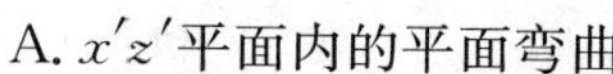

A. $x'z'$ 平面内的平面弯曲

B. 扭转和 $x'z'$ 平面内的平面弯曲

C. $x'y'$ 平面和 $x'z'$ 平面内的双向弯曲

D. 扭转和 $x'y'$ 平面、$x'z'$ 平面内的双向弯曲

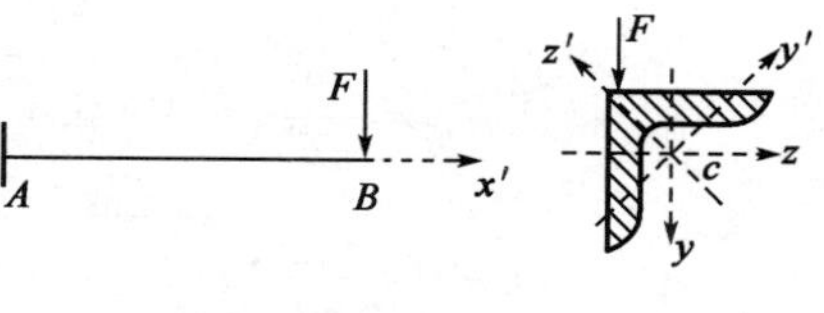

题 5-8-4 图

5-8-5　**(2010,68)**　图示矩形截面杆 AB,A 端固定,B 端自由。B 端右下角处承受与轴线平行的集中力 F,杆的最大正应力是:

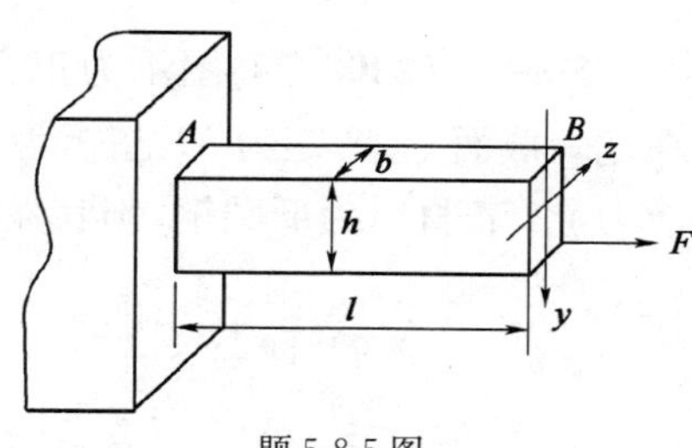

题 5-8-5 图

A. $\sigma=\frac{3F}{bh}$　　　　B. $\sigma=\frac{4F}{bh}$

C. $\sigma=\frac{7F}{bh}$　　D. $\sigma=\frac{13F}{bh}$

5-8-6　**(2010,69)**图示圆轴固定端最上缘 A 点的单元体的应力状态是：

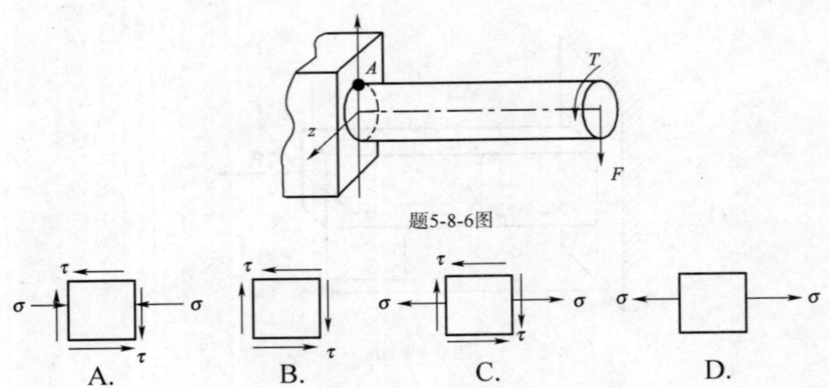

题5-8-6图

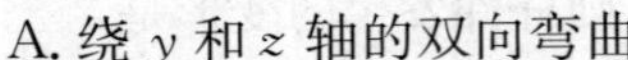
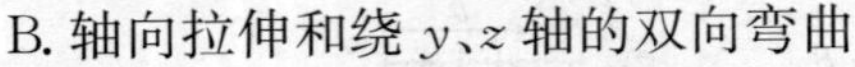

5-8-7　**(2009,68)**图示T形截面杆，一端固定一端自由，自由端的集中力 F 作用在截面的左下角点，并与杆件的轴线平行。该杆发生的变形为：

A. 绕 y 和 z 轴的双向弯曲

B. 轴向拉伸和绕 y、z 轴的双向弯曲

C. 轴向拉伸和绕 z 轴弯曲

D. 轴向拉伸和绕 y 轴弯曲

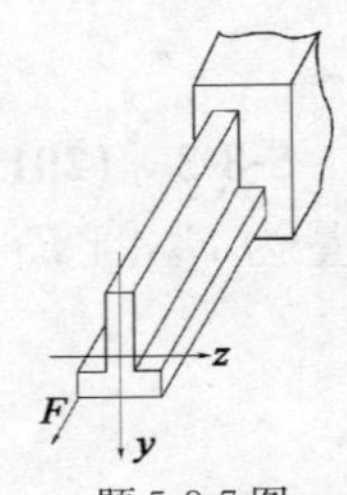

题 5-8-7 图

5-8-8　**(2009,69)**图示圆轴，在自由端圆周边界承受竖直向下的集中 F，按第三强度理论，危险截面的相当应力 σ_{eq3} 为：

A. $\sigma_{eq3}=\frac{16}{\pi d^3}\sqrt{(FL)^2+4\left(\frac{Fd}{2}\right)^2}$

B. $\sigma_{eq3}=\frac{16}{\pi d^3}\sqrt{(FL)^2+\left(\frac{Fd}{2}\right)^2}$

C. $\sigma_{eq3}=\frac{32}{\pi d^3}\sqrt{(FL)^2+4\left(\frac{Fd}{2}\right)^2}$

D. $\sigma_{eq3}=\frac{32}{\pi d^3}\sqrt{(FL)^2+\left(\frac{Fd}{2}\right)^2}$

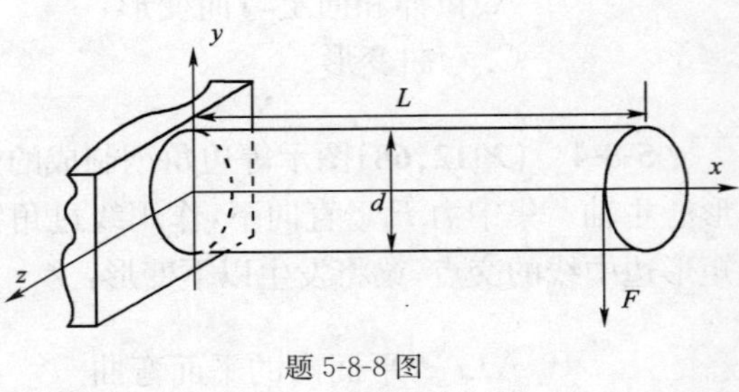

题 5-8-8 图

5-8-9　**(2008,74)**图示为正方形截面等直杆，抗弯截面模量为 W，在危险截面上，弯矩为 M，扭矩为 M_n，A 点处有最大正应力 σ 和最大剪应力 γ。若材料为低碳钢，则其强度条件为：

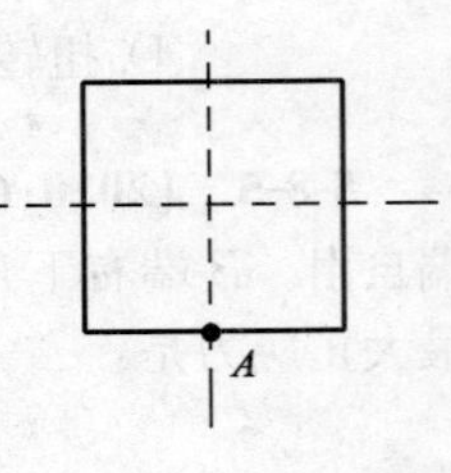

题 5-8-9 图

A. $\sigma\leqslant[\sigma]$，$\tau\leqslant[\tau]$

B. $\frac{1}{W}\sqrt{M^2+M_n^2}\leqslant[\sigma]$

C. $\frac{1}{W}\sqrt{M^2+0.75M_n^2}\leqslant[\sigma]$

D. $\sqrt{\sigma+4\tau^2}\leqslant[\sigma]$

5-8-10 **(2007,73)**工字形截面梁在图示荷载作用上，截面 m-m 上的正应力分布为：

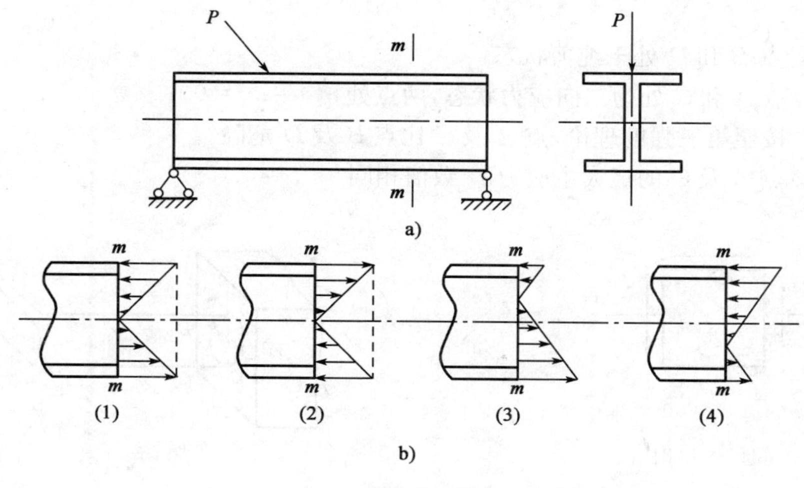

题 5-8-10 图

A. 图(1)　　B. 图(2)　　C. 图(3)　　D. 图(4)

5-8-11 **(2007,74)**矩形截面杆的截面宽度沿杆长不变，杆的中段高度为 $2a$，左、右高度为 $3a$，在图示三角形分布荷载作用下，杆的截面 m-m 和截面 n-n 分别发生：

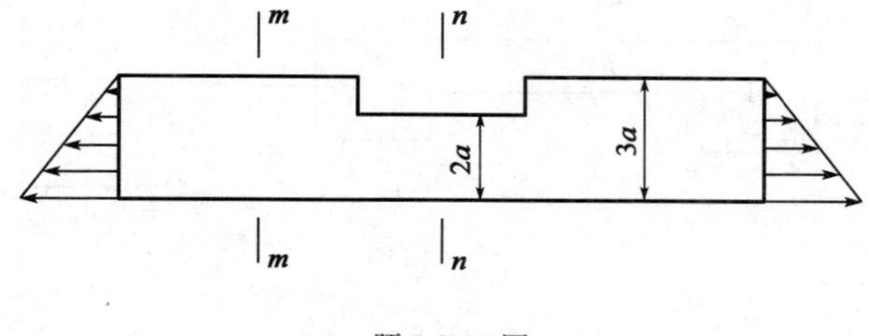

题 5-8-11 图

A. 单向拉伸、拉弯组合变形　　B. 单向拉伸、单向拉伸变形

C. 拉弯组合、单向拉伸变形　　D. 拉弯组合，拉弯组合变形

5-8-12 **(2006,73)**一正方形截面短粗立柱(见图 a)，若将其低面加宽一倍(见图 b)，原厚度不变，则该立柱的强度：

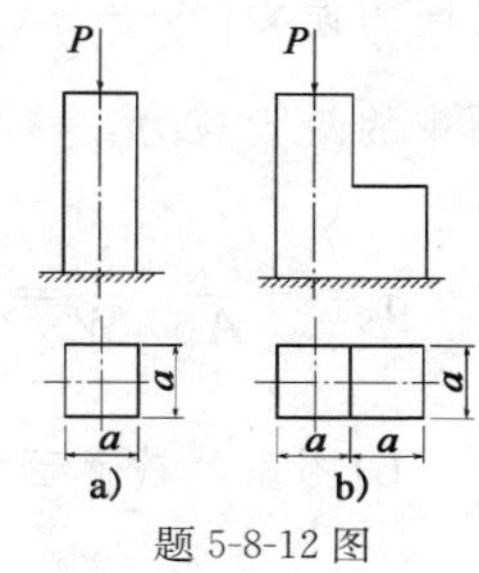

题 5-8-12 图

A. 提高一倍

B. 提高不到一倍

C. 不变

D. 降低

5-8-13 **(2006,74)**图示应力状态为其危险点的应力状态，则杆件为：

A. 斜弯曲变形　　　　B. 偏心拉弯变形

C. 拉弯组合变形　　　　D. 弯扭组合变形

5-8-14 **(2005,75)**折杆受力如图所示，以下结论中错误的为：

A. 点 B 和 D 处于纯剪状态

B. 点 A 和 C 处为二向应力状态，两点处 $\sigma_1>0$，$\sigma_1=0$，$\sigma_3<0$

C. 按照第三强度理论，点 A 及 C 比点 B 及 D 危险

D. 点 A 及 C 的最大主应力 σ_1 数值相同

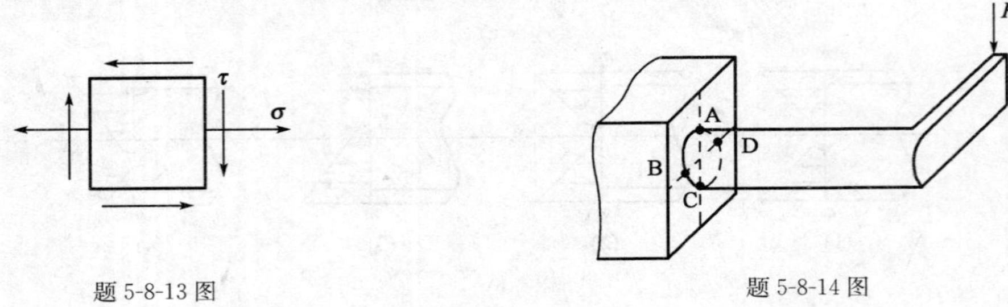

题 5-8-13 图　　　　题 5-8-14 图

5-8-15 图示矩形截面拉杆中间开一深为 $\frac{h}{2}$ 的缺口，与不开缺口时的拉杆相比（不计应力集中影响），杆内最大正应力是不开口时正应力的多少倍？

A. 2　　　　B. 4　　　　C. 8　　　　D. 16

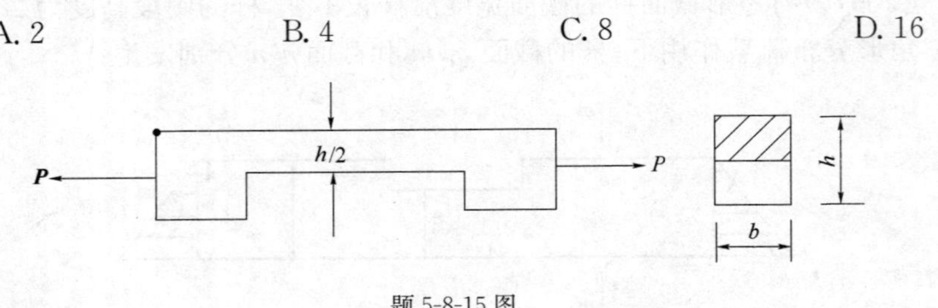

题 5-8-15 图

题解及参考答案

5-8-1 **解：**a)图是偏心受压，在中间段危险截面上，外力作用点 O 与被削弱的截面形心 C 之间的偏心距 $e=\frac{a}{2}$（如图所示），产生的附加弯矩 $M=F\cdot\frac{a}{2}$，故 a)图中的最大应力：

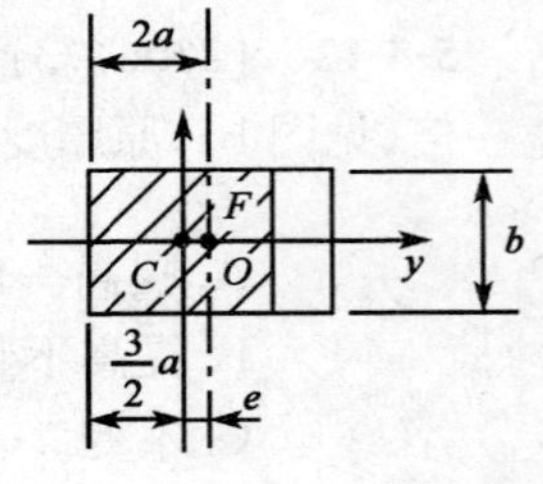

题 5-8-1 解图

$$\sigma_a=-\frac{F_N}{A_a}-\frac{M}{W}=-\frac{F}{3ab}-\frac{F\frac{a}{2}}{\frac{b}{6}(3a)^2}=-\frac{2F}{3ab}$$

b)图虽然截面面积小，但却是轴向压缩，其最大压应力：

$\sigma_b=-\dfrac{F_N}{A_b}=-\dfrac{F}{2ab}$

故$\dfrac{\sigma_b}{\sigma_a}=\dfrac{3}{4}$

答案:A

5-8-2 **解:**当 $\alpha=0°$时,杆是轴向受拉:

$$\sigma_{max}^{0}=\frac{F_N}{A}=\frac{F}{a^2}$$

当 $\alpha=45°$时,杆是轴向受拉与弯曲组合变形:

$$\sigma_{max}^{45°}=\frac{F_N}{A}+\frac{M_g}{W_g}=\frac{\frac{\sqrt{2}}{2}F}{a^2}+\frac{\frac{\sqrt{2}}{2}F\cdot a}{\frac{a^3}{6}}=\frac{7\sqrt{2}}{2}\frac{F}{a^2}$$

可得$\dfrac{\sigma_{max}^{45°}}{\sigma_{max}^{0}}=\dfrac{\frac{7\sqrt{2}}{2}\frac{F}{a^2}}{\frac{F}{a^2}}=\dfrac{7\sqrt{2}}{2}$

答案:A

5-8-3 **解:**设杆 1 受力为 F_1,杆 2 受力为 F_2,可见:

$$F_1+F_2=F \qquad ①$$

$\Delta l_1=\Delta l_2$,即$\dfrac{F_1 l}{E_1 A}=\dfrac{F_2 l}{E_2 A}$

$$\therefore \frac{F_1}{F_2}=\frac{E_1}{E_2}=2 \qquad ②$$

联立(1)(2)两式,得到 $F_1=\dfrac{2}{3}F,F_2=\dfrac{1}{3}F$。

这结果相当于偏心受拉,如解图所示,$M=\dfrac{F}{3}\cdot\dfrac{h}{2}=\dfrac{Fh}{6}$。

题 5-8-3 解图

答案:A

5-8-4 **解:**图示截面的弯曲中心是两个狭长矩形边的中线交点,形心主轴是 y'和 z',故无扭转,而有沿两个形心主轴 y'、z'方向的双向弯曲。

答案:C

5-8-5 **解:**图示杆是偏心拉伸,等价于轴向拉伸和两个方向弯曲的组合变形。

$$\sigma_{max}^{+}=\frac{F_N}{bh}+\frac{M_g}{W_g}+\frac{M_y}{W_y}=\frac{F}{bh}+\frac{F\frac{h}{2}}{\frac{bh^2}{6}}+\frac{F\frac{b}{2}}{\frac{hb^2}{6}}=7\frac{F}{bh}$$

答案:C

5-8-6 **解:**力 F 产生的弯矩引起 A 点的拉应力,力偶 T 产生的扭矩引起 A 点的切应力 τ,故 A 点应为既有拉应力 σ 又有 τ 的复杂应力状态。

答案:C

5-8-7 **解:**这显然是偏心拉伸,而且对 y、z 轴都有偏心。把力 F 平移到截面形心,要加两个附加力偶矩,该杆将发生轴向拉伸和绕 y、z 轴的双向弯曲。

答案:B

5-8-8 **解:**把力 F 沿轴线 z 平移至圆轴截面中心,并加一个附加力偶,则使圆轴产生弯曲和扭转组合变形。最大弯矩 $M=Fl$,最大扭矩 $T=F\dfrac{d}{2}$,$\sigma_{eq3}=\dfrac{\sqrt{M^2+T^2}}{W_z}=\dfrac{32}{\pi d^3}\sqrt{(FL)^2+\left(\dfrac{Fd}{2}\right)^2}$。

答案:D

5-8-9 **解:**在弯扭组合变形情况下,A 点属于复杂应力状态,既有最大正应力,又有最大剪应力 τ(见解图)。和梁的应力状态相同:$\sigma_y=0$,$\sigma_2=0$,$\sigma_1=\dfrac{\sigma}{2}+\sqrt{\left(\dfrac{\sigma}{2}\right)^2+\tau^2}$,$\sigma_3=\dfrac{\sigma}{2}-\sqrt{\left(\dfrac{\sigma}{2}\right)^2+\tau^2}$,$\sigma_{r3}=\sigma_1-\sigma_3=\sqrt{\sigma^2+4\tau^2}$。

选项中,A 为单向应力状态,B、C 只适用于圆截面。

题 5-8-9 解图

答案:D

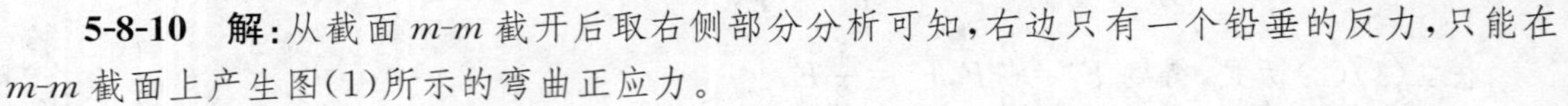

5-8-10 **解:**从截面 m-m 截开后取右侧部分分析可知,右边只有一个铅垂的反力,只能在 m-m 截面上产生图(1)所示的弯曲正应力。

答案:A

5-8-11 **解:**图中三角形分布荷载可简化为一个合力,其作用线距杆的截面下边缘的距离为$\dfrac{3a}{3}=a$,所以这个合力对 m-m 截面是一个偏心拉力,m-m 截面要发生拉弯组合变形;而这个合力作用线正好通过 n-n 截面的形心,n-n 截面要发生单向拉伸变形。

答案:C

5-8-12 **解:**图 a)是轴向受压变形,最大压应力 $\sigma_{\max}^{a}=-\dfrac{P}{a^2}$;图 b)底部是偏心受压力变形,偏心矩为$\dfrac{a}{2}$,最大压应力 $\sigma_{\max}^{b}=\dfrac{F_N}{A}-\dfrac{M_z}{W_z}=-\dfrac{P}{2a^2}-\dfrac{P\cdot\dfrac{a}{2}}{\dfrac{a}{6}(2a)^2}=-\dfrac{5P}{4a^2}$。显然图 b)最大压应力数值大于图 a),该立柱的强度降低了。

答案:D

5-8-13 **解:**斜弯曲、偏心拉弯和拉弯组合变形中单元体上只有正应力没有剪应力,只有弯扭组合变形中才既有正应力 σ、又有剪应力 τ。

答案:D

5-8-14 **解**:把 P 力平移到圆轴线上,再加一个附加力偶。可见圆轴为弯扭组合变形。其中 A 点的应力状态如解图 a)所示,C 点的应力状态如解图 b)所示。A、C 两点的应力状态与梁中各点相同,而 B、D 两点位于中性轴上,为纯剪应力状态。但由于 A 点的正应力为拉应力,而 C 点的正应力为压应力,所以最大拉力 $\sigma_1=\frac{\sigma}{2}+\sqrt{\left(\frac{\sigma}{2}\right)^2+\tau^2}$,计算中,$\sigma$ 的正负号不同,σ_1 的数值也不相同。

答案:D

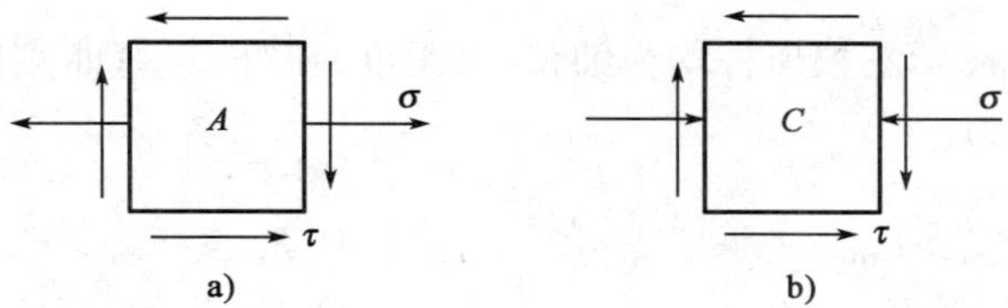

题 5-8-14 解图

5-8-15 **解**:开缺口的截面是偏心受拉,偏心距为 $\frac{h}{4}$,由公式 $\sigma_{\max}=\frac{P}{A}+\frac{P\cdot\frac{h}{4}}{W_z}$ 可求得结果。

答案:C

(九)压杆稳定

5-9-1 **(2013,70)**图示细长压杆 AB 的 A 端自由,B 端固定在简支梁上。该压杆的长度系数 μ 是:

A. $\mu>2$

B. $2>\mu>1$

C. $1>\mu>0.7$

D. $0.7>\mu>0.5$

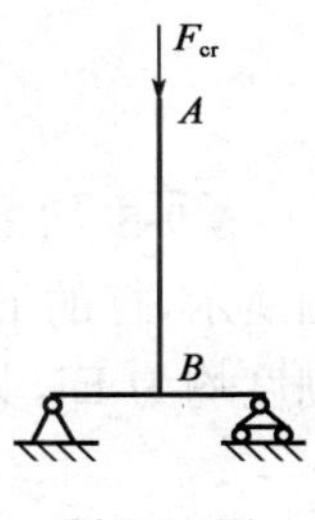

题 5-9-1 图

5-9-2 **(2012,70)**图示矩形截面细长(大柔度)压杆,弹性模量为 E。该压杆的临界荷载 F_{cr} 为:

A. $F_{cr}=\frac{\pi^2 E}{(L)^2}\left(\frac{bh^3}{12}\right)$

B. $F_{cr}=\frac{\pi^2 E}{(L)^2}\left(\frac{hb^3}{12}\right)$

C. $F_{cr}=\frac{\pi^2 E}{(2L)^2}\left(\frac{bh^3}{12}\right)$

D. $F_{cr}=\frac{\pi^2 E}{(2L)^2}\left(\frac{hb^3}{12}\right)$

5-9-3 **(2011,70)**一端固定一端自由的细长(大柔度)压杆,长为 L(如图 a)所示,当杆的长度减小一半时(如图 b)所示,其临界荷载 F_{cr} 比原来增加:

A. 4 倍　　B. 3 倍　　C. 2 倍　　D. 1 倍

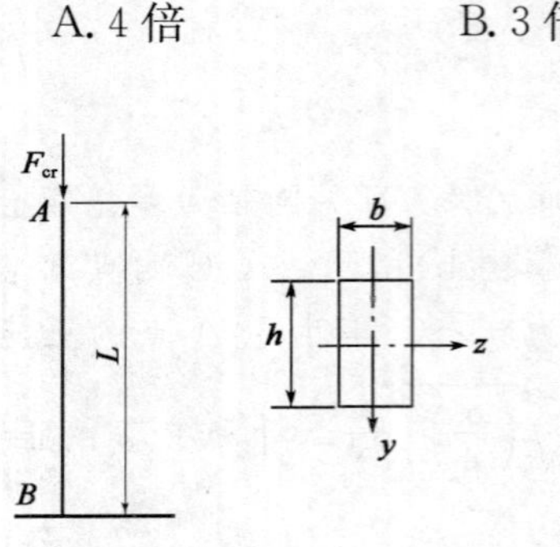

题 5-9-2 图

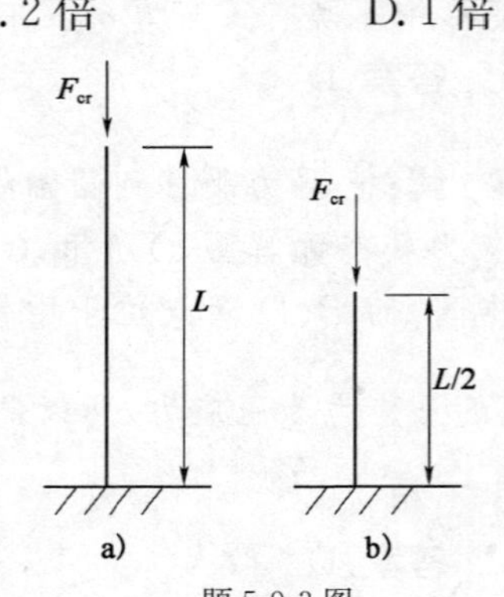

题 5-9-3 图

5-9-4　(2010,70)图示三根压杆均为细长(大柔度)压杆，且弯曲刚度均为 EI。三根压杆的临界荷载 F_{cr}的关系为：

A. $F_{cra}>F_{crb}>F_{crc}$　　B. $F_{crb}>F_{cra}>F_{crc}$

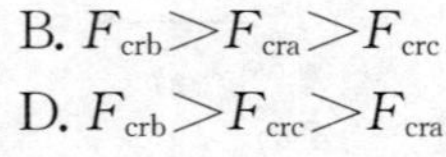

C. $F_{crc}>F_{cra}>F_{crb}$　　D. $F_{crb}>F_{crc}>F_{cra}$

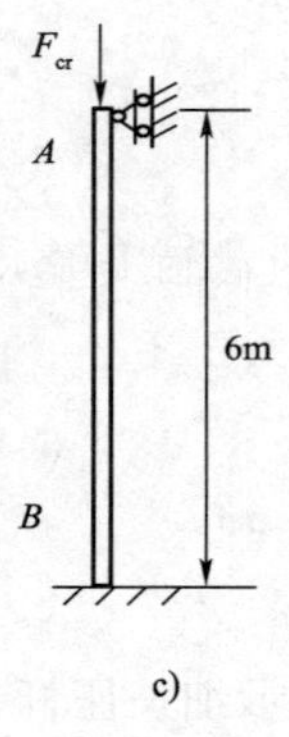

题 5-9-4 图

5-9-5　(2009,70)两根完全相同的细长(大柔度)压杆 AB 和 CD 如图所示，杆的下端为固定铰链约束，上端与刚性水平杆固结。两杆的弯曲刚度均为 EI，其临界载荷 F_a 为：

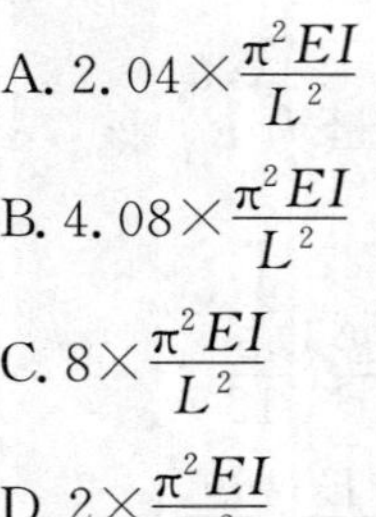

A. $2.04\times\frac{\pi^2 EI}{L^2}$

B. $4.08\times\frac{\pi^2 EI}{L^2}$

C. $8\times\frac{\pi^2 EI}{L^2}$

D. $2\times\frac{\pi^2 EI}{L^2}$

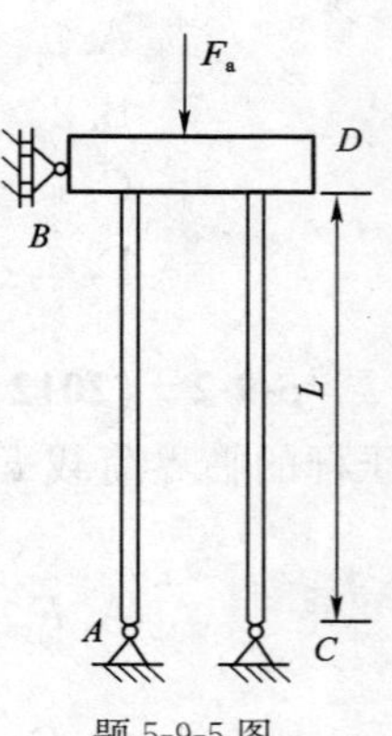

题 5-9-5 图

5-9-6　(2008,75)圆截面细长压杆的材料和杆端约束保持不变，若将其直径缩小一半，则压杆的临界压力为原压杆的：

A. 1/2　　　　B. 1/4　　　　C. 1/8　　　　D. 1/16

5-9-7　**(2008,76)**压杆下端固定，上端与水平弹簧相连，如图所示，该杆长度系数 μ 值为：

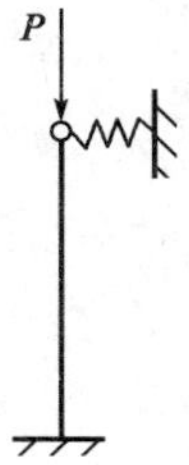

A. $\mu<0.5$　　　　B. $0.5<\mu<0.7$

C. $0.7<\mu<2$　　　　D. $\mu>2$

题 5-9-7 图

5-9-8　**(2007,75)**压杆失衡是指压杆在轴向压力的作用下：

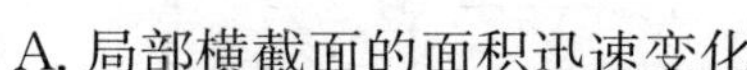
A. 局部横截面的面积迅速变化

B. 危险截面发生屈服或断裂

C. 不能维持平衡状态而突然发生运动

D. 不能维持直线平衡而突然变弯

5-9-9　**(2007,76)**假设图示三个受压结构失稳时临界压力分别为 P_{cr}^{a}、P_{cr}^{b}、P_{cr}^{c}，比较三者的大小，则：

A. P_{cr}^{a}最小　　　　B. P_{cr}^{b}最小　　　　C. P_{cr}^{c}最小　　　　D. $P_{cr}^{a}=P_{cr}^{b}=P_{cr}^{c}$

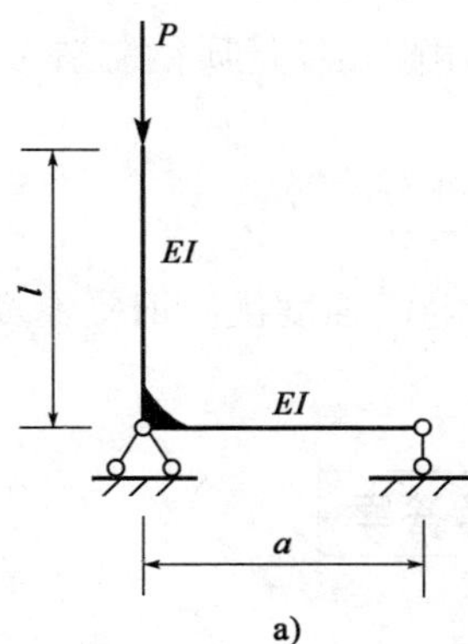

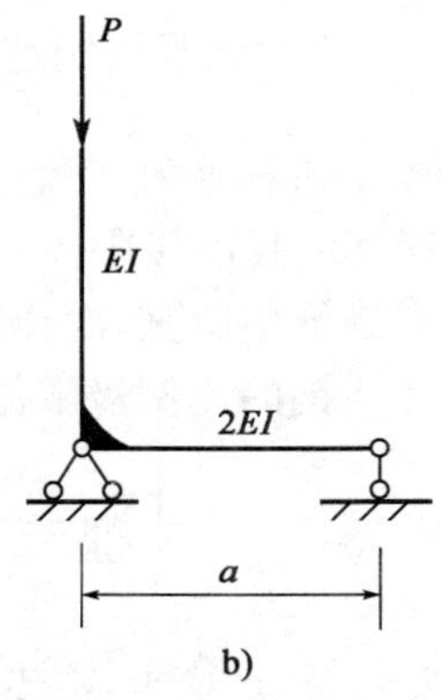

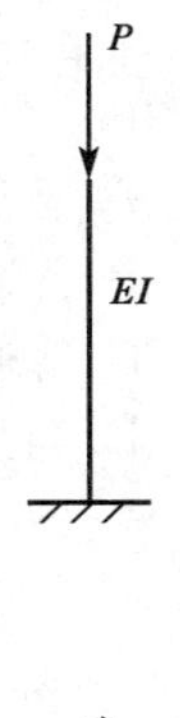

题 5-9-9 图

5-9-10　**(2006,75)**图示两端铰支压杆的截面为矩形，当其失稳时：

A. 临界压力 $P_{cr}=\pi^2 EI_y/l^2$，挠曲线位于 xy 面内

B. 临界压力 $P_{cr}=\pi^2 EI_z/l^2$，挠曲线位于 xz 面内

C. 临界压力 $P_{cr}=\pi^2 EI_z/l^2$，挠曲线位于 xy 面内

D. 临界压力 $P_{cr}=\pi^2 EI_z/l^2$，挠曲线位于 x_z 面内

5-9-11　**(2006,76)**在材料相同的条件下，随着柔度的增大：

A. 细长杆的临界应力是减小的，中长杆不是

B. 中长杆的临界应力是减小的，细长杆不是

C. 细长杆和中长杆的临界应力均是减小的

D. 细长杆和中长杆的临界应力均不是减小的

5-9-12　**(2005,76)**一端固定，一端为球形铰的大柔度压杆，横截面为矩形（如图所示），则

该杆临界力 P_{cr} 为：

A. $1.68\dfrac{Ebh^3}{L^2}$　　B. $3.29\dfrac{Ebh^3}{L^2}$　　C. $1.68\dfrac{Eb^3h}{L^2}$　　D. $0.82\dfrac{Eb^3h}{L^2}$

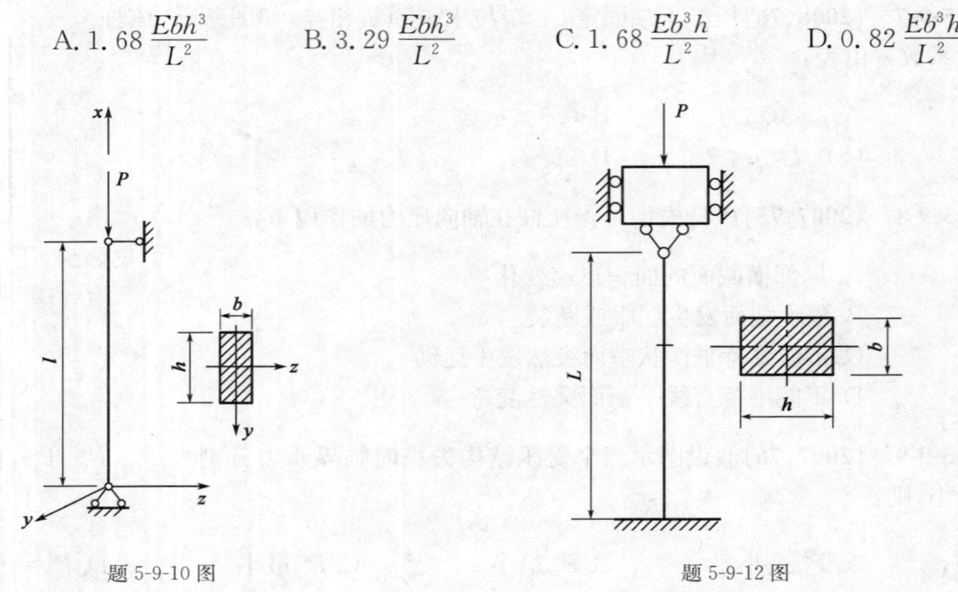

题 5-9-10 图　　题 5-9-12 图

5-9-13　细长压杆常用普通碳素钢制造，而不用高强度优质钢制造，这是因为：

A. 普通碳素钢价格便宜

B. 普通碳素钢的强度极限高

C. 普通碳素钢价格便宜，而弹性模量与高强度优质钢差不多

D. 高强度优质钢的比例极限低

提示及参考答案

5-9-1　**解**：杆端约束越弱，μ 越大，在两端固定（$\mu=0.5$），一端固定、一端铰支（$\mu=0.7$），两端铰支（$\mu=1$）和一端固定、一端自由（$\mu=2$）这四种杆端约束中，一端固定、一端自由的约束最弱，μ 最大。而图示细长压杆 AB 一端自由、一端固定在简支梁上，其杆端约束比一端固定、一端自由（$\mu=2$）时更弱，故 μ 比 2 更大。

答案：A

5-9-2　**解**：图示细长压杆，$\mu=2$，$I_{min}=I_y=\dfrac{hb^3}{12}$，$F_{cr}=\dfrac{\pi^2EI_{min}}{(\mu l)^2}=\dfrac{\pi^2E}{(2l)^2}\dfrac{hb^3}{12}$。

答案：B

5-9-3　**解**：由压杆临界荷载公式 $F_{cr}=\dfrac{\pi^2EI}{(\mu l)^2}$ 可知，F_{cr} 与杆长 l^2 成反比，故杆长度为 $\dfrac{l}{2}$ 时，F_{cr} 则是原来的 4 倍。

答案：A

5-9-4　**解**：图 a）$\mu l=1\times5=5\text{m}$，图 b）$\mu l=2\times3=6\text{m}$，图 c）$\mu l=0.7\times6=4.2\text{m}$。由公式

$F_{cr}=\frac{\pi^2 EI}{(\mu l)^2}$，可知图 b)$F_{crb}$最小，图 c)$F_{crc}$最大。

答案:C

5-9-5 **解**:当压杆 AB 和 CD 同时达到临界荷载时，结构的临界荷载 $F_a=2F_{cr}=2\times\frac{\pi^2 EI}{(0.7l)^2}=4.08\frac{\pi^2 EI}{l^2}$。

答案:B

5-9-6 **解**:细长压杆临界力:$P_{cr}=\frac{\pi EL}{(\mu l)^2}$，对圆截面:$I=\frac{\pi}{64}d^4$，当直径 d 缩小一半，变为$\frac{d}{2}$时，压杆的临界压力 P_{cr}为压杆的$\left(\frac{1}{2}\right)^4=\frac{1}{16}$。

答案:D

5-9-7 **解**:从常用的四种杆端约束压杆的长度系数 μ 的值变化规律中可看出，杆端约束越强，μ 值越小(压杆的临界力越大)。图示压杆的杆端约束一端固定、一端弹性支承，比一端固定、一端自由时($\mu=2$)强，但又比一端固定、一端支铰支进($\mu=0.7$)弱，故 $0.7<\mu<2$，即为 C 的范围内。

答案:C

5-9-8 **解**:根据压杆稳定的概念，压杆稳定是指压杆直线平衡的状态在微小外力干扰去除后自我恢复的能力。因此只有选项 D 正确。

答案:D

5-9-9 **解**:根据压杆临界压力的公式 P_{cr}可知，当 EI 相同时，杆端约束超强，μ 值越小，压杆的临界压力越大，图 a)中压杆下边杆端约束最弱(刚度为 EI)，图 c)中杆端约束最强(刚度为无穷大)。故 P_{cr}^{a}最小。

答案:A

5-9-10 **解**:根据临界压力的概念，临界压力是指压杆由稳定开始转化为不稳定的最小轴向压力。由公式 $P_{cr}=\frac{\pi EL}{(\mu l)^2}$可知，当压杆截面对某轴惯性矩最小时，则压杆截面绕该轴转动并发生弯曲最省力，即这时的轴向压力最小。显然图示矩形截面中 I_y 是最小惯性矩，并挠曲线应位于 xz 面内。

答案:B

5-9-11 **解**:不同压村的临界应力总是如图解所示。图中 AB 段表示短杆的临界应力，BC 段表示中长杆的临界应力，CD 段表示细长杆的临界应力。从图中可以看出，在材料相同的条件下，随着柔度的增大，细长杆和中长杆的临界应力均是减小的。

答案:C

5-9-12 **解**:压杆临界力公式中的惯性矩应取压杆横截面上的最小惯性矩 I_{min}，故$P_{cr}=$

$$\frac{\pi EI_{\min}}{(\mu l)^2}=\frac{\pi^2 E\frac{1}{12}hb^3}{(0.7L)^2}=1.68\frac{Eb^3h}{L^2}。$$

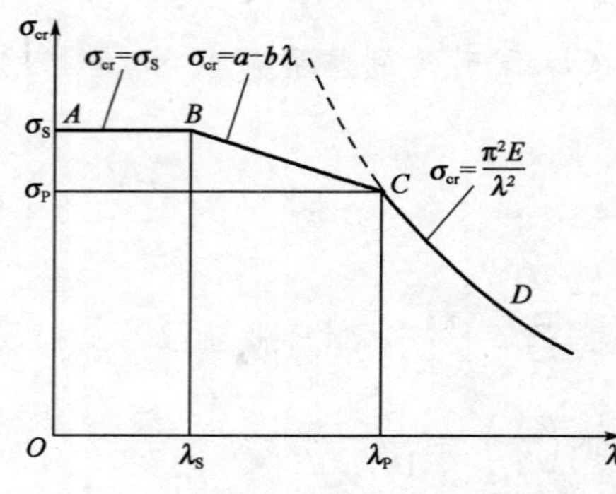

题 5-9-11 解图

答案:C

5-9-13 **解:**由欧拉公式 $P_{cr}=\frac{\pi^2 EI}{(\mu l)^2}$ 可知,细长压杆的临界力与材料的比例极限和强度极限无关,而与材料的弹性模量有关。

答案:C

六、流 体 力 学

复 习 指 导

本考试的特点是题型固定(均为单项选择题),做题时间短(平均每 2 分钟应做完一道题),知识覆盖面宽且侧重于基本概念、基本理论、基本公式的应用,较少涉及艰深复杂的理论和繁琐的计算。根据以上特点,在复习时应注意对基本概念的准确理解以提高分析判断能力。例如,复习题中的 6-2-3 题,其中的 B 项中有"剪切变形",而 D 项中有"剪切变形速度",二者只差"速度"两字。如果对牛顿内摩擦定律有准确的理解,可立刻判断出 D 项为正确答案。在单选题中,有一部分是数字答案提供选择,这部分题是需要经过计算后确定的,所以在复习时应记住重要的基本公式,并掌握其运用方法,结合复习题灵活运用,勤加练习。例如,复习题 6-3-8,就是应用静水压强基本方程和压强的三种表示方法解答的。在单选题中,有一部分题是要靠记住一些基本结论来回答的。例如,复习题 6-5-22、题 6-5-24,只有记住层流与紊流核心区的流速分布图才能正确选择。所以,复习时对一些重要结论应该加强记忆。在单选题中,还有一部分要用基本原理或基本方程去分析的题。例如,圆柱形外管嘴流量增加的原因,就要用能量方程去分析,证明管内收缩断面处存在真空值,产生吸力,增加了作用水头,从而使流量增加。如果理解了能量方程的物理意义,就能解释在位能不变的条件下,流速增加的地方,压强将减少。所以在复习基本方程时,不仅要记住其表达式,更重要的是应理解其物理意义,并学会应用这些方程分析问题。

下面按考试大纲的顺序列出一部分需要准确理解、熟练掌握、灵活运用的基本概念,基本理论和基本方程,供复习时参考。

连续介质、流体的黏性及牛顿内摩擦定律,$\tau = \mu \dfrac{\mathrm{d}u}{\mathrm{d}y}$。

静水压强及其特性;静水压强的基本方程:$p = p_0 + \rho g h$;压强分布图;测管水头 $Z + \dfrac{p}{\rho g}$ 的物理意义;等压面的性质和画法以及运用等压面求解压力计计算题的方法;平面总压力的大小、方向和作用点(公式 $P = \gamma h_c A$,$y_d = y_c + \dfrac{J_c}{y_c A}$,或图解法公式 $P = \Omega b$);曲面总压力水平分力和垂直分力的计算公式:$P_x = \gamma h_c A_z$,$P_z = \gamma V$,$\theta = \arctan \dfrac{P_z}{P_x}$。

流线、元流、总流的性质,过流断面及水力要素;流量、平均流速关系式:$Q = vA$,连续性方程:$v_1 A_1 = v_2 A_2$;能量方程:$Z_1 + \dfrac{p_1}{\gamma} + \dfrac{\alpha_1 v_1^2}{2g} = Z_2 + \dfrac{p_2}{\gamma} + \dfrac{\alpha_2 v_2^2}{2g} + h_{w1\text{-}2}$ 的物理意义、应用范围和应用方法(选断面、基准面、选点);动量方程 $\sum F = \rho Q(\alpha_{02} v_2 - \alpha_{01} v_1)$ 的物理意义、应用范围和应用方法(选控制体、选坐标),总水头线、测压管水头线的画法和变化规律。

层流与紊流的判别标准;圆管层流的流速分布和沿程损失的基本公式 $\left(h_{\mathrm{f}}=\lambda \frac{L}{d} \frac{v^{2}}{2g}\right)$;紊流的流速分布和紊流沿程阻力系数的变化规律(尼古拉兹图);局部水头损失产生原因及计算公式 $\left(h_{\mathrm{m}}=\zeta \frac{v^{2}}{2g}\right)$;突然放大局部阻力系数公式;边界层及边界层的分离现象、绕流阻力。

孔口及管嘴出流的流速、流量公式($v=\phi \sqrt{2gH_0}$;$Q=\mu A \sqrt{2gH_0}$);流速系数、收缩系数、流量系数的相互关系;圆柱形外管嘴流量增加的原因;串联管路总水头;并联管路水头损失相等、流量与阻抗平方根成反比等概念。

明渠均匀流水力坡度、水面坡度、渠底坡度相等的概念;发生明渠均匀流的条件;谢才公式($v=C\sqrt{Ri}$)与曼宁公式 $\left(C=\frac{1}{n}R^{1/6}\right)$ 公式的联合运用;梯形断面水力要素的计算;水力最佳断面的概念。

渗流模型必须遵循的条件;达西定律($v=KJ$,$Q=KAJ$)的物理意义,应用范围,潜水井、承压井、廊道的流量计算。

基本量纲与导出量纲、量纲和谐原理的应用,无量纲量的组合方法,π 定理;两个流动力学相似的条件;重力、黏性力、压力相似准则的物理意义;在何种情况下选用何种相似准则。

流速、压强、流量的量测仪器和量测方法。

练习题、题解及参考答案

(一)流体力学定义及连续介质假设

6-1-1 **(2012,71)**按连续介质概念,流体质点是:

A. 几何的点

B. 流体的分子

C. 流体内的固体颗粒

D. 几何尺寸在宏观上同流动特征尺度相比是微小量,又含有大量分子的微元体

6-1-2 连续介质模型既可摆脱研究流体分子运动的复杂性,又可:

A. 不考虑流体的压缩性

B. 不考虑流体的黏性

C. 运用高等数学中连续函数理论分析流体运动

D. 不计及流体的内摩擦力

题解及参考答案

6-1-1 **解:**由连续介质假设可知。

答案:D

6-1-2 **解：**参看连续介质模型概念。

答案：C

(二)流体的主要物理性质

6-2-1 **(2013,71)**半径为R的圆管中，横截面上流速分布为$u=2\left(1-\frac{r^2}{R^2}\right)$，其中$r$表示到圆管轴线的距离，则在$r_1=0.2R$处的黏性切应力与$r_2=R$处的黏性切应力大小之比为：

A. 5　　B. 25　　C. 1/5　　D. 1/25

6-2-2 **(2011,71)**空气的黏滞系数与水的黏滞系数μ分别随温度的降低而：

A. 降低，升高　　B. 降低，降低

C. 升高，降低　　D. 升高，升高

6-2-3 **(2005,77)**已知空气的密度ρ为1.205kg/m^3，动力黏度(动力黏滞系数)μ为$1.83\times10^{-5}\text{Pa}\cdot\text{s}$，那么它的运动黏度(运动黏滞系数)$\nu$为：

A. $2.2\times10^{-5}\text{s/m}^2$　　B. $2.2\times10^{-5}\text{m}^2\text{/s}$

C. $15.2\times10^{-6}\text{s/m}^2$　　D. $15.2\times10^{-6}\text{m}^2\text{/s}$

6-2-4 与牛顿内摩擦定律直接有关的因素是：

A. 压强、速度和黏度

B. 压强、速度和剪切变形

C. 切应力、温度和速度

D. 黏度、切应力与剪切变形速度

6-2-5 某平面流动的流速分布方程为$u_x=2y-y^2$，流体的动力黏度为$\mu=0.8\times10^{-3}\text{Pa}\cdot\text{s}$，在固壁处$y=0$。距壁面$y=7.5\text{cm}$处的黏性切应力$\tau$为：

A. $2\times10^3\text{Pa}$　　B. $-32\times10^{-3}\text{Pa}$　　C. $1.48\times10^{-3}\text{Pa}$　　D. $3.3\times10^{-3}\text{Pa}$

题解及参考答案

6-2-1 **解：**切应力$\tau=\mu\frac{\mathrm{d}u}{\mathrm{d}y}$，而$y=R-r$，$\mathrm{d}y=-\mathrm{d}r$，故$\frac{\mathrm{d}u}{\mathrm{d}y}=-\frac{\mathrm{d}u}{\mathrm{d}r}$

题设流速$u=2\left(1-\frac{r^2}{R^2}\right)$，故$\frac{\mathrm{d}u}{\mathrm{d}y}=-\frac{\mathrm{d}u}{\mathrm{d}r}=\frac{2\times2r}{R^2}=\frac{4r}{R^2}$

题设$r_1=0.2R$

故切应力$\tau_1=\mu\left(\frac{4\times0.2R}{R^2}\right)=\mu\left(\frac{0.8}{R}\right)$

题设$r_2=R$，则切应力$\tau_2=\mu\left(\frac{4R}{R^2}\right)$，$\tau_2=\mu\left(\frac{4}{R}\right)$

切应力大小之比$\frac{\tau_1}{\tau_2}=\frac{\mu\left(\frac{0.8}{R}\right)}{\mu\left(\frac{4}{R}\right)}=\frac{0.8}{4}=0.2=\frac{1}{5}$

答案:C

6-2-2 **解**:空气的黏滞系数随温度降低而降低,而水的黏滞系数相反,随温度降低而升高。

答案:A

6-2-3 **解**:$\nu=\frac{\mu}{\rho}=\frac{1.83\times10^{-5}}{1.205}=15.2\times10^{-6}\text{s/m}^2$

答案:D

6-2-4 **解**:内摩擦力与压强无关,与$\frac{\mathrm{d}\alpha}{\mathrm{d}t}$有关。

答案:D

6-2-5 **解**:$\tau=\mu\frac{du}{dy}$,$\mu(2-2y)=0.8\times10^{-3}\times(2-2\times0.075)=1.48\times10^{-3}\text{Pa}$

答案:C

(三)流体静力学

6-3-1 **(2014,71)**如图水下有一半径为$R=0.1\text{m}$的半球形侧盖,球心至水面距离$H=5\text{m}$,作用于半球盖上水平方向的静水压力是:

A. 0.98kN　　B. 1.96kN

C. 0.77kN　　D. 1.54kN

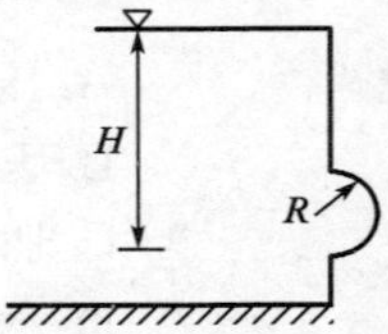

题 6-3-1 图

6-3-2 **(2014,72)**密闭水箱如图所示,已知水深$h=2\text{m}$,自由面上的压强$p_0=88\text{kN/m}^2$,当地大气压强$p_a=101\text{kN/m}^2$,则水箱底部A点的绝对压强与相对压强分别为:

A. 107.6kN/m^2 和 -6.6kN/m^2

B. 107.6kN/m^2 和 6.6kN/m^2

C. 120.6kN/m^2 和 -6.6kN/m^2

D. 120.6kN/m^2 和 6.6kN/m^2

6-3-3 **(2012,72)**设A、B两处液体的密度分别为ρ_A与ρ_B,由U形管连接,如图所示,已知水银密度为ρ_m,1、2面的高度差为Δh,它们与A、B中心点的高度差分别是h_1与h_2,则AB两中心点的压强差P_A-P_B为:

A. $(-h_1\rho_A+h_2\rho_B+\Delta h\rho_m)g$

B. $(h_1\rho_A-h_2\rho_B-\Delta h\rho_m)g$

C. $[-h_1\rho_A+h_2\rho_B+\Delta h(\rho_m-\rho_A)]g$

D. $[h_1\rho_A-h_2\rho_B-\Delta h(\rho_m-\rho_A)]g$

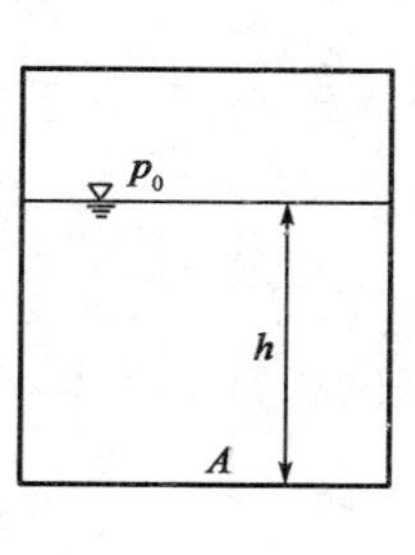

题 6-3-2 图

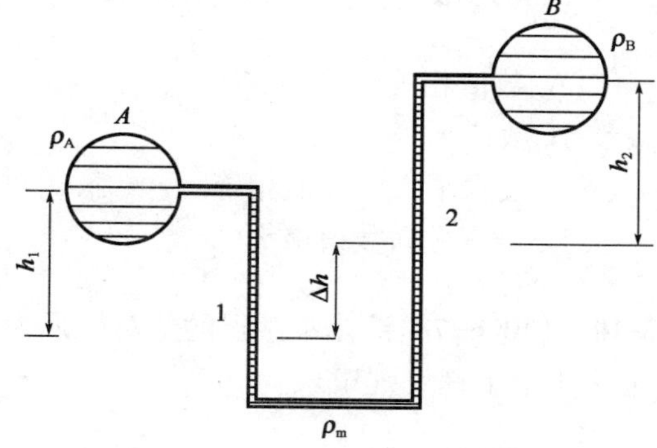

题 6-3-3 图

6-3-4 (2011,72)重力和黏滞力分别属于：

A. 表面力、质量力　　B. 表面力、表面力

C. 质量力、表面力　　D. 质量力、质量力

6-3-5 (2010,71)如图，上部为气体下部为水的封闭容器装有 U 形水银测压计，其中 1、2、3 点位于同一平面上，其压强的关系为：

A. $p_1 < p_2 < p_3$

B. $p_1 > p_2 > p_3$

C. $p_2 < p_1 < p_3$

D. $p_2 = p_1 = p_3$

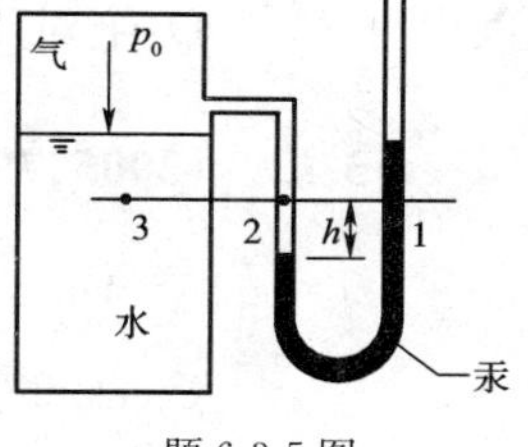

题 6-3-5 图

6-3-6 (2009,71)静止的流体中，任一点压强的大小与下列哪一项无关？

A. 当地重力加速度　　B. 受压面的方向

C. 该点的位置　　D. 流体的种类

6-3-7 (2009,72)静止油面（油面上为大气）下 3m 深度处的绝对压强为下列哪一项？（油的密度为 800kg/m^3，当地大气压为 100kPa）

A. 3kPa　　B. 23.5kPa

C. 102.4kPa　　D. 123.5kPa

6-3-8 (2008,77)盛水容器 a 和 b 的上方密封，测压管水面位置如图所示，其底部压强分别为 p_a 和 p_b。若两容器内水深相等，则 p_a 和 p_b 的关系为：

A. $p_a > p_b$　　B. $p_a < p_b$

C. $p_a = p_b$　　D. 无法确定

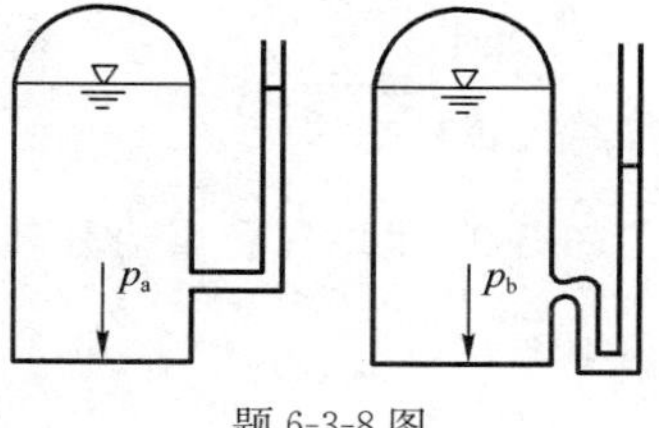

题 6-3-8 图

6-3-9 **(2007,78)**根据静水压强的特性，静止液体中同一点各方向的压强：

A. 数值相等
B. 数值不等
C. 仅水平方向数值相等
D. 铅直方向数值最大

6-3-10 **(2006,78)**液体中某点的绝对压强为 100kN/m^2，则该点的相对压强为：（注：当地大气压强为 1 个工程大气压）

A. 1kN/m^2 B. 2kN/m^2
C. 5kN/m^2 D. 10kN/m^2

6-3-11 **(2005,78)**金属压力表的读值是：

A. 相对压强
B. 相对压强加当地大气压
C. 绝对压强
D. 绝对压强加当地大气压

6-3-12 **(2005,79)**已知油的密度 ρ 为 850kg/m^3，在露天油池油面下 5m 处相对压强为：

A. 4.25Pa B. 4.25kPa
C. 41.68Pa D. 41.68kPa

6-3-13 与大气相连通的自由水面下 5m 处的相对压强为：

A. 5at B. 0.5at
C. 98kPa D. 40kPa

题解及参考答案

6-3-1 **解**：水平静压力 $P_x=\rho g h_c \pi r^2=1\times9.8\times5\times\pi\times(0.1)^2=1.54$kN。

答案：D

6-3-2 **解**：A 点绝对压强 $p'_A=p_0+\rho gh=88+1\times9.8\times2=107.6$kPa

A 点相对压强 $p_A=p'_A-p_a=107.6-101=6.6$kPa。

答案：B

6-3-3 **解**：仅受重力作用的静止流体的等压面是水平面。

$$P_A+\rho_A g h_1=P_B+\rho_B g h_2+\rho_m g\Delta h$$

$$P_A-P_B=(-\rho_A h_1+\rho_B h_2+\rho_m \Delta h)g。$$

答案：A

6-3-4 **解**:质量力是作用在每个流体质点上,大小与质量成正比的力;表面力是作用在所设流体的外表,大小与面积成正比的力。

答案:C

6-3-5 **解**:静止流体等压面应是一水平面,且应绘出于连通、连续同一种流体中,据此可绘出两个等压面以判断压强 p_1、p_2、p_3 的大小。

答案:A

6-3-6 **解**:静压强特性为流体静压强的大小与受压面的方向无关。

答案:B

6-3-7 **解**:绝对压强要计及液面大气压强,$p=p_0+\rho gh$,$p_0=100\text{kPa}$。

答案:D

6-3-8 **解**:静止流体中,仅受重力作用的等压面是水平面(小范围)。

答案:A

6-3-9 **解**:静止流体中同一点压强各方向数值相等。

答案:A

6-3-10 **解**:相对压强等于绝对压强减去当地大气压强。

答案:B

6-3-11 **解**:参看压强的测量相关内容。

答案:A

6-3-12 **解**:$p=\rho gh=0.85\times 9.8\times 5=41.68\text{kPa}$。

答案:D

6-3-13 **解**:$p=\rho gh=9.8\times 5=49\text{kPa}=0.5\text{at}$。

答案:B

(四)流体动力学

6-4-1 **(2014,73)**下列不可压缩二维流动中,哪个满足连续方程:

A. $u_x=2x, u_y=2y$　　B. $u_x=0, u_y=2xy$

C. $u_x=5x, u_y=-5y$　　D. $u_x=2xy, u_y=-2xy$

6-4-2 **(2013,72)**图示一水平放置的恒定变直径圆管流,不计水头损失,取两个截面标记为 1 和 2,当 $d_1>d_2$ 时,则两截面形心压强关系是:

A. $p_1<p_2$　　B. $p_1>p_2$

C. $p_1=p_2$　　D. 不能确定

6-4-3　(2013,73)水由喷嘴水平喷出，冲击在光滑平板上，如图所示，已知出口流速为 50m/s，喷射流量为 $0.2\text{m}^3/\text{s}$，不计阻力，则求平板受到的冲击力为：

A. 5kN　　B. 10kN　　C. 20kN　　D. 40kN

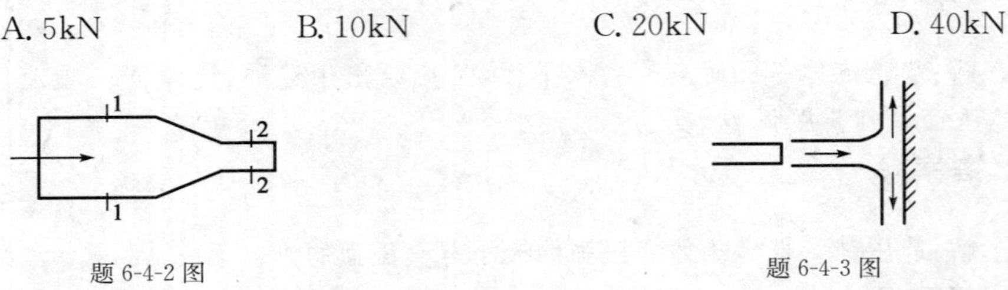

题 6-4-2 图　　　　题 6-4-3 图

6-4-4　(2012,73)汇流水管如图所示，已知三部分水管的横截面积分别为 $A_1=0.01\text{m}^2$，$A_2=0.005\text{m}^2$，$A_3=0.01\text{m}^2$，入流速度 $v_1=4\text{m/s}$，$v_2=6\text{m/s}$，求出流的流速 v_3 为：

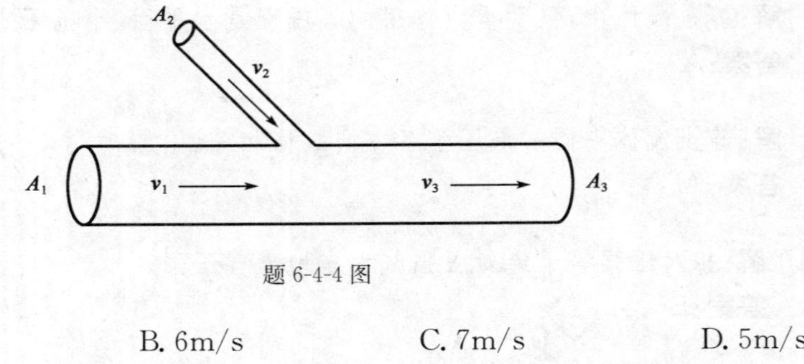

题 6-4-4 图

A. 8m/s　　B. 6m/s　　C. 7m/s　　D. 5m/s

6-4-5　(2011,74)对某一流段，设其上、下游两断面 1-1、2-2 的断面面积分别为 A_1、A_2，断面流速分别为 v_1、v_2，两断面上任一点相对于选定基准面的高程分别为 Z_1、Z_2，相应断面同一选定点的压强分别为 p_1、p_2，两断面处的流体密度分别为 ρ_1、ρ_2，流体为不可压缩流体，两断面间的水头损失为 $h_{l1\text{-}2}$。下列方程表述一定错误的是：

A. 连续性方程：$v_1A_1=v_2A_2$

B. 连续性方程：$\rho_1v_1A_1=\rho_2v_2A_2$

C. 恒定总流能量方程：$\dfrac{p_1}{\rho_1 g}+Z_1+\dfrac{v_1^2}{2g}=\dfrac{p_2}{\rho_2 g}+Z_2+\dfrac{v_2^2}{2g}$

D. 恒定总流能量方程：$\dfrac{p_1}{\rho_1 g}+Z_1+\dfrac{v_1^2}{2g}=\dfrac{p_2}{\rho_2 g}+Z_2+\dfrac{v_2^2}{2g}+h_{l1\text{-}2}$

6-4-6　(2010,72)如图，下列说法中，哪一个是错误的：

A. 对理想流体，该测压管水头线(H_p 线)应该沿程无变化

B. 该图是理想流体流动的水头线

C. 对理想流体，该总水头线(H_0 线)沿程无变化

D. 该图不适用于描述实际流体的水头线

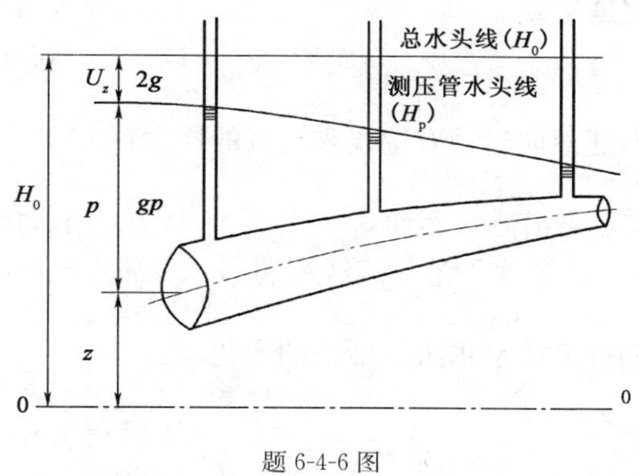

题 6-4-6 图

6-4-7 **(2009,73)**根据恒定流的定义,下列说法中正确的是:

A. 各断面流速分布相同

B. 各空间点上所有运动要素均不随时间变化

C. 流线是相互平行的直线

D. 流动随时间按一定规律变化

6-4-8 **(2008,78)**欧拉法描述液体运动时,表示同一时刻因位置变化而形成的加速度称为:

A. 当地加速度　　B. 迁移加速度

C. 液体质点加速度　　D. 加速度

6-4-9 **(2008,79)**图中相互之间可以列总流伯努利方程的断面是:

A. 1-1 断面和 2-2 断面　　B. 2-2 断面和 3-3 断面

C. 1-1 断面和 3-3 断面　　D. 3-3 断面和 4-4 断面

6-4-10 **(2008,88)**如图所示,一倒置 U 形管,上部为油,其密度 $\rho_{油}=800\text{kg/m}^3$,用来测定水管中的 A 点流速 u_A,若读数 $\Delta h=200\text{mm}$,则该点流速 u_A 为:

A. 0.885m/s　　B. 1.980m/s

C. 1.770m/s　　D. 2.000m/s

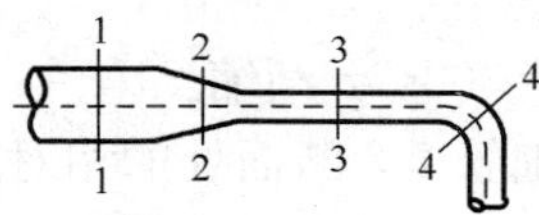

题 6-4-9 图

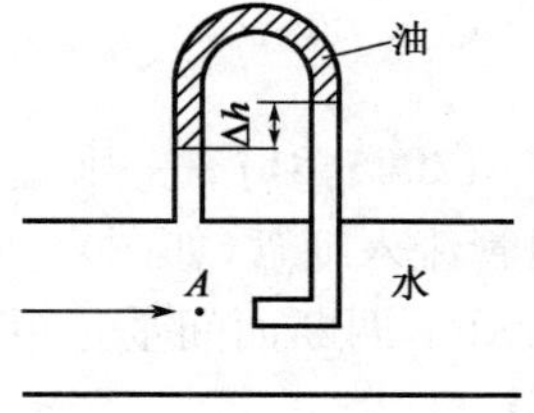

题 6-4-10 图

6-4-11 **(2007,77)**理想流体的基本特征是:

A. 黏性系数是常数　　　　　　　　　B. 不可压缩
C. 无黏性　　　　　　　　　　　　　D. 符合牛顿内摩擦定律

6-4-12　**(2007,80)**描述液体运动有迹线和流线的概念：

A. 流线上质点不沿迹线运动　　　　　B. 质点运动的轨迹称为流线
C. 流线上质点的流速矢量与流线相切　D. 质点的迹线和流线都重合

6-4-13　**(2007,87)**粘性流体总水头线沿程的变化是：

A. 沿程下降　　　　　　　　　　　　B. 沿程上升
C. 保持水平　　　　　　　　　　　　D. 前三种情况都有可能

6-4-14　**(2006,77)**理想液体与实际液体的主要差别在于：

A. 密度　　　　B. 黏性　　　　C. 压缩性　　　　D. 表面张力

6-4-15　**(2006,80)**非恒定均匀流是：

A. 当地加速度为零，迁移加速度不为零
B. 当地加速度不为零，迁移加速度为零
C. 当地加速度与迁移加速度均不为零
D. 当地加速度与迁移加速度均不为零，但合加速度为零

6-4-16　**(2006,81)**有一引水虹吸管，出口通大气（如图所示）。已知 $h_1=1.5\text{m}$，$h_2=3\text{m}$，不计水头损失，取动能修正系数 $\alpha=1$。则断面 c-c 中心处的压强 p_c 为：

A. 14.7kPa　　　　B. −14.7kPa
C. 44.1kPa　　　　D. −44.1kPa

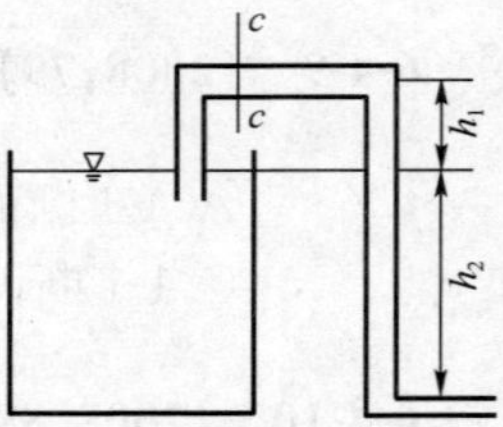

题 6-4-16 图

6-4-17　**(2005,80)**输水管道的直径为 200mm，输水量为 1177kN/h（重力流量），其断面平均流速为：

A. 1.06m/s　　　　　　　　　　　　B. 2.06m/s
C. 3.06m/s　　　　　　　　　　　　D. 4.06m/s

6-4-18　**(2005,81)**有一垂直放置的渐缩管，内径由 $d_1=300\text{mm}$ 渐缩至 $d_2=150\text{mm}$，水从下而上自粗管流入细管（如图）。测得水在粗管 1-1 断面和细管 2-2 断面处的相对压强分别为 98kPa 和 60kPa，两断面间垂直距离为 1.5m，若忽略摩擦阻力，则通过渐缩管的流量为：

A. $0.125\text{m}^3/\text{s}$　　　　　　　　　　B. $0.25\text{m}^3/\text{s}$
C. $0.50\text{m}^3/\text{s}$　　　　　　　　　　D. $1.00\text{m}^3/\text{s}$

6-4-19　**(2005,82)**如图所示，一压力水管渐变段，水平放置，已知 $d_1=1.5\text{m}$，$d_2=1\text{m}$，渐

变段开始断面相对压强 $p_1=388\text{kPa}$，管中通过流量 $Q=2.2\text{m}^3/\text{s}$，忽略水头损失，渐变段支座所受的轴心力为：

A. 320kN　　B. 340kN　　C. 360kN　　D. 380kN

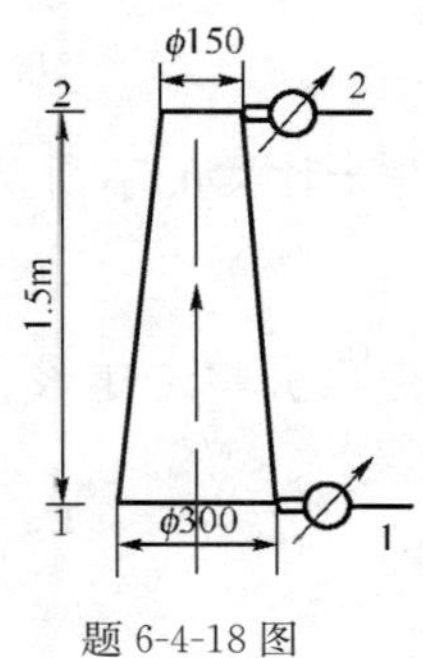

题 6-4-18 图

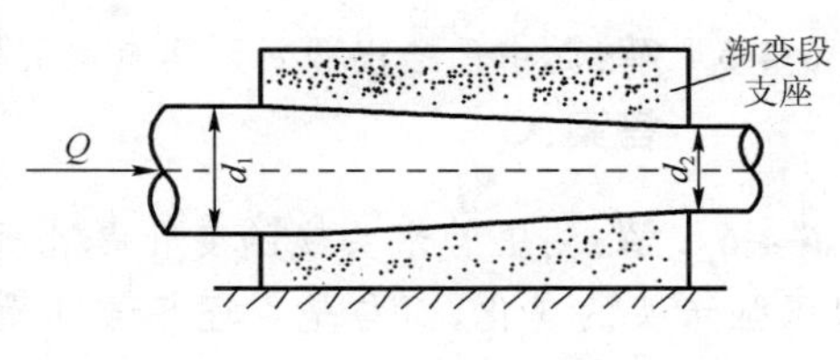

题 6-4-19 图

6-4-20　**(2005,83)**圆管层流运动过流断面上速度分布为(式中 r_0 为圆管半径)：

A. $u=u_{\max}\left[1-\left(\frac{r}{r_0}\right)^2\right]$　　B. $u=u_{\max}\left[1-\left(\frac{r}{r_0}\right)\right]^n$

C. $u=v_0\left(5.75\lg\frac{yv_0}{v}+5.5\right)$　　D. $u=v_0\left(5.75\lg\frac{y}{k_s}+8.48\right)$

6-4-21　实践中，均匀流可用下述哪个说法来定义？

A. 流线夹角很小，曲率也很小的流动
B. 流线为平行直线的流动
C. 流线为平行曲线的流动
D. 流线夹角很小的直线流动

题解及参考答案

6-4-1　**解：**对二维不可压缩流体运动连续性微分方程式为：$\frac{\partial u_x}{\partial x}+\frac{\partial u_y}{\partial y}=0$，即 $\frac{\partial u_x}{\partial x}=-\frac{\partial u_y}{\partial y}$

对题中 C 项求偏导数可得 $\frac{\partial u_x}{\partial x}=5$，$\frac{\partial u_y}{\partial y}=-5$，满足连续性方程。

答案：C

6-4-2　**解：**对断面 1-1 及 2-2 中点写能量方程：$Z_1+\frac{p_1}{\rho g}+\frac{\alpha_1 v_1^2}{2g}=Z_2+\frac{p_2}{\rho g}+\frac{\alpha_2 v_2^2}{2g}$

题设管道水平，故 $Z_1=Z_2$。又设 $d_1>d_2$，由连续方程知 $v_1<v_2$

代入上式后知：$p_1>p_2$。

答案：B

6-4-3　**解：**由动量方程可得 $\sum F_x=\rho Qv=1000\text{kg/m}^3\times0.2\text{m}^3/\text{s}\times50\text{m/s}=10\text{kN}$。

答案:B

6-4-4 **解:**用连续方程求解。

$$v_2=\frac{v_1A_1+v_2A_2}{A_3}=\frac{4\times0.01+6\times0.005}{0.01}=7\text{m/s}$$

答案:C

6-4-5 **解:**题中已给出两断面间有水头损失 $h_{l1\text{-}2}$,而选项 C 中未计及 $h_{l1\text{-}2}$,所以是错误的。

答案:C

6-4-6 **解:**测压管水头线的变化是由于过流断面面积的变化引起流速水头的变化,进而引起压强水头的变化,而与是否理想流体无关,故说法 A 是错误的。

答案:A

6-4-7 **解:**根据恒定流定义可得。

答案:B

6-4-8 **解:**参看描述流体运动的欧拉方法中关于加速度的定义。

答案:B

6-4-9 **解:**伯努利方程只能用于流线近于平行直线的渐变流。

答案:C

6-4-10 **解:**参看毕托管求流速公式 $u_A=C\sqrt{2g\Delta h_u}$,并由压差计公式知:

$$\Delta h_u=\left(\frac{\rho_{水}-\rho_{油}}{\rho_{水}}\right)\Delta h$$

答案:A

6-4-11 **解:**参看理想流体定义。

答案:C

6-4-12 **解:**参看迹线和流线的定义。

答案:C

6-4-13 **解:**参看黏性流体总水头线的图示。

答案:A

6-4-14 **解:**参看理想流体元流能量方程相关内容。

答案:B

6-4-15 **解:**非恒定流当地加速度不为零,均匀流迁移加速度为零。

答案:B

6-4-16 **解:**运用能量方程求解。

答案:D

6-4-17 **解**:平均流速 $v=\dfrac{Q_G}{\rho g A}=\dfrac{1177}{1\times9.8\times\dfrac{\pi}{4}\times(0.2)^2\times3600}=1.06\text{m/s}$。

答案:A

6-4-18 **解**:用能量方程和连续方程求出平均流速 v,则流量 $Q=vA$。

答案:A

6-4-19 **解**:联合运用连续方程、能量方程、动量方程以及流量公式 $Q=vA$。

答案:D

6-4-20 **解**:圆管层流流速分布曲线为二次抛物线。

答案:A

6-4-21 **解**:区别均匀流与渐变流的流动。

答案:B

(五)流动阻力和能量损失

6-5-1 **(2014,74)**圆管层流中,下述错误的是:

A. 水头损失与雷诺数有关　　B. 水头损失与管长度有关
C. 水头损失与流速有关　　D. 水头损失与粗糙度有关

6-5-2 **(2013,74)**沿程水头损失 h_f:

A. 与流程长度成正比,与壁面切应力和水力半径成反比
B. 与流程长度和壁面切应力成正比,与水力半径成反比
C. 与水力半径成正比,与流程长度和壁面切应力成反比
D. 与壁面切应力成正比,与流程长度和水力半径成反比

6-5-3 **(2012,74)**尼古拉斯实验的曲线图中,在以下哪个区域里,不同相对粗糙度的试验点,分别落在一些与横轴平行的直线上,阻力系数 λ 与雷诺数无关:

A. 层流区　　B. 临界过渡区
C. 紊流光滑区　　D. 紊流粗糙区

6-5-4 **(2011,75)**水流经过变直径圆管,管中流量不变,已知前段直径 $d_1=30\text{mm}$,雷诺数为5000,后段直径变为 $d_2=60\text{mm}$,则后段圆管中的雷诺数为:

A. 5000　　B. 4000　　C. 2500　　D. 1250

6-5-5 **(2010,73)**一管径 $d=50\text{mm}$ 的水管,在水温 $t=10℃$时,管内要保持层流的最大流速是:(10℃时水的运动黏滞系数 $\nu=1.31\times10^{-6}\text{m}^2/\text{s}$)

A. 0.21m/s　　B. 0.115m/s　　C. 0.105m/s　　D. 0.0525m/s

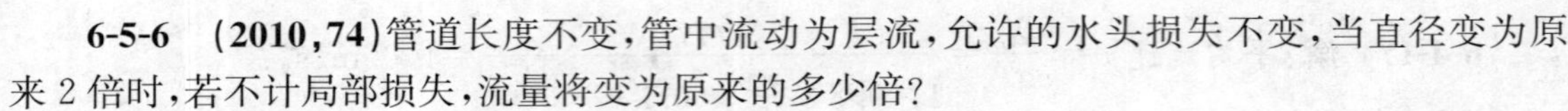

6-5-6 **(2010,74)**管道长度不变，管中流动为层流，允许的水头损失不变，当直径变为原来 2 倍时，若不计局部损失，流量将变为原来的多少倍？

A. 2　　B. 4　　C. 8　　D. 16

6-5-7 **(2008,80)**A、B 两根圆形输水管，管径相同，雷诺数相同，A 管为热水，B 管为冷水，则两管流量 q_{V_A}、q_{V_B} 的关系为：

A. $q_{V_A} > q_{V_B}$　　B. $q_{V_A} = q_{V_B}$

C. $q_{V_A} < q_{V_B}$　　D. 不能确定大小

6-5-8 **(2008,81)**紊流附加切应力 $\bar{\tau}_2$ 等于：

A. $\rho\overline{u_x'}\,\overline{u_y'}$　　B. $-\rho\overline{u_x'}\,\overline{u_y'}$　　C. $\overline{u_x'}\,\overline{u_y'}$　　D. $-\overline{u_x'}\,\overline{u_y'}$

6-5-9 **(2008,83)**边界层分离的必要条件是：

A. 来流流速分布均匀

B. 有逆压梯度和物面黏性阻滞作用

C. 物面形状不规则

D. 物面粗糙

6-5-10 **(2007,82)**变直径圆管流，细断面直径 d_1，粗断面直径 $d_2=2d_1$，粗细断面雷诺数的关系是：

A. $\mathrm{Re}_1=0.5\mathrm{Re}_2$　　B. $\mathrm{Re}_1=\mathrm{Re}_2$

C. $\mathrm{Re}_1=1.5\mathrm{Re}_2$　　D. $\mathrm{Re}_1=2\mathrm{Re}_2$

6-5-11 **(2007,83)**层流沿程阻力系数 λ：

A. 只与雷诺数有关

B. 只与相对粗糙度有关

C. 只与流程长度和水力半径有关

D. 既与雷诺数有关又与相对粗糙度有关

6-5-12 **(2007,84)**两水箱水位恒定，水面高差 $H=10\text{m}$，管道直径 $d=10\text{cm}$，总长度 $l=20\text{m}$，沿程阻力系数 $\lambda=0.042$，已知所有的转弯、阀门、进、出口局部水头损失合计为 $h_i=3.2\text{m}$，如图所示。则通过管道的平均流速为：

A. 3.98m/s　　B. 4.83m/s

C. 2.73m/s　　D. 15.8m/s

题 6-5-12 图

6-5-13 **(2006,82)**温度为 10℃时水的运动黏性系数为 $1.31\times10^{-6}\text{m}^2/\text{s}$，要保持直径 25mm 的

水管管中水流为层流，允许的最大流速为：

A. 1.00m/s　　B. 0.02m/s
C. 2.00m/s　　D. 0.12m/s

6-5-14　(2006,83) 在附壁紊流中，粘性底层厚度 δ 比绝对粗糙高度 Δ 大得多的壁面称为：

A. 水力光滑面　　B. 水力过渡粗糙面
C. 水力粗糙面　　D. 以上答案均不对

6-5-15　(2006,84) 图示两水箱水位恒定，水面高差 $H=10$m，已知管道沿程水头损失 $h_f=6.8$m，局部阻力系数：转弯 0.8、阀门0.26、进口0.5、出口 0.8，则通过管道的平均流速为：

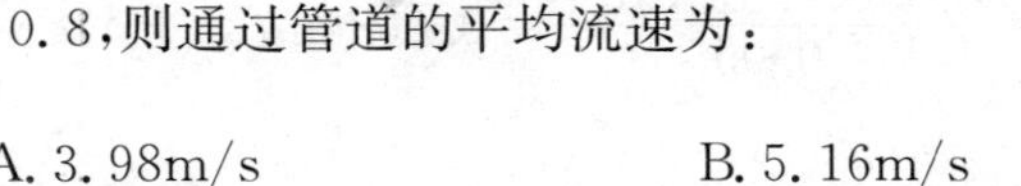

A. 3.98m/s　　B. 5.16m/s
C. 7.04m/s　　D. 5.80m/s

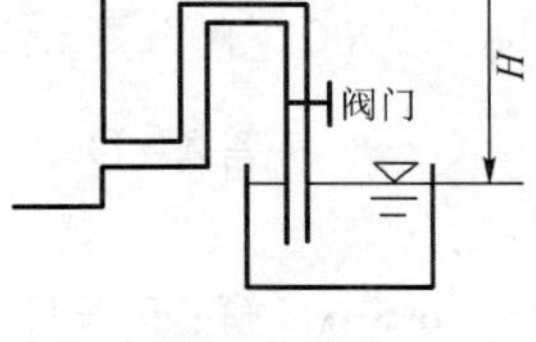

题 6-5-15 图

6-5-16　(2006,85) 边界层分离不会：

A. 产生漩涡　　B. 减小摩擦阻力
C. 产生压强阻力　　D. 增加能量损失

6-5-17　(2005,84) 一圆断面风道，直径为 250mm，输送 10℃ 的空气，其运动黏度为 $14.7\times10^{-6}\text{m}^2/\text{s}$，若临界雷诺数为 2300，则保持层流流态的最大流量为：

A. $12\text{m}^3/\text{h}$　　B. $18\text{m}^3/\text{h}$　　C. $24\text{m}^3/\text{h}$　　D. $30\text{m}^3/\text{h}$

6-5-18　(2005,85) 圆管紊流粗糙区（阻力平方区）的沿程摩阻系数 λ 与：

A. 雷诺数 Re 有关　　B. 相对粗糙度 $\frac{k_s}{d}$ 有关
C. 雷诺数 Re 和 $\frac{k_s}{d}$ 有关　　D. 雷诺数 Re 和管长 l 有关

6-5-19　有压圆管恒定流，若断面 1 的直径是其下游断面 2 直径的两倍，则断面 1 的雷诺数 Re_1 与断面 2 的雷诺数 Re_2 的关系是：

A. $\text{Re}_1=\text{Re}_2$　　B. $\text{Re}_1=0.5\text{Re}_2$　　C. $\text{Re}_1=1.5\text{Re}_2$　　D. $\text{Re}_1=2\text{Re}_2$

题解及参考答案

6-5-1　解： 圆管层流中水头损失与管壁粗糙度无关。

答案： D

6-5-2 **解:**由均匀流基本方程知沿程损失 $h_f=\frac{\tau L}{\rho g R}$。

答案:B

6-5-3 **解:**由尼古拉兹阻力曲线图可知,在紊流粗糙区。

答案:D

6-5-4 **解:**根据雷诺数公式 $\mathrm{Re}=\frac{vd}{\nu}$及连续方程 $v_1A_1=v_2A_2$ 联立求解可得。

答案:C

6-5-5 **解:**由判别流态的下临界雷诺数 $\mathrm{Re_k}=\frac{v_k d}{\upsilon}$解出下临界流速 v_k 即可,$v_k=\frac{\mathrm{Re_k}\nu}{d}$,而 $\mathrm{Re_k}=2000$。代入题设数据后有:$v_k=\frac{2000\times1.31\times10^{-6}}{0.05}=0.0524\mathrm{m/s}$。

答案:D

6-5-6 **解:**根据沿程损失计算公式 $h_f=\lambda\frac{L}{d}\frac{v^2}{2g}$及层流阻力系数计算公式 $\lambda=\frac{64}{\mathrm{Re}}$联立求解可得。

代入题设条件后有:$\frac{v_1}{d_1^2}=\frac{v_2}{d_2^2}$,而 $v_2=v_1\left(\frac{d_2}{d_1}\right)^2=v_1(2)^2=4v_1$,

$\frac{Q_2}{Q_1}=\frac{v_2}{v_1}\left(\frac{d_2}{d_1}\right)^2=4\times(2)^2=16$。

答案:D

6-5-7 **解:**热水的运动黏度小于冷水的运动黏度,即 $\nu_A<\nu_B$,又因 $\mathrm{Re_A}=\mathrm{Re_B}$,即 $\frac{v_A\mathrm{d}}{\nu_A}=\frac{v_B\mathrm{d}}{\nu_B}\Rightarrow v_A<v_B\Rightarrow q_{V_A}<q_{V_B}$。

答案:C

6-5-8 **解:**紊流附加切应力 $\bar{\tau}_2$ 即为紊流的惯性切应力。

答案:B

6-5-9 **解:**参看边界层分离相关内容。

答案:B

6-5-10 **解:**$\mathrm{Re}=\frac{v\mathrm{d}}{\nu}$,$v_2=v_1\left(\frac{d_1}{d_2}\right)^2$。

答案:D

6-5-11 **解:**参看沿程阻力系数相关内容。

答案:A

6-5-12 **解:**对水箱自由液面与管道出口水池自由液面写能量方程:

$$H = h_w = h_f + h_j = \lambda \frac{L}{d} \frac{v^2}{2g} + h_j$$

$$v = \sqrt{\frac{2gd(H-h_j)}{\lambda L}} = \sqrt{\frac{2\times 9.8\times 0.1\times(10-3.2)}{0.042\times 20}} = 3.98\text{m/s}$$

答案:A

6-5-13 **解:**临界雷诺数 $Re_k=2300$,而 $Re_k=\frac{v_k d}{\nu}$。

答案:D

6-5-14 **解:**黏性底层厚度 δ 比绝对粗糙度 Δ 大得多的壁面称为水力光滑壁面。

答案:A

6-5-15 **解:**短管淹没出流,$v=\sqrt{\frac{2g(H-h_f)}{\sum\zeta}}$。

答案:A

6-5-16 **解:**边界层分离不会减小摩擦阻力。

答案:B

6-5-17 **解:**临界雷诺数 $Re=\frac{vd}{\nu}$,由此求出流速 v,而流量 $Q=v\times\frac{\pi}{4}d^2$。

答案:C

6-5-18 **解:**参看紊流沿程阻力系数相关内容。

答案:B

6-5-19 **解:**$Re_1=\frac{vd}{\nu}$,直径减小一半,流速增加4倍。Re随 d 减少而增加。

答案:B

(六)孔口、管嘴及有压管流

6-6-1 **(2014,75)**主干管在 A、B 间是由两条支管组成的一个并联管路,两支管的长度和管径分别为 $l_1=1800\text{m}$,$d_1=150\text{mm}$,$l_2=3000\text{m}$,$d_2=200\text{mm}$,两支管的沿程阻力系数 λ 均为0.01,若主干管流量 $Q=39\text{L/s}$,则两支管流量分别为:

A. $Q_1=12\text{L/s}$,$Q_2=27\text{L/s}$　　B. $Q_1=15\text{L/s}$,$Q_2=24\text{L/s}$

C. $Q_1=24\text{L/s}$,$Q_2=15\text{L/s}$　　D. $Q_1=27\text{L/s}$,$Q_2=12\text{L/s}$

6-6-2 **(2013,75)**并联压力管的流动特征是:

A. 各分管流量相等

B. 总流量等于各分管的流量和,且各分管水头损失相等

C. 总流量等于各分管的流量和,且各分管水头损失不等

D. 各分管测压管水头差不等于各分管的总能头差

6-6-3 **(2012,75)**正常工作条件下，若薄壁小孔口直径为 d，圆柱形管嘴的直径为 d_2，作用水头 H 相等，要使得孔口与管嘴的流量相等，则直径 d_1 与 d_2 的关系是：

A. $d_1>d_2$　　B. $d_1<d_2$

C. $d_1=d_2$　　D. 条件不足无法确定

6-6-4 **(2011,73)**对某一非恒定流，以下对于流线和迹线的说法正确是：

A. 流线和迹线重合

B. 流线越密集，流速越小

C. 流线曲线上任意一点的速度矢量都与曲线相切

D. 流线可能存在折弯

6-6-5 **(2011,76)**两孔口形状、尺寸相同，一个是自由出流，出流流量为 Q_1；另一个是淹没出流，出流流量为 Q_2。若自由出流和淹没出流的作用水头相等，则 Q_1 与 Q_2 的关系是：

A. $Q_1>Q_2$　　B. $Q_1=Q_2$

C. $Q_1<Q_2$　　D. 不确定

6-6-6 **(2010,75)**圆柱形管嘴的长度为 l，直径为 d，管嘴作用水头为 H_0，则其正常工作条件为：

A. $l=(3\sim4)d, H_0>9\text{m}$

B. $l=(3\sim4)d, H_0<6\text{m}$

C. $l>(7\sim8)d, H_0>9\text{m}$

D. $l>(7\sim8)d, H_0<6\text{m}$

6-6-7 **(2010,76)**如图所示，当阀门的开度变小时，流量将：

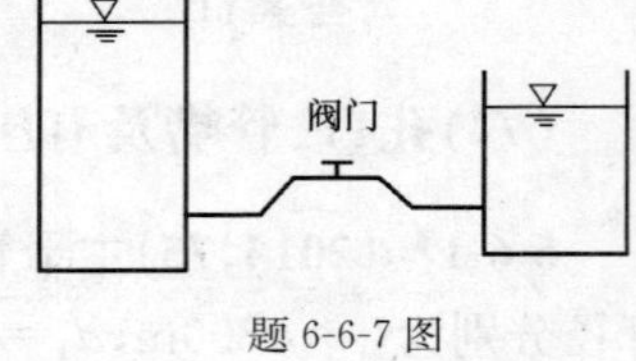

题 6-6-7 图

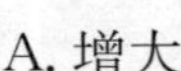

A. 增大

B. 减小

C. 不变

D. 条件不足，无法确定

6-6-8 **(2009,74)**正常工作条件下的薄壁小孔口与圆柱形外管嘴，直径 d 相等，作用水头 H 相等，则孔口流量 Q_1 和孔口收缩断面流速 v_1 与管嘴流量 Q_2 和管嘴出口流速 v_2 的关系是：

A. $v_1<v_2, Q_1<Q_2$

B. $v_1<v_2, Q_1>Q_2$

C. $v_1>v_2, Q_1<Q_2$

D. $v_1>v_2, Q_1>Q_2$

6-6-9 **(2008,82)**图示直径为 20mm、长 5m 的管道自水池取水并泄入大气中，出口比水池水面低 2m，已知沿程水头损失系数 $\lambda=0.02$，进口局部水头损失系数 $\zeta=0.5$，则泄流量 Q 为多少 l/s？

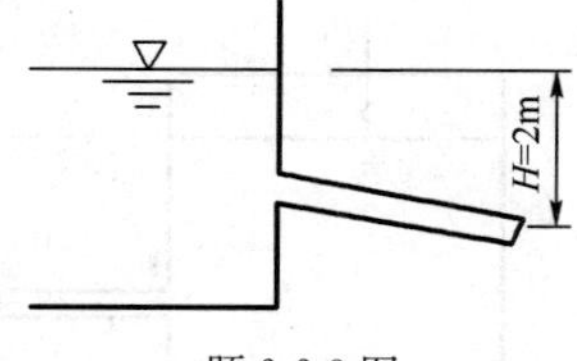

题 6-6-9 图

A. 0.88　　B. 1.90

C. 0.77　　D. 0.39

6-6-10 **(2008,84)**作用水头相同时，孔口的过流量要比相同直径的管嘴过流量：

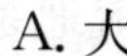

A. 大　　B. 小

C. 相同　　D. 无法确定

6-6-11 **(2007,85)**长管并联管段 1、2，两管段长度 l 相等（见图），直径 $d_1=2d_2$，沿程阻力系数相等，则两管段的流量比 Q_1/Q_2 为：

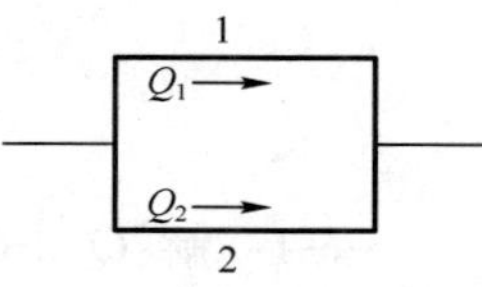

题 6-6-11 图

A. 8.00　　B. 5.66

C. 2.83　　D. 2.00

6-6-12 **(2006,86)**图示长管并联管段 1、2，两管段直径相等 $d_1=d_2$，沿程阻力系数相等，长度 $l_1=2l_2$。两管段的流量比 Q_1/Q_2 为：

A. 0.71　　B. 0.50

C. 1.41　　D. 2.00

6-6-13 **(2005,86)**A、B 两点之间并联了三根管道，则 AB 之间的水头损失 h_{fAB} 等于：

A. $h_{f1}+h_{f2}$　　B. $h_{f2}+h_{f3}$

C. $f_{f1}+h_{f2}+h_{f3}$　　D. $h_{f1}=h_{f2}=h_{f3}$

6-6-14 **(2005,87)**如图所示，两水箱间用一简单管道相连接，在计算该管道的流量时，其作用水头 H_0 为：

A. h_1+h_2　　B. $h_1+\frac{p_1}{\gamma}$

C. $h_2+\frac{p_1}{\gamma}$　　D. $h_1+h_2+\frac{p_1}{\gamma}$

6-6-15 **(2005,88)**如图所示，用一附有水压差计的毕托管测定某风道中空气流速。已知压差计的读数 $\Delta h=185$mm，水的密度 $\rho=1000$kg/m^3，空气的密度 $\rho_a=1.20$kg/m^3，测得的气流速度 u 约为：

A. 50m/s　　B. 55m/s

C. 60m/s　　D. 65m/s

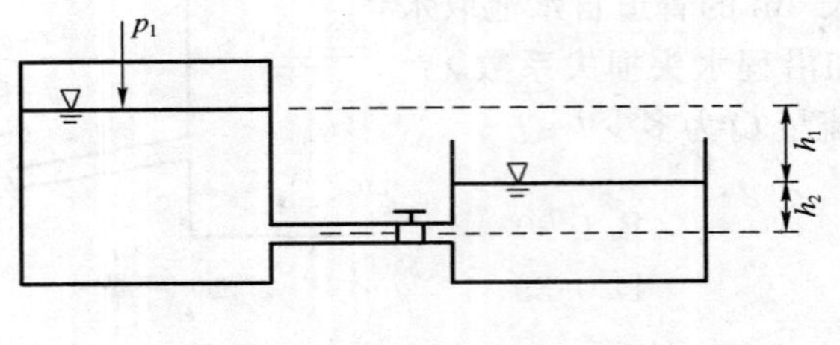

题 6-6-14 图

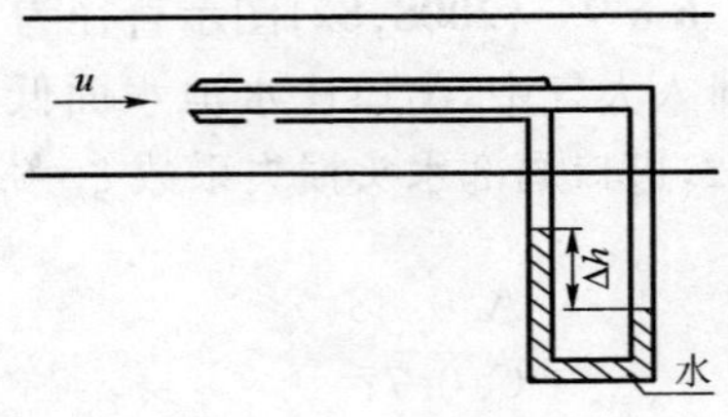

题 6-6-15 图

6-6-16 孔口出流试验中测得孔口出流的局部阻力系数 $\zeta=0.06$，则其流速系数 ϕ 为：

A. 0.94　　B. 0.95　　C. 0.96　　D. 0.97

题解及参考答案

6-6-1 **解**：$Q_1+Q_2=39\text{L/s}$

$$\frac{Q_1}{Q_2}=\sqrt{\frac{S_2}{S_1}}=\sqrt{\frac{8\lambda L_2}{\pi^2 g d_2^5}\Big/\frac{8\lambda L_1}{\pi^2 g d_1^5}}=\sqrt{\frac{L_2\cdot d_1^5}{L_1\cdot d_2^5}}=\sqrt{\frac{3000}{1800}\cdot\left(\frac{0.15}{0.20}\right)^5}=0.629$$

即 $0.629Q_2+Q_2=39\text{L/s}$，得 $Q_2=24\text{L/s}$，$Q_1=15\text{L/s}$。

答案：B

6-6-2 **解**：由并联长管水头损失相等知：$h_{f1}=h_{f2}=h_{f3}=\cdots=h_f$，总流量 $Q=\sum_{i=1}^{n}Q_i$ 。

答案：B

6-6-3 **解**：薄壁小孔口与圆柱形外管嘴流量公式均可用，流量 $Q=\mu\cdot A\sqrt{2gH_0}$，根据面积 $A=\frac{\pi d^2}{4}$ 和题设两者的 H_0 及 Q 均相等，则有 $\mu_1 d_1^2=\mu_2 d_2^2$，而 $\mu_2>\mu_1$（$0.82>0.62$），所以 $d_1>d_2$。

答案：A

6-6-4 **解**：根据流线定义及性质以及非恒定流定义可得。

答案：C

6-6-5 **解**：当自由出流孔口与淹没出流孔口的形状、尺寸相同，且作用水头相等时，则出流量应相等。

答案：B

6-6-6 **解**：圆柱形外管嘴正常工作的条件：$L=(3-4)d$，$H_0<9\text{m}$。

答案：B

6-6-7 **解**：根据有压管基本公式 $H=SQ^2$，可解出流量 $Q=\sqrt{\frac{H}{S}}$。阀门关小，阻抗 S 增加，流量应减小。

答案:B

6-6-8　解:相同直径、相同水头的孔口流速大于圆柱形外管嘴流速,但流量小于后者。

答案:C

6-6-9　解:可按自由出流短管计算,$H=\frac{\alpha v^2}{2g}+h_w=\frac{\alpha v^2}{2g}+\left(\lambda\frac{L}{d}+\zeta\right)\frac{v^2}{2g}$。

答案:C

6-6-10　解:由于圆柱形外管嘴收缩断面处有真空,故流量大于同水头、同直径的孔口。

答案:B

6-6-11　解:并联管,$\frac{Q_1}{Q_2}=\sqrt{\frac{S_2}{S_1}}$,$S=\frac{8\lambda L}{\pi^2 g d^5}$。

答案:B

6-6-12　解:并联管道流量与阻抗平方根成反比,$\frac{Q_1}{Q_2}=\sqrt{\frac{S_2}{S_1}}$。

答案:A

6-6-13　解:参看并联管道相关内容,并联管道分流点与汇流间管道水头损失相等。

答案:D

6-6-14　解:参看淹没或短管出流相关内容。

答案:B

6-6-15　解:参看元流能量方程的应用——毕托管测流速相关内容。

点流速 $u=c\sqrt{2gh_u}$,$h_u=\left(\frac{\rho}{\rho_a}-1\right)\Delta h$,$c\approx1$。

答案:B

6-6-16　解:孔口出流流速系数 $\phi=\frac{1}{\sqrt{1+\zeta}}$。

答案:D

(七)明渠恒定流

6-7-1　**(2014,76)**一梯形断面明渠,水力半径 $R=0.8$m,底坡 $i=0.0006$,粗糙系数 $n=0.05$,则输水流速为:

A. 0.42m/s　　B. 0.48m/s

C. 0.6m/s　　D. 0.75m/s

6-7-2　**(2013,76)**矩形水力最优断面的底宽是水深的:

A. 0.5 倍　　B. 1 倍　　C. 1.5 倍　　D. 2 倍

6-7-3 (2012,76)下面对明渠均匀流的描述哪项是正确的：

A. 明渠均匀流必须是非恒定流

B. 明渠均匀流的粗糙系数可以沿程变化

C. 明渠均匀流可以有支流汇入或流出

D. 明渠均匀流必须是顺坡

6-7-4 (2011,77)水力最优断面是指当渠道的过流断面面积 A、粗糙系数 n 和渠道底坡 i 一定时，其：

A. 水力半径最小的断面形状

B. 过流能力最大的断面形状

C. 湿周最大的断面形状

D. 造价最低的断面形状

6-7-5 (2009,75)明渠均匀流只能发生在：

A. 顺坡棱柱形渠道

B. 平坡棱柱形渠道

C. 逆坡棱柱形渠道

D. 变坡棱柱形渠道

6-7-6 (2009,76)在流量、渠道断面形状和尺寸、壁面粗糙系数一定时，随底坡的增大，正常水深将会：

A. 减小

B. 不变

C. 增大

D. 随机变化

6-7-7 (2008,85)明渠均匀流的流量一定，当渠道断面形状、尺寸和壁面粗糙一定时，正常水深随底坡增大而：

A. 增大

B. 减小

C. 不变

D. 不确定

6-7-8 (2007,86)梯形断面水渠按均匀流设计，已知过水断面 $A=5.04\text{m}^2$，湿周 $x=6.73\text{m}$，粗糙系数 $n=0.025$，按曼宁公式计算谢才系数 C 为：

A. $30.80\text{m}^{\frac{1}{2}}/\text{s}$

B. $30.13\text{m}^{\frac{1}{2}}/\text{s}$

C. $38.80\text{m}^{\frac{1}{2}}/\text{s}$

D. $38.13\text{m}^{\frac{1}{2}}/\text{s}$

6-7-9 (2006,87)对明渠恒定均匀流，在已知通过流量 Q、渠道底坡 i、边坡系数 m 及粗糙系数 n 的条件下，计算梯形断面渠道尺寸的补充条件及设问不能是：

A. 给定水深 h，求底宽 b

B. 给定宽深比 β，求水深 h 与底宽 b

C. 给定最大允许流速$[v]_{\max}$，求水深与底宽 b

D. 给定水力坡度 J，求水深 h 与底宽 b

6-7-10 明渠均匀流的特征是：

A. 断面面积沿程不变

B. 壁面粗糙度及流量沿程不变

C. 底坡不变的长渠

D. 水力坡度、水面坡度、河底坡度皆相等

题解及参考答案

6-7-1 **解**：$v=C\sqrt{Ri}$，$C=\frac{1}{n}R^{\frac{1}{6}}=\frac{1}{0.05}(0.8)^{\frac{1}{6}}=19.27\sqrt{\text{m}}/\text{s}$

流速 $v=19.27\times\sqrt{0.8\times0.0006}=0.42\text{m/s}$

答案：A

6-7-2 **解**：矩形断面水力最佳宽深比 $\beta=2$，即 $b=2h$。

答案：D

6-7-3 **解**：明渠均匀流必须发生在顺坡渠道上。

答案：D

6-7-4 **解**：水力最优断面是过流能力最大的断面形状。

答案：B

6-7-5 **解**：根据明渠均匀流发生的条件可得。

答案：A

6-7-6 **解**：根据谢才公式 $v=C\sqrt{Ri}$，当底坡 i 增大时，流速增大，在题设条件下，水深应减小。

答案：A

6-7-7 **解**：可用谢才公式分析，$Q=CA\sqrt{Ri}$。

答案：B

6-7-8 **解**：$C=\frac{1}{n}R^{\frac{1}{6}}$，$R=\frac{A}{x}$。

答案：D

6-7-9 **解**：明渠均匀流的水力坡度 J 与河底坡度 i 相等，题中已经给定河底坡度 i，补充条件就不能再给定 J。

答案：D

6-7-10 **解**：明渠均匀流为等深、等速无压流，水头线、水面线、河底线平行。

答案：D

(八)渗流定律、井和集水廊道

6-8-1　(2014,77)地下水的浸润线是指：

A. 地下水的流线　　B. 地下水运动的迹线
C. 无压地下水的自由水面线　　D. 土壤中干土与湿土的界限

6-8-2　(2013,77)渗流流速 v 与水力坡度 J 的关系是：

A. v 正比于 J　　B. v 反比于 J
C. v 正比于 J 的平方　　D. v 反比于 J 的平方

6-8-3　(2012,77)有一完全井，半径 $r_0=0.3\text{m}$，含水层厚度 $H=15\text{m}$，土壤渗透系数 $k=0.0005\text{m/s}$，抽水稳定后，井水深 $h=10\text{m}$，影响半径 $R=375\text{m}$，则由达西定律得出的井的抽水量 Q 为：(其中计算系数为 1.366)

A. $0.0276\text{m}^3/\text{s}$　　B. $0.0138\text{m}^3/\text{s}$
C. $0.0414\text{m}^3/\text{s}$　　D. $0.0207\text{m}^3/\text{s}$

6-8-4　(2010,77)在实验室中，根据达西定律测定某种土壤的渗透系数，将土样装在直径 $d=30\text{cm}$ 的圆筒中，在 90cm 水头差作用下，8h 的渗透水量为 100L，两测压管的距离为 40cm，该土壤的渗透系数为：

A. 0.9m/d　　B. 1.9m/d　　C. 2.9m/d　　D. 3.9m/d

6-8-5　(2009,77)有一个普通完全井，其直径为 1m，含水层厚度为 $H=11\text{m}$，土壤渗透系数 $k=2\text{m/h}$。抽水稳定后的井中水深 $h_0=8\text{m}$，估算井的出水量：

A. $0.084\text{m}^3/\text{s}$　　B. $0.017\text{m}^3/\text{s}$
C. $0.17\text{m}^3/\text{s}$　　D. $0.84\text{m}^3/\text{s}$

6-8-6　(2008,86)图示承压含水层的厚度 $t=7.5\text{m}$，用完全井进行抽水试验，在半径 $r_1=6\text{m}$、$r_2=24\text{m}$ 处，测得相应的水头降落 $s_1=0.76\text{m}$、$s_2=0.44\text{m}$，井的出流量 $Q=0.01\text{m}^3/\text{s}$，则承压含水层的渗流系数 k 为：[注：$s=\dfrac{Q}{2\pi kt}(\ln R-\ln r)$，$R$ 为影响半径]

A. $9.2\times10^{-3}\text{m/s}$　　B. $8.2\times10^{-4}\text{m/s}$
C. $9.2\times10^{-4}\text{m/s}$　　D. $8.2\times10^{-3}\text{m/s}$

6-8-7　(2007,87)用完全潜水井进行抽水试验计算渗透系数 k，两位工程师各按一种经验公式选取影响半径 R，分别为 $R_1=3000r_0$，$R_2=2000r_0$，其他条件相同，则计算结构 k_1/k_2 为：

A. 1.50　　B. 0.95　　C. 0.67　　D. 1.05

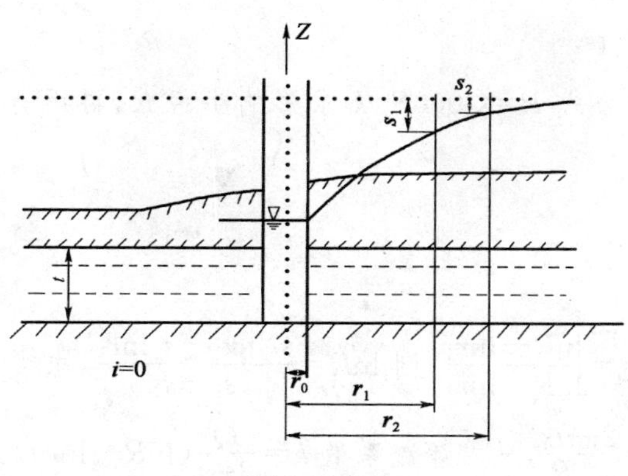

题 6-8-6 图

6-8-8 **(2006,88)**对一维渐变渗流，完全潜水井的含水层厚度 H 为 8m，井的半径 r_0 为 0.2m，抽水对井的涌水量 Q 为 0.03m^3/s，井中水深 h 为 5m，若取影响半径 R=400m，计算渗流系数 k 为：

A. 0.0025m/s　　B. 0.0018m/s　　C. 0.018m/s　　D. 0.025m/s

6-8-9 渗流速度 v 正比于水力坡 J 的多少次幂？

A. 1　　B. 0.5　　C. 1.5　　D. 2

6-8-10 一普通完全井，半径 r_0=0.2m，含水层水头 H=10m，渗透系数 k=0.0006m/s，影响半径 R=294m，抽水稳定后井中水深 h=6m，此时该井的出水流量 Q 为：

A. 20.53L/s　　B. 18.52L/s　　C. 14.54L/s　　D. 16.56L/s

题解及参考答案

6-8-1 **解：**地下水的浸润线是指无压地下水的自由水面线。

答案：C

6-8-2 **解：**由渗流达西公式知 $v=kJ$。

答案：A

6-8-3 **解：**完全普通井流量公式：

$$Q=1.366\frac{k(H^2-h^2)}{\lg\frac{R}{r_0}}=1.366\times\frac{0.0005\times(15^2-10^2)}{\lg\frac{375}{0.3}}=0.0275\text{m}^3/\text{s}$$

答案：A

6-8-4 **解：**按达西公式 $Q=KAJ$，可解出渗流系数 $K=\frac{Q}{AJ}=\frac{0.1}{\frac{\pi}{4}(0.3)^2\times\frac{90}{40}\times 8\times 3600}=$ 2.183×10^{-5}m/s=1.886m/d。

答案:B

6-8-5 **解**:先用经验公式 $R=3000S\sqrt{k}$ 求影响半径 R,再用普通完全井公式求 Q,$Q=1.366\frac{k(H^2-h^2)}{\lg\frac{R}{r_0}}$。

答案:B

6-8-6 **解**:先由 $s_1/s_2=\frac{\ln R-\ln r_1}{\ln R-\ln r_2}$,则 $\ln R=\frac{s_1\ln r_2-s_2\ln r_1}{s_1-s_2}$,求得影响半径 $R=161.277\text{m}$,再由承压井流量公式 $Q=\frac{2\pi kts}{\ln\frac{R}{r}}$,反求渗流系数 $k=\frac{Q}{2\pi st}(\ln R-\ln r)$,式中的 s 和 r 应该对应代入,例如可用 s_1、r_1 代入,$k=\frac{0.01}{2\pi\times0.76\times7.5}(\ln161.277-\ln6)=9.2\times10^{-4}\text{m/s}$。

答案:C

6-8-7 **解**:由完全潜水井公式 $Q=1.366\frac{k(H^2-h^2)}{\lg\frac{R}{r_0}}$,反推 k。

答案:D

6-8-8 **解**:由完全潜水井流量公式 $Q=1.366\frac{k(H^2-h^2)}{\lg\frac{R}{r_0}}$,反求 k。

答案:B

6-8-9 **解**:参看达西渗透定律。

答案:A

6-8-10 **解**:普通井流量 $Q=1.366\frac{k(H^2-h^2)}{\lg\frac{R}{r_0}}$。

答案:D

(九)量纲分析和相似原理

6-9-1 **(2014,78)**用同种流体,同一温度进行管道模型实验,按粘性力相似准则,已知模型管径 0.1m,模型流速 4m/s,若原型管径为 2m,则原型流速为:

A. 0.2m/s　　B. 2m/s

C. 80m/s　　D. 8m/s

6-9-2 **(2013,78)**烟气在加热炉回热装置中流动,拟用空气介质进行实验。已知空气黏度 $\upsilon_{空气}=15\times10^{-6}\text{m}^2/\text{s}$,烟气运动黏度 $\upsilon_{烟气}=60\times10^{-6}\text{m}^2/\text{s}$,烟气流速 $\upsilon_{烟气}=3\text{m/s}$,如若实际与模型长度的比尺 $\lambda_L=5$,则模型空气的流速应为:

A. 3.75m/s　　B. 0.15m/s　　C. 2.4m/s　　D. 60m/s

6-9-3 **(2012,78)**量纲和谐原理是指：

A. 量纲相同的量才可以乘除　　B. 基本量纲不能与导出量纲相运算

C. 物理方程式中各项的量纲必须相同　　D. 量纲不同的量才可以加减

6-9-4 **(2011,78)**图示溢水堰模型试验，实际流量为 $Q_n=537m^3/s$，若在模型上测得流量 $Q_n=30.0L/s$。则该模型长度比尺为：

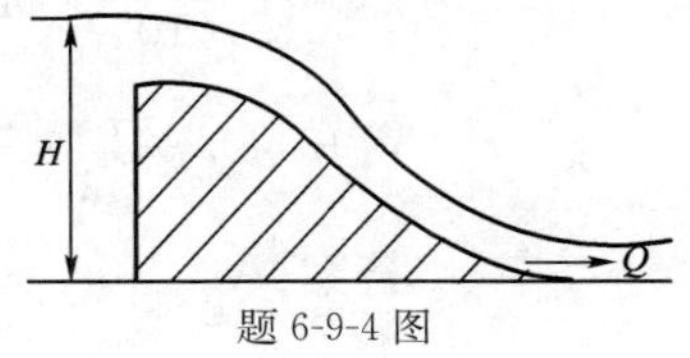

题 6-9-4 图

A. 4.5　　B. 6

C. 10　　D. 20

6-9-5 **(2010,78)**流体的压强 p、速度 v、密度 ρ，正确的无量纲数组合是：

A. $\frac{p}{\rho v^2}$　　B. $\frac{\rho p}{v^2}$　　C. $\frac{\rho}{p v^2}$　　D. $\frac{p}{\rho v}$

6-9-6 **(2009,78)**研究船体在水中航行的受力试验，其模型设计应采用：

A. 雷诺准则　　B. 弗劳德准则　　C. 韦伯准则　　D. 马赫准则

6-9-7 **(2008,87)**模型与原形采用相同介质，为满足黏性阻力相似，若几何比尺为 10，设计模型应使流速比尺为：

A. 10　　B. 1　　C. 0.1　　D. 5

6-9-8 **(2007,88)**速度 v、长度 l、运动黏度 ν 的无量纲组合是：

A. $\frac{vl^2}{\nu}$　　B. $\frac{v^2 l}{\nu}$　　C. $\frac{v^2 l^2}{\nu}$　　D. $\frac{vl}{\nu}$

6-9-9 物理量的单位指的是：

A. 物理量的量纲

B. 物理量的类别和性质的标志

C. 度量同一类物理量大小所选用的标准量

D. 物理量的大小

题解及参考答案

6-9-1 **解：**按雷诺准则设计应满足比尺关系式 $\frac{\lambda_v \cdot \lambda_L}{\lambda_\nu}=1$，则流速比尺 $\lambda_v=\frac{\lambda_\nu}{\lambda_L}$，题设用相同温度、同种流体作试验，所以 $\lambda_D=1$，$\lambda_v=\frac{1}{\lambda_L}$，而长度比尺 $\lambda_L=\frac{2m}{0.1m}=20$，所以流速比尺 $\lambda_v=\frac{1}{20}$，即 $\frac{v_{原型}}{v_{模型}}=\frac{1}{20}$，$v_{原型}=\frac{4}{20}m/s=0.2m/s$。

答案:A

6-9-2 解:按雷诺模型律,$\frac{\lambda_v \lambda_L}{\lambda_\nu}=1$,故流速比尺 $\lambda_v=\frac{\lambda_\nu}{\lambda_L}$

按题设 $\lambda_\nu=\frac{60\times10^{-6}}{15\times10^{-6}}=4$,长度比尺 $\lambda_L=5$,故流速比尺 $\lambda_v=\frac{4}{5}=0.8$

$\lambda_v=\frac{v_{烟气}}{v_{空气}}$,故 $v_{空气}=\frac{v_{烟气}}{\lambda_v}=\frac{3\text{m/s}}{0.8}=3.75\text{m/s}$。

答案:A

6-9-3 解:一个正确反映客观规律的物理方程中,各项的量纲是和谐的、相同的。

答案:C

6-9-4 解:依据弗劳德准则,流量比尺 $\lambda_Q=\lambda_L^{2.5}$,所以长度比尺 $\lambda_L=\lambda_Q^{1/2.5}$,可求出 λ_L。

答案:D

6-9-5 解:无量纲量即量纲为1的量,$\dim\frac{\rho}{pv^2}=\frac{ML^{-1}T^{-2}}{ML^{-3}(LT^{-1})^2}=1$。

答案:A

6-9-6 解:船在明渠中航行试验,是属于明渠重力流性质,应选用弗劳德准则。

答案:B

6-9-7 解:应使用雷诺准则设计该模型,其比尺公式为$\frac{\lambda_v\lambda_L}{\lambda_\nu}=1$。因为用相同介质,故 $\lambda_\nu=1$,所以流速比尺 $\lambda_v=\frac{1}{\lambda_L}$。

答案:C

6-9-8 解:无量纲组合应是量纲为1的量,$\dim=\frac{LT^{-1}\cdot L}{L^2T^{-1}}=1$。

答案:D

6-9-9 解:参看量纲和单位一节。

答案:C

七、电工电子技术

复习指导

电工电子技术内容可以分为电场与磁场、电路分析方法、电机及拖动基础、模拟电子技术、数字电子技术五个部分。复习重点及要点如下。

1. 电场与磁场

该部分属于物理学中电学部分的内容，是分析电学现象的基础，主要包括：库仑定律、高斯定律、安培环路定律、电磁感应定律。利用这些定理分析电磁场问题时物理概念一定要清楚，要注意所用公式、定律的使用条件和公式中各物理量的意义。

2. 电路分析方法

(1)直流电路重点

重点内容包括：电路的基本元件、欧姆定律、基尔霍夫定律、叠加原理、戴维南定理。

电路分析的任务是分析线性电路的电压、电流及功率关系。重点是要弄清有源源件(电压源和电流源)和无源元件(电阻、电感和电容)在电路中的作用；电路中电压、电流受基尔霍夫电压定律和电流定律约束，欧姆定律控制了电路元件中的电压电流关系；使用公式时必须注意电路图中电压、电流正方向和实际方向的关系。叠加原理和戴维南定理是分析线性电路的重要定理，必须通过大量的练习灵活地处理电路问题。

(2)正弦交流电路重点

重点内容包括：正弦量三要素的表示方法、单相和三相电路计算、功率及功率因数、串联与并联谐振的概念。

交流电路与直流电路的分析方法相同，关键是建立正弦交流电路大小、相位和频率的概念和正确地表示正弦量的最大值、有效值、初相位、相位差和角频率，熟悉各种表示方法间的关系并进行转换，能用相量法和复数法计算正弦交流电路。

交流电路的无功功率反映电路中储能元件与电源进行能量交换的规模，有功功率才是电路中真正消耗掉的功率，它不仅与电路中电压和电流的大小有关，还与功率因数 $\cos\phi$ 有关。

谐振是交流电路中电压的相位与电流的相位相同时的特殊现象。此时电路对外呈电阻性质，注意掌握串联谐振、并联谐振的条件和电压电流特征。

三相电路中负载连接的原则是保证负载上得到额定电压，分清对称性负载和非对称性负载的条件，并会计算对称性负载三相电路中电压、电流和有功功率的大小，注意星形接法中中线的作用。

(3)一阶电路的暂态过程

理解暂态过程出现的条件和物理意义。含有储能元件C、L的电路中，电容电压和电感电流不会发生跃变。电路换路(如开关动作)时必须经过一段时间，各物理量才会从旧的稳态过渡到新的稳态。重点是建立电路暂态的概念，用一阶电路三要素法分析电路换路时，电路的电压电流的变化规律。关键在于确定电压电流的初始值、稳态值和时间常数，并用典型公式计算。

3. 电机及拖动基础

主要内容：变压器、三相异步电动机的基本工作原理和使用方法、常用继电器——接触器控制电路、安全用电常识。

了解变压器的基本结构、工作原理，单相变压器原副边电压、电流、阻抗关系及变压器额定值的意义，经济运行条件。了解三相交流异步电动机转速、转矩、功率关系、名牌数据的意义，特别是电动机的常规使用方法。例如：对三相交流异步电动机启动进行控制的目的是为了限制电动机的起动电流。正常运行为三角形接法的电动机，起动时采用星形接法，起动电流减少的程度可根据三相电路理论，将三相电动机视为一个三相对称形负载便可确定。

掌握常用低压电气控制电路的绘图方法。必须明确，控制电路图中控制电器符号是按照电器未动作的状态表示的。阅读继电接触器控制电路图时要特别要注意自锁、联锁的作用，了解过载，短路和失压保护的方法。

安全用电属于基本用电知识，重点是了解接零、接地的区别和应用场合。

4. 模拟电子技术

主要内容：二极管及二极管整流电路、电容电感滤波原理、稳压电路的基本结构；三极管及单管电压放大电路，能够确定三极管电压放大器的主要技术指标。

了解半导体器件结构、原理、伏安特性、主要参数及使用方法。学习半导体器件的重点是要掌握PN结的单向导电性，难点是正确理解和应用二极管的非线性、三极管的电流分配关系。

能正确计算二极管整流电路中输入电压的有效值和整流输出电压平均值的大小关系，理解电容滤波电路的滤波原理和稳压管稳压电路的原理和对电路输出电压的影响。

分析分离元件放大电路的基础在于正确读懂放大电路图(静态偏置、交流耦合、反馈环节的主要特点)，正确计算放大电路的静态参数，并会用微变等效电路分析放大器的动态指标(放大倍数、输入电阻、输出电阻)。

分析理想运算放大器组成的线性运算电路(比例、加法、减法和积分运算电路)的基础是正确理解应用运算放大器的理想条件(虚短路——同相输入端和反向输入端的电位相同，虚断路——运放的输入电流为零，输出电阻很小——恒压输出)，然后根据线性电流理论分析输出电压(电流)与输入电压(电流)的关系。

5. 数字电子技术

数字电路是利用晶体管的开关特性工作的，分析数字电路时要注意输入和输出信号的逻辑关系，而不是大小关系。复习要点是正确对电路进行化简，并会用波形图和逻辑代数式表示电路输出和输入逻辑关系。基础元件是与门、或门、与非门和异或门电路。考生必需熟练地应用这些器件的逻辑功能，组合逻辑电路就是这些元件的逻辑组合，组合电路没有存储和记忆功能，输出只与当前的输入逻辑有关。

时序逻辑电路有保持、记忆和计数功能，这种触发器主要有三种：R-S、D、J-K 型触发器。分析时序电路时必须注意时钟作用，复习时必须记住这三种触发器的逻辑状态表，会分析时序电路输入、输出信号的时序关系。

练习题、题解及参考答案

(一)电场与磁场

7-1-1 **(2014,79)**真空中有三个带电质点，其电荷分别为 q_1、q_2 和 q_3，其中，电荷为 q_1 和 q_3 的质点位置固定，电荷为 q_2 的质点可以自由移动，当三个质点的空间分布如图所示时，电荷为 q_2 的质点静止不动，此时如下关系成立的是：

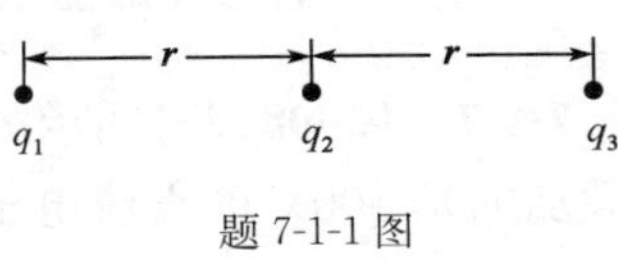

题 7-1-1 图

A. $q_1=q_2=2q_3$　　B. $q_1=q_3=|q_2|$

C. $q_1=q_2=-q_3$　　D. $q_2=q_3=-q_1$

7-1-2 **(2013,79)**在一个孤立静止的点电荷周围：

A. 存在磁场，它围绕电荷呈球面状分布

B. 存在磁场，它分布在从电荷所在处到无穷远处的整个空间中

C. 存在电场，它围绕电荷呈球面状分布

D. 存在电场，它分布在从电荷所在处到无穷远处的整个空间中

7-1-3 **(2012,79)**关于电场和磁场，下述说法中正确的是：

A. 静止的电荷周围有电场，运动的电荷周围有磁场

B. 静止的电荷周围有磁场，运动的电荷周围有电场

C. 静止的电荷和运动的电荷周围都只有电场

D. 静止的电荷和运动的电荷周围都只有磁场

7-1-4 **(2011,79)**点电荷 $+q$ 和点电荷 $-q$ 相距 30cm，那么，在由它们构成的静电场中：

A. 电场强度处处相等

B. 在两个点电荷连线的中点位置，电场力为 0

C. 电场方向总是从 $+q$ 指向 $-q$

D. 位于两个点电荷连线的中点位置上，带负电的可移动体将向 $-q$ 处移动

7-1-5 **(2010,79)**在图中，线圈 a 的电阻为 R_a，线圈 b 的电阻为 R_b，两者彼此靠近如图所示，若外加激励 $u=U_M\sin\omega t$，则：

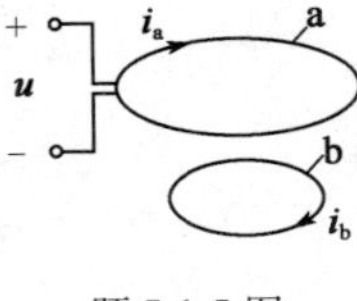

题 7-1-5 图

A. $i_a=\dfrac{u}{R_a}$，$i_b=0$　　B. $i_a\neq\dfrac{u}{R_a}$，$i_b\neq 0$

C. $i_a=\frac{u}{R_a}$, $i_b\neq 0$　　　　D. $i_a\neq\frac{u}{R_a}$, $i_b=0$

7-1-6　**(2009,79)**在静电场中，有一个带电体在电场力的作用下移动，由此所做的功的能量来源是：

A. 电场能
B. 带电体自身的能量
C. 电场能和带电体自身的能量
D. 电场外部能量

7-1-7　**(2008,99)**图示电路中，磁性材料上绕有两个导电线圈，若上方线圈加的是100V的直流电压，则：

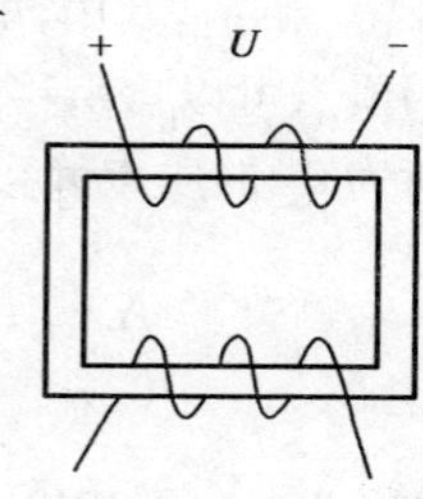

题7-1-7图

A. 下方线圈两端不会产生磁感应电动势
B. 下方线圈两端产生方向为左“－”右“＋”的磁感应电动势
C. 下方线圈两端产生方向为左“＋”右“－”的磁感应电动势
D. 磁性材料内部的磁通取逆时针方向

7-1-8　**(2007,99)**设真空中点电荷$+q_1$和点电荷$+q_2$相距$2a$，以$+q_1$为中心、a为半径形成封闭球面，则通过该球面的电通量为：

A. $3q_1$　　B. $2q_1$　　C. q_1　　D. 0

7-1-9　**(2006,99)**两个电量都是$+q$的点电荷，在真空中相距a，如果在这两个点电荷连线的中点放上另一个点电荷$+q'$，则点电荷$+q'$受力为：

A. 0　　B. $\frac{qq'}{4\pi\varepsilon_0 a^2}$　　C. $\frac{qq'}{\pi\varepsilon_0 a^2}$　　D. $\frac{2qq'}{4\pi\varepsilon_0 a^2}$

7-1-10　**(2005,99)**以点电荷q所在点为球心，距点电荷q的距离为r处的电场强度应为：

A. $\frac{q\varepsilon_0}{4\pi r^2}$　　B. $\frac{q}{4\pi r^2\varepsilon_0}$　　C. $\frac{4\pi r^2\varepsilon}{q}$　　D. $\frac{4\pi q\varepsilon_0}{r^2}$

7-1-11　同心球形电容器，两极的半径分别为R_1和R_2($R_2>R_1$)，中间充满相对介电系数为ε_r的均匀介质，则两极间场强的分布曲线为下列哪个图所示？

A.
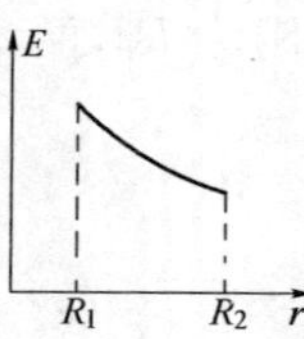

B.
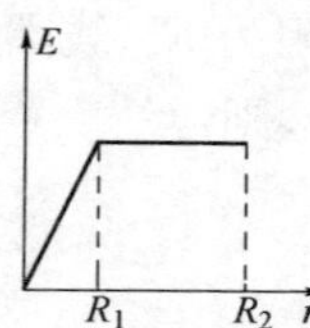

C.
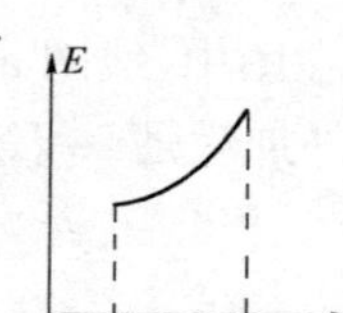

D.
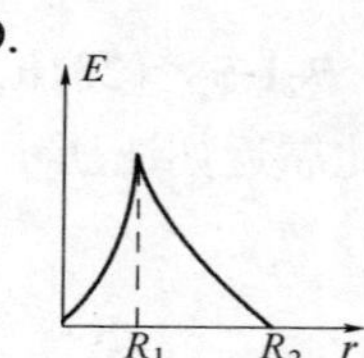

题解及参考答案

7-1-1 解:三个电荷处在同一直线上,且每个电荷均处于平衡状态,可建立电荷平衡方程:

$$\frac{kq_1q_2}{r^2}=\frac{kq_3q_2}{r^2}$$

则 $q_1=q_3=|q_2|$

答案:B

7-1-2 解:静止的电荷产生电场,不会产生磁场,并且电场是有源场,其方向从正电荷指向负电荷。

答案:D

7-1-3 解:静止的电荷产生静电场,运动电荷周围不仅存在电场,也存在磁场。

答案:A

7-1-4 解:此题选项A、C、D明显不符合静电荷物理特征。关于选项B可以用电场强度的叠加定理分析,两个异性电荷连线的中心位置电场强度也不为零,因此,本题的四个选项均不正确。

7-1-5 解:根据电磁感应定律,线圈 a 中是变化的电源,将产生变化的电流,考虑电磁作用 $i_a\neq\frac{u}{R_a}$;变化磁通将与线圈 b 交链,由此产生感应电流 $i_b\neq 0$。

答案:B

7-1-6 解:带电体是在电场力的作用下做功,其能量来自电场和自身的能量。

答案:C

7-1-7 解:根据电磁感应定律 $e=-\frac{d\phi}{dt}$,当外加压 U 为直流量时,$e=\frac{d\phi}{dt}=0$,且 $e=0$,因此下方的线圈中不会产生感应电动势。

答案:A

7-1-8 解:根据电场高斯定理,真空中通过任意闭合曲面的电通量所包围的电荷自由电荷的代数和。

答案:C

7-1-9 解:根据静电场的叠加定理可见,两个正电荷 $+q$ 对于 $+q'$ 的作用力大小相等,方向相反(见解图)。可见 $+q'$ 所受的合力为0。

答案:A

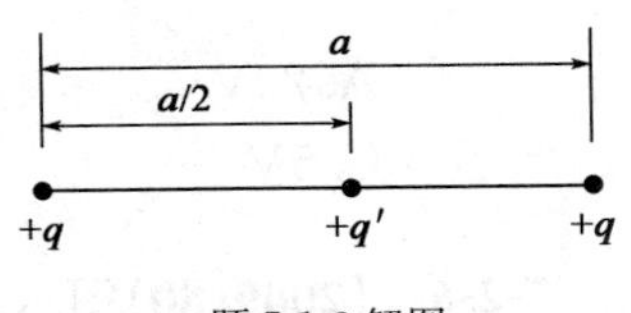

题 7-1-9 解图

7-1-10 **解**:电场强度公式 $E=\frac{q}{4\pi\varepsilon_0 r^3}r$ 取绝对值 $E=\frac{q}{4\pi\varepsilon_0 r^2}$。

答案:B

7-1-11 **答案**:A

(二)电路的基本概念和基本定律

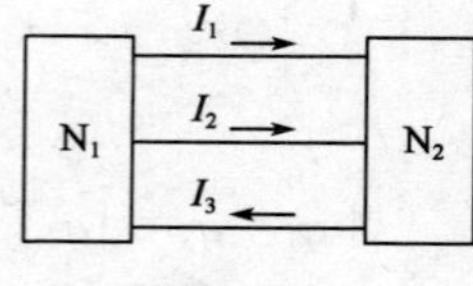

题 7-2-1 图

7-2-1 **(2014,80)**在图示电路中,$I_1=-4A$,$I_2=-3A$,则 $I_3=$

A. $-1A$　　B. 7A

C. $-7A$　　D. 1A

7-2-2 **(2013,80)**图示电路消耗电功率 2W,则下列表达式中正确的是:

A. $(8+R)I^2=2,(8+R)I=10$

B. $(8+R)I^2=2,-(8+R)I=10$

C. $-(8+R)I^2=2,-(8+R)I=10$

D. $-(8+R)I=10,(8+R)I=10$

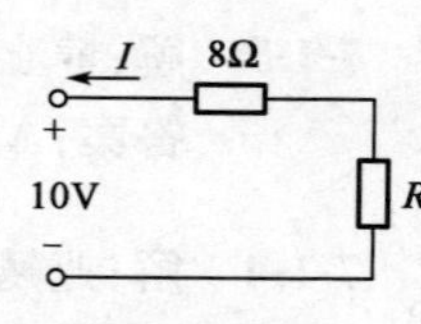

题 7-2-2 图

7-2-3 **(2013,81)**图示电路中,a-b 端的开路电压 U_{abk} 为:

A. 0

B. $\frac{R_1}{R_1+R_2}U_s$

C. $\frac{R_2}{R_1+R_2}U_s$

D. $\frac{R_2/\!/R_L}{R_1+R_2/\!/R_L}U_s$

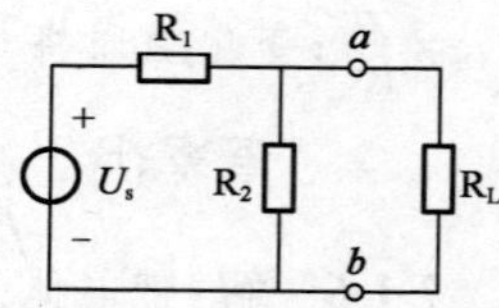

题 7-2-3 图

7-2-4 **(2011,80)**设流经电感元件的电流 $i=2\sin1000t$ A,若 $L=1mH$,则电感电压:

A. $u_L=2\sin1000tV$

B. $u_L=-2\cos1000tV$

C. u_L 的有效值 $U_L=2V$

D. u_L 的有效值 $U_L=1.414V$

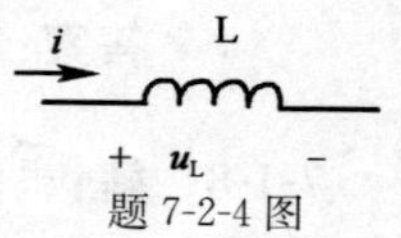

题 7-2-4 图

7-2-5 **(2010,80)**图示电路中,电流源的端电压 U 等于:

A. 20V　　B. 10V

C. 5V　　D. 0V

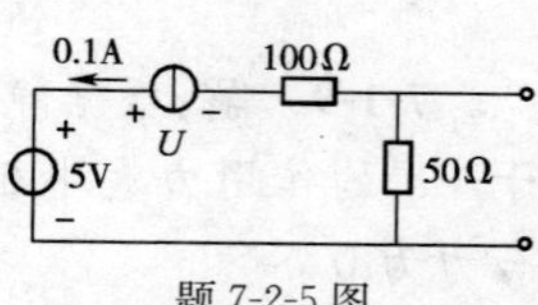

题 7-2-5 图

7-2-6 **(2009,80)**图示电路中,$u_C=10V$,$i=1mA$,则:

A. 因为 $i_2=0$，使电流 $i_1=1\text{mA}$

B. 因为参数 C 未知，无法求出电流 i

C. 虽然电流 i_2 未知，但是 $i>i_1$ 成立

D. 电容存储的能量为 0

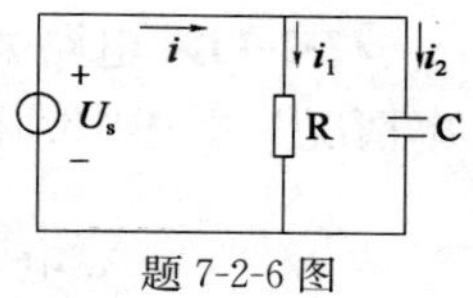

题 7-2-6 图

7-2-7 （**2008，100**）图示电路中，I_{s1}、I_{s2}、U_s 均为已知的恒定直流量，设流过电阻上的电流 I_R 如图所示，则以下说法正确的是：

A. 按照基尔霍夫定律可求得 $I_R=I_{s1}+I_{s2}$

B. $I_R=I_{s1}-I_{s2}$

C. 因为电感元件的直流电路模型是短接线，所以 $I_R=\dfrac{U_s}{R}$

D. 因为电感元件的直流电路模型是断路，所以 $I_R=I_{s2}$

7-2-8 （**2007，100**）RLC 串联电路如图所示，其中，$R=1\text{k}\Omega$，$L=1\text{mH}$，$C=1\mu\text{F}$。如果用一个 100V 的直流电压加在该电路的 A-B 端口，则电路电流 I 为：

A. 0A　　B. 0.1A　　C. −0.1A　　D. 100A

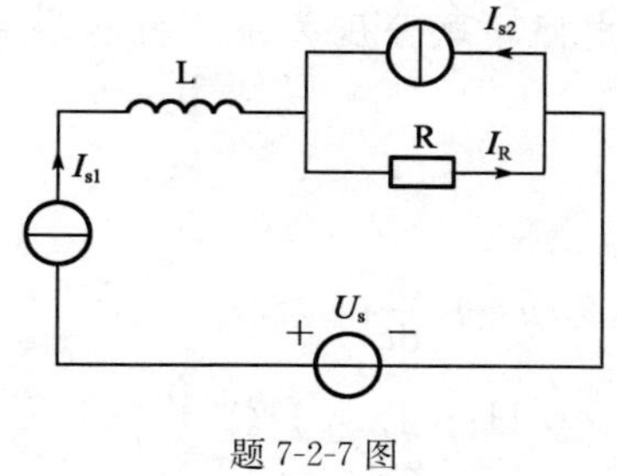

题 7-2-7 图

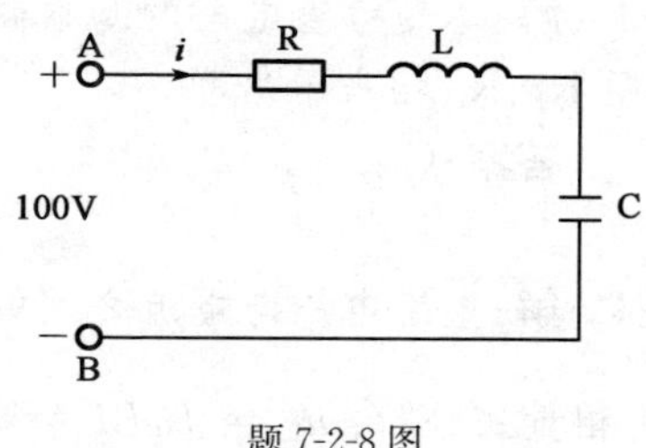

题 7-2-8 图

7-2-9 （**2006，100**）观察图示的直流电路可知，在该电路中：

A. I_s 和 R_1 形成一个电流源模型，U_s 和 R_2 形成一个电压源模型

B. 理想电流源 I_s 的端电压为 0

C. 理想电流源 I_s 的端电压由 U_1 和 U_2 共同决定

D. 流过理想电压源的电流与 I_s 无关

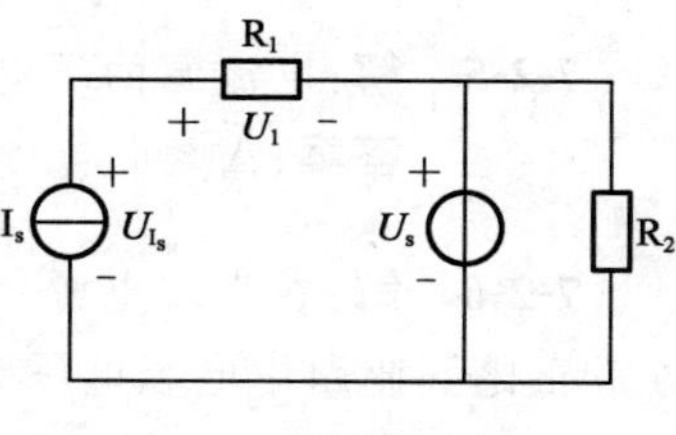

题 7-2-9 图

7-2-10 （**2005，100**）如图所示电路，$U=12\text{V}$，$U_E=10\text{V}$，$R=0.4\text{k}\Omega$，则电流 I 等于：

A. 0.055A

B. 0.03A

C. 0.025A

D. 0.005A

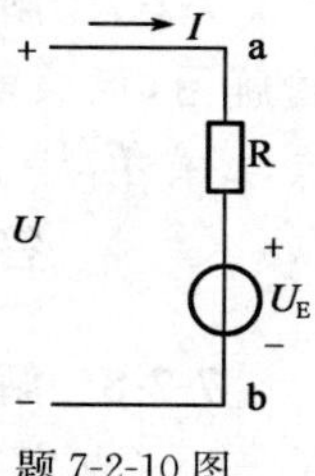

题 7-2-10 图

7-2-11 电路如图所示，若 R、U_s、I_s 均大于零，则电路的功率情况为下述中哪种？

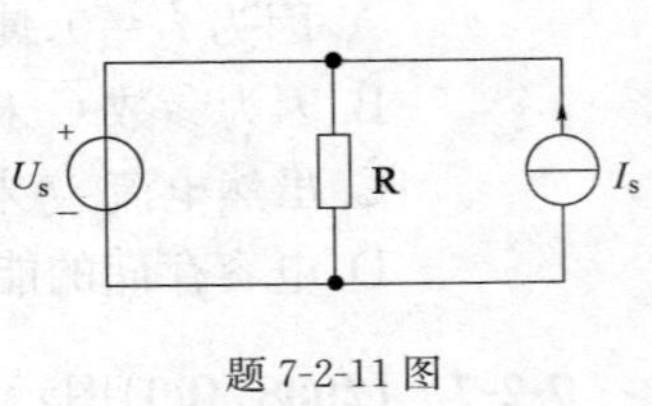

题 7-2-11 图

A. 电阻吸收功率，电压源与电流源供出功率

B. 电阻与电压源吸收功率，电流源供出功率

C. 电阻与电流源吸收功率，电压源供出功率

D. 电阻吸收功率，电流源供出功率，电压源无法确定

题解及参考答案

7-2-1 **解**：根据节点电流关系：$\sum I=0$，即 $I_1+I_2-I_3=0$

得 $I_3=I_1+I_2=-7\text{A}$

答案：C

7-2-2 **解**：电路的功率关系 $P=UI=I^2R$ 以及欧姆定律 $U=RI$ 是在电路的电压电流的正方向一致时成立，当正方向不一致时，前面增加"－"号。

答案：B

7-2-3 **解**：本题考查电路的基本概念：开路与短路，电阻串联分压关系。当电路中 a-b 开路时，电阻 R_1、R_2 相当于串联。

答案：C

7-2-4 **解**：电感电压与电流之间的关系是微分关系，即 $u=L\dfrac{\text{d}i}{\text{d}t}$；

或用相量法分析：$\dot{u}_L=\dot{j}\omega L\dot{I}=\sqrt{2}\angle 90°\text{V}$；$\dot{I}=\sqrt{2}\angle 0°\text{H}$；$j\omega L=j1\Omega$。

答案：D

7-2-5 **解**：电流源的端电压由外电路决定：$U=5+0.1\times(100+50)=20\text{V}$。

答案：A

7-2-6 **解**：在直流电源的作用下电容相当于断路 $i_2=0$，电容元件存储的能量与电压的平方成正比。此题中电容电压为 $Ri\neq0$，$i=i_1+i_2=i_1$。

答案：A

7-2-7 **解**：因为此题中的电源均为直流量，则电感线圈可用作短路处理，原电路图等效为题解图，但该电路仍旧符合节点电流关系。因此在电路的节点 a，有 $I_{s1}+I_{s2}=I_R$。

答案：A

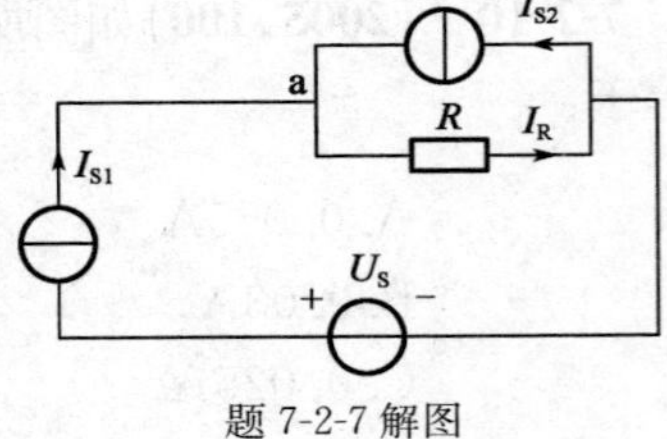

题 7-2-7 解图

7-2-8 **解**：直流电源的频率为 0，则感抗 $X_L=0\Omega$，容抗 $X_C\rightarrow\infty$（电容开路），因此电路电流 $I=0\text{A}$。

答案：A

7-2-9　解：实际的电压源模型内阻与电压源串联，实际的电流源模型中内阻与电流源并联，此题中电阻 R_1 和 R_2 均不属于电源内阻，另外电流源的端电压由外电路 U_1 和 U_s 决定，即 $U_{I_s}=U_1+U_s$。

答案：C

7-2-10　解：设参考点为 b 点，如题图所示。

$$I=\frac{U-U_s}{R}=\frac{12-10}{400}=0.005A$$

答案：D

7-2-11　解：电路元件是否做功的判断是依据功率计算的结果。在元件电压、电流正方向一致的条件下，根据公式 $P=UI$ 计算元件的功率。当 P 大于零时，该元件消耗电功率；当 P 小于零时，该元件发出电功率。

答案：D

（三）直流电路的解题方法

7-3-1　（2014，81）已知电路如图所示，其中，响应电流 I 在电压源单独作用时的分量为：

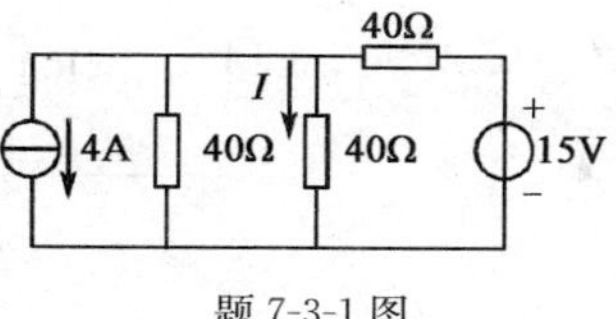

题 7-3-1 图

A. 0.375A　　B. 0.25A
C. 0.125A　　D. 0.1875A

7-3-2　（2013，82）在直流稳态电路中，电阻、电感、电容元件上的电压与电流大小的比值分别为：

A. R，0，0　　B. 0，0，∞　　C. R，∞，0　　D. R，0，∞

7-3-3　（2013，83）图示电路中，若 $u(t)=\sqrt{2}U\sin(\omega t+\varphi_u)$ 时，电阻元件上的电压为 0，则：

A. 电感元件断开了　　B. 一定有 $I_L=I_C$
C. 一定有 $i_L=i_C$　　D. 电感元件被短路了

7-3-4　（2011，81）图示两电路相互等效，由图 b）可知，流经 10Ω 电阻的电流 $I_R=1A$，由此可求得流经图 a）电路中 10Ω 电阻的电流 I 等于：

A. 1A　　B. −1A　　C. −3A　　D. 3A

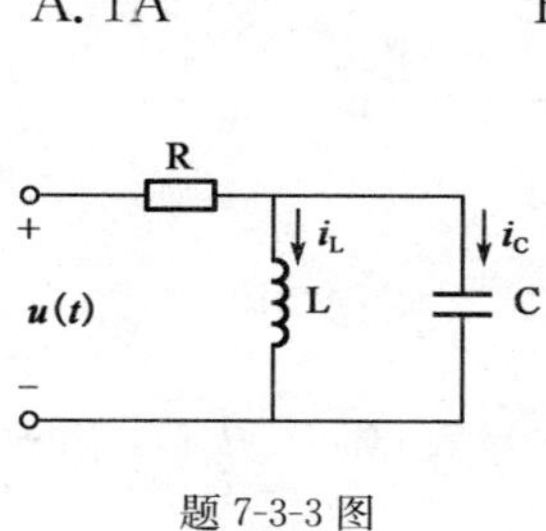

题 7-3-3 图

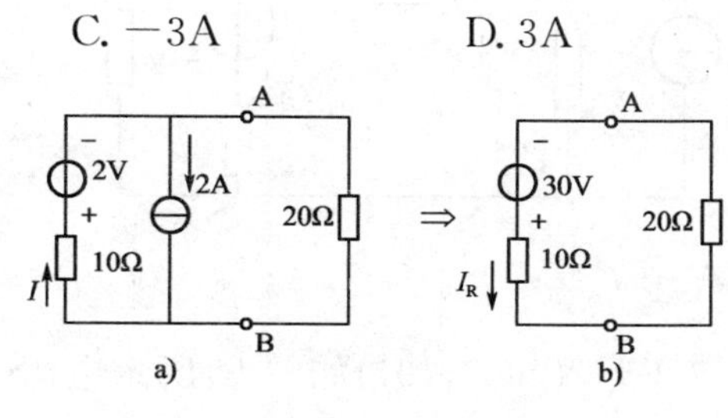

题 7-3-4 图

7-3-5 **(2010,81)**已知电路如图所示，若使用叠加原理求解图中电流源的端电压U，正确的方法是：

A. $U'=(R_2 // R_3+R_1)I_s, U''=0, U=U'$

B. $U'=(R_1+R_2)I_s, U''=0, U=U'$

C. $U'=(R_2 // R_3+R_1)I_s, U''=\dfrac{R_2}{R_2+R_3}U_s, U=U'-U''$

D. $U'=(R_2 // R_3+R_1)I_s, U''=\dfrac{R_2}{R_2+R_3}U_s, U=U'+U''$

7-3-6 **(2010,82)**图示电路中，A_1、A_2、V_1、V_2 均为交流表，用于测量电压或电流的有效值 I_1、I_2、U_1、U_2，若 $I_1=4A$，$I_2=2A$，$U_1=10V$，则电压表 V_2 的读数应为：

A. 40V　　B. 14.14V

C. 31.62V　　D. 20V

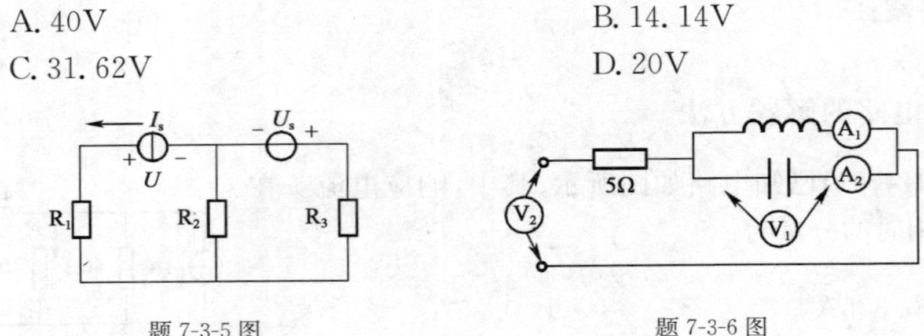

题 7-3-5 图　　题 7-3-6 图

7-3-7 **(2009,81)**图示电路中，电流 I_1 和电流 I_2 分别为：

A. 2.5A 和 1.5A　　B. 1A 和 0A

C. 2.5A 和 0A　　D. 1A 和 1.5A

7-3-8 **(2008,101)**如图 a)所示电路按戴维南定理等效成图 b)所示电压源时，计算 R_0 的正确算式为：

A. $R_0=R_1//R_2$　　B. $R_0=R_1+R_2$

C. $R_0=R_1$　　D. $R_0=R_2$

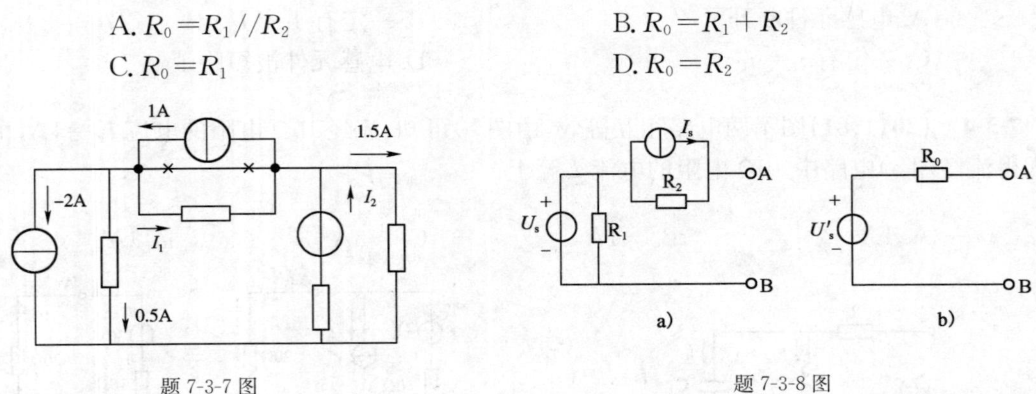

题 7-3-7 图　　题 7-3-8 图

7-3-9 **(2007,101)**如图 b)所示电源与图 a)所示电路等效，则计算 U_s 和 R_0 的正确算式为：

A. $U_s = U_s + I_s R_1$, $R_0 = R_1 // R_2 + R_3$

B. $U_s = U_s - I_s R_1$, $R_0 = R_1 // R_2 + R_3$

C. $U_s = U_s - I_s R_1$, $R_0 = R_1 + R_3$

D. $U_s = U_s + I_s R_1$, $R_0 = R_1 + R_3$

7-3-10 (2006,101)图示电路中，电压源 U_{s2} 单独作用时，电流源端电压分量 U'_{I_s} 为：

A. $U_{s2} - I_s R_2$　　　　B. U_{s2}

C. 0　　　　D. $I_s R_2$

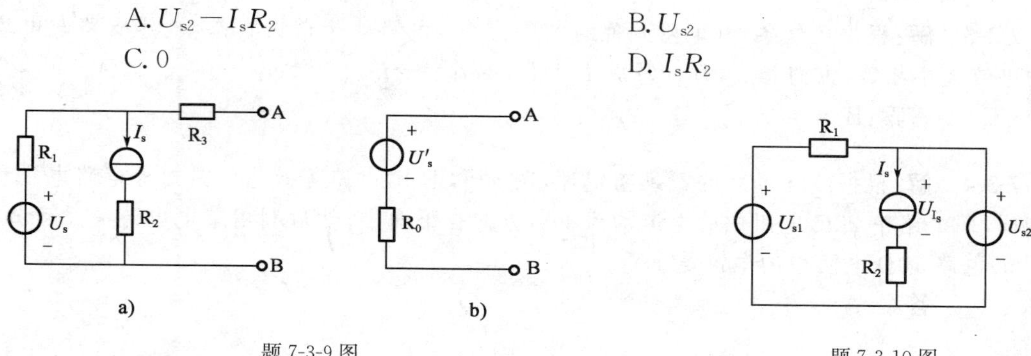

题 7-3-9 图　　　　题 7-3-10 图

7-3-11 (2005,101)叠加原理只适用于分析哪种电压、电流问题？

A. 无源电路

B. 线路电路

C. 非线性电路

D. 不含电感、电容元件的电路

7-3-12 图示电路中，N 为含源线性电阻网络，其端口伏安特性曲线如图 b)所示，其戴维南等效电路参数应为：

A. $\begin{cases} U_{0C} = -12\text{V} \\ R_0 = -3\Omega \end{cases}$　　　　B. $\begin{cases} U_{0C} = -12\text{V} \\ R_0 = 3\Omega \end{cases}$

C. $\begin{cases} U_{0C} = 12\text{V} \\ R_0 = 3\Omega \end{cases}$　　　　D. $\begin{cases} U_{0C} = 12\text{V} \\ R_0 = -3\Omega \end{cases}$

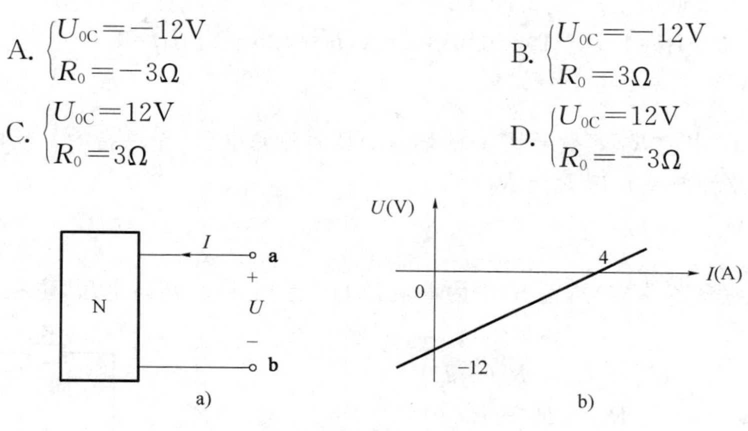

题 7-3-12 图

题解及参考答案

7-3-1 **解**：根据叠加原理，写出电压源单独作用时的电路模型。

$$I'=\frac{15}{40+20}\times\frac{40}{40+40}=0.125\text{A}$$

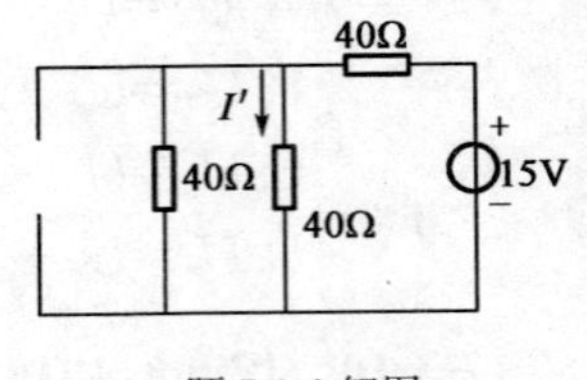

题 7-3-1 解图

答案:C

7-3-2 **解**:在直流电源作用下电感等效于短路,电容等效于开路。

答案:D

7-3-3 **解**:根据已知条件(电阻元件的电压为 0),电路处于谐振状态,电感支路与电容支路的电流大小相等,方向相反,可以写成 $I_L=I_C$,或 $\boldsymbol{i}_L=-\boldsymbol{i}_C$。

答案:B

7-3-4 **解**:根据线性电路的戴维南定理,图 a)和图 b)电路等效指的是对外电路电压和电流相同,即电路中 20Ω 电阻中的电流均为 1A,方向自下向上;然后利用节电电流关系可知,流过图 a)电路 10Ω 电阻中的电流是 1A。

答案:A

7-3-5 **解**:用叠加原理分析,将电路分解为各个电源单独作用的电路。不作用的电压源短路,不作用的电流源断路。$U=U'+U''$,U'为电流源作用:$U'=I_s(R_1+R_2//R_3)$;U''为电压源作用,$U''=\frac{R_2}{R_2+R_3}U_s$。

答案:D

7-3-6 **解**:交流电路中电压电流符合相量关系,$\dot{I}_R=\dot{I}_L+\dot{I}_C$,此题用画相量图的方法会简捷一些。

答案:B

7-3-7 **解**:根据节电的电流关系 KCL:

$$I_1=1-(-2)-0.5=2.5\text{A},I_2=1.5+1-I_1=0$$

答案:C

7-3-8 **解**:图 b)中的 R_0 等效于图 a)的端口 AB 间除源电阻(除源指的是让电源作用为零将电压源短路,电流源断路),即 $R_0=R_2$。

答案:D

7-3-9 **解**:根据戴维南定理,图 b)中的电压源 U'_s 为图 a)的开路电压,电阻 R_0 的数值为图 a)的除源电阻。

$$U'_s=U_s+R_1(-I_s)$$
$$R_0=R_1+R_3$$

答案:C

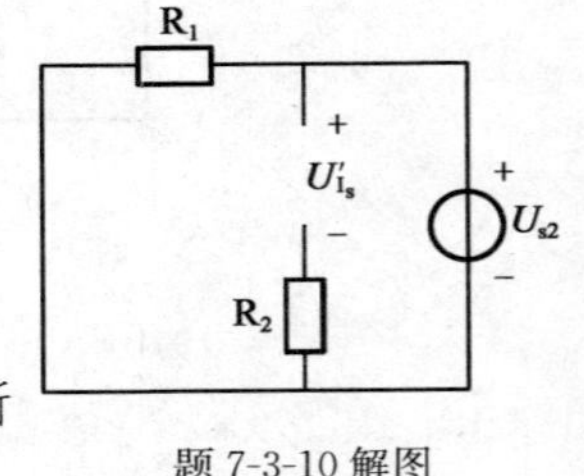

题 7-3-10 解图

7-3-10 **解**:当电压源 U_{s2} 单独作用时需将 U_{s1} 短路,电流源 I_s 断路处理。题图的电路应等效为解图所示电路,即 $U'_{I_s}=U_{s2}$。

答案:B

7-3-11 **解**:叠加原理只适用于分析线性电路的电压、电流问题(线性电路是指由独立电源和线性元件构成的电路)。

答案:B

7-3-12 **解**:二端线性有源电路的端口伏安特性为一直线。直线与电压轴的交点是电路的开路电压 U_{0C};与电流轴的交点为电路短路电流 I_{sC};直线的斜率为电源内部电阻 R_0。

即:$R_0=\dfrac{U_{0C}}{I_{sC}}=3\Omega$,$U_{0C}=-12V$。

答案:B

(四)正弦交流电路的解题方法

7-4-1 **(2014,82)**已知电流 $\dot{i}(t)=0.1\sin(\omega t+10°)A$,电压 $u(t)=10\sin(\omega t-10°)V$,则如下表述中正确的是:

A. 电流 $i(t)$与电压 $u(t)$呈反相关系

B. $i=0.1\angle 10°A$,$\dot{U}=10\angle -10°V$

C. $i=70.7\angle 10°mA$,$\dot{U}=-7.07\angle 10°V$

D. $i=70.7\angle 10°mA$,$\dot{U}=7.07\angle -10°V$

7-4-2 **(2014,83)**一交流电路由 R、L、C 串联而成,其中,$R=10\Omega$,$X_L=8\Omega$,$X_C=6\Omega$。通过该电路的电流为 10A,则该电路的有功功率、无功功率和视在功率分别为:

A. 1kW,1.6kvar,2.6kV·A　　B. 1kW,200var,1.2kV·A

C. 100W,200var,223.6V·A　　D. 1kW,200var,1.02kV·A

7-4-3 **(2013,84)**已知图示三相电路中三相电源对称,$Z_1=z_1\angle\varphi_1$,$Z_2=z_2\angle\varphi_2$,$Z_3=z_3\angle\varphi_3$,若 $U'_{NN}=0$,则 $z_1=z_2=z_3$,且:

A. $\varphi_1=\varphi_2=\varphi_3$

B. $\varphi_1-\varphi_2=\varphi_2-\varphi_3=\varphi_3-\varphi_1=120°$

C. $\varphi_1-\varphi_2=\varphi_2-\varphi_3=\varphi_3-\varphi_1=-120°$

D. N'必须被接地

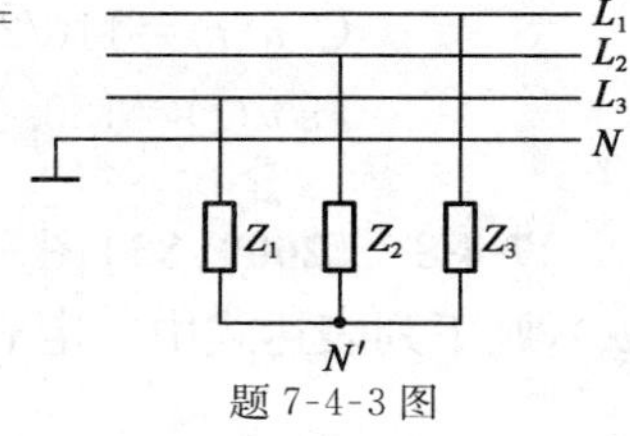

题 7-4-3 图

7-4-4 **(2011,82)**RLC 串联电路如图所示,在工频电压 $u(t)$的激励下,电路的阻抗等于:

A. $R+314L+314C$　　B. $R+314L+1/314C$

C. $\sqrt{R^2+(314L-1/314C)^2}$　　D. $\sqrt{R^2+(314L+1/314C)^2}$

7-4-5 **(2011,83)**图示电路中,$u=10\sin(1000t+30°)V$,如果使用相量法求解图示电路中的电流 i,那么,如下步骤中存在错误的是:

步骤 1:$\dot{I}_1=\dfrac{10}{R+j1000L}$;

步骤 2：$\dot{I}_2=10\cdot j1000C$；

步骤 3：$\dot{I}=\dot{I}_1+\dot{I}_2=I\angle\psi_i$；

步骤 4：$i=I\sqrt{2}\sin\psi_i$。

A. 仅步骤 1 和步骤 2 错　　B. 仅步骤 2 错

C. 步骤 1、步骤 2 和步骤 4 错　　D. 仅步骤 4 错

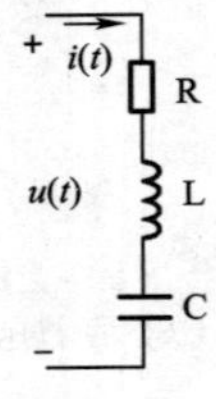

题 7-4-4 图

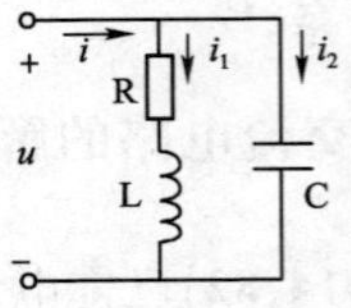

题 7-4-5 图

7-4-6　(2010,84)某滤波器的幅频特性波特图如图所示，该电路的传递函数为：

A. $\dfrac{j\omega/10}{1+j\omega/10}$　　B. $\dfrac{j\omega/20\pi}{1+j\omega/20\pi}$

C. $\dfrac{j\omega/2\pi}{1+j\omega/2\pi}$　　D. $\dfrac{1}{1+j\omega/20\pi}$

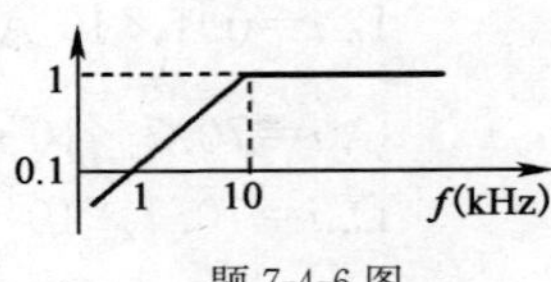

题 7-4-6 图

7-4-7　(2009,82)正弦交流电压的波形图如图所示，该电压的时域解析表达式为：

A. $u(t)=155.56\sin(\omega t-5°)$V

B. $u(t)=110\sqrt{2}\sin(314t-90°)$V

C. $u(t)=110\sqrt{2}\sin(50t+60°)$V

D. $u(t)=155.6\sin(314t-60°)$V

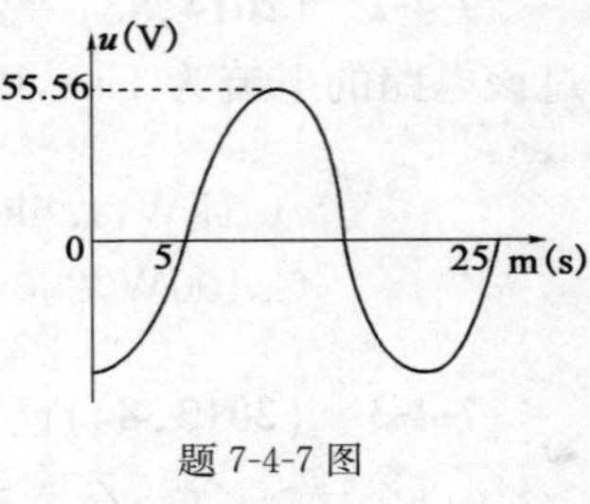

题 7-4-7 图

7-4-8　(2009,83)图示电路中，若 $u=U_M\sin(\omega t+\psi_u)$，则下列表达式中一定成立的是：

式 1：$u=u_R+u_L+u_C$

式 2：$u_X=u_L-u_C$

式 3：$U_X<U_L$ 及 $U_X<U_C$

式 4：$U^2=U_R^2+(U_L+U_C)^2$

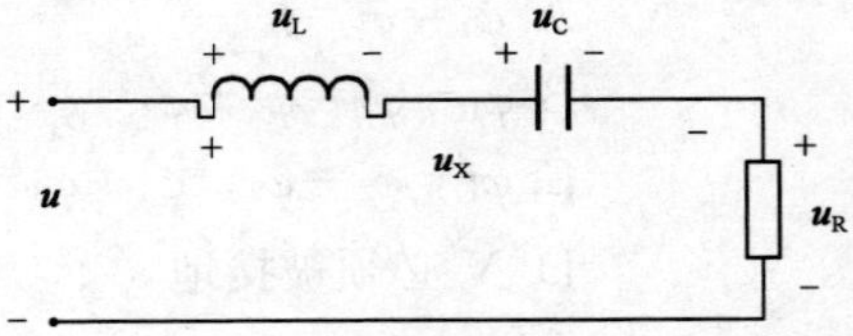

题 7-4-8 图

A. 式 1 和式 3　　B. 式 2 和式 4

C. 式 1，式 3 和式 4　　D. 式 2 和式 3

7-4-9　(2008,102)有三个 100Ω 的线性电阻接成△三相对称负载，然后挂接在电压为 220V 的三相对称电源，这时供电路上的电流为：

A. 6.6A　　B. 3.8A　　C. 2.2A　　D. 1.3A

7-4-10 **(2008,104)** 某 $\cos\varphi$ 为 0.4 的感性负载，外加 100V 的直流电压时，消耗功率 100W，则该感性负载的感抗为：

A. 100Ω　　B. 229Ω
C. 0.73Ω　　D. 329Ω

7-4-11 **(2007,102)** 当 RLC 串联电路发生谐振时，一定有：

A. $L=C$　　B. $\omega L=\omega C$
C. $\omega L=\dfrac{1}{\omega C}$　　D. $U_L+U_C=0$

7-4-12 **(2007,103)** 当图示电路的激励电压 $u_i=\sqrt{3}U_i\sin(\omega t+\varphi)$ 时，电感元件上的响应电压 u_L 的初相位为：

A. $90°-\arctan\dfrac{\omega L}{R}$

B. $90°-\arctan\dfrac{\omega L}{R}+\varphi$

C. $\arctan\dfrac{\omega L}{R}$

D. $\varphi-\arctan\dfrac{\omega L}{R}$

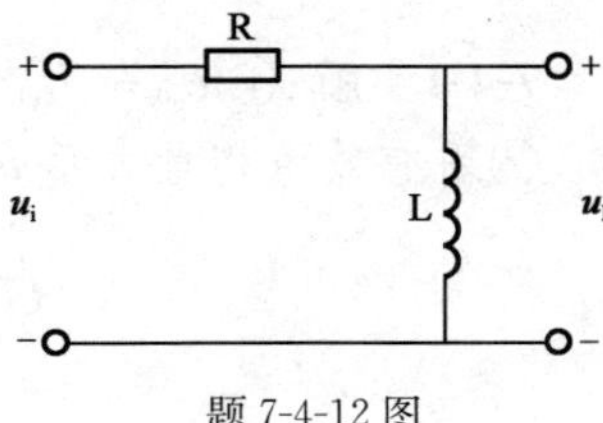

题 7-4-12 图

7-4-13 **(2006,102)** 题图中给出了某正弦电压的波形图，由图可知，该正弦量的：

A. 有效值为 10V
B. 角频率为 314rad/s
C. 初相位为 60°
D. 周期为(20−5)ms

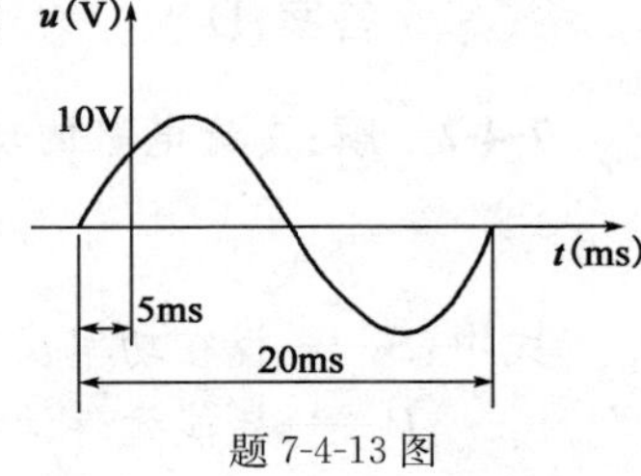

题 7-4-13 图

7-4-14 **(2006,103)** 当题 7-4-12 图所示电路的激励电压 $u_1=\sqrt{2}U_1\sin(\omega t+\varphi)$ 时，电感元件上的响应电压 u_L 为：

A. $\dfrac{L}{R+L}U_i$　　B. $\dfrac{\omega L}{R+\omega L}U_i$　　C. $\dfrac{\omega L}{|R+j\omega L|}U_i$　　D. $\dfrac{j\omega L}{R+j\omega L}U_i$

7-4-15 **(2005,102)** 图示电路，正弦电流 i_2 的有效值 $I_2=I$A，电流 i_3 的有效值 $I_3=2$A，因此电流 i_1 的有效值 I_1 等于：

A. $\sqrt{1+2^2}\approx2.24$A　　B. $1+2=3$A
C. $2-1=1$A　　D. 不能确定

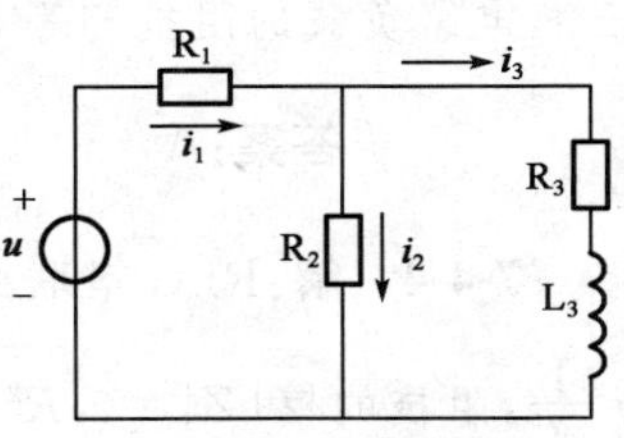

题 7-4-15 图

7-4-16 **(2005,103)** 图示电路中，$u=141\sin(314t-30°)$V，$i=$

14. $1\times\sin(314t-60°)$ A，这个电路的有功功率 P 等于：

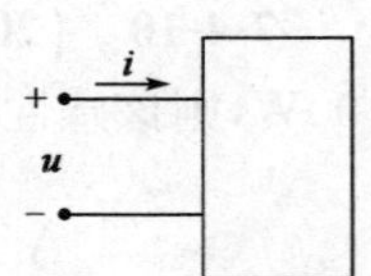

题 7-4-16 图

A. 500W　　　　B. 866W

C. 1000W　　　　D. 1988W

7-4-17　已知某正弦交流电压的周期为10ms，有效值 220V，在 $t=0$ 时，正处在由正值过渡为负值的零值，则其表达式可写作：

A. $u=380\sin(100t+180°)$(V)

B. $u=-311\sin200\pi t$(V)

C. $u=220\sin(628t+180°)$(V)

D. $u=220\sin(100t+180°)$(V)

题解及参考答案

7-4-1　**解**：①$u_{(t)}$ 与 $i_{(t)}$ 的相位差 $\varphi=\psi_u-\psi_i=-20°$

②用有效值相量表示 $u_{(t)}$，$i_{(t)}$：

$$\dot{U}=U\angle\psi_u=\frac{10}{\sqrt{2}}\angle-10°=7.07\angle-10°$$

$$\dot{I}=I\angle\psi_i=\frac{0.1}{\sqrt{2}}\angle10°=0.0707\angle10°\ \dot{A}=70.7\angle10°\text{mA}$$

答案：D

7-4-2　**解**：交流电路的功率关系为：

$$S^2=P^2+Q^2$$

式中：S——视在功率反映设备容量；

P——耗能元件消耗的有功功率；

Q——储能元件交换的无功功率。

本题中：$P=I^2R=1000\text{W}$，$Q=I^2(X_L-X_C)=200\text{var}$

$S=\sqrt{P^2+Q^2}=1019\approx1020\text{V}\cdot\text{A}$

答案：D

7-4-3　**解**：三相电路中，电源中性点与负载中点等电位，说明电路中负载也是对称负载。三相电路负载的阻抗相等条件为：$Z_1=Z_2=Z_3$，$\begin{cases}|Z_1|=|Z_2|=|Z_3|\\ \varphi_1=\varphi_2=\varphi_3\end{cases}$。

答案：A

7-4-4　**解**：RLC 串联的交流电路中，阻抗的计算公式是 $Z=R+jX_L-jX_C=R+j\omega L-j\frac{1}{\omega C}$，阻抗的模 $|Z|=\sqrt{R^2+\left(\omega L-\frac{1}{\omega C}\right)^2}$；工频电源 $\omega=314\text{rad/s}$。

答案：C

7-4-5 解:该电路是 RLC 混联的正弦交流电路，根据给定电压，将其写成复数为 $\dot{U}=U\angle 30°=\frac{10}{\sqrt{2}}\angle 30°\text{V}$；电流 $\dot{I}=\dot{I}_1+\dot{I}_2=\frac{U\angle 30°}{R+j\omega L}+\frac{U\angle 30°}{-j\left(\frac{1}{\omega C}\right)}=I\angle\psi_i$；$i=I\sqrt{2}\sin(1000t+30°)\text{A}$。

答案:C

7-4-6 解:从图形判断这是一个高通滤波器的频率特性图。它反映了电路的输出电压和输入电压对于不同频率信号的响应关系，利用高通滤波器的传递函数分析。

答案:B

7-4-7 解:对正弦交流电路的三要素在函数式和波形图表达式的关系分析可知：

$$U_m=155.56\text{V};\varphi_u=-90°;\omega=2\pi/T=314\text{rad/s}$$

答案:B

7-4-8 解:在正弦交流电路中，分电压与总电压的大小符合相量关系，电感电压超前电流 90°，电容电流落后电流 90°。

式 2 应该为：$u_X=u_L+u_C$

式 4 应该为：$U^2=U_R^2+(U_L-U_C)^2$

答案:A

7-4-9 解:根据题意可画出三相电路图（见图），是个三角形接法的对称电路，各线电线 I_A、I_B、I_C 相同，即

$$I_A=I_B=I_C=I_{线}=\sqrt{3}I_{相}$$

$$I_{相}=\frac{U_{相}}{R}=\frac{220}{100}=2.2\text{A}$$

$$I_{线}=\sqrt{3}\times 2.2=3.8\text{A}$$

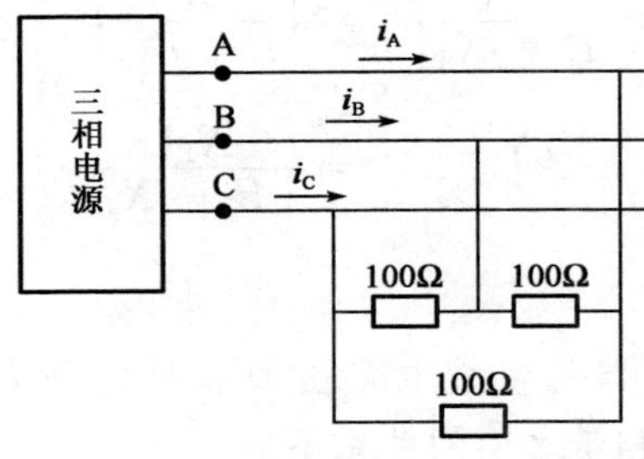

题 7-4-9 解图

答案:B

7-4-10 解:该电路等效为 RL 串联电路，外加直流电源时感抗为 0，可以计算电阻 R 值如下

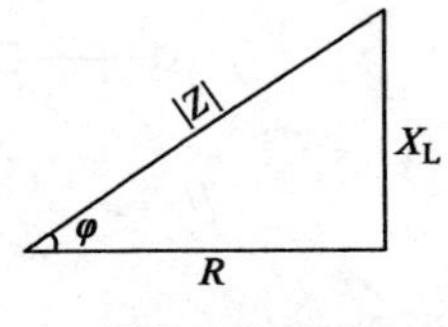

题 7-4-10 解图

$$R=\frac{U^2}{P}=\frac{100^2}{100}=100\Omega$$

由 $\cos\varphi=0.4$，得

$$\varphi=\arccos 0.4=66.42^\circ\text{，电路中电阻和感抗数值可以用三角形说明。}$$

$$\tan\varphi=\frac{X_L}{R}$$

$$X_L=R\tan\varphi=100\tan 66.42=229\Omega$$

答案:B

7-4-11 **解**:交流电路中如果储能元件 L、C 同时存在，且总电压与电流同相则称“谐振”。RLC 串联电路谐振条件 $X_L=X_C$，且 $\begin{cases}X_L=\omega L\\X_C=1/\omega C\end{cases}$，可知选项 C 正确。

答案:C

7-4-12 **解**:用复数符号法分析：

$$\dot{U}_L=\frac{j\omega L}{R+j\omega L}\dot{U}_i=|U_L|\angle\varphi_L$$

$$\varphi_L=90^\circ-\arctan\frac{\omega L}{R}+\varphi$$

答案:B

7-4-13 **解**:由图观察交流电的三要素。

最大值：$U_m=10V$，有效值 $U=10/\sqrt{2}=7.07V$

初相位：$\varphi=\frac{5}{20}\times 360^\circ=90^\circ$

角频率：$\omega=2\pi f=2\pi\frac{1}{T}=\frac{2\pi}{20\times10^{-3}}=3.14rad/s$，符合题意。

答案:B

7-4-14 **解**:该题可以用复数符号法分析，画出电路的复电路模型如解图所示，计算如下

$$\dot{U}_L=\frac{jX_L}{R+jX_L}\dot{U}_i=\left|\frac{jX_L}{R+jX_L}\dot{U}_i\right|\angle\varphi_L$$

$$U_L=|\dot{U}_L|=\frac{|jX_L\dot{U}_i|}{|R+jX_L|}=\frac{X_LU_i}{|R+jX_L|}=\frac{\omega LU_i}{|R+j\omega L|}$$

答案:C

7-4-15 **解**:首先画出该电路的复数电路图如解图 a)所示，然后画相量图分析[见解图 b)]，可见，由于电参数未定，各相量之间的关系不定。

注意此题可以用“排除法”完成，分析会简单些。

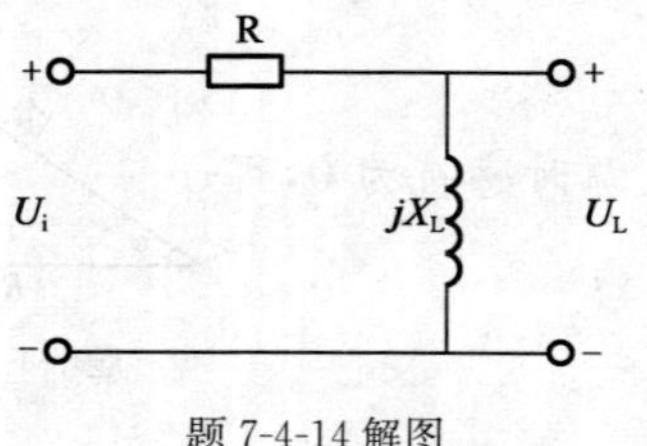

题 7-4-14 解图

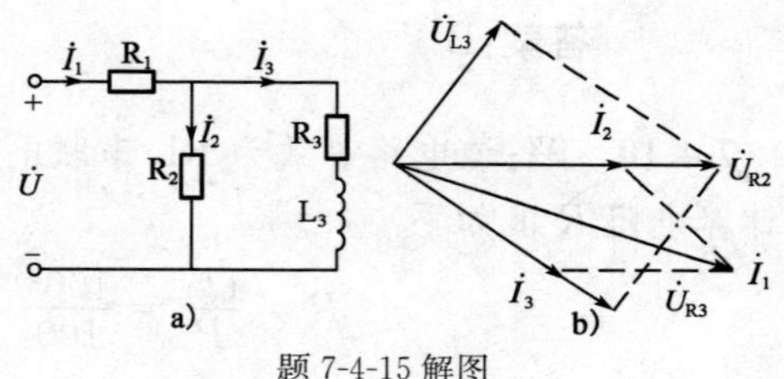

题 7-4-15 解图

答案:D

7-4-16 **解**:根据交流电路中有功功率的计算公式

$$
\begin{aligned}
P &= UI\cos\varphi \\
&= \frac{141}{\sqrt{2}} \times \frac{14.1}{\sqrt{2}} \cos[-30° - (-60°)] \\
&= 100 \times 10 \times \cos30° = 866\text{W}
\end{aligned}
$$

答案:B

7-4-17 **解**:正弦交流电压的瞬时值表达式:$U(t)=U_m\sin(wt+\varphi_u)V$,其中 U_m 为最大值,w 为角频率,φ_u 为电压初相位。

答案:B

(五)电路的暂态过程

7-5-1 **(2014,84)**已知电路如图所示,设开关在 $t=0$ 时刻断开,那么如下表述中正确的是:

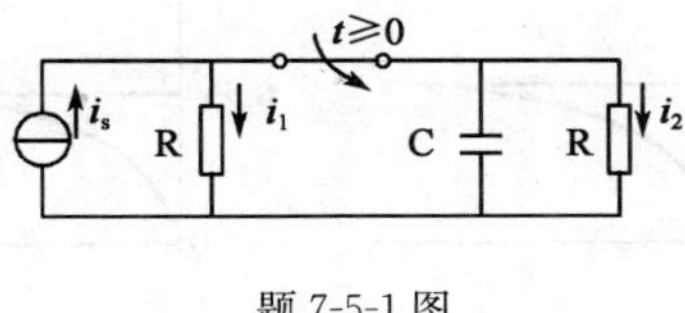

题 7-5-1 图

A. 电路的左右两侧均进入暂态过程

B. 电路 i_1 立即等于 i_s,电流 i_2 立即等于 0

C. 电路 i_2 由 $\frac{1}{2}i_s$ 逐步衰减到 0

D. 在 $t=0$ 时刻,电流 i_2 发生了突变

7-5-2 **(2011,84)**图示电路中,开关 k 在 $t=0$ 时刻打开,此后,电流 i 的初始值和稳态值分别为:

A. $\frac{U_s}{R_2}$ 和 0

B. $\frac{U_s}{R_1+R_2}$ 和 0

C. $\frac{U_s}{R_1}$ 和 $\frac{U_s}{R_1+R_2}$

D. $\frac{U_s}{R_1+R_2}$ 和 $\frac{U_s}{R_1+R_2}$

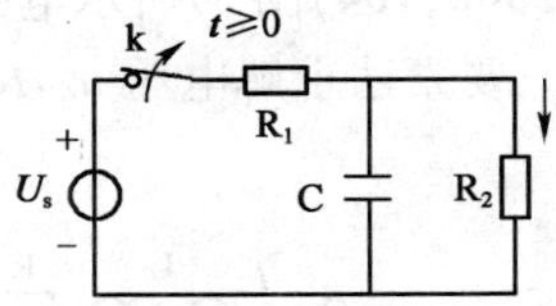

题 7-5-2 图

7-5-3 **(2009,84)**如图 a)所示电路的激励电压如图 b)所示,那么,从 $t=0$ 时刻开始,电路出现暂态过程的次数和在换路时刻发生突变的量分别是:

A. 3 次,电感电压

B. 4 次,电感电压和电容电流

C. 3 次，电容电流　　　　　　　　　　D. 4 次，电阻电压和电感电压

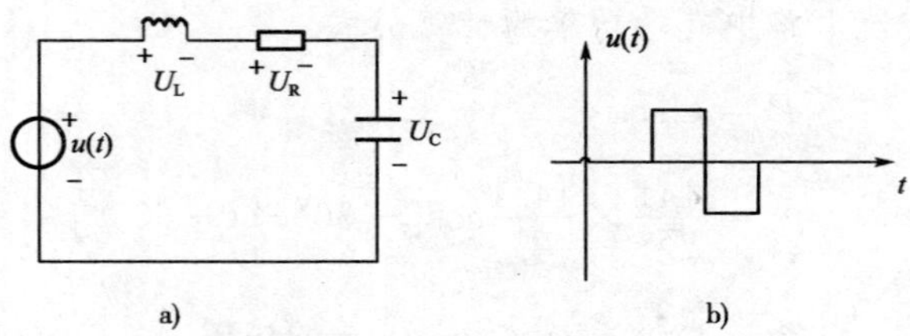

题 7-5-3 图

7-5-4　**(2008,103)**图示电路中，电容的初始能量为 0，高级开关 S 在 $t=0$ 时刻闭合，此后电路将发生过渡过程，那么，决定该过渡过程的时间常数 τ 为：

A. $\tau=(R_1+R_2)C$　　　　　　　　B. $\tau=(R_1//R_2)C$

C. $\tau=R_2C$　　　　　　　　　　　D. 与电路的外加激励 U_i 有关

7-5-5　**(2007,104)**题图所示电路中，$R=1\text{k}\Omega$，$C=1\mu\text{F}$，$U_1=1\text{V}$，电容无初始储能，如果开关 S 在 $t=0$ 时刻闭合，则给出输出电压波形的是：

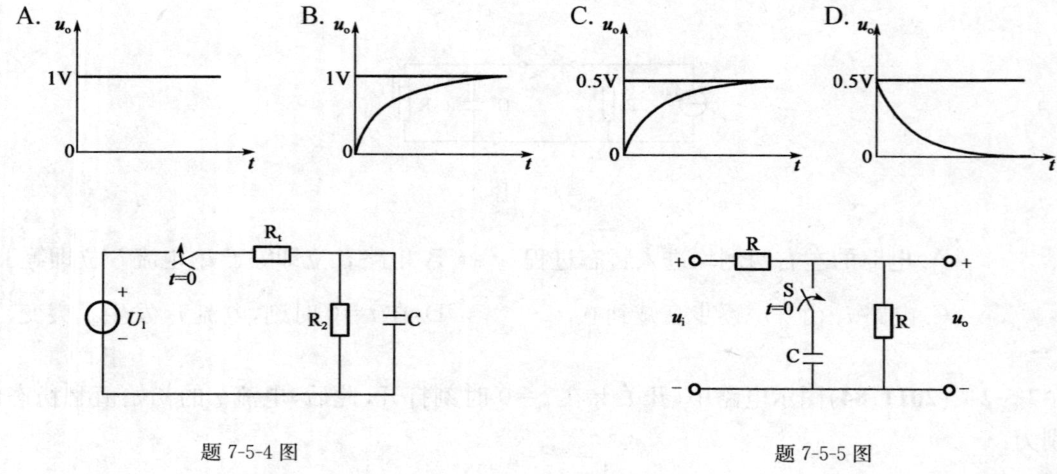

题 7-5-4 图　　　　　　　　　　　　题 7-5-5 图

7-5-6　**(2006,104)**图 a）所示电路中，$R_1=500\Omega$，$R_2=500\Omega$，$L=1\text{H}$，电路激励 U_1 如图 b）所示，如果用三要素法求解电压 u_o，$t\geqslant0$，则：

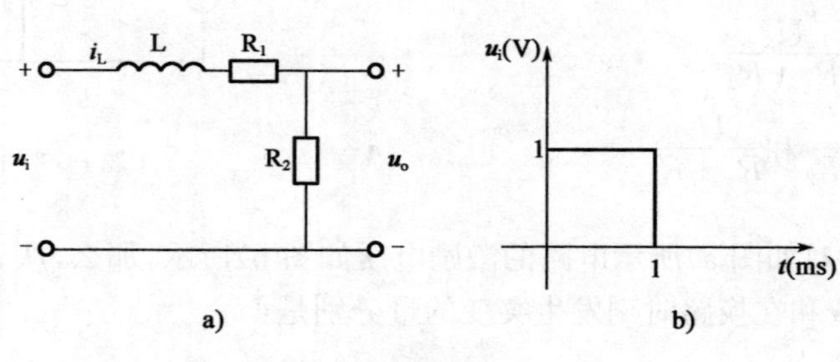

题 7-5-6 图

A. $u_{o(1+)}=u_{0(1-)}$　　　　B. $u_{o(1+)}=0.5\text{V}$

C. $u_{o(1+)}=0\text{V}$　　　　D. $u_{o(1+)}=I_{L(1-)}R_2$

7-5-7　**(2005,104)** 图示电路中，换路前 $U_{C(0-)}=0.2U_i$，$U_{R(0-)}=0$，电路换路后 $U_{C(0+)}$ 和 $U_{R(0+)}$ 分别为：

A. $U_{C(0+)}=0.2U_i$，$U_{R(0+)}=0$

B. $U_{C(C+)}=02U_i$，$U_{R(0+)}=0.2U_i$

C. $U_{C(0-)}=0.2U_i$，$U_{R(0+)}=0.8U_i$

D. $U_{C(0+)}=0.2U_1$，$U_{R(0+)}=U_i$

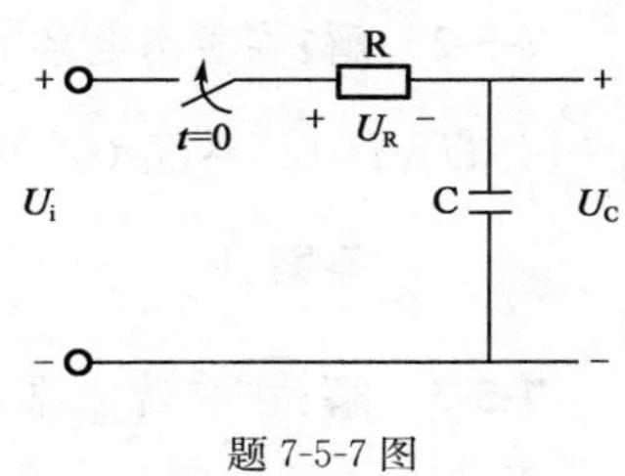

题 7-5-7 图

7-5-8　电路如图 a) 所示，$i_L(t)$ 的波形为图 b) 中的哪个图所示？

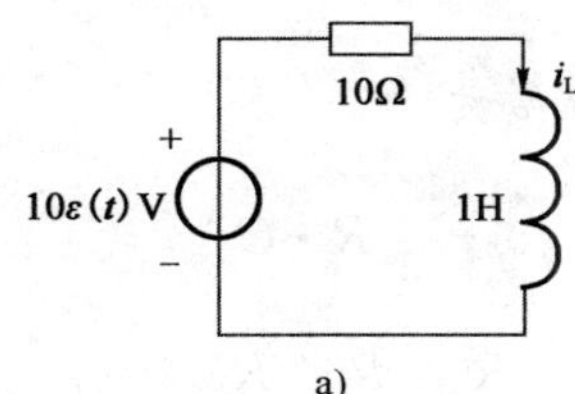

a)

A.

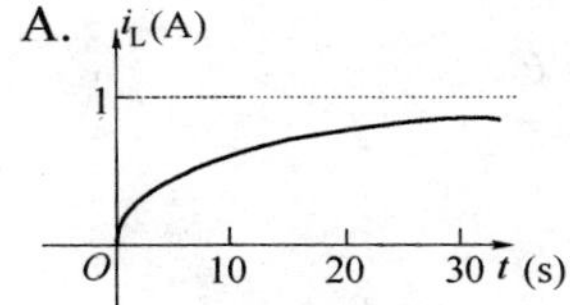

B.

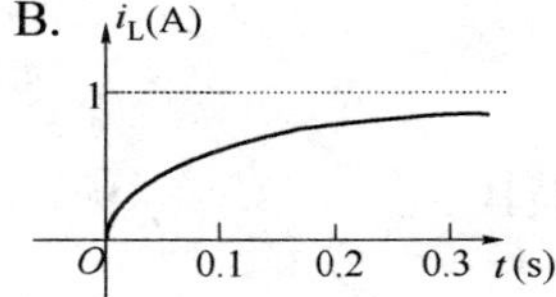

C.

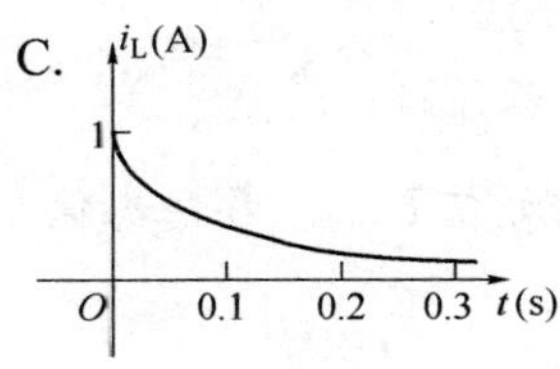

D.

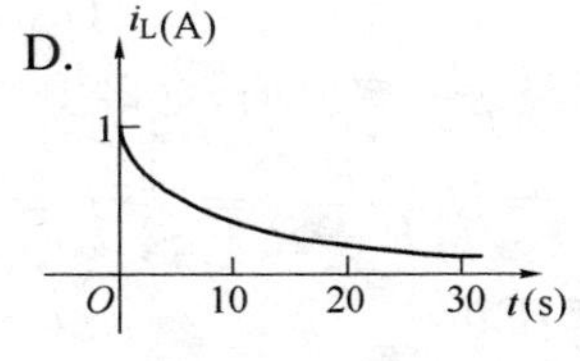

b)

题 7-5-8 图

题解及参考答案

7-5-1　**解**：开关打开以后电路如图所示。

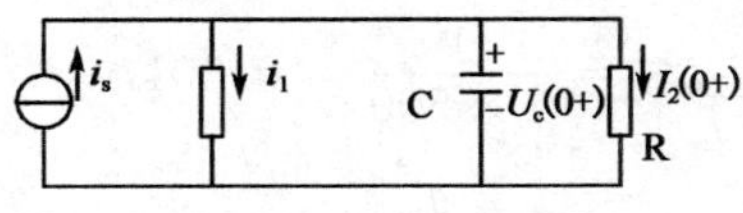

题 7-5-1 解图

左边电路中无储能元件，无暂态过程，右边电路中出现暂态过程，变化为：

$$I_{2(0+)}=\frac{U_{C(0+)}}{R}=\frac{U_{C(0-)}}{R}\neq 0$$

$$I_{2(\infty)}=\frac{U_{C(\infty)}}{R}=0$$

答案:C

7-5-2 **解**:在暂态电路中电容电压符合换路定则$U_C(t_{0+})=U_C(t_{0-})$,开关闭合以前$U_C(t_{0-})=\frac{R_2}{R_1+R_2}U_s$,$I(0_+)=U_C(0_+)/R_2$;电路达到稳定以后电容能量放光,电路中稳态电流$I(\infty)=0$。

答案:B

7-5-3 **解**:在有储能原件存在的电路中,电感电流和电容电压不能跃变。本电路的输入电压发生了三次跃变。在图示的RLC串联电路中因为电感电流不跃变电阻的电流电压和电容的电流不会发生跃变。

答案:A

7-5-4 **解**:R-C一阶电路的时间常数为

$$\tau=R\cdot C$$

$$R=R_1//R_2$$

$$\tau=(R_1//R_2)\cdot C$$

答案:B

7-5-5 **解**:电容无初始储能,即$U_{C(0-)}=0$。由换路定则可知

$$U_{C(0+)}=U_{C(0-)}=0\text{V}$$

开关闭合后经过一定时间,电路重新进入稳态,电容开路;

$U_o=U_{C(\infty)}=U_i\frac{R}{R+R}=\frac{1}{2}U_i=0.5\text{V}$,根据初始值$U_{C(0+)}$和稳态值$U_{C(\infty)}$,即可判断。

答案:C

7-5-6 **解**:根据一阶暂态电路的三要素公式,电感电流的计算公式为

$$i_{L(t)}=I_{L(\infty)}+[I_{L(t_0^+)}-I_{L(\infty)}]e^{-1/\tau}$$

当$0<t<1\text{ms}$时,

$$I_{L(0+)}=I_{L(0-)}=\frac{0}{R_1+R_2}=0\text{A}$$

$$I_{L(\infty)}=\frac{1}{2\times 500}=0.001\text{A}$$

$$\tau=\frac{L}{(R_1+R_2)}=1/2\times 500=1\text{ms}$$

$$i_{L(\tau)}=0.001-0.001\times e^{-1000t}(0\leqslant t<1)$$

$$u_{o(1+)}=i_{L(1+)}\times R_2$$

$$=(0.001-0.001e^{-1})\times 500=0.316\text{V}$$

所以选项 B、C 错误。而选项 A、D：

$$u_{o(1+)}=I_{L(1+)}R_2=I_{L(1-)}R_2=U_{o(1-)}\text{，正确。}$$

答案：A、D

7-5-7 **解：**根据换路定则

$$U_{C(0+)}=U_{C(0-)}=0.2U_1$$
$$U_{R(0+)}=U_i-U_{C(0+)}=0.8U_1$$

答案：C

7-5-8 **答案：**B

（六）变压器、电动机及继电接触控制

7-6-1 **（2014，85）**图示变压器空载运行电路中，设变压器为理想器件，若 $u=\sqrt{2}U\sin\omega t$，则此时：

A. $U_1=\dfrac{\omega L\cdot U}{\sqrt{R^2+(\omega L)^2}},U_2=0$　　　B. $u_1=u,U_2=\dfrac{1}{2}U_1$

C. $u_1\neq u,U_2=\dfrac{1}{2}U_1$　　　D. $u_1=u,U_2=2U_1$

7-6-2 **（2014，86）**设某△接异步电动机全压起动时的起动电流 $I_u=30\text{A}$，起动转矩 $T_u=45\text{N}\cdot\text{m}$，若对此台电动机采用 Y-Δ 降压起动方案，则起电流和起动转矩分别为：

A. 17.32A，25.98N·m　　　B. 10A，15N·m

C. 10A，25.98N·m　　　D. 17.32A，15N·m

7-6-3 **（2013，85）**图示电路中，设变压器为理想器件，若 $u=10\sqrt{2}\sin\omega t\text{V}$，则：

A. $U_1=\dfrac{1}{2}U,U_2=\dfrac{1}{4}U$

B. $I_1=0.01U,I_1=0$

C. $I_1=0.002U,I_2=0.004U$

D. $U_1=0,U_2=0$

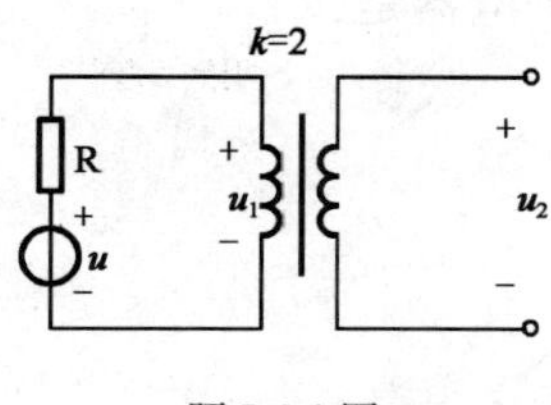

题 7-6-1 图

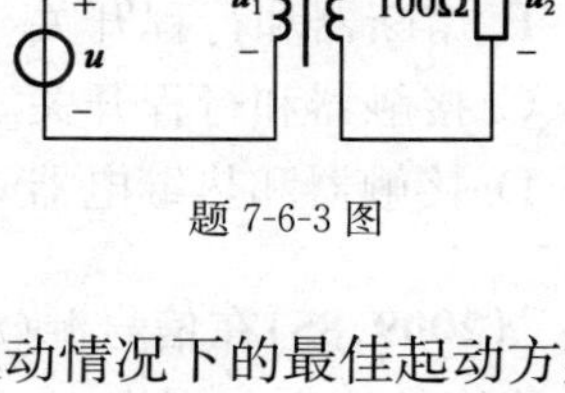

题 7-6-3 图

7-6-4 **（2013，86）**对于三相异步电动机而言，在满载起动情况下的最佳起动方案是：

A. Y-Δ 起动方案，起动后，电动机以 Y 接方式运行

B. Y-Δ 起动方案，起动后，电动机以 Δ 接方式运行

C. 自耦调压器降压起动

D. 绕线式电动机串转子电阻起动

7-6-5 **(2011,85)**在信号源（u_s，R_s）和电阻 R_L 之间接入一个理想变压器，如图所示，若 $u_s=80\sin\omega t$V，$R_L=10\Omega$，且此时信号源输出功率最大，那么，变压器的输出电压 u_2 等于：

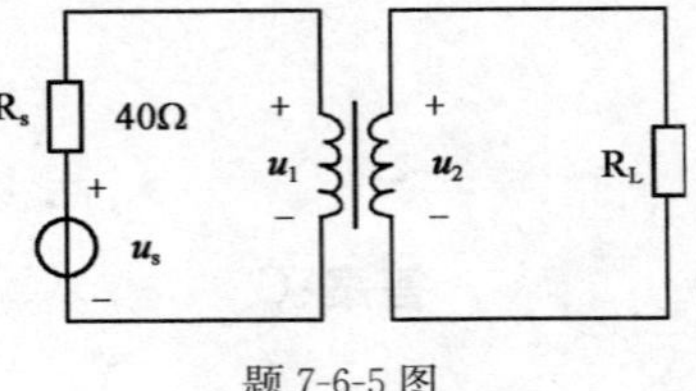

题 7-6-5 图

A. $40\sin\omega t$V

B. $20\sin\omega t$V

C. $80\sin\omega t$V

D. 20V

7-6-6 **(2011,86)**接触器的控制线圈如图 a)所示，动合触点如图 b)所示，动断触点如图 c)所示，当有额定电压接入线圈后：

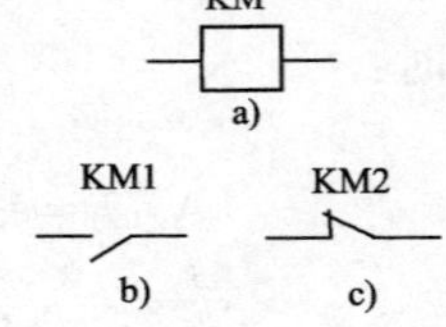

题 7-6-6 图

A. 触点 KM1 和 KM2 因未接入电路均处于断开状态

B. KM1 闭合，KM2 不变

C. KM1 闭合，KM2 断开

D. KM1 不变，KM2 断开

7-6-7 **(2010,83)**三相五线供电机制下，单相负载 A 的外壳引出线应：

A. 保护接地　　B. 保护接种　　C. 悬空　　D. 保护接 PE 线

7-6-8 **(2010,85)**若希望实现三相异步电动机的向上向下平滑调速，则应采用：

A. 串转子电阻调速方案

B. 串定子电阻调速方案

C. 调频调速方案

D. 变磁极对数调速方案

7-6-9 **(2010,86)**在电动机的继电接触控制电路中，具有短路保护、过载保护、欠压保护和行程保护，其中，需要同时接在主电路和控制电路中的保护电器是：

A. 热继电器和行程开关

B. 熔断器和行程开关

C. 接触器和行程开关

D. 接触器和热继电器

7-6-10 **(2009,85)**在信号源（u_s，R_s）和电阻 R_L 之间插入一个理想变压器，如图所示，若电压表和电流表的读数分别为 100V 和 2A，则信号源供出电流的有效值为：

A. 0.4A　　B. 10A　　C. 0.28A　　D. 7.07A

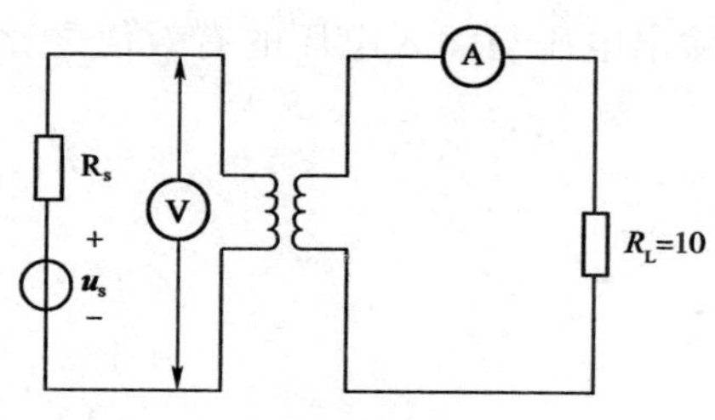

题 7-6-10 图

7-6-11 **(2009,86)**三相异步电动机的工作效率与功率因素随负载的变化规律是：

A. 空载时，工作效率为 0，负载越大功率越高
B. 空载时，功率因素较小，接近满负荷时达到最大值
C. 功率因素与电动机的结构和参数有关，和负载无关
D. 负载越大，功率因素越大

7-6-12 **(2008,105)**实际变压器工作时：

A. 存在铁损，不存在铜损　　B. 存在铜损，不存在铁损
C. 铁损铜损均存在　　D. 铁损铜损均不存在

7-6-13 **(2008,106)**在电动机的断电接触控制电路中，实现零压保护的电器是：

A. 停止按钮　　B. 热继电器
C. 时间继电器　　D. 交流接触器

7-6-14 **(2007,105)**如果把图示电路中的变压器视为理想器件，则当 $U_1=110\sqrt{2}\sin\omega t$V 时，有：

A. $U_2=\frac{N_1}{N_2}U_1$

B. $I_2=\frac{N_1}{N_2}I_1$

C. $P_2=\frac{N_1}{N_2}P_1$

D. 以上均不成立

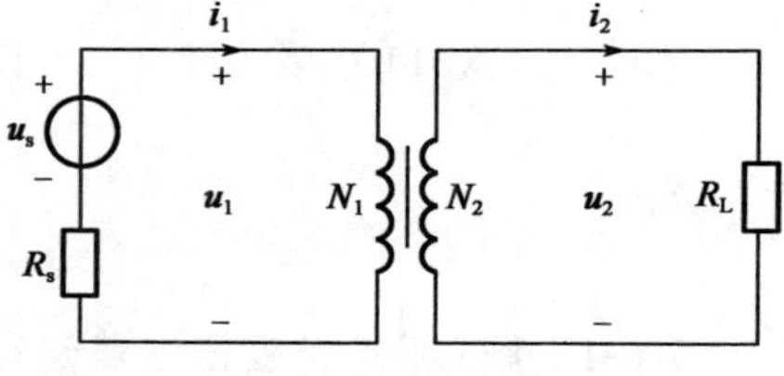

题 7-6-14 图

7-6-15 **(2007,106)**有一台 6kW 的三相异步电动机，其额定运行转速为 1480r/min，额定电压为 380V，全压启动转矩是额定运行转矩的 1.2 倍，现采用△-Y 启动以降低其启动电流，此时的启动转矩为：

A. 15.49N·m　　B. 26.82N·m
C. 38.7N·m　　D. 46.44N·m

7-6-16 **(2006,105)**图示电路中，$u_1=220\sqrt{2}\sin ax$，变压器视为理想的，$\frac{N_1}{N_2}=2$，$R_2=R_1$，则输出电压与输入电压的有效值之比$\frac{U_1}{U_2}$为：

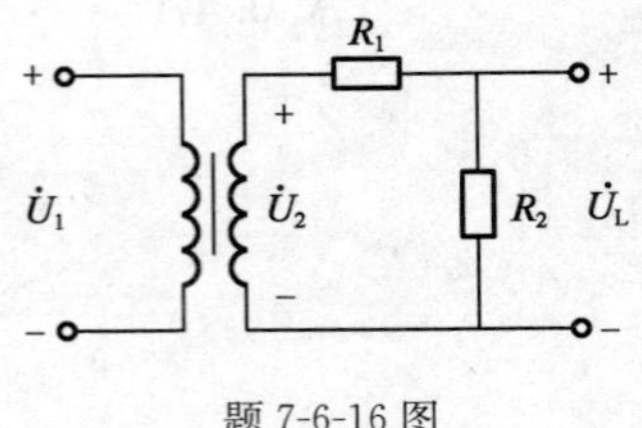

题 7-6-16 图

A. 1/4　　　　B. 1

C. 4　　　　D. 1/2

7-6-17 **(2006,106)**额定转速为 1450r/min 的三相异步电动机，空载运行时转差率为：

A. $s=\frac{1500-1450}{1500}=0.033$　　　　B. $s=\frac{1500-1450}{1450}=0.035$

C. $0.033<s<0.035$　　　　D. $s<0.033$

7-6-18 **(2005,105)**图示变压器，一次额定电压 $U_{1N}=220V$，一次额定电流 $I_{1N}=11A$，二次额定电压 $U_{2N}=600V$。该变压器二次额定值 I_{2N}约为：

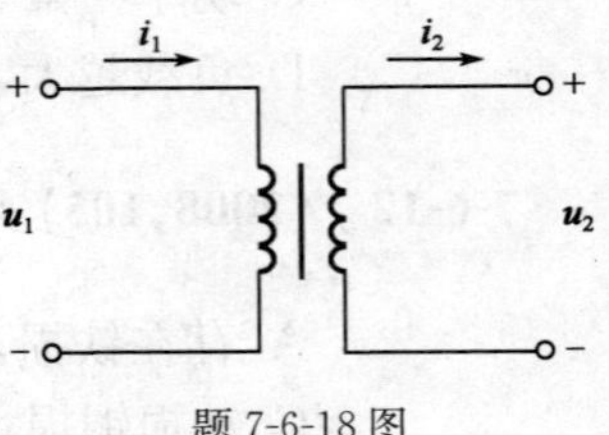

题 7-6-18 图

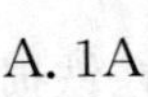

A. 1A　　　　B. 4A

C. 7A　　　　D. 11A

7-6-19 **(2005,106)**三相交流异步电动机可带负载启动，也可空载启动，比较两种情况下，电动机的启动电流 I_{st}的大小：

A. 有载＞空载　　　　B. 有载＜空载

C. 两种情况下启动电流值相同　　　　D. 不好确定

7-6-20 有一容量为10kVA 的单相变压器，电压为 3300/220V，变压器在额定状态下运行。在理想的情况下副边可接 40W、220V、功率因数 $\cos\phi=0.44$ 的日光灯多少盏？

A. 110　　　　B. 200　　　　C. 250　　　　D. 125

题解及参考答案

7-6-1 **解：**理想变压器空载运行 $R_L\to\infty$，则 $R'_L=K^2R_L\to\infty$

$u_1=u$

又有 $K=\frac{U_1}{U_2}=2$，则 $U_1=2U_2$。

答案：B

7-6-2 **解：**当正常运行为三角形接法的三相交流异步电动机起动时采用星形接法，电机为降压运行，起动电流和起动力矩均为正常运行的三分之一，即 $I'_{st}=\frac{1}{3}I_{st}=10A$。

$T'_{st}=\frac{1}{3}T_{st}=15N\cdot m$

答案:B

7-6-3 **解:**理解变压器的三个变比关系的正确应用,在变压器的初级回路中电源内阻与变压器的折合阻抗串联。

答案:C

7-6-4 **解:**绕线式的三相异步电动机转子串电阻的方法适应于不同接法的电动机,并且可以起到限制启动电流、增加启动转矩以及调速的作用。

答案:D

7-6-5 **解:**信号源输出最大功率的条件是电源内阻与负载电阻相等,电路中的实际负载电阻折合到变压器的原边数值为 $R'_L = \left(\frac{U_1}{U_2}\right)^2 R_L = R_S = 40\Omega$;变化 $K = \frac{u_1}{u_2} = 2$,$u_1 = u_s \frac{R'_L}{R_s + R'_L} = 40\sin\omega t$;$u_2 = \frac{u_1}{K} = 20\sin\omega t$。

答案:B

7-6-6 **解:**在继电接触控制电路中,电器符号均表示电器没有动作的状态,当接触器线圈 KM 通电以后常开触点 KM1 闭合,常闭触点 KM2 断开。

答案:C

7-6-7 **解:**三相五线制供电系统中单相负载的外壳引出线应该与“PE 线”(保护零线)连接。

答案:D

7-6-8 **解:**三相交流异步电动机的转速关系公式为 $n \approx n_0 = \frac{60f}{p}$,可以看到电动机的转速 n 取决于电源的频率 f 和电机的极对数 p,要想实现平滑调速应该使用改变频率 f 的方法。

另外,电动机转子串电阻的方法调速只能用于向下平滑调速。

答案:C

7-6-9 **解:**在电动机的继电接触控制电路中,熔断器对电路实现短路保护,热继电器对电路实现过载保护,交流接触器起欠压保护的作用,需同时接在主电路和控制电路中;行程开关一般只连接在电机的控制回路中。

答案:D

7-6-10 **解:**理想变压器的内部损耗为零,$U_1 I_1 = U_2 I_2$,$U_2 = I_2 R_L$。

答案:A

7-6-11 **解:**三相交流电动机的功率因素和效率均与负载的大小有关,电动机接近空载时,功率因素和效率都较低,只有当电动机接近满载工作时,电动机的功率因素和效率才达到较大的数值。

答案:B

7-6-12　解:变压器铁损(P_{Fe})与铁芯磁通量的大小有关,磁通量Φ与电流电压成正比,与负载变化无关,而铜损(P_{CU})的大小与变压器工作用状态(I_1、I_2)的情况有关,变压器有载工作时两种损耗都存在。

答案:C

7-6-13　解:在电动机的继电接触控制电路中,交流接触器具有零压保护作用,热继电器具有过载保护功能,停止按钮的作用是切断或接通电源。

答案:D

7-6-14　解:根据变压器基本关系式,得

$$k=\frac{N_1}{N_2}=\frac{U_1}{U_2}=\frac{I_2}{I_1}$$

可以写出

$$l_2=l_1\frac{N_1}{N_2}$$

答案:B

7-6-15　解:电动机采用△-Y启动时,电动机的启动转矩是额定力矩的1/3,则三角形接法时额定转矩和启动转矩分别是

$$T_{N\triangle}=9550\times\frac{P_N}{n_N}=9550\times\frac{6}{1480}=38.72\text{N}\cdot\text{m}$$

$$T_{N\triangle st}=1.2T_{N\triangle}=46.46\text{N}\cdot\text{m}$$

当采用△-Y启动时,启动转矩时

$$T_{NYst}=1/3T_{N\triangle st}=\frac{46.46}{3}=15.49\text{N}\cdot\text{m}$$

答案:A

7-6-16　解:根据变压器的变化关系,得

$$k=\frac{N_1}{N_2}=\frac{U_1}{U_2}=2$$

$$\frac{U_L}{U_1}=\frac{U_L}{U_2}\cdot\frac{U_2}{U_1}=\frac{1}{2}\times\frac{1}{2}=\frac{1}{4}$$

答案:A

7-6-17　解:①电动机的自然机械特性如图所示。

电动机正常工作时转速运行在Ⓐ Ⓑ段。电机空载转速接近Ⓐ点,当负载增加时转速下降。

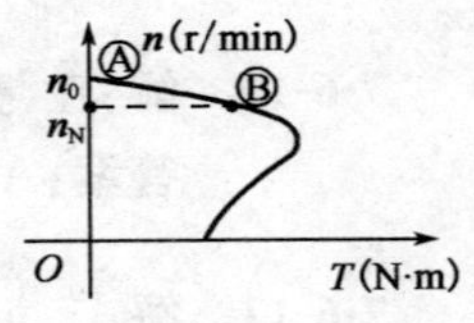

题7-6-17解图

②电动机的转差率公式为

$$s_N=\frac{n_0-n_N}{n_0}\times100\%$$

通常,s为1%～9%,当电机的额定转速$n_N=1450\text{r/min}$时,可判定空载转速$n_0=1500\text{r/min}$。

因此 $s_N = \dfrac{1500-1450}{1500} \times 100\% = 0.033 \times 100\% = 3.3\%$ 。

电动机的空载转差率 s_0 小于额定转差率 s_N。

答案:D

7-6-18　解:该题可以按理想变压器分析(即变压器内部的损耗为 0),则

$$I_{1N}U_{1N} = I_{2N}U_{2N}$$

$$I_{2N} = \frac{U_{1N}I_{1N}}{U_{2N}} = \frac{220 \times 11}{600} = 4.03\text{A} = 4\text{A}$$

答案:B

7-6-19　解:三相交流异步电动机的启动电流与定子电压和转子的电阻和电抗有关,与负载大小无关。

答案:C

7-6-20　解:理想变压器原付边容量可以表示为 $S_{1N}=S_{2N}=10\text{kV}\cdot\text{A}$,又 $P_{2N}=S_{2N}\times\cos\varphi=4400\text{W}$,则接入日光灯盏数 $n=\dfrac{P_{2N}}{40}=110$ 盏。

答案:A

(七)二极管及其应用

7-7-1　(2014,93)二极管应用电路如图 a)所示,电路的激励 u_i 如图 b)所示,设二极管为理想器件,则电路的输出电压 u_o 的平均值 U_o=

A. $\dfrac{10}{\sqrt{2}}\times0.45=3.18\text{V}$

B. $10\times0.45=4.5\text{V}$

C. $-\dfrac{10}{\sqrt{2}}\times0.45=-3.18\text{V}$

D. $-10\times0.45=-4.5\text{V}$

题 7-7-1 图

7-7-2　(2013,93)二级管应用电路如图所示,设二极管 D 为理想器件,$u_i=10\sin\omega t\text{V}$,则输出电压 u_o 的波形为:

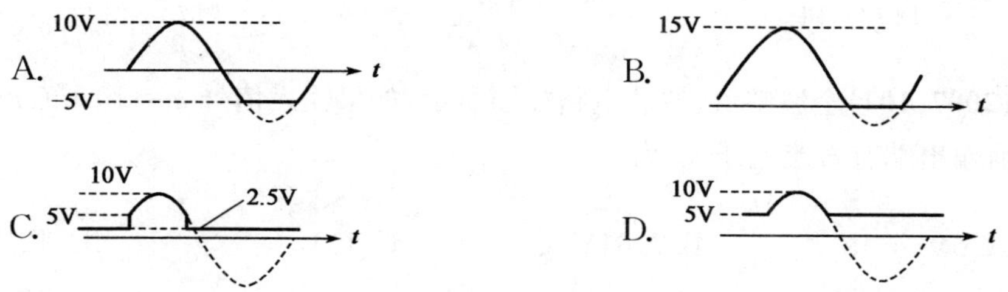

7-7-3 **(2011,93)**图示电路中，$u_i=10\sin\omega t$，二极管 D_2 因损坏而断开，这时输出电压的波形和输出电压的平均值为：

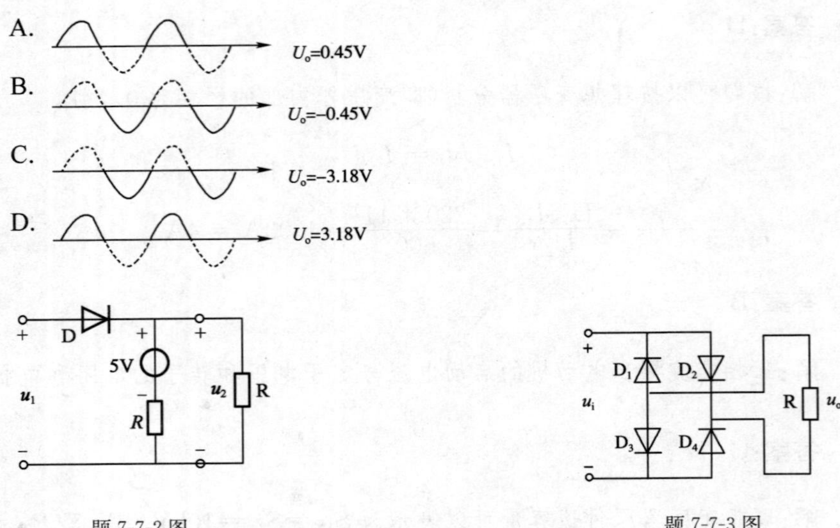

题 7-7-2 图　　　　题 7-7-3 图

7-7-4 **(2009,93)**电路如图所示，D 为理想二极管，$u_i=6\sin\omega t$(V)，则输出电压的最大值 U_{oM} 为：

A. 6V　　　　B. 3V　　　　C. -3V　　　　D. -6V

7-7-5 **(2008,107)**图示电路中，若输入电压 $U_i=10\sin(\omega t+30°)$V，则输出电压的增均值 U_L 为：

A. 3. 18V　　　　B. 5V　　　　C. 6. 36V　　　　D. 10V

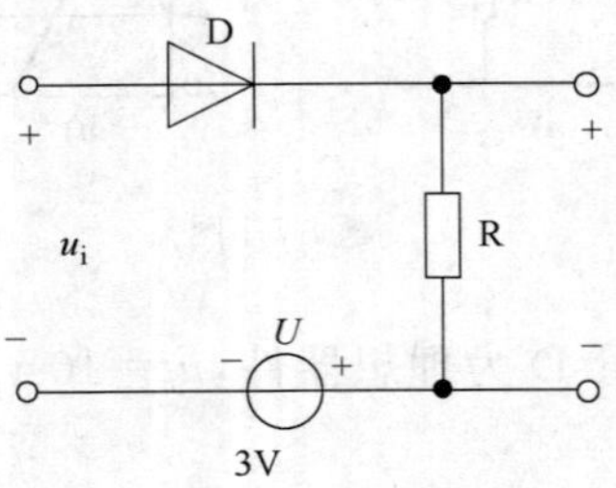

题 7-7-4 图

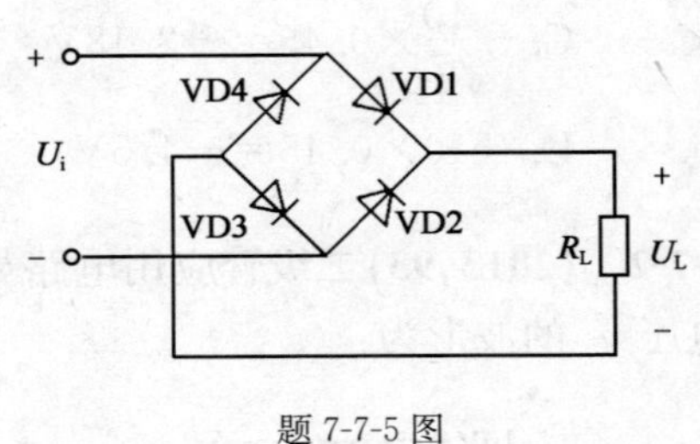

题 7-7-5 图

7-7-6 **(2007,107)**全波整流、滤波电路如图所示，如果输入信号 $u_i=10\sin(\omega t+30°)$V，则开关 S 闭合前输出端有直流电压 u_o 为：

A. 0V　　　　B. 7. 64V　　　　C. 10V　　　　D. 12V

7-7-7 **(2006,107)**图示电路中，设 VD 为理想二极管，输入电压 u_i 按正弦规律变化，则在输入电压的负半周，输出电压为：

A. $u_o=u_i$　　B. $u_o=0$　　C. $u_o=-u_i$　　D. $u_o=\frac{1}{2}u_i$

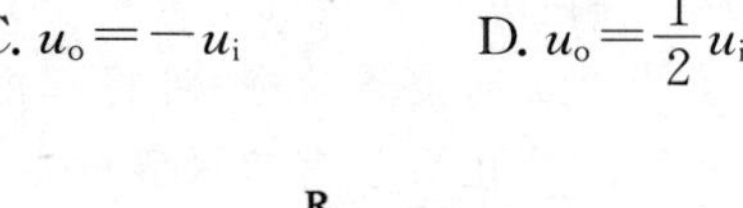

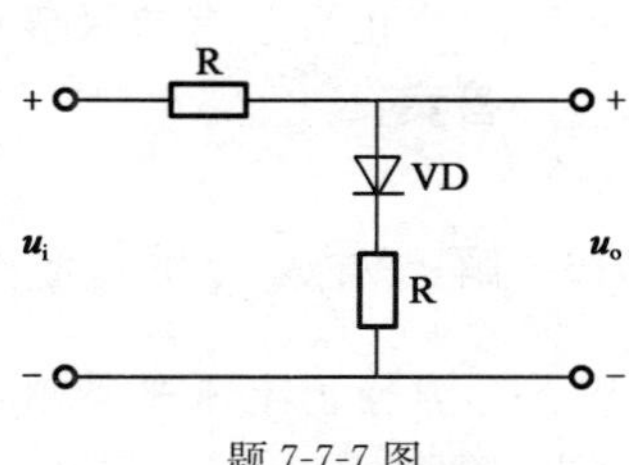

题 7-7-6 图　　题 7-7-7 图

7-7-8　(2005,107)半导体二极管的正向伏安(V-A)特性是一条：

A. 过坐标轴零点的直线

B. 过坐标轴零点，I 随 U 按指数规律变化的曲线

C. 正向电压超过某一数值后才有电流的直线

D. 正向电压超过某一数值后 I 随 U 按指数规律变化的曲线

7-7-9　如果把一个小功率二极管直接同一个电源电压为1.5V、内阻为零的电池实行正向连接，电路如图所示，则后果是该管：

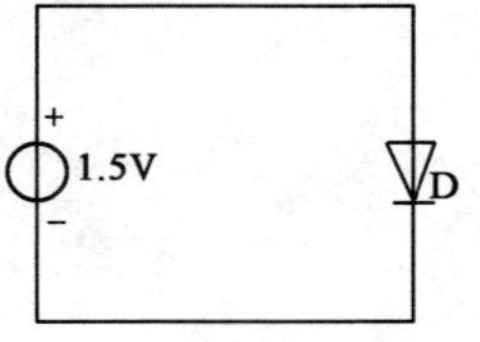

题 7-7-9 图

A. 击穿　　B. 电流为零

C. 电流正常　　D. 电流过大使管子烧坏

题解及参考答案

7-7-1　解：由图示电路分析输出波形如图所示。

$u_i>0$ 时，$u_o=0$；

$u_i<0$ 时，$u_o=u_i$ 为半波整流电路；

$u_o=0.45u_i=0.45\times\frac{-10}{\sqrt{2}}=-3.18\text{V}$

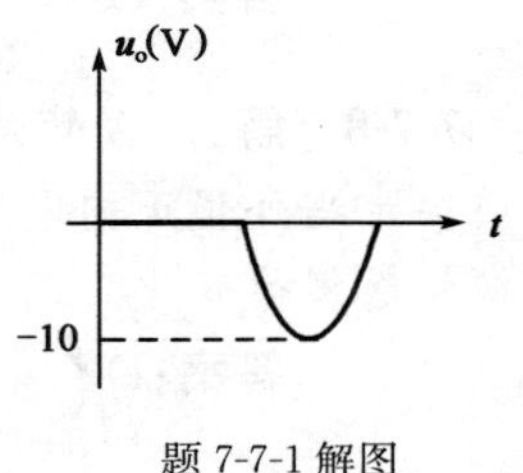

题 7-7-1 解图

答案：C

7-7-2　解：此题为二极管限幅电路，分析二极管电路首先要将电路模型线性化，即：将二极管断开后分析极性(对于理想二极管，如果是正向偏置将二极管短路，否则将二极管断路)，最后按照线性电路理论确定输入和输出信号关系。即：设二极管截止后，求 $V_阳=u_i$；$V_阴=2.5\text{V}$，则：$u_i>2.5\text{V}$ 时，二极管导通，$u_o=u_i$；$u_i<2.5\text{V}$ 时，二极管截止，$u_o=2.5\text{V}$。

答案：C

7-7-3　解：该电路为二极管的桥式整流电路，当 D_2 二极管断开时，电路变为半波整流电路，输入电压的交流有效值和输出直流电压的关系为 $U_o=0.45U_i$，同时根据二极管的导通电流方向可得 $U_o=-3.18\text{V}$。

答案:C

7-7-4 **解:**分析二极管电路的方法,是先将二极管视为断路,判断二极管的端部电压。如果二极管处于正向偏置状态,可将二极管视为短路;如果二极管处于反向偏置状态,可将二极管视为断路。简化后含有二极管的电路已经成为线性电路,用线性电路理论分析可得结果。

答案:B

7-7-5 **解:**该电路为桥式整流电路:$U_L = 0.9U_i = 0.9 \times \frac{10}{\sqrt{2}} = 6.36V$。

其中:U_L 为输出电压平均值,U_i 为输入交流电压有效值。

答案:C

7-7-6 **解:**该电路为全波整流电容滤波电路,当开关 S 闭合前输出端有直流电压 u_o 与输入交流电压 u_i 的有效值 u_i 关系为

$$u_o = \sqrt{2} u_i$$

因此

$$u_o = \sqrt{2} \times \frac{10}{\sqrt{2}} = 10V$$

答案:C

7-7-7 **解:**分析理想二极管电路的电压电流关系时,通常的做法是首先设二极管截止,然后判断二极管的偏置电压。如二极管是正向偏置,可以按二级管短路分析:如果二极管是反偏的,则将二极管用断路模型代替。

此题中,$u_i < 0$,则二极管反向偏置,将其断开,则横向连接的电阻 R 上无压降,$u_0 = u_i$。

答案:A

7-7-8 **解:**二极管是非线性元件,伏安特如解图所示。由于半导体性质决定当外辊正向电压高于某一数值(死区电压 U_{on})以后,电流随电压按指数规律变化。因此,只有答案 D 正确。

答案:D

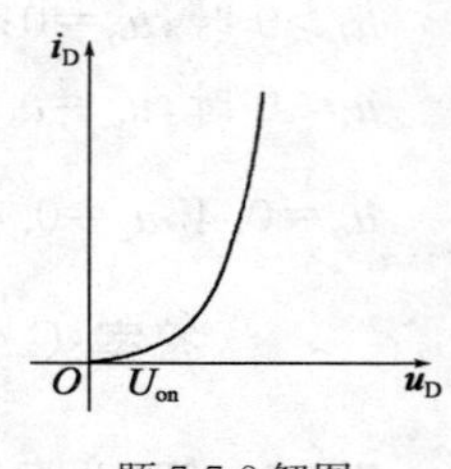

题 7-7-8 解图

7-7-9 **解:**由半导体二极管的单向导电性可知,正常工作时硅材料二极管的正向导通电压是 0.7V,锗材料二极管的导通电压是0.3V,此题中二极管有 1.5V 的电压,将引起过大的工作电流使二极管损坏。

答案:D

(八)三极管及其基本放大电路

7-8-1 **(2013,94)**晶体三极管放大电路如图所示,在进入电容 C_E 之后:

A. 放大倍数变小

B. 输入电阻变大

C. 输入电阻变小，放大倍数变大

D. 输入电阻变大，输出电阻变小，放大倍数变大

7-8-2 **(2010,93)**某晶体管放大电路的空载放大倍数 $A_k=-80$、输入电阻 $r_i=1\mathrm{k}\Omega$ 和输出电阻 $r_o=3\mathrm{k}\Omega$，将信号源（$u_s=10\sin\omega t\mathrm{mV}$，$R_s=1\mathrm{k}\Omega$）和负载（$R_L=5\mathrm{k}\Omega$）接于该放大电路之后（见图），负载电压 u_o 将为：

A. $-0.8\sin\omega t\mathrm{V}$　B. $-0.5\sin\omega t\mathrm{V}$　C. $-0.4\sin\omega t\mathrm{V}$　D. $-0.25\sin\omega t\mathrm{V}$

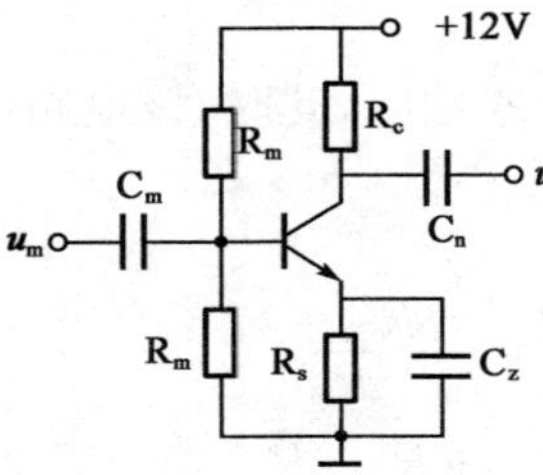

题 7-8-1 图

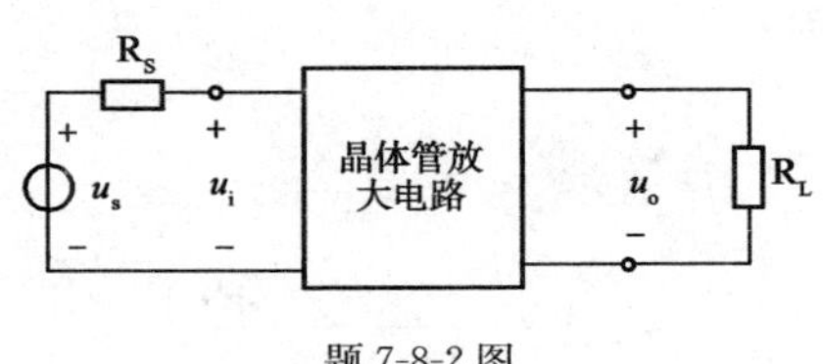

题 7-8-2 图

7-8-3 **(2009,94)**将放大倍数为 1，输入电阻为 100Ω，输出电阻为 50Ω 的射极输出器插接在信号源（u_s，R_s）与负载（R_L）之间，形成图 b）电路，与图 a）电路相比，负载电压的有效值：

A. $U_{L2}>U_{L1}$　　B. $U_{L2}=U_{L1}$

C. $U_{L2}<U_{L1}$　　D. 因为 u_s 未知，不能确定 U_{L1} 和 U_{L2} 之间的关系

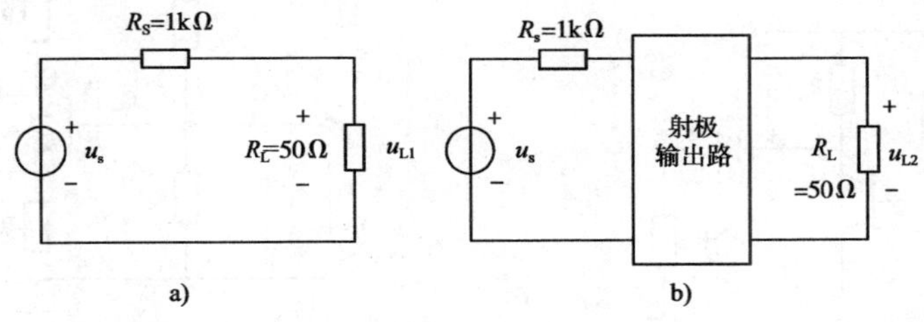

题 7-8-3 图

7-8-4 **(2008,108)**晶体管单管放大电路如图所示，当晶体管工作于线性区时，晶体管的输入电阻为 R_{be}，那么，该放大电电路的输入电阻为：

A. R_{be}　　B. $R_{B1}//R_{B2}//R_{be}$

C. $R_{B1}//R_{B2}//(R_E+R_{be})$　　D. $R_{B1}//R_{B2}//[R_E+(1+\beta)R_{be}]$

7-8-5 **(2007,108)**晶体管单管放大电路如图 a）所示时，其中电阻 R_B 可调，当输入 u_i、输出 u_0 的波形如图 b）所示，输出波形：

A. 出现了饱和失真，应调大 R_B

B. 出现了饱和失真，应调小 R_B

C. 出现了截止失真，应调大 R_B

D. 出现了截止失真，应调小 R_B

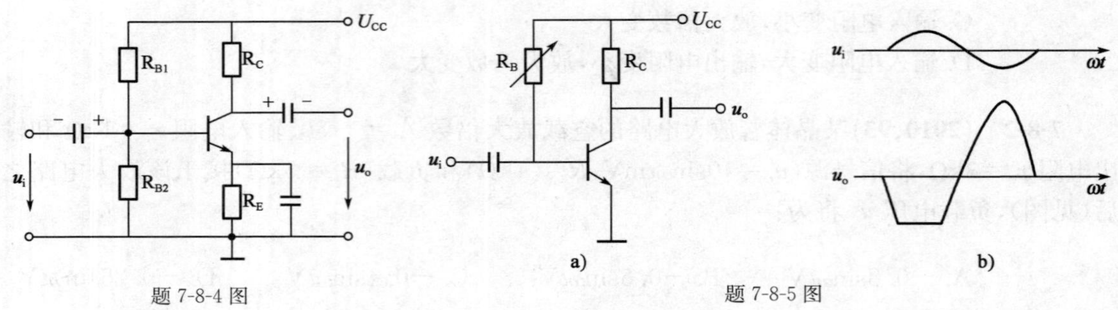

题 7-8-4 图　　　　　　　　　　　　题 7-8-5 图

7-8-6　(2006,108)图示单管放大电路中，设晶体工作于线性区，此时，该电路的电压放大倍数为：

A. $A_u=\dfrac{\beta R_C}{r_{be}}$　　　　B. $A_u=\dfrac{\beta R_C}{r_{be}//R_B}$

C. $A_u=\dfrac{-\beta(R_C//R_L)}{r_{be}}$　　　　D. $A_u=\dfrac{\beta(R_C//R_L)}{r_{be}//R_B}$

7-8-7　(2005,108)如图所示电路中，$R_1=50\text{k}\Omega$，$R_2=10\text{k}\Omega$，$R_E=1\text{k}\Omega$，$R_C=5\text{k}\Omega$，晶体管的 $\beta=60$，静态 $U_{BE}=0.7\text{V}$。静态基极电流 I_B 等于：

A. 0. 0152mA　　B. 0. 0213mA　　C. 0. 0286mA　　D. 0. 0328mA

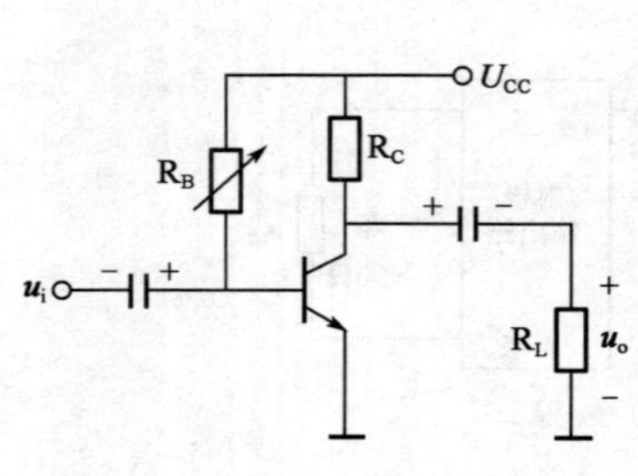

题 7-8-6 图

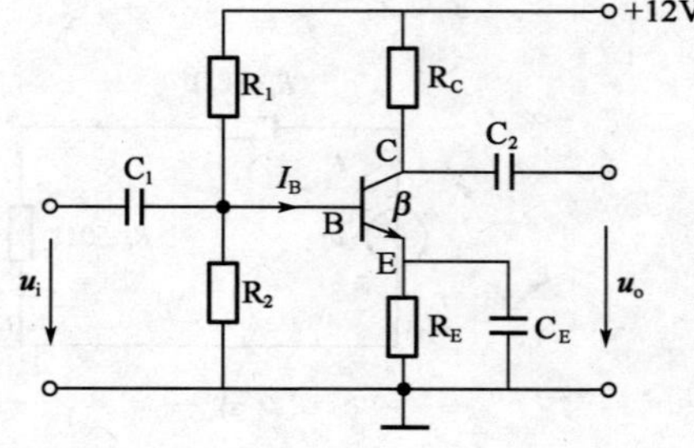

题 7-8-7 图

7-8-8　晶体管非门电路如图所示，已知 $U_{CC}=15\text{V}$，$U_B=-9\text{V}$，$R_C=3\text{k}\Omega$，$R_B=20\text{k}\Omega$，$\beta=40$，当输入电压 $U_1=5\text{V}$ 时，要使晶体管饱和导通，R_X 值不得大于多少？(设 $U_{BE}=0.7\text{V}$，集电极和发射极之间的饱和电压 $U_{CES}=0.3\text{V}$)

A. 7. 1kΩ　　　　B. 35kΩ

C. 3. 55kΩ　　　　D. 17. 5kΩ

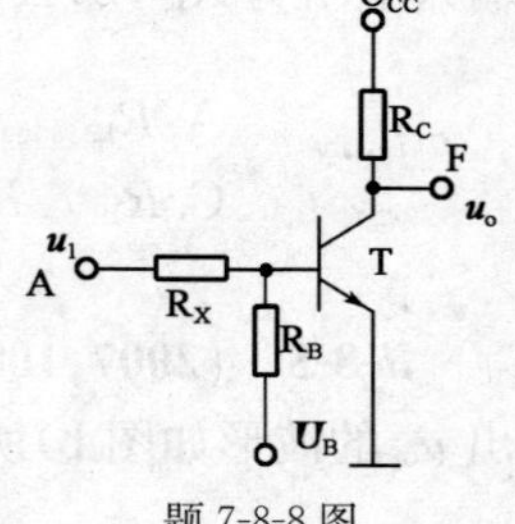

题 7-8-8 图

题解及参考答案

7-8-1　解:根据三极管的微变等效电路分析可见，增加电容 C_E 以后，在动态信号作用下，发射极电阻被电容短路。放大倍数提高，输入电阻减小。

答案：C

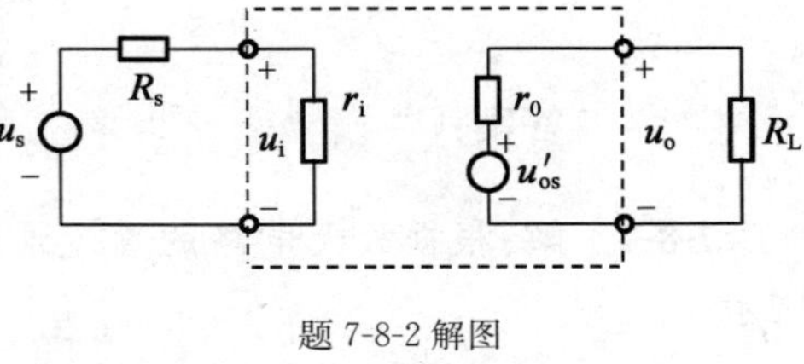

题 7-8-2 解图

7-8-2 解：首先应清楚放大电路中输入电阻和输出电阻的概念，然后将放大电路的输入端等效成一个输入电阻，输出端等效成一个等效电压源（如图所示），最后用电路理论计算可得结果。

其中：$u_i=\dfrac{r_i}{R_s+r_i}=u_s$；$u_{os}=A_k u_i$；$u_o=\dfrac{R_L}{r_o+R_L}u_{os}$。

答案：D

7-8-3 解：理解放大电路输入电阻和输出电阻的概念，利用其等效电路计算可得结果。

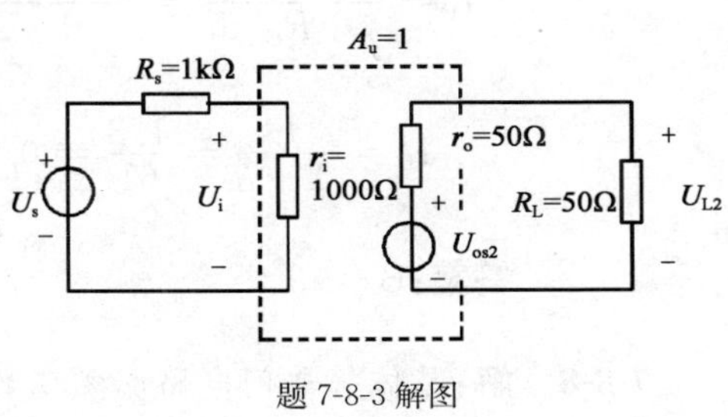

题 7-8-3 解图

图 a)：$U_{L1}=\dfrac{R_L}{R_s+R_L}U_s=\dfrac{50}{1000+50}U_s=\dfrac{U_s}{21}$

图 b)：等效电路图

$u_i=u_s\ \dfrac{r_i\cdot u_s}{r_i+R_s}=\dfrac{U_s}{11}$

$U_{os2}=A_u U_i=\dfrac{U_s}{11}$

$U_{L2}=\dfrac{R_L}{R_L+r_o}U_{os2}=\dfrac{U_s}{22}$

所以 $U_{L2}<U_{L1}$

答案：C

7-8-4 解：画出放大电路的微变等效电路如解图所示。

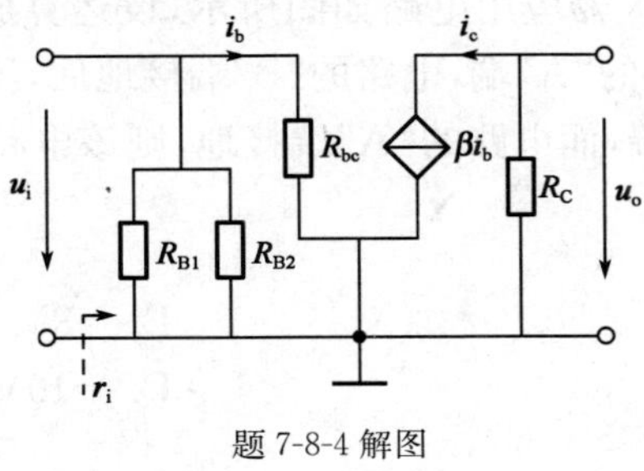

题 7-8-4 解图

可见该电路的输入电阻为

$$r_i = R_{be}//R_{B1}//R_{B2}$$

答案：B

7-8-5 解：根据放大电路的输出特征曲线分析可知，该反相放大电路出现了饱和失真，原因是静态工作点对应的基极电流 I_{BQ} 过大，可以加大 R_B 电阻的数值。

答案：A

7-8-6 解：该电路为固定偏置放在电路，放大倍数

$$A_u = \frac{-\beta(R_C//R_L)}{\gamma_{be}}$$

答案:C

7-8-7 **解**:根据放大电路的直流通道分析,直流通道如解图所示。

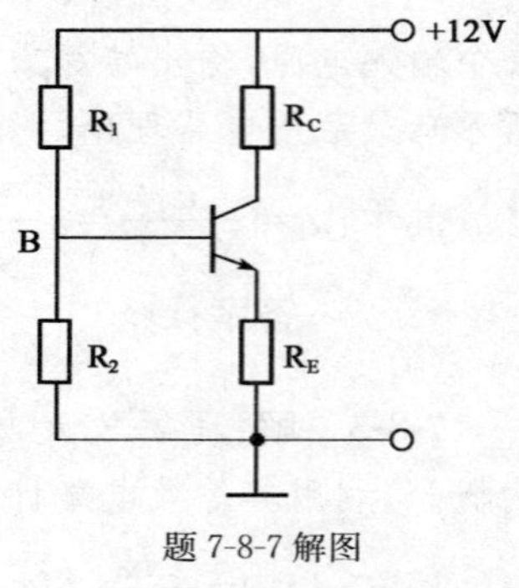

题 7-8-7 解图

$$U_B = \frac{R_2}{R_1+R_2}\times 12 = \frac{10}{50+10}\times 12 = 2V$$

$$I_E = \frac{U_B - U_{BE}}{R_E} = \frac{2-0.7}{1} = 1.3mA$$

$$I_B = \frac{I_E}{1+\beta} = \frac{1.3}{61} = 0.0213mA$$

答案:B

7-8-8 **解**:晶体管非门电路必须工作在饱和或截止状态,根据晶体三极管工作状态的判断条件,当晶体管处于饱和状态时,基极电流与集电极电流的关系是:$I_B > I_{BS} = \frac{1}{\beta}I_{CS} = \frac{1}{\beta}\left(\frac{U_{CC}-U_{CES}}{R_C}\right)$,$I_B = \frac{U_1-U_{BE}}{R_X} - \frac{U_{BE}-U_B}{R_B}$。

答案:A

(九)集成运算放大器

7-9-1 **(2014,94)**运算放大器应用电路如图所示,设运算放大器输出电压的极限值为±11V,如果将 2V 电压接入电路的"A"端,电路的"B"端接地后,测得输出电压为−8V,那么,如果将 2V 电压接入电路的"B"端,而电路的"A"端接地,则该电路的输出电压 u_o 等于:

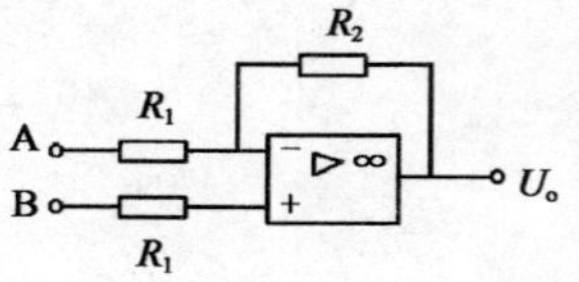

A. 8V　　　　B. −8V

C. 10V　　　　D. −10V

题 7-9-1 图

7-9-2 **(2011,94)**图 a)所示运算放大器的输出与输入之间的关系如图 b)所示,若 $u_i = 2\sin\omega t$mV,则 u_o 为:

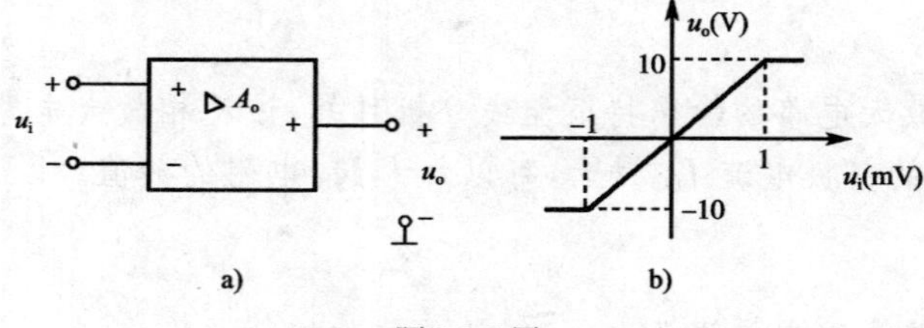

题 7-9-2 图

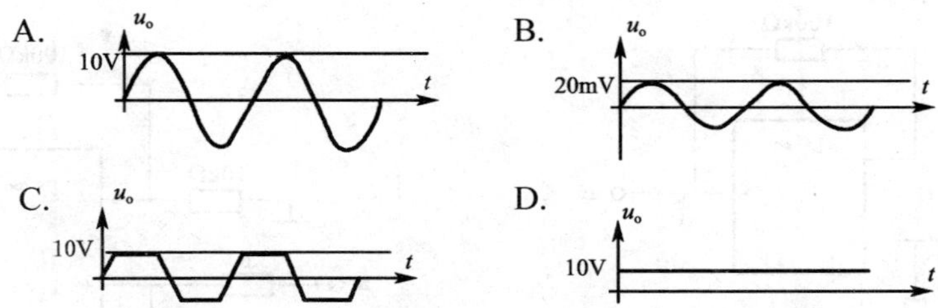

7-9-3 **(2010,94)**将运算放大器直接用于两信号的比较，如图 a)所示，其中，$u_a=-1\text{V}$，u_a 的波形由图 b)给出，则输出电压 u_o 等于：

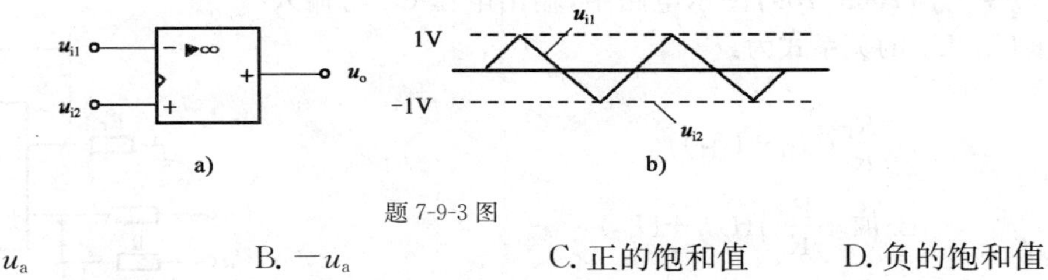

题 7-9-3 图

A. u_a　　B. $-u_a$　　C. 正的饱和值　　D. 负的饱和值

7-9-4 **(2008,109)**运算放大器应用电路如图所示，在运算放大器线性工作用区，输出电压与输入电压之间的运算关系是：

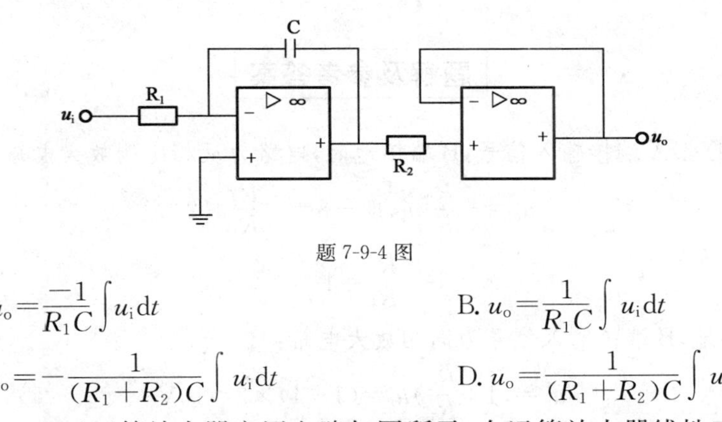

题 7-9-4 图

A. $u_o=\frac{-1}{R_1C}\int u_i\mathrm{d}t$　　B. $u_o=\frac{1}{R_1C}\int u_i\mathrm{d}t$

C. $u_o=-\frac{1}{(R_1+R_2)C}\int u_i\mathrm{d}t$　　D. $u_o=\frac{1}{(R_1+R_2)C}\int u_i\mathrm{d}t$

7-9-5 **(2007,109)**运算放大器应用电路如图所示，在运算放大器线性工作区，输出电压与输入电压之间的运算的关系是：

A. $u_o=10(u_1-u_2)$　　B. $u_o=10(u_2-u_1)$

C. $u_o=-10u_1+11u_2$　　D. $u_o=10u_1-11u_2$

7-9-6 **(2006,109)**运算放大器应用电路如图所示，在运算放大器线性工作区，输出电压与输入电压之间的运算关系是：

A. $u_o=-10u_i$　　B. $u_o=10u_i$

C. $u_o=11u_i$　　D. $u_o=+5.5u_i$

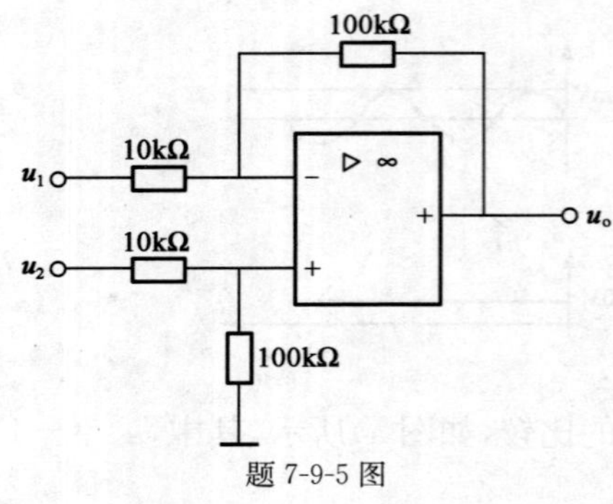

题 7-9-5 图

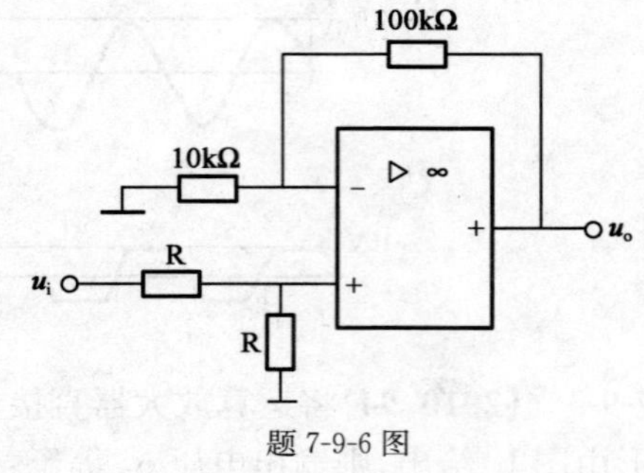

题 7-9-6 图

7-9-7 (**2005,109**)图示电路中，输出电压 U_o 与输入电压 U_{11}、U_{12} 的关系式为：

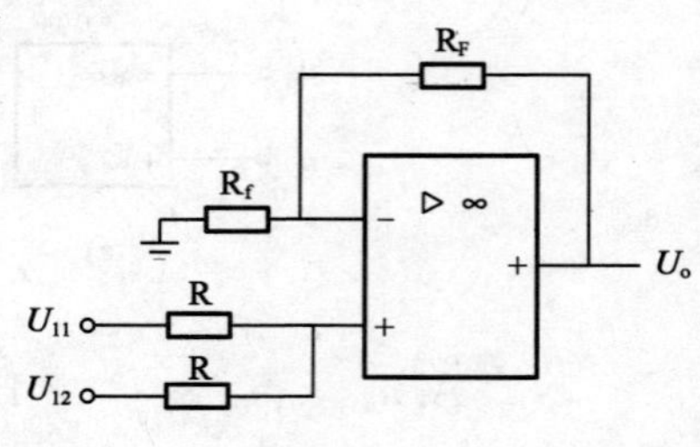

题 7-9-7 图

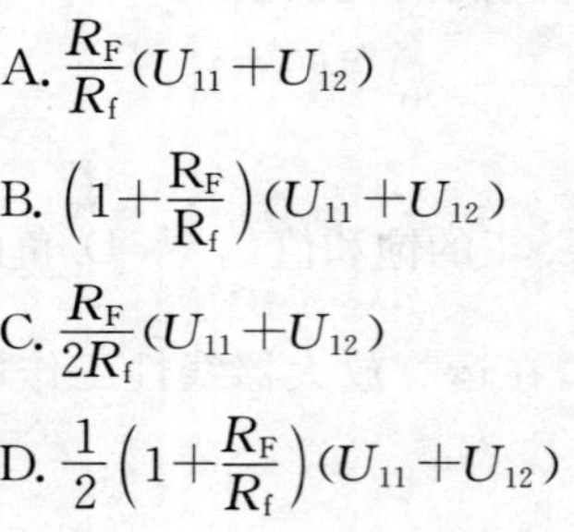

A. $\frac{R_F}{R_f}(U_{11}+U_{12})$

B. $\left(1+\frac{R_F}{R_f}\right)(U_{11}+U_{12})$

C. $\frac{R_F}{2R_f}(U_{11}+U_{12})$

D. $\frac{1}{2}\left(1+\frac{R_F}{R_f}\right)(U_{11}+U_{12})$

题解及参考答案

7-9-1 **解**:①当 A 端接输入信号，B 端接地时，电路为反相比例放大电路：

$$u_o=-\frac{R_2}{R_1}u_i\text{，即}-8=-\frac{R_2}{R_1}\times 2$$

得

$$\frac{R_2}{R_1}=4$$

②如 A 端接地，B 端接输入信号为同相放大电路：

$$u_o=(1+\frac{R_2}{R_1})u_i=(1+4)\times 2=10\text{V}$$

答案:C

7-9-2 **解**:由图可以分析，当信号 $|u_i(t)|\leqslant 2\text{V}$ 时，放大电路工作在线性工作区，$u_o(t)=5u_i(t)$；当信号 $|u_i(t)|\geqslant 2\text{V}$ 时，放大电路工作在非线性工作区，$u_o(t)=\pm 10\text{V}$；输入信号 $u_i(t)$ 最大值为 2V，则有一部分工作区进入非线性区。

答案:D

7-9-3 **解**:该电路是电压比较电路。当反向输入信号 u_{i1} 大于基准信号 u_{i2} 时，输出为负的饱和值，当 u_{i1} 小于基准信号 u_{i2} 时，输出为正的饱和值。

答案:D

7-9-4　解:该题为两级放大电路,第一级为积分器

$$u_{o1}=-\frac{1}{R_1C}\int u_i\mathrm{d}t$$

第二级是电压跟随电路

$$u_o=u_{o1}$$

因此

$$u_o=-\frac{1}{R_1C}\int u_i\mathrm{d}t$$

答案:A

7-9-5　解:

$$u_o=u_{o1}+u_{o2}=-\frac{100}{10}u_1+\left(\frac{1+100}{10}\right)\frac{100}{10+100}u_2=-10u_1+\frac{110}{10}\times\frac{100}{110}u_2$$
$$=-10u_1+10u_2=-10(u_1-u_2)$$

答案:B

7-9-6　解:该电路是同相比例放大电路,分析时注意同相端电阻的作用。

$$u_+=\frac{R}{R+R}u_i=\frac{1}{2}u_i$$

$$u_o=\left(1+\frac{100}{10}\right)\frac{R}{R+R}u_i=11\times\frac{1}{2}u_i=5.5u_i$$

答案:D

7-9-7　解:

因为

$$U_o=\left(1+\frac{R_F}{R_f}\right)u_+$$

$$U_+=\frac{R}{R+R}u_{i1}+\frac{R}{R+R}u_{i2}=\frac{1}{2}(u_{i1}+u_{i2})$$

所以

$$U_o=\left(1+\frac{R_F}{R_f}\right)\frac{u_{i1}+u_{i2}}{2}$$

答案:D

(十)数字电路

7-10-1　(2014,95)图 a)所示电路中,复位信号 $\overline{R}_D$,信号 A 及时钟脉冲信号 CP 如图 b)所示,经分析可知,在第一个和第二个时钟脉冲的下降沿时刻,输出 Q 分别等于:

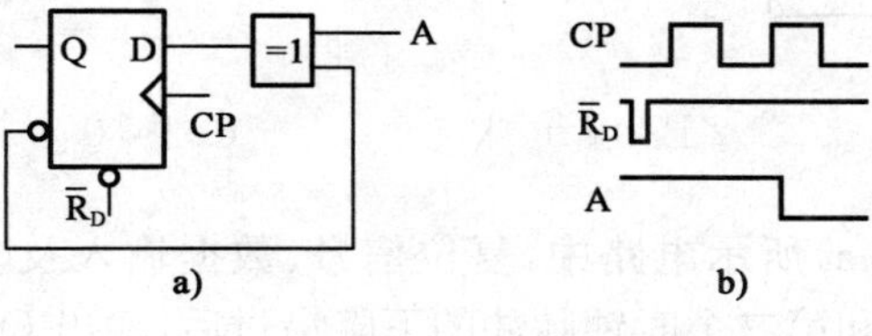

题 7-10-1 图

附：触发器的逻辑状态表为：

D	Q_{n+1}
0	0
1	1

A. 0　0　　B. 0　1　　C. 1　0　　D. 1　1

7-10-2　**(2014,96)**图 a)所示电路中，复位信号、数据输入及时时钟脉冲信号如图 b)所示，经分析可知，在第一下和第二个时钟脉冲的下降沿过后，输出 Q 分别等于：

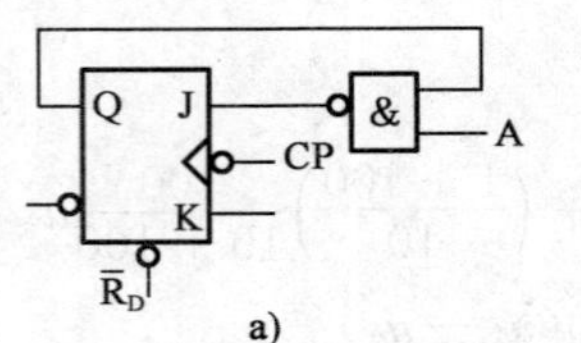

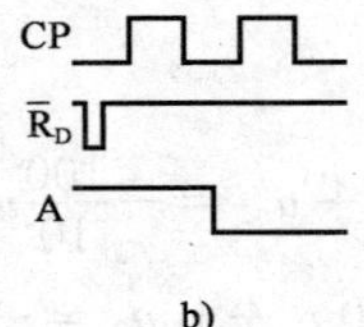

题 7-10-2 图

附：触发器的逻辑状态表为：

J	K	Q_{n+1}
0	0	Q_D
0	1	0
1	0	1
1	1	$\overline{Q}_D$

A. 0　0　　B. 0　1　　C. 1　0　　D. 1　1

7-10-3　**(2013,95)**图 a)所示电路中，复位信号 $\overline{R}_D$，信号 A 及时钟脉冲信号 CP 如图 b)所示，经分析可知，在第一个和第二个时钟脉冲的下降沿时刻，输出 Q 分别等于：

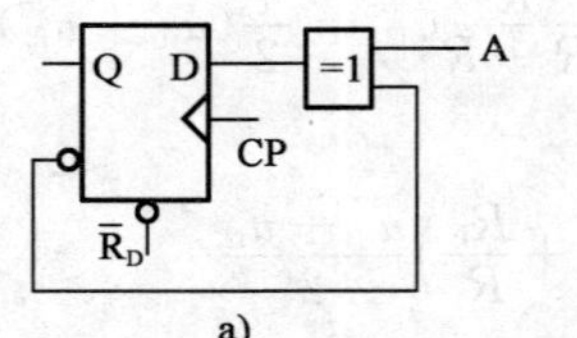

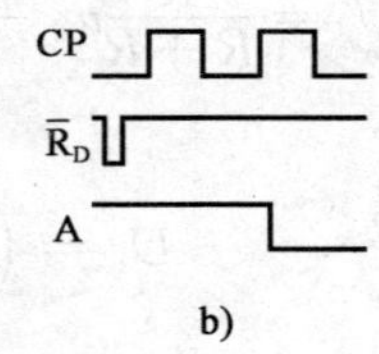

题 7-10-3 图

附：触发器的逻辑状态表为：

D	Q_{n+1}
0	0
1	1

A. 0　0　　B. 0　1　　C. 1　0　　D. 1　1

7-10-4　**(2013,96)**图 a)所示电路中，复位信号、数据输入及时时钟脉冲信号如图 b)所示，经分析可知，在第一个和第二个时钟脉冲的下降沿过后，输出 Q 分别等于：

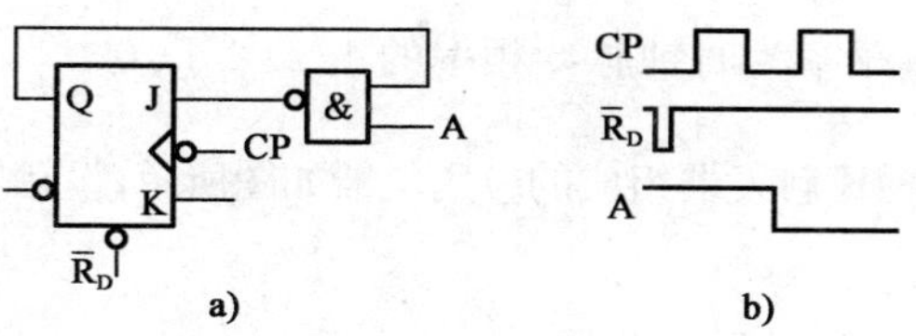

题 7-10-4 图

附:触发器的逻辑状态表为:

J	K	Q_{n+1}
0	0	Q_D
0	1	0
1	0	1
1	1	$\overline{Q}_D$

A. 0　0　　B. 0　1　　C. 1　0　　D. 1　1

7-10-5　(2011,95)基本门如图 a)所示,其中,数字信号 A 由图 b)给出,那么,输出 F 为:

A. 1

B. 0

C.

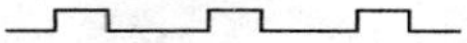

D.

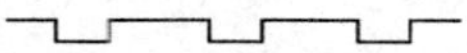

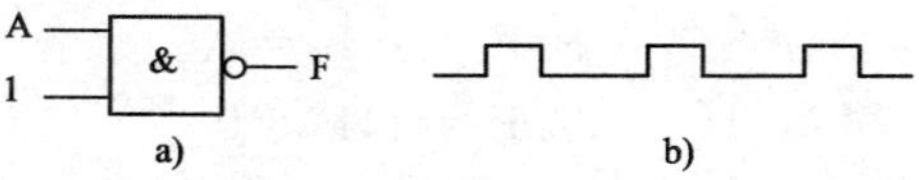

A
1
&
F
a)
b)

题 7-10-5 图

7-10-6　(2011,96)JK 触发器及其输入信号波形如图所示,那么,在 $t=t_0$ 和 $t=t_1$ 时刻,输出 Q 分别为:

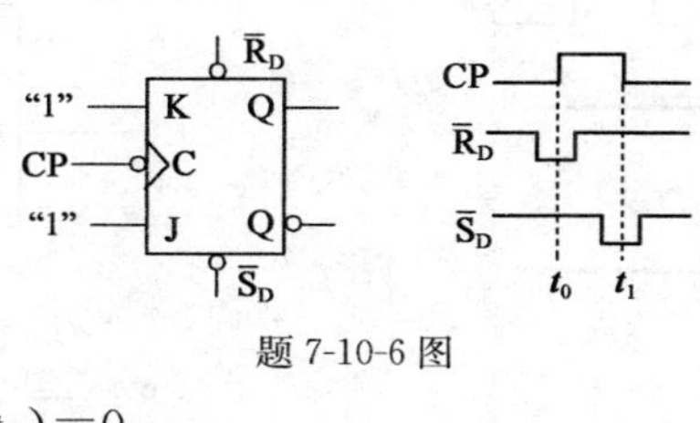

题 7-10-6 图

A. $Q(t_0)=1, Q(t_1)=0$

B. $Q(t_0)=0, Q(t_1)=1$

C. $Q(t_0)=0, Q(t_1)=0$

D. $Q(t_0)=1, Q(t_1)=1$

7-10-7　(2010,95)D 触发器的应用电路如图所示,设输出 Q 的初值为 0,那么,在时钟脉冲 CP 的作用下,输出 Q 为:

A. 1　　　　　　　　　　　　　　　　　　B. CP

C. 脉冲信号，频率为时钟脉冲频率的 1/2　　D. 0

7-10-8　**(2010,96)** 由 JK 触发器组成的应用电器如图所示，设触发器的初值都为 0，经分析可知是一个：

A. 同步二进制加法计算器

B. 同步四进制加法计算器

C. 同步三进制加法计算器

D. 同步三进制减法计算器

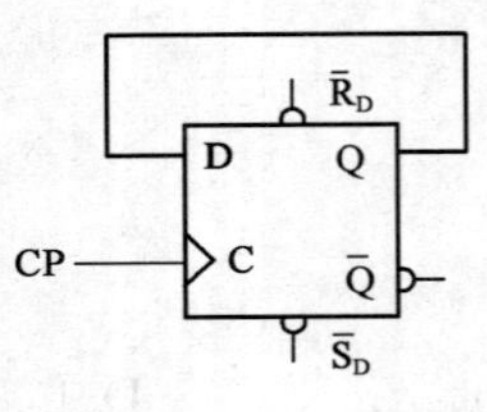

题 7-10-7 图

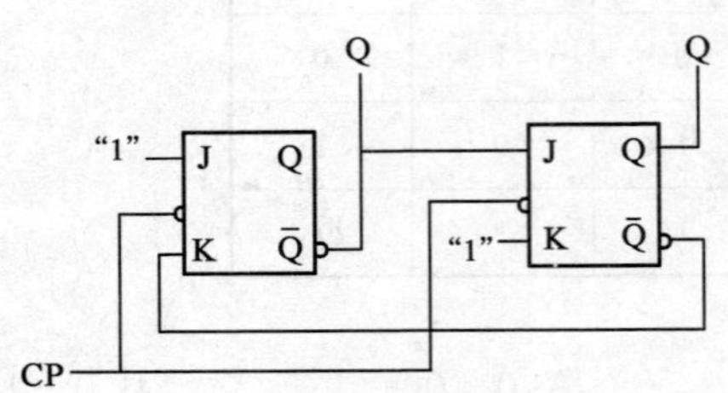

题 7-10-8 图

7-10-9　**(2009,95)** 数字信号 B=1 时，图示两种基本门的输出分别为：

A. $F_1=A, F_2=1$

B. $F_1=1, F_2=A$

C. $F_1=1, F_2=0$

D. $F_1=0, F_2=A$

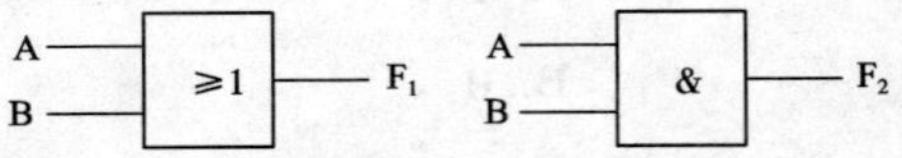

题 7-10-9 图

7-10-10　**(2009,96)** JK 触发器及其输入信号波形图如图所示，该触发器的初值为 0，则它的输出 Q 为：

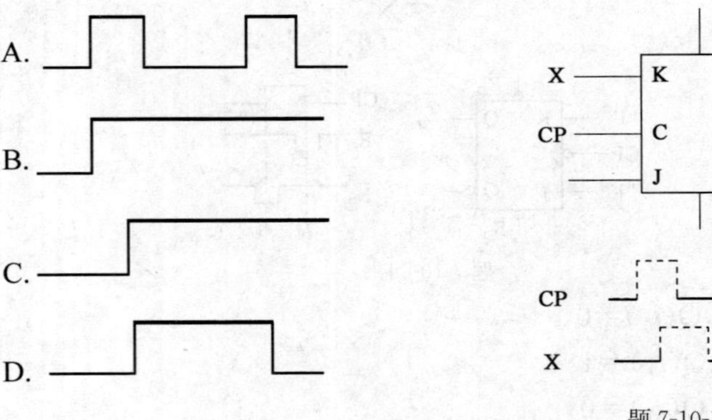

题 7-10-10 图

7-10-11　**(2008,110)** 如图所示电路中，Q_1、Q_0 的原始状态为"11"当送入两个脉冲后的新状态为：

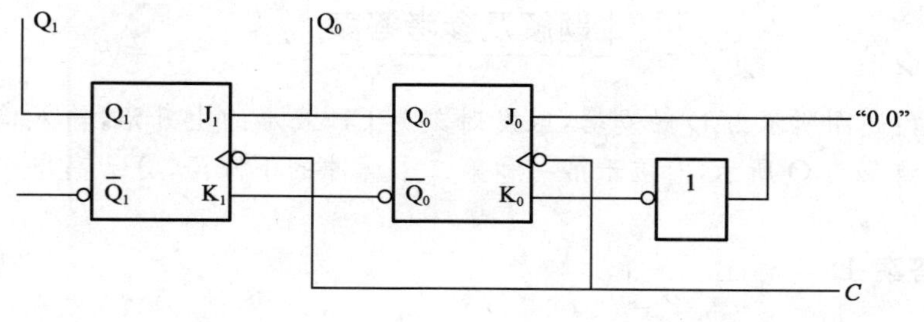

题 7-10-11 图

A. "00"　　B. "0 1"　　C. "11"　　D. "1 0"

7-10-12　**(2007,110)**图示电路具有：

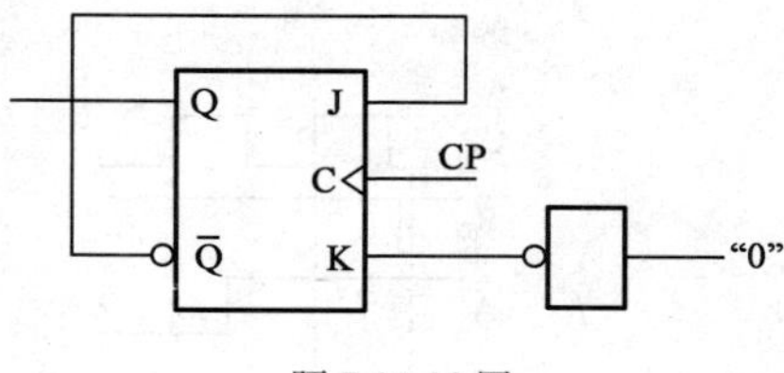

题 7-10-12 图

A. 保持功能

B. 置"0"功能

C. 置"1"功能

D. 计数功能

7-10-13　**(2006,110)**逻辑图和输入 A、B 的波形如图所示，分析当输出 F 为"1"时刻应是：

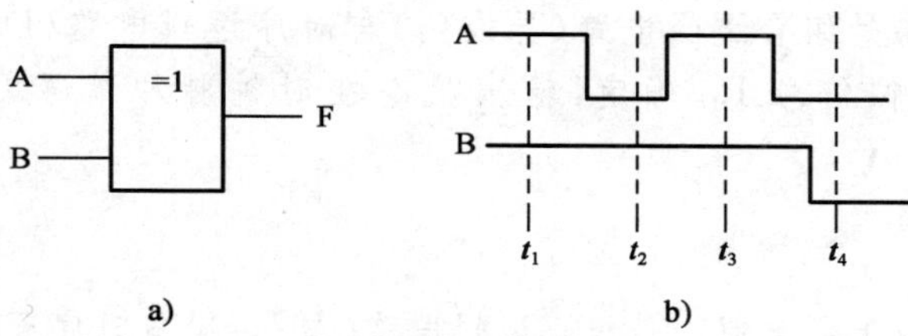

题 7-10-13 图

A. t_1　　B. t_2

C. t_3　　D. t_4

7-10-14　**(2005,110)**图示电路中，二极管视为理想元件，即正向电压降为零，反向电阻为无穷大。三极管的 $\beta=100$。输入信号 U_A、U_B 的高电平是 3.5V，(逻辑 1)，低电平是 0.3V(逻辑 0)，若该电路的输出电压 U_0 为电压平时定为逻辑 1，图示电路应为：

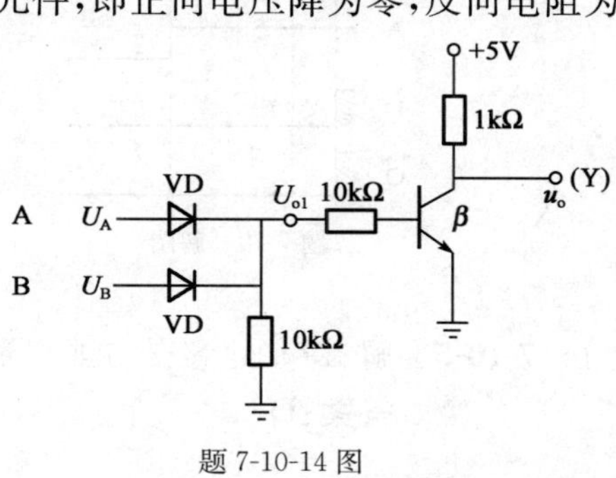

题 7-10-14 图

A. 与门

B. 与非门

C. 或门

D. 或非门

题解及参考答案

7-10-1　解:题图所示为D触发器,触发时刻为CP波形的上升沿,输入信号D=A,输出波形为Q所示,对应于第一和第二个脉冲的下降沿,Q为高电平“1”。

答案:D

7-10-2　解:图示为J-K触发器和与非门的组合,触发时刻为CP脉冲的下降沿,触发器输入信号为:$J=\overline{Q\cdot A}$,K=“0”。

输出波形为Q所示。两个脉冲的下降沿后Q为高电平。

答案:D

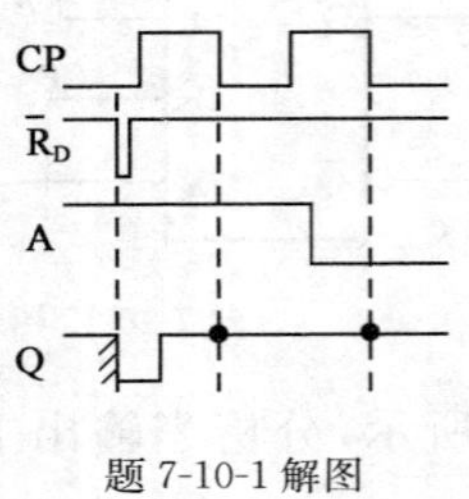

题7-10-1解图

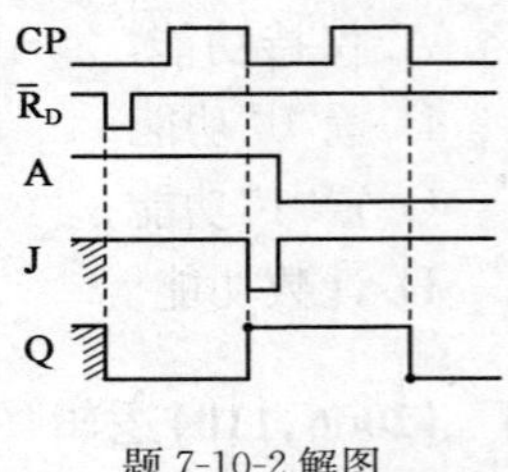

题7-10-2解图

7-10-3　解:此电路是组合逻辑电路(异或门)与时序逻辑电路(D触发器)的组合应用,电路的初始状态由复位信号R_D确定,输出状态在时钟脉冲信号CP的上升沿触发。$D=A\oplus\overline{Q}$。

答案:A

7-10-4　解:此题与上题类似。是组合逻辑电路(与非门)与时序逻辑电路(JK触发器)的组合应用,输出状态在时钟脉冲信号CP的下降沿触发。$J=\overline{Q\cdot A}$,K=1。

答案:C

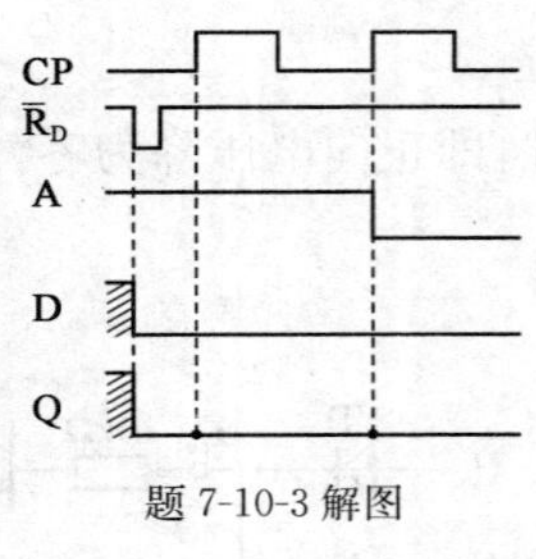

题7-10-3解图

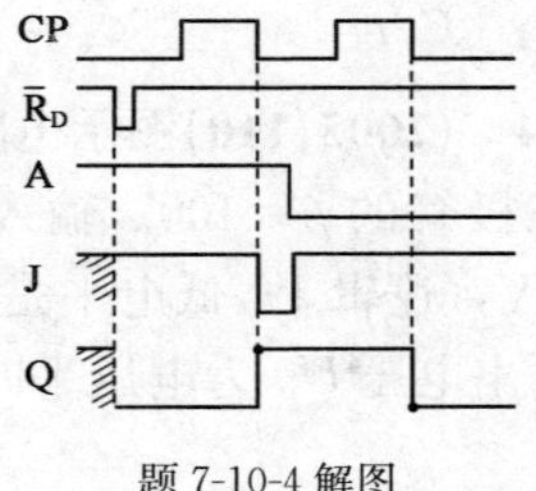

题7-10-4解图

7-10-5　解:图a)电路是与非门逻辑电路,$F=\overline{A}$(注:A·1=A)。

答案:D

7-10-6　解:图示电路是下降沿触发的JK触发器,$\overline{R}_D$是触发器的异步清零端,由触发器的逻辑功能分析即可得答案。

答案:B

7-10-7 **解**:该电路是D触发器,这种连接方法构成保持状态:$Q_{n+1}=D=Q_n$。

答案:D

7-10-8 **解**:该题为两个J-K触发器构成的计数器,可列表分析,输出端经三个时钟脉冲完成一次循环,但无增1或减1规律。可见该电路是同步三进制计数器。

答案:C

7-10-9 **解**:左边电路是或门,$F_1=A+B$;右边电路是与门,$F_2=A\cdot B$。根据逻辑电路的基本关系即可得到答案B。

答案:B

7-10-10 **解**:图示电路是电位触发的JK触发器。当CP在上升沿时,触发器取输入信号JK。触发器的状态由JK触发器的功能表(略)确定。

答案:B

7-10-11 **解**:该电路为时序逻辑电路,具有移位、存贮功能、两个脉冲过后的新状态为$Q_1Q_0=00$

答案:A

7-10-12 **解**:JK触发器的功能表分析,该电路$K=1,J=\overline{Q}$。

当$Q=0,\overline{Q}=1=J$时,输出端Q的下一个状态为1;当$Q=1,\overline{Q}=0=J$时,输出端Q的状态为0,即$Q_{n+1}=\overline{Q}_n$,所以该电路有计数功能。

答案:D

7-10-13 **解**:该电路这异或门电路,逻辑关系为

$$F=\overline{A}\overline{B}+\overline{A}B$$

当$t=t_2$时,A=0,B=1,F=1,其余时刻F均为0。

答案:B

7-10-14 **解**:当U_A或U_B中有高电位时,u_{o1}输出高电位,u_{o1}与U_A、U_B符合或门逻辑电路。u_o与u_{o1}的电位关系符合非门逻辑,因此,该电路的输出与输入之间有或非逻辑。电位分析如解表1和解表2所示。

题7-10-14解表1

U_A	U_B	U_o
0.3V	0.3V	5V
0.3V	3.5V	0.3V
3.5V	0.3V	0.3V
3.5V	3.5V	0.3V

题 7-10-14 解表 2

A	B	Y
0	0	1
0	1	0
1	0	0
1	1	0

答案:D

八、信号与信息技术

复习指导

目前，信号与信息技术正处于快速发展阶段，内容涉及面广，主要包括计算机基础知识、电路电子技术、信息通信技术等。但是，具体来讲，该部分内容正是目前工程技术人员在工作中经常用到的知识。复习的重点是信息技术应用的系统化、规范化。

根据“考试大纲”的要求，本次复习应该注意以下几项内容：

1. 信息、消息与信号的概念

信息、消息和信号之间的关系，是借助于信号形式，传送信息，使受信者从所得到的消息中获取信息。

2. 信号的分类

要搞清楚信号的概念：什么是确定性信号和随机信号、连续信号和离散信号，特别要搞清楚模拟信号和数字信号形式上的不同，并区别它们的不同表示方法。

3. 模拟信号的描述

在信号分析中不仅可以从时域考虑问题，而且还可以从频域考虑问题。在复习本部分内容时，一般是以正弦函数为基本信号，分析常用的周期和非周期信号的一些基本特性以及信号在系统中的传输问题。抓住基本概念，即周期信号频谱的离散性、谐波性和收敛性。

频谱分析是模拟信号分析的重要方法，也是模拟信号处理的基础，在工程中有着重要的应用。

要了解模拟信号滤波、模拟信号变换、模拟信号识别的知识。

数字电子信号的处理采用了与模拟信号不同的方式，电子器件的工作状态也不同。数字电路的工作信号是二值信号，要用它来表示数并进行数的运算，就必须采取二进制形式表示。复习内容主要包括：

(1)了解数字信号的数制和代码，掌握几种常用进制表示，数制转换、数字信号的常用代码。

(2)搞清楚算术运算和逻辑运算的特点和区别，逻辑函数化简处理后能突显其内在的逻辑关系，通常还可以使硬件电路结构简单。

(3)了解数字信号的符号信息处理方法，数字信号的存储技术，模拟信号与数字信号的互换知识。

数字信号是信息的编码形式，可以用电子电路或电子计算机方便、快速地对它进行传输、存储和处理。因此，将模拟信号转换为数字信号，或者说用数字信号对模拟信号进行编码，从而将模拟信号问题转化为数字信号问题加以处理，是现代信息技术中的重要内容。

练习题、题解及参考答案

（一）基本概念

8-1-1 **（2014，87）**图示电路的任意一个输出端，在任意时刻都只出现 0V 或 5V 这两个电压值（例如，在$t=t_0$ 时刻获得的输出电压从上到下依次为 5V，0V，5V，0V），那么该电路的输出电压：

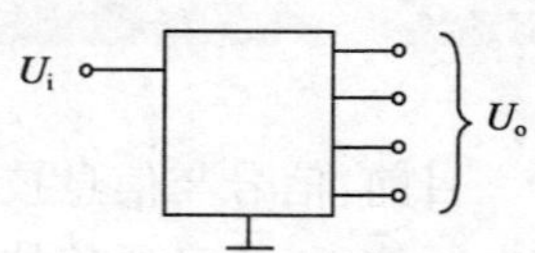

题 8-1-1 图

A. 是取值离散的连续时间信号
B. 是取值连续的离散时间信号
C. 是取值连续的连续时间信号
D. 是取值离散的离散时间信号

8-1-2 **（2014，89）**模拟信号经线性放大器放大后，信号中被改变的量是：

A. 信号的频率　　B. 信号的幅值频谱
C. 信号的相位频谱　　D. 信号的幅值

8-1-3 **（2013，87）**关于信号与信息，如下几种说法中正确的是：

A. 电路处理并传输电信号
B. 信号和信息是同一概念的两种表述形式
C. 用“1”和“0”组成的信息代码“1001”只能表示数量“5”
D. 信息是看得到的，信号是看不到的

8-1-4 **（2010，87）**信息可以以编码的方式载入：

A. 数字信号之中　　B. 模拟信号之中
C. 离散信号之中　　D. 采样保持信号之中

8-1-5 **（2010，89）**某电压信号随时间变化的波形图如图所示，该信号应归类于：

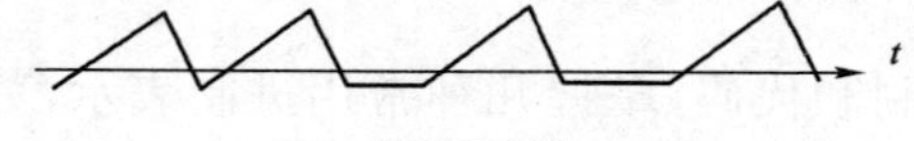

题 8-1-5 图

A. 周期信号　　B. 数字信号　　C. 离散信号　　D. 连续时间信号

8-1-6 **（2010，90）**非周期信号的幅度频谱是：

A. 连续的　　B. 离散的，谱线正负对称排列
C. 跳变的　　D. 离散的，谱线均匀排列

8-1-7 **(2010,91)**图 a)所示电压信号波形经电路 A 变换成图 b)波形,再经电路 B 变换成图 c)波形,那么,电路 A 和电路 B 应依次选用:

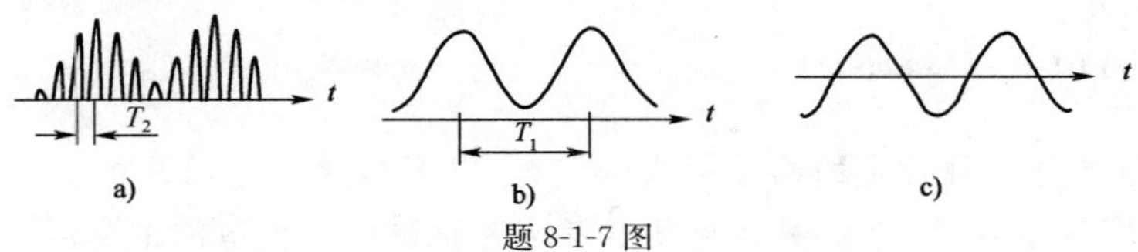

题 8-1-7 图

A. 低通滤波器和高通滤波器　　B. 高通滤波器和低通滤波器

C. 低通滤波器和带通滤波器　　D. 高通滤波器和带通滤波器

8-1-8 **(2009,87)**在如下关系信号和信息的说法中,正确的是:

A. 信息含于信号之中

B. 信号含于信息之中

C. 信息是一种特殊的信号

D. 同一信息只能承载在一种信号之中

8-1-9 信息与消息和信号意义不同,但三者又是互相关联的概念,信息指受信者预先不知道的新内容。下列对于信息的描述正确的是:

A. 信号用来表示信息的物理形式,消息是运载消息的工具

B. 信息用来表示消息的物理形式,信号是运载消息的工具

C. 消息用来表示信号的物理形式,信息是运载消息的工具

D. 消息用来表示信息的物理形式,信号是运载消息的工具

8-1-10 信号、信息和媒体三者的关系可以比喻为:

A. 信息是货,信号是路,媒体是车

B. 信息是车,信号是货,媒体是路

C. 信息是货,信号是车,媒体是路

D. 信息是路,信号是车,媒体是货

题解及参考答案

8-1-1 **解:**自变量在整个连续区间内都有定义的信号是连续信号或连续时间信号,图示电路的输出信号为时间连续数值离散的信号。

答案:A

8-1-2 **解:**放大电路是在输入信号控制下,将信号的幅值放大,而频率不变。

电路的传递函数定义为:

$$T(j\omega)=\frac{\dot{U}_o(j\omega)}{\dot{U}_i(j\omega)}=\left|\frac{\dot{U}_o(j\omega)}{\dot{U}_i(j\omega)}\right|\angle\psi_o-\psi_i$$

其中：$\left|\frac{\dot{U}_{o}(j\omega)}{\dot{U}_{i}(j\omega)}\right| = T(\mathrm{w})$称为“放大器的幅频”，特性表为信号的幅值频谱。

答案：D

8-1-3 **解**：信号是一种特定的物理形式（声、光、电等），是传递信息的工具，信息是人们通过感官接收到的客观事物变化的情况，是受信者所要获得的有价值的消息。

答案：B

8-1-4 **解**：信息通常是以编码的方式载入数字信号中的。

答案：A

8-1-5 **解**：图示电压信号是连续的时间信号，在各个时间点的数值确定；对其他的周期信号、数字信号、离散信号的定义均不符合。

答案：D

8-1-6 **解**：根据对模拟信号的频谱分析可知：周期信号的频谱是离散的，非周期信号的频谱是连续的。

答案：A

8-1-7 **解**：该电路是利用滤波技术进行信号处理，从图 a）到图 b）经过了低通滤波，从图 b）到图 c）利用了高通滤波技术（消去了直流分量）。

答案：A

8-1-8 **解**：“信息”指的是人们通过感官接收到的关于客观事物的变化情况；“信号”是信息的表示形式，是传递信息的工具，如声、光、电等。信息是存在于信号之中的。

答案：A

8-1-9 **解**：根据信息概念，复习信息、消息和信号的定义。

答案：D

8-1-10 **解**：信息是抽象的，信号是物理的。信息必须以信号为载体，才能通过物理媒体进行传输和处理。所以，信号是载体，信息是内容，媒体是传输介质。

答案：C

（二）数字信号与信息

8-2-1 **(2014,88)**图示非周期信号 $u(t)$ 如图所示，若利用单位阶跃函数 $\varepsilon(t)$ 将其写成时间函数表达式，则 $u(t)$ 等于：

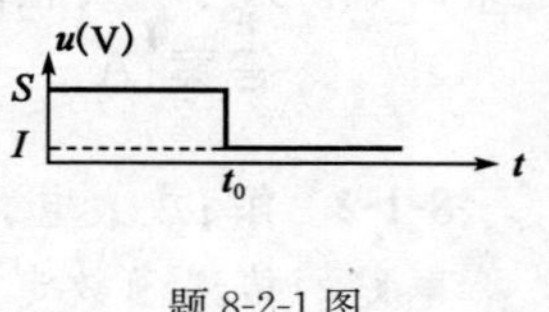

题 8-2-1 图

A. 5－1＝4V

B. $5\varepsilon(t)+\varepsilon(t-t_0)$V

C. $5\varepsilon(t)-4\varepsilon(t-t_0)$V

D. $5\varepsilon(t)-4\varepsilon(t+t_0)$V

8-2-2 **(2014,90)**对逻辑表达式(A+B)(A+C)的化简结果是：

A. A　　　　B. A^2+AB+AC+BC

C. A+BC　　　　D. (A+B)(A+C)

8-2-3 **(2014,91)**已知数字信号 A 和数字信号 B 的波形如图所示，则数字信号 $F=\overline{AB}$的波形为：

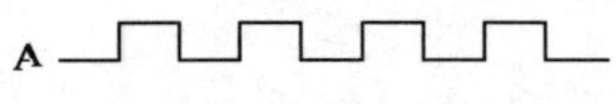

题 8-2-3 图

A. F

C. F

B. F

D. F

8-2-4 **(2014,92)**逻辑函数 $F=f(A、B、C)$的真值表如图所示，由此可知：

题 8-2-4 表

A	B	C	1
0	0	0	1
0	0	1	0
0	1	0	0
0	1	1	1
1	0	0	1
1	0	1	0

A. $F=\overline{A}(\overline{B}C+B\overline{C})+A(\overline{B}\,\overline{C}+BC)$

B. $F=\overline{B}C+B\overline{C}$

C. $F=\overline{B}\,\overline{C}+BC$

D. $F=\overline{A}+\overline{B}+\overline{BC}$

8-2-5 **(2013,88)**图示非周期信号 $u(t)$的时域描述形式是：(注：$l(t)$是单位阶跃函数)

A. $u(t)=\begin{cases}1\text{V}, & t\leqslant 2\\ -1\text{V}, & t>2\end{cases}$

B. $u(t)=-l(t-1)+2\cdot l(t-2)-l(t-3)\text{V}$

C. $u(t)=l(t-1)-l(t-2)\text{V}$

D. $u(t)=-l(t+1)+l(t+2)-l(t+3)\text{V}$

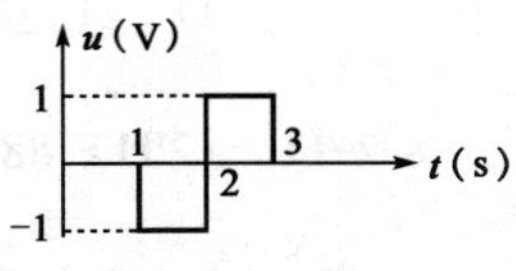

题 8-2-5 图

8-2-6 **(2013,89)**某放大器的输入信号 $u_1(t)$和输出信号 $u_2(t)$如图所示，则：

A. 该放大器是线性放大器　　　　B. 该放大器放大倍数为 2

C. 该放大器出现了非线性失真　　　　D. 该放大器出现了频率失真

8-2-7 **(2013,90)**对逻辑表达式 $ABC+A\overline{BC}+B$ 的化简结果是：

A. AB　　B. A+B　　C. ABC　　D. $A\overline{BC}$

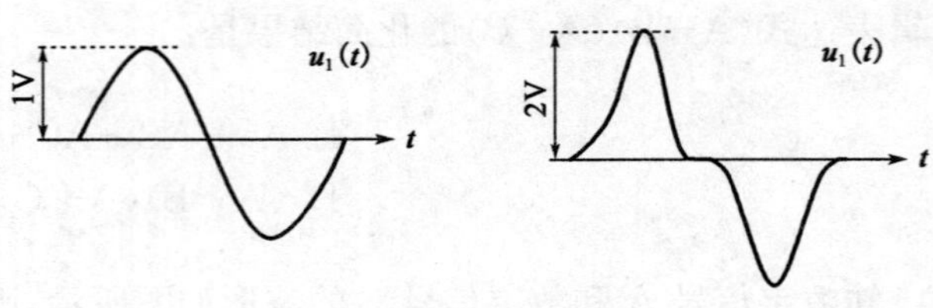

题 8-2-6 图

8-2-8 **(2013,91)**已知数字信号 X 和数字信号 Y 的波形如图所示，则数字信号 $F=\overline{XY}$的波形为：

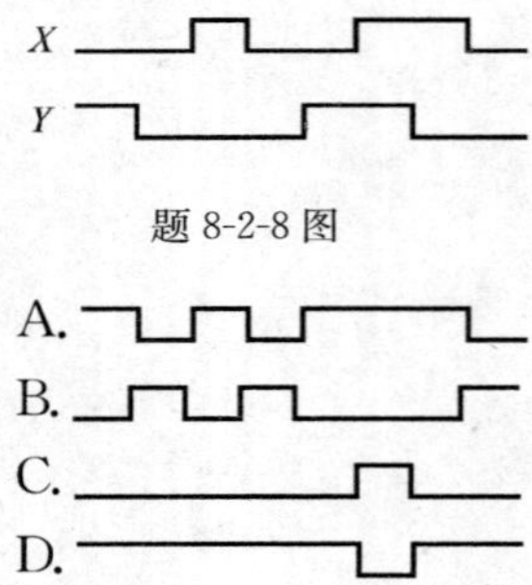

题 8-2-8 图

A.

B.

C.

D.

8-2-9 **(2013,92)**十进制数字 32 的 BCD 码为：

A. 00110010　　B. 00100000　　C. 100000　　D. 00100011

8-2-10 **(2011,87)**某空调器的温度设置为 25℃，当室温超过 25℃后，它便开始制冷，此时红色指示灯亮，并在显示屏上显示"正在制冷"字样，那么：

A."红色指示灯亮"和"正在制冷"均是信息

B."红色指示灯亮"和"正在制冷"均是信号

C."红色指示灯亮"是信号，"正在制冷"是信息

D."红色指示灯亮"是信息，"正在制冷"是信号

8-2-11 **(2011,88)**如果一个 16 进制数和一个 8 进制数的数字信号相同，那么：

A. 这个 16 进制数和 8 进制数实际反映的数量相等

B. 这个 16 进制数两倍于 8 进制数

C. 这个 16 进制数比 8 进制数少 8

D. 这个 16 进制数与 8 进制数的大小关系不定

8-2-12 **(2011,89)**在以下关于信号的说法中，正确的是：

A. 代码信号是一串电压信号，故代码信号是一种模拟信号

B. 采样信号是时间上离散、数值上连续的信号

C. 采样保持信号是时间上连续、数值上离散的信号

D. 数字信号是直接反映数值大小的信号

8-2-13 **(2011,90)**设周期信号 $u(t)=\sqrt{2}U_1\sin(\omega t+\psi_1)+\sqrt{2}U_3\sin(3\omega t+\psi_3)+\cdots$

$$u_1(t)=\sqrt{2}U_1\sin(\omega t+\psi_1)+\sqrt{2}U_3\sin(3\omega t+\psi_3)$$

$$u_2(t)=\sqrt{2}U_1\sin(\omega t+\psi_1)+\sqrt{2}U_5\sin(5\omega t+\psi_5)$$

则：

A. $u_1(t)$较 $u_2(t)$更接近 $u(t)$

B. $u_2(t)$较 $u_1(t)$更接近 $u(t)$

C. $u_1(t)$与 $u_2(t)$接近 $u(t)$的程度相同

D. 无法做出三个电压之间的比较

8-2-14 **(2011,91)**某模拟信号放大器输入与输出之间的关系如图所示，那么，能够经该放大器得到 5 倍放大的输入信号 $u_1(t)$最大值一定：

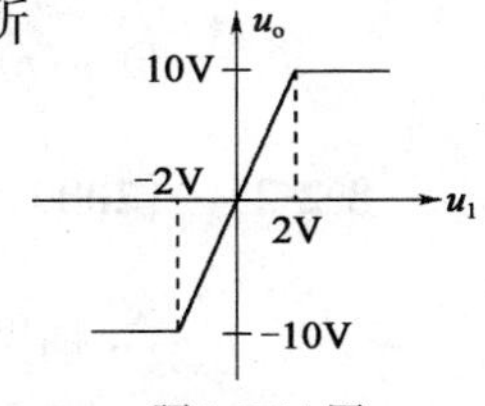

题 8-2-14 图

A. 小于 2V

B. 小于 10V 或大于－10V

C. 等于 2V 或等于－2V

D. 小于等于 2V 且大于等于－2V

8-2-15 **(2011,92)**逻辑函数 $\mathrm{F}=\overline{\overline{\mathrm{AB}}+\overline{\mathrm{BC}}}$的化简结果是：

A. $\mathrm{F}=\mathrm{AB}+\mathrm{BC}$　　B. $\mathrm{F}=\overline{\mathrm{A}}+\overline{\mathrm{B}}+\overline{\mathrm{C}}$

C. $\mathrm{F}=\mathrm{A}+\mathrm{B}+\mathrm{C}$　　D. $\mathrm{F}=\mathrm{ABC}$

8-2-16 **(2010,88)**七段显示器的各段符号如图所示，那么，字母“E”的共阴极七段显示器的显示码 abcdefg 应该是：

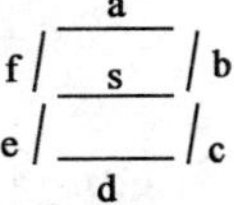

题 8-2-16 图

A. 1001111　　B. 0110000

C. 10110111　　D. 10001001

8-2-17 **(2010,92)**由图示数字逻辑信号的波形可知，三者的函数关系是：

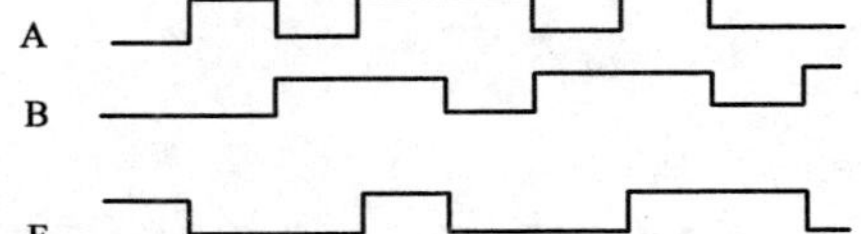

题 8-2-17 图

A. $\mathrm{F}=\overline{\mathrm{AB}}$　　B. $\mathrm{F}=\overline{\mathrm{A}+\mathrm{B}}$

C. $\mathrm{F}=\mathrm{AB}+\overline{\mathrm{A}}\,\overline{\mathrm{B}}$　　D. $\mathrm{F}=\overline{\mathrm{A}}\mathrm{B}+\mathrm{A}\,\overline{\mathrm{B}}$

8-2-18 **(2009,88)**数字信号如图所示，如果用其表示数值，那么，该数字信号表示的数量是：

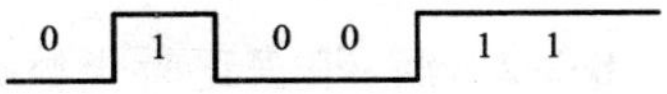

A. 3 个 0 和 3 个 1　　B. 一万零一十一

C. 3　　D. 19

0 1 0 0 1 1

题 8-2-18 图

8-2-19 **(2009,89)**用传感器对某管道中流动的液体流量 $x(t)$ 进行测量，测量结果为 $u(t)$，用采样器对 $u(t)$ 采样后得到信号 $u^*(t)$，那么：

A. $x(t)$ 和 $u(t)$ 均随时间连续变化，因此均是模拟信号

B. $u^*(t)$ 仅在采样点上有定义，因此是离散信号

C. $u^*(t)$ 仅在采样点上有定义，因此是数字信号

D. $u^*(t)$ 是 $x(t)$ 的模拟信号

8-2-20 **(2009,90)**模拟信号 $u(t)$ 的波形图如图所示，它的时间域描述形式是：

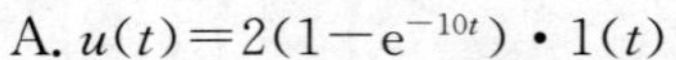

A. $u(t)=2(1-e^{-10t})\cdot 1(t)$

B. $u(t)=2(1-e^{-0.1t})\cdot 1(t)$

C. $u(t)=[2(1-e^{-10t})-2]\cdot 1(t)$

D. $u(t)=2(1-e^{-10t})\cdot 1(t)-2\cdot 1(t-2)$

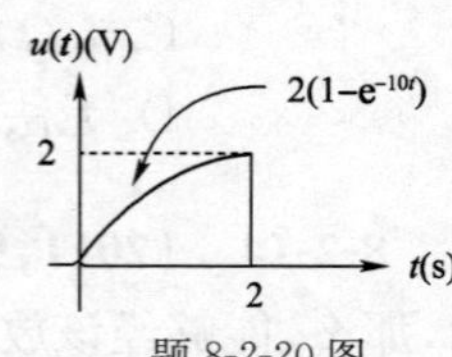

题 8-2-20 图

8-2-21 **(2009,91)**模拟信号放大器是完成对输入模拟量：

A. 幅度的放大　　B. 频率的放大

C. 幅度和频率的放大　　D. 低频成分的放大

8-2-22 **(2009,92)**某逻辑问题的真值表如表所示，由此可以得到，该逻辑问题的输入输出之间的关系为：

题8-2-22表

C A B	F
1 0 0	1
1 0 1	0
1 1 0	0
1 1 1	1

A. $F=0+1=1$

B. $F=\overline{ABC}+ABC$

C. $F=A\overline{B}C+ABC$

D. $F=\overline{AB}+AB$

8-2-23 下述信号中哪一种属于时间信号？

A. 数字信号　　B. 模拟信号

C. 数字信号和模拟信号　　D. 数字信号和采样信号

题解及参考答案

8-2-1 **解：**图示的非周期信号利用可叠加，性质等效为两个阶跃信号：

$$u(t)=u_1(t)+u_2(t)$$

$$u_1(t)=5\varepsilon(t)$$

$$u_2(t)=-4\varepsilon(t-t_0)$$

答案：C

8-2-2 **解：**根据逻辑代数公式分析如下：

$$(A+B)(A+C)=A\cdot A+A\cdot B+A\cdot C+B\cdot C=A(1+B+C)+BC=A+BC$$

答案：C

8-2-3 **解:**“与非门”电路遵循输入有“0”输出则“1”的原则,利用输入信号A、B的对应波形分析即可。

答案:D

8-2-4 **解:**根据真值表,写出函数的最小项表达式后进行化简即可。

$$
\begin{aligned}
F(A\cdot B\cdot C)&=\overline{A}\overline{B}\overline{C}+\overline{A}BC+A\overline{B}\overline{C}+ABC\\
&=(\overline{A}+A)\overline{B}\overline{C}+(\overline{A}+A)BC\\
&=\overline{B}\overline{C}+BC
\end{aligned}
$$

答案:C

8-2-5 **解:**信号可以用函数来描述,此信号波形是伴有延时阶跃信号的叠加构成。

答案:B

8-2-6 **解:**该放大器的输出信号 $u_2(t)$ 中包含有基波和三次谐波信号,而输入信号中只包含有基波信号,该失真属于频率失真。

答案:D

8-2-7 **解:**根据逻辑函数的相关公式计算即可证明:F=A+B。

答案:B

8-2-8 **解:**根据给定的X、Y波形,其与非门的图形可利用有“0”则“1”的原则确定为选项D。

答案:D

8-2-9 **解:**BCD码是用二进制数表示的十进制数,属于无权码,此题的BCD码是用四位二进制数表示的。

答案:A

8-2-10 **解:**信息一般的是通过感官接收的关于客观事物的存在形式或变化情况。信号是消息的表现形式,是可以直接观测到的物理现象(如电、光、声、电磁波等)。通常认为“信号是信息的表现形式”。

答案:C

8-2-11 **解:**八进制和十六进制都是数字电路中采用的数制,本质上都是二进制,在应用中是根据数字信号的不同要求所选取的不同的书写格式。

答案:A

8-2-12 **解:**模拟信号是幅值和时间均连续的信号,采样信号是指时间离散、数值连续的信号,离散信号是指在某些不连续时间定义函数值的信号,数字信号是将幅值量化后并以二进制代码表示的离散信号。

答案:B

8-2-13 **解:**题中给出非正弦周期信号的傅里叶级数展开式。周期信号中各次谐波的幅值通常是随着频率的增加而减少,但是 $u_1(t)$ 中包含基波和三次谐波,而 $u_2(t)$ 所包含的谐波次数是基波和五次谐波,包含的信息较 $u_2(t)$ 就更加完整。

答案:A

8-2-14 **解**:由图可以分析,当信号$|u_i(t)|<2V$时,放大电路工作在线性工作区,$u_o(t)=5u_i(t)$;当信号$|u_i(t)|>2V$时,放大电路工作在非线性工作区,$u_o(t)=\pm 10V$。

答案:D

8-2-15 **解**:由逻辑电路的基本关系可得结果,变换中用到了逻辑电路的摩根定理。

$$F=\overline{\overline{AB}+\overline{BC}}=AB\cdot BC=ABC$$

答案:C

8-2-16 **解**:七段显示器的各段符号是用发光二极管制作的,各段符号如图所示。在共阴极七段显示器电路中,高电平"1"字段发光,"0"熄灭。显示字母"E"的共阴极七段显示器显示时b、c段熄灭,显示码abcdefg应该是1001111。

答案:A

8-2-17 **解**:此题的分析方法是先根据给定的波形图写输出和输入之间的真值表,然后观察输出与输入的逻辑关系,写出逻辑表达式即可观察:$F=A\cdot B+\overline{A}\cdot\overline{B}$,属同或门关系。

答案:C

8-2-18 **解**:图示信号是用电位高低表示的二进制数010011,将其转换为十进制的数值是19。

答案:D

8-2-19 **解**:$x(t)$是原始信号,$u(t)$是模拟信号,它们都是时间的连续信号;而$u^*(t)$是经过采样器以后的采样信号,是离散信号。

答案:B

8-2-20 **解**:此题可以用叠加原理分析,将信号分解为一个指数信号和一个阶跃信号的叠加。

答案:D

8-2-21 **解**:模拟信号放大器的基本要求是不能失真,即要求放大信号的幅度,不可以改变信号的频率。

答案:A

8-2-22 **解**:此题要求掌握的是如何将逻辑真值表标示为逻辑表达式。输出变量F为在输入变量ABC不同组合情况下为1的或逻辑。

答案:B

8-2-23 **解**:数字信号是代码信号不是时间信号,所以只有选项B正确。

答案:B

九、计算机应用基础

复习指导

计算机应用基础这一部分在考试中共有 10 道题,每题 1 分。其涉及的面较广,主要包含以下几个部分的内容:计算机系统的组成,数制,Windows 操作系统,计算机程序设计语言,计算机网络。在复习时,考生应将重点放在计算机基本操作、常见概念、网络基础知识及计算机系统的组成与功能上。从 2009～2014 年的考题来看,没涉及 FORTRAN 程序设计语言这部分,因此该部分取消。

练习题、题解及参考答案

(一)计算机基础知识

9-1-1 **(2014,97)**总线中的地址总线传输的是:

A. 程序和数据　　B. 主储存器的地址码或外围设备码
C. 控制信息　　D. 计算机的系统命令

9-1-2 **(2014,98)**软件系统中,能够管理和控制计算机系统全部资源的软件是:

A. 应用软件　　B. 用户程序　　C. 支撑软件　　D. 操作系统

9-1-3 **(2013,98)**在计算机的运算器上可以:

A. 直接解微分方程　　B. 直接进行微分运算
C. 直接进行积分运算　　D. 进行算数运算和逻辑运算

9-1-4 **(2013,99)**总线中的控制总线传输的是:

A. 程序和数据　　B. 主存储器的地址码
C. 控制信息　　D. 用户输入的数据

9-1-5 **(2012,97)**计算机系统内的系统总线是:

A. 计算机硬件系统的一个组成部分
B. 计算机软件系统的一个组成部分

C. 计算机应用软件系统的一个组成部分

D. 计算机系统软件的一个组成部分

9-1-6 (2012,98)目前,人们常用的文字处理软件有:

A. Microsoft Word 和国产字处理软件 WPS

B. Microsoft Excel 和 Auto CAD

C. Microsoft Access 和 Visual Foxpro

D. Visual BASIC 和 Visual C++

9-1-7 (2012,99)下面所列各种软件中,最靠近硬件一层的是:

A. 高级语言程序　　B. 操作系统

C. 用户低级语言程序　　D. 服务性程序

9-1-8 (2011,97)计算机存储器中的每一个存储单元都配置一个唯一的编号,这个编号就是:

A. 一种寄存标志　　B. 寄存器地址

C. 存储器地址　　D. 输入/输出地址

9-1-9 (2011,102)计算机系统中,存储器系统包括:

A. 寄存器组、外存储器和主存储器

B. 寄存器组、高速缓冲存储器(Cache)和外存储器

C. 主存储器、高速缓冲存储器(Cache)和外存储器

D. 主存储器、寄存器组和光盘存储器

9-1-10 (2011,103)在计算机系统中,设备管理是指对:

A. 除 CPU 和内存储器以外的所有输入/输出设备的管理

B. 包括 CPU 和内存储器及所有输入/输出设备的管理

C. 除 CPU 外,包括内存储器及所有输入/输出设备的管理

D. 除内存储器外,包括 CPU 及所有输入/输出设备的管理

9-1-11 (2010,97)总线能为多个部件服务,它可分时地发送与接收各部件的信息。所以,可以把总线看成是:

A. 一组公共信息传输线路

B. 微机系统的控制信息传输线路

C. 操作系统和计算机硬件之间的控制线

D. 输入/输出的控制线

9-1-12 (2009,97)存储器的主要功能是:

A. 自动计算
B. 进行输入输出
C. 存放程序和数据
D. 进行数值计算

9-1-13 **(2009,98)**按照应用和虚拟机的观点,软件可分为:

A. 系统软件,多媒体软件,管理软件
B. 操作系统,硬件管理软件和网络软件
C. 网络系统,应用软件和程序设计语言
D. 系统软件,支撑软件和应用类软件

9-1-14 **(2009,103)**在 Windows 中,对存储器采用分页存储管理技术时,规定一个页的大小为:

A. 4G 字节　　B. 4k 字节　　C. 128M 字节　　D. 16k 字节

9-1-15 **(2008,89)**在微机组成系统中用于传输信息的总线指的是:

A. 数据总线,连接硬盘的总线,连接软盘的总线
B. 地址线,与网络连接的总线,与打印机连接的总线
C. 数据总线,地址总线,控制总线
D. 控制总线,光盘的连接总线,U 盘的连接总线

9-1-16 **(2007,89)**一个完整的计算机系统应该指的是:

A. 硬件系统和软件系统
B. 主机与外部设备
C. 运算器、控制器和寄存器
D. 操作系统与应用程序系统

9-1-17 **(2005,89)**计算机软件系统包括:

A. 系统软件和工程软件
B. 系统软件和应用软件
C. 字处理和图形软件
D. 多媒体和系统软件

9-1-18 在微机系统中,对输入输出进行管理的基本程序放在何处?

A. RAM 中
B. ROM 中
C. 硬盘上
D. 虚拟存储器中

题解及参考答案

9-1-1 解:根据总线传送信息的类别,可以把总线划分为数据总线、地址总线和控制总线,数据总线用来传送程序或数据;地址总线用来传送主存储器地址码或外围设备码;控制总线用来传送控制信息。

答案:B

9-1-2 解:为了使计算机系统所有软硬件资源有条不紊、高效、协调、一致地进行工作,需要由一个软件来实施统一管理和统一调度工作,这种软件就是操作系统,由它来负责管理、控制和维护计算机系统的全部软硬件资源以及数据资源。应用软件是指计算机用户为了利用计算机的软、硬件资源而开发研制出的那些专门用于某一目的的软件。用户程序是为解决用户实际应用问题而专门编写的程序。支撑软件是指支援其他软件的编写制作和维护的软件。

答案:D

9-1-3 解:计算机运算器的功能是完成算术运算和逻辑运算,算数运算是完成加、减、乘、除的运算,逻辑运算主要包括与、或、非、异或等,从而完成低电平与高电平之间的切换,送出控制信号,协调计算机工作。

答案:D

9-1-4 解:计算机的总线可以划分为数据总线、地址总线和控制总线,数据总线用来传输数据、地址总线用来传输数据地址、控制总线用来传输控制信息。

答案:C

9-1-5 解:系统总线又称内总线。因为该总线是用来连接微机各功能部件而构成一个完整微机系统的,所以称之为系统总线。计算机系统内的系统总线是计算机硬件系统的一个组成部分。

答案:A

9-1-6 解: Microsoft Word 和国产字处理软件 WPS 都是目前广泛使用的文字处理软件。

答案:A

9-1-7 解:操作系统是用户与硬件交互的第一层系统软件,一切其他软件都要运行于操作系统之上(包括 A、C、D 选项)。

答案:B

9-1-8 解:计算机存储单元是按一定顺序编号,这个编号被称为存储地址。

答案:C

9-1-9 解:存储器系统包括主存储器、高速缓冲存储器和外存储器。

答案:C

9-1-10 解:设备管理是对除 CPU 和内存储器之外的所有输入/输出设备的管理。

答案:A

9-1-11 **解**:微型计算机是以总线结构来连接各个功能部件的。

答案:C

9-1-12 **解**:存放正在执行的程序和当前使用的数据,它具有一定的运算能力。

答案:C

9-1-13 **解**:按照应用和虚拟机的观点,计算机软件可分为系统软件、支撑软件、应用软件三类。

答案:D

9-1-14 **解**:Windows 中,对存储器的管理采取分段存储、分页存储管理技术。一个存储段可以小至 1 个字节,大至 4G 字节,而一个页的大小规定为 4k 字节。

答案:B

9-1-15 **解**:在计算机内部每个有效信息,必须具有 3 个基本属性:内容、指向和行为,这 3 个属性要通过 3 个总线实现:数据总线、地址总线、控制总线。

答案:C

9-1-16 **解**:计算机系统包括硬件系统和软件系统。

答案:A

9-1-17 **解**:计算机系统包括硬件和软件部分,而计算机软件系统包括系统软件和应用软件两大类。

答案:B

9-1-18 **解**:因为输入输出基本程序是放在只读存储器中的。

答案:B

(二)计算机程序设计语言

9-2-1 **(2014,99)**用高级语言编写的源程序,将其转换成能在计算机上运行的程序过程是:

A. 翻译、连接、执行　　B. 编辑、编译、连接
C. 连接、翻译、执行　　D. 编程、编辑、执行

9-2-2 **(2013,100)**目前常用的计算机辅助设计软件是:

A. Microsoft Word
B. Auto CAD
C. Visual BASIC
D. Microsoft Access

9-2-3 在计算机内部,不需要编译计算机就能够直接执行的语言是:

A. 汇编语言　　B. 自然语言　　C. 机器语言　　D. 高级语言

题解及参考答案

9-2-1　解: 一个计算机程序执行的过程可分为编辑、编译、连接和运行四个过程。用高级语言编写的程序成为编辑程序,编译程序是一种语言的翻译程序,翻译完的目标程序不能立即被执行,要通过连接程序将目标程序和有关的系统函数库以及系统提供的其他信息连接起来,形成一个可执行程序。

答案: B

9-2-2　解: Microsoft Word 是文字处理软件。Visual BASIC 简称 VB,是 Microsoft 公司推出的一种 Windows 应用程序开发工具。Microsoft Access 是小型数据库管理软件。Auto CAD 是专业绘图软件,主要用于工业设计中,被广泛用于民用、军事等各个领域。CAD 是 Computer Aided Design 的缩写,意思为计算机辅助设计。加上 Auto,指它可以应用于几乎所有跟绘图有关的行业,比如建筑、机械、电子、天文、物理、化工等。

答案: B

9-2-3　解: 计算机只识别二进制码,因此在计算机内部,不需要编译计算机就能够直接执行的语言是机器语言。

答案: C

(三)信息表示

9-3-1　(2014,100) 十进制的数 256.625 用十六进制表示则是:

A. 110. B　　B. 200. C　　C. 100. A　　D. 96. D

9-3-2　(2014,101) 在下面有关信息加密技术的论述中,不正确的是:

A. 信息加密技术是为提高信息系统及数据的安全性和保密性的技术
B. 信息加密技术是为防止数据信息被别人破译而采用的技术
C. 信息加密技术是网络安全的重要技术之一
D. 信息加密技术是为清楚计算机病毒而采用的技术

9-3-3　(2013,101) 计算机中度量数据的最小单位是:

A. 数 0　　B. 位　　C. 字节　　D. 字

9-3-4　(2013,102) 在下面列出的四种码中,不能用于表示机器数的一种是:

A. 原码　　B. ASCII 码　　C. 反码　　D. 补码

9-3-5　(2013,103) 一幅图像的分辨率为 640×480 像素,这表示该图像中:

A. 至少由 480 个像素组成　　B. 总共由 480 个像素组成

C. 每行由 640×480 个像素组成　　D. 每列由 480 个像素组成

9-3-6　**(2012,101)**用二进制数表示的计算机语言称为：

A. 高级语言　　B. 汇编语言　　C. 机器语言　　D. 程序语言

9-3-7　**(2012,102)**下面四个二进制数中，与十六进制数 AE 等值的一个是：

A. 10100111　　B. 10101110　　C. 10010111　　D. 11101010

9-3-8　**(2012,103)**常用的信息加密技术有多种，下面所述四条不正确的一条是：

A. 传统加密技术、数字签名技术　　B. 对称加密技术
C. 密钥加密技术　　D. 专用 ASCII 码加密技术

9-3-9　**(2011,99)**将二进制数 11001 转换成相应的十进制数。其正确结果是：

A. 25　　B. 32　　C. 24　　D. 22

9-3-10　**(2011,100)**图像中的像素实际上就是图像中的一个个光点，这光点：

A. 只能是彩色的，不能是黑白的
B. 只能是黑白的，不能是彩色的
C. 既不能是彩色的，也不能是黑白的
D. 可以是黑白的，也可以是彩色的

9-3-11　**(2010,98)**计算机内的数字信息、文字信息、图像信息、视频信息、音频信息等所有信息，都是用：

A. 不同位数的八进制数来表示的
B. 不同位数的十进制数来表示的
C. 不同位数的二进制数来表示的
D. 不同位数的十六进制数来表示的

9-3-12　**(2010,99)**将二进制小数 0. 101 010 1111 转换成相应的八进制数，其正确结果是：

A. 0. 2536　　B. 0. 5274　　C. 0. 5236　　D. 0. 5281

9-3-13　**(2010,100)**影响计算机图像质量的主要参数有：

A. 颜色深度、显示器质量、存储器大小
B. 分辨率、颜色深度、存储空间大小
C. 分辨率、存储器大小、图像加工处理工艺
D. 分辨率、颜色深度、图像文件的尺寸

9-3-14 **(2010,104)**信息化社会是信息革命的产物，它包含多种信息技术的综合应用。构成信息化社会的三个主要技术支柱是：

A. 计算机技术、信息技术、网络技术
B. 计算机技术、通信技术、网络技术
C. 存储器技术、航空航天技术、网络技术
D. 半导体工艺技术、网络技术、信息加工处理技术

9-3-15 **(2009,99)**信息有多个特征，下列四条关于信息特征的叙述中，有错误的一条是：

A. 信息的可识别性，信息的可变性，信息的可流动性
B. 信息的可处理性，信息的可存储性，信息的属性
C. 信息的可再生性，信息的有效和无效性，信息的可使用性
D. 信息的可再生性，信息的存在独立性，信息的不可失性

9-3-16 **(2009,100)**将八进制数 763 转换成相应的二进制数，其正确的结果是：

A. 110 101 110　　B. 110 111 100
C. 100 110 101　　D. 111 110 011

9-3-17 **(2009,101)**计算机的内存储器以及外存储器的容量通常是：

A. 以字节即 8 位二进制数为单位来表示
B. 以字节即 16 位二进制数为单位来表示
C. 以二进制数为单位来表示
D. 以双字即 32 位二进制数为单位来表示

9-3-18 **(2008,91)**与二进制数 11011101.1101 等值的八进制数是：

A. 135.61　　B. 335.64
C. 235.61　　D. 235.64

9-3-19 **(2007,91)**在不同进制的数中，下列最小的数是：

A. $(125)_{10}$　　B. $(1101011)_2$
C. $(347)_8$　　D. $(FF)_{16}$

9-3-20 **(2006,90)**与二进制数 11110100 等值的八进制数是：

A. 364　　B. 750
C. 3310　　D. 154

9-3-21 **(2005,90)**与十进制数 254 等值的二进制数是：

A. 11111110　　B. 11011111
C. 11110111　　D. 11011101

9-3-22　十进制数 122 转换成八进制数和转换成十六进制数分别是：

A. 144,8B　　B. 136,6A
C. 336,6B　　D. 172,7A

9-3-23　在计算机中采用二进制，是因为：

A. 可降低硬件成本
B. 两个状态的系统具有稳定性
C. 二进制的运算法则简单
D. 上述三个原因

题解及参考答案

9-3-1　**解：**先将十进制 256.625 转换成二进制数，整数部分 256 转换成二进制 100000000，小数部分 0.625 转换成二进制 0.101，而后根据四位二进制对应一位十六进制关系进行转换，转换后结果为 100.A。

答案：C

9-3-2　**解：**信息加密技术是为提高信息系统及数据的安全性和保密性的技术，是防止数据信息被别人破译而采用的技术，是网络安全的重要技术之一。不是为清除计算机病毒而采用的技术。

答案：D

9-3-3　**解：**位也称为比特，记为 bit，是计算机最小的存储单位，是用 0 或 1 来表示的一个二进制位数。字节是数据存储中常用的基本单位，8 位二进制构成一个字节。字是由若干字节组成一个存储单元，一个存储单元中存放一条指令或一个数据。

答案：B

9-3-4　**解：**原码是机器数的一种简单的表示法。其符号位用 0 表示正号，用 1 表示负号，数值一般用二进制形式表示。机器数的反码可由原码得到。如果机器数是正数，则该机器数的反码与原码一样；如果机器数是负数，则该机器数的反码是对它的原码（符号位除外）各位取反而得到的。机器数的补码可由原码得到。如果机器数是正数，则该机器数的补码与原码一样；如果机器数是负数，则该机器数的补码是对它的原码（除符号位外）各位取反，并在未位加 1 而得到的。ASCII 码是将人在键盘上敲入的字符（数字、字母、特殊符号等）转换成机器能够识别的二进制数，并且每个字符唯一确定一个 ASCII 码，形象地说，它就是人与计算机交流时使用的键盘语言通过"翻译"转换成的计算机能够识别的语言。

答案：B

9-3-5　**解：**点阵中行数和列数的乘积称为图像的分辨率，若一个图像的点阵总共有 480

行，每行 640 个点，则该图像的分辨率为 640×480＝307200 个像素。每一条水平线上包含 640 个像素点，共有 480 条线，即扫描列数为 640 列，行数为 480 行。

答案：D

9-3-6 **解**：二进制数是计算机所能识别的，由 0 和 1 两个数码组成，称为机器语言。

答案：C

9-3-7 **解**：四位二进制对应一位十六进制，A 表示 10，对应的二进制为 1010，E 表示 14，对应的二进制为 1110。

答案：B

9-3-8 **解**：传统加密技术、数字签名技术、对称加密技术和密钥加密技术都是常用的信息加密技术，而专用 ASCⅡ码加密技术是不常用的信息加密技术。

答案：D

9-3-9 **解**：二进制最后一位是 1，转换后则一定是十进制数的奇数。

答案：A

9-3-10 **解**：像素实际上就是图像中的一个个光点，光点可以是黑白的，也可以是彩色的。

答案：D

9-3-11 **解**：信息可采用某种度量单位进行度量，并进行信息编码。现代计算机使用的是二进制。

答案：C

9-3-12 **解**：三位二进制对应一位八进制，将小数点后每三位二进制分成一组，101 对应 5，010 对应 2，111 对应 7，100 对应 4。

答案：B

9-3-13 **解**：图像的主要参数有分辨率（包括屏幕分辨率、图像分辨率、像素分辨率）、颜色深度、图像文件的大小。

答案：B

9-3-14 **解**：构成信息化社会的三个主要技术支柱是计算机技术、通信技术和网络技术。

答案：B

9-3-15 **解**：信息有以下主要特征：可识别性、可变性、可流动性、可存储性、可处理性、可再生性、有效性和无效性、属性和可使用性。

答案：D

9-3-16 **解**：一位八进制对应三位二进制，7 对应 111，6 对应 110，3 对应 011。

答案：D

9-3-17 **解**：内存储器容量是指内存存储容量，即内容储存器能够存储信息的字节数。外储器是可将程序和数据永久保存的存储介质,可以说其容量是无限的。字节是信息存储中常用的基本单位。

答案:A

9-3-18 **解**:三位二进制数对应一位八进制数,小数点向后每三位为一组 110 对应 6,100 对应 4,小数点向前每三位为一组 101 对应 5,011 对应 3,011 对应 3。

答案:B

9-3-19 **解**:125 十进制数转换为二进制数为 1111101,347 八进制数转换为二进制数为 011100111,FF 十六进制数转换为二进制数为 11111111。

答案:B

9-3-20 **解**:三位二进制数对应一位八进制数,从最后一位开始向前每三位为一组,100 对应 4,110 对应 6,011 对应 3。

答案:A

9-3-21 **解**:十进制的偶数对应的二进制整数的尾数一定是 0。

答案:A

9-3-22 **解**:此题可先将 122 转换成二进制数,而后根据二进制数与八进制数及十六进制数的对应关系得出运算结果。

答案:D

9-3-23 **解**:因为二进制只有 0 和 1 两个数码,所以只有 2 个状态,这使得系统具有稳定性,用逻辑部件容易实现,成本低,运算简单。

答案:D

(四)常用操作系统

9-4-1 **(2014,102)**可以这样来认识进程,进程是:

A. 一段执行中的程序　　B. 一个名义上的软件系统
C. 与程序等效的一个概念　　D. 一个存放在 ROM 中的程序

9-4-2 **(2014,103)**操作系统中的文件管理是:

A. 对计算机的系统软件资源进行管理　　B. 对计算机的硬件资源进行管理
C. 对计算机用户进行管理　　D. 对计算机网络进行管理

9-4-3 **(2013,104)**在下面四条有关进程特征的叙述中,其中正确的一条是:

A. 静态性、并发性、共享性、同步性
B. 动态性、并发性、共享性、异步性
C. 静态性、并发性、独立性、同步性
D. 动态性、并发性、独立性、异步性

9-4-4 **(2013,105)**操作系统的设备管理功能是对系统中的外围设备：

A. 提供相应的设备驱动程序，初始化程序和设备控制程序等
B. 直接进行操作
C. 通过人和计算机的操作系统对外围设备直接进行操作
D. 既可以由用户干预，也可以直接执行操作

9-4-5 **(2012,100)**操作系统中采用虚拟存储技术，实际上是为实现：

A. 在一个较小内存储空间上，运行一个较小的程序
B. 在一个较小内存储空间上，运行一个较大的程序
C. 在一个较大内存储空间上，运行一个较小的程序
D. 在一个较大内存储空间上，运行一个较大的程序

9-4-6 **(2011,98)**操作系统作为一种系统软件，存在着与其他软件明显不同的三个特征是：

A. 可操作性、可视性、公用性　　B. 并发性、共享性、随机性
C. 随机性、公用性、不可预测性　　D. 并发性、可操作性、脆弱性

9-4-7 **(2011,104)**Windows 提供了两种十分有效的文件管理工具，它们是：

A. 集合和记录　　B. 批处理文件和目标文件
C. 我的电脑和资源管理器　　D. 我的文档、文件夹

9-4-8 **(2010,102)**在 Windows 中，对存储器采用分页存储管理时，每一个存储器段可以小至 1 个字节，大至：

A. 4K 字节　　B. 16K 字节　　C. 4G 字节　　D. 128M 字节

9-4-9 **(2010,103)**Windows 的设备管理功能部分支持即插即用功能，下面四条后续说明中有错误的一条是：

A. 这意味着当将某个设备连接到计算机上后即可立刻使用
B. Windows 自动安装有即插即用设备及其设备驱动程序
C. 无需在系统中重新配置该设备或安装相应软件
D. 无需在系统中重新配置该设备但需安装相应软件才可立刻使用

9-4-10 **(2009,102)**操作系统是一个庞大的管理系统控制程序，它由五大管理系统组成，在下面的四个供选择答案中，不属于这五大管理系统的是：

A. 作业管理，存储管理　　B. 设备管理，文件管理
C. 进程管理，存储管理　　D. 中断管理，电源管理

9-4-11 **(2009,104)**为解决主机与外围设备操作速度不匹配的问题，Windows 采用了：

A. 缓冲技术　　B. 流水线技术
C. 中断技术　　D. 分段分页技术

9-4-12　**(2008,90)**Windows98 操作系统是：

A. 单用户多任务系统
B. 单用户单任务系统
C. 多用户单任务系统
D. 多用户多任务系统

9-4-13　**(2007,90)**Windows98 或 Windows2000 系统中的“剪贴板”是：

A. 硬盘中的一块区域　　B. 光盘中的一块区域
C. 内存中的一块区域　　D. U 盘中的一块区域

9-4-14　**(2006,89)**在 Windows 操作下，要获取屏幕上的显示内容，把它复制在剪贴板上可以通过下列哪个按键来实现？

A. Home　　B. Ctrl+C
C. Shift+C　　D. Print　Screen

9-4-15　**(2006,91)**Windows 系统下可执行的文件名是：

A. *. DOC　　B. *. bmp　　C. *. EXP　　D. *. EXE

9-4-16　**(2005,91)**在 Windows 中，文件系统目录的组织形式属于：

A. 关系型结构　　B. 网络型结构
C. 树型结构　　D. 直线型结构

9-4-17　**(2005,92)**在 Windows 中，有的对话框右上角有“?”按钮，它的功能是：

A. 关闭对话框　　B. 获取帮助信息
C. 便于用户输入问号(?)　　D. 将对话框最小化

9-4-18　操作系统是一种：

A. 应用软件　　B. 系统软件
C. 工具软件　　D. 杀毒软件

9-4-19　在进程管理中，当下列哪种情况发生时，进程从阻塞状态变为就绪状态？

A. 进程被进程调度程序选中　　B. 等待某一事件
C. 等待的事件发生　　D. 时间片用完

题解及参考答案

9-4-1 **解**:进程是一段运行的程序,进程运行需要各种资源的支持。

答案:A

9-4-2 **解**:文件管理是对计算机的系统软件资源进行管理,主要任务是向计算机用户提供提供一种简便、统一的管理和使用文件的界面。

答案:A

9-4-3 **解**:进程与程序的概念是不同的,进程有以下4个特征。

动态性:进程是动态的,它由系统创建而产生,并由调度而执行。

并发性:用户程序和操作系统的管理程序等,在它们的运行过程中,产生的进程在时间上是重叠的,它们同存在于内存储器中,并共同在系统中运行。

独立性:进程是一个能独立运行的基本单位,同时也是系统中独立获得资源和独立调度的基本单位,进程根据其获得的资源情况可独立地执行或暂停。

异步性:由于进程之间的相互制约,使进程具有执行的间断性。各进程按各自独立的、不可预知的速度向前推进。

答案:D

9-4-4 **解**:操作系统的设备管理功能是负责分配、回收外部设备,并控制设备的运行,是人与外部设备之间的接口。

答案:C

9-4-5 **解**:操作系统中采用虚拟存储技术是为了给用户提供更大的随机存取空间而采用的一种存储技术。它将内存与外存结合使用,好像有一个容量极大的内存储器,工作速度接近于主存,在整机形成多层次存储系统。

答案:B

9-4-6 **解**:操作系统的特征有并发性、共享性和随机性。

答案:B

9-4-7 **解**:两种十分有效的文件管理工具是"我的电脑"和"资源管理器"。

答案:C

9-4-8 **解**:一个存储器段可以小至一个字节,可大至4G字节。而一个页的大小则规定为4k字节。

答案:C

9-4-9 **解**:即插即用就是在加上新的硬件以后不用为此硬件再安装驱动程序了。而D项说需安装相应软件才可立刻使用是错误的。

答案:D

9-4-10 **解**:操作系统通常包括几大功能模块,处理器管理、作业管理、存储器管理、设备管理、文件管理、进程管理。

答案:D

9-4-11 **解**:Windows 采用了缓冲技术来解决主机与外设的速度不匹配问题,如使用磁盘高速缓冲存储器,以提高磁盘存储速率,改善系统整体功能。

答案:A

9-4-12 **解**:多任务就是能同时运行多个程序,比如在听歌的同时可以聊天,单用户就是操作系统只允许一个用户登录。Windows98 属于单用户多任务操作系统。

答案:A

9-4-13 **解**:在 Windows98 或 Windows2000 系统中,剪贴板是程序和文件之间用来传递信息的临时存储区。

答案:C

9-4-14 **解**:获取屏幕上显示的内容,是指全屏幕拷贝,而 Print Screen 键是用来完成全屏幕拷贝的。

答案:D

9-4-15 **解**:Windows 系统下可执行的文件名有 *.EXE, *.BAT。

答案:D

9-4-16 **解**:在 Windows 中资源管理器的文件栏中,文件夹是按照树型组织的。

答案:C

9-4-17 **解**:在 Windows 中,有的对话框右上角有"?"按钮,表示单击此按钮可以获取帮助。

答案:B

9-4-18 **解**:计算机系统中的软件极为丰富,通常分为系统软件和应用软件两大类。

应用软件是指计算机用户利用计算机的软件、硬件资源为某一专门的应用目的而开发的软件。例如:科学计算、工程设计、数据处理、事务处理、过程控制等方面的程序,以及文字处理软件、表格处理软件、辅助设计软件(CAD)、实时处理软件等。

系统软件是计算机系统的一部分,由它支持应用软件的运行。它为用户开发应用系统提供一个平台,用户可以使用它,但不能随意修改它。一般常用的系统软件有:操作系统、语言处理程序、链接程序、诊断程序、数据库管理系统等。操作系统是计算机系统中的核心软件,其他软件建立在操作系统的基础上,并在操作系统的统一管理和支持下运行。

答案:B

9-4-19 **解**:在多道程序系统中,多个进程在处理器上交替运行,状态也不断地发生变化,因此进程一般有三种基本状态:运行、就绪和阻塞。当一个就绪进程被调度程序选中时,该进程的状态从就绪变为运行;当正在运行的进程等待某事件或申请的资源得不到满足时,该进程的状态从运行变为阻塞;当一个阻塞进程等待的事件发生时,该进程的状态从阻塞变为就绪;当一个运行进程时间片用完时,该进程的状态从运行变为就绪。

答案：B

(五)计算机网络

9-5-1　**(2014,104)**在计算机网络中，常将负责全网络信息处理的设备和软件称为：

A. 资源子网　　B. 通信子网
C. 局域网　　D. 广域网

9-5-2　**(2014,105)**若按采用的传输介质的不同，可将网络分为：

A. 双绞线网、同轴电缆网、光纤网、无线网
B. 基带网和宽带网
C. 电路交换类、报文交换类、分组交换类
D. 广播式网络、点到点式网络

9-5-3　**(2014,106)**一个典型的计算机网络系统主要是由：

A. 网络硬件系统和网络软件系统组成
B. 主机和网络软件系统组成
C. 网络操作系统和若干计算机组成
D. 网络协议和网络操作系统组成

9-5-4　**(2013,97)**现在全国都在开发三网合一的系统工程，即：

A. 将电信网、计算机网、通信网合为一体
B. 将电信网、计算机网、无线电视网合为一体
C. 将电信网、计算机网、有线电视网合为一体
D. 将电信网、计算机网、电话网合为一体

9-5-5　**(2013,106)**联网中的每台计算机：

A. 在联网之前有自己独立的操作系统，联网以后是网络中的某一个结点
B. 在联网之前有自己独立的操作系统，联网以后它自己的操作系统屏蔽
C. 在联网之前没有自己独立的操作系统，联网以后使用网络操作系统
D. 联网中的每台计算机有可以同时使用的多套操作系统

9-5-6　**(2012,104)**广域网，又称为远程网，它所覆盖的地理范围一般：

A. 从几十米到几百米　　B. 从几百米到几公里
C. 从几公里到几百公里　　D. 从几十公里到几千公里

9-5-7　**(2012,105)**我国专家把计算机网络定义为：

A. 通过计算机将一个用户的信息传送给另一个用户的系统

B. 由多台计算机、数据传输设备以及若干终端连接起来的多计算机系统
C. 将经过计算机储存、再生，加工处理的信息传输和发送的系统
D. 利用各种通信手段，把地理上分散的计算机连在一起，达到相互通信、共享软/硬件和数据等资源的系统

9-5-8 **(2012,106)**在计算机网络中，常将实现通信功能的设备和软件称为：

A. 资源子网　　B. 通信子网
C. 广域网　　D. 局域网

9-5-9 **(2011,101)**计算机病毒以多种手段入侵和攻击计算机信息系统，下面有一种不被使用的手段是：

A. 分布式攻击、恶意代码攻击
B. 恶意代码攻击、消息收集攻击
C. 删除操作系统文件、关闭计算机系统
D. 代码漏洞攻击、欺骗和会话劫持攻击

9-5-10 **(2011,105)**一个典型的计算机网络主要由两大部分组成，即：

A. 网络硬件系统和网络软件系统
B. 资源子网和网络硬件系统
C. 网络协议和网络软件系统
D. 网络硬件系统和通信子网

9-5-11 **(2011,106)**局域网是指将各种计算机网络设备互联在一起的通信网络，但其覆盖的地理范围有限，通常在：

A. 几十米之内　　B. 几百公里之内
C. 几公里之内　　D. 几十公里之内

9-5-12 **(2010,101)**数字签名是最普遍、技术最成熟、可操作性最强的一种电子签名技术，当前已得到实际应用的是在：

A. 电子商务、电子政务中
B. 票务管理、股票交易中
C. 股票交易、电子政务中
D. 电子商务、票务管理中

9-5-13 **(2010,105)**网络软件是实现网络功能不可缺少的软件环境。网络软件主要包括：

A. 网络协议和网络操作系统
B. 网络互联设备和网络协议

C. 网络协议和计算机系统

D. 网络操作系统和传输介质

9-5-14 (2010,106)因特网是一个联结了无数个小网而形成的大网,也就是说:

A. 因特网是一个城域网

B. 因特网是一个网际网

C. 因特网是一个局域网

D. 因特网是一个广域网

9-5-15 (2009,105)计算机网络技术涉及:

A. 通信技术和半导体工艺技术

B. 网络技术和计算机技术

C. 通信技术和计算机技术

D. 航天技术和计算机技术

9-5-16 (2009,106)计算机网络是一个复合系统,共同遵守的规则称为网络协议,网络协议主要由:

A. 语句、语义和同步三个要素构成

B. 语法、语句和同步三个要素构成

C. 语法、语义和同步三个要素构成

D. 语句、语义和异步三个要素构成

9-5-17 (2008,92)Internet 网使用的协议是:

A. Token　　B. x. 25/x. 75　　C. CSMA/CD　　D. TCP/IP

9-5-18 (2007,92)按照网络分布和覆盖的地理范围,可以将计算机网络划分为:

A. Internet 网　　B. 广域网、互联网和城域网

C. 局域网、互联网和 Internet 网　　D. 广域网、局域网和城域网

9-5-19 (2006,92)当个人计算机以拨号方式接入因特网时,使用的专门接入设备是:

A. 网卡　　B. 调制解调器

C. 浏览器软件　　D. 传真卡

9-5-20 (2005,93)下述电子邮件地址正确的是(其中□表示空格):

A. MALIN&NS. CNC. AC. CN　　B. MALIN@NS. CNC. AC. CN

C. LIN□MA&NS. CNC. AC. CN　　D. LIN□MA　NS. CNC. AC. CN

9-5-21 OSI 参考模型中的第二层是:

A. 网络层　　B. 数据链路层

C. 传输层　　D. 物理层

9-5-22　决定网络使用性能的关键是：

A. 传输介质　　B. 网络硬件

C. 网络软件　　D. 网络操作系统

题解及参考答案

9-5-1　解:计算机网络可以分为资源子网和通信子网两个组成部分。资源子网主要负责全网的信息处理,为网络用户提供网络服务和资源共享功能等。

答案:A

9-5-2　解:采用的传输介质的不同,可将网络分为双绞线网、同轴电缆网、光纤网、无线网;按网络的传输技术可以分为广播式网络、点到点式网络;按线路上所传输信号的不同又可分为基带网和宽带网。

答案:A

9-5-3　解:一个典型的计算机网络系统主要是由网络硬件系统和网络软件系统组成。网络硬件是计算机网络系统的物质基础,网络软件是实现网络功能不可缺少的软件环境。

答案:A

9-5-4　解:"三网合一"是指在未来的数字信息时代,当前的数据通信网(俗称数据网、计算机网)将与电视网(含有线电视网)以及电信网合三为一,并且合并的方向是传输、接收和处理全部实现数字化。

答案:C

9-5-5　解:联网中的计算机都具有"独立功能",即网络中的每台主机在没联网之前就有自己独立的操作系统,并且能够独立运行。联网以后,它本身是网络中的一个结点,可以平等地访问其他网络中的主机。

答案:A

9-5-6　解:广域网又称为远程网,它一般是在不同城市之间的 LAN(局域网)或者 MAN(城域网)网络互联,它所覆盖的地理范围一般从几十公里到几千公里。

答案:D

9-5-7　解:我国专家把计算机网络定义为:利用各种通信手段,把地理上分散的计算机连在一起,达到相互通信、共享软/硬件和数据等资源的系统。

答案:D

9-5-8　解:人们把计算机网络中实现网络通信功能的设备及其软件的集合称为网络的通信子网,而把网络中实现资源共享功能的设备及其软件的集合称为资源。

答案:B

9-5-9 **解:**删除操作系统文件,计算机将无法正常运行。

答案:C

9-5-10 **解:**计算机网络主要是由网络硬件系统和网络软件系统两大部分组成。

答案:A

9-5-11 **解:**局域网覆盖的地理范围通常在几公里之内。

答案:C

9-5-12 **解:**电子签名应用领域包括电子商务,企业信息系统,网上政府采购中,金融、财会、保险行业,食品、医药,教育,科学研究以及文件管理等方面。但最主要的还是表现在电子商务方面,在网上将买方、卖方以及服务于他们的中间商(如金融机构)之间的信息交换和交易行为集成到一起的电子运作方式,如签定合同、订购、付费等。数字签名是目前保证数据的完整无性、真实性和不可抵赖的最可靠的方法。什么地方需要,那就可以应用在什么地方。现在典型的应用如:网上银行、电子商务、电子政务、网络通信等。

答案:A

9-5-13 **解:**网络软件是实现网络功能不可缺少的软件环境,主要包括网络传输协议和网络操作系统。

答案:A

9-5-14 **解:**网际网络是由相互连接的网络组成的网络。这些相互连接的网络中有一部分由大型公有组织和私有组织(如政府机构或工业企业)拥有并保留供其专用。在向公众开放的网际网络中,最著名并被广为使用的便是 Internet。Internet 是将属于 Internet 服务商提供商(ISP)的网络相互连接后建立的。这些 ISP 网络相互连接,为世界各地的用户提供接入服务。要确保通过这种多元化基础架构有效通信,需要采用统一的公认技术和协议,也需要众多网络管理机构相互协作。

答案:B

9-5-15 **解:**计算机网络是计算机技术和通信技术的结合产物。

答案:C

9-5-16 **解:**计算机网络协议的三要素:语法、语义、同步。

答案:C

9-5-17 **解:**TCP/IP 是运行在 Internet 上的一个网络通信协议。

答案:D

9-5-18 **解:**按照地理范围划分可以把各种网络类型划分为局域网、城域网、广域网。

答案:D

9-5-19 **解:**一台计算机、一个 Modem 和可通话的电话。将电话线从电话机上拔下来,插在 Modem 的接口就可以拨号上网了。

答案:B

9-5-20 **解**:Email 地址由 3 个部分组成;用户名、分隔符@、域名。

答案:B

9-5-21 **解**:OSI 参考模型共有 7 层,分别是①物理层,②数据链路层,③网络层,④传输层,⑤会话层,⑥表示层,⑦应用层。

答案:B

9-5-22 **解**:网络操作系统决定了网络的使用性能。

答案:D

十、工 程 经 济

复 习 指 导

1. 资金的时间价值

掌握资金时间价值的概念，熟悉现金流量和现金流量图，重点掌握资金等值计算，应会利用公式和复利系数表进行计算，掌握实际利率和名义利率的概念及计算公式。

对于资金等值计算公式，应该注意等额系列计算公式中 F、P、A 发生的时点，应用时注意它的应用条件。应熟悉复利系数表的应用。

2. 财务效益与费用估算

了解项目的分类和项目的计算期，熟悉财务效益与费用所包含的内容，重点掌握建设投资的构成、建设期利息的计算、经营成本的概念、项目评价涉及的税费以及总投资形成的资产。

3. 资金来源与融资方案

了解资金筹措的主要方式，掌握资金成本的概念及计算，熟悉债务偿还的主要方式。

4. 财务分析

应熟练掌握盈利能力分析的相关指标的概念和计算，重点掌握净现值、内部收益率、净年值、费用现值、费用年值、投资回收期的含义和计算方法，熟悉利用这些指标评价方案盈利能力时的判别标准。熟悉偿债能力分析、财务生存能力的概念，熟悉相关财务分析报表。

5. 经济费用效益分析

应理解社会折现率、影子价格、影子汇率、影子工资的概念，复习时应注意经济净现值、经济内部收益率指标与财务净现值、财务内部收益率的区别。了解效益费用比的概念。掌握经济净现值、经济内部收益率、效益费用比的判别标准。

6. 不确定性分析

对于盈亏平衡分析，应熟悉固定成本、可变成本的概念，熟练掌握盈亏平衡分析的计算，了解盈亏平衡点的含义。

对于单因素敏感性分析，应了解该方法的概念、敏感度系数和临界点的含义，熟悉敏感性分析图。

7. 方案经济比选

应熟悉独立型方案与互斥型方案的区别，掌握互斥方案比选的效益比选法、费用比选法和判别标准，了解最低价格法的概念；熟悉计算期不同的互斥方案的比选可采用的方法和指标。

8. 项目经济评价特点

对于改扩建项目，应了解其与新建项目在经济评价上的不同特点。

9. 价值工程

重点掌握价值工程的基本概念，包括价值工程中价值、功能及成本的概念，掌握价值的公式，根据公式可知提高价值的途径。

了解价值工程的实施步骤，掌握价值工程的核心。

本章的复习，应注重掌握相关的基本概念、基本公式和计算方法。在复习的同时，应该通过做习题训练，进一步巩固考试大纲要求掌握的内容。做习题时，应注意掌握习题考核的知识点。

练习题、题解及参考答案

(一)资金的时间价值

10-1-1　(2014,107)如现在投资 100 万元，预计年利率为 10%，分 5 年等额回收，每年可回收：

[已知：$(A/P, 10\%, 5)=0.2638$，$(A/F, 10\%, 5)=0.1638$]

A. 16.38 万元　　B. 26.38 万元　　C. 62.09 万元　　D. 75.82 万元

10-1-2　(2013,107)某企业向银行借款，按季度计息，年名义利率为 8%，则年实际利率为：

A. 8%　　B. 8.16%
C. 8.24%　　D. 8.3%

10-1-3　(2012,107)某项目拟发行 1 年期债券。在年名义利率相同的情况下，使年实际利率较高的复利计息期是：

A. 1 年　　B. 半年　　C. 1 季度　　D. 1 个月

10-1-4　(2011,107)某企业年初投资 5000 万元，拟 10 年内等额回收本利，若基准收益率为 8%，则每年年末应回收的资金是：

A. 540.00 万元　　B. 1079.46 万元
C. 745.15 万元　　D. 345.15 万元

10-1-5　**(2010,107)**某公司拟向银行贷款 100 万元，贷款期为 3 年，甲银行的贷款利率为 6%（按季计息），乙银行的贷款利率为 7%，该公司向下列哪家银行贷款付出的利息较少：

A. 甲银行　　　　B. 乙银行
C. 两家银行的利息相等　　　　D. 不能确定

10-1-6　**(2009,107)**关于现金流量的下列说法中，正确的是：

A. 同一时间点上现金流入和现金流出之和，称为净现金流量
B. 现金流量图表示现金流入、现金流出及其与时间的对应关系
C. 现金流量图的零点表示时间序列的起点，同时也是第一个现金流量的时间点
D. 垂直线的箭头表示现金流动的方向，箭头向上表示现金流出，即表示费用

10-1-7　**(2008,113)**某人第 1 年年初向银行借款 10 万元，第 1 年年末又借款 10 万元，第 3 年年初再次借 10 万元，年利率为 10%，到第 4 年末连本带利一次还清，应付的本利和为：

A. 31.00 万元　　　　B. 76.20 万元
C. 52.00 万元　　　　D. 40.05 万元

10-1-8　**(2007,113)**某公司准备建立一项为期 10 年的奖励基金，用于奖励有突出贡献的员工，每年计划颁发 100000 元奖金，从第 1 年开始至第 10 年正好用完账户中的所有款项，若利率为 6%，则第 1 年初存入的奖励基金应为：

A. 1318079 元　　B. 1243471 元　　C. 780169 元　　D. 736009 元

10-1-9　**(2006,111)**在下面的现金流量图（见题 10-1-8 图）中，若横轴时间单位为年，则大小为 40 的现金流量的发生时点为：

A. 第 2 年年末　　B. 第 3 年年初　　C. 第 3 年年中　　D. 第 3 年年末

10-1-10　**(2006,113)**某现金流量如图所示，如果利率为 i，则下面的 4 个表达式中，正确的是：

A. $P(P/F,i,l)=A(P/A,i,n-m)(P/F,i,m)$
B. $P(F/P,i,m-l)=A(P/A,i,n-m)$
C. $P=A(P/A,i,n-m)(P/F,i,m-l)$
D. $P(F/P,i,n-l)=A(F/A,i,n-m+1)$

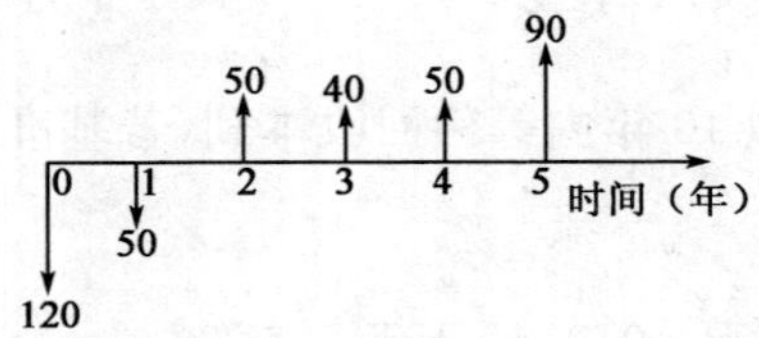

题 10-1-9 图

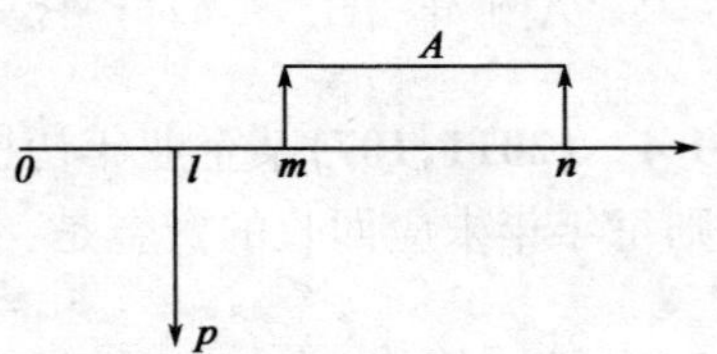

题 10-1-10 图

10-1-11 某项贷款年利率12%,每季计息一次,则年实际利率为:

A. 12%　　B. 12.48%　　C. 12.55%　　D. 12.68%

题解及参考答案

10-1-1 **解:**根据等额支付资金回收公式,每年可回收:

$$A=P(A/P,10\%,5)=100\times 0.2638=26.38\text{ 万元}$$

答案:B

10-1-2 **解:**利用由年名义利率求年实际利率的公式计算:

$$i=\left(1+\frac{r}{m}\right)^{m}-1=\left(1+\frac{8\%}{4}\right)^{4}-1=8.24\%$$

答案:C

10-1-3 **解:**年名义利率相同的情况下,一年内计息次数较多的,年实际利率较高。

答案:D

10-1-4 **解:**按等额支付资金回收公式计算(已知 P 求 A)。

答案:C

10-1-5 **解:**比较两家银行的年实际利率,其中较低者利息较少。

甲银行的年实际利率:$i_{甲}=\left(1+\frac{r}{m}\right)^{m}-1=\left(1+\frac{6\%}{4}\right)^{4}-1=6.14\%$;乙银行的年实际利率为7%,故向甲银行贷款付出的利息较少。

答案:A

10-1-6 **解:**现金流量图表示的是现金流入、现金流出与时间的对应关系。同一时间点上的现金流入和现金流出之差,称为净现金流量。箭头向上表示现金流入,向下表示现金流出。现金流量图的零点表示时间序列的起点,但第一个现金流量不一定发生在零点。

答案:B

10-1-7 **解:**按复利公式计算:

$$F=10(1+10\%)^{4}+10(1+10\%)^{3}+10(1+10\%)^{2}=40.05\text{万元}$$

答案:D

10-1-8 **解:**根据等额支付现值公式:

$$P=100000(P/A,6\%,10)=100000\times 7.36009=736009\text{ 元}$$

答案:D

10-1-9 **解:**在现金流量图中,横轴上任意一时点 t 表示第 t 期期末,同时也是第 $t+1$ 期的期初。

答案:D

10-1-10 **解:**根据资金等值计算公式,选项D的方程两边是分别将现金流出和现金流入折算到n年末,等式成立。

答案:D

10-1-11 **解:**利用名义利率与实际利率换算公式计算,或用一次支付终值公式计算。

答案:C

(二)财务效益与费用估算

10-2-1 **(2014,108)**某项目投资中有部分资金源于银行贷款,该贷款在整个项目期间将等额偿还本息。项目预计年经营成本为5000万元,年折旧费和摊销为2000万元,则该项目的年总成本费用应:

A. 等于5000万元　　B. 等于7000万元

C. 大于7000万元　　D. 在5000万元与7000万元之间

10-2-2 **(2013,108)**在下列选项中,应列入项目投资现金流量分析中的经营成本的是:

A. 外购原材料、燃料和动力费　　B. 设备折旧

C. 流动资金投资　　D. 利息支出

10-2-3 **(2012,108)**某建设工程建设期为2年。其中第一年向银行贷款总额为1000万元,第二年无贷款,贷款年利率为6%,则该项目建设期利息为:

A. 30万元　　B. 60万元

C. 61.8万元　　D. 91.8万元

10-2-4 **(2011,108)**建设项目评价中的总投资包括:

A. 建设投资和流动资金

B. 建设投资和建设期利息

C. 建设投资、建设期利息和流动资金

D. 固定资产投资和流动资产投资

10-2-5 **(2010,108)**关于总成本费用的计算公式,下列正确的是:

A. 总成本费用=生产成本+期间费用

B. 总成本费用=外购原材料、燃料和动力费+工资及福利费+折旧费

C. 总成本费用=外购原材料、燃料和动力费+工资及福利费+折旧费+摊销费

D. 总成本费用=外购原材料、燃料和动力费+工资及福利费+折旧费+摊销费+修理费

10-2-6 **(2009,109)**某项目建设期3年,共贷款1000万元,第一年贷款200万元,第二年

贷款500万元，第三年贷款300万元，贷款在各年内均衡发生，贷款年利率为7%，建设期内不支付利息，建设期利息为：

A. 98.00万元　　B. 101.22万元
C. 138.46万元　　D. 62.33万元

10-2-7　**(2008,111)**下面不属于工程建设其他投资的是：

A. 土地使用费　　B. 与项目建设有关的其他费用
C. 预备费　　D. 联合试运转费

10-2-8　**(2008,112)**下面不属于产品销售收入的是：

A. 材料销售收入　　B. 工业性劳务收入
C. 自制半成品销售收入　　D. 产成品销售收入

10-2-9　**(2008,116)**下面属于变动成本的是：

A. 折旧费　　B. 无形资产摊销费
C. 管理费　　D. 包装费

10-2-10　**(2007,111)**生产性项目总投资包括铺底流动资金和：

A. 设备工器具投资　　B. 建筑安装工程投资
C. 流动资金　　D. 建设投资

10-2-11　**(2007,112)**销售收入的决定因素不包括：

A. 生产负荷　　B. 销售价格
C. 销售量　　D. 所得税

10-2-12　**(2006,112)**经营成本中包括：

A. 工资及福利费　　B. 固定资产折旧费
C. 贷款利息支出　　D. 无形资产摊销费

10-2-13　**(2005,112)**固定成本是总成本费用的一部分，它是指其中的：

A. 不随产量变动而变动的费用
B. 不随生产规模变动而变动的费用
C. 不随人员变动而变动的费用
D. 在一定生产规模限度内不随产量变动而变动的费用

10-2-14　**(2005,113)**某企业预计明年销售收入将达到6000万元，总成本费用将为5600万元，该企业明年应缴纳：

A. 销售税金　　B. 所得税
C. 固定资产投资方向调节税　　D. 所得税和销售税金

10-2-15 (2005,115)无形资产是企业资产的重要组成部分,它的特点是会遭受:

A. 有形磨损和无形磨损　　B. 有形磨损
C. 无形磨损　　D. 物理磨损

10-2-16 建设投资的全部组成包括:

A. 建筑安装工程费、预备费、流动资金
B. 工程费用、建设期利息、预备费
C. 工程费用、工程建设其他费用、预备费
D. 建筑工程费、设备购置费、安装工程费

10-2-17 构成建设项目总投资的三部分费用是:

A. 工程费用、预备费、流动资金
B. 建设投资、建设期利息、流动资金
C. 建设投资、建设期利息、预备费
D. 建筑安装工程费、工程建设其他费用、预备费

题解及参考答案

10-2-1 **解:**经营成本是指项目总成本费用扣除固定资产折旧费、摊销费和利息支出以后的全部费用,即:经营成本=总成本费用-折旧费-摊销费-利息支出。本题经营成本与折旧费、摊销费之和为7000万元,再加上利息支出,则该项目的年总成本费用大于7000万元。

答案:C

10-2-2 **解:**经营成本包括外购原材料、燃料和动力费、工资及福利费、修理费等,不包括折旧、摊销费和财务费用。流动资金投资不属于经营成本。

答案:A

10-2-3 **解:**按建设期利息公式 $Q=\sum\left[P_{t-1}+\frac{A_t}{2}\cdot i\right]$ 计算。

第一年贷款总额1000万元,计算利息时按贷款在年内均衡发生考虑。

$$Q_1=(1\,000/2)\times6\%=30\text{ 万元}$$

$$Q_2=(1\,000+30)\times6\%=61.8\text{ 万元}$$

$$Q=Q_1+Q_2=30+61.8=91.8\text{ 万元}$$

答案:D

10-2-4 **解:**建设项目经济评价中的总投资由建设投资、建设期利息和流动资金组成。

答案:C

10-2-5　解:总成本费用有生产成本加期间费用和按生产要素两种估算方法。生产成本加期间费用计算公式为:总成本费用=生产成本+期间费用。

答案:A

10-2-6　解:根据题意,贷款在各年内均衡发生,建设期内不支付利息,则

第一年利息:(200/2)×7%=7 万元

第二年利息:(200+500/2+7)×7%=31.99 万元

第三年利息:(200+500+300/2+7+31.99)×7%=62.23 万元

建设期贷款利息:7+31.99+62.23=101.22 万元

答案:B

10-2-7　解:建设投资由工程费用(包括建筑工程费、设备购置费、安装工程费),工程建设其他费用和预备费(包括基本预备费和涨价预备费)所组成。工程建设其他费用包括土地使用费、与项目建设有关的其他费用(包括建设单位管理费、研究试验费、勘察设计费、工程监理费、工程保险费、建设单位临时设施费、引进技术和设备进口项目的其他费用、环境影响评价费、劳动安全卫生评价费、特殊设备安全监督检验费、市政公用设施费)和与未来企业生产经营有关的费用(包括联合试运转费、生产准备费、办公和生活家具购置费)。

答案:C

10-2-8　解:产品销售收入包括企业销售的产成品、自制半成品及工业性劳务所获得的收入。

答案:A

10-2-9　解:固定成本一般包括折旧费、摊销费、管理费、工资及福利费(计件工资除外)和其他费用等。通常把运营期间发生的全部利息也作为固定成本。包装费随产量变动而变动,属于变动成本。

答案:D

10-2-10　解:生产性项目总投资包括建设投资、建设期贷款利息和铺底流动资金(粗略计算时,建设期贷款利息可并入建设投资)。

答案:D

10-2-11　解:销售收入的多少与生产负荷大小、销售价格高低以及销售量的多少有关,但与所得税无关。

答案:D

10-2-12　解:经营成本中不包括折旧费、摊销费和贷款利息支出。经营成本是指建设项目总成本费用扣除折旧费、摊销费和财务费用以后的全部费用。

答案:A

10-2-13　解:总成本费用可分为固定成本和变动成本(可变成本),固定成本是指在一定生产规模限度内不随产量变动而变动的费用。

答案:D

10-2-14 **解**:根据所得税法,企业每一纳税年度的收入总额,减除不征税收入、免税收入、各项扣除以及允许弥补的以前年度亏损后的余额,为应纳税所得额。该企业有利润,所以应缴纳所得税。企业有销售收入,就应缴纳销售税金。

答案:D

10-2-15 **解**:无形资产的损耗是由于无形损耗(无形磨损)形成的,即由于社会科学技术进步而引起无形资产价值减少。

答案:C

10-2-16 **解**:建设投资由工程费用、工程建设其他费用、预备费所组成。

答案:C

10-2-17 **解**:建设项目总投资由建设投资、建设期利息、流动资金三部分构成。

答案:B

(三)资金来源与融资方案

10-3-1 **(2012,109)**某公司向银行借款5000万元,期限为5年,年利率为10%,每年年末付息一次,到期一次还本,企业所得税率为25%。若不考虑筹资费用,该项借款的资金成本率是:

A. 7.5% B. 10% C. 12.5% D. 37.5%

10-3-2 **(2011,109)**新设法人融资方式,建设项目所需资金来源于:

A. 资本金和权益资金 B. 资本金和注册资本
C. 资本金和债务资金 D. 建设资金和债务资金

10-3-3 **(2010,109)**关于准股本资金的下列说法中,正确的是:

A. 准股本资金具有资本金性质,不具有债务资金性质
B. 准股本资金主要包括优先股股票和可转换债券
C. 优先股股票在项目评价中应视为项目债务资金
D. 可转换债券在项目评价中应视为项目资本金

10-3-4 **(2009,110)**下列不属于股票融资特点的是:

A. 股票融资所筹备的资金是项目的股本资金,可作为其他方式筹资的基础
B. 股票融资所筹资金没有到期偿还问题
C. 普通股票的股利支付,可视融资主体的经营好坏和经营需要而定
D. 股票融资的资金成本较低

10-3-5 **(2009,111)**融资前分析和融资后分析的关系,下列说法中正确的是:

A. 融资前分析是考虑债务融资条件下进行的财务分析

B. 融资后分析应广泛应用于各阶段的财务分析

C. 在规划和机会研究阶段,可以只进行融资前分析

D. 一个项目财务分析中融资前分析和融资后分析两者必不可少

10-3-6 **(2007,118)**现代主要的权益投资方式不包括:

A. 股权式合资结构　　B. 契约式合资式结构

C. 合资式结构　　D. 合伙制结构

10-3-7 **(2005,120)**某投资项目全投资的净现金流量如下表:

题 10-3-7 表

年　份	0	1～10
净现金流量(万元)	－5000	600

若该项目初始投资中借款比例为50%,贷款年利率为8%,初始投资中自有资金的筹资成本为12%,则当计算该项目自有资金的净现值时,基准折现率至少应取:

A. 10%　　B. 12%　　C. 8%　　D. 20%

10-3-8 某项目从银行贷款500万元,期限5年,年利率5%,采取等额还本利息照付方式还本付息,每年末还本付息一次,第2年应付利息是:

A. 5万元　　B. 20万元　　C. 23万元　　D. 25万元

题解及参考答案

10-3-1 **解:**按不考虑筹资费用的银行借款资金成本公式 $K_e=R_e(1-T)$ 计算。

$$K_e=R_e(1-T)=10\%\times(1-25\%)=7.5\%$$

答案:A

10-3-2 **解:**新设法人项目融资的资金来源于项目资本金和债务资金。

答案:C

10-3-3 **解:**准股本资金是一种既具有资本金性质、又具有债务资金性质的资金,主要包括优先股股票和可转换债券。

答案:B

10-3-4 **解:**股票融资(权益融资)的资金成本一般要高于债权融资的资金成本。

答案:D

10-3-5 **解:**融资前分析不考虑融资方案,在规划和机会研究阶段,一般只进行融资前分析。

答案:C

10-3-6　解：现代主要的权益投资有股权式合资结构、契约式合资式结构和合伙制结构 3 种方式。

答案：C

10-3-7　解：自有资金现金流量表中包括借款还本付息。计算自有资金的净现金流量时，借款还本付息要计入现金流出，也就是说计算自有资金净现金流量时，已经扣除了借款还本付息，因此计算该项目自有资金的净现值时，基准折现率应至少不低于自有资金的筹资成本。

答案：B

10-3-8　解：等额还本则每年还本 100 万元，次年以未还本金为基数计算利息。

第 1 年应还本金=500/5=100 万元，应付利息=500×5%=25 万元；

第 2 年应还本金=500/5=100 万元，应付利息=(500−100)×5%=20 万元。

答案：B

(四)财务分析

10-4-1　(2014,109)下列财务评价指标中，反映项目盈利能力的指标是：

A. 流动比率　　B. 利息备付率

C. 投资回收期　　D. 资产负债率

10-4-2　(2014,110)某项目第一年年初投资 5000 万元，此后从第一年年末开始每年年末有相同的净收益，收益期为 10 年。寿命期结束时的净残值为 100 万元，若基准收益率为 12%，则要使该投资方案的净现值为零，其年净收益应为：

[已知：$(P/A,12\%,10)=5.6500$；$(P/F,12\%,10)=0.3220$]

A. 879.26 万元　　B. 884.96 万元

C. 890.65 万元　　D. 1610 万元

10-4-3　(2013,109)某项目第 6 年累计净现金流量开始出现正值，第五年末累计净现金流量为−60 万元，第 6 年当年净现金流量为 240 万元，则该项目的静态投资回收期为：

A. 4.25 年　　B. 4.75 年

C. 5.25 年　　D. 6.25 年

10-4-4　(2013,110)某项目初期(第 0 年年初)投资额为 5000 万元，此后从第二年年末开始每年有相同的净收益，收益期为 10 年。寿命期结束时的净残值为零，若基准收益率为 15%，则要使该投资方案的净现值为零，其年净收益应为：

[已知：$(P/A,15\%,10)=5.0188$，$(P/F,15\%,1)=0.8696$]

A. 574.98 万元　　B. 866.31 万元

C. 996.25 万元　　D. 1145.65 万元

10-4-5　(2012,110)对于某常规项目(IRR 唯一)，当设定折现率为 12%时，求得的净现值为

130万元；当设定折现率为14%时，求得的净现值为−50万元，则该项目的内部收益率应是：

A. 11.56%　　B. 12.77%　　C. 13%　　D. 13.44%

10-4-6　(2012,111)下列财务评价指标中，反映项目偿债能力的指标是：

A. 投资回收期　　B. 利息备付率
C. 财务净现值　　D. 总投资收益率

10-4-7　(2011,110)财务生存能力分析中，财务生存的必要条件是：

A. 拥有足够的经营净现金流量
B. 各年累计盈余资金不出现负值
C. 适度的资产负债率
D. 项目资本金净利润率高于同行业的净利润率参考值

10-4-8　(2010,110)某项目建设工期为两年，第一年投资200万元，第二年投资300万元，投产后每年净现金流量为150万元，项目计算期为10年，基准收益率10%，则此项目的财务净现值为：

A. 331.97万元　　B. 188.63万元　　C. 171.18万元　　D. 231.60万元

10-4-9　(2008,114)某项目初期投资150万元，年运营成本90万元，寿命期5年，寿命期末回收残值20万元，企业基准折现率10%，则该项目的费用现值为：

A. 478.75万元　　B. 503.59万元　　C. 511.63万元　　D. 538.95万元

10-4-10　(2008,115)　当社会通货膨胀率趋于上升，其他因素没有变化时，基准折现率应：

A. 降低　　B. 提高　　C. 保持不变　　D. 无法确定

10-4-11　(2008,119)全投资财务现金流量表中不包括：

A. 销售收入　　B. 贷款成本
C. 经营成本　　D. 资产回收

10-4-12　(2007,119)以下有关现金流量表的描述中，说法不正确的是：

A. 财务现金流量表主要用于财务评价
B. 自有资金现金流量表反映投资者各方权益投资的获得能力
C. 通过全投资财务现金流量表可计算项目财务内部收益率、财务净现值和投资回收期等评价指标
D. 全投资财务现金流量表是以项目为一独立系统，从融资前的角度进行设置的

10-4-13　(2006,114)某项目的净年值小于零，则：

A. 该项目是可行的

B. 该项目的内部收益率小于基准折现率

C. 该项目的动态投资回收期小于寿命期

D. 该项目的内部收益率大于基准折现率

10-4-14 (2006,115)与静态投资回收期计算无关的量是：

A. 现金流入　　B. 现金流出　　C. 净现金流量　　D. 基准收益率

10-4-15 (2005,116)在投资项目盈利能力分析中，若选取的基准年发生变动，则该项目的净现值(NPV)的内部收益率(IRR)的数值将是：

A. NPV 变 IRR 不变　　B. NPV 和 IRR 均变

C. NPV 不变 IRR 变　　D. NPV 和 IRR 均不变

10-4-16 (2005,117)投资项目 W 的净现金流量如下表：

题 10-4-16 表

年　份	0	1	2	3	4	5	6
净现金流量(万元)	−3000	900	1000	1100	1100	1100	1100

则项目 W 的静态投资回收期为：

A. 3.65 年　　B. 3.87 年　　C. 3 年　　D. 3.55 年

10-4-17 (2005,118)某投资项目，当基准折现率取 15%时，项目的净现值等于零，则该项目的内部收益率：

A. 等于 15%　　B. 大于 15%　　C. 等于 0　　D. 小于 15%

10-4-18 采用净现值指标对某项目进行财务盈利能力分析，设定的折现率为 i，该项目财务上可行的条件是：

A. NPV≤企业可接受的水平　　B. NPV＜折现率

C. NPV≥0　　D. NPV＞i

题解及参考答案

10-4-1 **解**：投资回收期是反映项目盈利能力的财务评价指标之一。

答案：C

10-4-2 **解**：根据题意有：$NPV=A(P/A,12\%,10)+100\times(P/F,12\%,10)-P=0$

因此，$A=[P-100\times(P/F,12\%,10)]\div(P/A,12\%,10)$

$=(5000-100\times0.3220)\div5.6500=879.26$ 万元

答案：A

10-4-3 **解**:根据静态投资回收期的计算公式:$P_t=6-1+|-60|/240=5.25$ 年。

答案:C

10-4-4 **解**:根据题意,有 $NPV=-5000+A(P/A,15\%,10)(P/F,15\%,1)=0$

$$A=5000\div(5.0188\times0.8696)=1145.65\text{ 万元}$$

答案:D

10-4-5 **解**:利用计算 IRR 的插值公式计算。

$$IRR=12\%+(14\%-12\%)\times130/(130+|-50|)=13.44\%$$

答案:D

10-4-6 **解**:利用备付率属于反映项目偿债能力的指标。

答案:B

10-4-7 **解**:财务生存能力分析中,各年累计盈余资金不出现负值是财务生存的必要条件。

答案:B

10-4-8 **解**:按计算财务净现值的公式计算。

$$FNPV=-200-300(P/F,10\%,1)+150(P/A,10\%,8)(P/F,10\%,2)$$
$$=-200-300\times0.90909+150\times5.33493\times0.82645=188.63\text{万元}$$

答案:B

10-4-9 **解**:根据资金等值公式计算。

$$90\times(P/A,10\%,5)+150-20/(1+10\%)^5=487.75\text{万元}$$

答案:A

10-4-10 **解**:基准收益率的计算公式为

$$i_c=(1+i_1)(1+i_2)(1+i_3)-1$$

式中,i_c 为基准收益率;i_1 为年资金费用率与机会成本中较高者;i_2 为年风险贴补率;i_3 为年通货膨胀率。在 i_1、i_2、i_3 都为小数的情况下,上述公式可简化为 $i_c=i_1+i_2+i_3$。因此当通货膨胀率上升时,基准折现率应提高。

答案:B

10-4-11 **解**:全投资财务现金流量表(项目投资现金流量表)属于融资前分析,不考虑融资方案,表中不包括贷款成本。

答案:B

10-4-12 **解**:自有资金现金流量表(资本金现金流量表)反映自有资金投资的获得能力,投资者各方权益投资的获得能力采用投资各方现金流量表。项目资本现金流量表是从项目法人(或投资者整体)角度出发,以项目资本金作为计算的基础,用以计算资本金内部收益率,反映投资者权益投资的获得能力。投资各方现金流量表是分别从各个投资者的角度出发,以投资者的出资额作为计算的基础,用以计算投资各方收益率。

答案:B

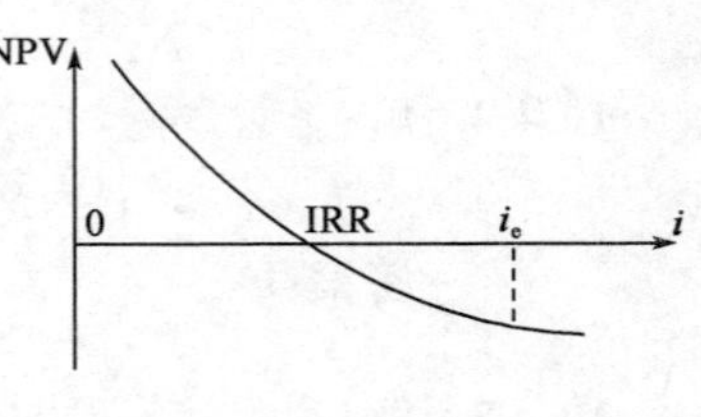

题 10-4-13 解图

10-4-13 解:从解图的净现值函数曲线中可以看出,当某项目的净现值小于零时,该项目的内部收益率 IRR 小于基准折现率 i_e。

答案:B

10-4-14 解:计算静态投资回收期仅考虑各年的现金流入、现金流出和净现金流量,不考虑资金的时间价值,基准收益率是反映资金、时间价值的参数,因此基准收益率是与静态投资回收期计算无关的量。

答案:D

10-4-15 解:由 NPV 公式或 $P=F/(1+i)^n$,显然在不同基准年,净现值不同。由求 IRR 的公式 $\sum(CI-CO)_t(1+IRR)^{-t}=0$,方程两边同乘以 $(1+IRR)^{-m}$,公式不变。或者说折算到基准年的 NPV 为零,将其再折算到其他年(基准年),净现值还是零。

答案:A

10-4-16 解:投资项目 W 的累计净现金流量见下表:

题 10-4-16 解表

年　份	0	1	2	3	4	5	6
净现金流量(万元)	−3000	900	1000	1100	1100	1100	1100
累计净现金流量(万元)	−3000	−2100	−1100	0	1100	2200	3300

计算累计净现金流量,到第 3 年累计现金流量正好为 0,故项目投资回收期为 3 年。

答案:C

10-4-17 解:内部收益率是指使一个项目在整个计算期内各年净现金流量的现值累计为零时的利率,基准折现率取 15%时,项目的净现值等于零,故该项目的内部收益率为 15%。

答案:A

10-4-18 解:采用净现值指标的判定依据是净现值是否大于或等于 0。

答案:C

(五)经济费用效益分析

10-5-1 (2013,111)以下关于项目经济费用效益分析的说法中正确的是:

A. 经济费用效益分析应考虑沉没成本
B. 经济费用和效益的识别不适用“有无对比”原则
C. 识别经济费用效益时应剔出项目的转移支付
D. 为了反映投入物和产出物真实经济价值,经济费用效益分析不能使用市场价格

10-5-2 (2011,111)交通运输部门拟修建一条公路,预计建设期为一年,建设期初投资为

100 万元，建设后即投入使用，预计使用寿命为 10 年，每年将产生的效益为 20 万元，每年需投入保养费 8000 元。若社会折现率为 10%，则该项目的效益费用比为：

A. 1.07　　B. 1.17
C. 1.85　　D. 1.92

10-5-3　**(2010,111)**可外贸货物的投入或产出的影子价格应根据口岸价格计算，下列公式正确的是：

A. 出口产出的影子价格(出厂价)＝离岸价(FOB)×影子汇率＋出口费用
B. 出口产出的影子价格(出厂价)＝到岸价(CIF)×影子汇率－出口费用
C. 进口投入的影子价格(到厂价)＝到岸价(CIF)×影子汇率＋进口费用
D. 进口投入的影子价格(到厂价)＝离岸价(FOB)×影子汇率－进口费用

10-5-4　**(2009,112)**经济效益计算的原则是：

A. 增量分析的原则
B. 考虑关联效果的原则
C. 以全国居民作为分析对象的原则
D. 支付意愿原则

10-5-5　**(2007,115)**某项目财务现金流量见下表，则该项目的静态投资回收期为多少年？

题 10-5-5 表

时　间	1	2	3	4	5	6	7	8	9	10
净现金流量(万元)	－1200	－1000	200	300	500	500	500	500	500	500

A. 5.4　　B. 5.6
C. 7.4　　D. 7.6

10-5-6　下列关于经济效益和经济费用的表述中，正确的是：

A. 经济效益只考虑项目的直接效益
B. 项目对提高社会福利和社会经济所作的贡献都记为经济效益
C. 计算经济费用效益指标采用企业设定的折现率
D. 影子价格是项目投入物和产出物的市场平均价格

10-5-7　对建设项目进行经济费用效益分析所使用的影子价格的正确含义是：

A. 政府为保证国计民生为项目核定的指导价格
B. 使项目产出品具有竞争力的价格
C. 项目投入物和产出物的市场最低价格
D. 反映项目投入物和产出物真实经济价值的价格

题解及参考答案

10-5-1 **解**:项目经济效益和费用的识别应遵循剔除转移支付原则。

答案:C

10-5-2 **解**:分别计算效益流量的现值和费用流量的现值,二者的比值即为该项目的效益费用比。建设期 1 年,使用寿命 10 年,计算期共 11 年。注意:第 1 年为建设期,投资发生在第 0 年(即第 1 年的年初),第 2 年开始使用,效益和费用从第 2 年末开始发生。

效益流量的现值:$B=20\times(P/A,10\%,10)\times(P/F,10\%,1)$

$=20\times6.144\times0.9091=111.72$ 万元

费用流量的现值:$C=0.8\times(P/A,10\%,10)\times(P/F,10\%,1)$

$=0.8\times6.1446\times0.9091+100=104.47$ 万元

该项目的效益费用比为:$R_{BC}=B/C=111.72/104.47=1.07$

答案:A

10-5-3 **解**:可外贸货物影子价格:直接进口投入物的影子价格(到厂价)=到岸价(CIF)×影子汇率+进口费用。

答案:C

10-5-4 **解**:经济效益的计算应遵循支付意愿原则和接受补偿原则(受偿意愿原则)。

答案:D

10-5-5 **解**:计算项目的累积净现金流量,见表:

题 10-5-5 解表

时间	1	2	3	4	5	6	7	8	9	10
净现金流量(万元)	−1200	−1000	200	300	500	500	500	500	500	500
累计净现金流量(万元)	−1200	−2200	−2000	−1700	−1200	−700	−200	300	800	1300

静态投资回收期:$T=8-1+|-200|/500=7.4$ 年

答案:C

10-5-6 **解**:项目对提高社会福利和社会经济所作的贡献都应记为经济效益,包括直接效益和间接效益。

答案:B

10-5-7 **解**:影子价格反映项目投入物和产出物的真实经济价值。

答案:D

(六)不确定性分析

10-6-1 **(2014,111)**某企业设计生产能力为年产某产品 40000t,在满负荷生产状态下,总成本为 30000 万元,其中固定成本为 10000 万元,若产品价格为 1 万元/t,则以生产能力利用率表示的盈亏平衡点为：

A. 25% B. 35% C. 40% D. 50%

10-6-2 **(2012,112)**某企业生产一种产品，年固定成本为1000万元，单位产品的可变成本为300元、售价为500元，则其盈亏平衡点的销售收入为：

A. 5万元 B. 600万元 C. 1500万元 D. 2500万元

10-6-3 **(2011,112)**建设项目经济评价有一整套指标体系，敏感性分析可选定其中一个或几个主要指标进行分析，最基本的分析指标是：

A. 财务净现值 B. 内部收益率
C. 投资回收期 D. 偿债备付率

10-6-4 **(2010,112)**关于盈亏平衡点的下列说法中，错误的是：

A. 盈亏平衡点是项目的盈利与亏损的转折点
B. 盈亏平衡点上，销售(营业、服务)收入等于总成本费用
C. 盈亏平衡点越低，表明项目抗风险能力越弱
D. 盈亏平衡分析只用于财务分析

10-6-5 **(2009,113)**某建设项目年设计生产能力为8万台，年固定成本为1200万元，产品单台售价为1000元，单台产品可变成本为600元，单台产品销售税金及附加为150元，则该项目的盈亏平衡点的产销量为：

A. 48000台 B. 12000台 C. 30000台 D. 21819台

10-6-6 **(2008,117)**在单因素敏感分析图中，下列哪一项影响因素说明该因素越敏感？

A. 直线的斜率为负
B. 直线的斜率为正
C. 直线的斜率绝对值越大
D. 直线的绝对值越小

10-6-7 **(2007,116)**盈亏平衡分析是一种特殊形式的临界点分析，它适用于财务评价，其计算应按项目投产后以下哪项计算？

A. 正常年份的销售收入和成本费用数据利润总额
B. 计算期内的平均值
C. 年产量
D. 单位产品销售价格

10-6-8 成本可分为固定成本和可变成本，假设生产规模一定，以下说法中正确的是：

A. 产量增加,但固定成本在单位产品中的成本不变

B. 单位产品中固定成本部分随产量增加而减少

C. 固定成本低于可变成本时才能盈利

D. 固定成本与可变成本相等时利润为零

10-6-9 某吊车生产企业,以产量表示的盈亏平衡点为 600 台。预计今年的固定成本将增加 20%,若其他条件不变,则盈亏平衡点将变为:

A. 720 台　　B. 600 台　　C. 500 台　　D. 480 台

题解及参考答案

10-6-1 **解:**根据题意,该企业单位产品变动成本为:

$$(30000-10000)\div 40000=0.5\text{ 万元/t}$$

根据盈亏平衡点计算公式,盈亏平衡生产能力利用率为:

$$E^{*}=\frac{Q^{*}}{Q_{c}}\times 100\%=\frac{C_{f}}{(P-C_{v})Q_{c}}\times 100\%=\frac{10000}{(1-0.5)\times 40000}\times 100\%=50\%$$

答案:D

10-6-2 **解:**可先求出盈亏平衡产量,然后乘以单位产品售价,即为盈亏平衡点销售收入。盈亏平衡点销售收入$=500\times[10\times 10^{4}/(500-300)]=2500$ 万元。

答案:D

10-6-3 **解:**投资项目敏感性分析最基本的分析指标是内部收益率。

答案:B

10-6-4 **解:**盈亏平衡点越低,说明项目盈利的可能性越大,项目抵抗风险的能力越强。

答案:C

10-6-5 **解:**按盈亏平衡产量公式计算。

答案:A

10-6-6 **解:**在单因素敏感性分析图中,直线斜率的绝对值越大,较小的不确定性因素变化幅度会引起敏感性分析评价指标较大的变化,即该因素越敏感。

答案:C

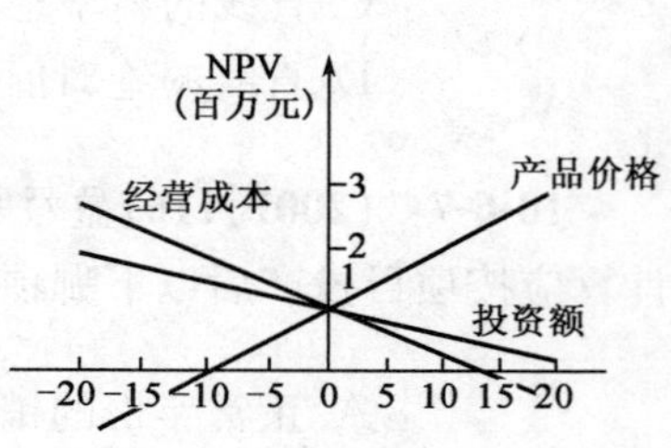

题 10-6-62 解图

10-6-7 **解:**盈亏平衡分析应按项目投产后,正常年份的销售收入和成本费用数据利润总额进行计算。

答案:A

10-6-8 **解:**固定成本不随产量变化。单位产品固定成本是固定成本与产量的商,产量增加时,成本减少。

答案:B

10-6-9　解:根据盈亏平衡分析计算公式,若其他条件不变,以产量表示的盈亏平衡点与固定成本成正比。

答案:A

(七)方案经济比选

10-7-1　(2014,112)已知甲、乙为两个寿命期相同的互斥项目,通过测算得出:甲、乙两项目的内部收益率分别为18%和14%,甲、乙两项目的净现值分别为240万元和320万元。假如基准收益率为12%,则以下说法中正确的是:

A. 应选择甲项目　　B. 应选择乙项目
C. 应同时选择甲、乙两个项目　　D. 甲、乙项目均不应选择

10-7-2　(2014,113)下列项目方案类型中,适于采用最小公倍数法进行方案比选的是:

A. 寿命期相同的互斥方案　　B. 寿命期不同的互斥方案
C. 寿命期相同的独立方案　　D. 寿命期不同的独立方案

10-7-3　(2013,112)已知甲、乙为两个寿命期相同的互斥项目,其中乙项目投资大于甲项目。通过测算得出甲、乙两项目的内部收益率分别为17%和14%,增量内部收益△IRR(乙－甲)＝13%,基准收益率为14%,以下说法中正确的是:

A. 应选择甲项目　　B. 应选择乙项目
C. 应同时选择甲、乙两个项目　　D. 甲、乙两项目均不应选择

10-7-4　(2012,113)下列项目方案类型中,适于采用净现值法直接进行方案选优的是:

A. 寿命期相同的独立方案　　B. 寿命期不同的独立方案
C. 寿命期相同的互斥方案　　D. 寿命期不同的互斥方案

10-7-5　(2011,113)在项目无资金约束、寿命不同、产出不同的条件下,方案经济比选只能采用:

A. 净现值比较法　　B. 差额投资内部收益率法
C. 净年值法　　D. 费用年值法

10-7-6　(2007,114)在进行互斥方案选优时,若备选方案的收益率基本相同,且难于估计时,比选计算应考虑采用:

A. 内部收益率　　B. 净现值
C. 投资回收期　　D. 费用现值

10-7-7　(2005,116)采用净现值(NPV)、内部收益率(IRR)和差额内部收益率(ΔIRR)进

行互斥方案比选，它们的评价结论是：

A. NPV 和 ΔIRR 总是不一致的
B. IRR 和 ΔIRR 总是一致的
C. NPV 和 ΔIRR 总是一致的
D. NPV、IRR 和 ΔIRR 总是不一致的

10-7-8 两个初始投资相同、寿命期相同的投资方案，下列说法中正确的是：

A. $NPV_1=NPV_2$，则 $IRR_1=IRR_2$
B. $NPV_1>NPV_2$，则 $IRR_1>IRR_2$
C. $NPV_1>NPV_2$，则 $IRR_1<IRR_2$
D. $NPV_1>NPV_2\geqslant 0$，则方案 1 较优

10-7-9 某项目有甲乙丙丁 4 个投资方案，寿命期都是 8 年，设定的折现率 8%，$(A/P,8\%,8)=0.1740$，各方案各年的净现金流量如表所示，采用年值法应选用：

各方案各年的净现金流量表(单位:万元) 题 10-7-9 表

方案 \ 年份	0	1～8	方案 \ 年份	0	1～8
甲	−500	92	丙	−420	76
乙	−500	90	丁	−400	77

A. 甲方案　　B. 乙方案　　C. 丙方案　　D. 丁方案

题解及参考答案

10-7-1 **解**：两个寿命期相同的互斥方案只能选择其中一个方案，可采用净现值法.净年值法.差额内部收益率法等选优，不能直接根据方案的内部收益率选优。采用净现值法应选净现值大的方案。

答案：B

10-7-2 **解**：最小公倍数法适用于寿命期不等的互斥方案比选。

答案：B

10-7-3 **解**：两个寿命期相同的互斥项目的选优应采用增量内部收益率指标，ΔIRR（乙一甲）为 13%，小于基准收益率 14%，应选择投资较小的方案。

答案：A

10-7-4 **解**：寿命期相同的互斥方案可直接采用净现值法选优。

答案：C

10-7-5 **解**：净年值法既可用于寿命期相同，也可用于寿命期不同的方案比选。

答案：C

10-7-6 **解**：在进行互斥方案选优时，若备选方案的收益率基本相同，可计算方案的费用现值或费用年值进行方案比选。

答案:D

10-7-7 **解:**采用净现值(NPV)、内部收益率(IRR)进行互斥方案比选,其结论可能不一致;采用净现值(NPV)和差额内部收益率(ΔIRR)进行互斥方案比选的评价结论的总是一致的。

答案:C

10-7-8 **解:**$NPV_1>NPV_2$,不一定$IRR_1>IRR_2$,不能直接用内部收益率比较两个方案的优劣。

答案:D

10-7-9 **解:**甲乙年投资相等,但甲方案年收益较大,所以淘汰乙方案;丙乙方案比较,丙方案投资大但年收益值较小,淘汰丙方案,比较甲丁方案净年值。

答案:D

(八)改扩建项目的经济评价特点

10-8-1 (2013,113)以下关于改扩建项目财务分析的说法中正确的是:

A. 应以财务生存能力分析为主
B. 应以项目清偿能力分析为主
C. 应以企业层次为主进行财务分析
D. 应遵循“有无对比”原则

10-8-2 (2010,113)属于改扩建项目经济评价中使用的五种数据之一的是:

A. 资产　　B. 资源　　C. 效益　　D. 增量

10-8-3 对于改扩建项目的经济评价,以下表述中正确的是:

A. 仅需要估算“有项目”、“无项目”、“增量”三种状态下的效益和费用
B. 只对项目本身进行经济性评价,不考虑对既有企业的影响
C. 财务分析一般只按项目一个层次进行财务分析
D. 需要合理确定原有资产利用、停产损失和沉没成本

题解及参考答案

10-8-1 **解:**“有无对比”是财务分析应遵循的基本原则。

答案:D

10-8-2 **解:**改扩建项目盈利能力分析可能涉及的五套数据:①“现状”数据;②“无项目”数据;③“有项目”数据;④新增数据;⑤增量数据。

答案:D

10-8-3 **解:**改扩建项目的经济评价应考虑原有资产的利用、停产损失和沉没成本等

问题。

答案:D

(九)价值工程

10-9-1 (2014,114)某项目整体功能的目标成本为100万元,在进行功能评价时,得出某一功能F^*的功能评价系数为0.3,若其成本改进期望值为-5000元(即降低5000元),则F^*的现实成本为:

A. 2.5万元　　B. 3万元　　C. 3.5万元　　D. 4万元

10-9-2 (2013,114)下面关于价值工程的论述中正确的是:

A. 价值工程中的价值是指成本与功能的比值
B. 价值工程中的价值是指产品消耗的必要劳动时间
C. 价值工程中的成本是指寿命周期成本,包括产品在寿命期内发生的全部费用
D. 价值工程中的成本就是产品的生产成本,它随着产品功能的增加而提高

10-9-3 (2012,114)某项目由A、B、C、D四个部分组成,当采用强制确定法进行价值工程对象选择时,它们的价值指数分别如下所示。其中不应作为价值工程分析对象的是:

A. 0.7559　　B. 1.0000　　C. 1.2245　　D. 1.5071

10-9-4 (2011,114)在对象选择中,通过对每个部件与其他各部件的功能重要程度进行逐一对比打分,相对重要的得1分,不重要的得0分,此方法称为:

A. 经验分析法　　B. 百分比法
C. ABC分析法　　D. 强制确定法

10-9-5 (2010,114)ABC分类法中,部件数量占60%~80%、成本占5%~10%的为:

A. A类　　B. B类
C. C类　　D. 以上都不对

10-9-6 (2009,114)下列可以提高产品价值的是:

A. 功能不变,提高成本　　B. 成本不变,降低功能
C. 成本增加一些,功能有很大提高　　D. 功能很大降低,成本降低一些

10-9-7 (2008,120)价值工程的价值是:

A. 研究对象的使用价值
B. 研究对象的交换价值
C. 研究对象的使用和交换价值
D. 研究对象所具有的功能与获得该功能的全部费用的比值

10-9-8 **(2007,120)**开展价值工程活动的目的是：

A. 思想方法的更新和技术管理
B. 对功能和成本进行系统分析和不断创新
C. 提高功能对成本的比值
D. 多领域协作降低产品成本

10-9-9 **(2005,114)**价值工程的“价值(V)”对于产品来说，可以表示为$V=F/C$，F指产品的功能，而C则是指：

A. 产品的制造成本　　B. 产品的寿命周期成本
C. 产品的使用成本　　D. 产品的研发成本

10-9-10 已知某产品的零件甲的功能评分为5，成本为20元，该产品各零件功能积分之和为40，产品成本为100元，则零件甲的价值系数为：

A. 0.2　　B. 0.625　　C. 0.8　　D. 1.6

题解及参考答案

10-9-1 **解：**功能F^*的目标成本为：$100\times0.3=3$万元

功能F^*的现实成本为：$3+0.5=3.5$万元

答案：C

10-9-2 **解：**根据价值工程中价值公式中成本的概念。

答案：C

10-9-3 **解：**价值指数等于1说明该部分的功能与其成本相适应。

答案：B

10-9-4 **解：**该方法称为01评分法，属于强制确定法。

答案：D

10-9-5 **解：**ABC分类法中，A类部件占部件总数的比重较少，但占总成本的比重较大；C类部件占部件总数的比重较大，约占总数的60%～80%，但占总成本的比重较小，约占5%～10%。

答案：C

10-9-6 **解：**根据价值公式进行判断：价值(V)＝功能(F)/成本(C)。

答案：C

10-9-7 **解：**根据价值工程的定义，价值工程中的“价值”，是指产品或作业的功能与实现其功能的总成本(寿命周期成本)的比值。

答案：D

10-9-8 **解:**开展价值工程活动的目的是提高产品的价值,即提高功能对成本的比值。

答案:C

10-9-9 **解:**价值工程中的价值可以表示为$V=F/C$,其中C是指产品的寿命周期成本。

答案:B

10-9-10 **解:**利用价值公式计算,$\frac{5/40}{20/100}=0.625$。

答案:B

十一、法律法规

复习指导

本章包括上午段考试“法律法规”和下午段考试“职业法规”的内容。凡注明“结”的是指“结构工程”专业的下午段考试试题。

与工程建设有关的法规应当是重点复习的内容，尤其是建筑法、招标投标法中的内容。

各种法规中与设计工作有关的规定要给予重点关注。房地产开发、工程监理及职业道德准则等方面的内容可作一般了解。

练习题、题解及参考答案

(一)中华人民共和国公路法

11-1-1 《公路法》所称公路，还包括以下哪几项？

①公路桥梁；②公路隧道；③公路渡口

A. ①② B. ②③

C. ①③ D. ①②③

11-1-2 公路按技术等级分为几级？

A. 3 级 B. 4 级 C. 5 级 D. 6 级

11-1-3 国道规划的局部调整由以下哪个机关决定？

A. 国务院交通主管部门 B. 省级交通主管部门

C. 原批准机关 D. 原编制机关

11-1-4 国道的命名和编号由哪个部门确定？

A. 国务院 B. 国务院交通主管部门

C 省级政府 D. 省级交通主管部门

11-1-5 公路建设项目应当实行以下哪些制度？

①法人负责制度；②招标投标制度；③工程监理制度

A. ①②　　B. ②③　　C. ①③　　D. ①②③

题解及参考答案

11-1-1　**解**:《公路法》第二条规定:“本法所称公路,包括公路桥梁、公路隧道和公路渡口”。

答案:D

11-1-2　**解**:《公路法》第六条规定:公路“按技术等级分为高速公路、一级公路、二级公路、三级公路和四级公路”。

答案:C

11-1-3　**解**:《公路法》第十六条国道:“国道规划的局部调整由原编制机关决定”。

答案:D

11-1-4　**解**:《公路法》第十七条国道:“国道的命名和编号,由国务院交通主管部门确定”。

答案:B

11-1-5　**解**:《公路法》第二十三条规定:公路建设项目应当按照国家有关规定实行法人负责制度、招标投标制度和工程监理制度。

答案:D

(二)中华人民共和国建筑法

11-2-1　**(2014,115)**根据《建筑法》规定,对从事建筑业的单位实行资质管理制度,将从事建活动的工程监理单位,划分为不同的资质等级。监理单位资质等级的划分条件可以不考虑:

A. 注册资本　　B. 法定代表人
C. 已完成的建筑工程业绩　　D. 专业技术人员

11-2-2　**(2013,115)**根据《建筑法》规定,某建设单位领取了施工许可证,下列情节中,可能不导致施工许可证废止的是:

A. 领取施工许可证之日起三个月内因故不能按期开工,也未申请延期
B. 领取施工许可证之日起按期开工后又中止施工
C. 向发证机关申请延期开工一次,延期之日起三个月内,因故仍不能按期开工,也未申请延期
D. 向发证机关申请延期开工两次,超过 6 个月因故不能按期开工,继续申请延期

11-2-3　**(2013,120)**某建设项目甲建设单位与乙施工单位签订施工总承包合同后,乙施工单位经甲建设单位认可,将打桩工程分包给丙专业承包单位,丙专业承包单位又将劳务作业分包给丁劳务单位,由于丙专业承包单位从业人员责任心不强,导致该打桩工程部分出现了质量缺陷,对于该质量缺陷的责任承担,以下说明正确的是:

A. 乙单位和丙单位承担连带责任
B. 丙单位和丁单位承担连带责任
C. 丙单位向甲单位承担全部责任
D. 乙、丙、丁三单位共同承担责任

11-2-4 **(2012,115)**建筑工程开工前，建设单位应当按照国家有关规定申请领取施工许可证，颁发施工许可证的单位应该是：

A. 县级以上人民政府建设行政主管部门
B. 工程所在地县级以上人民政府建设工程监督部门
C. 工程所在地省级以上人民政府建设行政主管部门
D. 工程所在地县级以上人民政府建设行政主管部门

11-2-5 **(2011,115)**按照《中华人民共和国建筑法》的规定，下列叙述中正确的是：

A. 设计文件选用的建筑材料、建筑构配件和设备，不得注明其规格、型号
B. 设计文件选用的建筑材料、建筑构配件和设备，不得指定生产厂、供应商
C. 设计单位应按照建设单位提出的质量要求进行设计
D. 设计单位对施工过程中发现的质量问题应当按照监理单位的要求进行改正

11-2-6 **(2009,115)**按照《中华人民共和国建筑法》规定，建筑单位申领施工许可证，应该具备的条件之一是：

A. 拆迁工作已经完成
B. 已经确定监理企业
C. 有保证工程质量和安全的具体措施
D. 建设资金全部到位

11-2-7 建设单位在领取开工证之后，应当在几个月内开工？

A. 3　　B. 6　　C. 9　　D. 12

题解及参考答案

11-2-1 **解：**《建筑法》第十三条规定，从事建筑活动的建筑施工企业、勘察单位、设计单位和工程监理单位，按照其拥有的注册资本、专业技术人员、技术装备和已完成的建筑工程业绩等资质条件，划分为不同的资质等级，经资质审查合格，取得相应等级的资质证书后，方可在其资质等级许可的范围内从事建筑活动。

答案：B

11-2-2 **解：**《建筑法》第九条规定，建设单位应当自领取施工许可证之日起三个月内开工。因故不能按期开工的，应当向发证机关申请延期；延期以两次为限，每次不超过三个月。既不开工又不申请延期或者超过延期时限的，施工许可证自行废止。

答案:B

11-2-3 **解**:《建筑法》第二十九条规定,建筑工程总承包单位按照总承包合同的约定对建设单位负责;分包单位按照分包合同的约定对总承包单位负责。总承包单位和分包单位就分包工程对建设单位承担连带责任。

答案:A

11-2-4 **解**:《建筑法》第七条规定,建筑工程开工前,建设单位应当按照国家有关规定向工程所在地县级以上人民政府建设行政主管部门申请领取施工许可证;但是,国务院建设行政主管部门确定的限额以下的小型工程除外。

答案:D

11-2-5 **解**:见《建筑法》第五十六条和第五十七条。

答案:B

11-2-6 **解**:《建筑法》第八条规定,申请领取施工许可证,应当具备下列条件:

(一)已经办理该建筑工程用地批准手续;

(二)在城市规划区的建筑工程,已经取得规划许可证;

(三)需要拆迁的,其拆迁进度符合施工要求;

(四)已经确定建筑施工企业;

(五)有满足施工需要的施工图纸及技术资料;

(六)有保证工程质量和安全的具体措施;

(七)建设资金已经落实;

(八)法律、行政法规定的其他条件。

拆迁进度符合施工要求即可,不是拆迁全部完成,所以A错;并非所有工程都需要监理,所以B错;建设资金落实不是资金全部到位,所以D错。

答案:C

11-2-7 **解**:《建筑法》第九条规定,建设单位应当自领取施工许可证之日起三个月内开工。因故不能按期开工的,应当向发放机关申请延期;延期以两次为限,每次不超过三个月。既不开工又不申请延期或者超过延期时限的,施工许可证自行废止。

答案:A

(三)中华人民共和国森林法

11-3-1 违反《森林法》的规定,非法采伐、毁坏珍贵树木的,依法追究什么责任?

A. 民事责任　　B. 行政责任

C. 经济责任　　D. 刑事责任

11-3-2 违反《森林法》的规定,进行开垦、采石等活动,致使森林、林木受到毁坏的,除责令停止违法行为,补种树木外,可以处毁坏林木价值多少倍的罚款?

A. 一倍以上三倍以下　　B. 二倍以上四倍以下

C. 一倍以上五倍以下　　D. 二倍以上五倍以下

题解及参考答案

11-3-1 **解**：《森林法》第四十条规定，“违反本法规定，非法采伐、毁坏珍贵树木的，依法追究刑事责任”。

答案：D

11-3-2 **解**：《森林法》第四十四条规定，“违反本法规定，进行开垦、采石、…和其他活动，致使森林、林木受到毁坏的，依法赔偿损失；由林业主管部门责令停止违法行为，补种毁坏株数一倍以上三倍以下的树木，可以处毁坏林木价值一倍以上五倍以下的罚款”。

答案：C

(四)中华人民共和国安全生产法

11-4-1 **(2014,116)**某生产经营单位使用危险性较大的特种设备，根据《安全生产法》规定，该设备投入使用的条件不包括：

A. 该设备应由专业生产单位生产
B. 该设备应进行安全条件论证和安全评价
C. 该设备须经取得专业资质的检测、检验机构检测、检验合格
D. 该设备须取得安全使用证或者安全标志

11-4-2 **(2013,116)**某施工单位一个有职工185人的三级施工资质的企业，根据《安全生产法》规定，该企业下列行为中合法的是：

A. 只配备兼职的安全生产管理人员
B. 委托具有国家规定相关专业技术资格的工程技术人员提供安全生产管理服务，由其负责承担保证安全生产的责任
C. 安全生产管理人员经企业考核后即任职
D. 设置安全生产管理机构

11-4-3 **(2012,116)**根据《安全生产法》的规定，生产经营单位主要负责人对本单位的安全生产负总责，某生产经营单位的主要负责人对本单位安全生产工作的职责是：

A. 建立、健全本单位安全生产责任制
B. 保证本单位安全生产投入的有效使用
C. 及时报告生产安全事故
D. 组织落实本单位安全生产规章制度和操作规程

11-4-4 **(2010,115)**根据《安全生产法》的规定，生产经营单位使用的涉及生命安全、危险性较大的特种设备，以及危险物品的容器、运输工具，必须按照国家有关规定，由专业生产单位生产，并经取得专业资质的检测，检验机构检测、检验合格，取得：

A. 安全使用证和安全标志，方可投入使用

B. 安全使用证或安全标志，方可投入使用

C. 生产许可证和安全使用证，方可投入使用

D. 生产许可证或安全使用证，方可投入使用

11-4-5 重点工程建设项目应当坚持：

A. 安全第一的原则　　B. 为保证工程质量不怕牺牲

C. 确保进度不变的原则　　D. 投资不超过预算的原则

11-4-6 对本单位的安全生产工作全面负责的人员应当是：

A. 生产经营单位的主要负责人　　B. 主管安全生产工作的副手

C. 项目经理　　D. 专职安全员

题解及参考答案

11-4-1 **解：**《安全生产法》第三十四条规定，生产经营单位使用的危险物品的容器、运输工具，以及涉及人身安全、危险性较大的海洋石油开采特种设备和矿山井下特种设备，必须按照国家有关规定，由专业生产单位生产，并经具有专业资质的检测、检验机构检测、检验合格，取得安全使用证或者安全标志，方可投入使用。检测、检验机构对检测、检验结果负责。

答案：B

11-4-2 **解：**《安全生产法》第二十一条规定，建筑施工单位"应当设置安全生产管理机构或者配备专职安全生产管理人员"。所以D为正确答案。A不正确，因为安全生产管理人员必须专职，不能兼职。C不正确，因为新《安全生产法》第二十四条规定：建筑施工单位的"主要负责人和安全生产管理人员，应当由主管的负有安全生产监督管理职责的部门对其安全生产知识和管理能力考核合格"。B也错误，原《安全生产法》第十九条规定："生产经营单位依照前款规定委托工程技术人员提供安全生产管理服务的，保证安全生产的责任仍由本单位负责"。新的《安全生产法》取消了此项规定，即不允许委托其他单位负责本单位的安全生产管理工作。

答案：D

11-4-3 **解：**见《安全生产法》第十八条第(一)款，B、C、D各条均和法律条文有出入，不是正确答案。

答案：A

11-4-4 **解：**《安全生产法》第三十四条规定，生产经营单位使用的危险物品的容器、运输工具，以及涉及人身安全、危险性较大的海洋石油开采特种设备和矿山井下特种设备，必须按照国家有关规定，由专业生产单位生产，并经具有专业资质的检测、检验机构检测、检验合格，取得安全使用证或者安全标志，方可投入使用。检测、检验机构对检测、检验结果负责。

答案：B

11-4-5 **解：**见《安全生产法》第三条。

答案:A

11-4-6 **解**:见《安全生产法》第五条。

答案:A

(五)中华人民共和国招标投标法

11-5-1 (2014,117)根据《招标投标法》规定,某工程项目委托监理服务的招投标活动,应当遵循的原则是:

A. 公开、公平、公正、诚实信用　　B. 公开、平等、自愿、公平、诚实信用
C. 公正、科学、独立、诚实信用　　D. 全面、有效、合理、诚实信用

11-5-2 (2013,117)下列属于《招标投标法》规定的招标方式是:

A. 公开招标和直接招标　　B. 公开招标和邀请招标
C. 公开招标和协议招标　　D. 公开招标和公开招标

11-5-3 (2012,117)根据《招标投标法》的规定,某建设工程依法必须进行招标,招标人委托了招标代理机构办理招标事宜,招标代理机构的行为合法的是:

A. 编制投标文件和组织评标
B. 在招标人委托的范围内办理招标事宜
C. 遵守《招标投标法》关于投标人的规定
D. 可以作为评标委员会成员参与评标

11-5-4 (2011,116)根据《中华人民共和国招标投标法》的规定,招标人对已发出的招标文件进行必要的澄清或修改的,应当以书面形式通知所有招标文件收受人,通知的时间应当在招标文件要求提交投标文件截止时间至少:

A. 20 日前　　B. 15 日前　　C. 7 日前　　D. 5 日前

11-5-5 (2010,116)根据《招标投标法》的规定,招标人和中标人按照招标文件和中标人的投标文件,订立书面合同的时间要求是:

A. 自中标通知书发出之日起 15 日内
B. 自中标通知书发出之日起 30 日内
C. 自中标单位收到中标通知书之日起 15 日内
D. 自中标单位收到中标通知书之日起 30 日内

11-5-6 (2009,116)根据《中华人民共和国招标投标法》的规定,下列包括在招标公告中的是:

A. 招标项目的性质、数量　　B. 招标项目的技术要求
C. 对投标人员资格的审查的标准　　D. 拟签订合同的主要条款

11-5-7 建设单位工程招标应具备下列条件：

①有与招标工程相适应的经济技术管理人员；

②必须是一个经济实体，注册资金不少于一百万元人民币；

③有编制招标文件的能力；

④有审查投标单位资质的能力；

⑤具有组织开标、评标、定标的能力

A. ①②③④⑤　　B. ①②③④　　C. ①②④⑤　　D. ①③④⑤

题解及参考答案

11-5-1 **解**:《招标投标法》第五条规定：招标投标活动应当遵循公开、公平、公正和诚实信用的原则。

答案:A

11-5-2 **解**:《招标投标法》第十条　招标分为公开招标和邀请招标。

答案:B

11-5-3 **解**:见《招标投标法》第十三条。

答案:B

11-5-4 **解**:《招标投标法》第二十三条规定，招标人对已发出的招标文件进行必要的澄清或者修改的，应当在招标文件要求提交投标文件截止时间至少十五日前，以书面形式通知所有招标文件收受人。该澄清或者修改的内容为招标文件的组成部分。

答案:B

11-5-5 **解**:《招标投标法》第四十六条规定，招标人和中标人应当自中标通知书发出之日起三十日内，按照招标文件和中标人的投标文件订立书面合同。招标人和中标人不得再行订立背离合同实质性内容的其他协议。

答案:B

11-5-6 **解**:《招标投标法》第三十六条规定，招标人采用公开招标方式的，应当发布招标公告。依法必须进行招标的项目的招标公告，应当通过国家指定的报刊、信息网络或者其他媒介发布。招标公告应当载明招标人的名称的地址、招标项目的性质、数量、实施地点和时间以及获取招标文件的办法等事项。

所以 A 对。

其他几项内容应在招标文件中载明，而不是招标公告中。

答案:A

11-5-7 **解**:《招标投标法》第十二条规定，投标人具有编制招标文件和组织评标能力的，可以自行办理招标事宜。任何单位和个人不得强制其委托招标代理机构办理招标事宜。

答案:D

(六)中华人民共和国合同法

11-6-1 **(2014,118)**根据《合同法》规定,要约可以撤回和撤销。下列要约,不得撤销的是:

A. 要约到达受要约人
B. 要约人确定了承诺期限
C. 受要约人未发出承诺通知
D. 受要约人即将发出承诺通知

11-6-2 **(2013,118)**根据《合同法》规定,下列行为不属于要约邀请的是:

A. 某建设单位发布招标公告
B. 某招标单位发出中标通知书
C. 某上市公司发出招股说明书
D. 某商场寄送的价目表

11-6-3 **(2012,118)**《合同法》规定的合同形式中不包括:

A. 书面形式　B. 口头形式　C. 特定形式　D. 其他形式

11-6-4 **(2011,117)**按照《中华人民共和国合同法》的规定,下列情形中,要约不失效的是:

A. 拒绝要约的通知到达要约人
B. 要约人依法撤销要约
C. 承诺期限届满,受要约人未作出承诺
D. 受要约人对要约的内容作出非实质性的变更

11-6-5 **(2009,117)**按照《中华人民共和国合同法》的规定,招标人在招标时,招标公告属于合同订立过程中的:

A. 邀约　B. 承诺
C. 要约邀请　D. 以上都不是

11-6-6 撤销要约时,撤销要约的通知应当在受要约人发出承诺通知(　　)到达受要约人。

A. 之前　B. 当日
C. 后五天　D. 后十日

11-6-7 有关合同标的数量、质量、价款或者报酬、履行期限、履行地点和方式、违约责任和解决争议方法等的变更,是对要约内容什么性质的变更?

A. 重要性　　　　　　　　B. 必要性

C. 实质性　　　　　　　　D. 一般性

题解及参考答案

11-6-1　解:《合同法》第十九条规定:有下列情形之一的,要约不得撤销:
(一)要约人确定了承诺期限或者以其他形式明示要约不可撤销。

答案:B

11-6-2　解:《合同法》第十五条　要约邀请是希望他人向自己发出要约的意思表示。寄送的价目表、拍卖公告、招标公告、招股说明书、商业广告等为要约邀请。商业广告的内容符合要约规定的,视为要约。

答案:B

11-6-3　解:见《合同法》第十条:当事人订立合同有书面形式、口头形式和其他形式。

答案:C

11-6-4　解:《合同法》第二十条规定有下列情形之一的,要约失效:
(一)拒绝要约的通知到达要约人;
(二)要约人依法撤销要约;
(三)承诺期限届满,受要约人未作出承诺;
(四)受要约人对要约的内容作出实质性变更。

答案:D

11-6-5　解:《合同法》第十五条规定,要约邀请是希望他人向自己发出要约的意思表示。寄送的价目表、拍卖广告、招标广告、招股说明书、商业广告等为要约邀请。

答案:C

11-6-6　解:《合同法》第十八条规定,要约可以撤销,撤销要约的通知应当在受要约人发出通知之前到达受约人。

答案:A

11-6-7　解:《合同法》第三十条规定,承诺的内容应当与要约的内容一致。受要约人对要约的内容作出实质性变更的,为新要约。有关合同标的、数量、质量、价款或者报酬、履行期限、履行地点和方式、违约责任和解决争议方法等的变更,是对要约内容的实质性变更。

答案:C

(七)建设工程勘察设计管理条例

11-7-1　(2011,120)根据《建设工程勘察设计管理条例》的规定,建设工程勘察、设计方案的评标一般不考虑:

A. 投标人资质　　　　　　　　B. 勘察、设计方案的优劣

C. 设计人员的能力　　　　　　　　　　　　　D. 投标人的业绩

11-7-2　(2010,119)按照《建设工程质量管理条例》规定，施工人员对涉及结构安全的试块、试件以及有关材料进行现场取样时应当：

A. 在设计单位监督现场取样
B. 在监督单位或监理单位监督下现场取样
C. 在施工单位质量管理人员监督下现场取样
D. 在建设单位或监理单位监督下现场取样

11-7-3　(2009,120)根据《建设工程勘察设计管理条例》的规定，编辑初步设计文件应当：

A. 满足编制方案设计文件和控制概算的需要
B. 满足编制施工招标文件，主要设备材料订货和编制施工图设计文件的需要
C. 满足非标准设备制作，并说明建筑工程合理使用年限
D. 满足设备材料采购和施工的需要

题解及参考答案

11-7-1　**解**：根据《建设工程勘察设计管理条例》第十四条的规定，建设工程勘察、设计方案评标，应当以投标人的业绩、信誉和勘察、设计人员的能力以及勘察、设计方案的优劣为依据，进行综合评定。

答案：A

11-7-2　**解**：《建设工程质量管理条例》第三十一条规定，施工人员对涉及结构安全的试块、试件以及有关材料，应当在建设单位或者工程监理单位监督下现场取样，并送具有相应资质等级的质量检测单位进行检测。

答案：D

11-7-3　**解**：《建设工程勘察设计管理条例》第二十六规定，编制建设工程勘察文件，应当真实、准确，满足建设工程规划、选址、设计、岩土治理和施工的需要。编制方案设计文件，应当满足编制初步设计文件和控制概算的需要。编制初步设计文件，应当满足编制施工招标文件、主要设备材料订货和编制施工图设计文件的需要。编制施工图设计文件，应当满足设备材料采购、非标准设备制作和施工的需要，并注明建设工程合理使用年限。

答案：B

(八)建设工程质量管理条例

11-8-1　(2014,120)某建设工程项目完成施工后，施工单位提出工程竣工验收申请，根据《建设工程质量管理条例》规定，该建设工程竣工验收应当具备的条件不包括：

A. 有施工单位提交的工程质量保证保证金
B. 有工程使用的主要建筑材料、建筑构配件和设备的进场试验报告

C. 有勘察、设计、施工、工程监理等单位分别签署的质量合格文件

D. 有完整的技术档案和施工管理资料

11-8-2 (2012,120)根据《建设工程质量管理条例》的规定,施工图必须经过审查批准,否则不得使用,某建设单位投资的大型工程项目施工图设计已经完成,该施工图应该报审的管理部门是:

A. 县级以上人民政府建设行政主管部门

B. 县级以上人民政府工程设计主管部门

C. 县级以上政府规划部门

D. 工程监理单位

11-8-3 建设单位应在竣工验收合格后多长时间内,向工程所在地的县级以上的地方人民政府行政主管部门备案报送有关竣工资料?

A. 1 个月　　B. 3 个月　　C. 15 天　　D. 1 年

11-8-4 工程完工后必须履行下面的哪项手续才能使用?

A. 由建设单位组织设计、施工、监理四方联合竣工验收

B. 由质量监督站开具使用通知单

C. 由备案机关认可后下达使用通知书

D. 由建设单位上级机关批准认可后即可

题解及参考答案

11-8-1 **解:**《建设工程质量管理条例》第十六条规定:建设单位收到建设工程竣工报告后,应当组织设计、施工、工程监理等有关单位进行竣工验收。建设工程竣工验收应当具备下列条件:

(一)完成建设工程设计和合同约定的各项内容;

(二)有完整的技术档案和施工管理资料;

(三)有工程使用的主要建筑材料、建筑构配件和设备的进场试验报告;

(四)有勘察、设计、施工、工程监理等单位分别签署的质量合格文件;

(五)有施工单位签署的工程保修书。

答案:A

11-8-2 **解:**见《建设工程质量管理条例》第十一条。

答案:A

11-8-3 **解:**《建筑工程质量管理条例》第四十九条规定,建设单位应当自建设工程竣工验收合格之日起 15 日内,将建设工程竣工验收报告和规划、公安消防、环保等部门出具的认可文件或者准许使用文件报建设行政主管部门或者其他有关部门备案。

答案:C

11-8-4 **解：**《建筑工程质量管理条例》第十六条规定，建设单位收到建设工程竣工报告后，应当组织设计、施工、工程监理等有关单位进行竣工验收。建设工程竣工验收应当具备以下条件：

（一）完成建设工程设计和合同约定的各项内容；

（二）有完整的技术档案和施工管理资料；

（三）有工程使用的主要建筑材料、建筑构配件和设备的进场试验报告；

（四）有勘察、设计、施工、工程监理等单位分别签署的质量合格文件；

（五）有施工单位签署的工程保修书。建设工程经验收合格的，方可交付使用。

答案：A

（九）建设工程安全生产管理条例

11-9-1 **（2010，120）**按照《建设工程安全生产管理条例》规定，工程监理单位在实施监理过程中，发现存在安全事故隐患的，应当要求施工单位整改；情况严重的，应当要求施工单位暂时停止施工，并及时报告：

A. 施工单位　　B. 监理单位　　C. 有关主管部门　　D. 建设单位

11-9-2 施工现场及毗邻区域内的各种管线及地下工程的有关资料：

A. 应由建设单位向施工单位提供

B. 施工单位必须在开工前自行查清

C. 应由监理单位提供

D. 应由政府有关部门提供

11-9-3 深基坑支护与降水工程、模板工程、脚手架工程的施工专项方案必须经下列哪些人员签字后实施？

①经施工单位技术负责人；②总监理工程师；③结构设计人；④施工方法人代表

A. ①②　　B. ①②③

C. ①②③④　　D. ①④

题解及参考答案

11-9-1 **解：**《建设工程安全生产管理条例》第十四条规定，工程监理单位应当审查施工组织设计中的安全技术措施或者专项施工方案是否符合工程建设强制性标准。

工程监理单位在实施监理过程中，发现存在安全事故隐患的，应当要求施工单位整改；情况严重的，应当要求施工单位暂时停止施工，并及时报告建设单位。施工单位拒不整改或者不停止施工的，工程监理单位应当及时向有关主管部门报告。

答案：D

11-9-2 **解：**《建设工程安全生产管理条例》第六条规定，建设单位应当向施工单位提供施工现场及毗邻区域内供水、排水、供电、供气、供热、通信、广播电视等地下管线资料，气象和水文观测资料，相邻建筑物和构筑物、地下工程的有关资料，并保证资料的真实、准确、完整。

答案:A

11-9-3 **解**:《建设工程安全生产管理条例》第二十六条规定,施工单位应当在施工组织设计中编制安全技术措施和施工现场临时用电方案;对下列达到一定规模的危险性较大的分部分项工程编制专项施工方案,并附具安全验算结果,经施工单位技术负责人、总监理工程师签字后实施,由专职安全生产管理人员进行现场监督:

(一)基坑支护与降水工程;

(二)土方开挖工程;

(三)模板工程;

(四)起重吊装工程;

(五)脚手架工程;

(六)拆除、爆破工程。

答案:A

2016 全国勘察设计注册工程师执业资格考试用书

注册道路工程师执业资格考试

基础考试复习题集

Zhuce Daolu Gongchengshi Zhiye Zige Kaoshi
Jichu Kaoshi Fuxi Tiji

（专业基础）

注册工程师考试复习用书编委会 | 编
曹纬浚 | 主编

人民交通出版社股份有限公司
China Communications Press Co.,Ltd.

内 容 提 要

本书按知识内容分节收录近年考试真题及典型模拟题约2000道，题量大、覆盖面广、内容切合考试，参考答案准确、解析详尽，可使考生在短时间内提高做题速度，巩固复习效果。

本书可供参加注册道路工程师执业资格考试基础考试的考生复习使用，还可作为相关专业培训班的辅导材料。

图书在版编目(CIP)数据

注册道路工程师执业资格考试基础考试复习题集 / 注册工程师考试复习用书编委会编. — 北京：人民交通出版社股份有限公司，2016.3

ISBN 978-7-114-12880-6

Ⅰ.①注… Ⅱ.①注… Ⅲ.①道路工程—工程师—资格考试—习题集 Ⅳ.①U41-44

中国版本图书馆CIP数据核字(2016)第051065号

书　　名：注册道路工程师执业资格考试基础考试复习题集
著 作 者：注册工程师考试复习用书编委会
责任编辑：李　坤　刘彩云
出版发行：人民交通出版社股份有限公司
地　　址：(100011)北京市朝阳区安定门外外馆斜街3号
网　　址：http://www.ccpress.com.cn
销售电话：(010)59757973
总 经 销：人民交通出版社股份有限公司发行部
经　　销：各地新华书店
印　　刷：北京市密东印刷有限公司
开　　本：787×1092　1/16
印　　张：36
字　　数：830千
版　　次：2016年4月　第1版
印　　次：2016年5月　第2次印刷
书　　号：ISBN 978-7-114-12880-6
定　　价：89.00元(含两册)

编写说明

交通运输部、人力资源和社会保障部从 2016 年起正式实施注册道路工程师[即注册土木工程师(道路工程)]执业资格考试制度。

注册道路工程师今年是第一次考试,没有过去的试题可以借鉴。为了帮助参加注册道路工程师基础考试的考生准备考试,我们研究了注册结构工程师和注册岩土工程师十年来基础考试的试题。上午段公共基础考试所有专业的试卷都是相同的。而注册结构工程师和注册岩土工程师下午段专业基础考试中的"土木工程材料"、"工程测量"、"土力学与地基基础"和"结构设计",与注册道路工程师下午段专业基础考试中的"建筑材料"、"工程测量"、"土质学与土力学"和"结构设计原理"十分相近。注册道路工程师下午段专业基础考试中的"工程地质"在注册岩土工程师下午段考试中也有。这样我们收集了十年间上午段公共基础考试的 1100 多道试题,并在注册结构工程师和注册岩土工程师下午段专业基础考试的试题中,挑选了与注册道路工程师考试大纲有关的近 250 道题,加上以上科目有关的习题,汇编成这本《题集》,总共将近 2000 道题。真题均注明了考试年份,并按考试年份由近及远排列。下午段试题中注明的"结"或"岩",表明是注册结构工程师或注册岩土工程师基础考试试题。

本《题集》分为两部分,"公共基础"部分为上午段试题,"专业基础"部分为下午段试题。因为上午段公共基础考试中有了"法律法规",为避免重复,将下午段专业基础考试中的"职业法规"的试题放到了"公共基础"部分第十一章"法律法规"中,请读者注意!

我们将习题按知识内容分节放置,以便考生在复习完某章某节后可以及时做题以巩固学习成果和检验学习效果。我们将题解、答案和习题分开,在每节中将所有题的题解、答案都集中放在习题的后面,以便考生做题时更好地独立思考。

此外,注考网(www.zhukaowang.com.cn)和微信公众号"注册道路工程师微课程"上有配套辅导视频,考生可登录在线学习。

建议考生先认真复习与本《题集》配套的《教程》,真正掌握考试大纲要求掌握的基本概念和标准、规范内容。在此基础上,再认真做这本《题集》。通过解答习题,参照书中提供的答案和提示,纠正错误概念,必将有利于巩固复习成果,进一步理解考试大纲的要求,更加熟悉各门课程的基本概念及标准、规范。相信这本《题集》能帮助考生提高解题的准确率和解题速度，顺利通过考试。

参加编写本《题集》的老师多年来一直从事注册结构工程师和注册岩土工程师基础考试的培训工作，都是本专业有较深造诣的教授和高级工程师，分别来自北京建筑大学、北京工业大学、北京交通大学、北京工商大学和北京市建筑设计研究院。

知名应试专家曹纬浚主编本书并负责统稿，各章习题和题解、参考答案的编写者，“公共基础”部分：第一章第一至第八节吴昌泽，第一章第九节范元玮；第二章魏京花；第三章谢亚勃；第四章刘燕；第五章钱民刚；第六章李兆年；第七及第八章许怡生；第九章许小重；第十章陈向东；第十一章李魁元。“专业基础|部分第一章侯云芬；第二章王健；第三章王连俊；第四章杨松林；第五章冯东。

参与本《题集》编写的老师还有：陈璐、贾玲华、程学平、毛怀珍、朋改非、吴景坤、吴扬、张翠兰、王彬、张超艳、张文娟、李平、邓华、冯嘉骝、钱程、李广秋、韩雪、陈启佳、翟平、郭虹、曹京、孙琳、李智民、赵思儒、吴越恺、许博超、张云龙、王坤、刘若禹、楼香林、莫培佳、段修谓、王蓓、宋方佳、杨守俊、王志刚、何承奎、葛宝金、李丹枫、王凯、王志伟、韩智铭、涂洪亮、孙玮、黄丽华、高璐、曹欣、阮文依、王金羽、康义荣、杨洪波、任东勇、曹铎、耿京、李铁柱、仲晓雯、冯存强、阮广青、赵欣然、霍新民、何玉章、颜志敏、曹一兰、周庄、张文革、张岩、周迎旭。

重庆交通大学赵宁雨老师对部分习题和解答进行了审定和改编，在此表示感谢！

注册工程师考试复习用书编委会

2016 年 3 月

主编致考生

一、勘察设计注册工程师在专业考试之前进行基础考试是和国外接轨的做法。通过基础考试并达到职业实践年限后就可以申请参加专业考试。基础考试是考大学中的基础课程，上午段公共基础考试，120 道题，4 个小时，每题 1 分，共 120 分；下午段专业基础考试，60 道题，4 个小时，每题 2 分，共 120 分；上、下午共 240 分。试题均为 4 选 1 的单选题，平均每题时间上午 2 分钟，下午 4 分钟，因此不会有复杂的论证和计算，主要是检验考生的基本概念和基本知识。考生在复习时不要偏重难度大或过于复杂的知识，而应将复习的注意力主要放在弄清基本概念和基本知识方面。

二、建议考生在做本《题集》之前，先认真复习本书的配套《教程》，真正掌握“考试大纲”要求掌握的基本概念、基本理论、基本计算方法、计算公式和步骤，以及基本知识的应用等内容。本《题集》中每章前均有一节“复习指导”，具体说明了本章的复习重点、难点和复习中要注意的问题，建议考生认真阅读，并参考“复习指导”的意见做题。通过解答习题，参照书中提供的答案和提示，纠正错误概念，利于巩固复习成果。

三、勘察设计注册工程师基础考试上下午试卷共计 240 分，上下午不分段计算成绩，这些年及格线都是 55%，也就是说，上下午试卷总分达到 132 分就可以通过。因此，考生在准备考试时应注意扬长避短。从道理上讲自己较弱的科目更应该努力复习，但毕竟时间和精力有限。如 2009 年新增加的“信号与信息技术”，据了解，非信息专业的考生很多未学过，短时间内要掌握好比较困难，而“信号与信息技术”总共只有 6 道题，6 分，只占总分的2.5%，也就是说，即使“信号与信息技术”一分未得，其他科目也还有 234 分，从 234 分中考 132 分是完全可以做到的。因此考生可以根据考试分科题量、分数分配和自己的具体情况，计划自己的复习重点和主要得分科目。当然一些试题和分数分配比较多的科目，如“高等数学”24 题（上午段）24 分，是不能放松的；其他科目则可根据自己过去对课程的掌握情况有所侧重，争取在自己过去学得好的课程中多得分。

四、在考试拿到试卷时，建议考生不要顺着题序顺次往下做。因为有的题会比较难，有的题不很熟悉，耽误的时间会比较多，以致最后时间不够，题做不完，有些题会做但时间来不及，这就太得不偿失了。建议考生将做题过程分为四遍：

1. 首先用 15～20 分钟将题从头到尾看一遍，一是首先解答自己很熟悉很有把握的题；二是将那些需要稍加思考估计能在平均答题时间里做出的题做个记号。这里说的平均答题时间，是指上午段 4 个小时考 120 道题，平均每题 2 分钟；下午段 4 个小时考 60 道题，平均每题 4 分钟，这个 2 分钟(上午)、4 分钟(下午)就是平均答题时间。将估计在这个时间里能做出来的题做上记号。

2. 第二遍做这些做了记号的题，这些题应该在考试时间里能做完，做完了这些题可以说就考出了你的基本水平，不管你基础如何，复习得怎么样，考得如何，至少不会因为题没做完而遗憾了。

3. 这些会做或基本会做的题做完以后，如果还有时间，就做那些需要稍多花费时间的题，能做几个算几个，并适当抽时间检查一下已答题的答案。

4. 考试时间将近结束时，比如还剩 5 分钟要收卷了，这时你就应看看还有多少道题没有答，这些题确实不会了，建议你也不要放弃。既然是单选，那也不妨估个答案，答对了也是有分的。建议你回头看看已答题目的答案，A、B、C、D 各有多少，虽然整个卷子四种答案的数量并不一定是平均的，但还是可以这样考虑，看看已答的题 A、B、C、D 中哪个答案最少，然后将不会做没有答的题按这个前边最少的答案通填，这样其中会有 1/4 可能还会多于 1/4 的题能得分，如果你前边答对的题离及格正好差几分，这样一补充就能及格了。

五、基础考试是不允许带书和资料的。2012 年前，考试时会发给考生一本“考试手册”，载有公式和一些数据，供考生考试时翻找，考后收回。但从 2012 年起，取消了“考试手册”的配发。据说原因是考生使用不多，事实上也没有更多时间去翻手册。因此一些重要的公式、规定，考生一定要自己记住。

各位考生做题后如自己的结果和参考答案不符，请将疑问发至我的邮箱 caowj0818@126.com，我会尽快核查并回复。

相信这本《题集》能帮助大家准备好考试。

最后，祝愿各位考生取得好成绩！

曹纬浚

2016 年 3 月

目　录

专 业 基 础

一、建筑材料 …… 1
　复习指导 …… 1
　练习题、题解及参考答案 …… 4
　　(一)砂石材料 …… 4
　　(二)水泥和石灰 …… 7
　　(三)无机结合料稳定材料 …… 15
　　(四)水泥混凝土和砂浆 …… 16
　　(五)沥青材料 …… 27
　　(六)沥青混合料 …… 29
　　(七)建筑钢材 …… 30
　　(八)其他建筑材料 …… 35
二、土质学与土力学 …… 38
　复习指导 …… 38
　练习题、题解及参考答案 …… 39
　　(一)土的性质及工程分类 …… 39
　　(二)土中水的运动规律 …… 48
　　(三)土中应力计算 …… 49
　　(四)土的力学性质 …… 53
　　(五)地基沉降计算与地基承载力 …… 59
　　(六)土坡稳定分析 …… 63
三、工程地质 …… 68
　复习指导 …… 68
　练习题、题解及参考答案 …… 69
　　(一)矿物与岩石 …… 69
　　(二)地质构造 …… 76
　　(三)外动力地质作用 …… 85
　　(四)地貌 …… 89
　　(五)水文地质 …… 94
　　(六)道路工程地质问题 …… 101
　　(七)道路工程地质勘察 …… 107

四、工程测量 …… 115
复习指导 …… 115
练习题、题解及参考答案 …… 117
(一)测量方法 …… 117
(二)控制测量 …… 133
(三)地形图测绘及应用 …… 136
(四)路线测量 …… 141
五、结构设计原理 …… 144
复习指导 …… 144
练习题、题解及参考答案 …… 145
(一)钢筋混凝土结构的设计原则 …… 145
(二)受弯构件强度计算 …… 150
(三)受压构件强度计算 …… 154
(四)受弯构件的应力、裂缝和变形计算 …… 156
(五)预应力钢筋混凝土结构 …… 159
(六)砖、石及混凝土砌体结构 …… 161

一、建筑材料

复习指导

本章“考试大纲”为复习提供了一个基本指南与宏观框架，但很多具体、详细的复习内容不可能在考试大纲中给出，必须加以注意。如果仅仅关注大纲的宏观框架，很可能对复习内容的一些细节掉以轻心，复习得不够全面、充分，致使做题的准确率不高，最终影响考试成绩。因此，在这里综合常见的教材、复习资料、练习题资料和考生易出现的普遍、常见性问题，对复习内容整理出尽量具体、详细的提示，希望能对考生的自学复习起到良好的指导作用。

总体而言，道路工程中用到的建筑材料可以分为两大类，一类是以水泥混凝土为主的结构材料，包括砂石集料、胶凝材料（主要是其中的水硬性胶凝材料——水泥）、混凝土、砂浆和建筑钢材；另一类是以沥青混合料为主的路面材料，包括矿质混合料、无机结合料稳定材料、沥青材料和沥青混合料。砂石材料包括了水泥混凝土用集料和沥青混合料用矿质混合料；水泥和石灰也应用于无机结合料稳定材料中，也就是说这两部分内容在两大类材料中都有体现。所以在学习中可以以水泥混凝土和沥青混合料为主线，将各节内容贯穿起来掌握。

1. 砂石材料

重点掌握砂石材料的技术性质和测定方法。岩石的技术性质包括物理性质、力学性质和化学性质，这些性质直接影响由岩石制备的集料的各项性质；集料的技术性质除了和岩石相似的物理、力学性质等外，还包括对水泥混凝土和沥青混合料性能影响很大的集料的级配和细度。

了解沥青混合料用矿质混合料组成设计的基本思路。

2. 水泥和石灰

总体而言，主要应掌握六大通用水泥（即硅酸盐水泥、普通硅酸盐水泥、矿渣硅酸盐水泥、火山灰质硅酸盐水泥、粉煤灰硅酸盐水泥和复合硅酸盐水泥）。可根据共性特点将六大通用水泥分为两大类，即硅酸盐水泥、普通硅酸盐水泥为一类，矿渣水泥、火山灰水泥、粉煤灰水泥和复合水泥为另一类，分别掌握；具体在矿渣水泥、火山灰水泥、粉煤灰水泥和复合水泥中，还可分别掌握四种水泥的各自特性。这样就便于化繁为简，理解准确而不易混淆、遗忘，牢固掌握水泥的主要内容。

在硅酸盐水泥中，首先应掌握熟料四大矿物的水化速度、放热量、硬化速度。不必背诵水化的每一个化学方程式，但应知主要由哪些反应物得到哪些主要产物，可将 C_3S、C_2S 同等看待，然后了解C_3A，C_4AF也可看作与C_3A类似。其中以C_3A较为复杂，石膏即因C_3A而掺入水泥中，故石膏的作用由此而被牢固掌握。应了解水泥硬化产物的组成与结构。应理解水泥细度、凝结(初凝、终凝)时间的实际意义，理解颗粒尺寸与比表面积的关系。掌握体积安定性的含义，牢固掌握引起安定性不良的三种因素及有关检验方法与标准规定。了解水泥废品与不合格品的规定。了解易导致水泥石侵蚀的组成与结构方面的原因，了解防侵蚀的措施。凡硅酸盐水泥的特点基本也适用于普通水泥。

首先应了解活性混合材料与非活性混合材料的区别。在掺混合材料水泥中应掌握矿渣水泥、火山灰水泥、粉煤灰水泥这三种水泥的共性，也应区别掌握三者的特性。应理解以上主要五种水泥的性能特点与工程选用。复合水泥一般不需专门了解。

在石灰中，应掌握过火石灰的危害与陈伏的作用。在石灰的硬化中，应掌握两个过程结晶与碳化的含义，掌握建筑石灰和石灰硬化产物的化学组成，分别理解石灰硬化速度慢和气硬性的根源所在。了解石灰的应用，如灰土、三合土、灰砂砖、碳化石灰板。

3. 无机结合料稳定材料

掌握水泥稳定材料、石灰稳定材料和石灰粉煤灰稳定材料的技术性质，了解石灰粉煤灰稳定材料的强度形成机理，了解无机结合料稳定材料的配合比设计方法。

4. 混凝土

主要应掌握普通混凝土的组成材料，混凝土性能如和易性、力学性能、耐久性、配合比设计。

在混凝土组成材料中，应理解水泥与水组成水泥浆、砂石构成骨料、水泥浆与骨料分别所起的作用。在砂石中，结合第一节的空隙率概念，考虑砂或石子堆积形成骨架、填充空隙的效果，从颗粒尺寸—比表面积—水泥消耗量的关系和级配—空隙率—水泥消耗量的关系两个主要角度，理解砂石细度与级配的技术要求，以满足良好的和易性与降低水泥用量的要求。在以上学习中应重点掌握集料细度与级配这两个概念。了解砂的细度模数与筛分曲线的数据来源及二者的关系。在混凝土外加剂中，主要应掌握减水剂、引气剂、速凝剂、缓凝剂与早强剂的作用，了解五种减水剂、三乙醇胺早强剂的特点。在混凝土掺和料中，主要了解掺和料与水泥混合材料的异同。

了解混凝土和易性的含义与测定方法，了解坍落度的范围划分，了解施工中混凝土坍落度选择的原则与要求。理解和易性的影响因素，理解改善和易性的措施。掌握坍落度太大或太小时的调整方法。了解混凝土强度几个主要概念的实际含义。理解强度的影响因素，理解改善强度的措施。牢固掌握混凝土强度公式(即保罗米公式)。了解影响强度测试结果的因素。了解混凝土变形中非荷载变形的几种方式、引起变形的原因、变形是否可引起混凝土开裂。了解混凝土在短期荷载下的应力—应变关系、弹性模量测定及其影响因素，了解徐变的影响因素及其对混凝土结构的作用。

了解混凝土耐久性的各分项内容如抗渗性、抗冻性、碱—集料反应、抗碳化性、抗化学侵蚀性。了解其影响因素、改善措施。了解抗渗性、抗冰性的表达方法。化学侵蚀性可与第三节水泥石的侵蚀与防侵蚀内容相联系。了解氯离子对钢筋混凝土结构耐久性的影响。

了解混凝土配合比设计的三大步骤，即设计计算、试配与调整、施工配合比换算。在设计计算中，掌握配制强度的计算、水灰比的确定。掌握施工配合比换算公式。

掌握混凝土强度评定指标和判定方法。掌握建筑砂浆的主要技术性质。

5. 沥青及改性沥青

主要掌握石油沥青的相关内容。了解石油沥青的组成特点、组丛的划分及其对沥青性能的影响、沥青胶体结构特征。掌握沥青主要技术性质如黏性、塑性、温度稳定性、大气稳定性，尤其是前三个的表达方式、与沥青性能的关系。了解石油沥青改性的主要方式与效果。

了解沥青的主要应用方式，冷底子油、沥青胶、嵌缝油膏的组成原材料与施工应用特点。了解沥青防水卷材，尤其是石油沥青油毡的标号划分方法、石油沥青卷材和煤沥青卷材的黏结方式及特点。

了解合成高分子防水材料相对于沥青防水材料的主要特点，了解三元乙丙橡胶防水卷材的使用温度范围与优缺点。

6. 沥青混合料

掌握沥青混合料的结构类型及强度形成原理，沥青混合料的技术性质和技术标准，现行的沥青混合料配合比设计方法及相关试验。

沥青混合料的结构分为悬浮—密实结构、骨架—空隙结构和密实—骨架结构三种，分别表现出不同的性能特点，其中密实—骨架结构不仅具有较高的黏聚力，且具有较大的内摩擦角。

沥青混合料的强度主要要求在高温时具有一定的抗剪强度，低温时具有一定的抗变形能力。

沥青混合料的技术性质有高温稳定性、低温抗裂性、耐久性、抗滑性和施工和易性。

了解沥青混合料的配合比设计方法。

7. 建筑钢材

了解建筑钢材按化学成分与脱氧程度的划分方式。掌握钢材的主要力学性能、工艺性能及指标，注意掌握其中低碳钢与硬钢的应力-应变曲线特点、屈服点、$\sigma_{0.2}$、屈强比、伸长率、冷脆性。了解钢材中合金元素与有害元素的划分，了解各有害元素对钢材性能的影响。了解脱氧程度对钢材性能的影响。掌握钢材的冷加工和冷加工时效两个概念及其对钢材性能的不同影响。

掌握钢材牌号的表达方法与含义，了解常用的 Q235 钢的特点和沸腾钢的使用限制。了解型钢与钢板的使用。了解各种钢筋和钢丝的特点，尤其注意掌握热轧钢筋Ⅰ、Ⅱ、Ⅲ级的选用特点，了解冷拉热轧钢筋Ⅰ、Ⅱ、Ⅲ、Ⅳ级的选用特点，掌握最为经济、常用的冷拔低碳钢丝的甲级、乙级的选用，了解冷轧扭钢筋的特点，了解预应力钢丝、钢绞线的材质与适用范围。了解钢材防锈与防火的措施。

8. 其他建筑材料

掌握纤维饱和点、平衡含水率、窑干含水率的含义，掌握大于或小于饱和点的含水率对木材强度与体积膨胀的不同影响。掌握木材在不同方向的胀缩变化特点。掌握木材强度的各向异性，如顺纹抗拉、横纹抗拉、横纹抗压等的数值高低。了解木材的防腐、木材初级产品种类。

掌握土工合成材料的技术性能，包括物理性质、力学性质、与填料相互作用时的界面摩擦特性、水力学特性和耐久性。

了解土的组成。了解土粒的大小与土的级配。了解颗粒分析两参数与级配的关系。了解土的液相类型。掌握土的干密度与干重度的含义。了解土的相对密实度。了解黏性土的稠度与三种界限含水率的含义。掌握影响土的压实性的因素。

练习题、题解及参考答案

(一)砂石材料

1-1-1 **(2014,岩 2)**材料在绝对密实状态下,单位体积的质量称为:

A. 密度　B. 表观密度　C. 密实度　D. 堆积密度

1-1-2 **(2014,岩 6)**地表岩石经长期风化、破碎后,在外力作用下搬运、堆积,再经胶结、压实等再造作用而形成的岩石称为:

A. 变质岩　B. 沉积岩　C. 岩浆岩　D. 火成岩

1-1-3 **(2012,岩 2)**某种多孔材料密度为 2.4g/cm^3,表观密度为 1.8g/cm^3。该多孔材料的孔隙率为:

A. 20%　B. 25%　C. 30%　D. 35%

1-1-4 **(2010,结 2)**含水率 5%的砂 220g,其中所含的水量为:

A. 10g　B. 10.48g　C. 11g　D. 11.5g

1-1-5 **(2009,结 2)**对于同一种材料,各种密度参数的大小排列为:

A. 密度＞堆积密度＞表观密度　B. 密度＞表观密度＞堆积密度
C. 堆积密度＞密度＞表观密度　D. 表观密度＞堆积密度＞密度

1-1-6 **(2009,结 7)**下列石材中,属于人造石材的有:

A. 毛石　B. 料石　C. 石板材　D. 铸石

1-1-7 **(2008,结 7)**花岗石属于:

A. 火成岩　B. 变质岩　C. 沉积岩　D. 深成岩

1-1-8 **(2007,结 1)**某材料吸水饱和后重 100g,比干燥时重了 10g,此材料的吸收率等于:

A. 10%　B. 8%　C. 7%　D. 11.1%

1-1-9 **(2006,结 7)**测定石材的抗压强度所用的立方体试块的尺寸为:

A. 150mm×150mm×150mm
B. 100mm×100mm×100mm
C. 70.7mm×70.7mm×70.7mm
D. 50.5mm×50.5mm×50.5mm

1-1-10 脆性材料的特征是：

A. 破坏前无明显变形　　B. 抗压强度与抗拉强度均较高
C. 抗冲击破坏时吸收能量大　　D. 受力破坏时，外力所做的功大

1-1-11 含水率为5%的湿砂100g，其中所含水的质量是：

A. 100×5%=5g　　B. (100−5)×5%=4.75g
C. 100−100/(1+0.05)=4.76g　　D. 100/(1−0.05)−100=5.26g

1-1-12 已知某材料的表观密度是1400kg/m^3，密度是1600kg/m^3，则其孔隙率是：

A. 14.3%　　B. 14.5%　　C. 87.5%　　D. 12.5%

1-1-13 一种材料的孔隙率增大时，以下哪几种性质一定下降？
I. 密度　II. 表观密度　III. 吸水率　IV. 强度　V. 抗冻性

A. I、II、III　　B. I、III　　C. II、IV　　D. II、IV、V

1-1-14 为测定材料密度，量测材料绝对密实状态下体积的方法是下述中哪种方法？

A. 磨成细粉烘干后用李氏瓶测定其体积
B. 度量尺寸，计算其体积
C. 破碎后放在广口瓶中浸水饱和，测定其体积
D. 破碎后放在已知容积的容器中测定其体积

1-1-15 大理石属于下列中的哪种岩石？

A. 火成岩　　B. 变质岩　　C. 沉积岩　　D. 深成岩

1-1-16 石材吸水后，导热系数将增大，这是因为：

A. 水的导热系数比密闭空气大
B. 水的比热比密闭空气大
C. 水的密度比密闭空气大
D. 材料吸水后导致其中的裂纹增大

1-1-17 大理石的主要矿物成分是：

A. 石英　　B. 方解石　　C. 长石　　D. 石灰石

1-1-18 大理石饰面板,适用于下列中的哪种工程?

A. 室外工程
B. 室内工程
C. 室内及室外工程
D. 接触酸性物质的工程

题解及参考答案

1-1-1 **解**:材料在绝对密实状态下,单位体积的质量称为密度;材料在自然状态下,单位体积的质量称为表观密度;散粒材料在堆积状态下,单位体积的质量称为堆积密度。材料中固体体积占自然状态体积的百分比称为密实度。

答案:A

1-1-2 **解**:岩石根据形成机理分为岩浆岩、沉积岩和变质岩三种。其中,地表岩石经长期风化、破碎后,在外力作用下搬运、堆积,再经胶结、压实等再造作用形成的岩石称为沉积岩。

答案:B

1-1-3 **解**:材料的孔隙率 $P_0=\dfrac{V_0-V}{V_0}\times100\%$

$$=\left(1-\frac{\rho_0}{\rho}\right)\times100\%$$

$$=(1-\frac{1.8}{2.4})\times100\%=25\%$$

答案:B

1-1-4 **解**:含水率=所含水的质量/干燥材料的质量。故1+1/含水率=含水材料的水的质量加干燥材料的质量的和/水的质量。因此,水的质量=含水材料的总质量×1/(1+1/含水率)。含水率5%的砂220g,其所含的水量为:220×1/(1+1/5%)=10.476g。

答案:B

1-1-5 **解**:密度是指材料在绝对密实状态下单位体积的质量,表观密度是指材料在自然状态下单位体积的质量,堆积密度是指散粒材料在堆积状态下单位体积的质量,所以对于同一种材料,各种密度参数的排列为:密度>表观密度>堆积密度。

答案:B

1-1-6 **解**:毛石、料石和石制品属于天然石材。铸石是以天然岩石(玄武岩、辉绿岩等)或工业废渣(高炉矿渣、钢渣、铜渣、铬渣等)为主要原料,经配料、熔融、浇注、热处理等工序制成的晶体排列规整、质地坚硬、细腻的非金属工业材料,属于人造石材。

答案:D

1-1-7 **解**:岩石按照形成条件分为岩浆岩(又称深成岩)、沉积岩和变质岩。花岗岩属于深成岩,大理石属于变质岩。

答案:D

1-1-8 **解**:材料的吸水率=吸收水重/材料干燥质量=10/90=11.1%

答案:D

1-1-9 **解**:测定石材抗压强度所用立方体的尺寸为70.7mm×70.7mm×70.7mm。

答案:C

1-1-10 **解**:脆性与韧性的区别在于破坏前没有或有明显变形、受力破坏吸收的能量低或高。脆性材料破坏前没有明显变形,抗拉强度远小于抗压强度,受力破坏时吸收能量小,外力做功小。

答案:A

1-1-11 **解**:含水率=水重/干砂重,湿砂重=水重+干砂重,水重=湿砂重-干砂重。

答案:C

1-1-12 **解**:孔隙率=1-表观密度/密度=1-1400/1600=1-0.875=12.5%。

答案:D

1-1-13 **解**:孔隙率变化,一定引起强度与表观密度的变化,可能引起吸水率和抗冻性的变化。若增加的是开口孔,则吸水率增大而抗冻性降低;若增加的是闭口孔,则吸水率降低而抗冻性提高。但密度保持不变。

答案:C

1-1-14 **解**:测定密度采用先磨成细粉,然后在李氏瓶中排液的方法。磨成细粉可以消除孔隙,达到绝对密实状态。

答案:A

1-1-15 **解**:大理石属于变质岩。

答案:B

1-1-16 **解**:水的导热系数比密闭空气大。

答案:A

1-1-17 **解**:大理石的主要矿物成分是方解石与白云石。

答案:B

1-1-18 **解**:大理石的主要化学成分是$CaCO_3$,呈弱碱性,故耐碱但不耐酸,易风化与溶蚀,耐久性差,不宜用于室外和接触酸性物质的工程中。

答案:B

(二)水泥和石灰

1-2-1 **(2013,岩3)**水泥颗粒的大小通常用水泥的细度来表征,水泥的细度是指:

A. 单位质量水泥占有的体积
B. 单位体积水泥的颗粒总表面积
C. 单位质量水泥的颗粒总表面积
D. 单位可虑表面积的水泥质量

1-2-2 **(2013,结 3)**有关通用硅酸盐水泥的技术性质和应用中,不正确的说法是:

A. 水泥强度是指水泥胶砂强度,而非水泥浆体强度
B. 水泥熟料中,铝酸三钙水化速度最快,水化热最高
C. 水泥的细度指标作为强制性指标
D. 安定性不良的水泥严禁用于建筑工程

1-2-3 **(2012,岩 3)**我国通用的硅酸盐水泥标准中,符号"P. C"代表:

A. 普通硅酸盐水泥　　B. 硅酸盐水泥
C. 粉煤灰硅酸盐水泥　　D. 复合硅酸盐水泥

1-2-4 **(2011,结 2)**石灰的陈伏期应为:

A. 两个月以上　　B. 两星期以上　　C. 一个星期以上　　D. 两天以上

1-2-5 **(2010,结 3)**煅烧石灰石可作为无机胶凝材料,其具有气硬性的原因是能够反应生成:

A. 氢氧化钙　　B. 水化硅酸钙
C. 二水石膏　　D. 水化硫铝酸钙

1-2-6 **(2008,岩 2)**下列胶凝材料中,哪种材料的凝结硬化过程属于结晶、碳化过程?

A. 石灰　　B. 石膏
C. 矿渣硅酸盐水泥　　D. 硅酸盐水泥

1-2-7 **(2008,结 3)**水泥矿物水化放热最大的是:

A. 硅酸三钙　　B. 硅酸二钙　　C. 铁铝酸四钙　　D. 铝酸三钙

1-2-8 **(2007,结 2)**早期强度要求较高,抗冻性较好的混凝土,应优先选用:

A. 普通硅酸盐水泥　　B. 矿渣硅酸盐水泥
C. 火山灰硅酸盐水泥　　D. 粉煤灰硅酸盐水泥

1-2-9 **(2007,结 3)**确定水泥的标准稠度用水量是为了:

A. 确定水泥胶砂的水灰比以准确评定强度等级
B. 准确评定水泥的凝结时间和体积安定性

C. 准确评定水泥的细度
D. 准确评定水泥的矿物组成

1-2-10 (**2006,结 4**)不宜用于大体积混凝土工程的水泥是：

A. 硅酸盐水泥　　B. 矿渣硅酸盐水泥
C. 粉煤灰水泥　　D. 火山灰水泥

1-2-11 建筑石灰熟化时进行陈伏的目的是：

A. 使 $Ca(OH)_2$ 结晶与碳化　　B. 消除过火石灰的危害
C. 减少熟化产生的热量并增加产量　　D. 消除欠火石灰的危害

1-2-12 石灰不适用于下列哪一种情况？

A. 用于基础垫层　　B. 用于硅酸盐水泥的原料
C. 用于砌筑砂浆　　D. 用于屋面防水隔热层

1-2-13 用石灰浆罩墙面时，为避免收缩开裂，应掺入下列中的哪种材料？

A. 适量盐　　B. 适量纤维材料　　C. 适量石膏　　D. 适量白水泥

1-2-14 大体积混凝土施工应选用下列中的哪种水泥？

A. 硅酸盐水泥　　B. 矿渣水泥　　C. 铝酸盐水泥　　D. 膨胀水泥

1-2-15 生产硅酸盐水泥，在粉磨熟料时，加入适量石膏的作用是：

A. 促凝　　B. 增强　　C. 缓凝　　D. 防潮

1-2-16 引起硅酸盐水泥体积安定性不良的因素是下列中的哪几个？
I. 游离氧化钠　II. 游离氧化钙　III. 游离氧化镁　IV. 石膏　V. 氧化硅

A. II、III、IV　　B. I、II、IV　　C. I、II、III　　D. II、III、V

1-2-17 蒸汽养护效果最好的水泥是：

A. 矿渣水泥　　B. 快硬硅酸盐水泥　　C. 普通水泥　　D. 铝酸盐水泥

1-2-18 下列中的哪些材料属于活性混合材料？
I. 水淬矿渣　　II. 黏土　　III. 粉煤灰　　IV. 浮石
VI. 烧黏土　　VI. 慢冷矿渣　　VII. 石灰石粉　　VIII. 煤渣

A. I、II、III、IV、I　　B. I、III、IV、V、VIII
C. II、III、IV、V、VII　　D. I、III、IV、V、VI

1-2-19 喷射混凝土主要用于地下与隧道工程中，下列哪种水泥不宜用于喷射混凝土？

A. 矿渣水泥　　B. 普通水泥　　C. 高强水泥　　D. 硅酸盐水泥

1-2-20 现有一座大体积混凝土结构并有耐热耐火要求的高温车间工程，可选用下列哪种水泥？

A. 硅酸盐水泥或普通硅酸盐水泥　　B. 火山灰硅酸盐水泥
C. 矿渣硅酸盐水泥　　D. 粉煤灰硅酸盐水泥

1-2-21 普通水泥有多少个强度等级？

A. 4 个　　B. 5 个　　C. 6 个　　D. 7 个

1-2-22 测定水泥强度，是将水泥与标准砂按一定比例混合，再加入一定量的水，制成标准尺寸试件进行试验。水泥与标准砂应按下列中哪种比例进行混合？

A. 1∶1　　B. 1∶2　　C. 1∶3　　D. 1∶4

1-2-23 有耐磨性要求的混凝土，应优先选用下列哪种水泥？

A. 硅酸盐水泥　　B. 火山灰水泥
C. 粉煤灰水泥　　D. 硫铝酸盐水泥

1-2-24 如何用手感鉴别受潮严重的水泥？

A. 用手捏碾，硬块不动　　B. 用手捏碾，不能变成粉末，有硬粒
C. 用手捏碾，无硬粒　　D. 用手捏碾，有湿润感

1-2-25 水泥的强度是指下列四条中的哪一条？

A. 水泥净浆的强度　　B. 其主要成分硅酸钙的强度
C. 混合材料的强度　　D. 1∶3 水泥胶砂试块的强度

1-2-26 水泥砂浆与混凝土在常温下能耐以下腐蚀介质中的哪一种？

A. 硫酸　　B. 磷酸　　C. 盐酸　　D. 醋酸

1-2-27 有抗渗要求的混凝土不宜采用以下哪种水泥？

A. 普通水泥　　B. 火山灰水泥　　C. 矿渣水泥　　D. 粉煤灰水泥

1-2-28 现浇水泥蛭石保温隔热层，夏季施工时应选用下列哪种水泥？

A. 火山灰水泥　　B. 粉煤灰水泥　　C. 硅酸盐水泥　　D. 矿渣水泥

1-2-29 在下列水泥中，哪一种水泥的水化热最高？

A. 硅酸盐水泥　　B. 粉煤灰水泥　　C. 火山灰水泥　　D. 矿渣水泥

1-2-30　水泥熟料矿物中水化速度最快的熟料是：

A. 硅酸三钙　　B. 硅酸二钙　　C. 铝酸三钙　　D. 铁铝酸四钙

1-2-31　最适宜在低温环境下施工的水泥是：

A. 复合水泥　　B. 硅酸盐水泥　　C. 火山灰水泥　　D. 矿渣水泥

1-2-32　硅酸盐水泥的强度等级根据下列什么强度划分？

A. 抗压与抗折　　B. 抗折　　C. 抗弯与抗剪　　D. 抗压与抗剪

1-2-33　在干燥环境下的混凝土工程，应优先选用下列中的哪种水泥？

A. 普通水泥　　B. 火山灰水泥　　C. 矿渣水泥　　D. 粉煤灰水泥

1-2-34　由下列哪一种水泥制成的混凝土构件不宜用于蒸汽养护？

A. 普通水泥　　B. 火山灰水泥　　C. 矿渣水泥　　D. 粉煤灰水泥

1-2-35　硅酸盐水泥的下列性质及应用中，哪一项是错误的？

A. 水化放热量大，宜用于大体积混凝土工程
B. 凝结硬化速度较快，抗冻性好，适用于冬季施工
C. 强度等级较高，常用于重要结构中
D. 含有较多的氢氧化钙，不宜用于有水压作用的工程

1-2-36　细度是影响水泥性能的重要物理指标，以下哪一项叙述是错误的？

A. 颗粒越细，水泥早期强度越高
B. 颗粒越细，水泥凝结硬化速度越快
C. 颗粒越细，水泥越不易受潮
D. 颗粒越细，水泥成本越高

1-2-37　矿渣水泥不适用于以下哪一种混凝土工程？

A. 早期强度较高的　　B. 抗碳化要求高的
C. 与水接触的　　D. 有抗硫酸盐侵蚀要求的

题解及参考答案

1-2-1　**解：**水泥的细度是指单位质量水泥的颗粒总表面积，单位是 m^2/kg。
答案：C

1-2-2　解: 测定水泥强度是采用水泥和标准砂为1∶3的胶砂试件。水泥四种熟料矿物中铝酸三钙水化速度最快,水化热最高。安定性不良的水泥会导致水泥混凝土开裂,影响工程质量,所以安定性不合格的水泥严禁用于建筑工程中。通用硅酸盐水泥的技术性质要求中,细度指标不是强制性指标。

答案: C

1-2-3　解: 普通硅酸盐水泥的代号为P.O,硅酸盐水泥的代号为P.I,粉煤灰硅酸盐水泥的代号为P.F,复合硅酸盐水泥的代号为P.C。

答案: D

1-2-4　解: 为了消除过火石灰的危害,石灰需要进行陈伏处理,陈伏期为两个星期以上。

答案: B

1-2-5　解: 火石灰煅烧后生成石灰(成分为CaO),其水化反应生成$Ca(OH)_2$后使其具有气硬性。

答案: A

1-2-6　解: 石灰的凝结硬化过程包括结晶和碳化过程。

答案: A

1-2-7　解: 水泥熟料矿物中水化放热最大的是铝酸三钙,其次是铁铝酸四钙和硅酸三钙,放热量最小的是硅酸二钙。

答案: D

1-2-8　解: 普通硅酸盐水泥早期强度较高,抗冻性较好;其他三种水泥早期强度较低,抗冻性较差。

答案: A

1-2-9　解: 在测定水泥的凝结时间和体积安定性时,需要采用标准稠度的水泥净浆。所以确定水泥的标准稠度用水量是为了准确评定水泥的凝结时间和体积安定性。水泥胶砂的水灰比固定为0.5,水泥的细度用比表面积或筛余法表示,水泥的矿物组成是由水泥生产过程和配料组成决定的。

答案: B

1-2-10　解: 大体积混凝土要求控制水化热,硅酸盐水泥水化热高,不宜用于大体积混凝土中。

答案: A

1-2-11　解: 陈伏的目的主要是消除过火石灰延迟水化膨胀产生的危害。

答案: B

1-2-12　解: 石灰是气硬性胶凝材料,不耐水,不宜用于屋面防水隔热层。但可以灰土或三合土的方式用于基础垫层,因为在灰土或三合土中可产生水硬性的产物,也可以用作砌筑砂浆，也是生产硅酸盐水泥的石灰质原料。

答案：D

1-2-13 **解**：通常可加入适量纤维材料(如麻刀、纸筋等)增强、防裂。

答案：B

1-2-14 **解**：大体积混凝土施工应选用水化热低的水泥，如矿渣水泥等掺混合材料水泥。

答案：B

1-2-15 **解**：硅酸盐水泥中加入适量石膏的作用是缓凝。

答案：C

1-2-16 **解**：引起硅酸盐水泥体积安定性不良的因素是由过量的游离氧化钙、游离氧化镁或石膏造成的。

答案：A

1-2-17 **解**：掺混合材料的水泥早期强度低，最适合采用蒸汽养护等充分养护方式。快硬硅酸盐水泥、普通水泥和铝酸盐水泥水化快，早期强度高，蒸汽养护不利于后期强度发展。

答案：A

1-2-18 **解**：普通黏土、慢冷矿渣、石灰石粉不属于活性混合材料。

答案：B

1-2-19 **解**：掺混合材料水泥因水化速度慢而不宜用于喷射混凝土。

答案：A

1-2-20 **解**：该工程要求水泥水化热低、能耐高温，矿渣水泥符合要求。

答案：C

1-2-21 **解**：普通水泥的强度等级有42.5,42.5R,52.5和52.5R四个。

答案：A

1-2-22 **解**：现行国家标准规定，测定水泥强度，是将水泥与标准砂按1∶3质量比混合，制成水泥胶砂试件。

答案：C

1-2-23 **解**：在六大通用水泥中，硅酸盐水泥的耐磨性最好。硫铝酸盐水泥虽具有快硬早强、微膨胀的特点，但在一般混凝土工程中较少采用。

答案：A

1-2-24 **解**：水泥存放中受潮会引起水泥发生部分水化，出现部分硬化现象，随着受潮程度的加重，水泥粉末结成颗粒甚至硬块。如未受潮，水泥粉末手感细腻，有湿润感。

答案：A

1-2-25 **解**:水泥强度,是指水泥与标准砂按 1∶3 质量比混合,再加水制成水泥胶砂试件的强度。

答案:D

1-2-26 **解**:一般的酸如硫酸、盐酸、醋酸等能与 $Ca(OH)_2$ 反应生成溶解度大的产物(如 $CaCl_2$ 等)或膨胀性的钙盐(如 $CaSO_4 \cdot 2H_2O$ 或硫铝酸钙)等而引起水泥砂浆与混凝土的腐蚀,但少数种类的酸如草酸、鞣酸、酒石酸、氢氟酸、磷酸能与 $Ca(OH)_2$ 反应,生成不溶且无膨胀的钙盐,对砂浆与混凝土没有腐蚀作用。

答案:B

1-2-27 **解**:矿渣水泥的抗渗性较差。

答案:C

1-2-28 **解**:水泥蛭石保温隔热层的施工,应着眼于抗渗性较好,无长期收缩开裂危险,确保保温层的完整性与保温效果。夏季施工则要求水泥水化热低。综合各项要求,应选粉煤灰水泥。

答案:B

1-2-29 **解**:掺混合材料的水泥水化热均较低,硅酸盐水泥的水化热高。

答案:A

1-2-30 **解**:水化速度最快的是铝酸三钙。

答案:C

1-2-31 **解**:低温环境下施工应选择凝结硬化速度快的硅酸盐水泥。

答案:B

1-2-32 **解**:硅酸盐水泥的强度等级是根据 3d 和 28d 的抗压强度与抗折强度划分的。

答案:A

1-2-33 **解**:干燥环境下的混凝土工程,需要选择干编小、抗裂性好的水泥,粉煤灰水泥可以满足要求。

答案:D

1-2-34 **解**:掺混合材料的水泥适宜进行蒸汽养护,普通水泥不宜进行蒸汽养护。

答案:A

1-2-35 **解**:由于水化放热量大,硅酸盐水泥不宜用于大体积混凝土工程。

答案:A

1-2-36 **解**:颗粒越细,水泥的化学活性越高,在存放中越容易受潮。

答案:C

1-2-37 **解**:矿渣水泥的凝结硬化速度较慢,早期强度发展较慢。

答案:A

(三)无机结合料稳定材料

1-3-1 无机结合料稳定材料适用于公路的:

A. 路基 B. 路面基层 C. 路面面层 D. 表面耐磨层

1-3-2 无机结合料稳定材料组成设计要做试件的无侧限抗压强度试验,试件的养护龄期是:

A. 7d B. 14d C. 21d D. 28d

1-3-3 无机结合料稳定材料设计强度的确定依据中不包括:

A. 公路等级 B. 路面结构层次
C. 土的类型 D. 稳定材料的类型

1-3-4 石灰稳定材料的强度形成机理中不包括以下哪条?

A. 离子交换反应 B. 火山灰反应
C. 水化反应 D. 碳酸化反应

1-3-5 按照土的单个颗粒的粒径和组成,土分为三种,不包括以下哪种土?

A. 粗粒土 B. 砂粒土 C. 细粒土 D. 中粒土

题解及参考答案

1-3-1 **解:**无机结合料稳定材料适用于路面基层,属于半刚性基层。

答案:B

1-3-2 **解:**试件在规定温度下保湿养护6d,浸水养护1d后进行无侧限抗压强度实验。

答案:A

1-3-3 **解:**确定无机结合料稳定材料设计强度时要考虑公路等级、路面结构层次和稳定材料的类型,不考虑土的类型。

答案:C

1-3-4 **解:**石灰稳定材料的强度形成可分为四种,即离子交换反应、氢氧化钙的碳酸化反应、火山灰反应和氢氧化钙的结晶反应。

答案:C

1-3-5 **解:**粉碎或原状松散的土按照土中单个颗粒(指碎石、砾石、砂和土颗粒)的粒径大小和组成，将土分成细粒土、中粒土和粗粒土。

答案：B

(四)水泥混凝土和砂浆

1-4-1　(2014，岩4)混凝土材料在单向受压条件下的应力一应变曲线呈现明显的非线性特征，在外部应力达到抗压强度的30%左右时，图线发生弯曲，这时应力一应变关系的非线性主要是由于：

A. 材料出现贯穿裂缝　　B. 骨料被压碎
C. 界面过渡区裂缝的增长　　D. 材料中孔隙被压缩

1-4-2　(2014，岩5)从工程角度，混凝土中钢筋防锈的最经济措施是：

A. 使用高效减水剂　　B. 使用钢筋阻锈剂
C. 使用不锈钢钢筋　　D. 增加混凝土保护层厚度

1-4-3　(2013，岩4)混凝土强度是在标准养护条件下达到标准养护龄期后测量得到的，如实际工程中混凝土的环境温度比标准养护温度低了10℃，则混凝土的最终强度与标准强度相比：

A. 一定较低　　B. 一定较高　　C. 不能确定　　D. 相同

1-4-4　(2013，岩5)在寒冷地区的混凝土发生冻融破坏时，如果表面有盐类作用，其破坏程度：

A. 会减轻　　B. 会加重
C. 与有无盐类无关　　D. 视盐类浓度而定

1-4-5　(2013，结4)混凝土材料在外部力学荷载、环境温湿度以及内部物理化学过程中发生变形，以下属于内部物理化学过程引起的变形是：

A. 混凝土徐变　　B. 混凝土干燥收缩
C. 混凝土温度收缩　　D. 混凝土自身收缩

1-4-6　(2013，结5)在沿海地区，钢筋混凝土构件的主要耐久性问题是：

A. 内部钢筋锈蚀　　B. 碱一骨料反应
C. 硫酸盐反应　　D. 冻融破坏

1-4-7　(2012，岩4)混凝土的强度受到其材料的组成、养护条件和试验方法的影响，其中试验方法的影响体现在：

A. 试验设备的选择　　B. 试验地点的选择
C. 试验尺寸的选择　　D. 温湿环境的选择

1-4-8 **(2012，岩5)**减水剂能够使混凝土在保持相同坍落度的前提下，大幅减小其用水量，因此能够提高混凝土的：

A. 流动性　　B. 强度　　C. 黏聚性　　D. 捣实性

1-4-9 **(2011，结3)**在不影响混凝土强度的前提下，当混凝土的流动性太大或太小时，调整的方法通常是：

A. 增减用水量　　B. 保持水灰比不变，增减水泥用量
C. 增大或减少水灰比　　D. 增减砂石比

1-4-10 **(2011，结4)**在混凝土配合比设计中，选用合理砂率的主要目的是：

A. 提高混凝土的强度　　B. 改善拌和物的和易性
C. 节省水泥　　D. 节省粗骨料

1-4-11 **(2011，结5)**在下列混凝土的技术性能中，正确的是：

A. 抗剪强度大于抗压强度　　B. 轴心抗压强度小于立方体抗压强度
C. 混凝土不受力时内部无裂纹　　D. 徐变对混凝土有害无利

1-4-12 **(2010，结4)**骨料的所有孔隙充满水但表面没有水膜，该含水状态被称为骨料的：

A. 气干状态　　B. 绝干状态
C. 潮湿状态　　D. 饱和面干状态

1-4-13 **(2010，结5)**混凝土强度的形成受到其养护条件的影响，主要是指：

A. 环境温湿度　　B. 搅拌时间　　C. 试件大小　　D. 混凝土水灰比

1-4-14 **(2009，结4)**测定混凝土强度用的标准试件是：

A. 70.7mm×70.7mm×70.7mm　　B. 100mm×100mm×10mm
C. 150mm×150mm×150mm　　D. 200mm×200mm×200mm

1-4-15 **(2009，结5)**对混凝土抗渗性能影响最大的因素是：

A. 水灰比　　B. 骨料最大粒径
C. 砂率　　D. 水泥品种

1-4-16 **(2008，岩3)**混凝土长期处在硫酸盐的环境中，会引起较大的膨胀破坏，这是由于在硬化水泥石中生成了通常称为“水泥杆菌”的：

A. 水化碳酸钙　　B. 水化铝酸三钙
C. 水化铁酸一钙　　D. 高硫型水化硫铝酸钙

1-4-17 (2008,岩4)我国有关反映混凝土砂子粗细程度的指标是：

A. 平均粒径　　B. 细度模数　　C. 最小粒径　　D. 最大粒径

1-4-18 (2008,岩5)普通混凝土的抗拉强度只有其抗压强度的：

A. 1/2～1/5　　B. 1/5～1/10　　C. 1/10～1/20　　D. 1/20～1/30

1-4-19 (2008,结4)抗冻等级是指混凝土28d龄期试件在吸水饱和后所能承受的最大冻融循环次数,其前提条件是：

A. 抗压强度下降不超过5%,质量损失不超过25%
B. 抗压强度下降不超过10%,质量损失不超过20%
C. 抗压强度下降不超过20%,质量损失不超过10%
D. 抗压强度下降不超过25%,质量损失不超过5%

1-4-20 (2008,结5)划分混凝土强度等级的依据是：

A. 混凝土的立方体试件抗压强度值
B. 混凝土的立方体试件抗压强度标准值
C. 混凝土的棱柱体试件抗压强度值
D. 混凝土的抗弯强度值

1-4-21 (2007,结4)混凝土的徐变是指：

A. 在冲击荷载作用下产生的塑性变形
B. 在震动荷载作用下产生的塑性变形
C. 在瞬时荷载作用下产生的塑性变形
D. 在长期静荷载作用下产生的塑性变形

1-4-22 (2007,结5)混凝土粗骨料的质量要求包括：
①最大粒径和级配；②颗粒形状和表面特征；③有害杂质；④强度；⑤耐水性

A. ①③④　　B. ②③④⑤　　C. ①②④⑤　　D. ①②③④

1-4-23 (2006,结5)混凝土是：

A. 完全弹性材料　　B. 完全塑性材料　　C. 弹塑性材料　　D. 不确定

1-4-24 (2006,结6)下列有关混凝土碱—集料反应的叙述,有错误的是：

A. 使用低碱水泥可以有效抑制碱—集料反应
B. 掺加矿渣、粉煤灰等矿物掺和料也可抑制碱—集料反应
C. 保持混凝土干燥可防止碱—集料反应发生
D. 1kg钾离子的危害与1kg钠离子的危害相同

1-4-25 压碎指标是表示下列中哪种材料强度的指标？

A. 砂子　　B. 石子　　C. 混凝土　　D. 水泥

1-4-26 在用较高强度等级的水泥配制较低强度的混凝土时，为满足工程的技术经济要求，应采用下列中的哪项措施？

A. 掺混合材料　　B. 增大粗集料粒径
C. 降低砂率　　D. 提高砂率

1-4-27 泵送混凝土施工选用的外加剂应是：

A. 早强剂　　B. 速凝剂　　C. 减水剂　　D. 缓凝剂

1-4-28 混凝土碱—集料反应是指下述中的哪种反应？

A. 水泥中碱性氧化物与集料中活性氧化硅之间的反应
B. 水泥中 $Ca(OH)_2$ 与集料中活性氧化硅之间的反应
C. 水泥中 C_3S 与集料中 $CaCO_3$ 之间的反应
D. 水泥中 C_3S 与集料中活性氧化硅之间的反应

1-4-29 混凝土配合比计算中，试配强度（配制强度）高于混凝土的设计强度，其提高幅度取决于下列中的哪几种因素？

I. 混凝土强度保证率要求　II. 施工和易性要求　III. 耐久性要求
IV. 施工控制水平　V. 水灰比　VI 集料品种

A. I、II　　B. I、III　　C. V、VI　　D. I、IV

1-4-30 配制混凝土，在条件许可时，应尽量选用最大粒径的集料，是为了达到下列中的哪几项目的？

I. 节省集料　II. 减少混凝土干缩　III. 节省水泥　IV. 提高混凝土强度

A. I、II　　B. II、III　　C. III、IV　　D. I、IV

1-4-31 影响混凝土强度的因素除水泥强度等级、集料质量、施工方法、养护龄期条件外，还有一个因素是：

A. 和易性　　B. 水灰比　　C. 含气量　　D. 外加剂

1-4-32 铺设预制混凝土块路面，在修理平整、调整缝宽后，应用下列哪种材料灌缝？

A. 素水泥浆灌缝　　B. 先灌干砂，再洒水使其沉实
C. 水泥砂浆灌缝　　D. 填塞木丝板条

1-4-33 钢纤维混凝土能有效改善混凝土脆性性质，主要适用于下列哪一种工程？

A. 防射线工程　　B. 石油化工工程
C. 飞机跑道、高速公路　　D. 特殊承重结构工程

1-4-34 钢筋混凝土构件的混凝土，为提高其早期强度而掺入早强剂，下列哪一种材料不能用作早强剂？

A. 氯化钠　　B. 硫酸钠　　C. 三乙醇胺　　D. 复合早强剂

1-4-35 防水混凝土的施工质量要求严格，除要求配料准确、机械搅拌、振捣器振实外，还尤其要注意养护，其浇水养护期至少要有多少天？

A. 3　　B. 6　　C. 10　　D. 14

1-4-36 陶粒是一种人造轻集料，根据材料的不同，有不同的类型，以下哪一种陶粒不存在？

A. 粉煤灰陶粒　　B. 膨胀珍珠岩陶粒　　C. 页岩陶粒　　D. 黏土陶粒

1-4-37 三乙醇胺是混凝土的外加剂，属于以下哪一种外加剂？

A. 加气剂　　B. 防水剂　　C. 速凝剂　　D. 早强剂

1-4-38 加气混凝土用下列哪一种材料作为发气剂？

A. 镁粉　　B. 锌粉　　C. 铝粉　　D. 铅粉

1-4-39 耐火混凝土是一种新型耐火材料，与耐火砖相比，不具有下列中的哪项优点？

A. 工艺简单　　B. 使用方便　　C. 成本低廉　　D. 耐火温度高

1-4-40 混凝土的抗渗等级是按标准试件在下列哪一个龄期所能承受的最大水压来确定的？

A. 7d　　B. 15d　　C. 28d　　D. 36d

1-4-41 为提高混凝土的抗碳化性，下列哪一条措施是错误的？

A. 采用火山灰水泥　　B. 采用硅酸盐水泥
C. 采用较小的水灰比　　D. 增加保护层厚度

1-4-42 影响混凝土拌和物流动性的主要因素是：

A. 砂率　　B. 水泥浆数量　　C. 集料的级配　　D. 水泥品种

1-4-43 下列关于混凝土坍落度的叙述中，哪一条是正确的？

A. 坍落度是表示塑性混凝土拌和物和易性的指标

B. 干硬性混凝土拌和物的坍落度小于 10mm 时须用维勃稠度(s)表示其稠度

C. 泵送混凝土拌和物的坍落度一般不低于 100mm

D. 在浇筑板、梁和大型及中型截面的柱子时，混凝土拌和物的坍落度宜选用 70～90mm

1-4-44 普通混凝土用砂的颗粒级配如不合格，则表明下列中哪项结论正确？

A. 砂子的细度模数偏大　　B. 砂子的细度模数偏小

C. 砂子有害杂质含量过高　　D. 砂子不同粒径的搭配不适当

1-4-45 海水不得用于拌制钢筋混凝土和预应力混凝土，主要是因为海水中含有大量的盐，会造成下列中的哪项结果？

A. 会使混凝土腐蚀　　B. 会导致水泥快速凝结

C. 会导致水泥凝结变慢　　D. 会促使钢筋被腐蚀

1-4-46 下列关于外加剂对混凝土拌和物和易性影响的叙述，哪一项是错误的？

A. 引气剂可改善拌和物的流动性　　B. 减水剂可提高拌和物的流动性

C. 减水剂可改善拌和物的黏聚性　　D. 早强剂可改善拌和物的流动性

1-4-47 下列混凝土外加剂中，不能提高混凝土抗渗性的是哪一种？

A. 膨胀剂　　B. 减水剂　　C. 缓凝剂　　D. 引气剂

1-4-48 下列关于混凝土碳化的叙述，哪一项是正确的？

A. 碳化可引起混凝土的体积膨胀

B. 碳化后的混凝土失去对内部钢筋的防锈保护作用

C. 粉煤灰水泥的抗碳化能力优于普通水泥

D. 碳化作用是在混凝土内、外部同时进行的

1-4-49 已知某混凝土工程所用的粗集料含有活性氧化硅，则以下抑制碱-集料反应的措施中哪一项是错误的？

A. 选用低碱水泥　　B. 掺粉煤灰或硅灰等掺和料

C. 减少粗集料用量　　D. 将该混凝土用于干燥部位

1-4-50 最适宜冬季施工采用的混凝土外加剂是：

A. 引气剂　　B. 减水剂　　C. 缓凝剂　　D. 早强剂

1-4-51 已知某混凝土的实验室配合比是：水泥 300kg，砂 600kg，石子 1200kg，水 150kg。另知现场的砂含水率是 3%，石子含水率是 1%，则其施工配合比是：

A. 水泥 300kg,砂 600kg,石子 1200kg,水 150kg

B. 水泥 300kg,砂 618kg,石子 1212kg,水 150kg

C. 水泥 270kg,砂 618kg,石子 1212kg,水 150kg

D. 水泥 300kg,砂 618kg,石子 1212kg,水 120kg

题解及参考答案

1-4-1 **解:**混凝土材料在单向受压条件下的应力一应变曲线表现出明显的非线性特征,在外部应力达到抗拉强度的30%左右时,由于混凝土内部界面过渡区裂缝增长,使曲线发生弯曲。当外部应力达到抗拉强度的90%以上时,材料出现贯穿裂缝。

答案:C

1-4-2 **解:**混凝土中钢筋防锈的措施有:使用高效减水剂提高密实度,掺入阻锈剂,加厚保护层等。其中,最经济的措施是使用高效减水剂,其是现代工程混凝土中必掺的外加剂。

答案:A

1-4-3 **解:**混凝土的养护温度越低,其强度发展越慢,所以,当实际工程混凝土的环境温度低于标准氧化温度时,在相同的龄期时,混凝土的实际强度比标准强度低,但是一定的时间后,混凝土的最终强度会达到标准养护条件下的强度。

答案:D

1-4-4 **解:**在寒冷地区混凝土发生冻融破坏时,表面有盐类会使破坏程度加重。

答案:B

1-4-5 **解:**徐变是指在持续荷载作用下,混凝土随时间发生的变形,属于外部力学荷载引起的变形。干燥收缩和温度收缩是由于环境温湿度变化引起的变形。混凝土自身收缩,一方面是由于水泥水化过程中体积减小引起的,另一方面是由于水泥水化过程中消耗水分而产生的收缩,所以自身收缩属于混凝土内部物理化学过程引起的变形。

答案:D

1-4-6 **解:**沿海地区钢筋混凝土构件主要考虑的耐久性是海水中所含氯盐对钢筋的锈蚀问题。

答案:A

1-4-7 **解:**测定混凝土强度时,由于环箍效应的影响,试件尺寸越大测得的强度值越小。

答案:C

1-4-8 **解:**减水剂能够使混凝土在保持相同坍落度的前提下,大幅减小其用水量,进而降低混凝土的水灰比(或水胶比),提高强度。

答案:B

1-4-9 **解:**在不影响混凝土强度的前提下(即保持水灰比不变),可通过增减水泥用量来调整混凝土的流动性。

答案:B

1-4-10 **解**:在混凝土配合比设计中,选用合理砂率可以降低骨料的空隙率和总表面积,因而改善拌和物的和易性。

答案:B

1-4-11 **解**:由于环箍效应的影响,混凝土的轴心抗压强度小于立方体抗压强度,混凝土的抗剪强度小于抗压强度。水化收缩、干缩等使得混凝土在不受力时内部存在裂缝。徐变可以消除大体积混凝土因温度变化所产生的破坏应力,但会使预应力钢筋混凝土结构中的预加应力受到损失。

答案:B

1-4-14 **解**:通常骨料的含水状态有四种,分别是绝干状态、气干状态、饱和面干状态和潮湿状态,含水率依次增大。绝干状态是干燥、不含水的状态,含水率为零;气干状态是骨料内部孔隙中所含水分与周围大气湿度所决定的空气中水分达到平衡时的含水状态;饱和面干状态是骨料表面干燥但内部孔隙含水达到饱和的状态;潮湿状态是骨料内部孔隙含水达到饱和且表面附有一层水的状态。

答案:D

1-4-13 **解**:混凝土强度的形成,受水灰比、水泥强度、骨料种类、搅拌均匀性、成型密实度、养护条件等因素的影响,养护条件指环境的温度和湿度。

答案:A

1-4-14 **解**:测定混凝土强度的标准试件尺寸为150mm×150mm×150mm。

答案:C

1-4-15 **解**:影响混凝土抗渗性能的主要因素是混凝土的密实度和孔隙特征。其中水灰比是影响混凝土密实度的主要因素。

答案:A

1-4-16 **解**:在硫酸盐环境中,混凝土中的氢氧化钙与硫酸盐反应生成硫酸钙,然后与水化铝酸钙反应生成膨胀产物高硫型水化硫铝酸钙。

答案:D

1-4-17 **解**:最大粒径反映混凝土粗骨料的粗细程度,细度模数反映细骨料的粗细程度。

答案:B

1-4-18 **解**:普通混凝土的抗拉强度很低,一般为抗压强度的1/10～1/20。

答案:C

1-4-19 **解**:标准规定,混凝土的抗冻等级是指标准养护条件下28d龄期的立方体试件,在水饱和后,进行冻融循环试验,抗压强度下降不超过25%,质量损失不超过5%时的最大循环次数。

答案:D

1-4-20 **解**:混凝土的强度等级是根据混凝土立方体试件抗压强度标准值划分的。

答案:B

1-4-21 **解**:徐变是指混凝土在长期固定荷载作用下的塑性变形。

答案:D

1-4-22 **解**:混凝土粗骨料的质量要求包括最大粒径和级配、颗粒形状和表面特征、有害杂质、强度等。

答案:D

1-4-23 **解**:混凝土是不均质材料,在荷载作用下产生弹塑性变形。

答案:C

1-4-24 **解**:碱—集料反应是指混凝土内水泥中的碱性氧化物(Na_2O,K_2O)与集料中的活性 SiO_2 发生反应生成吸水性碱—硅酸凝胶而膨胀导致混凝土破坏的反应。通过选择低碱水泥,掺活性混合材料(如矿渣、粉煤灰)或保持干燥等措施可以防止碱—集料反应。水泥中的碱表示为:$Na_2O+0.658K_2O$,即 1kg 钾离子的危害与 1kg 钠离子的危害并不相同。

答案:D

1-4-25 **解**:压碎指标是表示粗集料即石子强度的指标。

答案:B

1-4-26 **解**:在用较高强度等级的水泥配制较低强度的混凝土时,由于很少量水泥即可达到强度要求,而影响和易性,为满足工程的技术经济要求,应采用掺混合材料或掺和料的方法。

答案:A

1-4-27 **解**:泵送混凝土的流动性很大,一般坍落度要大于 160mm,所以施工选用的外加剂应能显著提高拌和物的流动性,故应采用减水剂。

答案:C

1-4-28 **解**:混凝土碱—集料反应是指水泥中碱性氧化物如 Na_2O 或 K_2O 与集料中活性氧化硅的反应。

答案:A

1-4-29 **解**:试配强度:

$$f_{cu,o}=f_{cu,k}+t\sigma$$

式中:$f_{cu,o}$——配制强度;

$f_{cu,k}$——设计强度;

t——概率度(由强度保证率决定);

σ——强度波动幅度(与施工控制水平有关)。

所以试配强度的提高幅度取决于强度保证率和施工控制水平。

答案:D

1-4-30 **解:**选用最大粒径的粗集料,主要目的是减少混凝土干缩,其次也可节省水泥。

答案:B

1-4-31 **解:**影响混凝土强度的主要因素是水灰比。

答案:B

1-4-32 **解:**铺设预制混凝土块路面,灌缝用的材料主要应具有能伸缩变形的特点,这样可以适应使用过程中的变形。另外,还具有耐久性好、不腐烂、不老化等特点。而水泥浆和水泥砂浆容易收缩,木丝板条耐久性不好。

答案:B

1-4-33 **解:**钢纤维混凝土能有效改善混凝土脆性性质,主要适用于飞机跑道、高速公路等抗裂性要求高的工程。

答案:C

1-4-34 **解:**所用的早强剂不能对钢筋或混凝土有腐蚀性,氯化钠因含氯离子而对钢筋有腐蚀性,故不能采用。

答案:A

1-4-35 **解:**混凝土中水泥基本形成硬化产物的结构一般需要 2～4 周的时间。故防水混凝土宜至少养护 14 天,以便水泥充分水化,形成密实结构。

答案:D

1-4-36 **解:**陶粒作为人造轻集料,具有表面密实、内部多孔的结构特征,可由粉煤灰、黏土或页岩等烧制而成。而膨胀珍珠岩在高温下膨胀生成的颗粒内外均为多孔,无密实表面。

答案:B

1-4-37 **解:**三乙醇胺通常用做早强剂。

答案:D

1-4-38 **解:**加气混凝土用铝粉作为发气剂。

答案:C

1-4-39 **解:**由于耐火混凝土与耐火砖材质的不同,耐火砖的耐火温度明显高于耐火混凝土。

答案:D

1-4-40 **解:**通常混凝土的强度或耐久性测定均是在 28d 龄期时进行的。

答案:C

1-4-41 **解:**通过提高混凝土密实度(如较小的水灰比)、增加 $Ca(OH)_2$ 数量(采用硅酸盐水泥)、增加保护层厚度,可提高混凝土的抗碳化性。火山灰水泥的二次水化使 $Ca(OH)_2$ 含量降低,抗碳化性能降低。

答案:A

1-4-42 解:影响混凝土拌和物流动性的主要因素是水泥浆的数量和水泥浆的稠度,其次为砂率、集料级配、水泥品种等。

答案:B

1-4-43 解:这几种叙述似是而非,容易引起判断错误。如:①坍落度是表示塑性混凝土拌和物流动性的指标;②泵送混凝土拌和物的坍落度一般不低于150mm;③在浇筑板、梁和大型及中型截面的柱子时,混凝土拌和物的坍落度宜选用30~50mm。所以,只有干硬性混凝土拌和物的坍落度小于10mm时须用维勃稠度(s)表示其稠度的叙述是正确的。

答案:B

1-4-44 解:砂的级配是指砂中不同粒径的颗粒之间的搭配效果,与细度模数或有害杂质含量无关。级配合格表明砂子不同粒径的搭配良好。

答案:D

1-4-45 解:海水中的盐主要对混凝土中的钢筋有危害,促使其被腐蚀。

答案:D

1-4-46 解:早强剂对混凝土拌和物的和易性包括流动性没有影响。减水剂主要是提高混凝土拌和物的流动性,其次对拌和物的黏聚性也有一定改善作用;引气剂形成的微小封闭气泡可以改善拌和物的流动性。

答案:D

1-4-47 解:缓凝剂只改变凝结时间,通常对混凝土的抗渗性没有影响。膨胀剂补偿收缩和减水剂减少用水量都可提高混凝土的密实度,从而提高其抗渗性。引气剂形成微小封闭气泡可改善混凝土的孔隙结构从而提高其抗渗性。

答案:C

1-4-48 解:混凝土的碳化发生具有"由表及里、逐渐变慢"的特点,且会引起混凝土收缩。混凝土内发生碳化的部分,其原有的碱性条件将变成中性,因而失去对内部钢筋的防锈保护作用。粉煤灰水泥形成的 $Ca(OH)_2$ 少,抗碳化性能差。

答案:B

1-4-49 解:抑制碱—集料反应的三大措施是:选用不含活性氧化硅的集料,选用低碱水泥,提高混凝土的密实度。另外,采用矿物掺和料,或者将该混凝土用于干燥部位,也可控制碱—集料反应的发生。

答案:C

1-4-50 解:冬季施工应尽量使混凝土强度迅速发展,故最适宜采用的混凝土外加剂是早强剂。

答案：D

1-4-51 **解**：换算应使水泥用量不变，用水量应减少，砂、石用量均应增多。计算如下：

$$砂=600\times(1+3\%)=618kg$$

$$石子=1200\times(1+1\%)=1212kg$$

$$水=150-(600\times3\%+1200\times1\%)=120kg$$

答案：D

（五）沥青材料

1-5-1 **（2010，结6）**石油沥青的软化点反映了沥青的：

A. 黏滞性　　B. 温度敏感性　　C. 强度　　D. 耐久性

1-5-2 评价黏稠石油沥青主要性能的三大指标是下列中的哪三项？

I. 延度　II. 针入度　III. 抗压强度　IV. 柔度　V. 软化点　VI. 坍落度

A. I、II、IV　　B. I、V、VI　　C. I、II、V　　D. III、V、VI

1-5-3 冷底子油在施工时对基面的要求是下列中的哪一项？

A. 平整、光滑　　B. 洁净、干燥　　C. 坡度合理　　D. 除污去垢

1-5-4 我国建筑防水工程中，过去以采用沥青油毡为主，但沥青材料有以下哪些缺点？

I. 抗拉强度低　II. 抗渗性不好　III. 抗裂性差　IV. 对温度变化较敏感

A. I、III　　B. I、II、IV　　C. II、III、IV　　D. I、III、IV

1-5-5 沥青是一种有机胶凝材料，以下哪一个性能不属于它？

A. 黏结性　　B. 塑性　　C. 憎水性　　D. 导电性

1-5-6 针入度表示沥青的哪几方面性能？

I. 沥青抵抗剪切变形的能力

II. 反映在一定条件下沥青的相对黏度

III. 沥青的延伸度

IV. 沥青的黏结力

A. I、II　　B. I、III　　C. II、III　　D. I、IV

1-5-7 适用于地下防水工程，或作为防腐材料的沥青材料是哪一种沥青？

A. 石油沥青　　B. 煤沥青
C. 天然沥青　　D. 建筑石油沥青

1-5-8　下列关于沥青的叙述，哪一项是错误的？

A. 石油沥青按针入度划分牌号
B. 沥青针入度越大，则牌号越大
C. 沥青耐腐蚀性较差
D. 沥青针入度越大，则地沥青质含量越低

1-5-9　随着石油沥青牌号的变小，其性能有下述中的哪种变化？

A. 针入度变小，软化点降低
B. 针入度变小，软化点升高
C. 针入度变大，软化点降低
D. 针入度变大，软化点升高

1-5-10　沥青中掺入一定量的磨细矿物填充料可使沥青的什么性能改善？

A. 弹性和延性　　B. 耐寒性与不透水性
C. 黏结力和耐热性　　D. 强度和密实度

题解及参考答案

1-5-1　**解：**石油沥青主要有黏滞性、塑性、温度敏感性、大气稳定性等技术性质。黏滞性以针入度表示，塑性以延度表示，温度敏感性以软化点表示，大气稳定性以蒸发损失和蒸发后针入度比表示。

答案：B

1-5-2　**解：**评价黏稠石油沥青主要性能的三大指标是延度、针入度、软化点。
答案：C

1-5-3　**解：**冷底子油在施工时对基面的要求是洁净、干燥。
答案：B

1-5-4　**解：**沥青材料有多项缺点，但其抗渗性尚好。
答案：D

1-5-5　**解：**沥青无导电性。
答案：D

1-5-6　**解：**针入度表示沥青抵抗剪切变形的能力，或者在一定条件下的相对黏度。
答案：A

1-5-7 **解**:煤沥青的防腐效果在各种沥青中最为突出。

答案:B

1-5-8 **解**:通常沥青具有良好的耐腐蚀性。石油沥青按其针入度划分牌号,牌号越大说明针入度越大,黏性越差,即其中地沥青质含量越少。

答案:C

1-5-9 **解**:石油沥青随着牌号的变小,针入度变小,软化点升高,延度降低,即石油沥青的黏性增大,塑性降低,耐热性提高。

答案:B

1-5-10 **解**:沥青中掺入一定量的磨细矿物填充料可使沥青的黏结力和耐热性改善。

答案:C

(六)沥青混合料

1-6-1 沥青混合料路面的抗滑性与矿质混合料的表面性质有关,选用哪种石料与沥青有较好的黏附性?

A. 酸性　　B. 碱性　　C. 中性　　D. 都不是

1-6-2 通常采用马歇尔稳定度和流值作为评价沥青混合料哪种性质的主要技术指标?

A. 施工和易性　　B. 高温稳定性　　C. 低温抗裂性　　D. 耐久性

1-6-3 沥青混合料的粗集料要求洁净、干燥、无风化、无杂质,并且具有足够的强度和:

A. 体积密度　　B. 表面粗糙度

C. 耐磨性　　D. 石料压碎指标

1-6-4 不同性质的矿粉与沥青的吸附力是不同的,哪种矿粉易与石油沥青产生较强的吸附力?

A. 石灰石粉　　B. 石英砂粉　　C. 花岗岩粉　　D. 石棉粉

1-6-5 沥青在矿料表面形成的什么可以提高沥青的黏结性?

A. 自由沥青　　B. 结构沥青　　C. 沥青薄膜　　D. 沥青厚膜

1-6-6 随着沥青含量增加,沥青混合料试件饱和度将:

A. 保持不变　　B. 先出现峰值后出现谷值

C. 减小　　D. 增大

1-6-7 沥青混合料中填料宜采用哪种矿粉?

A. 酸性岩石　　B. 碱性岩石　　C. 中性岩石　　D. 亲水性岩石

题解及参考答案

1-6-1　**解**:碱性石料与沥青的黏附性强。

答案:B

1-6-2　**解**:C选项的评价指标为温度收缩系数和纯拉劲度;D选项的评价指标为空隙率、沥青饱和度和残留稳定度;马歇尔稳定度和流值为高温稳定性的评价指标。

答案:B

1-6-3　**解**:沥青混合料所用的粗集料应改清洁、干燥、表面粗糙,满足有足够的强度和耐磨性等质量技术要求。

答案:C

1-6-4　**解**:碱性石料与沥青的黏附性强,四个选项中A为碱性石料。

答案:A

1-6-5　**解**:在沥青混合料中,沥青和矿料之间存在交互作用,沥青在矿料表面发生化学作用,生成一定厚度的溶剂化膜,在此厚度内的为结构沥青,膜外的为自由沥青。因此,结构沥青膜越厚,沥青黏度越高。

答案:B

1-6-6　**解**:沥青饱和度是指沥青部分体积占矿料集料架以外的空隙部分体积的百分率,故选择D。

答案:D

1-6-7　**解**:碱性石料与沥青的黏附性强,酸性石料与沥青黏附性差,中性石料介于两者之间。

答案:B

(七)建筑钢材

1-7-1　**(2014,岩7)**钢材牌号(如Q390)中的数值表示钢材的:

A. 抗拉强度　　B. 弹性模量　　C. 屈服强度　　D. 疲劳强度

1-7-2　**(2013,岩6)**衡量钢材塑性变形能力的技术指标为:

A. 屈服强度　　B. 抗拉强度

C. 断后伸长率　　D. 冲击韧性

1-7-3　**(2013,结6)**钢材试件受拉应力—应变曲线上从原点到弹性极限点称为:

A. 弹性阶段　　B. 屈服阶段　　C. 强化阶段　　D. 颈缩阶段

1-7-4　**(2012,岩 6)**当含碳量等于 0.8%时,钢材的晶体组织全部是:

A. 珠光体　　B. 渗碳体　　C. 铁素体　　D. 奥氏体

1-7-5　**(2011,结 6)**对钢材的冷弯性能要求越高,实验时采用的:

A. 弯心直径越大,弯心直径对试件直径的比值越大
B. 弯心直径越小,弯心直径对试件直径的比值越小
C. 弯心直径越小,弯心直径对试件直径的比值越大
D. 弯心直径越大,弯心直径对试件直径的比值越小

1-7-6　**(2010,结 7)**钢材中的含碳量提高,可提高钢材的:

A. 强度　　B. 塑性　　C. 可焊性　　D. 韧性

1-7-7　**(2009,结 6)**钢材经过冷加工、时效处理后,性能发生了下列哪项变化?

A. 屈服点和抗拉强度提高,塑性和韧性降低
B. 屈服点降低,抗拉强度、塑性和韧性提高
C. 屈服点提高,抗拉强度、塑性和韧性降低
D. 屈服点降低,抗拉强度提高,塑性和韧性都降低

1-7-8　**(2008,岩 6)**随着钢材中含碳量的增加:

A. 强度提高、塑性增大　　B. 强度降低、塑性减小
C. 强度提高、塑性减小　　D. 强度降低、塑性增大

1-7-9　**(2008,结 6)**表明钢材超过屈服点工作时的可能靠性的指标是:

A. 比强度　　B. 屈强比　　C. 屈服强度　　D. 条件屈服强度

1-7-10　**(2007,结 6)**钢与生铁的区别在于钢的含碳量小于以下的哪一个数值?

A. 4.0%　　B. 3.5%　　C. 2.5%　　D. 2.0%

1-7-11　**(2006,结 2)**承受振动或冲击荷载作用的结构,应选择的材料:

A. 抗拉强度较抗压强度大许多倍
B. 变形很小,抗拉强度很低
C. 变形很大,且取消外力后,仍保持原来的变形
D. 能够吸收较大能量且能产生一定的变形而不破坏

1-7-12　我国热轧钢筋分为四级,其分级依据是下列中的哪几个因素?
I. 脱氧程度　　II. 屈服极限　　III. 抗拉强度

IV. 冷弯性能　　V. 冲击韧性　　V. 伸长率

A. I、III、IV、VI　　B. II、III、IV、V
C. II、III、IV、VI　　D. II、III、V、VI

1-7-13　要提高建筑钢材的强度并消除其脆性，改善其性能，一般应适量加入下列元素中的哪一种？

A. C　　B. Na　　C. Mn　　D. K

1-7-14　下列四种热轧钢筋中，哪一种是光面圆形？

A. I 级　　B. II 级　　C. III 级　　D. IV 级

1-7-15　以下四种钢筋中哪一种的强度较高，可自行加工成材，成本较低，发展较快，适用于生产中、小型预应力构件？

A. 热轧钢筋　　B. 冷拔低碳钢丝
C. 碳素钢丝　　D. 钢绞线

1-7-16　我国碳素结构钢与低合金钢的产品牌号，是采用下列哪一种方法表示的？

A. 采用汉语拼音字母
B. 采用化学元素符号
C. 采用阿拉伯数字、罗马数字
D. 采用汉语拼音字母、阿拉伯数字相结合

1-7-17　钢材经冷加工后，性能会发生显著变化，但不会发生下列中的哪种变化？

A. 强度提高　　B. 塑性增大　　C. 变硬　　D. 变脆

1-7-18　在钢结构设计中，低碳钢的设计强度取值应为：

A. 弹性极限　　B. 屈服点　　C. 抗拉强度　　D. 断裂强度

1-7-19　冷加工后的钢材进行时效处理，上升的性能中有下列中的哪几项？
I. 屈服点　　II. 极限抗拉强度　　III. 塑性　　IV. 韧性　　V. 内应力

A. I、IV　　B. IV、I　　C. I、II　　D. II、III

1-7-20　通常建筑钢材中含碳量增加，将使钢材性能发生下列中的哪项变化？

A. 冷脆性下降　　B. 时效敏感性提高
C. 可焊性提高　　D. 抗大气锈蚀性提高

1-7-21　建筑工程中所用的钢绞线一般采用什么钢材？

A. 普通碳素结构钢　　　　B. 优质碳素结构钢
C. 普通低合金结构钢　　　　D. 普通中合金钢

1-7-22 钢材表面锈蚀的原因中,下列哪一条是主要的?

A. 钢材本身含有杂质　　　　B. 表面不平,经冷加工后存在内应力
C. 有外部电解质作用　　　　D. 电化学作用

1-7-23 钢材合理的屈强比数值应控制在什么范围内?

A. 0.3～0.45　　B. 0.4～0.55　　C. 0.5～0.65　　D. 0.6～0.75

题解及参考答案

1-7-1 **解:**钢材牌号中的数字表示钢材的屈服强度。

答案:C

1-7-2 **解:**断后伸长率反映了钢材塑性变形能力。屈服强度和抗拉强度反映了钢材的抗拉能力,冲击韧性反映了钢材抵抗冲击作用的能力。

答案:C

1-7-3 **解:**钢材试件受拉应力—应变曲线分为四个阶段,分别为弹性阶段、屈服阶段、强化阶段和颈缩阶段,其中从原点到弹性极限点称为弹性阶段。

答案:A

1-7-4 **解:**珠光体是铁素体和渗碳体的机械混合物,含碳量较低;渗碳体是铁碳化合物,含碳量很高;铁素体是碳在α-Fe中的固溶体,含碳量小于0.02%;奥氏体是碳在γ-Fe中的固溶体,含碳量为0.8%～2.06%。当含碳量小于0.8%时,钢材的晶体组织主要为铁素体和珠光体;当含碳量大于0.8%时,钢材的晶体组织包含珠光体和渗碳体;当含碳量等于0.8%时,钢材的晶体组织全部是珠光体。

答案:A

1-7-5 **解:**实验时采用的弯心直径越小,弯心直径对试件直径的比值越小,说明对钢材的冷弯性能要求越高。

答案:B

1-7-6 **解:**通常钢材的含碳量不大于0.8%。含碳量提高,钢材的强度随之提高,但塑性、韧性和可焊性则随之下降。

答案:A

1-7-7 **解:**钢材经过冷加工后,屈服点提高,抗拉强度不变,塑性、韧性和弹性模量降低;时效后屈服点和抗拉强度提高,塑性和韧性降低,弹性模量恢复。

答案:A

1-7-8 **解**:含碳量增加,可以提高建筑钢材的强度,但是塑性降低。

答案:C

1-7-9 **解**:屈强比是指钢材屈服点与抗拉强度的比值,可以反映钢材使用时的可靠性和安全性。

答案:B

1-7-10 **解**:钢与生铁的区别在于钢的含碳量小于2.0%。

答案:D

1-7-11 **解**:承受振动和冲击荷载作用的结构,应该选择韧性材料,即能够吸收较大能量,且能产生一定变形而不破坏的材料。

答案:D

1-7-12 **解**:我国热轧钢筋分为四级,其分级依据是强度与变形性能指标;屈服极限与抗拉强度是强度指标。冷弯性能与伸长率是变形性能指标。

答案:C

1-7-13 **解**:通常合金元素可改善钢材性能,提高强度,消除脆性。Mn属于合金元素。

答案:C

1-7-14 **解**:四种热轧钢筋中,I级为光面圆形,其余为带肋表面

答案:A

1-7-15 **解**:冷拔低碳钢丝可在工地自行加工成材,成本较低,分为甲级和乙级,甲级为预应力钢丝,乙级为非预应力钢丝。

答案:B

1-7-16 **解**:我国碳素结构钢如Q235与低合金钢如Q390的牌号命名,采用屈服点字母Q与屈服点数值表示。

答案:D

1-7-17 **解**:钢材冷加工可提高强度,降低塑性和韧性。

答案:B

1-7-18 **解**:低碳钢的设计强度取值通常为屈服点。

答案:B

1-7-19 **解**:时效处理使钢材的屈服点、极限抗拉强度均得到提高,但塑性、韧性均下降。

答案:C

1-7-20 **解**:建筑钢材中含碳量增加,强度提高,塑性、韧性、可焊性和耐蚀性降低,增大冷脆性与时效倾向。

答案:B

1-7-21 **解**:建筑工程中所用的钢绞线一般采用优质碳素结构钢。

答案:B

1-7-22 **解**:钢材的腐蚀通常由电化学反应、化学反应引起,但以电化学反应为主。

答案:D

1-7-23 **解**:钢材合理的屈强比数值应控制在0.6～0.75。

答案:D

(八)其他建筑材料

1-8-1 **(2013,岩7)**土的塑性指数越高,土的:

A. 黏聚性越高　　B. 黏聚性越低　　C. 内摩擦角越大　　D. 粒度越粗

1-8-2 **(2013,结7)**黏性土由半固态变成可塑状态时的界限含水率称为土的:

A. 塑性指数　　B. 液限　　C. 塑限　　D. 最佳含水率

1-8-3 **(2012,岩7)**将木材破碎浸泡,研磨成木浆,加入一定量黏合剂,经热压成型、干燥处理而制成的人造板材,称为:

A. 胶合板　　B. 纤维板　　C. 刨花板　　D. 大芯板

1-8-4 **(2011,结7)**导致木材物理力学性质发生改变的临界含水率是:

A. 最大含水率　　B. 平衡含水量

C. 纤维饱和点　　D. 最小含水率

1-8-5 **(2007,结7)**当土骨架中的孔隙全部被水占据时,这种土称为:

A. 湿土　　B. 饱和土　　C. 过饱和土　　D. 次饱和土

1-8-6 木材的力学性质各向异性,有下列中的哪种表现?

A. 抗拉强度,顺纹方向最大

B. 抗拉强度,横纹方向最大

C. 抗剪强度,横纹方向最小

D. 抗弯强度,横纹与顺纹方向相近

1-8-7 干燥的木材吸水后,其变形最大的方向是:

A. 纵向　　B. 径向　　C. 弦向　　D. 不确定

1-8-8 影响木材强度的因素较多,但下列哪个因素与木材强度无关?

A. 纤维饱和点以下的含水量变化
B. 纤维饱和点以上的含水量变化
C. 负荷持续时间
D. 疵病

1-8-9 木材从干燥到含水会对其使用性能有各种影响，下列叙述中哪个是正确的？

A. 木材含水使其导热性减小，强度减低，体积膨胀
B. 木材含水使其导热性增大，强度不变，体积膨胀
C. 木材含水使其导热性增大，强度减低，体积膨胀
D. 木材含水使其导热性减小，强度提高，体积膨胀

1-8-10 在工程中，对木材物理力学性质影响最大的因素是：

A. 质量　　B. 变形　　C. 含水率　　D. 可燃性

1-8-11 木材在使用前应进行干燥处理，窑干木材的含水率是：

A. 12%～15%　　B. ＜12%　　C. 15%～18%　　D. 18%～21%

1-8-12 下列关于土壤的叙述，正确的是哪一项？

A. 土壤压实时，其含水率越高，压实度越高
B. 土壤压实时，其含水率越高，压实度越低
C. 黏土颗粒越小，液限越低
D. 黏土颗粒越小，其孔隙率越高

1-8-13 黏土塑限高，说明黏土有哪种性能？

A. 黏土粒子的水化膜薄，可塑性好　　B. 黏土粒子的水化膜薄，可塑性差
C. 黏土粒子的水化膜厚，可塑性好　　D. 黏土粒子的水化膜厚，可塑性差

题解及参考答案

1-8-1 **解：**土的塑性指数是指液限与塑限的差值。塑性指数越大，表明土的颗粒越细，比表面积越大，土处在可塑状态的含水量变化范围就越大。

答案：A

1-8-2 **解：**黏土由流态变成可塑态时的界限含水率称为土的液限，由可塑态变成半固态时的界限含水率称为土的塑限，由半固态变成固态时的界限含水率称为土的缩限。

答案：C

1-8-3 **解：**胶合板是用数张(奇数张)由原木沿年轮方向旋切的薄片，使其纤维方向相互垂直叠放经热压而成的。

纤维板是以植物木纤维（如树皮、刨花、树枝等）为主要原料，经破碎浸泡，研磨成木浆，加入一定量的胶合剂经热压成型、干燥处理而成的。

刨花板是天然木材粉碎成颗料状后，再经黏合压制而成的。

细木工板，又称大芯板，是天然木条拼接而成的。

答案：B

1-8-4　解：纤维饱和点是指木材的细胞壁中充满吸附水，细胞腔和细胞间隙中没有自由水时的含水率。当含水率小于纤维饱和点时，木材强度随含水率降低而提高，而体积随含水率降低而收缩，所以纤维饱和点是木材物理力学性能发生改变的临界含水率。

答案：C

1-8-5　解：当土骨架中的孔隙全部被水占据时，这种土称为饱和土；当土骨架中的孔隙仅含空气时，称之为干土；土固体颗粒、水和空气并存，称之为湿土。

答案：B

1-8-6　解：木材的抗拉强度，顺纹方向最大。

答案：A

1-8-7　解：木材干湿变形最大的方向是弦向。

答案：C

1-8-8　解：纤维饱和点以上的含水量变化，不会引起木材强度的变化。

答案：B

1-8-9　解：在纤维饱和点以下范围内，木材含水使其导热性增大，强度减低，体积膨胀。

答案：C

1-8-10　解：对木材物理力学性质影响最大的因素是含水率。

答案：C

1-8-11　解：通常木材的纤维饱和点、平衡含水率、窑干含水率的数值依此递减，分别为20%～35%、10%～18%、<12%。

答案：B

1-8-12　解：对同一类土，级配良好，则易于压实。如级配不好，多为单一粒径的颗粒，则孔隙率反而高。

答案：D

1-8-13　解：塑限是黏土由可塑态向半固态转变的界限含水率。黏土塑限高，说明黏土粒子的水化膜厚，可塑性好。

答案：C

二、土质学与土力学

复习指导

根据“考试大纲”要求，着重对大纲涉及内容的基本概念、基本理论、基本计算方法、计算公式和步骤、相关的试验方法、基本知识的应用等内容有系统、有条理地重点掌握。明白其中的道理和关系，掌握分析问题的方法。在了解基本计算原理的基础上，应会使用为减小计算工作量或简化、方便计算所制的相关表格。就本章选择题类型，不允许有很长的答题时间，不必过分追求复杂的原始计算公式和过于繁杂、难度大的知识。从多年考试内容分析，要求考试复习时掌握以下重点内容。

1. 土的性质及工程分类

土和土的性质与各项指标的关系。

(1)熟练掌握土的三相组成及相关概念和计算——土的物理性质指标(三相比例)及其换算。

(2)土颗粒级配的概念，砂土的密实度及其指标的应用。

(3)黏性土土粒与水的相互作用、不同状态的分界含水量及其状态指标、可塑性指标。

2. 土中水的运动规律

(1)土的毛细特性、土的冻胀性机理，它们之间的关系及其影响因素。

(2)土的层流渗透定律、渗透系数及其影响因素。

(3)动水力及流沙现象。

3. 土中应力计算

(1)均质土、成层土、有水位情况下的土的自重应力计算方法。

(2)土中附加应力计算方法，附加应力计算中的叠加原理。

(3)土的有效应力原理。

4. 土的力学性质

(1)土的强度、变形机理及土的压实性。

(2)土的强度理论与极限平衡条件。

(3)软土的强度特性。

(4)土的抗剪强度及其指标。

(5)土的直剪试验方法与三轴试验方法。

5. 地基沉降计算与地基承载力

(1)地基破坏的过程与模式。地基承载力的概念。

(2)分层总和法计算地基的最终沉降量。

(3)地基沉降的历时特征。

(4)地基承载力确定方法:按载荷试验确定地基承载力,按土的抗剪强度指标确定地基承载力,按理论计算公式确定地基承载力,按当地建筑经验确定地基承载力。地基容许承载力及其修正方法。

6. 土坡稳定分析

(1)砂性土土坡稳定分析方法。

(2)黏性土土坡圆弧滑动体整体稳定分析方法、条分法、毕肖普条分法的具体应用。

(3)挖方、填方及邻近土坡加载引起的土坡稳定问题。

练习题、题解及参考答案

(一)土的性质及工程分类

2-1-1 (2014,岩36)某土样液限 $w_L=25.8\%$,塑限 $w_p=16.1\%$,含水率(含水量)$w=13.9\%$,可以得到其液性指数 I_L 为:

A. $I_L=0.097$ B. $I_L=1.23$

C. $I_L=0.23$ D. $I_L=-0.23$

2-1-2 (2014,岩39)关于湿陷性黄土,下列说法不正确的是:

A. 湿陷性黄土地基遇水后发生很大的沉降

B. 湿陷性特指黄土,其他种类的土不具有湿陷性

C. 湿陷性黄土的湿陷变形与所受到的应力也有关系

D. 将湿陷性黄土加密到一定密度后就可以消除其湿陷性

2-1-3 (2013,岩36)某土样液限 $w_L=24.3\%$,塑限 $w_p=15.4\%$,含水量 $w=20.7\%$,可以得到其塑性指数 I_p 为:

A. $I_p=0.089$ B. $I_p=8.9$

C. $I_p=0.053$ D. $I_p=5.3$

2-1-4 (2013,结54)盛放在金属容器中的土样连同容器总重为454g,经烘箱干燥后,总重变为391g,空的金属容器重量为270g,那么用百分比表示的土样的初始含水率为:

A. 52.07 B. 34.23 C. 62.48 D. 25.00

2-1-5 **(2012,岩 36)**关于土的灵敏度,下面说法正确的是:

A. 灵敏度越大,表明土的结构性越强
B. 灵敏度越小,表明土的结构性越强
C. 灵敏度越大,表明土的强度越高
D. 灵敏度越小,表明土的强度越高

2-1-6 **(2012,岩 37)**某饱和土体,土粒相对密度 $d_s = 2.70$,含水率(含水量)$w = 30\%$,取水的重度$\gamma_w = 10\text{kN/m}^3$,则该土的饱和重度为:

A. 19.4kN/m³　　B. 20.2kN/m³
C. 20.8kN/m³　　D. 21.2kN/m³

2-1-7 **(2011,结 54)**黏性土处于什么状态时,含水率减小土体积不再发生变化?

A. 固体　　B. 可塑　　C. 流动　　D. 半固体

2-1-8 **(2011,结 55)**下列表示土的饱和度的表述中,哪项是正确的?

A. 土中水的质量与土粒质量之比
B. 土中水的质量与土的质量之比
C. 土中水的体积与孔隙体积之比
D. 土中水的质量与土粒质量加水的质量的和之比

2-1-9 **(2010,结 54)**土体的孔隙比为 47.71%,那么用百分比表示的该土体的孔隙比为:

A. 91.24　　B. 109.60　　C. 47.71　　D. 52.29

2-1-10 **(2009,结 54)**某砂土土样的天然孔隙比为 0.461,最大孔隙比为 0.943,最小孔隙比为 0.396,则该砂土的相对密实度为:

A. 0.404　　B. 0.881　　C. 0.679　　D. 0.615

2-1-11 **(2008,岩 40)**软土通常具有如下的工程特性:

A. 压缩性较高,透水性较差,流变性明显
B. 压缩性较高,强度较低,透水性良好
C. 强度较低,透水性良好,结构性显著
D. 压缩性较高,强度较低,结构性不显著

2-1-12 **(2008,岩 43)**黏性土处于什么状态时,含水率减小土体积不再发生变化?

A. 固体　　B. 可塑　　C. 流动　　D. 半固体

2-1-13 **(2008,结 54)**黏性土可根据什么进行工程分类?

A. 塑性　　B. 液性指标　　C. 塑性指标　　D. 液性

2-1-14　(2007,结 54)下列各项中,不能传递静水压力的土中水是:

A. 结合水　　B. 自由水　　C. 重力水　　D. 毛细水

2-1-15　(2006,结 60)土的塑性指数越大,则:

A. 土的含水率越高　　B. 土的黏粒含量越高
C. 土的抗剪强度越小　　D. 土的孔隙比越大

2-1-16　最容易发生冻胀现象的土是:

A. 碎石土　　B. 砂土　　C. 粉土　　D. 黏土

2-1-17　当黏性土含水率增大,土体积开始增大,土样即进入下列哪种状态?

A. 固体状态　　B. 可塑状态　　C. 半固体状态　　D. 流动状态

2-1-18　结构为絮凝结构的土是:

A. 粉粒　　B. 砂粒　　C. 黏粒　　D. 碎石

2-1-19　级配良好的砂土应满足的条件是(C_u 为不均匀系数,C_c 为曲率系数):

A. $C_u<5$　　B. $C_u<10$　　C. $C_u>5$　　D. $C_u>10$

2-1-20　判别黏性土软硬状态的指标是:

A. 塑性指数　　B. 液限　　C. 液性指数　　D. 塑限

2-1-21　亲水性最弱的黏土矿物是:

A. 高岭石　　B. 蒙脱石　　C. 伊利石　　D. 方解石

2-1-22　土的三相比例指标中可直接测定的指标为:

A. 含水率、孔隙比、饱和度　　B. 密度、含水率、孔隙比
C. 土粒相对密度、含水率、密度　　D. 密度、含水率、干密度

2-1-23　无黏性土进行工程分类的依据是:

A. 塑性指数　　B. 液性指数　　C. 颗粒大小　　D. 粒度成分

2-1-24　能传递静水压力的土中水是:

A. 毛细水　　B. 弱结合水　　C. 薄膜水　　D. 强结合水

2-1-25 下列指标中，哪一数值越大，表明土体越松散？

A. 孔隙比　　B. 相对密实度
C. 标准贯入锤击数　　D. 轻便贯入锤击数

2-1-26 土的饱和度是指：

A. 土中水的体积与孔隙体积之比　　B. 土中水的体积与气体体积之比
C. 土中水的体积与土的体积之比　　D. 土中水的体积与土粒体积之比

2-1-27 土的孔隙比是指：

A. 土中孔隙体积与水的体积之比　　B. 土中孔隙体积与气体体积之比
C. 土中孔隙体积与土的体积之比　　D. 土中孔隙体积与土粒体积之比

2-1-28 黏性土由可塑状态转入流动状态的界限含水率被称为：

A. 液限　　B. 塑限　　C. 缩限　　D. 塑性指数

2-1-29 某土样的天然含水率 w 为 25%，液限 w_L 为 40%，塑限 w_p 为 15%，其液性指数 I_L 为：

A. 2.5　　B. 0.6　　C. 0.4　　D. 1.66

2-1-30 按土的工程分类，坚硬状态的黏土是指下列中的哪种土？

A. $I_L \leqslant 0, I_p > 17$ 的土　　B. $I_L \geqslant 0, I_p > 17$ 的土
C. $I_L \leqslant 0, I_p > 10$ 的土　　D. $I_L \geqslant 0, I_p > 10$ 的土

2-1-31 用黏性土回填基坑时，在下述哪种情况下压实效果最好？

A. 土的含水率接近液限　　B. 土的含水率接近塑限
C. 土的含水率接近缩限　　D. 土的含水率接近最优含水率

2-1-32 某土样的重度 $\gamma = 17.1\text{kN/m}^3$，含水率 $w = 30\%$，土粒相对密度 $d_s = 2.7$，则土的干密度 ρ_d 为：

A. 13.15kN/m^3　　B. 1.31g/cm^3　　C. 16.2kN/m^3　　D. 1.62g/cm^3

2-1-33 软弱土不具有的特性是：

A. 孔隙比大　　B. 透水性大　　C. 含水率高　　D. 压缩性大

2-1-34 淤泥质土是指符合下列哪种指标的土？

A. $w > w_p, e \leqslant 1.5$　　B. $w > w_L, 1.0 \leqslant e < 1.5$

C. $w>w_L, e\geqslant 1.5$　　D. $w>w_p, 1.0\leqslant e<1.5$

2-1-35 以风力搬运堆积不具层理构造的黄土，称之为：

A. 原生黄土　　B. 黄土状土
C. 次生黄土　　D. 亚黄土

2-1-36 湿陷性黄土具有下列哪种性质？

A. 在一定压力作用下浸湿湿陷
B. 在一定压力作用下浸湿不湿陷
C. 在土自重应力下浸湿不湿陷
D. 在土自重应力下不浸湿陷落

2-1-37 黄土湿陷最主要的原因是其存在什么结构？

A. 絮状结构　　B. 单粒结构
C. 蜂窝结构　　D. 多孔结构

2-1-38 下列哪一因素不是影响膨胀土胀缩变形的内在因素？

A. 矿物成分　　B. 微观结构
C. 黏粒含量　　D. 地形地貌

2-1-39 地震时可能发生液化的土的类别是：

A. 细砂和粉土　　B. 黏土和砂土
C. 黏土和粉土　　D. 只有砂土

2-1-40 多年冻土是指在自然界维持冻结状态大于等于下列哪一年限的土？

A. 5 年　　B. 2 年　　C. 3 年　　D. 4 年

2-1-41 下列哪一个不是盐渍土所具有的特征？

A. 融陷　　B. 承载力极小
C. 盐胀　　D. 具有腐蚀性

2-1-42 由碎石、砂土、黏土三种材料组成的填土为：

A. 杂填土　　B. 素填土　　C. 冲填土　　D. 充填土

2-1-43 下列哪一种土受水浸湿后，土的结构迅速破坏，强度迅速降低？

A. 膨胀土　　B. 冻土
C. 红黏土　　D. 湿陷性黄土

题解及参考答案

2-1-1 **解:**$I_L=\frac{w-w_p}{w_L-w_p}=\frac{13.9\%-16.1\%}{25.8\%-16.1\%}=-0.23$。

答案:D

2-1-2 **解:**黄土具有大孔结构和盐类胶结,在遇水后湿陷是其工程地质特性。但也有具有湿陷性的其他种类的土。

答案:B

2-1-3 **解:**$I_p=w_L-w_p=24.3-15.4=8.9$。

答案:B

2-1-4 **解:**土的含水率 $w=\frac{m_w}{m_s}\times 100\%$。

答案:A

2-1-5 **解:**土的灵敏度越高,其结构性越强,受扰动后土的强度降低就越多。

答案:A

2-1-6 **解:**土的三项比例指标换算,$\gamma_{sat}=\frac{d_e+\theta}{1+e}\gamma_w$,$e=\frac{wd_s}{S_r}$。饱和土体取 $S_r=1$,则 $e=27\times 30\%=0.81$,$\gamma_{sat}=\frac{2.7+0.81}{1+0.81}\times 10=19.4\text{kN/m}^3$。

答案:A

2-1-7 **解:**当黏性土由半固体状态转入固体状态时其体积不再随含水率减少而变化。

答案:A

2-1-8 **解:**土中水的体积与孔隙体积之比称为饱和度。

答案:C

2-1-9 **解:**孔隙比与孔隙率的关系:

$$e=\frac{V_v}{V_s}=\frac{n}{1-n}=\frac{47.71\%}{1-47.71\%}=91.24\%$$

答案:A

2-1-10 **解:**相对密实度 $D_r=\frac{e_{max}-e_0}{e_{max}-e_{min}}=\frac{0.943-0.461}{0.943-0.396}=0.881$。

答案:B

2-1-11 **解:**软土的特性是含水量高,孔隙比大,渗透系数小,压缩性高,抗剪强度低。

答案:A

2-1-12 **解:**当黏性土由半固体状态转入固体状态时,其体积不再随含水率减小而变化。

答案:A

2-1-13 **解:**黏性土进行工程分类的依据是塑性指数。

答案:C

2-1-14 **解:**土中结合水包括强结合水、弱结合水,它们不能传递静水压力。土中自由水包括重力水和毛细水,能传递静水压力。

答案:A

2-1-15 **解:**土的塑性指数越大,表示土的塑性越高,属于黏土或有机质土,所以土的黏粒含量越高。

答案:B

2-1-16 **解:**冻胀现象通常发生在细粒土中,特别是粉质土具有较显著的毛细现象,具有较通畅的水源补给通道,且土粒的矿物成分亲水性强,能使大量水迁移和积聚。相反,黏土因其毛细孔隙很小,对水分迁移阻力很大,所以冻胀性较粉质土小。

答案:C

2-1-17 **解:**黏性土随含水率不同,可呈现固态、半固态、可塑状态、流动状态,从流动状态到半固态,随着含水率的减小,土的体积减小,但当黏性土由半固体状态转入固体状态时,其体积不再随含水量减小而变化。

答案:C

2-1-18 **解:**砂粒、碎石等粗粒土的结构为单粒结构,粉粒的结构为蜂窝结构,黏粒的结构为絮凝结构。

答案:C

2-1-19 **解:**$C_u>10$ 的砂土,土粒不均匀,级配良好;$C_u<5$ 的砂土,土粒均匀,级配不良;当 $C_u>5$ 且 $C_c=1\sim3$,土为级配良好的土。

答案:D

2-1-20 **解:**液性指数 $I_L=\frac{w-w_p}{w_L-w_p}$,天然含水率 w 越大,其液性指数 I_L 数值越大,表明土体越软;天然含水率 w 越小,其液性指数 I_L 数值越小,表明土体越坚硬。

答案:C

2-1-21 **解:**黏土矿物的亲水性强是指其吸水膨胀、失水收缩性强。三种主要黏土矿物中,亲水性最强的是蒙脱石,最弱的是高岭石,伊利石居中。

答案:A

2-1-22 **解:**土的三相比例指标中可直接测定的指标被称为基本指标,包括土粒相对密度、含水率、密度。

答案:C

2-1-23 **解**:黏性土进行工程分类的依据是塑性指数,无黏性土进行工程分类的依据是粒度成分。

答案:D

2-1-24 **解**:土中结合水包括强结合水和弱结合水,它们不能传递静水压力。土中自由水包括重力水和毛细水,能传递静水压力。

答案:A

2-1-25 **解**:土的相对密实度 $D_r=\frac{e_{max}-e}{e_{max}-e_{min}}$,$e$ 为天然孔隙比,e_{max}、e_{min} 分别为土处于最松散、最密实状态的孔隙比。e 越大,D_r 越小,土体越松散;而贯入锤击数越大,土体越密实。

答案:A

2-1-26 **解**:土的体积为土粒体积与孔隙体积之和,孔隙体积为土中水的体积与土中气的体积之和,饱和度表示土中孔隙充满水的程度,为土中水的体积与孔隙体积之比。

答案:A

2-1-27 **解**:反映土中孔隙多少的指标有两个,一个是孔隙率 n,它是土中孔隙体积与土体积之比,另一个是孔隙比 e,它是土中孔隙体积与土粒体积之比。

答案:D

2-1-28 **解**:黏性土的界限含水率有三个,分别是缩限、塑限和液限。土由固态转入半固态的界限含水率为缩限,土由半固态转入可塑状态的界限含水率为塑限,土由可塑状态转入流动状态的界限含水率为液限。

答案:A

2-1-29 **解**:液性指数$I_L=\frac{w-w_p}{w_L-w_p}=\frac{25\%-15\%}{40\%-15\%}=0.4$。

答案:C

2-1-30 **解**:$I_L\leqslant 0$ 的土处于坚硬状态,$0<I_L\leqslant 0.25$ 的土处于硬塑状态,$0.25<I_L\leqslant 0.75$ 的土处于可塑状态,$0.75<I_L\leqslant 1$ 的土处于软塑状态,$I_L>1$ 的土处于流塑状态。黏性土是指 $I_p>10$ 的土,其中,$I_p>17$ 的土被称为黏土,$10<I_p\leqslant 17$ 的土被称为粉质黏土。

答案:A

2-1-31 **解**:为使回填土压实效果最好,填土的含水率应控制在 $w_{op}\pm 2\%$,w_{op} 为最优含水率。

答案:D

2-1-32 **解**:土的干重度 $\gamma_d=\frac{\gamma}{1+w}=\frac{17.1}{1+30\%}=13.15\text{kN/m}^3$

干密度 $\rho_d=\gamma_d/10=13.15/10=1.315\text{g/cm}^3$

答案:B

2-1-33 **解**:软弱土具有含水率高、孔隙比大、抗剪强度低、压缩性高、渗透性小且结构性、流变性明显等特性。

答案:B

2-1-34 **解**:淤泥是指天然含水率 w 大于液限 w_L,孔隙比 e 大于 1.5 的土;淤泥质土是指天然含水率 w 大于液限 w_L,孔隙比 e 在 1.0～1.5 之间的土。

答案:B

2-1-35 **解**:以风力搬运堆积又未经次生扰动,不具层理的黄土称为原生黄土。而由风成以外的其他成因堆积而成、常具有层理或砾石夹层的,则称为次生黄土或黄土状土。

答案:A

2-1-36 **解**:湿陷性黄土是指在一定压力作用下受水浸湿,产生附加沉陷的黄土。湿陷性黄土分为自重湿陷性黄土和非自重湿陷性黄土两种。非自重湿陷性黄土在土自重应力下受水浸湿后不发生沉陷;自重湿陷性黄土在土自重应力下受水浸湿后则发生沉陷。

答案:A

2-1-37 **解**:湿陷性黄土发生湿陷的外界条件是受水浸湿,湿陷性黄土的多孔隙结构及物质成分是产生湿陷的内在原因。

答案:D

2-1-38 **解**:影响土胀缩变形的主要因素有矿物成分、微观结构、黏粒含量、土的密度和含水量、土的结构强度。

答案:D

2-1-39 **解**:液化是指地下水位以下的细砂和粉土,在振动作用下,土体有加密的趋势,当孔隙水来不及排出时,孔隙水压力增大,使土体丧失抗剪强度,处于悬浮状态。

答案:A

2-1-40 **解**:季节性冻土是冬季冻结,天暖解冻的土层;多年冻土是指土的温度≤0℃,含有固态水且这种状态在自然界连续保持三年或三年以上的土。

答案:C

2-1-41 **解**:盐渍土是指易溶盐含量＞0.5％,且具有吸湿、松胀等特性的土。

答案:B

2-1-42 **解**:有别于杂填土,素填土成分单一,多为砾石、黏土等。

答案:B

2-1-43 **解**:在土层自重应力或自重应力与附加应力共同作用下,受水浸湿,使土体结构迅速破坏而发生显著的附加沉降且强度迅速降低的黄土为湿陷性黄土。

答案:D

(二)土中水的运动规律

2-2-1 在相同荷载作用下,相同厚度的单面排水土层渗透固结速度最慢的是:

A. 黏性土地基
B. 碎石土地基
C. 砂土地基
D. 粉土地基

2-2-2 用达西定律计算的水在土中的渗流速度是土中水的实际流速。该说法:

A. 正确　　B. 错误

2-2-3 相应于任意确定的基准面,土中一点的总水头 h 包括:

A. 势水头
B. 势水头+静水头
C. 静水头+动水头
D. 势水头+动水头+静水头

2-2-4 达西定律描述的是什么状态下的渗透规律?

A. 层流　　B. 紊流
C. 渗流　　D. 急流

2-2-5 已知土体 $d_s=2.7$,$e=1$,则该土的临界水力梯度为:

A. 1.8　　B. 1.25　　C. 0.85　　D. 1.0

2-2-6 下述关于渗透力的描述正确的为:
①数值与水力梯度成正比;②方向与渗流透路径方向一致;③是体积力

A. 仅①③正确　　B. 全正确
C. 仅①②正确　　D. 仅②③正确

2-2-7 下列说法正确的是:
①土的渗透系数越大,土的透水性也越大,土中的水力梯度越大;
②任何一种土只要渗透坡降足够大就可能发生流土和管涌;
③土中一点渗流力大小取决于该点孔隙水总水头的大小;
④地基中产生渗透破坏的主要原因是因为土粒受渗透力作用,因此,地基中孔隙水压力越高,土粒受的渗透力越大,越容易产生渗透破坏

A. ②对　　B. ②③对
C. ③对　　D. 全不对

题解及参考答案

2-2-1 **解:**相同条件下,渗透系数大的土层渗透固结速度快,粒径越大,其渗透系数数值越大。

答案:A

2-2-2 **解:**不是实际速度。

答案:B

2-2-3 **解:**由伯努利方程方程可知,土中水头包含三部分:势水头、静水头和动水头。

答案:D

2-2-4 **解:**达西定律适用条件。

答案:A

2-2-5 **解:**由临界水力梯度公式计算。

答案:C

2-2-6 **解:**渗透力的相关知识。

答案:B

2-2-7 **解:**水的渗透破坏和水力条件及它自身的几何条件有关系。

答案:D

(三)土中应力计算

2-3-1 **(2013,岩 37)**关于土的自重应力,下列说法正确的是:

A. 土的自重应力只发生在竖直方向上,在水平方向上没有自重应力

B. 均质饱和地基的自重应力为$\gamma_{sat}h$,其中γ_{sat}为饱和重度,h为计算位置到地表的距离

C. 表面水平的半无限空间弹性地基,土的自重应力计算与土的模量没有关系

D. 表面水平的半无限空间弹性地基,自重应力过大也会导致地基土的破坏

2-3-2 **(2013,岩 38)**关于有效应力原理,下列说法正确的是:

A. 土中的自重应力属于有效应力

B. 土中的自重应力属于总应力

C. 地基土层中水位上升不会引起有效应力的变化

D. 地基土层中水位下降不会引起有效应力的变化

2-3-3 **(2013,结 55)**均匀地基中地下水位埋深为 1.40m,不考虑地基中的毛细效应,地下水位上土重度为 15.8kN/m^3,地下水位以下土体的饱和重度为 19.8 kN/m^3,则地面下 3.6m处

的竖向有效应力为：

A. 64.45kPa　　B. 34.68kPa　　C. 43.68kPa　　D. 71.28kPa

2-3-4　**(2011，结 56)** 下列说法中错误的是：

A. 地下水位的升降对土中自重应力有影响
B. 地下水位的下降会使土中自重应力增大
C. 当地层中有不透水层存在时，不透水层中的静水压力为零
D. 当地层中存在有承压水层时，该层的自重应力计算方法与潜水层相同，即该层土的重度取有效重度来计算

2-3-5　**(2010，结 55)** 一个地基包含 1.50m 厚的上层干土层和下卧饱和土层。干土层重度为 15.6kN/m^3，而饱和土层重度为 19.8kN/m^3。那么埋深 3.50m 处的总竖向地应力为：

A. 63kPa　　B. 23.4kPa　　C. 42kPa　　D. 54.6kPa

2-3-6　**(2006，结 54)** 附加应力是：

A. 由上部结构荷载和土的自重共同引起的
B. 由基础自重引起的
C. 随地下水位的上升而下降的
D. 随离基底中心水平距离的增大而减小的

2-3-7　**(2006，结 55)** 下列有关地基附加应力计算时的有关项说法不正确的是：

A. 基础埋深越大，土中附加应力越大
B. 基础埋深越大，土中附加应力越小
C. 计算深度越小，土中附加应力越大
D. 基底附加应力越大，土中附加应力越大

2-3-8　**(2006，结 56)** 埋深为 h 的浅基础，一般情况下基底压应力 p 与基底附加应力 p_0 大小之间的关系为：

A. $p>p_0$　　B. $p=\frac{1}{2}p_0$　　C. $p<p_0$　　D. $p\geqslant p_0$

2-3-9　宽度均为 b，基底附加应力均为 p_0 的基础，附加应力影响深度最大的是：

A. 矩形基础　　B. 方形基础
C. 圆形基础(b 为直径)　　D. 条形基础

2-3-10　按空间问题求解地基中附加应力的基础是：

A. 独立基础　　B. 条形基础　　C. 大坝基础　　D. 路基

2-3-11 土中附加应力起算点位置为：

A. 天然地面　　B. 基础底面　　C. 室外设计地面　　D. 室内设计地面

2-3-12 地下水位上升将使土中自重应力减小的土层位置是：

A. 原水位以下　　B. 变动后水位以下
C. 不透水层以下　　D. 变动后水位以上

2-3-13 深度相同时，随着离基础中心点距离的增大，地基中竖向附加应力将如何变化？

A. 斜线增大　　B. 斜线减小　　C. 曲线增大　　D. 曲线减小

2-3-14 单向偏心的矩形基础，当偏心距 $e=L/6$（L 为偏心一侧基底边长）时，基底压应力分布图简化为：

A. 矩形　　B. 三角形　　C. 梯形　　D. 抛物线

2-3-15 宽度为3m的条形基础，偏心距 $e=0.7$m，作用在基础底面中心的竖向荷载 $N=1000$kN/m，基底最大压应力为：

A. 800kPa　　B. 833kPa　　C. 417kPa　　D. 400kPa

2-3-16 绝对柔性基础在均匀受压时，基底反力分布图形简化为：

A. 矩形　　B. 抛物线形　　C. 钟形　　D. 马鞍形

2-3-17 刚性基础在中心受压时，基底的沉降分布图形可简化为：

A. 矩形　　B. 抛物线形　　C. 钟形　　D. 马鞍形

2-3-18 饱和黏土的总应力 σ、有效应力 σ'、孔隙水压力 u 之间存在的关系为：

A. $\sigma=u-\sigma'$　　B. $\sigma=\sigma'+u$
C. $\sigma'=\sigma+u$　　D. $\sigma'=u-\sigma$

2-3-19 某饱和黏性土，在某一时刻，有效应力图面积与孔隙水压力图面积相等，则固结度为：

A. 100%　　B. 33%　　C. 67%　　D. 50%

题解及参考答案

2-3-1 **解**：A项，土的自重应力不只发生在竖直方向，还有作用在水平方向上的自重应力；B项，饱和地基土应采用浮重度计算其有效自重应力；C项，土的自重应力计算与土的重度及地面以下深度有关，与土的模量无关；D项，土体在自重应力作用下，各点应力不会超过土体的抗剪强度。

答案:C

2-3-2 **解**:B项，饱和土体中的总应力包括孔隙水压力和有效应力；C、D项，在计算有效应力时通常取用浮重度，故水位的上升、下降会引起有效应力的变化。

答案:A

2-3-3 **解**:有效应力 $\sigma=\sum_{i=1}^{n}\gamma_i h_i=15.8\times1.4+(19.8-10)\times(3.6-1.4)=43.68\text{kPa}$，地下水位以下取有效重度 γ' 进行计算。

答案:C

2-3-4 **解**:当地层中存在承压水层时，该层的自重应力计算方法与饱和土的有效应力计算方法相同，即算出总应力和孔隙水压力，二者之差即为自重应力(饱和)。

答案:D

2-3-5 **解**:计算基底自重应力时，透水土用浮重度(有效应力)计算。这里计算总竖向地应力，应理解为总应力(自重)，干土层以下用饱和重度计算。

$$\sigma_{cz}=\gamma h_1+\gamma' h_2=15.6\times1.5+19.8\times2=63.0\text{kPa}$$

答案:A

2-3-6 **解**:地基中的附加应力是指地基在外荷载作用下，在原自重应力作用的基础上产生的应力增量。(对有限面积荷载作用是此结果)

答案:D

2-3-7 **解**:附加应力 $\sigma_z=k_a p_0$，基底附加应力 $p_0=p-\gamma d$，故基础埋深 d 越大，基底附加应力 p_0 越小，因而地基中某一点的附加应力越小。

答案:A

2-3-8 **解**:基底附加应力 p_0 与基底压应力 p 之间的关系为 $p_0=p-\gamma_0 h$。

答案:A

2-3-9 **解**:宽度相同，基底附加应力相同时，附加应力影响深度最大的是条形基础，如附加应力达到 $0.1p_0$ 时，方形荷载附加应力影响的深度为 $z=2b$，条形荷载附加应力影响的深度为 $z=6b$。

答案:D

2-3-10 **解**:当基底的长边尺寸与短边尺寸之比大于或等于10时，地基中附加应力可以按平面问题求解；否则，应按空间问题求解。独立基础的长短边之比小于10，应按空间问题求解。

答案:A

2-3-11　解:地基中附加应力是 z 的函数,z 坐标原点为基础底面,所以附加应力计算的起算点位置为基础底面。

答案:B

2-3-12　解:因地下水位以下透水层中,自重应力应采用有效重度计算,所以地下水位下降后,使原水位以下自重应力增大,地下水位上升后,使变动后水位以下自重应力减小。

答案:B

2-3-13　解:地基中附加应力分布有如下规律:在离基础底面不同深度 z 处的各个水平面上,附加应力随离中心点下轴线越远而曲线减小;在荷载分布范围内任意点沿铅垂线的附加应力,随深度 z 增大而曲线减小。

答案:D

2-3-14　解:根据基底压应力的简化计算方法,当偏心距 $e=L/6$ 时,基底最小压应力为 0,最大压应力为 $2(F+G)/A$,分布图为三角形。

答案:B

2-3-15　解:当条形基础的偏心距 $e>b/6$ 时,基底压应力将重分布。为简化计算,条形基础底边的长度取 1m,则基底最大压应力 $p_{\max}=\dfrac{2N}{3a}$,$a=0.5b-e$,b 为条形基础宽度。

答案:B

2-3-16　解:柔性基础的基底反力分布与作用于基础上的荷载分布完全一致,均布荷载作用下柔性基础的基底沉降中部大,边缘小。

答案:A

2-3-17　解:中心荷载作用下刚性基础基底反力分布为边缘大、中部小,基底沉降均匀。

答案:A

2-3-18　解:饱和黏土的有效应力原理为:土的总应力等于有效应力(粒间接触应力)与孔隙水压力之和。

答案:B

2-3-19　解:固结度为某一时刻沉降量与最终沉降量之比,也可以表示为某一时刻有效应力图形面积与总应力图形面积之比,而有效应力图形面积与孔隙水压力图形面积之和等于总应力图形面积。

答案:D

(四)土的力学性质

2-4-1　(2014,岩 38)饱和土中总应力为 200kPa,孔隙水压力为 50kPa,孔隙率 0.5,那么土中的有效应力为:

A. 100kPa　　B. 25kPa　　C. 150kPa　　D. 175kPa

2-4-2　(2013,岩 39)饱和砂土在振动下液化,主要原因是:

A. 振动中细颗粒流失
B. 振动中孔压升高,导致土的强度丧失
C. 振动中总应力大大增加,超过了土的抗剪强度
D. 在振动中孔隙水流动加剧,引起管涌破坏

2-4-3　(2012,岩 39)直剪试验中快剪的试验结果最适用于下列哪种地基?

A. 快速加荷排水条件良好地基
B. 快速加荷排水条件不良地基
C. 慢速加荷排水条件良好地基
D. 慢速加荷排水条件不良地基

2-4-4　(2010,结 56)直径为 38mm 的平砂土样品,进行常规三轴试验,围压恒定为 48.7kPa,最大竖向加载杆的轴向力为 75.2N,那么该样品的内摩擦角为:

A. 23.9°　　B. 22.0°　　C. 30.5°　　D. 20.1°

2-4-5　(2009,结 56)饱和黏土的抗剪强度指标:

A. 与排水条件有关
B. 与排水条件无关
C. 与试验时的剪切速率无关
D. 与土中孔隙水压力的变化无关

2-4-6　(2009,结 58)某一点的应力状态为 $\sigma_1=400\text{kPa}$,$\sigma_3=200\text{kPa}$,$c=20\text{kPa}$,$\varphi=20°$,则该点处于下列哪项所述情况?

A. 稳定状态　　B. 极限平衡状态
C. 无法判断　　D. 破坏状态

2-4-7　(2008,岩 38)已知地基土的有效应力抗剪强度指标 $c=20\text{kPa}$,$\varphi=32°$,问当地基中基点的孔隙压力 $u=50$,小主应力 $\sigma_3=150\text{kPa}$,而大主应力 σ_1 为多少,该点刚好发生剪切破坏?

A. 325.5kPa　　B. 375.5kPa　　C. 397.6kPa　　D. 447.6kPa

2-4-8　(2008,岩 40)软土通常具有如下的工程特性:

A. 压缩性较高,透水性较差,流变性明显
B. 压缩性较高,强度较低,透水性良好
C. 强度较低,透水性良好,结构性显著
D. 压缩性较高,强度较低,结构性不显著

2-4-9 慢剪的试验结果适用的条件是下列哪种地基?

A. 快速加荷排水条件良好地基
B. 快速加荷排水条件不良地基
C. 慢速加荷排水条件良好地基
D. 慢速加荷排水条件不良地基

2-4-10 当摩尔应力圆与抗剪强度线相切时,土体处于下列哪种状态?

A. 破坏状态　　B. 极限平衡状态
C. 安全状态　　D. 静力平衡状态

2-4-11 采用不固结不排水试验方法对饱和黏性土进行剪切试验,土样破坏面与水平面的夹角为:

A. $45°+\varphi/2$　　B. $45°$　　C. $45°-\varphi/2$　　D. $0°$

2-4-12 分析地基的长期稳定性一般采用下列哪种参数?

A. 固结排水试验确定的总应力参数
B. 固结不排水试验确定的总应力参数
C. 不固结排水试验确定的有效应力参数
D. 固结不排水试验确定的有效应力参数

2-4-13 某土样的排水剪指标 $c'=20\text{kPa}$,$\varphi'=30°$,当所受总应力 $\sigma_1=500\text{kPa}$,$\sigma_3=177\text{kPa}$ 时,土样内孔隙水压力 $u=50\text{kPa}$ 时,土样处于什么状态?

A. 安全状态　　B. 极限平衡状态
C. 破坏状态　　D. 静力平衡状态

2-4-14 现场测定土的抗剪强度指标可采用:

A. 固结试验　　B. 平板载荷试验
C. 标准贯入试验　　D. 十字板剪切试验

2-4-15 随着击实功的减小,土的最大干密度 ρ_d 及最佳含水率 w_{op} 将发生的变化是:

A. ρ_d 增大,w_{op} 减小　　B. ρ_d 减小,w_{op} 增大
C. ρ_d 增大,w_{op} 增大　　D. ρ_d 减小,w_{op} 减小

2-4-16 高压缩性土,其压缩系数 a_{1-2} 应满足的条件是:

A. $0.1\text{MPa}^{-1} \leqslant a_{1-2} < 0.5\text{MPa}^{-1}$　　B. $a_{1-2} < 0.1\text{MPa}^{-1}$
C. $0.1\text{MPa}^{-1} \leqslant a_{1-2} < 0.3\text{MPa}^{-1}$　　D. $a_{1-2} \geqslant 0.5\text{MPa}^{-1}$

2-4-17 土体压缩变形的实质是：

A. 孔隙体积的减小　　B. 土粒体积的压缩
C. 土中水的压缩　　D. 土中气的压缩

2-4-18 对于某一种特定的土来说，压缩系数大小符合下述哪种规律？

A. 随竖向压力 p 增大而增大
B. 是常数
C. 随竖向压力 p 增大而减小
D. 随竖向压力 p 增大而线性增大

2-4-19 当土为超固结状态时，其先期固结压力 p_c 与目前土的上覆压力 γh 的关系为：

A. $p_c<\gamma h$　　B. $p_c>\gamma h$　　C. $p_c=\gamma h$　　D. $p_c=0$

2-4-20 土在有侧限条件下测得的模量被称为：

A. 变形模量　　B. 回弹模量　　C. 弹性模量　　D. 压缩模量

2-4-21 根据超固结比 OCR 可将沉积土层分类，当 OCR＜1 时，土层属于：

A. 超固结土　　B. 欠固结土　　C. 正常固结土　　D. 老固结土

2-4-22 相同荷载作用下，最终沉降量最大的是下列哪种土形成的地基？

A. 超固结土　　B. 欠固结土　　C. 正常固结土　　D. 老固结土

题解及参考答案

2-4-1 **解**：$\sigma'=\sigma-u=200-50=150\text{kPa}$。

答案：C

2-4-2 **解**：饱和砂土在振动作用下，土中孔隙水压力增大，当孔隙水压力增大到与土的总应力相等时，土的有效应力为零，土颗粒处于悬浮状态，表现出类似水的性质而完全丧失其抗剪强度，土即发生液化。

答案：B

2-4-3 **解**：快剪是在试验施加垂直压力后，立即施加水平剪力。剪切过程是模拟不排水的排水条件。

答案：B

2-4-4 **解**：围压 $\sigma_3=48.7\text{kPa}$

偏应力 $\Delta\sigma=\dfrac{75.2\times10^3}{(38/2)^2\times3.14}=66.3\text{kPa}$

应力圆半径 $R=\dfrac{66.3}{2}=33.2$

圆心坐标 48.7+33.2=81.9kPa

则 $\varphi=\arcsin\left(\dfrac{33.2}{81.9}\right)=23.9°$

答案:A

2-4-5 **解:**土的抗剪强度与剪切时土中孔隙水压力的大小有关,亦与试验时的排水条件和剪切速率有关。饱和黏性土在抗剪强度测定试验中不排水。

答案:B

2-4-6 **解:**由图示抗剪强度线与应力圆的关系判定可得,该点上任何平面上剪应力均小于抗剪强度,故该点处于稳定状态。

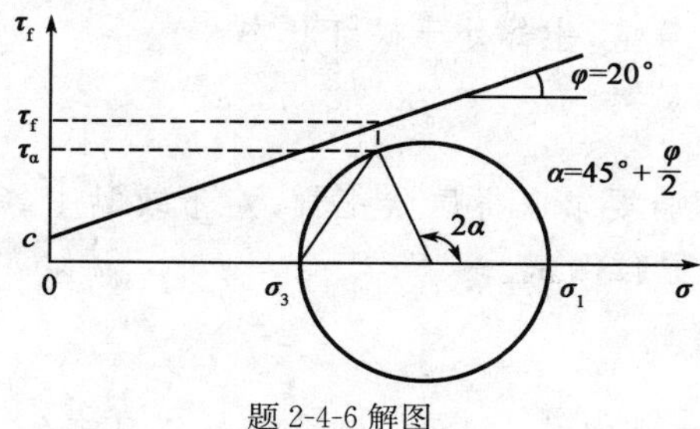

题 2-4-6 解图

答案:A

2-4-7 **解:**有效应力 $\sigma_3'=\sigma_3-u=150-50=100\text{kPa}$

$\sigma'_1=\sigma'_3\tan^2(45°+\dfrac{\varphi}{2})+2c\tan(45°+\dfrac{\varphi}{2})$

$=100\times\tan^2(45°+\dfrac{32°}{2})+2\times20\times\tan(45°+\dfrac{32°}{2})=397\text{kPa}$

$\sigma_1=\sigma_1'+u=397.6+50=447.6\ \text{kPa}$

答案:D

2-4-8 **解:**软土的特性是含水量高,孔隙比大,渗透系数小,压缩性高,抗剪强度低。

答案:A

2-4-9 **解:**直接剪切试验分为快剪、慢剪和固结快剪。慢剪是在施加垂直压力并待试样固结完成后,以缓慢的剪切速率施加水平剪力,使试样在剪切过程中有充分时间排水固结。由此可见,慢速加荷排水条件良好的地基与慢剪试验条件接近。

答案:C

2-4-10 **解:**当摩尔应力圆与抗剪强度线相离时,说明土体中任一面上所受剪应力均小于土的抗剪强度,土体处于安全状态;当摩尔应力圆与抗剪强度线相切时,说明土体在切点所对应的面上,所受剪应力等于土的抗剪强度,土体处于极限平衡状态;当摩尔应力圆与抗剪强度线相交时,土体处于破坏状态。

答案:B

2-4-11　解：土样破坏面与最大主应力作用面即水平面的夹角为 $45°+\varphi/2$，当采用不固结不排水试验方法对饱和黏性土进行剪切试验时，其抗剪强度线为水平线，即 $\varphi=0°$。

答案：B

2-4-12　解：一般认为，由三轴固结不排水试验确定的有效应力强度指标 c' 和 φ' 宜用于土坡的长期稳定分析，估计挡土墙的长期土压力及软土地基的长期稳定分析。

答案：D

2-4-13　解：土的极限平衡条件为 $\sigma'_1=\sigma'_3\tan^2\left(45°+\frac{\varphi'}{2}\right)+2c'\tan\left(45°+\frac{\varphi'}{2}\right)$。

土样中的孔隙水压力为 50kPa，实际的有效主应力 $\sigma'_3=120-50=70\text{kPa}$，代入上式得 $\sigma'_1=70\times\tan^2\left(45°+\frac{30°}{2}\right)+2\times20\times\tan\left(45°+\frac{30°}{2}\right)=279.3\text{kPa}$，实际的最大有效主应力为 $\sigma'_1=500-50=450\text{kPa}$，大于计算值，土体处于破坏状态。

答案：C

2-4-14　解：室内剪切试验要求取得原状土样，对于软黏土等难以获取原状土样时，可采用十字板剪切试验进行现场原位测试。

答案：D

2-4-15　解：同一种土，当击实功增大时，根据试验结果可知，其最大干密度增大，而最佳含水率减小。

答案：B

2-4-16　解：压缩系数 $a_{1\text{-}2}$ 是由压应力 $p_1=100\text{kPa}$ 和 $p_2=200\text{kPa}$ 求出的压缩系数，用来评价土的压缩性高低。当 $a_{1\text{-}2}<0.1\text{MPa}^{-1}$ 时，属低压缩性土；$0.1\text{MPa}^{-1}\leqslant a_{1\text{-}2}<0.5\text{MPa}^{-1}$ 时，属于中压缩性土；$a_{1\text{-}2}\geqslant0.5\text{MPa}^{-1}$ 时，属高压缩性土。

答案：D

2-4-17　解：土体在压缩过程中，土粒、土中水和土中空气本身的压缩量微小，可以忽略不计。

答案：A

2-4-18　解：压缩系数是压缩曲线上任意两点所连直线的斜率，它是一个变量，随竖向压力 p 增大而减小。

答案：C

2-4-19　解：先期固结压力 p_c 是指土层历史上所受的最大固结压力，根据其与目前上覆压力 $p=\gamma h$ 的关系，将土层分为超固结土、正常固结土、欠固结土。超固结土是指 $p_c>p$ 的土层，正常固结土是指 $p_c=p$ 的土层，欠固结土是指 $p_c<p$ 的土层。

答案：B

2-4-20　解：室内压缩试验时，土体处于有侧限条件下，所测得的模量被称为压缩模量。

现场载荷试验时，土体处于无侧限条件下，所测得的模量被称为变形模量。

答案：D

2-4-21 **解**：超固结比 OCR 为先期固结压力 p_c 与目前土的上覆压力 p_1 之比，欠固结土是指 $p_c < p_1$ 的土层。

答案：B

2-4-22 **解**：一般土层的最终沉降量是指由附加应力产生的，而欠固结土在自重应力作用下尚未完全固结，所以其沉降量比正常固结土和超固结土大。

答案：B

（五）地基沉降计算与地基承载力

2-5-1 **（2014，岩 37）**关于附加应力，下面说法正确的是：

A. 土中的附加应力会引起地基的压缩，但不会引起地基的失稳
B. 土中的附加应力除了与基础底面压力有关外，还与基础埋深等有关
C. 土中的附加应力主要发生在竖直方向，水平方向上则没有附加应力
D. 土中的附加应力一般小于土的自重应力

2-5-2 **（2013，岩 35）**已知均质各项异性岩体呈水平状分布，其水平向与垂直向的弹模比为 2∶1，岩石的泊松比为 0.3，岩石的重度为 γ，问深度 h 处的自重应力状态是：

A. $\sigma_x = \sigma_y = 0.25\sigma_z$　　B. $\sigma_x = \sigma_y = 0.5\sigma_z$
C. $\sigma_x = \sigma_y = 1.0\sigma_z$　　D. $\sigma_x = \sigma_y = 1.25\sigma_z$

2-5-3 **（2013，岩 36）**某土样液限 $w_L = 24.3\%$，塑限 $w_p = 15.4\%$，含水量 $w = 20.7\%$，可以得到其塑性指数 I_p 为：

A. $I_p = 0.089$　　B. $I_p = 8.9$
C. $I_p = 0.053$　　D. $I_p = 5.3$

2-5-4 **（2013，结 58）**在黏性土地基上进行浅层平板载荷试验，采用 0.5m×0.5m 荷载板，得到结果为：压力与沉降曲线（p-s 曲线）初始段为线性，其板底压力与沉降的比值为 25kPa/mm，方形荷载板形状系数取 0.886，黏性土的泊松比取 0.4，则地基土的变形模量为：

$$\left[\text{注：} E_0 = \omega(1-\mu^2)\cdot\frac{p}{s}\cdot b\right]$$

A. 9303kPa　　B. 9653kPa
C. 9121kPa　　D. 8243kPa

2-5-5 **（2012，岩 38）**关于分层总和法计算沉降的基本假定，下列说法正确的是：

A. 假定土层只发生侧向变形，没有竖向变形

B. 假定土层只发生竖向变形，没有侧向变形
C. 假定土层中只存在竖向附加应力，不存在水平附加应力
D. 假定土层中只存在水平附加应力，不存在竖向附加应力

2-5-6 **(2012，岩 56)**下面哪一种措施无助于减小建筑物的沉降差？

A. 先修高的、重的建筑物，后修矮的、轻的建筑物
B. 进行地基处理
C. 采用桩基础
D. 建筑物建成后在周边均匀地堆土

2-5-7 **(2011，结 57)**某土层压缩系数为 0.50MPa^{-1}，天然孔隙比为 0.8，土层厚 1m，已知该土层受到的平均附加应力 $\bar{\sigma}_z=60\text{kPa}$，则该土层的沉降量为：

A. 16.3　　B. 16.7　　C. 30　　D. 33.6

2-5-8 **(2008，岩 57)**某黏性土层厚为 2m，室内压缩试验结果如表所示。已知该土层的平均竖向自重应力 $\sigma_c=50\text{kPa}$，平均竖向附加应力 $\sigma_z=150\text{kPa}$，问该土层由附加应力引起的沉降为多少？

题 2-5-8 表

P(kPa)	0	50	100	200	400
e	0.951	0.861	0.812	0.753	0.740

A. 65.1 mm　　B. 84.4 mm　　C. 96.3mm　　D. 116.1mm

2-5-9 **(2007，结 55)**与软黏土地基某时刻的主固结沉降计算无关的土工参数是：

A. 土层厚度　　B. 土的渗透系数
C. 土的压缩模量　　D. 土的变形模量

2-5-10 **(2007，结 56)**基底压力直线分布的假设适用于：

A. 深基础的结构计算　　B. 浅基础的结构计算
C. 基底尺寸较小的基础结构计算　　D. 沉降计算

2-5-11 **(2007，结 57)**与受中心荷载作用的基础相比，偏心荷载作用下地基极限承载力将：

A. 提高　　B. 不变　　C. 降低　　D. 不确定

2-5-12 **(2006，结 59)**两个埋深和底面压力均相同的单独基础，在相同的非岩石类地基土情况下，基础面积大的沉降量与基础面积小的沉降量的关系如下列哪项所示？

A. 基础面积大的沉降量比基础面积小的沉降量大

B. 基础面积大的沉降量比基础面积小的沉降量小
C. 基础面积大的沉降量与基础面积小的沉降相等
D. 基础面积大的沉降量与基础面积小的沉降量关系按不同的土类别而定

2-5-13 所谓临塑荷载，就是指：

A. 地基土将出现塑性区时的荷载
B. 地基土中出现连续滑动面时的荷载
C. 地基土中出现某一允许大小塑性区时的荷载
D. 地基土中即将发生整体剪切破坏时的荷载

2-5-14 一般而言，软弱黏性土地基发生的破坏形式为：

A. 整体剪切破坏　　B. 刺入式破坏
C. 局部剪切破坏　　D. 连续式破坏

2-5-15 考虑荷载偏心及倾斜影响的极限承载力公式是：

A. 太沙基公式　　B. 普朗特尔公式
C. 魏锡克公式　　D. 赖纳斯公式

2-5-16 地基承载力特征值不需要进行宽度、深度修正的条件是：

A. $b \leqslant 3$m，$d \leqslant 0.5$m
B. $b > 3$m，$d \leqslant 0.5$m
C. $b \leqslant 3$m，$d > 0.5$m
D. $b > 3$m，$d > 0.5$m

2-5-17 采用分层总和法计算软土地基沉降量时，压缩层下限确定的根据是：

A. $\sigma_{cz}/\sigma_z \leqslant 0.2$　　B. $\sigma_z/\sigma_{cz} \leqslant 0.2$
C. $\sigma_z/\sigma_{cz} \leqslant 0.1$　　D. $\sigma_{cz}/\sigma_z \leqslant 0.1$

2-5-18 两个性质相同的土样，用变形模量 E_0 计算的最终沉降量 S_1 和用压缩模量 E_s 计算的最终沉降量 S_2 之间存在的大小关系是：

A. $S_1 > S_2$　　B. $S_1 = S_2$
C. $S_1 < S_2$　　D. $S_1 \geqslant S_2$

题解及参考答案

2-5-1 解：A 项，土中的附加应力是使地基产生变形、导致土体强度破坏和失去稳定的重要原因；C 项，土的附加应力不只发生在竖直方向，还有作用在水平方向；D 项，当上部荷载过大时，土中的附加应力将大于土的自重应力。

答案:B

2-5-2 **解**:层状岩体中的自重应力计算方法为:

竖向应力:$\sigma_z=\sum\gamma_i h_i$

水平应力:$\sigma_x=\sigma_y=\lambda\sigma_z=\dfrac{\mu}{1-\mu}\sigma_z=\dfrac{0.3}{1-0.3}\sigma_z=0.429\sigma_z$

选择最接近的答案B。

答案:B

2-5-3 **解**:$I_p=w_L-w_p=24.3-15.4=8.9$。

答案:B

2-5-4 **解**:载荷试验的变形模量$E_0=\omega(1-\mu^2)\cdot\dfrac{p}{s}\cdot b$,$\omega$为方形荷载板形状系数,$\mu$为黏性土的泊松比,$\dfrac{p}{s}$为底板压力与沉降之比,$b$为方形承压板宽度。

答案:A

2-5-5 **解**:采用完全侧限条件下的压缩性指标计算沉降量。

答案:B

2-5-6 **解**:建筑物建成后在周边均匀堆土可增加建筑物的绝对沉降量,无助于减小建筑物的沉降差。(沉降差是指相邻两基础沉降的差值)

答案:D

2-5-7 **解**:$s_i=\dfrac{a\bar{p}_{si}}{1+c_{1i}}h_i=\dfrac{0.5\times10^{-6}\times60\times10^3}{1+0.8}\times1=1.67\times10^{-2}\text{m}=16.7\text{mm}$。

答案:B

2-5-8 **解**:查表,该土层在平均竖向自重应力$\sigma_c=50\text{kPa}$作用下,$e_1=0.861$;在平均总应力$\sigma_2=\sigma_c+\sigma_z=50+150=200\text{kPa}$作用下,$e_2=0.753$。

$$\text{压缩系数 } a=\frac{e_1-e_2}{\sigma_2-\sigma_c}=\frac{0.861-0.753}{150}=7.2\times10^{-4}$$

$$\Delta s=\frac{a\sigma_z}{1+e_1}h_1=\frac{7.2\times10^{-4}\times150}{1+0.861}\times2=0.1161\text{m}=116.1\text{mm}$$

答案:D

2-5-9 **解**:对于这类问题,首先根据土层的渗透系数、压缩模量、初始孔隙比、土层厚度和给定的时间进行计算,其中压缩系数与土的压缩模量有关。

答案:D

2-5-10 **解**:根据弹性理论中的圣维南原理,为简化计算,对于具有一定刚度及基底尺寸较小的常见基础,基底压力分布可视为直线分布。

答案:C

2-5-11　解：地基极限承载力不受荷载形式的影响，它由地基土层的性质决定。

答案：B

2-5-12　解：两个埋深相同、底面土反力相同的单独基础，如基础下为非岩石类地基，则基础底面积大的压缩土层厚度大，因此沉降量大。

答案：A

2-5-13　解：临塑荷载 P_{cr} 是指地基土即将出现剪切破坏（塑性区）时的基底压力，极限荷载 P_u 是指地基中即将发生整体剪切破坏时的基底压力，临界（界限）荷载 $P_{\frac{1}{4}}$ 为塑性区最大深度 $z_{max}=\frac{1}{4}b$（b 为基底宽度）对应的基底压力。

答案：A

2-5-14　解：地基破坏形式主要与地基土的性质、基础埋深及加荷速率有关。对于压缩性较低的土，一般发生整体剪切破坏；对于压缩性较高的土，一般发生刺入式破坏。

答案：B

2-5-15　解：魏锡克公式在普朗特尔理论的基础上，综合考虑了基底形状、偏心和倾斜荷载、基础两侧覆盖土层的抗剪强度、基底和地面倾斜、土的压缩等影响。

答案：C

2-5-16　解：当基础宽度 $b>3\text{m}$ 或埋深 $d>0.5\text{m}$ 时，应对由载荷试验或其他原位测试、经验值等方法确定的地基承载力特征值进行修正。

答案：A

2-5-17　解：采用分层总和法计算地基最终沉降量时，其压缩层下限是根据附加应力 σ_z 与自重应力 σ_{cz} 的比值确定的，一般土层要求 $\sigma_z/\sigma_{cz}\leqslant 0.2$，软土要求 $\sigma_z/\sigma_{cz}\leqslant 0.1$。

答案：C

2-5-18　解：土在无侧限条件下测得的变形模量 E_0 比有侧限条件下测得的压缩模量 E_s 数值小，而最终沉降量大小与变形模量 E_0 或压缩模量 E_s 成反比。

答案：A

（六）土坡稳定分析

2-6-1　（2014，岩 40）对于下图所示的均质堤坝，上下游的边坡坡度相等，稳定渗流时哪一段边坡的安全系数最大？

A. AB
B. BC
C. DE
D. EF

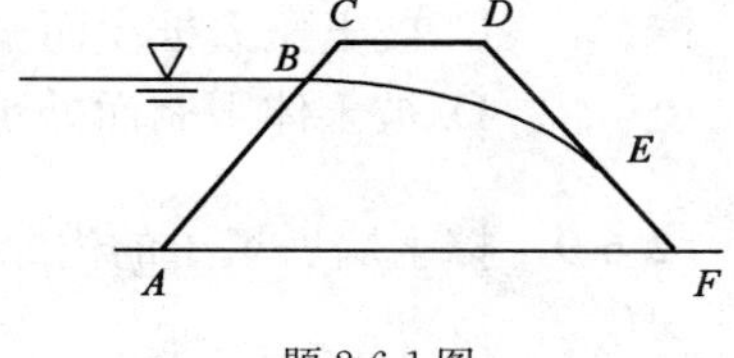

题 2-6-1 图

2-6-2 **(2012,岩 40)**对于图示挡土墙,墙背倾角为 α,墙后填土与挡土墙的摩擦角为 δ,墙后填土中水压力 E_w 的方向与水平面的夹角 Ψ 为:

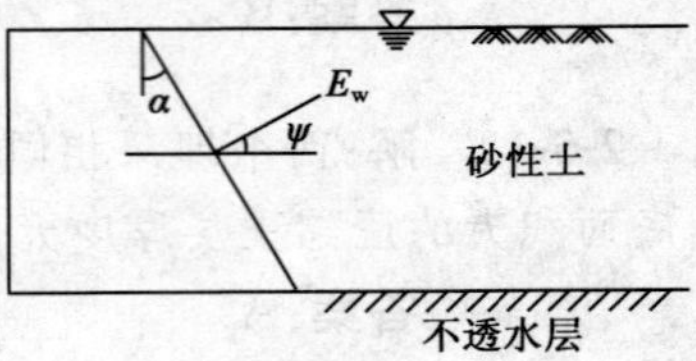

A. $\alpha+\delta$

B. $90°-(\alpha+\delta)$

C. α

D. δ

题 2-6-2 图

2-6-3 **(2011,结 58)**土坡高度为 8m,土的内摩擦角 $\varphi=10°$($N_s=9.2$),$c=25$kPa,$\gamma=18$kN/m^3 的土坡,其稳定安全系数为:

A. 1.6　　B. 1.0　　C. 2.0　　D. 0.5

2-6-4 **(2010,结 57)**在饱和软黏土地基上进行快速临时基坑开挖。不考虑坑内降水。如果有一个测压管埋置在基坑边坡位置内,开挖结束时的测压管水头比初始状态会:

A. 上升　　B. 不变

C. 下降　　D. 不确定

2-6-5 高度为 5m 的挡土墙,墙背直立、光滑,墙后填土面水平,填土的重度 $\gamma=17.0$kN/m^3,黏聚力 $c=25$kPa,内摩擦角 $\varphi=28°$,试求主动土压力合力值 E_a。

A. 32.5kN/m　　B. 49.6kN/m

C. 51.8kN/m　　D. 62.4kN/m

2-6-6 **(2008,结 60)**已知某工程基坑开挖深度 $H=5$m,$\gamma=19.0$kN/m^3,$\varphi=15°$,$c=12$kPa,基坑稳定开挖坡角为:

A. 30°　　B. 60°　　C. 64°　　D. 45°

2-6-7 **(2007,结 58)**如在开挖临时边坡以后砌筑重力式挡土墙,合理的墙背形式是:

A. 仰斜　　B. 俯斜

C. 直立　　D. 背斜

2-6-8 **(2006,结 57)**挡土墙后填土处于主动极限平衡状态,则挡土墙:

A. 在外荷载作用下推挤墙背后土体

B. 在外荷载作用下偏离墙背后土体

C. 被土压力推动而偏离墙背土体

D. 被土体限制而处于原来位置

2-6-9 挡土墙后填土的内摩擦角 φ、黏聚力 c 变化,对主动土压力 E_a 大小的影响是:

A. φ、c 越大,E_a 越大

B. φ、c 越大，E_a 越小
C. φ 越大、c 越小，E_a 越大
D. φ 越大、c 越小，E_a 越小

2-6-10 均质黏性土沿墙高为 H 的挡土墙上的主动土压力分布图为：

A. 矩形　　B. 三角形（高度＝H）
C. 梯形　　D. 三角形（高度＜H）

2-6-11 墙高为6m，填土内摩擦角为 30°、黏聚力为 8.67kPa、重度为 20kN/m^3 的均质黏性土，应用朗肯土压力理论计算作用在墙背上的主动土压力合力为：

A. 120kN/m　　B. 67.5kN/m
C. 60kN/m　　D. 75kN/m

2-6-12 某墙背倾角 α 为 10°的仰斜挡土墙，若墙背与土的摩擦角 δ 为 10°，则主动土压力合力与水平面的夹角为：

A. 20°　　B. 30°　　C. 10°　　D. 0°

2-6-13 某墙背倾角 α 为 10°的俯斜挡土墙，若墙背与土的摩擦角 δ 为 20°，则被动土压力合力与水平面的夹角为：

A. 20°　　B. 30°　　C. 10°　　D. 0°

2-6-14 一挡土墙高4m，墙背竖直、光滑，墙后填土面水平，填土为均质，c＝10kPa，φ＝20°，K_0＝0.66，γ＝17kN/m^3。若挡土墙没有位移，则作用在墙上土压力合力及其作用点位置为：

A. h＝1.33m，E＝89.76kN/m
B. h＝1.33m，E＝52.64kN/m
C. h＝1.33m，E＝80.64kN/m
D. h＝2.67m，E＝52.64kN/m

2-6-15 若土的内摩擦角 φ＝5°，坡角 β 与稳定因数 N_s 的关系如表所示。

题 2-6-15 表

β(°)	50	40	30	20
N_s	7.0	7.9	9.2	11.7

当现场土坡高度 h＝4.6m，黏聚力 c＝10kPa，土的重度 γ＝20kN/m^3，基坑的极限坡角为：

A. β＝40°　　B. β＝50°　　C. β＝30°　　D. β＝20°

2-6-16 分析砂性土坡稳定时，假定的滑动面为：

A. 斜平面　　B. 坡脚圆　　C. 坡面圆　　D. 中点圆

2-6-17 由下列哪一种土构成的土坡进行稳定分析时一般采用条分法？

A. 粗砂土　　B. 碎石土　　C. 细砂土　　D. 黏性土

题解及参考答案

2-6-1 解：AB 段静水压力垂直于坡面，渗流方向和动水力有利于边坡稳定性，安全系数最高。BC、DE 段渗流对边坡没有影响。EF 段由于动水压力作用方向与边坡方向相同，不利于边坡稳定，安全系数最低。

答案：A

2-6-2 解：水压力同墙后填土与墙背之间的摩擦角无关，水在各个方向传递的压强相等，都是 $p_w=\gamma_w h_w$，合力为 $E_w=0.5\gamma_w h_w{}^2$，其中 h_w 为墙高，墙后填土中水压力方向（与墙背垂直的水压力合力）与水平面的夹角 Ψ 为 α。

答案：C

2-6-3 解：稳定安全系数 $K=\dfrac{H_{cr}}{H}$，而 $H_{cr}=\dfrac{cN_1}{\gamma}$，则 $K=\dfrac{cN_1}{\gamma H}=\dfrac{25\times 9.2}{18\times 8}=1.6$。

答案：A

2-6-4 解：饱和软土地基有水，快速临时开挖意味着不排水，不考虑坑内降水，则开挖结束后测压管水头不变。

答案：B

2-6-5 解：主动土压力系数 $K_a=\tan^2(45°-\dfrac{\varphi}{2})=\tan^2(45°-\dfrac{28°}{2})=0.361$

$$\begin{aligned}主动土压力合力\ E_a &= \frac{1}{2}\gamma H^2 K_a-2cH\sqrt{K_a}+\frac{2c^2}{\gamma}\\ &=\frac{1}{2}\times 17\times 5^2\times 0.361-2\times 2.5\times 5\times\sqrt{0.361}+\frac{2\times 2.5^2}{17}\\ &=62.4\text{kN/m}\end{aligned}$$

答案：D

2-6-6 解：根据黏性土坡稳定计算图进行求解。

由 $N_s=\dfrac{c}{\gamma h}=\dfrac{12}{19\times 5}=0.126$，查黏性土坡稳定计算图得 $\beta=60°$。

答案：C

2-6-7 解：先开挖临时边坡后砌筑挡土墙，因仰斜墙背上土压力最小，所以选择仰斜墙背合理。

答案：A

2-6-8 解：由挡土墙填土处于主动极限平衡状态时的平衡状态可以判定。

答案：C

2-6-9 解：主动土压力强度 $\sigma_a=\gamma z\tan^2\left(45°-\frac{\varphi}{2}\right)-2c\tan\left(45°-\frac{\varphi}{2}\right)$，$E_a$ 为 σ_a 分布图的面积。

答案：D

2-6-10 解：均质黏性土在挡土墙顶面上的主动土压力强度 $\sigma_a=-2c\tan\left(45°-\frac{\varphi}{2}\right)$，顶面将产生负侧压力，说明土体对墙背无作用力，因此，黏性土的土压力分布仅为受压区的部分。

答案：D

2-6-11 解：$E_a=0.5\gamma H^2\tan^2\left(45°-\frac{\varphi}{2}\right)-2cH\tan\left(45°-\frac{\varphi}{2}\right)+\frac{2c^2}{\gamma}$，或根据主动土压力强度所围图形面积计算。

答案：B

2-6-12 解：主动土压力合力与水平面的夹角为 $\delta+\alpha$。墙背仰斜时，α 取负值；墙背俯斜时，α 取正值。

答案：D

2-6-13 解：被动土压力合力与水平面的夹角为 $\delta-\alpha$。墙背俯斜时，α 取正值；墙背仰斜时，α 取负值。

答案：C

2-6-14 解：若挡土墙没有位移，则作用在墙背上的土压力为静止土压力，$E=0.5\gamma H^2K_0$，均质黏性土的静止土压力沿墙高的分布为三角形，三角形形心即为土压力合力作用点的位置。

答案：A

2-6-15 解：稳定因数 $N_s=\frac{\gamma H_{cr}}{c}$。

答案：C

2-6-16 解：无黏性土坡进行稳定分析时，假设滑动面为斜平面；黏性土坡进行稳定分析时，假设滑动面为圆筒面。

答案：A

2-6-17 解：黏性土由于剪切破坏的滑动面多数为曲面，理论分析时近似为圆弧面，为简化计算，常采用条分法。

答案：D

三、工 程 地 质

复 习 指 导

工程地质学是研究与工程建筑活动有关的地质问题的科学。它是道路工程专业的技术基础课。其内容丰富、涉及面广，基本概念多，实践性强。考生在复习时，应熟悉“考试大纲”的基本要求，全面理解、重点掌握基本概念、基本地质现象、基本工程地质勘察要求以及试验方法。其具体要求如下：

第一节　重点掌握常见的几种主要造岩矿物的物理性质、特征及区别；岩石的成因分类；火成岩、沉积岩、变质岩的成因、物质组成、结构构造特点及其常见的主要岩石的识别。

第二节　应熟练掌握地质构造的概念，岩层产状要素：走向、倾向、倾角的概念；各类地质构造：褶曲、断层、节理的形态特征、分类；岩层的各种接触关系：整合、假整合、角度不整合、侵入接触及沉积接触等；熟练掌握地质年代顺序。掌握地震波，震级、地震烈度、近震、远震的基本概念；断裂活动与地震的关系；活动断裂的概念：全新活动断裂、发震断裂的概念，活动断裂的分类；活断层的识别标志：地质地貌水文地质标志、历史地震、地表建筑物错断识别标志、活断层的微地震测量及地形变识别标志；断层对工程的影响。

第三节　掌握风化作用的概念、类型、影响因素，岩石风化程度的判断，岩石风化程度分类、分带。残积物的概念及特点，风化壳的概念。

暂时性流水的地质作用，片流洗刷作用与坡积物、洪流冲刷作用与洪积物。

重点掌握河流的侵蚀作用类型，河流向源侵蚀及河流袭夺的概念，侧蚀作用及河曲、牛轭湖的形成，河流搬运、沉积作用及其产物。

掌握海水的侵蚀作用，海水运动形式，海水搬运方式，海水沉积作用及其产物。

掌握湖水的侵蚀、搬运和沉积作用及其产物。

掌握风的侵蚀、搬运和沉积作用及其产物。

第四节　重点掌握各种地貌形态的特征及形成原因：包括构造、剥蚀地貌、山麓斜坡堆积地貌、河流侵蚀堆积地貌、湖泊、沼泽地貌、黄土地貌、海岸地貌、岩溶地貌、冰川地貌、风成地貌、冻土地貌、火山熔岩地貌等，熟记第四纪分期。

第五节　掌握地下水的线性渗透定律，地下水的埋藏分类：包气带水、潜水、承压水和岩溶水的基本概念，其补给、径流、排泄规律；地下水的化学成分、化学性质、常见的几种离子；地下水引起软土地基沉降、动水压力产生流沙和潜蚀、地下水的浮托作用、承压水对基坑的突涌作用等。

第六节　掌握岩体结构面的类型、结构面的规模、形态、结构面的间距、连通性、方位、张开度及胶结充填的特征，重点掌握一组及两组结构面对边坡稳定性的影响。

掌握滑坡的概念，滑坡的形态特征、形成条件及发育过程和规律。

掌握崩塌的概念、形成条件、崩塌与滑坡的区别及它们对工程的影响。

掌握岩溶的概念，岩溶的形成条件，岩溶的发育规律，岩溶对工程的影响。

掌握泥石流的概念，泥石流的形成条件，典型泥石流沟的特征，泥石流对工程的影响。

掌握土洞及塌陷的概念，土洞的成因机制、产生条件及对工程的危害。

掌握活动沙丘的成因，沙丘移动的特点及对工程的危害。

第七节 熟悉道路工程地质勘察阶段划分；了解道路、桥梁基础及隧道等工程地质勘察基本要求；掌握各种勘探方法的特点，熟悉并掌握常用的数据统计及标准值的确定方法；地基变形、沉降预测及地基承载力的确定方法；掌握各种原位测试技术的基本试验原理、试验设备及装置、适用的范围和目的。

【例 3-1】 下列各种岩石构造中，(　　)属于沉积岩类的构造。

A. 流纹构造　　B. 杏仁构造　　C. 片理构造　　D. 层理构造

解：岩石的构造是指岩石中各种矿物在空间排列及充填方式形成的外部特征。

A. 流纹构造是岩石中不同颜色的条纹、拉长的气孔或长条形矿物，按一定方向排列形成的构造。它反映岩浆喷出地表后流动的痕迹。

B. 杏仁构造是某些喷出岩中的气孔构造被次生矿物如方解石、蛋白石等所充填形成的。

C. 片理构造是在定向压力长期作用下，岩石中含有大量的片状、板状、纤维状矿物互相平行排列形成的构造。

D. 层理构造是岩石在形成过程中，由于沉积环境的改变，引起沉积物质成分、颗粒大小、形状或颜色沿垂直方向发生变化而显示的成层现象。

从上述分析可知本题正确答案应是 D。

练习题、题解及参考答案

(一)矿物与岩石

3-1-1 (2014，岩 41)石灰岩经热变质重结晶后变成：

A. 白云岩　　B. 大理岩　　C. 辉绿岩　　D. 板岩

3-1-2 (2013，岩 41)与深成岩岩石相比，浅成岩岩石的：(原题为“与深成岩岩浆相比，浅成岩岩浆的”，题意不清，此为改编)

A. 颜色相对较浅　　B. 颜色相对较深
C. 颗粒相对较粗　　D. 颗粒相对较细

3-1-3 (2013，岩 42)陆地地表分布最多的岩石是：

A. 岩浆岩　　B. 沉积岩　　C. 变质岩　　D. 石灰岩

3-1-4 **(2012,岩 41)**沉积岩通常具有：

A. 层理构造　　B. 片理构造　　C. 流纹构造　　D. 气孔构造

3-1-5 **(2012,岩 42)**下列岩石中，最容易遇水软化的是：

A. 石英砂岩　　B. 石灰岩　　C. 黏土岩　　D. 白云岩

3-1-6 **(2008,岩 41)**组成岩石矿物的结晶程度、晶粒大小、形状及其相互结合的情况，称为岩浆岩的：

A. 构造　　B. 结构　　C. 产状　　D. 酸基性

3-1-7 **(2008,岩 42)**摩氏硬度中(1)磷灰石(2)萤石(3)石膏(4)金刚石(5)正长石五种矿物的硬度，按相对软硬程度依次排列出来是：

A. (3)(2)(1)(5)(4)　　B. (3)(2)(5)(1)(4)
C. (2)(1)(3)(5)(4)　　D. (2)(3)(1)(5)(4)

3-1-8 **(2008,岩 45)**变质作用的因素包括：1. 冰冻；2. 新的化学成分的加入；3. 高压；4. 高温

A. 1、3、4　　B. 2、3、4　　C. 1、2、3　　D. 1、2、3、4

3-1-9 下列矿物中遇冷稀盐酸剧烈起泡的是：

A. 石英　　B. 方解石　　C. 黑云母　　D. 正长石

3-1-10 矿物受力后常沿一定方向裂开成光滑平面的特性称为：

A. 断口　　B. 节理　　C. 层理　　D. 解理

3-1-11 某种矿物常发育成六方柱状单晶或形成晶簇，或成致密块状、粒状集合体，无色或乳白色，玻璃光泽，无解理，贝壳状断口呈油脂光泽，硬度为 7。此矿物为：

A. 石膏　　B. 方解石　　C. 滑石　　D. 石英

3-1-12 摩氏硬度计是由 10 种矿物组成的，它们是哪 10 种？

I. 滑石、石膏、方解石、萤石、磷灰石
II. 萤石、磷灰石、长石、滑石、辉石
III. 石英、黄玉、刚玉、金刚石、橄榄石
IV. 长石、石英、黄玉、刚玉、金刚石

A. I、II　　B. II、III　　C. III、IV　　D. I、IV

3-1-13 矿物表面反光的性质称为光泽，按矿物反光程度的强弱用类比法可将矿物的光

泽分为下列哪三类？

A. 金属光泽、半金属光泽、油脂光泽　B. 金属光泽、非金属光泽、金刚光泽
C. 非金属光泽、半金属光泽、金属光泽　D. 半金属光泽、珍珠光泽、玻璃光泽

3-1-14　岩石按成因可分为下列哪三类？

A. 火成岩、沉积岩、变质岩　B. 岩浆岩、变质岩、花岗岩
C. 沉积岩、酸性岩、黏土岩　D. 变质岩、碎屑岩、岩浆岩

3-1-15　根据组成沉积岩的物质成分，通常把沉积岩分为哪几类？

A. 化学岩类、生物岩类、黏土岩类
B. 碎屑岩类、黏土岩类、化学及生物化学岩类
C. 生物化学岩类、黏土岩类、化学岩类
D. 碎屑岩类、黏土岩类、生物岩类

3-1-16　某种岩石的颗粒成分以黏土矿物为主，并具有泥状结构、页理状构造。该岩石是：

A. 板岩　B. 页岩　C. 泥岩　D. 片岩

3-1-17　下列岩石中属于沉积岩中的化学和生物化学岩类的是：

A. 大理岩　B. 石灰岩　C. 花岗岩　D. 石英岩

3-1-18　火成岩按所含矿物的结晶程度可分为哪几种结构？

A. 全晶质结构、半晶质结构、非晶质结构
B. 全晶质结构、显晶质结构、隐晶质结构
C. 显晶质结构、隐晶质结构、非晶质结构
D. 粗粒结构、中粒结构、细粒结构

3-1-19　火成岩按所含矿物的结晶颗粒的绝对大小可分为：

A. 显晶质结构、粗粒结构　B. 显晶质结构、隐晶质结构
C. 隐晶质结构、非晶质结构　D. 隐晶质结构、玻璃质结构

3-1-20　火成岩按所含矿物结晶颗粒的相对大小可分为下列中哪几种结构？

A. 等粒结构、斑状结构、隐晶质结构　B. 等粒结构、不等粒结构、斑状结构
C. 等粒结构、不等粒结构、隐晶质结构　D. 不等粒结构、斑状结构、显晶质结构

3-1-21　下列各种结构中，哪一种不是火成岩的结构？

A. 全晶质结构　B. 隐晶质结构　C. 玻璃质结构　D. 化学结构

3-1-22 沉积岩的结构类型下列哪组是正确的？

A. 碎屑结构、泥状结构、化学结构
B. 碎屑结构、生物结构、化学结构
C. 碎屑结构、泥状结构、化学结构、生物结构
D. 泥状结构、生物结构、碎屑结构

3-1-23 下列哪一组中的构造都属于岩浆岩的构造类型？

A. 流纹状、块状、气孔状、杏仁状　　B. 流纹状、碎屑状、气孔状、杏仁状
C. 气孔状、砾状、杏仁状、流纹状　　D. 杏仁状、板状、流纹状、块状

3-1-24 变质岩的结构是指变质岩的变质程度、颗粒大小和连接方式。其正确的划分是下列哪一组？

A. 残余结构、变晶结构、碎裂结构　　B. 变余结构、碎屑结构、变晶结构
C. 碎屑结构、变余结构、残余结构　　D. 变晶结构、碎屑结构、砂状结构

3-1-25 下列哪一组中的构造均属于变质岩的构造类型？

A. 片麻状构造、眼球状构造、块状构造、流纹状构造
B. 板状构造、片构造、流纹状构造、片麻状构造
C. 千枚状构造、条带状构造、层状构造、块状构造
D. 板状构造、片状构造、千枚状构造、条带状构造

3-1-26 沉积岩的物质组成按成因可分为哪几种？

A. 黏土矿物、碎屑矿物、有机质、生物残骸
B. 化学沉积矿物、黏土矿物、碎屑矿物、生物残骸
C. 有机质、化学沉积矿物、碎屑矿物、黏土矿物
D. 碎屑矿物、黏土矿物、化学沉积矿物、有机质及生物残骸

3-1-27 下面哪一组属于变质岩所特有的矿物？

A. 石墨、滑石、绿泥石、绢云母、蛇纹石
B. 石榴子石、蓝晶石、黄玉、滑石、石英
C. 绿帘石、绿泥石、绢云母、蛇纹石、白云母
D. 石墨、石榴子石、黑云母、方解石、黄玉

3-1-28 下列各种结构中，哪一种不是沉积岩的结构？

A. 斑状结构　　B. 碎屑结构　　C. 生物结构　　D. 化学结构

3-1-29 下列各种结构中，哪一种是变质岩的结构？

A. 碎屑结构　　B. 隐晶质结构　　C. 变晶结构　　D. 化学结构

3-1-30 下列各种构造中，哪一种属于火成岩的构造？

A. 层理构造　　B. 气孔构造　　C. 层面构造　　D. 片理构造

3-1-31 下列各种构造中，哪一种是沉积岩的构造？

A. 层理构造　　B. 杏仁构造　　C. 片理构造　　D. 气孔构造

3-1-32 下列各种构造中，哪一种是变质岩的构造？

A. 流纹构造　　B. 片麻构造　　C. 杏仁构造　　D. 层理构造

3-1-33 按火成岩的化学成分（主要是 SiO_2 的含量）可将火成岩分为哪几种？

I. 酸性岩　II. 中性岩　III. 深成岩　IV. 浅成岩　V. 基性岩　VI. 超基性岩

A. I、II、IV、V　　B. II、III、IV、VI

C. I、II、V、VI　　D. I、III、IV、V

3-1-34 火成岩按冷凝时在地壳中形成的部位不同可分为下列哪几种？

A. 深成岩、浅成岩、花岗岩　　B. 浅成岩、喷出岩、火山熔岩

C. 深成岩、浅成岩、喷出岩　　D. 深成岩、浅成岩、花岗斑岩

3-1-35 花岗斑岩属于：

A. 深成岩　　B. 喷出岩　　C. 浅成岩　　D. 火山熔岩

3-1-36 下列岩石中，不属于变质岩的岩石是：

A. 千枚岩　　B. 大理岩　　C. 片麻岩　　D. 白云岩

3-1-37 下列岩石中，哪一种是由岩浆喷出地表冷凝后而形成的？

A. 玄武岩　　B. 石灰岩　　C. 千枚岩　　D. 石英岩

题解及参考答案

3-1-1 **解：**石灰岩经高温变质后形成大理岩，其成分不变。

答案：B

3-1-2 **解：**浅成岩由于位于地表以下较浅（小于 3km），岩浆冷凝成岩过程快，因此致使矿物结晶不充分，颗粒较细小；深成岩浆冷却速度缓慢，使得各类矿物均匀生长，颗粒相对较粗大。

答案:D

3-1-3 **解**:陆地表面由于地壳抬升,造成接受沉积的海洋底部出露,因此使得海洋沉积物固结成岩形成的沉积岩在地表分布面积大。

答案:B

3-1-4 **解**:选项 B 为变质岩构造,选项 C、D 为岩浆岩构造。

答案:A

3-1-5 **解**:选项 A、B、D 岩石结构分别为碎屑结构、化学结构,对水不敏感;黏土岩为泥质结构,对水敏感,强度降低快。

答案:C

3-1-6 **解**:岩石的构造是指矿物集合体之间及其与其他组分之间的排列组合方式;岩石的结构是指岩石内矿物颗粒的大小、形状和排列方式及微结构面发育情况与粒间连接方式等反映在岩块构成上的特征。根据上述定义,可以看出,本题描述的是岩浆岩的结构特征,非构造,更不是产状和酸基性。

答案:B

3-1-7 **解**:由矿物的摩氏硬度排列顺序可知,本题的五种矿物的硬度依次为石膏、萤石、磷灰石、正长石、金刚石,据此可知答案为 A。

答案:A

3-1-8 **解**:在高温、高压条件及其他化学因素作用下,使地壳中原来岩石的成分、结构和构造发生一系列变化,这种改变岩石的作用称为变质作用。冰冻属物理因素。

答案:B

3-1-9 **解**:根据各种矿物的化学成分分析。

答案:B

3-1-10 **解**:从矿物的物理性质及受力后的情况考虑。

答案:D

3-1-11 **解**:从矿物的形态、解理、硬度这几方面来考虑。

答案:D

3-1-12 **解**:摩氏硬度计的各矿物硬度值均取一位正整数。

答案:D

3-1-13 **解**:油脂光泽、金刚光泽、珍珠光泽、玻璃光泽均属于非金属光泽。

答案:C

3-1-14 **解**:花岗岩、酸性岩属于火成岩,黏土岩、碎屑岩属于沉积岩。

答案:A

3-1-15 **解:**沉积岩的物质成分,主要有碎屑矿物、黏土矿物、化学沉积矿物、有机质及生物残骸。

答案:B

3-1-16 **解:**从物质成分、结构、构造分析,板岩、片岩属于变质岩,泥岩为厚层状。

答案:B

3-1-17 **解:**由化学沉积矿物组成,具有化学结构或生物结构的沉积岩是化学和生物化学岩类。

答案:B

3-1-18 **解:**显晶质结构、隐晶质结构属于按岩石中矿物颗粒的绝对大小划分的类型;粗粒结构、中粒结构及细粒结构属于显晶质结构的进一步划分。

答案:A

3-1-19 **解:**粗粒结构为显晶质结构的进一步细分,非晶质结构、玻璃质结构为同一结构类型。

答案:B

3-1-20 **解:**隐晶质结构、显晶质结构显示矿物颗粒的绝对大小。

答案:B

3-1-21 **解:**化学结构是沉积岩的结构。

答案:D

3-1-22 **解:**沉积岩的结构主要根据沉积岩的组成物质划分。

答案:C

3-1-23 **解:**碎屑状、砾状属沉积岩构造,板状属变质岩构造。

答案:A

3-1-24 **解:**碎屑结构、砂状结构属沉积岩结构。

答案:A

3-1-25 **解:**流纹状构造属岩浆岩,层状构造属沉积岩。

答案:D

3-1-26 **解:**有机质及生物残骸是生物体新陈代谢的产物及生物遗体、遗迹。

答案:D

3-1-27 **解:**石英、白云母、黑云母、方解石属于各岩类共有矿物。

答案:A

3-1-28 **解:**斑状结构是火成岩的结构。

答案:A

3-1-29 解:碎屑结构和化学结构是沉积岩的结构,隐晶质结构是火成岩的结构。
答案:C

3-1-30 解:层理构造和层面构造是沉积岩的构造,片理构造是变质岩的构造。
答案:B

3-1-31 解:气孔构造和杏仁构造属于火成岩的构造,片理构造是变质岩的构造。
答案:A

3-1-32 解:流纹构造和杏仁构造属于火成岩的构造,层理构造是沉积岩的构造。
答案:B

3-1-33 解:深成岩和浅成岩是按照岩石在地壳中生成的深浅位置确定的类型。
答案:C

3-1-34 解:花岗岩、花岗斑岩、火山熔岩分别为深成岩、浅成岩、喷出岩。
答案:C

3-1-35 解:从花岗斑岩的结构、构造进行分析,因其结构、构造与其生成环境有关。
答案:C

3-1-36 解:白云岩具有层理构造,是沉积岩。
答案:D

3-1-37 解:石灰岩是沉积岩,千枚岩和石英岩是变质岩。
答案:A

(二)地质构造

3-2-1 (2014,岩42)上盘相对下降,下盘相对上升的断层是:

A. 正断层　　B. 逆断层　　C. 平移断层　　D. 阶梯断层

3-2-2 (2014,岩44)张性裂隙通常具有以下特征:

A. 平行成组出现　　B. 裂隙面平直光滑
C. 裂隙面曲折粗糙　　D. 裂隙面闭合

3-2-3 (2014,岩47)下面几种现象中,能够作为活断层的标志是:

A. 强烈破碎的断裂带　　B. 两侧地层有牵引现象的断层
C. 河流凸岸内凹　　D. 全新世沉积物被错断

3-2-4 **(2013,岩46)**剪切裂隙的地质作用主要表现为：

A. 裂隙面平直光滑　　B. 裂隙面曲折粗糙
C. 裂隙面倾角较大　　D. 裂隙面张开

3-2-5 **(2012,岩43)**某一地区出露的彼此平行的地层系列为 O_1、O_2、C_2、C_3，则 O_2 与 C_2 之间的接触关系为：

A. 整合接触　　B. 沉积接触
C. 假整合接触　　D. 角度不整合接触

3-2-6 **(2008,岩46)**上盘上升的断层称为：

A. 平推断层　　B. 正断层　　C. 逆断层　　D. 张性断层

3-2-7 **(2008,岩50)**第四纪分期中 Q_4 是指：

A. 中更新世　　B. 早更新世　　C. 晚更新世　　D. 全新世

3-2-8 褶皱构造的两种基本形态是：
I. 倾伏褶曲　　II. 背斜　　III. 向斜　　IV. 平卧褶曲

A. I 和 II　　B. II 和 III
C. I 和 IV　　D. III 和 IV

3-2-9 褶曲按轴面产状分类，正确的是下列中哪一组？

A. 直立褶曲、倾斜褶曲、倒转褶曲、平卧褶曲
B. 直立褶曲、平卧褶曲、倾伏褶曲、倒转褶曲
C. 倾斜褶曲、水平褶曲、直立褶曲、倒转褶曲
D. 倾斜褶曲、倾伏褶曲、倒转褶曲、平卧褶曲

3-2-10 两侧岩层向外相背倾斜，中心部分岩层时代较老，两侧岩层依次变新的是：

A. 向斜　　B. 节理　　C. 背斜　　D. 断层

3-2-11 两侧岩层向内相向倾斜，中心部分岩层时代较新，两侧岩层依次变老的是：

A. 节理　　B. 向斜　　C. 背斜　　D. 断层

3-2-12 按褶曲枢纽的产状分类，下面哪一组是正确的？

A. 直立褶曲、水平褶曲　　B. 平卧褶曲、倾伏褶曲
C. 水平褶曲、倒转褶曲　　D. 水平褶曲、倾伏褶曲

3-2-13 断裂构造主要分为哪两大类？

I. 节理　　II. 断层　　III. 向斜　　IV. 背斜

A. I 和 III　　B. II 和 IV　　C. I 和 II　　D. III 和 IV

3-2-14 未发生明显位移的断裂是：

A. 断层　　B. 解理　　C. 节理　　D. 片理

3-2-15 节理按成因分为：

A. 构造节理、风化节理、剪节理
B. 构造节理、原生节理、风化节理
C. 张节理、原生节理、风化节理
D. 构造节理、剪节理、张节理

3-2-16 节理按力学性质分为下列哪几种？
I. 构造节理　　II. 原生节理　　III. 风化节理　　IV. 剪节理　　V. 张节理

A. IV 和 V　　B. I、II 和 III　　C. II、III 和 IV　　D. II、IV 和 V

3-2-17 按断层的两盘相对位移情况，将断层分为下列中的哪几种？
I. 正断层　　II. 逆断层　　III. 平移断层　　IV. 走向断层　　V. 倾向断层

A. I、II、IV　　B. II、III、V　　C. I、II、III　　D. III、IV、V

3-2-18 上盘相对下移，下盘相对上移的断层是：

A. 正断层　　B. 平移断层　　C. 走向断层　　D. 逆断层

3-2-19 从某地区的断层分布横断面图分析，其中哪一种为正断层？

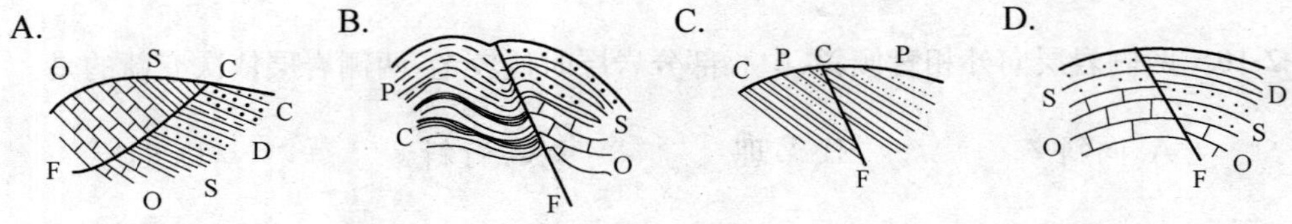

3-2-20 上盘相对上移，下盘相对下移的断层是：

A. 正断层　　B. 平移断层　　C. 走向断层　　D. 逆断层

3-2-21 图示某地区岩层时代为奥陶纪和石炭纪，其地层接触关系为：

A. 整合接触　　B. 假整合接触　　C. 侵入接触　　D. 角度不整合

3-2-22 某一地区地层间的沉积剖面如图所示。此地区 P 与 T 地层之间是：

A. 整合接触　　　　　　　　　　B. 侵入接触

C. 假整合接触　　　　　　　　　D. 角度不整合接触

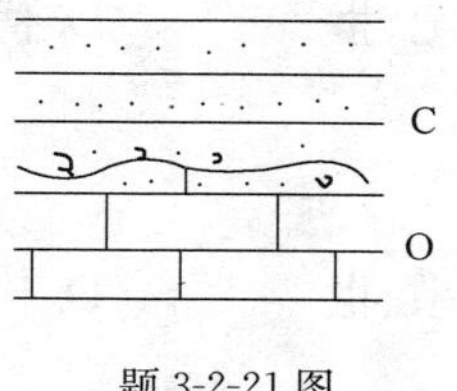

题 3-2-21 图

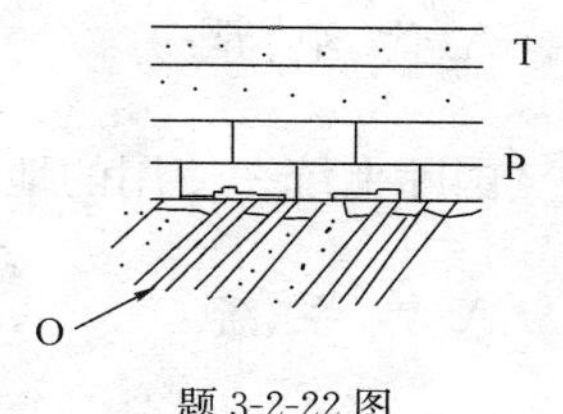

题 3-2-22 图

3-2-23 某一地区地层间的沉积剖面如上题图所示。此地区 P 与 O 地层之间是：

A. 整合接触　　　　　　　　　　B. 沉积接触

C. 假整合接触　　　　　　　　　D. 角度不整合接触

3-2-24 某一地区地质断面图如图所示。则火成岩与沉积岩之间为：

A. 沉积接触　　　　　　　　　　B. 整合接触

C. 侵入接触　　　　　　　　　　D. 角度不整合接触

3-2-25 火成岩与沉积岩层之间有风化碎屑物质，但没有蚀变现象，如图所示。其接触关系为：

A. 沉积接触　　　　　　　　　　B. 整合接触

C. 侵入接触　　　　　　　　　　D. 角度不整合接触

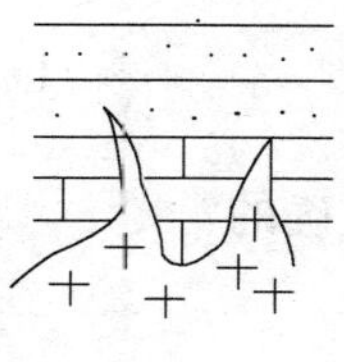

题 3-2-24 图

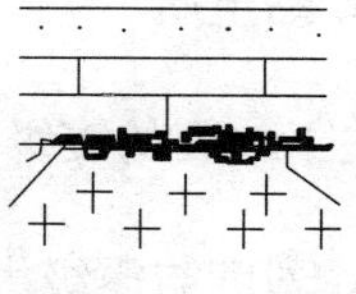

题 3-2-25 图

3-2-26 确定岩层空间位置时，使用下列中哪些要素？

I. 走向　　　　II. 倾向　　　　III. 倾角

A. I 和 II　　　　B. I 和 III　　　　C. II　　　　D. I、II 和 III

3-2-27 某地区有一条正断层，在地质图上用下面哪个符号表示？

A.

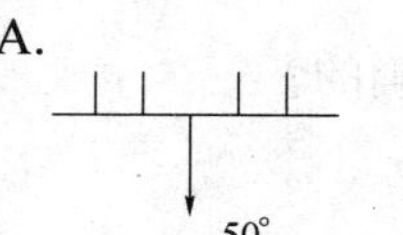

B.

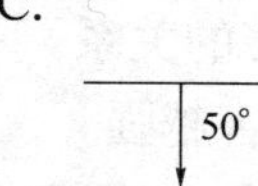

C.

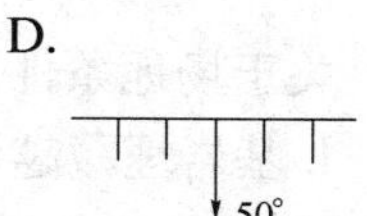

D.

3-2-28 国际通用的地质年代单位是：

A. 代、纪、界　　B. 代、纪、统　　C. 代、纪、世　　D. 代、系、世

3-2-29 国际上统一使用的地层单位是：

A. 界、系、统　　B. 界、纪、统　　C. 代、系、世　　D. 代、纪、统

3-2-30 结构面按成因可分为下列哪三种？

A. 原生结构面、构造结构面、次生结构面
B. 原生结构面、变质结构面、次生结构面
C. 构造结构面、沉积结构面、火成结构面
D. 层间错动面、次生结构面、原生结构面

3-2-31 下列几种结构面中，哪一种不属于原生结构面？

A. 沉积结构面　　B. 火成结构面
C. 变质结构面　　D. 层间错动面

3-2-32 下列各结构面中，哪一种属于次生结构面？

A. 沉积间断面　　B. 劈理　　C. 板理　　D. 风化裂隙

3-2-33 完全张开的结构面内常见的充填物质成分中，以下哪一种抗剪强度比较高？

A. 黏土质　　B. 砂质　　C. 钙质　　D. 石膏质

3-2-34 关于地震的震级与烈度的关系，下列哪个说法是正确的？

A. 烈度与震级大小无关
B. 震级越低，烈度越大
C. 震级越高，烈度越大
D. 烈度的大小不仅与震级有关，还与震源深浅、地质构造及震中距离有关

3-2-35 各种地震波的破坏能力大小依次是：

A. 纵波＞面波＞横波　　B. 横波＞纵波＞面波
C. 面波＞横波＞纵波　　D. 横波＞面波＞纵波

3-2-36 关于场地条件与震害的关系，下面哪些说法是正确的？
I. 基岩埋藏越浅，震害越强
II. 场地位于活断层上，其震害严重
III. 在一定土质条件下，地下水越浅，震害越重

IV. 当建筑物的固有周期与地基的卓越周期相等或相近时，震害加重

A. II、III、IV　　B. I、III、IV
C. I、II、IV　　D. I、II、III

3-2-37 地震与地质构造密切相关，一般强震易发生在什么地区？

A. 强烈褶皱带　　B. 活断层分布带
C. 节理带　　D. 沉积岩与火成岩交界带

3-2-38 根据断层面位移方向与水平面的关系，可将活断层划分为倾滑断层与走滑断层。其中倾滑断层又称为：

A. 平移断层　B. 正断层、逆断层　C. 纵断层　D. 逆掩断层

3-2-39 按断层活动方式可将活动断层分为哪两类？

A. 地震断层、蠕变断层　　B. 粘滑断层、逆断层
C. 正断层、蠕滑断层　　D. 地震断层、粘滑断层

3-2-40 在有活断层地区进行工程建设时，下列哪些做法是正确的？
I. 若重大工程必须在活断层发育区修建，应选择相对稳定的地段作为建筑场地
II. 铁路必须通过活断层时应直交通过
III. 建筑物场址的选择一般应避开活动断裂带
IV. 有活断层区的建筑物应采取与之相适应的建筑形式和结构措施

A. I、II、III　B. I、II、III、IV　C. I、II　D. III、IV

3-2-41 下面几种识别活断层的标志中，其中哪一项不能单独作为活断层的识别标志？

A. 伴有强烈地震发生的断层
B. 山区突然转为平原，并直线相接的地方
C. 山间沟谷分布地带
D. 第四纪中、晚期的沉积物被错断

题解及参考答案

3-2-1 **解：**断层由断层面和其两侧的断盘构成，倾斜断层面之上断盘为上盘，倾斜断层面之下断盘为下盘。正断层指断层上盘相对下盘下降的断层，反之为逆断层。

答案：A

3-2-2 **解：**张性裂隙是岩体受拉破坏后产生的破裂面，与剪切破坏面不同，由于没有受到挤压和相互错动，拉裂破坏面一般粗糙不平，而且呈张开状态。

答案：C

3-2-3 **解:**其他现象是断层存在的标志,全新活动断裂为全新世(一万年)以来有过活动的断裂,错断的全新世沉积物是活断层的重要标志。

答案:D

3-2-4 **解:**剪切裂隙是岩石受剪切而破坏形成的,因此裂隙面表现出光滑平直的特点。

答案:A

3-2-5 **解:**O_1、O_2、C_2、C_3 地层系列由老到新,但缺失 O_3、C_1,为假整合的判断标准,故为假整合接触。

答案:C

3-2-6 **解:**断层由断层面和其两侧的断盘构成,倾斜断层面之上断盘为上盘,倾斜断层面之下断盘为下盘。逆断层指断层上盘相对下盘上升的断层,反之为正断层。平推断层和张性断层是按断层力学性质划分的。

答案:C

3-2-7 **解:**第四纪分为更新世(早更新世 Q_1、中更新世 Q_2 和晚更新世 Q_3)和全新世 Q_4。

答案:D

3-2-8 **解:**平卧褶曲是按轴面所处状态的分类,倾伏褶曲属于按枢纽倾斜状态的分类。

答案:B

3-2-9 **解:**水平与倾伏褶曲是褶曲按枢纽产状进行的分类。

答案:A

3-2-10 **解:**根据两翼产状及其与核部岩层的新老关系分析。

答案:C

3-2-11 **解:**根据两翼产状及其与核部岩层的新老关系分析。

答案:B

3-2-12 **解:**直立褶曲、倾斜褶曲、倒转褶曲、平卧褶曲是褶曲按轴面产状进行的分类。

答案:D

3-2-13 **解:**向斜、背斜是岩层受力后发生弯曲而形成的,但仍保持其连续性,属于褶皱构造。

答案:C

3-2-14 **解:**解理为矿物特性,片理为变质岩构造,发生了明显位移的是断层。

答案:C

3-2-15 **解:**剪节理、张节理属于按力学性质划分的节理类型。

答案:B

3-2-16 **解:**构造节理、原生节理、风化节理属于按成因划分的节理类型。

答案:A

3-2-17 **解:**走向断层、倾向断层是按断层走向与岩层走向之间关系的分类。

答案:C

3-2-18 **解:**逆断层是上盘相对上移,下盘相对下移的断层;平移断层为两盘沿断层面呈水平运动。

答案:A

3-2-19 **解:**根据断层线两侧岩层接触处的地层时代、地层的重复与缺失及断盘移动情况进行分析。(其地层时代由老到新依次为O、S、D、C、P、T、J,图中F表示断层。)

答案:D

3-2-20 **答案:**D

3-2-21 **解:**地层沉积顺序在正常情况下,自下向上应为奥陶系O、志留系S、泥盆系D、石炭系C等,从图可知O与C地层之间有一风化壳,地层产状一致并缺失S、D地层。

答案:B

3-2-22 **解:**根据上下地层在沉积层序及形成的年代上是否连续,产状是否一致来考虑。

答案:A

3-2-23 **解:**根据上下地层在沉积层序及形成的年代上是否连续有无间断,产状是否一致来分析。

答案:D

3-2-24 **解:**沉积岩被火成岩穿插,由此判断沉积岩先形成。

答案:C

3-2-25 **解:**根据火成岩与沉积岩层形成的先后顺序分析。

答案:A

3-2-26 **解:**岩层空间位置是通过岩层产状三要素确定的。

答案:D

3-2-27 **解:**在断层符号中,长线表示走向,箭头线表示断层面倾向,短齿线表示上盘移动方向,50°表示断层面的倾角。

答案:D

3-2-28 **解:**国际上通用的地质年代单位是代、纪、世。

答案:C

3-2-29 **解:**国际上统一使用的地层单位是界、系、统。

答案:A

3-2-30 **解:**变质结构面、沉积结构面、火成结构面是岩石形成时产生的,均属于原生结构面,层间错动面为构造作用产生的。

答案:A

3-2-31 **解:**层间错动面属于构造结构面。

答案:D

3-2-32 **解:**沉积间断面、板理属于原生结构面,劈理属于构造结构面。

答案:D

3-2-33 **解:**当结构面完全张开时,其抗剪强度取决于充填物及胶结情况。结构面间常见的充填物质及其相对强度的次序为:钙质≥角砾质>砾质≥石膏质>含水蚀变矿物≥黏土。

答案:C

3-2-34 **解:**同震级的地震,浅源地震较深源地震对地面产生的破坏性要大,烈度也就大。同一次地震,离震中越近,破坏性越大,反之则越小。

答案:D

3-2-35 **解:**地震波的传播以纵波速度最快,横波次之,面波最慢。一般当横波和面波到达时,地面发生猛烈震动,建筑物也通常都是在这两种波到达时开始破坏。面波限于沿着地球表面传播,其破坏力最强。

答案:C

3-2-36 **解:**基岩强度虽高,但发生地震时,基岩与其上的建筑物之间发生共振,震害加重。震害不取决于基岩的埋藏深浅。

答案:A

3-2-37 **解:**从世界范围来看,地震主要分布在环太平洋地震带、阿尔卑斯-喜马拉雅地震带、洋脊和裂谷地震带及转换断层地震带上。

答案:B

3-2-38 **解:**纵断层是属于按断层面的走向与褶皱轴走向之间关系分类的一种类型,平移断层即走滑断层。

答案:B

3-2-39 **解:**按断层活动方式可将活断层基本分为两类:地震断层或称粘滑型断层(又称突发型活断层)和蠕变断层或称蠕滑型断层。

答案:A

3-2-40 **解:**应根据建筑物能处于比较稳定的状态来考虑。

答案:B

3-2-41 **解:**伴随有强烈地震发生的活断层是鉴别活断层的重要依据之一;山区突然转为平原,并直线相接的地方,可作为确定活断层位置和错动性质的佐证;第四纪中、晚期沉积物中的地层错开,是鉴别活断层的最可靠依据。

答案:C

(三)外动力地质作用

3-3-1 **(2014,岩43)**形成蘑菇石的主要地质营力是:

A. 冰川　　B. 风　　C. 海浪　　D. 地下水

3-3-2 **(2014,岩46)**下列地质条件中,对风化作用影响最大的因素是:

A. 岩体中的断裂发育情况　　B. 岩石的硬度
C. 岩石的强度　　D. 岩石的形成时代

3-3-3 **(2013,岩43)**湿陷性黄土的形成年代主要是:

A. N、Q_1　　B. Q_1、Q_2　　C. Q_2、Q_3　　D. Q_3、Q_4

3-3-4 **(2013,岩44)**洪积扇发育的一个必要条件是:

A. 物理风化为主的山区　　B. 化学风化为主的山区
C. 常年湿润的山区　　D. 常年少雨的山区

3-3-5 **(2013,岩47)**最有利于化学风化的气候条件是:

A. 干热　　B. 湿热　　C. 寒冷　　D. 冷热交替

3-3-6 **(2013,岩48)**坡积物的结构特征具有:

A. 棱角分明　　B. 磨圆很好　　C. 磨圆一般　　D. 分选较好

3-3-7 **(2012,岩46)**岩浆岩的抗化学风化能力总体上讲比沉积岩:

A. 强　　B. 弱　　C. 差不多　　D. 一样

3-3-8 **(2012,岩47)**某种沉积物的组成砾石的成分复杂,有明显磨圆,具有上述特点的沉积物可能是:

A. 残积物　　B. 坡积物
C. 浅海沉积物　　D. 河流中上游冲积物

3-3-9 **(2008,岩47)**河漫滩是洪水期:

A. 被淹没的浅滩　　B. 不能被淹没的浅滩

C. 1/3 地方能被淹没的浅滩　　D. 1/4 地方能被淹没的浅滩

3-3-10 风化作用按风化因素的不同,可分为下列哪三种类型?

A. 物理风化、化学风化、生物风化　　B. 化学风化、生物风化、碳酸化
C. 物理风化、化学风化、氧化　　D. 化学风化、碳酸化、氧化

3-3-11 岩石在哪种作用过程中在原地发生化学变化逐渐破坏并产生新矿物?

A. 温差风化　　B. 岩石释重　　C. 冰劈作用　　D. 氧化作用

3-3-12 关于岩石风化作用的描述,下列中哪一项不正确?

A. 风化作用由地表向岩石内部越来越严重
B. 风化作用使岩石的矿物成分和化学成分发生变化
C. 风化作用使岩石的工程地质性质恶化
D. 风化作用使岩体的结构构造发生变化,使其完整性遭到破坏

3-3-13 经大气降水淋滤作用,形成的破碎物质未经搬运,仍堆积在原处的物质称为:

A. 洪积物　　B. 冲积物　　C. 残积物　　D. 坡积物

3-3-14 河曲的形成是河流地质作用中哪种作用造成的?

A. 向源侵蚀作用　　B. 侧蚀作用
C. 下蚀作用　　D. 机械侵蚀作用

3-3-15 河流向源侵蚀作用属于河流地质作用的哪一种?

A. 下蚀作用　　B. 侧蚀作用
C. 化学溶蚀作用　　D. 机械侵蚀作用

3-3-16 牛轭湖相沉积是什么地质作用造成的?

A. 河流　　B. 湖泊　　C. 海洋　　D. 风

3-3-17 海水侵蚀作用的动力,包括哪三个方面?

A. 物理作用、化学作用和生物作用　　B. 海水运动、化学作用和物理作用
C. 海水运动、生物作用和化学作用　　D. 海水运动、生物作用和物理作用

3-3-18 海水运动有哪四种形式?

A. 蒸发、降雨、洋流和潮汐　　B. 蒸发、降雨、海浪和洋流
C. 蒸发、降雨、海浪和潮汐　　D. 海浪、潮汐、洋流和浊流

3-3-19 在海洋的侵蚀作用中，对滨岸带破坏作用最强烈的是海水运动四种形式中的哪一种？

A. 海浪　　B. 潮汐　　C. 洋流　　D. 浊流

3-3-20 海洋沉积物主要来源于：

A. 宇宙物质　　B. 生物物质　　C. 大陆物质　　D. 火山物质

3-3-21 风的搬运作用表现为风沙流，当风速大于 4m/s 时，风沙流中主要含有下列哪些物质？

I. 多种粒径的砂　　II. 粉尘　　III. 气溶胶　　IV. 3mm 的砾石

A. I、II、IV　　B. II、III、IV　　C. I、II、III　　D. I、III、IV

题解及参考答案

3-3-1 **解：**蘑菇石是风的地质作用的一种结果。

答案：B

3-3-2 **解：**风化作用是使岩石机械破碎、物质成分和结构发生改变的过程，但岩石中的断裂发育使得各类风化营力（温度、水、生物等）更易使岩石风化进程加快。

答案：A

3-3-3 **解：**黄土是第四纪的沉积物，早、中更新世（Q_1、Q_2）形成的黄土逐渐胶结硬化，不具备湿陷性。

答案：D

3-3-4 **解：**洪积扇位于山前山谷出口处，山谷坡面沟底分布的物理风化产物在强降雨形成的洪流冲出沟口后因水流失去沟壁的约束而散开，坡度和流速突然减小，搬运物迅速沉积下来形成的扇状堆积地形，称为洪积扇。因此物理风化的山区是形成洪积扇的一个重要条件。

答案：A

3-3-5 **解：**温度较高、湿度较大的南方地区是化学风化作用占主导作用的地区，因此湿热环境是化学风化作用的最有利气候条件。

答案：B

3-3-6 **解：**坡积物是斜坡坡面流水携带到坡脚形成的沉积物，由于搬运距离近，磨圆度较差，其物质组成棱角明显，分选性较差。

答案：A

3-3-7 **解：**岩石形成时与现今地表环境差距越大，其抗风化能力越差。

答案：B

3-3-8 **解**:磨圆、成分复杂、颗粒组成粒度大(砾石),是河流上游沉积物的显著特征。

答案:D

3-3-9 **解**:河漫滩是河床底部冲积物在河枯水季节出露河水面的部分,但在河流最大洪水季节将被淹没。

答案:A

3-3-10 **解**:氧化与碳酸化作用都属于化学作用。

答案:A

3-3-11 **解**:岩石是在化学风化作用过程中在原地发生化学变化逐渐破坏并产生新矿物的,前三项均属于物理风化作用。

答案:D

3-3-12 **解**:岩石的风化是由表及里,地表部分受风化作用的影响最显著。

答案:A

3-3-13 **解**:主要根据形成的破碎物质是否经过搬运来考虑。

答案:C

3-3-14 **解**:主要根据凹岸侵蚀、凸岸堆积来分析。

答案:B

3-3-15 **解**:结合河流袭夺现象来分析。

答案:A

3-3-16 **解**:根据河流裁弯取直现象来分析。

答案:A

3-3-17 **解**:海水运动对海岸起破坏作用。

答案:C

3-3-18 **解**:蒸发、降雨属于气象因素。

答案:D

3-3-19 **解**:潮流主要作用于外滨带海区,洋流主要发生在大洋水体表层,浊流是一种特殊的局部性海水流动。

答案:A

3-3-20 **解**:应从能提供大量的物质方面来考虑。

答案:C

3-3-21 **解**:当风速大于 4m/s 时,风能搬运 0.25mm 以下的碎屑。

答案:C

(四)地貌

3-4-1 (2013,岩45)河流下游的地质作用主要表现为：

A. 下蚀和沉积　　B. 侧蚀和沉积
C. 溯源侵蚀　　D. 裁弯取直

3-4-2 (2012,岩44)下列哪个地貌现象和地壳上升作用直接相关？

A. 牛轭湖　　B. 洪积扇
C. 滑坡台阶　　D. 基座阶地

3-4-3 下面哪一组属于构造和剥蚀作用形成的地貌单元？

A. 山地、丘陵、剥蚀残山、剥蚀准平原
B. 山地、沙漠、剥蚀准平原、洪积扇
C. 山地、丘陵、构造平原、高原
D. 山地、高原、剥蚀残山、构造土

3-4-4 由断裂作用上升的山地称为：

A. 褶皱断块山　　B. 断块山　　C. 高山　　D. 剥蚀残山

3-4-5 方山、桌状山地貌形态应属于下列哪一种地貌类型？

A. 冰川地貌　　B. 构造、剥蚀地貌　　C. 岩溶地貌　　D. 冻土地貌

3-4-6 构造平原按其所处的绝对标高的高度进行划分，在200m以下的平展地带是：

A. 洼地　　B. 平原　　C. 高原　　D. 盆地

3-4-7 河流入海或入湖的地方堆积了大量的碎屑物，构成一个三角形地段，称为：

A. 沙嘴　　B. 漫滩
C. 冲积平原　　D. 河口三角洲

3-4-8 洪积扇是由下列哪种作用形成的？

A. 山坡漫流的堆积作用　　B. 山谷洪流堆积作用
C. 降雨淋滤作用　　D. 淋滤与漫流堆积作用

3-4-9 坡积裙主要分布在：

A. 山沟沟口处　　B. 河流漫滩处　　C. 山坡坡脚处　　D. 山顶处

3-4-10 阶地根据形态特征可分为：

A. 堆积阶地、侵蚀阶地、基座阶地　　B. 侵蚀阶地、埋藏阶地、内叠阶地
C. 基座阶地、堆积阶地、上叠阶地　　D. 上叠阶地、内叠阶地、基座阶地

3-4-11 长大的河流从山区到入海处，一般可分为上游、中游和下游三个地段，其"V"字形河谷主要分布在哪个地段？

A. 上游　　B. 中游　　C. 下游　　D. 中游和下游

3-4-12 冲积物主要分布于河流两岸，在平水期出露，在洪水期能被淹没的是：

A. 河漫滩　　B. 洪积扇　　C. 阶地　　D. 河间地块

3-4-13 我国黄河壶口瀑布是什么地貌形态的表现？

A. 河漫滩　　B. 岩槛　　C. 心滩　　D. 深槽

3-4-14 牛轭湖地区的堆积物主要是：

A. 细沙、淤泥　　B. 泥沙、泥炭　　C. 黏土、泥炭　　D. 泥炭、淤泥

3-4-15 下列哪一种属于大陆停滞水堆积的地貌？

A. 河口三角洲　　B. 湖泊平原　　C. 河间地块　　D. 河漫滩

3-4-16 现代海岸带由陆地向海洋方向可划分为下列哪三个带？

A. 滨海陆地、潮上带、海滩　　B. 海滩、潮上带、潮间带
C. 水下岸坡、潮下带、海滩　　D. 滨海陆地、海滩、水下岸坡

3-4-17 离岸堤(水下沙坝露出海面形成的沙堤)与陆地之间封闭或半封闭的浅水水域称为：

A. 沙咀　　B. 海滩　　C. 泻湖　　D. 牛轭湖

3-4-18 下列几种地貌形态中，不属于冰川、冰水堆积地貌的是：

A. 冰碛丘陵，侧碛堤　　B. 冰砾阜、蛇形丘
C. 羊背石　　D. 冰水扇

3-4-19 黄土沟间地貌主要包括：

A. 黄土梁、黄土塬、黄土陷穴　　B. 黄土塬、黄土碟、黄土峁
C. 黄土梁、黄土塬、黄土峁　　D. 黄土峁、黄土陷穴、黄土梁

3-4-20 冰川运动形成的主要冰蚀地貌是下列哪一组？

A. 冰斗、幽谷、冰蚀凹地　　B. 冰斗、石河、冰前扇地
C. 冰斗、幽谷、冰碛平原　　D. 冰斗、峡谷、冰蚀凹地

3-4-21 终碛堤是由下列哪种地质作用形成的?

A. 河流　　B. 冰川　　C. 湖泊　　D. 海洋

3-4-22 戈壁滩主要是由下列哪种物质组成的?

A. 细砂　　B. 砾石或光秃的岩石露头
C. 黏土夹砾石　　D. 各种大小颗粒的中砂

3-4-23 下面哪一组属于黄土的潜蚀地貌?

A. 黄土陷穴、黄土碟　　B. 黄土碟、黄土峁
C. 黄土陷穴、黄土塬　　D. 黄土峁、黄土陷穴

3-4-24 北京城位于哪条河的冲积扇上?

A. 桑乾河　　B. 温榆河　　C. 海河　　D. 永定河

3-4-25 我国广西桂林象鼻山属于什么地貌形态?

A. 岩溶　　B. 黄土　　C. 冰川　　D. 熔岩

3-4-26 风城是风的地质作用的产物,具体地说它是由风的哪种作用形成的?

A. 风积作用　　B. 风的搬运作用
C. 风的侵蚀作用　　D. 风的搬运和侵蚀作用

3-4-27 风的地质作用包括风蚀作用、风的搬运作用和风积作用。下面几种地貌形态中,不属于风积作用产物的是:

A. 新月形砂丘　　B. 砂垅　　C. 雅丹地貌　　D. 砂堆

3-4-28 下列几种地貌形态中不属于冻土地貌的是:

A. 石海、石河、石冰川　　B. 石环、石圈、石带
C. 冰砾阜、蛇形丘　　D. 冰核丘、热喀斯特洼地

3-4-29 我国白头山天池是由什么地质作用形成的?

A. 河流　　B. 冰川　　C. 火山喷发　　D. 海洋

3-4-30 第四纪是距今最近的地质年代,在其历史上发生的两大变化是:

A. 人类出现、构造运动　　B. 人类出现、冰川作用

C. 火山活动、冰川作用　　　　　　　　　　D. 人类出现、构造作用

3-4-31　关于第四纪地质年代单位的划分，下列哪一组是正确的？

A. 早更新期、中更新期、晚更新期、全新期
B. 早更新世、中更新世、晚更新世、全新世
C. 早更新统、中更新统、晚更新统、全新统
D. 早更新系、中更新系、晚更新系、全新系

题解及参考答案

3-4-1　**解**：河流的下游河道坡度较缓，河流携带物质的能力降低，主要表现为侧蚀和沉积作用。

答案：B

3-4-2　**解**：选项 A、B、C 均与地壳上升无关。

答案：D

3-4-3　**解**：沙漠、洪积扇为堆积作用形成的，构造土为冻土作用形成的。

答案：A

3-4-4　**解**：褶皱断块山为褶皱、断裂作用形成的，高山是按高度分类的地貌形态，剥蚀残山为构造、剥蚀作用形成的。

答案：B

3-4-5　**解**：方山、桌状山是由水平岩层构成的。

答案：B

3-4-6　**解**：选项 A 和 D 为位于海面以下的平展内陆低地，选项 C 为 200m 以上的顶面平整的高地。

答案：B

3-4-7　**解**：根据堆积物形态和所处的位置分析。

答案：D

3-4-8　**解**：弄清漫流、洪流、淋滤作用的概念及扇形地的形成特点。

答案：B

3-4-9　**解**：弄清坡积裙的形成过程。

答案：C

3-4-10　**解**：基座阶地是堆积阶地和侵蚀阶地的中间形态，上叠阶地、内叠阶地均属堆积阶地。

答案:A

3-4-11 解:“V”字形河谷主要是河流下蚀作用形成的。

答案:A

3-4-12 解:洪积扇主要分布于山谷沟口处,河间地块是两条河流之间的高地,阶地为洪水期也不会被淹没的地方。

答案:A

3-4-13 解:瀑布是河水由高陡斜坡突然跌落下来形成的。

答案:B

3-4-14 解:牛轭湖是河流裁弯取直形成的水体,其内多生长植物,植物死后可形成泥炭,湖水较平静多沉积淤泥。

答案:D

3-4-15 解:湖泊属于大陆停滞水。

答案:B

3-4-16 解:滨海陆地又称潮上带,海滩又称潮间带,水下岸坡又称潮下带。

答案:D

3-4-17 解:沙咀和海滩为堆积地貌,牛轭湖是河流裁弯取直形成的。

答案:C

3-4-18 解:根据成因分析,羊背石为冰川基床上的一种侵蚀地形。

答案:C

3-4-19 解:应找出哪几种属于侵蚀地貌。

答案:C

3-4-20 解:冰前扇地、冰碛平原为堆积地貌,峡谷为河流侵蚀地貌,石河为冻土地貌。

答案:A

3-4-21 解:应考虑终碛堤的概念。

答案:B

3-4-22 解:戈壁滩也称砾漠。

答案:B

3-4-23 解:应找出哪几种属于沟间侵蚀地貌。

答案:A

3-4-24 解:根据流经北京城附近的河流分析。

答案:D

3-4-25 **解:**桂林地区主要分布石灰岩地层。

答案:A

3-4-26 **解:**风城的意思是其形态像断壁残垣的千载古城。

答案:C

3-4-27 **解:**根据形态特征进行分析。

答案:C

3-4-28 **解:**应考虑冻土与冰川形成的地貌形态的差别。

答案:C

3-4-29 **解:**白头山天池是一个火山口。

答案:C

3-4-30 **解:**火山活动、构造运动在第四纪之前的地质时期也存在。

答案:B

3-4-31 **解:**国际性通用的地质年代单位是代、纪、世。

答案:B

(五)水文地质

3-5-1 **(2014,岩 48)**下列地层中,能够形成含水层的是:

A. 红黏土层　　B. 黄土层
C. 河床沉积　　D. 牛轭湖沉积

3-5-2 **(2014,岩 49)**地下水按其埋藏条件可分为:

A. 包气带水、潜水和承压水三大类
B. 上层滞水、潜水和承压水三大类
C. 孔隙水、裂隙水和岩溶水三大类
D. 结合水、毛细管水、重力水三大类

3-5-3 **(2013,岩 49)**每升地下水中以下成分的总量,称为地下水的总矿化度:(原题此处为"总矿物度",有误)

A. 各种离子、分子与化合物　　B. 所有离子
C. 所有阳离子　　D. Ca^{+}、Mg^{+}离子

3-5-4 **(2012,岩 48)**下列物质中,最有可能构成隔水层的是:

A. 页岩　　B. 断裂破碎带　　C. 石灰岩　　D. 玄武岩

3-5-5 **(2008，岩 44)**按空隙性质，地下水可分为：

1. 裂隙水；2. 承压水；3. 孔隙水；4. 潜水；5. 包气带水；6. 岩溶水

A. 1、3、5　　B. 2、4、5　　C. 1、3、6　　D. 2、4、6

3-5-6 依据达西(Darcy)定律计算地下水运动的流量时，系假定渗流速度与水力坡度的几次方成正比？

A. 二次方　　B. 一次方　　C. 1/2 次方　　D. 2/3 次方

3-5-7 非线性渗透定律(A·Chezy 定律)适用于地下水的哪种情况？

A. 运动速度相当快　　B. 运动速度相当慢
C. 渗流量相当大　　D. 渗流量相当小

3-5-8 哪种水的密度比普通水大 1 倍左右，可以抗剪切，但不传递静水压力？

A. 气态水　　B. 吸着水　　C. 薄膜水　　D. 毛细管水

3-5-9 能够饱含并透过相当数量重力水的岩层或土层称为：

A. 给水层　　B. 含水层　　C. 透水层　　D. 隔水层

3-5-10 岩石允许水流通过的能力称为：

A. 给水性　　B. 透水性　　C. 持水性　　D. 容水性

3-5-11 地下水按其埋藏条件可分为哪三大类？

A. 包气带水、潜水和承压水　　B. 孔隙水、潜水和裂隙水
C. 岩溶水、孔隙水和承压水　　D. 包气带水、裂隙水和岩溶水

3-5-12 潜水的主要补给来源是：

A. 大气降水　　B. 毛细水　　C. 深层地下水　　D. 凝结水

3-5-13 潜水径流强度的大小与下列哪个因素无关？

A. 含水层的透水性　　B. 过水断面面积　　C. 水力坡度　　D. 补给量

3-5-14 承压水是充满两个隔水层之间的重力水，一般有下列哪种性质？

A. 容易受气候的影响　　B. 容易受气候的影响，但不易被污染
C. 不易受气候的影响，且不易被污染　　D. 容易被污染

3-5-15 当深基坑下部有承压含水层时(见图)，必须分析承压水是否会冲毁基坑底部的黏性土层，通常用压力平衡概念进行验算。已知 γ、γ_w 分别为黏性土的重度和地下水的重

度，H为相对于含水层顶板的承压水头值，M为基坑开挖后黏性土层的厚度，则其基坑底部黏性土的厚度必须满足下列哪个条件？

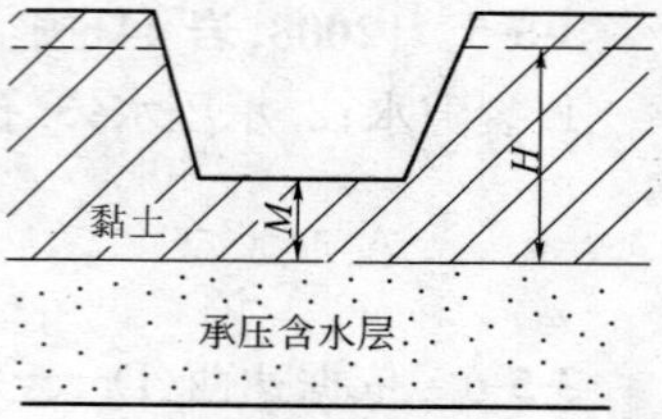

A. $M>\gamma_w/\gamma \cdot H$
B. $M<\gamma_w/\gamma \cdot H$
C. $M>\gamma/\gamma_w \cdot H$
D. $M=\gamma_w/\gamma \cdot H$

黏土
承压含水层

题 3-5-15 图

3-5-16 埋藏在地表以下，第一个稳定隔水层以上，具有自由水面的重力水是：

A. 上层滞水　　B. 潜水
C. 承压水　　D. 自流水

3-5-17 下列几种常见的工程病害，其中哪一项不是由地下水活动引起的？

A. 地基沉降　　B. 流沙、潜蚀　　C. 基坑突涌　　D. 沙埋

3-5-18 基础施工中，土层出现流砂现象一般是由下列哪个原因引起的？

A. 地下水产生的静水压力　　B. 地下水产生的动水压力
C. 承压水对基坑的作用　　D. 开挖基坑坡度过陡

3-5-19 地下水按 pH 值分类，中性水 pH 值的范围是：

A. <5.0　　B. 5.0～6.4　　C. 6.5～8.0　　D. >10.0

3-5-20 每升地下水中，下列哪种物质的总量称为矿化度（其中咸水的矿化度为3～10g/L）？

A. 各种离子　　B. Cl^-
C. NaCl 分子　　D. 各种离子、分子与化合物

3-5-21 水的硬度是由每升水中哪种离子的含量确定的（当其含量 6.0～9.0 时为硬水）？

A. 钙　　B. 镁　　C. 钙、镁　　D. 钠

3-5-22 根据各种化学腐蚀所引起的破坏作用，将下列哪种离子的含量归纳为结晶类腐蚀性的评价指标？

A. HCO_3^-　　B. SO_4^{2-}　　C. Cl^-　　D. NO_3^-

3-5-23 根据各种化学腐蚀所引起的破坏作用，将下列哪种离子含量和 pH 值归纳为分解类腐蚀性的评价指标？

A. CO_2、HCO_3^-　　B. NH_4^+、Mg^{2+}　　C. SO_4^{2-}、NO_3^-　　D. Cl^-

3-5-24 地下水中含量较多，分布最广的几种离子是：

A. H^+、Mg^{2+}、OH^-、HCO_3^-
B. K^+、Na^+、Ca^{2+}、Mg^{2+}、Cl^-、SO_4^{2-}、HCO_3^-
C. H^+、OH^-、CO_2、Cl^-、HCO_3^-
D. K^+、Na^+、Cl^-、SO_4^{2-}、HCO_3^-

3-5-25 根据地下水对建筑材料的腐蚀评价标准，把对钢筋混凝土的腐蚀主要分为三类。下述各类中哪一类不属于规定的腐蚀类型？

A. 结晶类腐蚀　　B. 溶解类腐蚀　　C. 结晶分解类腐蚀　　D. 分解类腐蚀

3-5-26 按照结晶类腐蚀评价标准，在Ⅰ类场地环境下，地下水中 SO_4^{2-} 浓度 1500mg/L 时，对建筑材料腐蚀的等级为：

A. 中腐蚀性　　B. 强腐蚀性　　C. 弱腐蚀性　　D. 特强腐蚀性

3-5-27 按照分解类腐蚀评价标准，在弱透水土层的地下水或湿润的弱透水土层环境下，pH 值为 3.5～4.0 时，对建筑材料腐蚀的等级为：

A. 强腐蚀性　　B. 特强腐蚀性　　C. 弱腐蚀性　　D. 中腐蚀性

3-5-28 在评价地下水对建筑结构材料的腐蚀性时，必须考虑建筑场地所属的环境类别。建筑环境的分类依据是：

A. 干旱区、土层透水性、干湿交替、冰冻情况
B. 高寒区、土层透水性、干湿交替、冰冻情况
C. 气候区、土层容水性、干湿交替、冰冻情况
D. 气候区、土层透水性、干湿交替、冰冻情况

3-5-29 某隧洞工程混凝土结构一面与水（地下水或地表水）接触，另一面又暴露在大气中时，其场地环境类别应属于：

A. II 类　　B. I 类
C. III 类　　D. IV 类

3-5-30 根据潜水等水位线图（见图），判定 *M* 点的地下水埋藏深度是：

A. 5m　　B. 10m
C. 15m　　D. 20m

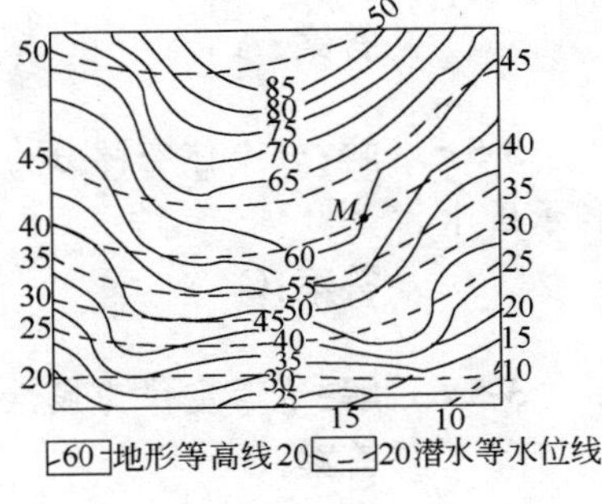

题 3-5-30 图

3-5-31 井是取水、排水构筑物，根据图示分析，哪个图为潜水完整井？

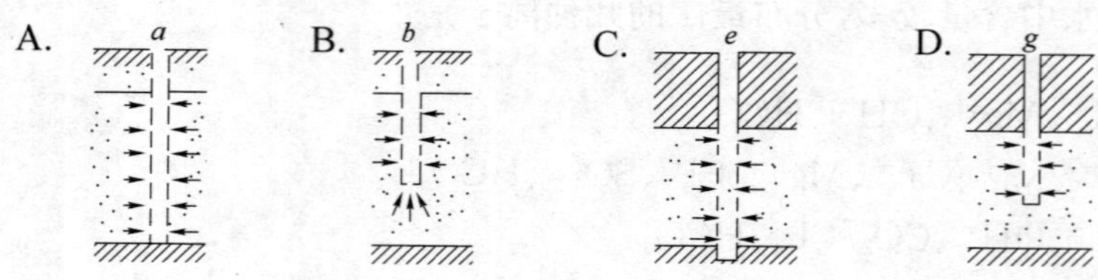

3-5-32 当地下水在岩土的空隙中运动时，其渗透速度随时间变化，且水质点无秩序地呈相互干扰的运动，这种现象属于：

A. 非层流运动的稳定流
B. 呈层流运动的非稳定流
C. 呈层流运动的稳定流
D. 非层流运动的非稳定流

题解及参考答案

3-5-1 **解**：在正常水力梯度下，饱水、透水并能给出一定水量的岩土层称为含水层。含水层的形成必须具备以下条件：有较大且连通的空隙，与隔水层组合形成储水空间，以便地下水汇集不致流失；要有充分的补水来源。红黏土、牛轭湖沉积物空隙细小，是隔水层；黄土由于垂直裂隙发育不易形成储水空间；河床沉积物颗粒粗大，孔隙较大，富含水，可以形成含水层。

答案：C

3-5-2 **解**：地下水按埋藏性质分为包气带水、潜水和承压水三种类型。上层滞水是包气带中隔水层之上的局部包水带；结合水、毛细管水、重力水是地下水存在的形式；岩体空隙分为裂隙、孔隙和溶隙，分别形成裂隙水、孔隙水和岩溶水。

答案：A

3-5-3 **解**：地下水中各种离子、分子与化合物的总量称矿化度，以 g/L 或 mg/L 为单位。

答案：A

3-5-4 **解**：页岩层薄、颗粒细、绝大部分为泥质胶结，故透水性弱，是良好的隔水层。

答案：A

3-5-5 **解**：岩土体空隙分为裂隙、孔隙和溶隙，而地下水按埋藏性质分为包气带水、潜水和承压水。

答案：C

3-5-6 **解**：达西定律为线性渗透定律。

答案：B

3-5-7 **解**：非线性渗透定律是 $V=K\cdot J^{\frac{1}{2}}$。

答案：A

3-5-8 **解:**气态水、薄膜水、毛细管水均不能抗剪切。

答案:B

3-5-9 **解:**给水层是在重力作用下能排出一定水量的岩土层,透水层是能透过水的岩土层,隔水层是不透水的岩层。

答案:B

3-5-10 **解:**给水性指饱和岩土体在重力作用下能自由排出一定水量的性能;透水性是岩土体允许水透过的性能;持水性是指在重力作用下,岩土体空隙中所保持水的性能;容水性是指岩土空隙中可容纳水的性能,一般用容水度表示。

答案:B

3-5-11 **解:**岩溶水、裂隙水和孔隙水属于按含水层的空隙性质划分的类型。

答案:A

3-5-12 **解:**潜水是埋藏在地下第一个稳定隔水层之上且直接接受大气降水补给的重力水。

答案:A

3-5-13 **解:**潜水的径流强度受含水层透水性、水力坡度、补给量的影响。

答案:B

3-5-14 **解:**隔水顶板使承压水与大气及地表人类排污相隔绝。

答案:C

3-5-15 **解:**承压水头值应低于基坑底部的黏性土层某个位置。

答案:A

3-5-16 **解:**承压水顶部有一隔水层,自流水属承压水,上层滞水仅有局部的隔水底板,常为暂时性水体。

答案:B

3-5-17 **解:**沙埋是由风的地质作用造成的。

答案:D

3-5-18 **解:**流沙是松散细颗粒土被地下水饱和后,由于地下水流动而发生的。

答案:B

3-5-19 **解:**pH 值小于 7 为酸性水,大于 7 为碱性水,分类中是依一定范围内的酸碱度来划分的。

答案:C

3-5-20 **解:**矿化度通常由 105～110℃温度下,将地下水样品蒸干后所得的干涸残余物之重量表示,也可利用阴阳离子和其他化合物含量之总和概略表示矿化度。

答案:D

3-5-21 **解：**地下水的硬度是指水中所含 Ca^{2+}、Mg^{2+} 离子的数量。

答案：C

3-5-22 **解：**结晶类腐蚀主要是能生成水化硫铝酸钙，体积增大在混凝土中产生很大内应力，使结构遭受破坏。

答案：B

3-5-23 **解：**含 Ca^{2+} 阳离子的水泥石成分被中和或分解。侵蚀性二氧化碳含量越高，碳酸氢根离子含量越低，对混凝土腐蚀越强。Mg^{2+}、SO_4^{2-} 与 NH_4^+ 离子所产生的腐蚀作用属于结晶分解复合型腐蚀。

答案：A

3-5-24 **解：**地下水中主要的离子成分有 K^+、Na^+、Ca^{2+}、Mg^{2+}、Cl^-、SO_4^{2-}、HCO_3^-。

答案：B

3-5-25 **解：**环境水对混凝土腐蚀的类型分为分解类、结晶类和结晶分解复合类三种。

答案：B

3-5-26 **解：**Ⅰ类区为高寒区、干旱区、半干旱区，直接临水，强透水土层中的地下水或湿润的强透水土层，有干湿交替等特征，或处于冰冻区等特征。

答案：B

3-5-27 **解：**根据分解类腐蚀评价标准，弱透水土层的地下水或湿润的弱透水土层环境下，pH 值为 3.5～4.0 时，为中腐蚀性。

答案：D

3-5-28 **解：**气候区包含干旱区、高寒区。这里应主要考虑岩层透水能力。

答案：D

3-5-29 **解：**根据所处条件的复杂性考虑。

答案：B

3-5-30 **解：**某点的潜水埋藏深度是以该点地形标高减去潜水面标高。

答案：D

3-5-31 **解：**按揭露地下水的类型可分为潜水井与承压水井，按揭露含水层的完整程度可分为完整井和非完整井。

答案：A

3-5-32 **解：**先根据水质点平行且无干扰运动区分层流与紊流运动，再根据渗透速度随时间变化与否区分稳定流与非稳定流。

答案：D

(六)道路工程地质问题

3-6-1 (**2014,岩 45**)以下岩体结构条件,不利于边坡稳定的情况是:

A. 软弱结构面和坡面倾向相同,软弱结构面倾角小于坡角
B. 软弱结构面和坡面倾向相同,软弱结构面倾角大于坡角
C. 软弱结构面和坡面倾向相反,软弱结构面倾角小于坡角
D. 软弱结构面和坡面倾向相反,软弱结构面倾角大于坡角

3-6-2 (**2012,岩 45**)裂隙岩体的稳定性主要取决于:

A. 组成岩体的岩石的结构
B. 组成岩体的岩石的矿物成分
C. 岩体内的各种结构面的性质及对岩体的切割程度
D. 岩体内被切割的各岩块的力学性质

3-6-3 (**2008,岩 48**)判断隧道洞顶结构属于比较稳定的是:

A. 刃角向上的楔形体　　B. 立方体
C. 刃角向下的楔形体　　D. 垂直节理的水平板状结构体

3-6-4 (**2008,岩 49**)岩体在重力作用下,突然脱离母体向下坠落或滚动的现象称为:

A. 错落　　B. 崩塌　　C. 滑坡　　D. 塌陷

3-6-5 岩体的稳定性主要取决于下列哪个因素?

A. 组成岩体岩石的化学性质
B. 组成岩体岩石的物质成分
C. 岩体内的各种结构面的性质及对岩体的切割程度
D. 岩体内被切割的各种岩块的力学性质

3-6-6 风蚀作用包括吹蚀和磨蚀两种方式。其中吹蚀作用的主要对象是:

A. 干燥的粉砂级和黏土级的碎屑　　B. 砾石
C. 粗砂　　D. 软岩

3-6-7 斜坡上的岩土体在重力作用下,沿一定结构面整体向下滑动的过程和现象称为:

A. 崩塌　　B. 泥石流　　C. 滑坡　　D. 岩堆

3-6-8 下列哪些可以作为识别滑坡的重要标志?

I. 滑坡体、滑坡壁、滑动面　　II. 滑坡台地、鼓张裂隙
III. 滑坡床、拉张裂隙　　IV. 扇形裂隙、剪切裂隙

A. Ⅰ、Ⅱ、Ⅲ　　B. Ⅰ、Ⅱ　　C. Ⅱ、Ⅲ、Ⅳ　　D. Ⅰ、Ⅱ、Ⅲ、Ⅳ

3-6-9　滑坡的发育过程，一般可分为下列哪三个阶段？

A. 蠕动变形阶段、滑动破坏阶段、压密稳定阶段
B. 蠕动变形阶段、相对平衡阶段、滑动破坏阶段
C. 相对平衡阶段、蠕动变形阶段、压密稳定阶段
D. 滑动破坏阶段、相对平衡阶段、压密稳定阶段

3-6-10　滑动面贯通后，滑坡开始整体向下滑动。这个阶段称为：

A. 压密稳定阶段　　B. 滑动破坏阶段　　C. 蠕动变形阶段　　D. 塌陷阶段

3-6-11　滑坡体在滑动过程中，各部位受力性质和移动速度不同，受力不均而产生滑坡裂隙。其中分布在滑坡体后缘，多呈弧形，与滑坡壁大致平行的是哪种裂隙？

A. 扇形裂隙　　B. 拉张裂隙　　C. 鼓张裂隙　　D. 剪切裂缝

3-6-12　分布在滑体中部两侧，因滑坡体与滑坡床相对位移而产生的裂隙称为：

A. 扇形裂隙　　B. 拉张裂隙　　C. 鼓张裂隙　　D. 剪切裂隙

3-6-13　分布在滑坡体前缘（尤以舌部为多），因滑坡体向两侧扩散而形成的放射状分布的张裂隙称为：

A. 拉张裂隙　　B. 鼓张裂隙　　C. 剪切裂隙　　D. 扇形裂隙

3-6-14　醉林和马刀树是哪种不良地质现象的标志？

A. 崩塌　　B. 滑坡　　C. 倒石堆　　D. 泥石流

3-6-15　滑动面是滑坡的重要组成部分。岩土体不会沿下列哪种岩面产生滑动？

A. 断层面　　B. 古地形面、层面
C. 贯通的节理裂隙面　　D. 褶曲轴面

3-6-16　地层岩性是滑坡产生的物质基础。在下列哪种地层中不易发生滑坡？

A. 第四系黏性土与黄土　　B. 煤系
C. 泥质岩的变质岩系　　D. 不易风化的且无软弱结构面的岩石

3-6-17　岩体在重力作用下，突然脱离母岩体向下坠落或滚动的现象称为：

A. 滑坡　　B. 崩塌　　C. 泥石流　　D. 塌陷

3-6-18　崩塌产生的地形条件，一般是哪种斜坡？

A. 坡度大于 20°,高度大于 10m　　B. 坡度大于 35°,高度大于 15m
C. 坡度大于 45°,高度大于 25m　　D. 坡度大于 55°,高度大于 30m

3-6-19 根据岩性条件分析,下列哪种岩石组成的斜坡不易形成崩塌?

A. 节理切割的块状、厚层状坚硬脆性岩石
B. 非均质的互层岩石
C. 单一均质岩石
D. 软弱结构面的倾向与坡向相同的岩石

3-6-20 根据地质构造条件分析,下列哪种岩体为崩塌的发生创造了有利条件?

A. 沉积岩层的整合接触　　B. 岩体破碎
C. 软弱结构面与坡向相反　　D. 无结构面切割的完整岩体

3-6-21 下列条件中,哪一种易产生岩溶?

A. 静水环境　　B. 含 CO_2 的水　　C. 纯净水　　D. 含氡的水

3-6-22 岩溶是地下水和地表水对可溶性岩石的地质作用,及其所产生的地貌和水文地质现象的总称。其中以哪种作用为主?

A. 化学溶蚀　　B. 机械侵蚀
C. 化学溶蚀和机械侵蚀　　D. 生物风化

3-6-23 岩溶发育的基本条件是:

A. 具有可溶性的岩石　　B. 可溶岩具有透水性
C. 具有溶蚀能力的水　　D. 循环交替的水源

3-6-24 岩溶是可溶性岩石在含有侵蚀性二氧化碳的流动水体作用下形成的地质现象。下面属于岩溶地貌形态的为:

A. 坡立谷、峰林、石芽　　B. 石河、溶洞、石窝
C. 盲谷、峰丛、石海　　D. 岩溶漏斗、地下河、石海

3-6-25 水对碳酸盐类岩石的溶解能力,主要取决于水中含有哪种成分?

A. 硫酸根离子　　B. 二氧化碳　　C. 氯离子　　D. 氧

3-6-26 在可溶岩中,若在当地岩溶侵蚀基准面的控制下,岩溶的发育与深度的关系是:

A. 随深度增加而增强　　B. 随深度增加而减弱
C. 与深度无关　　D. 随具体情况而定

3-6-27 断层和裂隙是地下水在岩层中流动的良好通道,所以在碳酸盐类岩石分布地区,

当地质构造为哪种断层时，岩溶十分发育？

A. 压性　　B. 张性　　C. 扭性　　D. 压扭性

3-6-28 在厚层碳酸盐岩分布地区，具有地方性侵蚀基准面，其岩溶发育特点主要分为哪四个带？

I. 垂直岩溶发育带　　II. 垂直和水平岩溶发育带　　III. 水平岩溶发育带
IV. 深部岩溶发育带　　V. 构造断裂岩溶发育带

A. I、II、IV 和 V　　B. I、II、III 和 IV
C. I、II、III 和 V　　D. II、III、IV 和 V

3-6-29 促使泥石流发生的决定性因素为：

A. 合适的地质条件　　B. 有利的地形条件
C. 短时间内有大量水的来源　　D. 生态环境恶化

3-6-30 下列哪些是泥石流形成的条件？
I. 地势陡峻、纵坡降较大的山区　　II. 地质构造复杂　　III. 崩塌滑坡灾害多
IV. 暴雨　　V. 地表径流平缓

A. I、II 和 V　　B. I、II、III 和 IV
C. I、III 和 V　　D. I、II、IV 和 V

3-6-31 土洞按其产生的条件，有多种成因机制，其中以哪一种最为普遍？

A. 潜蚀机制　　B. 溶蚀机制
C. 真空吸蚀机制　　D. 气爆机制

3-6-32 土洞和塌陷发育最有利的地质环境是下列哪几种？
I. 含碎石的亚砂土层　　II. 地下水径流集中而强烈的主径流带
III. 覆盖型岩溶发育强烈地区　　IV. 岩溶面上为坚实的黏土层

A. I、IV　　B. I、II、III　　C. II、III　　D. I、II、IV

3-6-33 沙丘移动速度受风向频率、风速、水分、植被、沙丘高度和沙粒粒径等多种因素的影响。下面几种看法中哪一项是不正确的？

A. 沙丘移动速度与风速的平方成正比
B. 沙丘移动速度与其本身高度成反比
C. 地面平坦地区的沙丘移动速度较快
D. 含水率小的和裸露的沙丘移动较慢

3-6-34 冻土解冻后，土的强度有何变化？

A. 往往高于冻结前的强度　　　　　　　　B. 往往低于冻结前的强度

C. 一般不发生变化　　　　　　　　　　　D. 提高或降低与冻结时间有关

题解及参考答案

3-6-1 **解**:此题考查的是边坡的平面破坏条件,顺倾边坡的滑动破坏主要取决于边坡倾角、软弱结构面倾角以及结构面的摩擦角三者之间的大小关系,结构面倾角小于边坡倾角是边坡发生平面滑动破坏的基本条件之一,由此可见,应选择A。

答案:A

3-6-2 **解**:裂隙岩体的稳定性受控于结构面。

答案:C

3-6-3 **解**:根据本题的内容可知,此题是让根据拱顶有无倒楔形岩块(关键块)来判断洞室的稳定性,刃角向上的楔形体就是所谓的关键块。

答案:A

3-6-4 **解**:解　从字面上可看出,此题描述的现象为边坡的崩塌。

答案:B

3-6-5 **解**:岩体的化学性质、物质成分及力学性质只反映岩体本身的性质。

答案:C

3-6-6 **解**:吹蚀作用使地面松散碎屑物或基岩风化产物吹起,或剥离原地。

答案:A

3-6-7 **解**:崩塌为斜坡上的岩土体在重力作用下突然塌落,并在山坡下部形成岩堆;泥石流是山区发生的含大量松散固体物质的洪流。

答案:C

3-6-8 **解**:根据滑坡的微地貌特征分析。

答案:D

3-6-9 **解**:滑坡的发育过程难以达到相对平衡。

答案:A

3-6-10 **解**:根据活动程度分析。

答案:B

3-6-11 **解**:扇形裂隙和鼓张裂隙位于滑坡体前缘,剪切裂隙位于滑坡体中部两侧。

答案:B

3-6-12 **解**:见上题题解。

答案:D

3-6-13 **解:**见 3-6-11 题题解。

答案:D

3-6-14 **解:**醉林是形容在岩土体上生长的树木,因岩土体向下滑动引起树木东倒西歪的样子;马刀树是醉林继续生长形成的。

答案:B

3-6-15 **解:**滑动体始终是沿着一个或几个软弱面(带)滑动,岩土体中各种成因的结构面均有可能成为滑动面。

答案:D

3-6-16 **解:**软弱的地层岩性,在水和其他外营力作用下,因强度降低而易形成滑动带;而不易风化的且无软弱结构面的岩石岩性稳定坚硬,不易产生滑坡。

答案:D

3-6-17 **解:**滑坡为整体移动,泥石流是一股洪流,塌陷多为潜蚀形成。

答案:B

3-6-18 **解:**崩塌多发生于坡度大于 55°、高度大于 30m、坡面凹凸不平的陡峻斜坡上。

答案:D

3-6-19 **解:**块状、厚层状的坚硬脆性岩石常形成较陡峻的边坡,若构造节理或卸荷裂隙发育且存在临空面,则极易形成崩塌。由非均质的互层岩石组成的斜坡,由于差异风化,易发生崩塌。若软弱结构面的倾向与坡向相同,极易发生大规模的崩塌。

答案:C

3-6-20 **解:**A、C、D 等条件形成的坡体都较稳定。

答案:B

3-6-21 **解:**岩溶发育应具有可溶性岩石、含侵蚀性二氧化碳并流动的水体。

答案:B

3-6-22 **解:**岩溶作用发生的是一种化学溶蚀:$CaCO_3+H_2O+CO_2=CaHCO_3$。

答案:A

3-6-23 **解:**具有可溶性的岩石(碳酸盐类岩石、硫酸盐类岩石和氯化盐类岩石)是岩溶发育的基本条件。

答案:A

3-6-24 **解:**石河、石海属冻土地貌,石窝是由风蚀作用形成的。

答案:A

3-6-25 **解**：参考水对碳酸盐类岩石的溶蚀过程，$CaCO_3 + H_2O + CO_2 \rightarrow Ca^{2+} + 2HCO_3^-$。

答案：B

3-6-26 **解**：与岩溶地区地下水的动力特征随着深度增加而变化有关。

答案：B

3-6-27 **解**：根据断层带的张开度、裂隙发育情况分析。

答案：B

3-6-28 **解**：受当地岩溶侵蚀基准面的控制，岩溶发育与深度的增加及地下水的动力特征密切相关。

答案：B

3-6-29 **解**：泥石流的形成必须有强烈的地表径流，这是爆发泥石流的动力条件。

答案：C

3-6-30 **解**：泥石流的形成必须具备丰富的松散固体物质、足够的突发性水源和陡峻的地形，还应考虑地质构造、地质灾害情况。

答案：B

3-6-31 **解**：根据土洞最易发生在覆盖型岩溶地区来分析。

答案：A

3-6-32 **解**：应考虑土层性质和条件、地下水活动及覆盖层下岩石裂隙发育情况。

答案：B

3-6-33 **解**：含水率越大，植被越发育，沙丘越不易移动。

答案：D

3-6-34 **解**：冻土为0℃或0℃以下并含有冰的土层，解冻后冰将会融化。

答案：B

（七）道路工程地质勘察

3-7-1 **(2014，岩50)** 为取得原状土样，可采用下列哪种方法：

A. 标准贯入器　　B. 洛阳铲
C. 厚壁敞口取土器　　D. 探槽中刻取块状土样

3-7-2 **(2013，岩50)** 十字板剪切试验最适用的土层是：

A. 硬黏土　　B. 软黏土
C. 砂砾石　　D. 风化破解岩石

3-7-3 **(2012，岩50)** 确定地基土的承载力的方法中，下列哪个原位测试方法的结果最可靠？

A. 载荷试验　　B. 标准贯入试验
C. 轻型动力触探试验　　D. 旁压试验

3-7-4 **(2010，结 58)**桩基岩土工程勘察中对碎石土宜采用的原位测试手段为：

A. 静力触探
B. 标准贯入试验
C. 重型或超重型圆锥动力触探
D. 十字板剪切试验

3-7-5 **(2009，结 57)**在工程地质勘察中，采用什么方法可以直接观察地层的结构和变化？

A. 坑探　　B. 触探
C. 地球物理勘探　　D. 钻探

3-7-6 **(2008，岩 43)**黏性土处于什么状态时，含水率减小土体积不再发生变化？

A. 固体　　B. 可塑
C. 流动　　D. 半固体

3-7-7 应进行场地与地基地震效应评价的建筑物，其抗震设防烈度应等于或大于多少？

A. 5 度　　B. 6 度
C. 7 度　　D. 8 度

3-7-8 在工程地质勘察中，直接观察地层结构变化的方法是：

A. 冲击钻探　　B. 坑探
C. 触探　　D. 地球物理勘探

3-7-9 岩土工程勘探方法主要包括下列哪几项？

I. 坑探　II. 钻探　III. 地球物理勘探　IV. 地质雷达勘探　V. 采样

A. I、IV、V　　B. II、III、V
C. I、II、III　　D. I、III、IV

3-7-10 采用试坑勘探时，表示工程地质条件除用文字描述之外，还需用哪种图表示？

A. 四壁辐射展示图　　B. 纵断面图
C. 两壁展示图　　D. 横断面图

3-7-11 下列勘探方法中，可能获取原状土样的是：

A. 坑探　　B. 麻花钻

C. 冲击钻　　　　D. 物探

3-7-12　地基置于基岩之上时，对岩体稳定性起主要控制作用的是下列哪个因素？

A. 组成岩体的矿物成分
B. 岩体的化学成分
C. 岩体内各种结构面性质及对岩体的切割程度
D. 岩体被切割的各种岩块的物理性质

3-7-13　采取Ⅰ级不扰动土样，必须保持下列哪个条件？

A. 天然湿度和结构　　　　B. 天然湿度
C. 天然矿物成分　　　　D. 天然结构

3-7-14　对同一工程地质单元（土层）取的土样，用相同方法测定的数据，通常是：

A. 一致的
B. 离散的，且是无规律分布的
C. 离散的，并以一定规律分布的
D. 有时是一致的，有时是离散的

3-7-15　按照《岩土工程勘察规范》规定的岩土参数统计，下列哪项不属于所需的参数？

A. 标准差　　B. 变异系数　　C. 算术平均值　　D. 方差

3-7-16　变异系数和标准差都是反映数据分布离散程度的。两者之间的基本区别是：

A. 变异系数比标准差准确
B. 变异系数是无量纲的，能比较不同参数的离散程度
C. 变异系数是无量纲的，不能比较不同参数的离散程度
D. 标准差比较准确

3-7-17　在计算深度范围内存在基岩时，则地基沉降计算深度可取至何处？

A. 基岩表面以上 1.0m
B. 基岩表面以下 1.0m
C. 基岩表面
D. 基岩表面以下 0.5m

3-7-18　下列几种土类哪种不宜作为天然地基？

A. 堆积年限较长的素填土
B. 堆积年限较长的冲填土
C. 性能稳定的工业废料组成的杂填土
D. 有机质含量较多的生活垃圾和对基础有腐蚀作用的工业废料组成的杂填土

3-7-19　膨胀岩土地基的稳定性，在下列哪种情况下，可按圆弧滑动法进行检算？

A. 土层均匀且无节理面
B. 岩石层较差，层间存在软弱层
C. 层面与坡面交角小于 45°
D. 地面有建筑物或填料荷载

3-7-20　在多年冻土地区修建重要工程建筑物时，下列哪种做法不合适？

A. 避开含土冰层、冰锥地区
B. 选择坚硬岩层或少冰冻土地区
C. 避开融区与多年冻土区之间的过渡地带
D. 选择冰丘分布地区

3-7-21　原位测试技术通常在岩土工程勘察的哪个阶段采用？

A. 施工勘察　　B. 初步勘察
C. 详细勘察　　D. 选址勘察

3-7-22　饱水软黏性土的抗剪强度及其灵敏度的测定宜采用下列哪种原位测试方法？

A. 十字板剪力试验　　B. 标贯试验
C. 圆锥动力触探试验　　D. 扁铲试验

3-7-23　浅层平板载荷试验适用于下列哪种土层？

A. 深层地基土
B. 地下水位以下地基土
C. 地表及浅层地基土
D. 地表完整岩石

3-7-24　标准贯入试验不适用于下列哪种地层？

A. 砂土　　B. 节理发育的岩石类
C. 粉土　　D. 一般黏性土

3-7-25　旁压试验可评定地基土的哪些性能？

A. 旁压模量、地基承载力及应力应变关系
B. 划分土层
C. 碎石土的相对密实度
D. 评定砂土的相对密度

3-7-26　以旁压试验 p-V 曲线计算旁压模量 E_m，应在哪一段上进行？

A. I 段　　B. II 段
C. III 段　　D. II、III 段交点上

3-7-27 评定碎石土地层的承载力时，宜采用下列哪一种试验方法进行原位测试？

A. 十字板剪切试验
B. 动力触探试验
C. 标准贯入试验
D. 扁铲试验

3-7-28 评定黏土、粉土和砂土的静止侧压力系数时，宜采用下列哪一种原位测试方法进行测试？

A. 标准贯入试验　　B. 扁铲试验
C. 荷载试验　　D. 动力触探试验

3-7-29 评定强风化、全风化的硬质岩石天然地基承载力时，宜采用下列哪种试验方法进行原位测试？

A. 静力触探试验
B. 动力触探试验
C. 标准贯入试验
D. 扁铲试验

3-7-30 标准贯入试验使用的穿心锤重与穿锤落距分别是：

A. 锤重 10kg，落距 50cm
B. 锤重 63.5kg，落距 50cm
C. 锤重 63.5kg，落距 76cm
D. 锤重 10kg，落距 76cm

题解及参考答案

3-7-1 **解：**标准贯入器和洛阳铲取到的是扰动样，厚壁取土器取得的土样仍有一定的扰动。探槽中人工刻取土样可获得高质量的原状样。

答案：D

3-7-2 **解：**十字板剪切试验是将十字板头插入软土中，以一定速率扭转，在土层中形成圆柱形破坏面，根据扭力大小确定软土的饱和不排水抗剪强度的一种试验方法。不适用于砂土、碎石类土及坚硬土体等。

答案：B

3-7-3 **解：**地基承载力确定的基准方法为载荷试验。

答案:A

3-7-4　解:选项A、B、D所提方法不适用于碎石土。

答案:C

3-7-5　解:坑探的特点:勘察人员能直接观察到地质结构,准确可靠,且便于素描;可不受限制地从中采取原状岩土样和用作大型原位测试。

答案:A

3-7-6　解:当黏性土由半固体状态转入固体状态时,其体积不再随含水率减小而变化。

答案:A

3-7-7　解:5度属于次强震,6度属于强震,7度属于损毁震,8度属于破坏震。

答案:B

3-7-8　解:冲击钻探会破坏土层结构,触探与地球物理勘探只能间接获取有关岩土物理力学性质指标。

答案:B

3-7-9　解:地质雷达属于地球物理勘探方法,采样是为了进行试验。

答案:C

3-7-10　解:应把每一壁(或顶、底)面的地质现象按划分的单元体并按一定比例表示在一张平面图上。

答案:A

3-7-11　解:物探是用专门的仪器探测各种地质体,麻花钻探、冲击钻探难以取得完整岩芯。

答案:A

3-7-12　解:岩体稳定与结构面的关系密切。

答案:C

3-7-13　解:I级土样除用于土的定名、含水量、密度测定外,还用于土的固结试验、强度试验,因此要求土样质量高。

答案:A

3-7-14　解:从同类土、取样地点不同两方面进行分析。

答案:C

3-7-15　解:统计参数应能代表土层的特点并可进行对比。

答案:C

3-7-16　解:标准差仅与平均值有关,变异系数为标准差与算数平均值的比值。

答案:B

3-7-17 **解**:应从既稳定、又经济两方面考虑。

答案:C

3-7-18 **解**:应考虑天然地基的均匀程度及对基础的腐蚀性。

答案:D

3-7-19 **解**:应考虑土层的均匀性。

答案:A

3-7-20 **解**:分析各种地区的特点,如冰丘是由于在近地表土层中,部分地下水集中并冻结使地表鼓起形成的,若底部冰溶解,易引起表层陷落。

答案:D

3-7-21 **解**:原位测试应以测绘、勘探为基础,并为施工提供资料。

答案:C

3-7-22 **解**:标贯试验、圆锥动力触探及扁铲试验分别适用于一般黏性土、砂土、碎石土、软岩或风化岩等。

答案:A

3-7-23 **解**:深层地基土及地下水位以下地基土应采用螺旋板载荷试验,地表完整岩石不需要做浅层平板载荷试验。

答案:C

3-7-24 **解**:标准贯入器的探头为圆筒形,刃口单刃厚度为2.5mm,易损坏。

答案:B

3-7-25 **解**:旁压试验的原理是通过量测旁压膜得出对孔壁施加的压力和土体变形之间的关系。

答案:A

3-7-26 **解**:I段为初步阶段;II段为似弹性阶段,压力与体积变化量大致呈线性关系;III段为塑性阶段;II、III段的交点相当于临塑压力。

答案:B

3-7-27 **解**:十字板剪切试验适用于饱和软黏性土,标准贯入试验适用于砂土、粉土和一般黏性土,扁铲试验适用于一般黏性土、粉土和中砂以下的砂土、黄土。

答案:B

3-7-28 **解**:应考虑哪种试验方法可测定土的静止侧压力系数。

答案:B

3-7-29 **解:**动力触探试验适用于强风化、全风化的硬质岩石、各种软质岩石及各类土。而静力触探试验适用于黏性土、粉土和砂土,标准贯入试验适用于砂土、粉土和一般黏性土,扁铲试验适用于一般黏性土、粉土、中密以下砂土、黄土等。

答案:B

3-7-30 **解:**标准贯入试验使用的穿心锤重63.5kg,穿锤落距760mm。

答案:C

四、工 程 测 量

复 习 指 导

(一)测量方法

1. 测量基本概念

(1)重点及重点概念

重点:测定和测设,大地水准面,独立平面直角坐标系,绝对高程,相对高程,测量工作的原则,确定地面点位的三要素(基本要素)。

重点概念:测量学,测定、测设,水准面、大地水准面,相对高程、绝对高程,高斯平面直角坐标、独立平面直角坐标,测量工作的原则和程序,确定地面点位的三要素。

(2)难点

高斯平面直角坐标系,水平面代替水准面的范围。

2. 水准测量

(1)重点及重点概念

重点:水准测量原理、水准仪的构造及使用中涉及的基本概念,外业测量方法及测量数据的记录、成果计算。

重点概念:水准测量,水准点,前视、后视,转点,水准管零点、水准管轴、水准管分划值,圆水准器零点、圆水准器轴、圆水准器分划值,仪器竖轴,视准轴,视差,附合水准路线、闭合水准路线、支水准路线,高差闭和差。

(2)难点

水准仪的检验和校正方法,水准测量误差分析及其消除方法。

3. 角度测量

(1)重点及重点概念

重点:用经纬仪测量水平角、竖直角的基本原理,外业测量方法及测量数据的记录、成果计算,水平角、竖直角测量误差及其消除方法。

重点概念:水平角、竖直角,仪器轴系及其轴系之间应满足的几何关系,经纬仪盘左、盘右位置,竖盘指标差。

(2)难点

经纬仪的检验和校正方法,角度测量误差分析及其消除方法。

4. 距离测量及直线定向

(1)重点及重点概念

重点:钢尺丈量的方法,视距测量的原理,光电测距的原理,直线定向的方法。

重点概念:直线定线,真子午线、磁子午线、坐标纵线,尺长方程式,视距测量,相位法测距,测距仪的标称精度,全站仪的使用方法及各项改正计算。

(2)难点

钢尺精密量距外业成果的改正,坐标方位角的计算。

5. 测量误差的基本知识

(1)重点及重点概念

重点:观测条件的含义,系统误差与偶然误差的含义以及偶然误差的特性,各种精度评定指标的含义与计算方法,误差传播定律的理解与应用。

重点概念:观测误差和观测条件,等精度观测和不等精度观测,系统误差和偶然误差,真误差、中误差、相对误差、极限误差、容许误差,误差传播定律,最或然值,改正数。

(2)难点

中误差的含义与计算方法,误差传播定律的应用,等精度直接观测平差最或然值的计算与精度评定的方法。

(二)控制测量

(1)重点及重点概念

闭合、附和导线的外业测量工作及内业计算。交会定点的基本概念,三、四等水准的施测方法,三角高程测量,坐标换带的计算方法。

(2)难点

闭合、附和导线的内业计算。

(三)地形图测绘及应用

1. 地形图测绘

(1)重点及重点概念

重点:比例尺精度及其在测绘工作中的用途,等高线及其特性,经纬仪测绘法,全站仪数字化测图。

重点概念:地形图,地形图的比例尺,比例尺精度,等高线,等高距,等高线平距,坡度,地形图的分幅与编号方法。

(2)难点

比例尺精度,经纬仪测绘法。

2. 地形图应用

(1)重点及重点概念

重点:地形图应用的基本内容,应用地形图求点的平面坐标的高程、求直线的坐标方位角、长度和坡度。

重点概念：坡度，纵断面。

(2)难点

地形图在工程中的具体应用，按限制坡度在地形图上选最短线路，应用地形图绘制某一方向的纵断面图。

(四)线路测量

(1)重点

水平距离、水平角、高程及点的平面位置的测设方法，道路中线、圆曲线、缓和曲线测设，曲线主点计算、测设。

(2)难点

高程的测设，点的平面位置测设数据计算。全站仪、GPS(RTK)点位计算与测设。

练习题、题解及参考答案

(一)测量方法

4-1-1　(2014，岩 8)经纬仪的操作步骤是：

A. 整平、对中、瞄准、读数
B. 对中、瞄准、精平、读数
C. 对中、整平、瞄准、读数
D. 整平、瞄准、读数、记录

4-1-2　(2014，岩 9)用视距测量方法求 A、B 两点间距离，通过观测得尺间距 $l=0.386$m，竖直角 $\alpha=6°42'$，则 A、B 两点间水平距离为：

A. 38.1m　　B. 38.3m
C. 38.6m　　D. 37.9m

4-1-3　(2014，岩 10)测量误差按其性质的不同可分为两类，它们是：

A. 读数误差和仪器误差
B. 观测误差和计算误差
C. 系统误差和偶然误差
D. 仪器误差和操作误差

4-1-4　(2013，岩 8)"从整体到局部、先控制后碎部"是测量工作应遵循的原则，遵循这个原则的目的包括下列何项？

A. 防止测量误差的积累　　B. 提高观测值精度
C. 防止观测值误差积累　　D. 提高控制点测量精度

4-1-5 **(2013,岩 9)**经纬仪有四条主要轴线，当竖轴铅垂，视准轴垂直于横轴时，但横轴不水平，此时望远镜绕横轴旋转时，则视准轴的轨迹是：

A. 一个圆锥面　　B. 一个倾斜面
C. 一个竖直面　　D. 一个不规则的曲面

4-1-6 **(2013,岩 10)**某双频测距仪设置的第一个调制频率为 15MHz，其光尺长度为 10m，设置的第二个调制频率为 150kHz，它的光尺长度为 1000m，若测距仪测相精度为 1：1000，则测距仪的测尺精度可达到：

A. 1cm　　B. 100cm　　C. 1m　　D. 10cm

4-1-7 **(2013,结 9)**坐标正算中，下列何项表达了横坐标增量？

A. $\Delta X_{AB}=D_{AB}\cdot\cos\alpha_{AB}$　　B. $\Delta Y_{AB}=D_{AB}\cdot\sin\alpha_{AB}$
C. $\Delta Y_{AB}=D\cdot\sin\alpha_{BA}$　　D. $\Delta X_{AB}=D\cdot\cos\alpha_{BA}$

4-1-8 **(2013,结 10)**光学经纬仪下列何种误差可以通过盘左盘右取均值的方法消除？

A. 对中误差　　B. 视准轴误差
C. 竖轴误差　　D. 照准误差

4-1-9 **(2013,结 11)**某双频测距仪，测程为 1km，设计了精、粗两个测尺，精尺为 10m(载波频率 $f_1=15\mathrm{MH_Z}$)，粗尺为 1000m(载波频率 $f_2=150\mathrm{KH_Z}$)，测相精度为 1/1000，则下列何项为仪器所能达到的精度？

A. m　　B. dm　　C. cm　　D. mm

4-1-10 **(2012,岩 8)**测量学中高斯平面直角坐标系 X 轴、Y 轴的定义：

A. X 轴正向指东、Y 轴正向指北
B. X 轴正向指西、Y 轴正向指南
C. X 轴正向指南、Y 轴正向指东
D. X 轴正向指北、Y 轴正向指东

4-1-11 **(2012,岩 9)**$\mathrm{DS_3}$ 型微倾式水准仪的主要组成部分是：

A. 物镜、水准器、基座　　B. 望远镜、水准器、基座
C. 望远镜、三角架、基座　　D. 仪器箱、照准器、三角架

4-1-12 **(2012,岩 10)**用视距测量方法求 A、B 两点间高差，通过观测得尺间距 $L=0.365\mathrm{m}$，竖直角 $\alpha=3°15'00''$，仪器高 $i=1.460\mathrm{m}$，中丝读数 2.379m，则 A、B 两点间高差 h_{AB} 为：

A. 1.15m　　B. 1.14m
C. 1.16m　　D. 1.51m

4-1-13 **(2011,结 8)**进行往返路线水准测量时,从理论上说$\sum h_{往}$与$\sum h_{返}$之间应具备的关系是:

A. 符号相反,绝对值不等　　B. 符号相同,绝对值相同
C. 符号相反,绝对值相等　　D. 符号相同,绝对值不等

4-1-14 **(2011,结 9)**某电磁波测距仪的标称精度为±(3+3ppm)mm,用该仪器测得500m距离,如不顾及其他因素影响,则产生的测距中误差为:

A. ±18mm　　B. ±3mm　　C. ±4.5mm　　D. ±6mm

4-1-15 **(2011,结 10)**确定地面点位相对位置的三个基本观测量是水平距离及:

A. 水平角和方位角　　B. 水平角和高差
C. 方位角和竖直角　　D. 竖直角和高差

4-1-16 **(2011,结 11)**磁偏角和子午线收敛角分别是指磁子午线、中央子午线与下列哪项的夹角?

A. 坐标纵轴　　B. 指北线
C. 坐标横轴　　D. 真子午线

4-1-17 **(2011,结 12)**测站点与观测目标位置不变,但仪器高度改变,则此时所测得的:(2008年结构第8题与此题基本相同)

A. 水平角改变,竖直角不变　　B. 水平角改变,竖直角也改变
C. 水平角不变,竖直角改变　　D. 水平角不变竖直角也不变

4-1-18 **(2010,结 8)**下列何项作为测量外业工作的基准面?

A. 水准面　　B. 参考椭球面　　C. 大地水准面　　D. 平均海水面

4-1-19 **(2010,结 9)**下列何项是利用仪器所提供的一条水平视线来获取两点之间高差的测量方法?

A. 三角高程测量　　B. 物理高程测量　　C. 水准测量　　D. GPS高程测量

4-1-20 **(2010,结 11)**钢尺量距时,加入下列何项改正后,才能保证距离测量精度?

A. 尺长改正　　B. 温度改正
C. 倾斜改正　　D. 尺长改正、温度改正和倾斜改正

4-1-21 **(2009,结 8)**工程测量中所使用的光学经纬仪的度盘刻画注记形式为:

A. 水平度盘均为逆时针注记　　B. 竖直度盘均为逆时针注记
C. 水平度盘均为顺时针注记　　D. 竖直度盘均为顺时针注记

4-1-22 **(2009,结 9)**M 点高程 $H_M=43.251$m，测得后视读数 $a=1.000$m，前视读数 $b=2.283$m。则 N 点对 M 点高差 h_{MN} 和待求点 N 的高程分别为：

A. 1.283m，44.534m　　B. −3.283m，39.968m
C. 3.283m，46.534m　　D. −1.283m，41.968m

4-1-23 **(2009,结 12)**水准管分划值的大小与水准管纵向圆弧半径的关系是：

A. 成正比　　B. 成反比　　C. 无关　　D. 成平方比

4-1-24 **(2008,岩 8)**测量外业基本内容包括水平角测量及以下内容：

A. 距离测量与方位测量　　B. 高程测量与方位测量
C. 距离测量与高程测量　　D. 高程测量与长度测量

4-1-25 **(2008,岩 9)**经纬仪主要几个轴线间应满足几个几何关系，试从下列几何关系中删掉一项：

A. 视准轴平行于水准管轴　　B. 水准管轴垂直于竖轴
C. 视准轴垂直于横轴　　D. 横轴垂直于竖轴

4-1-26 **(2007,结 8)**DJ_6 型光学经纬仪有四条主要轴线：竖轴 VV，视准轴 CC，横轴 HH，水准管轴 LL。其轴线关系应满足：LL⊥VV，CC⊥HH，以及：

A. CC⊥HH　　B. CC⊥LL　　C. HH⊥LL　　D. HH⊥VV

4-1-27 **(2007,结 9)**水准测量是测得前后两点高差，通过其中一点的高程，推算出未知点的高程。测量是通过水准仪提供的什么来测量的？

A. 视准轴　　B. 水准管轴线　　C. 水平视线　　D. 铅锤线

4-1-28 **(2007,结 10)**视准轴是指下列中哪两点的连线？

A. 目镜中心与物镜中心　　B. 目镜中心与十字丝中央交点
C. 十字丝中央交点与物镜中心　　D. 十字丝中央交点与物镜光心

4-1-29 **(2007,结 11)**视距测量时，经纬仪置于高程为 162.382m 的 S 点，仪器高为 1.40m，上、中、下三丝读数分别为 1.019m、1.400m 和 1.781m，求得竖直角 $\alpha=3°12'10''$，则 SP 的水平距离和 P 点高程分别为：

A. 75.962m，158.125m　　B. 75.962m，166.633m
C. 76.081m，158.125m　　D. 76.081m，166.633m

4-1-30 **(2006,结 9)**用钢尺往返丈量 120m 的距离，要求相对误差达到 1/10000，则往返校差不得大于：

A. 0.048m　　B. 0.012m　　C. 0.024m　　D. 0.036m

4-1-31 水准面上任一点的铅垂线都与该面相垂直，水准面是由自由静止的海水面向大陆、岛屿内延伸而成的，形成下列中的哪一种面？

A. 闭合曲面　　B. 水平面　　C. 参考椭球体　　D. 圆球体

4-1-32 某点到大地水准面的铅垂距离对该点称为：

A. 相对高程　　B. 高差　　C. 标高　　D. 绝对高程

4-1-33 目前中国采用统一的测量高程是指：

A. 渤海高程系　　B. 1956 高程系
C. 1985 国家高程基准　　D. 黄海高程系

4-1-34 北京某点位于东经 116°28′、北纬 39°54′，则该点所在 6°带的带号及中央子午线的经度分别为：

A. 20、120°　　B. 20、117°　　C. 19、111°　　D. 19、117°

4-1-35 已知 M 点所在 6°带的高斯坐标值为，$x_m=366712.48$m，$y_m=21331229.75$m，则 M 点位于：

A. 21°带，在中央子午线以东　　B. 36°带，在中央子午线以东
C. 21°带，在中央子午线以西　　D. 36°带，在中央子午线以西

4-1-36 从测量平面直角坐标系的规定判断，下列中哪一项叙述是正确的？

A. 象限与数学坐标象限编号方向一致
B. X 轴为纵坐标，Y 轴为横坐标
C. 方位角由横坐标轴逆时针量测
D. 东西方向为 X 轴，南北方向为 Y 轴

4-1-37 测量工作的基本原则是从整体到局部，从高级到低级，还有下列中的哪一项原则？

A. 从控制到碎部　　B. 从碎部到控制
C. 控制与碎部并存　　D. 测图与放样并存

4-1-38 水准测量是测得前后两点高差，通过其中一点的高程，推算出未知点的高程。测量是通过水准仪提供的下列哪一项测得的？

A. 铅垂线　　B. 视准轴　　C. 水准管轴线　　D. 水平视线

4-1-39 平整场地时，水准仪读得后视读数后，在一个方格的四个角 M、N、O 和 P 点上读

得前视读数分别为 1.254m、0.493m、2.021m 和 0.213m，则方格上最高点和最低点分别是：

A. P、O　　B. O、P　　C. M、N　　D. N、M

4-1-40　水准仪有 $DS_{0.5}$、DS_1、DS_3 等多种型号，其下标数字 0.5、1、3 等代表水准仪的精度，为水准测量每公里往返高差中数的中误差值，单位为：

A. km　　B. m　　C. cm　　D. mm

4-1-41　用望远镜观测中，当眼睛晃动时，如目标影像与十字丝之间有互相移动现象称为视差，产生的原因是：

A. 目标成像平面与十字丝平面不重合
B. 仪器轴系未满足几何条件
C. 人的视力不适应
D. 目标亮度不够

4-1-42　过圆水准器零点的球面法线称为：

A. 水准管轴　　B. 铅垂线　　C. 圆水准器轴　　D. 水平线

4-1-43　水准仪置于 A、B 两点中间，A 尺读数 $a=1.523$m，B 尺读数 $b=1.305$m，仪器移至 A 点附近，尺读数分别为 $a'=1.701$m，$b'=1.462$m，则有下列中哪项结果？

A. LL∥VV　　B. LL 不平行 CC
C. L′L′∥VV　　D. LL 不平行 VV

4-1-44　水准测量中要求前后视距距离大致相等的作用在于削弱地球曲率和大气折光的影响，还可削弱下述中的哪种影响？

A. 圆水准器轴与竖轴不平行的误差　　B. 十字丝横丝不垂直于竖轴的误差
C. 读数误差　　D. 水准管轴与视准轴不平行的误差

4-1-45　用于附合水准路线的成果校核的是下列中的哪个公式？

A. $f_h=\sum h$　　B. $f_h=\sum h_{测}-(H_{终}-H_{始})$
C. $f_h=\sum h_{往}-\sum h_{返}$　　D. $\sum h=\sum a-\sum b$

4-1-46　自水准点 $M(H_M=100.000\text{m})$ 经 4 个测站至待定点 A，得 $h_{MA}=+1.021$m；再由 A 点经 6 个站测至另一水准点 $N(H_N=105.121\text{m})$，得 $h_{AN}=+4.080$m。则平差后的 A 点高程为：

A. 101.029m　　B. 101.013m　　C. 101.031m　　D. 101.021m

4-1-47　水准路线闭合差调整是对高差进行改正，方法是将高差闭合差按与测站数（或路线里程数)成下列中的哪种关系以求得高差改正数?

A. 正比例并同号　　B. 反比例并反号
C. 正比例并反号　　D. 反比例并同号

4-1-48　自动水准仪是借助安平机构的补偿元件、灵敏元件和阻尼元件的作用,使望远镜十字丝中央交点能自动得到下述中哪种状态下的读数?

A. 视线水平　　B. 视线倾斜　　C. 任意　　D. B 和 C

4-1-49　测量学中所指的水平角是测站点至两个观测目标点的连线在什么平面上投影的夹角?

A. 水准面　　B. 水平面
C. 两方向构成的平面　　D. 大地水准面

4-1-50　光学经纬仪有 DJ_1、DJ_2、DJ_6 等多种型号,数字下标 1、2、6 表示的是以下哪种测量中误差的值(以秒计)?

A. 水平角测量一测回角度　　B. 竖直方向测量一测回方向
C. 竖直角测量一测回角度　　D. 水平方向测量一测回方向

4-1-51　检验经纬仪水准管轴是否垂直于竖轴,当气泡居中后,平转 180°时,气泡已偏离。此时用校正针拨动水准管校正螺丝,使气泡退回偏离值的多少即可?

A. 1/2　　B. 1/4　　C. 全部　　D. 2 倍

4-1-52　如经纬仪横轴与竖轴不垂直,则会造成下述中的哪项后果?

A. 观测目标越高,对竖直角影响越大
B. 观测目标越高,对水平角影响越大
C. 水平角变大,竖直角变小
D. 竖直角变大,水平角变小

4-1-53　经纬仪观测中,取盘左、盘右平均值虽不能消除水准管轴不垂直于竖轴的误差影响,但能消除下述中的哪种误差影响?

A. 视准轴不垂直于横轴　　B. 横轴不垂直于竖轴
C. 度盘偏心　　D. A、B 和 C

4-1-54　经纬仪对中是使仪器中心与测站点安置在同一铅垂线上;整平是使仪器具有下述哪种状态?

A. 圆气泡居中　　B. 视准轴水平
C. 竖轴铅直和水平度盘水平　　D. 横轴水平

4-1-55 水平角观测中，盘左起始方向 OA 的水平度盘读数为 358°12′15″，终了方向 OB 的对应读数为 154°18′19″，则∠AOB 前半测回角值为：

A. 156°06′04″　　B. －156°06′04″
C. 203°53′56″　　D. －203°53′56″

4-1-56 全圆测回法（方向观测法）观测中应顾及的限差有下列中的哪几项？

A. 半测回归零差　　B. 各测回间归零方向值之差
C. 两倍照准差　　D. A、B和C

4-1-57 经纬仪如存在指标差，将使观测出现下列中的哪种结果？

A. 一测回水平角不正确
B. 盘左和盘右水平角均含指标差
C. 一测回竖直角不正确
D. 盘左和盘右竖直角均含指标差

4-1-58 电子经纬仪的读数系统采用下列中的哪种方式？

A. 光电扫描度盘自动计数，自动显示
B. 光电扫描度盘自动计数，光路显示
C. 光学度盘，自动显示
D. 光学度盘，光路显示

4-1-59 相对误差是衡量距离丈量精度的标准，以钢尺量距，往返分别测得 125.4687m 和 125.451m，则相对误差为：

A. ±0.016　　B. |0.016|/125.459
C. 1/7100　　D. 0.00128

4-1-60 某钢尺尺长方程式为 $l=50.000\text{m}+0.0044\text{m}+1.25\times10^{-5}\times(t-20)\times50\text{m}$，在温度为31.4℃和标准拉力下量得均匀坡度两点间的距离为 49.9062m，高差为－0.705m。则该两点间的实际水平距离为：

A. 49.904m　　B. 49.913m
C. 49.923m　　D. 49.906m

4-1-61 视距测量时，经纬仪置于高程为 162.382m 的 A 点，仪器高为 1.40m，上、中、下三丝读数分别为 1.019m、1.400m 和 1.781m，求得竖直角 $\alpha=3°12'10''$，则 AB 的水平距离和 B 点的高程分别为：

A. 75.962m，158.131m　　B. 75.962m，166.633m
C. 76.081m，158.125m　　D. 76.081m，166.633m

4-1-62 确定一直线与标准方向夹角关系的工作称为：

A. 方位角测量　　B. 直线定向
C. 象限角测量　　D. 直线定线

4-1-63 由标准方向北端起顺时针量到所测直线的水平角，该角的名称及其取值范围分别是：

A. 象限角、0°～90°　　B. 象限角、0°～±90°
C. 方位角、0°～180°　　D. 方位角、0°～360°

4-1-64 已知直线 AB 的方位角 $\alpha_{AB}=87°$，$\beta_{右}=\angle ABC=290°$，则直线 BC 的方位角 α_{BC} 为：

A. 23°　　B. 157°　　C. 337°　　D. －23°

4-1-65 直线 AB 的正方位角 $\alpha_{AB}=255°25'48''$，则其反方位角 α_{BA} 为：

A. －225°25′48″　　B. 75°25′48″
C. 104°34′12″　　D. －104°34′12″

4-1-66 测量误差按其性质分为下列中哪两种？

A. 中误差、极限误差　　B. 允许误差、过失误差
C. 平均误差、相对误差　　D. 系统误差、偶然误差

4-1-67 误差的来源为下列中的哪些？

A. 测量仪器构造不完善
B. 观测者感觉器官的鉴别能力有限
C. 外界环境与气象条件不稳定
D. A、B 和 C

4-1-68 等精度观测是指在下列中的哪种条件下观测的？

A. 允许误差相同　　B. 系统误差相同
C. 观测条件相同　　D. 偶然误差相同

4-1-69 测得两个角值及中误差为$\angle A=22°22'10''\pm8''$和$\angle B=44°44'20''\pm8''$。据此进行精度比较，结论是：

A. 两个角度精度相同　　B. A 精度高
C. B 精度高　　D. 相对中误差 $K_{\angle A}>K_{\angle B}$

4-1-70 测得某六边形内角和为 720°00′54″，则内角和的真误差和每个角的改正数分别为：

A. ＋54″、＋9″　　B. －54″、＋9″　　C. ＋54″、－9″　　D. －54″、－9″

4-1-71 对某一量进行 n 次观测，则根据公式 $m=\pm\sqrt{\frac{[vv]}{n(n-1)}}$ 求得的结果为下列中的哪种误差？

A. 算术平均值中误差　　　　B. 观测值误差
C. 算术平均值真误差　　　　D. 一次观测中误差

4-1-72 丈量一段距离 4 次，结果分别为 132.563m，132.543m，132.548m 和 132.538m，则算术平均值中误差和最后结果的相对中误差分别为：

A. ±10.8mm，1/12200　　　　B. ±9.4mm，1/14100
C. ±4.7mm，1/28200　　　　D. ±5.4mm，1/24500

4-1-73 算术平均值中误差为观测值中误差的多少倍？

A. n　　B. $1/n$　　C. $\sqrt{n}$　　D. $1/\sqrt{n}$

4-1-74 用 DJ_2 和 DJ_6 观测一测回的中误差分别为：

A. $\pm2''$、$\pm6''$　　　　B. $\pm2''\sqrt{2}$、$\pm6''\sqrt{2}$
C. $\pm4''$、$\pm12''$　　　　D. $\pm8''$、$\pm24''$

4-1-75 n 边形各内角观测值中误差均为 $\pm6''$，则内角和的中误差为：

A. $\pm6''n$　　B. $\pm6''\sqrt{n}$　　C. $\pm6''/n$　　D. $\pm6''/\sqrt{n}$

4-1-76 在 $\triangle ABC$ 中，直接观测了 $\angle A$ 和 $\angle B$，其中误差分别为 $m_{\angle A}=\pm3''$ 和 $m_{\angle B}=\pm\angle4''$，则 $\angle C$ 的中误差 $m_{\angle C}$ 为：

A. $\pm8''$　　B. $\pm7''$　　C. $\pm5''$　　D. $\pm1''$

4-1-77 水准路线每公里中误差为±8mm，则 4km 水准路线的中误差为：

A. ±32.0　　B. ±11.3　　C. ±16.0　　D. ±5.6

4-1-78 已知三角形各角的中误差均为 $\pm4''$，若三角形角度闭合差的允许值为中误差的 2 倍，则三角形角度闭合差的允许值为：

A. $\pm13.8''$　　B. $\pm6.9''$　　C. $\pm5.4''$　　D. $\pm10.8''$

题解及参考答案

4-1-1 **解**：经纬仪操作步骤是：对中、整平、瞄准、读数。

答案：C

4-1-2 **解**:按视距测量水平距离计算公式:

$$D=kl\cos^2\alpha=100\times0.386\cos^2(6°42')=38.1\text{m}$$

答案:A

4-1-3 **解**:测量误差按性质主要分为两类:系统误差和偶然误差。

答案:C

4-1-4 **解**:遵循测量工作的原则可防止测量误差的积累。

答案:A

4-1-5 **解**:此时,望远镜绕横轴旋转时形成圆锥面。

答案:A

4-1-6 **解**:取精测尺 10m 进行计算,$\Delta d=10\times0.001=0.01\text{m}=1\text{cm}$。

答案:A

4-1-7 **解**:由测量平面直角坐标系及方位角的定义可推出答案。

答案:B

4-1-8 **解**:盘左、盘右观测取平均值可消除视准轴误差。

答案:B

4-1-9 **解**:根据 $D=\frac{\lambda}{2}(N+\Delta N)$,精测尺为 10m,测相精度为 1/1000,故得仪器所能达到的精度为毫米。

答案:D

4-1-10 **解**:高斯平面直角坐标系的定义,X 轴正向指北、Y 轴正向指东。

答案:D

4-1-11 **解**:水准仪的三个主要组成部分是望远镜、水准器和基座。

答案:B

4-1-12 **解**:$D=kL\cos^2\alpha=100\times0.365\times\cos^2(3°15'00'')=36.383\text{m}$

$h=D\tan\alpha+i-v=36.383\times\tan(3°15'00'')+1.460-2.379$

$=1.147\text{m}\approx1.15\text{m}$

答案:A

4-1-13 **解**:根据水准测量原理,往返水准测量高差理论上应绝对值相等,符号相反。

答案:C

4-1-14 **解**:标称精度±(3+3ppm),ppm 为百万分之一,故测距中误差为 $m_d=\pm(A+B\cdot D)$,即 $m_d=\pm(3+3\times10^{-6}\times500\times10^3)=\pm4.5\text{mm}$。

答案:C

4-1-15 **解**:测量工作的实质是通过测量地面点间的相对位置关系,即水平角(方向)、距离和高程三个基本观测量确定地面点的空间位置。

答案:B

4-1-16 **解**:磁偏角、子午线收敛角是磁子午线、中央子午线与真子午线间的夹角。

答案:D

4-1-17 **解**:根据水平角,竖直角定义和测量原理,水平角测量不受仪器高度变化的影响。

答案:C

4-1-18 **解**:测量外业工作的基准面是大地水准面。

答案:C

4-1-19 **解**:根据水准测量原理,地面上两点的高差是利用水准仪提供的水平视线读取放置在该两点上的水准尺度数得到的。

答案:C

4-1-20 **解**:钢尺精密量距需加上尺长、温度及高差三项改正,才能保证水平距离的精度。

答案:D

4-1-21 **解**:光学经纬仪的水平度盘均为顺时针注记。竖直度盘则有逆时针或顺时针两种不同的注记形式。

答案:C

4-1-22 **解**:$h_{MN}=a-b=1.000-2.283=-1.283\text{m}$

$H_N=H_M+h_{MN}=42.251+(-1.283)=41.968\text{m}$

答案:D

4-1-23 **解**:水准管分划值$=\frac{2}{R}\rho''$。式中,R为水准管纵向圆弧半径,可见水准管分划值的大小与水准管纵向圆弧半径成反比。

答案:B

4-1-24 **解**:测量工作的实质是通过测量地面点间的相对位置关系水平角(方向)、距离和高程确定地面点的空间位置。

答案:C

4-1-25 **解**:经纬仪的主要轴线有水准管轴、竖轴、视准轴、横轴,它们之间应满足的几何关系为:水准管轴垂直于竖轴,视准轴垂直于横轴,横轴垂直于竖轴。

答案:A

4-1-26 **解**:经纬仪的主要轴线有竖轴、视准轴、横轴、水准管轴,它们之间应满足的几何关系为:水准管轴垂直于竖轴,视准轴垂直于横轴,横轴垂直于竖轴。

答案:D

4-1-27 **解**:水准仪的基本原理是通过水平视线测得两点间的高差。

答案:C

4-1-28 **解**:视准轴是指仪器十字丝中央交点与物镜光心的连线。

答案:D

4-1-29 **解**:根据视距测量原理,计算公式:

$D=kl\cos^2\alpha, h=D\tan\alpha+i-\upsilon$

代入数据将得:

$D=76.2\times\cos^2(3°12'10'')=75.962\text{m}$

$h=75.962\times\tan(3°12'10'')+1.40-1.400=4.251\text{m}$

则 $H_p=H_s+h=162.382+4.251=166.633\text{m}$

答案:B

4-1-30 **解**:相对精度为 $K=\frac{|\Delta D|}{D}=\frac{1}{10000}$,则 $\Delta D=K\times D=120\times\frac{1}{10000}=0.012\text{m}$。

答案:B

4-1-31 **解**:水准面为闭合曲面。

答案:A

4-1-32 **解**:绝对高程是地面点到大地水准面的铅垂距离,相对高程是到任一水准面的铅垂距离。

答案:D

4-1-33 **解**:目前国家采用的统一高程基准是指 1985 国家高程基准。

答案:C

4-1-34 **解**:带号 $n=\text{Int}\left(\frac{L+3}{6}+0.5\right)=\text{Int}\left(\frac{116°28'+3}{6}+0.5\right)=20$,中央子午线的经度 $L=6n-3=6\times20-3=117°$。

答案:B

4-1-35 **解**:根据高斯坐标通用值定义,可知该点位于 21°带,由于坐标西移 500km,因此,坐标自然值:$y_m=331229.75-500000=-168770.25<0$,坐标为负,可知该点位于中央子午线以西。

答案:C

4-1-36 **解**:见测量平面直角坐标系的定义,x 轴为纵坐标,y 轴为横坐标。

答案:B

4-1-37 **解**:测量工作的基本原则是先控制后碎部。

答案:A

4-1-38 **解:**水准仪利用水平视线,借助水准尺来测量两点间的高差。

答案:D

4-1-39 **解:**读数越大,点的高程越低;反之,读数越小,点的高程越高。

答案:A

4-1-40 **解:**表示水准仪精度指标中误差值的单位为 mm。

答案:D

4-1-41 **解:**视差的形成原因是目标成像平面与十字丝平面不重合。

答案:A

4-1-42 **解:**圆水准器轴的定义是指圆水准器零点的球面法线,用来指示竖轴是否竖直。

答案:C

4-1-43 **解:**$h_{ab}=a-b=0.218$,$h'_{ab}=a'-b'=0.239$,$h'_{ab}\neq h_{ab}$,所以视准轴不平行于水准管轴。

答案:B

4-1-44 **解:**前后视距相等可以在高差计算中消除水准管轴与视准轴不平行的误差。

答案:D

4-1-45 **解:**见附合水准路线的检核公式:$f_h=\sum h_{测}-(H_{终}-H_{始})$。

答案:B

4-1-46 **解:**见水准测量闭合差分配方法:$f_h=\sum h_{测}-(H_N-H_M)=-0.02\text{m}$

改正后的:$h'_{MA}=h_{MA}+\left(-\frac{f_h}{10}\times 4\right)=1.029$

$H_A=H_M+h'_{MA}=101.029\text{m}$

答案:A

4-1-47 **解:**参见高差改正数的求法,正比例且反号。

答案:C

4-1-48 **解:**见自动安平水准仪的测量原理,水平视线。

答案:A

4-1-49 **解:**水平面上投影的夹角,见水平角的定义。

答案:B

4-1-50 **解:**表示水平方向测量一测回的方向中误差。

答案:D

4-1-51 **解:**使气泡退回偏离值的$\frac{1}{2}$,见经纬仪水准管轴垂直于竖轴的校验方法。

答案:A

4-1-52 **解:**观测目标越高,对水平角影响越大,横轴与竖轴不垂直造成的误差。

答案:B

4-1-53 **解:**盘左、盘右平均值所能消除的误差包括视准轴不垂直于横轴、横轴不垂直于竖轴、度盘偏心差。

答案:D

4-1-54 **解:**经伟仪对中整平的作用是使仪器中心竖轴铅垂并与测站点重合,同时使仪器水平盘水平。

答案:C

4-1-55 **解:**根据经纬仪水平角测量原理:当 OB 减 OA 小于零时,应加 360°,$\angle AOB = OB - OA + 360° = 154°18'19'' - 358°12'15'' + 360° = 156°06'04''$。

答案:A

4-1-56 **解:**方向观测法限差包括半测回归零差、两倍照准差及归零方向值之差。

答案:D

4-1-57 **解:**指标差的存在,将使盘左、盘右竖直角观测场含有指标差,见经纬仪指标差的定义。

答案:D

4-1-58 **解:**电子经纬仪读数系统采用光电扫描度盘自动计数、自动显示,见电子经纬仪的测角原理。

答案:A

4-1-59 **解:**相对误差$=\dfrac{|D_{往}-D_{返}|}{D_{平均}}$。

答案:C

4-1-60 **解:**参见尺长改正计算。

$$\Delta l=\frac{0.0044}{50.000}\times 49.9062=0.0044\text{m}$$

$$\Delta l_t=1.25\times 10^{-5}\times(3.14-20)\times 49.9062=0.0071\text{m}$$

$$\Delta l_h=-\frac{(-0.705)^2}{2\times 49.9062}=-0.0050\text{m}$$

$$l=49.9062+0.0044+0.0071+(-0.0050)=49.9127\text{m}=\approx 49.913\text{m}$$

答案:B

4-1-61 **解:**AB 的水平距离$=kl\cos^2\alpha$,$h_{AB}=D\tan\alpha+i-\nu$,$H_B=H_A+h_{AB}$。

答案:B

4-1-62 **解:**直线定向是确定直线与标准方向间的夹角,见直线定向的定义。

答案:B

4-1-63 **解**:方位角是自标准方向北端起顺时针方向量到直线的水平角,范围 0～360°,见方位角的定义。

答案:D

4-1-64 **解**:$\alpha_{BC}=\alpha_{AB}-\beta_{右}+180°(\pm360°)$,当 $\alpha_{BC}<0$ 时,加 360°。

答案:C

4-1-65 **解**:$\alpha_{BA}=\alpha_{AB}+180°(\pm360°)$,当 $\alpha_{BA}<360°$,减 360°。

答案:B

4-1-66 **解**:测量误差的来源主要是仪器、观测者及外界条件,见测量误差的划分。

答案:D

4-1-67 **解**:参见测量误差的三个来源。

答案:D

4-1-68 **解**:等精度观测是在观测条件相同的情况下观测的。

答案:C

4-1-69 **解**:测角误差与角度大小无关。

答案:A

4-1-70 **解**:真误差 Δ=观测值－真值,改正数为反符号的平均真误差值。

答案:C

4-1-71 **解**:观测值中误差 $m=\pm\sqrt{\frac{[vv]}{n-1}}$,算术平均值中误差 $M=\frac{m}{\sqrt{N}}=\pm\sqrt{\frac{[vv]}{N(n-1)}}$。

答案:A

4-1-72 **解**:利用误差传播定律求解,算术平均值中误差由 $m=\pm\sqrt{\frac{[vv]}{n-1}}=0.0108\text{m}$,得出 $M=\frac{m}{\sqrt{N}}=\pm5.4\text{mm}$,最后结果相对中误差:$\frac{M}{D}=\frac{1}{\frac{D}{M}}=\frac{1}{\frac{132.548}{0.0054}}=\frac{1}{24545}=\frac{1}{24500}$。

答案:D

4-1-73 **解**:$M=\frac{m}{\sqrt{n}}$。

答案:D

4-1-74 **解**:DJ_2 和 DJ_6 分别表示水平方向测量一测回的方向中误差不超过±2″、±6″。

答案:B

4-1-75 **解**:内角和$=\beta_1+\beta_2+\cdots+\beta_n$,由误差传播定律计算,得 $m_z=m_1+m_2+\cdots+m_n$,因

$m_1=m_2=\cdots=m_n=m=\pm6''$，所以 $m_z=\pm6''\sqrt{n}$。

答案：B

4-1-76 解：$\angle C=180°-\angle A-\angle B$，根据误差传播定律，$m_{\angle C}=\sqrt{m_{\angle A}^2+m_{\angle B}^2}=\sqrt{3^2+4^2}=\pm5''$。

答案：C

4-1-77 解：$M_L=m_1\sqrt{L}$。

答案：C

4-1-78 解：闭合差 $f=\beta_1+\beta_2+\beta_3-180°$，用误差传播定律计算，得：$m_{\beta f}=\sqrt{3}\cdot m_\beta=\pm6.9''$，$f_\beta<2m_{\beta f}$，即 $\pm13.8''$。

答案：A

(二)控制测量

4-2-1 **(2014，岩 11)**图根平面控制可以采用图根导线测量，对于图根导线作为首级控制时，其方位角闭合差应符合下列规定：

A. 小于 $40''\sqrt{n}$ B. 小于 $45''\sqrt{n}$

C. 小于 $50''\sqrt{n}$ D. 小于 $60''\sqrt{n}$

4-2-2 **(2013，岩 11)**已知直线 AB 的方位角 $\alpha_{AB}=60°30'18''$，$\angle BAC=90°22'12''$，若 $\angle BAC$ 为左角，则直线 AC 的方位角 α_{AC} 等于：

A. $150°52'30''$ B. $29°51'54''$

C. $89°37'48''$ D. $119°29'42''$

4-2-3 **(2008，岩 10)**闭合导线（n 段）角度（β_i）闭合差检验公式是：

A. $\sum\beta_i-360°\leqslant$ 容许值 B. $\sum\beta_i-(n-1)180°\leqslant$ 容许值

C. $\sum\beta_i-180°\leqslant$ 容许值 D. $\sum\beta_i-(n-2)180°\leqslant$ 容许值

4-2-4 **(2006，结 10)**在闭合导线和附合导线计算中，坐标增量闭合差的分配原则是怎样分配到各边的坐标增量中？

A. 反符号平均 B. 按与边长成正比反符号

C. 按与边长成正比同符号 D. 按与坐标增量成正比反符号

4-2-5 **(2006，结 10)**已知某直线的坐标方位角 $120°5'$，则可知该直线的坐标增量为：

A. $+\Delta X,+\Delta Y$ B. $+\Delta X,-\Delta Y$ C. $-\Delta X,+\Delta Y$ D. $-\Delta X,-\Delta Y$

4-2-6 **(2006，结11)**闭合导线和附合导线在计算下列中哪些差值时，计算公式有所不同？

A. 角度闭合差、坐标增量闭合差

B. 方位角、坐标增量

C. 角度闭合差、导线全长闭合差

D. 纵坐标增量闭合差、横坐标增量闭合差

4-2-7 导线测量外业包括踏勘选点、埋设标志、边长丈量、转折角测量和下列中哪一项的测量？

A. 定向　　B. 连接边和连接角

C. 高差　　D. 定位

4-2-8 起讫于同一已知点和已知方向的导线称为：

A. 附合导线　　B. 结点导线网

C. 支导线　　D. 闭合导线

4-2-9 导线坐标增量闭合差调整的方法是求出闭合差的改正数，以改正有关坐标的增量。闭合差改正数是将闭合差按与导线长度成下列中哪种关系求得的？

A. 正比例并同号　　B. 反比例并反号

C. 正比例并反号　　D. 反比例并同号

4-2-10 计算导线全长闭合差的公式是：

A. $f_D=\sqrt{f_x^2+f_y^2}$　　B. $K=f_D/\sum D=1/M$

C. $f_x=\sum\Delta x-(x_{终}-x_{始})$　　D. $f_y=\sum\Delta y-(y_{终}-y_{始})$

4-2-11 已知边长 $D_{MN}=73.469$m，方位角 $\alpha_{MN}=115°18'12''$，则 Δx_{MN} 和 Δy_{MN} 分别为：

A. +31.401m，+66.420m　　B. +31.401m，−66.420m

C. −31.401m，+66.420m　　D. −66.420m，+31.401m

4-2-12 平面控制加密中，由两个相邻的已知点 A、B 向待定点 P 观测水平角 $\angle PAB$ 和 $\angle ABP$。这样求得 P 点坐标的方法称为什么法？

A. 后方交会　　B. 侧方交会

C. 方向交会　　D. 前方交会

4-2-13 三角测量中，高差计算公式 $h=D\tan\alpha+i-\nu$，式中 ν 的含义是：

A. 仪器高　　B. 初算高程

C. 觇标高(中丝读数)　　D. 尺间隔(中丝读数)

4-2-14 小地区控制测量中导线的主要布置形式有下列中的哪几种?

I. 视距导线　　II. 附合导线　　III. 闭合导线

IV. 平板仪导线　　V. 支导线　　VI. 测距仪导线

A. I、II、IV　　B. I、III、VI　　C. II、III、V　　D. II、IV、VI

4-2-15 解析加密控制点常采用的交会定点方法有下列中的哪几种?

I. 前方交会法　　II. 支距法　　III. 方向交会法

IV. 后方交会法　　V. 侧方交会法　　VI. 方向距离交会法

A. I、IV、V　　B. II、III、IV　　C. II、IV、VI　　D. I、V、VI

题解及参考答案

4-2-1 **解:**根据《工程测量规范》,图根导线作为首级控制时,方位角闭合差应小于 $40''\sqrt{n}$。

答案:A

4-2-2 **解:**根据方位角及左角定义可得:

$$\alpha_{AC}=\alpha_{AB}+\beta_{BAC}=60°30'18''+90°22'12''=150°52'30''$$

答案:A

4-2-3 **解:**闭合导线内角和闭合差计算公式:$\sum\beta_i-(n-2)\times180°$。

答案:D

4-2-4 **解:**坐标增量闭合差的改正按与边长成正比、反符号改正。

答案:B

4-2-5 **解:**方位角 120°05′对应的象限角为南东,位于测量坐标系的第二象限,所以 $\Delta X<0,\Delta Y>0$。

答案:C

4-2-6 **解:**闭合导线和附合导线在计算角度闭合差、坐标增量闭合差时计算公式不同。

答案:A

4-2-7 **解:**见导线测量外业工作。

答案:B

4-2-8 **解:**闭合导线是起讫于同一已知点和已知方向的导线,见闭合导线的定义。

答案:D

4-2-9 **解:**将闭合差按与导线长度成正比例并反号进行改正,见导线测量的内业计算。

答案:C

4-2-10 **解：**导线全长闭合差的计算公式为：$f_D=\sqrt{f_x^2+f_y^2}$。

答案：A

4-2-11 **解：**$\Delta x=D\cos\alpha=73.469\times\cos155°18'12''=-31.401\text{m}$

$\Delta y=D\sin\alpha=73.469\times\sin115°18'12''=-66.420\text{m}$

答案：C

4-2-12 **解：**由两个相邻的已知点向待定点观测水平角求取待定点的坐标为前方交会，见前方交会法。

答案：D

4-2-13 **解：**ν 的含义是觇标高（中丝读数），见三角测量的高差计算公式中各字母的含义。

答案：C

4-2-14 **解：**小地区控制测量中导线的主要布置形式有附合导线、闭合导线和支导线。

答案：C

4-2-15 **解：**解析加密控制点常采用的交会定点方法有前方交会法、后方交会法和侧方交会法。

答案：A

（三）地形图测绘及应用

4-3-1 **（2013，结 12）**在 1∶500 地形图上量得某两点间的距离 $d=234.5\text{mm}$，下列何项表示了两点的实地水平距离 D 的值？

A. 117.25m　　B. 234.5m　　C. 469.9m　　D. 1172.5m

4-3-2 **（2013，岩 11）**地形图是按一定比例，用规定的符号表示下列哪一项的正射投影图？

A. 地物的平面位置　　B. 地物、地貌的平面位置和高程

C. 地貌高程位置　　D. 地面高低状态

4-3-3 **（2012，岩 12）**同一张地形图上等高距是相等的，则地形图上陡坡的等高线是：

A. 汇合的　　B. 密集的　　C. 相交的　　D. 稀疏的

4-3-4 **（2010，结 10）**在 1∶2000 地形图上，量得某水库图上汇水面积为 $P=1.6\times10^4\text{cm}^2$，某次降水过程雨量（每小时平均降雨量）$m=50\text{mm}$，降水时间持续（$n$）为 2 小时 30 分钟，设蒸发系数 $k=0.5$，按汇水量 $Q=P\cdot m\cdot n\cdot k$ 计算，本次降水汇水量为：

A. $1.0\times10^{11}\text{m}^3$　　B. $2.0\times10^4\text{m}^3$

C. $1.0\times10^7\text{m}^3$　　D. $4.0\times10^5\text{m}^3$

4-3-5 **(2009,结 10)**山脊的等高线为一组：

A. 凸向高处的曲线　　B. 凸向低处的曲线
C. 垂直于山脊的平行线　　D. 间距相等的平行线

4-3-6 **(2009,结 11)**在 1∶500 地形图上，量得某直线 AB 的水平距离 $d=50.5\text{mm}$，$m_d=\pm0.2\text{mm}$，AB 的实地距离可按公式 $s=500\cdot d$ 进行计算，则 s 的误差 m_s 等于：

A. ±0.1mm　　B. ±0.2mm　　C. ±0.05mm　　D. ±0.1m

4-3-7 **(2008,岩 11)**试判断下述关于等高线平距概念中，哪条是错误的？

A. 等高线平距的大小直接与地面坡度有关
B. 等高线平距越大，地面坡度越大
C. 等高线平距越小，地面坡度越大
D. 等高线平距越大，地面坡度越小

4-3-8 **(2008,结 11)**已知某地形图的比例尺为 1∶500，则该图的比例尺精度为：

A. 0.05mm　　B. 0.1mm　　C. 0.05m　　D. 0.1m

4-3-9 **(2008,结 12)**既反映地物的平面位置，又反映地面高低起伏状态的正射投影图称为：

A. 平面图　　B. 断面图　　C. 影像图　　D. 地形图

4-3-10 **(2007,结 12)**一幅地形图上，等高距是指下列中哪种数值相等？

A. 相邻两条等高线间的水平距离
B. 两条计曲线间的水平距离
C. 相邻两条等高线间的高差
D. 两条计曲线间的高差

4-3-11 **(2006,结 8)**一幅地形图上，等高线越稀疏，表示地貌的状态是：

A. 坡度均匀　　B. 坡度越小　　C. 坡度越大　　D. 陡峻

4-3-12 大比例尺地形图按矩形分隔时常采用的编号方法，是以图幅中的下列哪个数值来编号的？

A. 西北角坐标公里数　　B. 西南角坐标公里数
C. 西北角坐标值米数　　D. 西南角坐标值米数

4-3-13 地形图的检查包括图面检查、野外巡视和下列中的哪一项？

A. 重点检查　　B. 设站检查
C. 全面检查　　D. 在每个导线点上检查

4-3-14 地形图的等高线是地面上高程相等的相邻点的连线,它是一种什么形状的线?

A. 闭合曲线　B. 直线　C. 闭合折线　D. 折线

4-3-15 地形图上 0.1mm 的长度相应于地面的水平距离称为:

A. 比例尺　B. 数字比例尺
C. 水平比例尺　D. 比例尺精度

4-3-16 工程测量中,表示地面高低起伏状态时,一般用什么方法表示?

A. 不同深度的颜色　B. 晕滃线　C. 等高线　D. 示坡线

4-3-17 山谷和山脊等高线分别为一组什么形状的等高线?

A. 凸向低处、凸向高处
B. 以山谷线对称、以山脊线对称
C. 凸向高处、凸向低处
D. 圆曲线、圆曲线

4-3-18 1/2000 地形图和 1/5000 地形图相比,下列中哪个叙述是正确的?

A. 比例尺大,地物与地貌更详细
B. 比例尺小,地物与地貌更详细
C. 比例尺小,地物与地貌更粗略
D. 比例尺大,地物与地貌更粗略

4-3-19 要求地形图上能表示实地地物最小长度为 0.2m,则宜选择的测图比例尺为:

A. 1/500　B. 1/1000　C. 1/5000　D. 1/2000

4-3-20 表示地貌的等高线分类为下列中的哪几种线?
I. 首曲线　II. 计曲线　III. 间曲线
IV. 示坡线　V. 助曲线　VI. 晕滃线

A. I、II、III、V　B. I、III、IV、VI
C. II、III、IV、V　D. III、IV、V、VI

4-3-21 地形测量中,地物点的测定方法有下列中的哪几种方法?
I. 极坐标法　II. 方向交会法　III. 内插法
IV. 距离交会法　V. 直角坐标法　VI. 方向距离交会法

A. I、II、III、IV、V　B. I、II、IV、V、VI
C. I、III、IV、V、VI　D. II、III、IV、V、VI

4-3-22 在1/2000地形图上量得M、N两点距离为$d_{MN}=75mm$，高程为$H_M=137.485m$、$H_N=141.985m$，则该两点间的坡度i_{MN}为：

A. +3%　　B. −4.5%　　C. −3%　　D. +4.5%

4-3-23 汇水面积是一系列什么线与指定断面围成的闭合图形面积?

A. 山谷线　　B. 山脊线
C. 某一等高线　　D. 集水线

题解及参考答案

4-3-1 **解**：$D=M\times d=500\times 234.5=117250mm=117.25m$。
答案：A

4-3-2 **解**：地形图是按一定比例，用规定的符号表示地物、地貌的平面位置和高程的正视投影图。

答案：B

4-3-3 **解**：等高线是地面上高程相同的相邻点连成的闭合曲线。等高线越密，则坡度越陡。
答案：B

4-3-4 **解**：因为地形图比例尺为1∶2000，所以$P=2000^2\times 1.6\times 10^4 cm^2=6.4\times 10^6 m^2$，又$m=50mm=0.05m$，故$Q=P\cdot m\cdot n\cdot k=6.4\times 10^6\times 0.05\times 2.5\times 0.5=4.0\times 10^5 m^3$。

答案：D

4-3-5 **解**：根据等高线及山脊线的定义，山脊线的等高线应为一组凸向低处的曲线。
答案：B

4-3-6 **解**：根据误差传播定律：$s=Md$，所以$m_s^2=M^2\cdot m_d^2$，$m_s=\pm 500\times 0.2=\pm 100mm=\pm 0.1m$。

答案：D

4-3-7 **解**：等高线平距越大，坡度越小。
答案：B

4-3-8 **解**：比例尺精度是指地形图上0.1mm所代表的地面水平距离。即

$$0.1mm\times M=0.1mm\times 500=50mm=0.05m$$

答案：C

4-3-9 **解**：根据地形图的定义，地形图是反映地物的平面位置、地面高低起伏状态的正射投影图。

答案：D

4-9-10 **解:**参见等高距的定义。

答案:C

4-3-11 **解:**根据等高线性质,等高线稀疏表示地面坡度平缓,起伏不大。

答案:B

4-3-12 **解:**按西南角坐标的公里数进行分幅,见大比例尺地形图的图幅划分方法。

答案:B

4-3-13 **解:**地形图检查包括图面检查、野外巡视及设站检查,参见地形图的检查工作。

答案:B

4-3-14 **解:**等高线是闭合的曲线。

答案:A

4-3-15 **解:**比例尺精度是地形图上 0.1mm 的长度相应于地面的水平距离。

答案:D

4-3-16 **解:**等高线可以清晰地表示地面的高低起伏。

答案:C

4-3-17 **解:**山谷是沿着一个方向延伸的洼地,山脊是沿着一个方向延伸的高地。

答案:C

4-3-18 **解:**比例尺越大,地形图所表征的地物与地貌越详细。

答案:A

4-3-19 **解:**$\frac{0.1}{0.2\times10^3}=\frac{1}{M}\Rightarrow M=2000$,故测图比例尺为 1∶2000。

答案:D

4-3-20 **解:**等高线分类有首曲线、计曲线、间曲线、助曲线。

答案:A

4-3-21 **解:**地物点的测定方法有极坐标法、方向交会法、距离交会法、直角坐标法和方向距离交会法。

答案:B

4-3-22 **解:**$\frac{75\times10^{-3}}{S_{MN}}=\frac{1}{2000}\Rightarrow S_{MN}=150\text{m}, i_{MN}=\frac{H_N-H_M}{S_{MN}}=+3\%$。

答案:A

4-3-23 **解:**汇水面积的确定是由一系列相关的分水线(山脊线)连接而成的闭合曲面的面程。

答案:B

(四)路线测量

4-4-1 **(2014,岩12)**沉降观测的基准点是观测建筑物垂直变形值的基准,为了相互校核并防止由于个别基准点的高程变动造成差错,沉降观测布设基准点一般不能少于:

A. 2个　　B. 3个
C. 4个　　D. 5个

4-4-2 **(2008,岩12)**已知控制点A、B的坐标为:$X_A=100m, Y_A=50m; X_B=100m, Y_B=150m$。拟测设点P的坐标为:$X_P=150m, Y_P=100m$。试按角度交会法计算测设数据为:

A. $\beta_A=45°, \beta_B=90°$　　B. $\beta_A=45°, \beta_B=135°$
C. $\beta_A=45°, \beta_B=45°$　　D. $\beta_A=90°, \beta_B=45°$

4-4-3 拟测设距离$D=49.550m$,两点间坡度均匀,高差为1.686m,丈量时的温度为27℃,所用的钢尺的尺长方程式为$l_t=30m+0.004m+0.0000125(t-20)\times 30m$,则测设时在地面上应量多少?

A. 49.546m　　B. 49.571m
C. 49.531m　　D. 49.568m

4-4-4 两点坐标增量为$\Delta x_{AB}=+42.567m$和$\Delta y_{AB}=-35.427m$,则方位角α_{AB}和距离D_{AB}分别为:

A. $-39°46'10''$, 55.381m　　B. $39°46'10''$, 55.381m
C. $320°13'50''$, 55.381m　　D. $140°13'50''$, 55.381m

4-4-5 两红线桩A、B的坐标分别为$x_A=1000.000m$、$y_A=2000.000m$,$x_B=1060.000m$、$y_B=2080.000m$;欲测设建筑物上的一点M,$x_M=991.000m$、$y_M=2090.000m$。则在A点以B点为后视点,用极坐标法测设M点的极距D_{AM}和极角$\angle BAM$分别为:

A. 90.449m、$42°34'50''$　　B. 90.449m、$137°25'10''$
C. 90.000m、$174°17'20''$　　D. 90.000m、$95°42'38''$

4-4-6 角法测设圆曲线时,其偏角应等于相应弧长所对圆心角的:

A. 2倍　　B. 1/2
C. 2/3　　D. 1/4

4-4-7 公路中线测量中,测得某交点的右角为130°,则其转角为:

A. $\alpha_{左}=50°$　　B. $\alpha_{右}=50°$
C. $\alpha_{右}=130°$　　D. $\alpha_{左}=130°$

4-4-8 线路中平测量是测定线路____的高程。

A. 水准点　　　　B. 转点

C. 各中桩点　　　　D. 交点

4-4-9　视线高等于后视点读数＋：

A. 后视点高程　　　　B. 转点高程

C. 前视点高程　　　　D. 后视点里程

4-4-10　路线纵断面水准测量分为中平测量和：

A. 基平测量　　　　B. 水准测量

C 高程测量　　　　D. 主点高程测量

4-4-11　已知圆曲线偏角 $\alpha_{右}$ 为 28°28′00″，欲设置半径为 300m 的圆曲线，计算圆曲线要素切线长 T、曲线长 L 为：

A. 89.345m、156.875m　　　　B. 89.345m、159.754m

C. 76.097m、140.068m　　　　D. 76.097m、149.051m

题解及参考答案

4-4-1　**解**：根据《工程测量规范》，变形监测水准基准点布设不少于 3 个。

答案：B

4-4-2　**解**：根据测量坐标系的定义，考虑到本题所给坐标的特殊性，可作简图解。

如解图，将控制点及放样点展绘在测量坐标系中，从图中可以看出：$\triangle APB$ 是等腰三角形，即 $\beta_A = \beta_B = \arctan\dfrac{PP'}{AP'} = \dfrac{50}{50} = 45°$。

答案：C

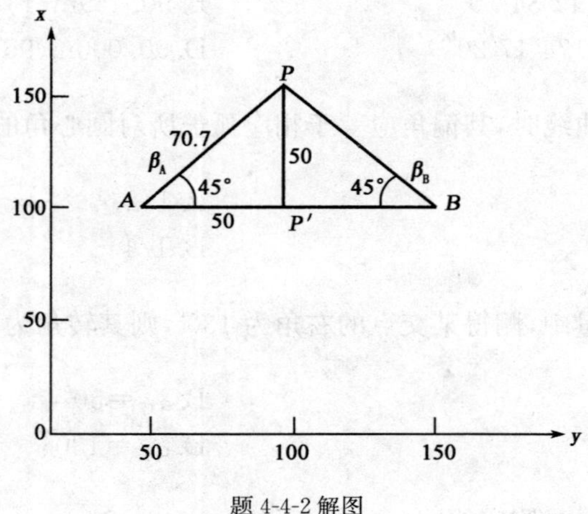

题 4-4-2 解图

4-4-3 **解**:30m 钢尺的实际长度:$l_t = 30 + 0.004 + 0.0000125 \times (27 - 20) \times 30 = 30.007\text{m}$;地面上的应丈量距离为:$S_{地} = \sqrt{D^2 + h^2} = 49.579\text{m}$;地面上的钢尺量距读数为:$S_{尺} = \dfrac{30}{30.007} S_{地} = 49.568\text{m}$。

答案:D

4-4-4 **解**:$\tan\alpha_{AB} = \dfrac{\Delta y_{AB}}{\Delta x_{AB}} \Rightarrow \alpha_{AB} = -39°46'10''$,而 α_{AB} 在第四象限,故 $\alpha_{AB} = 360° + (-39°46'10'') = 320°13'50''$;$D_{AB} = \sqrt{(\Delta x_{AB}^2 + \Delta y_{AB}^2)} = 55.381\text{m}$。

答案:C

4-4-5 **解**:$D_{AM} = \sqrt{\Delta x_{AM}^2 + \Delta y_{AM}^2} = 90.449\text{m}$;$\alpha_{AB} = \arctan\dfrac{\Delta y_{AB}}{\Delta x_{AB}} = 53°07'48''$,$\Delta y_{AB} > 0$,$\Delta x_{AB} > 0$,在第一象限;$\alpha_{AM} = \arctan\dfrac{\Delta y_{AM}}{\Delta x_{AM}}$,$\Delta y_{AM} > 0$,$\Delta x_{AM} < 0$,在第二象限,故 $\alpha_{AM} = 95°42'38''$;故 $\angle BAM = \alpha_{AM} - \alpha_{AB} = 42°34'50''$。

答案:A

4-4-6 **解**:偏角等于相应弧长所对圆心角的1/2。

答案:B

4-4-7 **解**:偏角等于 $\alpha_{右} = 180° - 130° = 50°$。

答案:B

4-4-8 **解**:线路中平测量是测定线路上各中桩点的高程。

答案:C

4-4-9 **解**:视线高等于后视点高程+后视点读数。

答案:A

4-4-10 **解**:路线纵断面水准测量分为基平测量和中平测量。

答案:A

4-4-11 **解**:切线长 $T = R \cdot \tan\dfrac{\alpha}{2} = 76.097\text{m}$,曲线长 $L = R \cdot \alpha \cdot \dfrac{\pi}{180} = 149.051\text{m}$。

答案:D

五、结构设计原理

复 习 指 导

结构设计原理是注册道路工程师基础考试下午段的考试内容。其内容包括两门主干课程——混凝土结构和砌体结构，所涉及的规范包括:《公路工程结构可靠度设计统一标准》(GB/T 50283—1999)、《公路工程技术标准》(JTG B01—2014)、《公路桥涵设计通用规范》(JTG D60—2004)、《公路钢筋混凝土及预应力混凝土桥涵设计规范》(JTG D62—2004)、《公路圬工桥涵设计规范》(JTG D61—2005)。

参加考试的道路工程师首先应熟悉"考试大纲"的要求，通过学习《教程》，对基本概念、基本原理和基本知识有一个整体把握，并在此基础上对每节的重点、难点进行重点复习、重点掌握。根据基础考试命题的特点，复习时不要偏重难度大、过于繁杂的知识，而应注重基本知识的理解和掌握。

结构设计包括了不同的结构，每一类结构基本上由三部分组成:①材料性能，包括基本物理、力学性能及其影响因素，不同受力状态下材料强度的取值等;②基本计算方法，包括计算公式建立的依据、基本假定及适用条件;③构造，包括构件设计中的构造要求和构造设计。不同类型的结构之间，或同一类结构的不同受力构件之间存在着相同点与不同点，应善于比较分析，找出规律性的东西。比如，我国规范采用以概率理论为基础的极限状态设计法，并用多个分项系数表达的设计公式进行设计，对于不同结构构件承载能力的设计采用的是相同的基本公式，但其中的个别系数(如材料的分项系数)取值不同;再如，不同受力情况下钢筋混凝土基本构件的设计，一般是根据某一破坏形态并在一些假定基础上建立的计算公式，因此设计计算时应注意其适用条件，保证不发生其他类型的破坏。

结构设计的命题类型为选择性考题。选择性考题可分为记忆性选择题、比较类选择题、组合类选择题、最佳类选择题和计算类选择题等。考生可结合自身的实际情况总结出适合自己特点的解题技巧。考试时，应结合各类结构的基本概念和基本原理，分清题型，选择出正确的答案。

记忆性选择题要求考生熟记结构的基本原理和基本构造规定。许多知识必须通过记忆才能掌握，而有些知识在记忆的同时又要理解，通过理解可以帮助记忆。这类题目考查的是理解记忆，当对题目没有把握时，可利用已掌握的知识采用排除法进行选择。

比较类选择题要求在几种类似的情况或数量下进行选择。这就要求考生对一些基本概念必须完全掌握。解题时可先将不可能的选项剔除，然后对剩余选项进行比较，选出正确答案。

组合类选择题要求对题目给出的几组约定组合进行判断。对于给定的条件，题目将若干小题进行适当地组合，也可能所有小题均为正确。解题时首先应分析每个小题的正误性，然后结合选项所给出的约定组合，进行正确判断。

最佳类选择题中所给出的几个选项都有可能是正确的，但只有一个是最佳的。解题时应结合基本理论、基本概念和基本构造规定，从若干选项中选出最佳的一个作为正确解答。

计算类选择题是在给定条件下，经过结构计算，然后选择答案。考生应掌握各种结构、各种受力构件的计算方法，计算公式的适用条件及相应的构造要求。解题时根据已知条件，按题目要求，通过结构计算选择正确的答案。

练习题、题解及参考答案

(一)钢筋混凝土结构的设计原则

5-1-1 **(2013，结 22)**不能提高钢筋混凝土构件中钢筋与混凝土间的黏结强度的处理措施是：

A. 减小钢筋净间距
B. 提高混凝土的强度等级
C. 由光圆钢筋改为变形钢筋
D. 配置横向钢筋

5-1-2 **(2009，结 24)**下列哪项属于承载能力极限状态？

A. 连续梁中间支座产生塑性铰
B. 裂缝宽度超过规定限值
C. 结构或构件作为刚体失去平衡
D. 预应力构件中混凝土的拉应力超过规范限值

5-1-3 **(2008，结 23)**进行钢筋混凝土构件变形和裂缝宽度验算时，应采用：

A. 荷载设计值，材料强度设计值
B. 荷载设计值，材料强度标准值
C. 荷载标准值，材料强度设计值
D. 荷载标准值，材料强度标准值

5-1-4 **(2006，结 27)**考虑风吸力的荷载组合时，永久荷载的分项系数为：

A. 1.0　　B. 1.2
C. 1.3　　D. 1.4

5-1-5 对于有明显屈服点的钢筋，其强度标准值取值的依据是：

A. 极限抗拉强度
B. 屈服强度
C. 0.85 倍的极限抗拉强度
D. 钢筋比例极限对应的应力

5-1-6 对于无明显屈服点的钢筋，进行钢筋质量检验的主要指标是下列中哪几项？

I. 极限强度　　II. 条件屈服强度　　III. 伸长率　　IV. 冷弯性能

A. I、III、IV　　B. I、II、IV

C. I、II、II　　D. I、II、III、IV

5-1-7 对于无明显屈服点的钢筋，“规范”规定的条件屈服点为：

A. 最大应变对应的应力

B. 0.9 倍极限抗拉强度

C. 0.85 倍极限抗拉强度

D. 0.8 倍极限抗拉强度

5-1-8 混凝土强度标准值 $f_{cu,k}$ 是由边长为 150mm 的立方体抗压试验后得到的下列哪个数值确定的？

A. 平均值 μ_f

B. $\mu_f - 2\sigma$

C. $\mu_f - 1.645\sigma$

D. 试块中最低强度值

5-1-9 《公路钢筋混凝土及预应力混凝土桥涵设计规范》中，混凝土各种力学指标的基本代表值是：

A. 立方体抗压强度标准值

B. 轴心抗压强度标准值

C. 轴心抗压强度设计值

D. 轴心抗拉强度设计值

5-1-10 边长为 100mm 和 200mm 的立方体试块，换算为边长为 150mm 立方体的抗压强度时，考虑尺寸效应影响应分别乘以下列哪个系数？

A. 0.9 和 1.05

B. 0.95 和 1.05

C. 0.9 和 1.1

D. 0.95 和 1.0

5-1-11 混凝土双向受力时，何种情况下强度最低？

A. 两向受拉　　B. 两向受压

C. 一拉一压　　D. 两向受拉，且两向拉应力值相等时

5-1-12 下列情况属于超出正常使用极限状态但未达到承载能力极限状态的是哪一项？

A. 雨篷倾倒
B. 现浇双向楼板在人行走时振动较大
C. 连续板中间支座出现塑性铰
D. 钢筋锚固长度不够而被拔出

5-1-13 根据结构的重要性，将结构安全等级划分为：

A. 3 级　　B. 5 级
C. 4 级　　D. 8 级

5-1-14 安全等级为二级的延性结构构件的目标可靠性指标为：

A. 4.2　　B. 3.7
C. 3.2　　D. 2.7

5-1-15 我国规范规定的桥涵结构设计基准期为：

A. 50 年　　B. 70 年
C. 100 年　　D. 25 年

5-1-16 我国规范度量结构构件可靠度的方法是下列中哪一种？

A. 用可靠性指标 β，不计失效概率 P_f
B. 用荷载、材料的分项系数及结构的重要性系数，不计 P_f
C. 用 β 表示 P_f，并在形式上采用分项系数和结构构件的重要性系数
D. 用荷载及材料的分项系数，不计 P_f

5-1-17 作用的标准值是该荷载在结构设计基准期内可能达到的下述何值？

A. 最小值　　B. 平均值
C. 最大值　　D. 某一分位值

5-1-18 钢筋混凝土梁中，钢筋的混凝土保护层厚度是指下列中哪个距离？

A. 箍筋外表面至梁表面的距离
B. 主筋内表面至梁表面的距离
C. 主筋截面形心至梁表面的距离
D. 主筋外表面至梁表面的距离

5-1-19 钢筋混凝土受弯构件挠度验算采用的荷载组合为：

A. 荷载标准组合
B. 荷载短期效应组合并考虑荷载长期作用影响
C. 荷载频遇组合
D. 荷载准永久组合

5-1-20 混凝土材料的分项系数为：

A. 1.25　　B. 1.35
C. 1.4　　D. 1.45

5-1-21 结构在设计使用年限超过设计基准期后，对结构的可靠度如何评价？

A. 立即丧失其功能
B. 可靠度降低
C. 不失效则可靠度不变
D. 可靠度降低，但可靠指标不变

题解及参考答案

5-1-1 **解**：选项B、C、D对提高黏结强度均有作用。

答案：A

5-1-2 **解**：结构作为刚体失去平衡属于承载能力极限状态，其余均属于正常使用极限状态。

答案：C

5-1-3 **解**：正常使用极限状态，荷载和材料强度均采用标准值。

答案：D

5-1-4 **解**：永久荷载的效应对结构有利时，一般情况下荷载分项系数取1.0。

答案：A

5-1-5 **解**：有明显屈服点的钢筋，其强度标准值的取值依据为屈服强度；对于无明显屈服点的钢筋为极限抗拉强度。

答案：B

5-1-6 **解**：条件屈服强度是人为定义的强度指标，不作为钢筋质量检验的内容。

答案：A

5-1-7 **解**：一般取0.2%残余应变所对应的应力作为条件屈服点 $\sigma_{0.2}$，对传统的预应力钢丝、钢绞线，取0.85倍的极限抗拉强度 σ_b 作为条件屈服点。

答案：C

5-1-8 **解**：混凝土强度等级是按立方体抗压强度标准值确定的，立方体抗压强度标准值是指按标准方法制作养护的边长为150mm的立方体试块，在28d龄期用标准试验方法测得的具有95%保证率的抗压强度。$\mu_{f150}-1.645\sigma_{f150}$ 的保证率为95%，其中 μ_{f150} 为平均值，σ_{f150} 为均方差。

答案：C

5-1-9 **解**:标准制作、养护,标准试验方法得到的150mm立方体试块的抗压强度标准值为混凝土各种力学指标的基本代表值。

答案:A

5-1-10 **解**:截面尺寸越小,承压面对其约束越强,测得的承载力越高。

答案:B

5-1-11 **解**:混凝土一个方向受拉,一个方向受压时,其抗压和抗拉强度均比单轴抗压或抗拉强度低。这是由于异号应力加速变形的发展,使其较快达到极限应变值。

答案:C

5-1-12 **解**:除B外,其余均超出了承载能力极限状态。

答案:B

5-1-13 **解**:根据结构破坏可能产生后果的严重性(结构的重要性),将结构安全等级划分为三级,其重要性系数分别为一级1.1、二级1.0和三级0.9。

答案:A

5-1-14 **解**:《公路工程结构可靠度设计统一标准》(GB/T 50283—1999)规定,安全等级为二级的结构构件,延性破坏的可靠指标$\beta \geqslant 4.2$。

答案:A

5-1-15 **解**:《公路桥涵设计通用规范》(JTG D60—2004)规定的设计基准期为100年。

答案:C

5-1-16 **解**:我国规范采用以概率理论为基础的极限状态设计法,并采用多个分项系数(包括结构构件的重要性系数)表达的设计式进行设计。

答案:C

5-1-17 **解**:荷载标准值为设计基准期内最大荷载统计分布的特征值。

答案:D

5-1-18 **解**:混凝土保护层厚度以最外层钢筋(包括箍筋、构造筋、分布筋等)的外缘计算。

答案:A

5-1-19 **解**:挠度验算应采用荷载效应短期组合并考虑荷载长期作用影响。

答案:B

5-1-20 **解**:混凝土的材料分项系数γ_c取为1.40。

答案:C

5-1-21 **解**:结构的使用年限超过设计基准期后,并非立即丧失其使用功能,只是可靠度降低。

答案:B

（二）受弯构件强度计算

5-2-1 **（2014，岩 25）**下列哪种情况是钢筋混凝土适筋梁达到承载能力极限状态时不具有的：

A. 受压混凝土被压溃
B. 受拉钢筋达到其屈服强度
C. 受拉区混凝土裂隙多而细
D. 受压区高度小于界限受压区高度

5-2-2 **（2013，岩 25）**若钢筋混凝土双筋矩形截面受弯构件的正截面受压区高度小于受压钢筋混凝土保护层厚度，表明：

A. 仅受拉钢筋未达到屈服
B. 仅受压钢筋未达到屈服
C. 受拉钢筋和受压钢筋均达到屈服
D. 受拉钢筋和受压钢筋均未达到屈服

5-2-3 **（2011，结 22）**对适筋梁，受拉钢筋刚屈服时，则：

A. 承载力达到极限
B. 受压边缘混凝土达到极限压应变 ε_{cu}
C. 受压边缘混凝土被压碎
D. $\varepsilon_c < \varepsilon_{cu}$

5-2-4 **（2010，结 22）**钢筋混凝土构件承载力计算中受力钢筋的强度限值为：

A. 有明显流幅的取其极限抗拉强度，无明显流幅的按其条件屈服点取
B. 所有均取其极限抗拉强度
C. 有明显流幅的按其屈服点取，无明显流幅的按其条件屈服点取
D. 有明显流幅的按其屈服点取，无明显流幅的取其极限抗拉强度

5-2-5 **（2010，结 23）**为了避免钢筋混凝土受弯构件因斜截面受剪承载力不足而发生斜压破坏，下列措施不正确的是：

A. 增加截面高度　　B. 增加截面宽度
C. 提高混凝土强度等级　　D. 提高配筋率

5-2-6 **（2008，结 22）**在受拉构件中由于纵筋拉力的存在，构件的抗剪力将：

A. 难以测定　　B. 降低　　C. 提高　　D. 不变

5-2-7 **（2006，结 22）**某均布荷载作用下的钢筋混凝土简支梁，截面尺寸为 $b \times h = 200\text{mm} \times 500\text{mm}$，采用混凝土 C20（$f_c = 9.6\text{N/mm}^2$），箍筋为 HPB235（$f_y = 210\text{N/mm}^2$），采

用直径为 8mm 的双肢箍，间距为 200mm，V＝170kN。梁的斜截面破坏形式为：

A. 斜拉破坏　　B. 斜压破坏　　C. 剪切破坏　　D. 不确定

5-2-8 当构件截面尺寸和材料强度相同时，钢筋混凝土受弯构件正截面承载力 M_u 与纵向受拉钢筋配筋率 ρ 的关系是：

A. ρ 越大，M_u 亦越大

B. ρ 越大，M_u 按线性关系越大

C. 当 $\rho_{min}\leqslant\rho\leqslant\rho_{max}$时，$M_u$ 随 ρ 增大按线性关系增大

D. 当 $\rho_{min}\leqslant\rho\leqslant\rho_{max}$时，$M_u$ 随 ρ 增大按非线性关系增大

5-2-9 对钢筋混凝土适筋梁正截面破坏特征的描述，下列选项中哪个正确？

A. 受拉钢筋首先屈服，然后受压区混凝土被压坏

B. 受拉钢筋被拉断，但受压区混凝土并未达到其抗压强度

C. 受压区混凝土先被压坏，然后受拉区钢筋达到其屈服强度

D. 受压区混凝土被压坏

5-2-10 钢筋混凝土受弯构件，当受拉纵筋达到屈服强度时，受压区边缘的混凝土也同时达到极限压应变，称为哪种破坏？

A. 少筋破坏　　B. 界限破坏　　C. 超筋破坏　　D. 适筋破坏

5-2-11 T 形截面梁，尺寸如图所示，如按最小配筋率 ρ_{min}＝0.2%配置纵向受力钢筋 A_s，则 A_s 的计算式为：

A. 600×465×0.2%＝558mm²

B. 600×500×0.2%＝600mm²

C. 200×500×0.2%＝200mm²

D. [200×500＋(600－200)×120]×0.2%＝296mm²

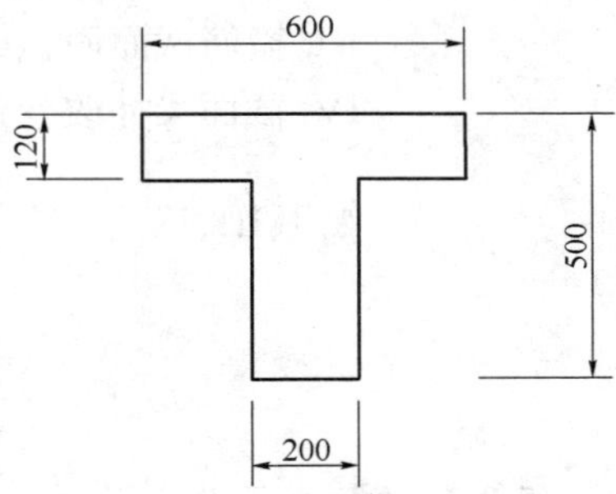

题 5-2-11 图　(尺寸单位：mm)

5-2-12 钢筋混凝土梁即将开裂时，受拉钢筋的应力 σ_s 与配筋率 ρ 的关系是：

A. ρ 增大，σ_s 减小　　B. ρ 增大，σ_s 增大

C. σ_s 与 ρ 关系不大　　D. σ_s 随 ρ 线性变化

5-2-13 当适筋梁受拉钢筋刚达到屈服时，是下列中的哪一种状态？

A. 达到极限承载能力

B. 受压边缘混凝土的压应变 $\varepsilon_c=\varepsilon_u$（$\varepsilon_u$ 混凝土的极限压应变）

C. 受压边缘混凝土的压应变 $\varepsilon_c\leqslant\varepsilon_u$

D. 受压边缘混凝土的压应变 ε_c＝0.002

5-2-14 设计双筋矩形截面梁，当 A_s 和 A_s' 均未知时，使用钢量接近最少的方法是：

A. 取 $\xi=\xi_b$　　B. 取 $A_s=A_s'$
C. 使 $x=2a_s'$　　D. 取 $\rho=0.8\%\sim1.5\%$

5-2-15 钢筋混凝土受弯构件斜截面承载力的计算公式是根据哪种破坏状态建立的？

A. 斜拉破坏　B. 斜压破坏　C. 剪压破坏　D. 锚固破坏

5-2-16 受弯构件斜截面抗剪设计时，限制其最小截面尺寸的目的是：

A. 防止发生斜拉破坏　　B. 防止发生斜压破坏
C. 防止发生受弯破坏　　D. 防止发生剪压破坏

5-2-17 无腹筋钢筋混凝土梁沿斜截面的抗剪承载力与剪跨比的关系是：

A. 随剪跨比的增加而提高
B. 随剪跨比的增加而降低
C. 在一定范围内随剪跨比的增加而提高
D. 在一定范围内随剪跨比的增加而降低

5-2-18 对钢筋混凝土简支梁斜截面受剪承载力计算的位置是下列中哪几个截面？
I. 距支座中心 $h/2$ 处截面
II. 受拉区弯起钢筋弯起点处的截面
III. 箍筋截面面积或间距改变处的截面
IV. 截面尺寸改变处的截面

A. I、III、IV　B. I、II、IV　C. I、II、III　D. I、II、III、IV

题解及参考答案

5-2-1 **解：**当正截面混凝土受压区高度 $x\leqslant\xi_b h_0$，$\rho=\dfrac{A_s}{bh_0}\geqslant\rho_{min}$ 时，构件纵向受拉钢筋先达到屈服，然后受压区混凝土被压碎，呈塑性破坏，有明显的塑性变形和裂缝预示，这种破坏形态是适筋破坏。

答案：C

5-2-2 **解：**设计中规定，当混凝土受压区高度 x 小于 $2a_s'$ 时，取 $x=2a_s'$，其目的是为了满足破坏时受压区钢筋的应力等于其抗压强度设计值的假定。

答案：B

5-2-3 **解：**根据适筋梁的破坏特点，受拉钢筋刚屈服时，受压边缘的混凝土应小于等于其极限压应变 ε_{cu}。

答案：D

5-2-4 解：有明显流幅的钢筋，屈服强度作为强度标准值取值的依据；而对于无明显屈服点的钢筋，极限抗拉强度是强度标准值取值的依据。

答案：D

5-2-5 解：斜压破坏为超筋破坏，选项 D 明显错误。

答案：D

5-2-6 解：拉应力的存在对截面的抗剪强度不利。

答案：B

5-2-7 解：因 $V=170\text{kN}<0.25\beta_c f_c bh_0=0.25\times1.0\times9.6\times200\times465=223.2\text{kN}$，故不会发生斜压破坏；因 $\rho_{sv}=2\times50.3/200\times200=0.252\%>\rho_{min}=0.24f_t/f_{yv}=0.24\times1.1/210=0.126\%$，故不会发生斜拉破坏。

答案：C

5-2-8 解：只有在适筋情况下，ρ 越大，M_u 越大，但并不是线性关系，因为 $\xi=\rho\dfrac{f_y}{\alpha_1 f_c}$，$M_u=\alpha_1 f_c bh_0^2\xi(1-0.5\xi)$。

答案：D

5-2-9 解：根据适筋梁正截面的破坏特征可知。

答案：A

5-2-10 解：适筋破坏与超筋破坏的界限。

答案：B

5-2-11 解：理论上，最小配筋率是根据受弯构件的破坏弯矩等于同样截面素混凝土构件的破坏弯矩确定的，而 T 形截面素混凝土梁的受弯承载力比矩形截面梁提高不多，为简化计算，ρ_{min} 仍按矩形截面计算，故 $\rho_{min}=A_{s,min}/bh$。

答案：C

5-2-12 解：梁开裂前，受拉区的应力主要由混凝土承担，钢筋的应力很小。

答案：C

5-2-13 解：界限破坏时受压边缘混凝土的压应变 $\varepsilon_c=\varepsilon_u$，一般情况下 $\varepsilon_c<\varepsilon_u$。

答案：C

5-2-14 解：此时有三个未知量，而方程只有两个，需补充一个条件。为了充分利用混凝土的抗压强度，取 $\xi=\xi_b$。

答案：A

5-2-15 解：斜截面的三种破坏形态中，剪压破坏具有一定延性，且材料强度充分利用。

答案：C

5-2-16 解：限制截面尺寸是为了防止发生斜压破坏，而防止发生斜拉破坏是通过规定最小配箍率来保证的。

答案：B

5-2-17 解：由公式 $V \leqslant \frac{1.75}{\lambda+1} f_t b h_0$，当 $\lambda<1.5$ 时，取 $\lambda=1.5$；当 $\lambda>3$ 时，取 $\lambda=3$。

答案：D

5-2-18 解：计算规定，见《公路钢筋混凝土及预应力混凝土桥涵设计规范》(JTG D60—2004)。

答案：D

(三)受压构件强度计算

5-3-1 (2008，岩 28)计算钢筋混凝土偏心受压构件时，判别大、小偏心受压构件的条件是：

A. 受拉钢筋屈服(大偏心)；受压钢筋屈服(小偏心)
B. 受拉钢筋用量少(大偏心)；受压钢筋用量大(小偏心)
C. $e \geqslant e_0 = \frac{M}{N}$(大偏心)；$e \leqslant e_0 = \frac{M}{N}$(小偏心)
D. $\xi \leqslant \xi_b$(大偏心)；$\xi > \xi_b$(小偏心)

5-3-2 (2007，结 23)有两个配置螺旋箍筋的圆形截面柱，一个直径大，另一个直径小，但螺旋箍筋的品种、直径和螺旋距都相同，则螺旋箍筋对哪个的承载力提高得大些(相对于该柱本身)？

A. 直径大的　　B. 直径小的　　C. 两者相同　　D. 不能确定

5-3-3 (2006，结 23)在钢筋混凝土轴心受压构件中，宜采用：

A. 圆形截面
B. 较高强度等级的混凝土
C. 较高强度等级的纵向受力钢筋
D. 在钢筋面积不变的前提下，宜采用直径较细的钢筋

5-3-4 钢筋混凝土受压短柱在持续不变的轴向压力作用下，经过一段时间后，测量钢筋和混凝土的应力，与加载时相比会出现下述哪种情况？

A. 钢筋的应力减小，混凝土的应力增加
B. 钢筋的应力增加，混凝土的应力减小
C. 钢筋和混凝土的应力均未变化
D. 钢筋和混凝土的应力均增大

5-3-5 对钢筋混凝土大偏心受压构件破坏特征的描述，下列中哪一个是正确的？

A. 远离轴向力一侧的钢筋先受拉屈服，随后另一侧钢筋压屈，混凝土压碎

B. 远离轴向力一侧的钢筋应力不定，随后另一侧钢筋压屈，混凝土压碎

C. 靠近轴向力一侧的钢筋和混凝土应力不定，而另一侧钢筋受压屈服，混凝土压碎

D. 靠近轴向力一侧的钢筋和混凝土先屈服和压碎，而另一侧钢筋随后受拉屈服

5-3-6 在钢筋混凝土双筋梁、大偏心受压和大偏心受拉构件的正截面承载力计算中，要求受压区高度 $x \geqslant 2a_s'$ 是为了保证下述哪项要求？

A. 保证受压钢筋在构件破坏时能达到其抗压强度设计值

B. 防止受压钢筋压屈

C. 避免保护层剥落

D. 保证受压钢筋在构件破坏时能达到其极限抗压强度

5-3-7 矩形截面对称配筋的偏心受压构件，发生界限破坏时的 N_b 值与 ρ 值有何关系？

A. 将随配筋率 ρ 值的增大而增大　　B. 将随配筋率 ρ 值的增大而减小

C. N_b 与 ρ 值无关　　D. N_b 与 ρ 值无关，但与配箍率有关

5-3-8 某矩形截面柱，截面尺寸为 400mm×400mm，混凝土强度等级为 C20（f_c=9.6MPa），钢筋采用 HRB335 级，对称配筋。在下列四组内力组合中，哪一组为最不利组合？

A. M=30kN·m，N=200kN　　B. M=50kN·m，N=300kN

C. M=30kN·m，N=205kN　　D. M=50kN·m，N=305kN

5-3-9 轴向压力 N 对构件抗剪承载力 V_u 的影响符合下列哪项所述？

A. 不论 N 的大小，均可提高构件的 V_u

B. 不论 N 的大小，均会降低构件的 V_u

C. N 适当时提高构件的 V_u

D. N 大时提高构件的 V_u，N 小时降低构件的 V_u

5-3-10 偏心受压矩形截面构件，在下列哪种情况下，令 $x=x_b$ 来求配筋？

A. $A_s \neq A_s'$，而且均未知的大偏心受压构件

B. $A_s \neq A_s'$，而且均未知的小偏心受压构件

C. $A_s \neq A_s'$，且 A'_s 已知的大偏心受压构件

D. $A_s = A_s'$，且均未知的小偏心受压构件

题解及参考答案

5-3-1 **解：**大偏心受压构件的破坏特征为受拉破坏，类似于适筋的双筋梁。因此，相对界限受压区高度 ξ_b 是判别大、小偏心受压构件的唯一条件。

答案：D

5-3-2 **解**：$\Delta N = 2\alpha f_y A'_{ss0} = \frac{2\alpha f_y \pi d_{cor} A_{ss1}}{s}$，其他条件均相同的情况下，直径大的承载力提高得大些。

答案：A

5-3-3 **解**：不宜采用强度等级较高的纵向受力钢筋，否则可能出现混凝土压碎，构件破坏时钢筋尚未屈服，钢筋得不到充分利用。钢筋混凝土轴心受压构件主要由混凝土承压，故应采用较高强度等级的混凝土。

答案：B

5-3-4 **解**：由于混凝土的徐变，使混凝土出现卸载（应力减小）现象，而钢筋应力相应增加。

答案：B

5-3-5 **解**：大偏心受压构件为受拉破坏。

答案：A

5-3-6 **解**：为了满足破坏时受压区钢筋等于其抗压强度设计值的假定，混凝土受压区高度 x 应不小于 $2a_s'$。

答案：A

5-3-7 **解**：对称配筋时，$N_b = \alpha_1 f_c b h_0 \xi_b$，而 ξ_b 只与材料的力学性能有关。

答案：C

5-3-8 **解**：$\xi_b = 0.55$，则 $N_b = \alpha_1 f_c b h_0 \xi_b = 1.0 \times 9.6 \times 400 \times 365 \times 0.55 = 770.88\text{kN}$，$N < N_b$，为大偏心受压。根据大偏心受压构件 M 与 N 的相关性，当 M 不变时，N 越小越不利，剔除 C 和 D。接下来比较 A 和 B，$e_0 = M/N$ 越大，对大偏心受压构件越不利。

答案：B

5-3-9 **解**：由公式 $V_u \leqslant \frac{1.75}{\lambda + 1} f_t b h_0 + 0.07N$，当 $N > 0.3 f_c A$ 时，取 $N = 0.3 f_c A$。

答案：C

5-3-10 **解**：对于非对称配筋（$A_s \neq A_s'$）的大偏心受压构件，平衡方程只有两个，而未知量有三个，需补充一个条件。为了充分利用混凝土的抗压强度，取 $\xi = \xi_b$。

答案：A

(四)受弯构件的应力、裂缝和变形计算

5-4-1 (2014，岩 26)提高钢筋混凝土矩形截面受弯构件的弯曲刚度最有效的措施是：

A. 增加构件截面的有效高度
B. 增加受拉钢筋的配筋率
C. 增加构件截面的宽度

D. 提高混凝土强度等级

5-4-2 **(2011，结 23)**提高受弯构件抗弯刚度(减小挠度)最有效的措施是：

A. 加大截面宽度
B. 增加受拉钢筋截面面积
C. 提高混凝土强度等级
D. 加大截面的有效高度

5-4-3 **(2009，结 22)**钢筋混凝土梁的受拉区边缘达到下列哪项时，受拉区开始出现裂缝？

A. 混凝土实际的抗拉强度
B. 混凝土的抗拉标准强度
C. 混凝土的抗拉设计强度
D. 混凝土弯曲时的极限拉应变

5-4-4 **(2008，岩 29)**控制混凝土构件因碳化引起的沿钢筋走向的裂缝的最有效措施为：

A. 提高混凝土强度等级
B. 减小钢筋直径
C. 增加钢筋截面面积
D. 选用足够的混凝土保护层厚度

5-4-5 进行混凝土构件抗裂和裂缝宽度验算时，荷载和材料强度应如何取值？

A. 荷载和材料强度均采用标准值
B. 荷载和材料强度均采用设计值
C. 荷载采用设计值，材料强度采用标准值
D. 荷载采用标准值，材料强度采用设计值

5-4-6 混凝土结构的裂缝控制等级分为三级，以下关于裂缝控制等级的说法哪一个是错误的？

A. 一级，要求在荷载标准组合下，受拉边缘不允许出现拉应力
B. 二级，要求在荷载标准组合下，受拉边缘可以出现拉应力，但拉应力值应小于混凝土的抗拉强度设计值
C. 二级，要求在荷载准永久组合下，受拉边缘不允许出现拉应力
D. 三级，允许出现裂缝，但最大裂缝宽度应满足要求

5-4-7 受弯构件减小受力裂缝宽度最有效的措施之一是：

A. 增加截面尺寸
B. 提高混凝土的强度等级
C. 增加受拉钢筋截面面积，减小裂缝截面的钢筋应力

D. 增加钢筋的直径

5-4-8 控制钢筋混凝土构件因碳化引起的沿钢筋走向裂缝最有效的措施是：

A. 减小钢筋直径
B. 提高混凝土的强度等级
C. 选用合适的钢筋保护层厚度
D. 增加钢筋的截面面积

5-4-9 提高受弯构件抗弯刚度(减小挠度)最有效的措施是：

A. 提高混凝土的强度等级
B. 增加受拉钢筋的截面面积
C. 加大截面的有效高度
D. 加大截面宽度

5-4-10 进行简支梁挠度计算时,用梁的最小刚度 B_{min} 代替材料力学公式中的 EI。B_{min} 值的含义是：

A. 沿梁长的平均刚度
B. 沿梁长挠度最大处截面的刚度
C. 沿梁长内最大弯矩处截面的刚度
D. 梁跨度中央处截面的刚度

题解及参考答案

5-4-1 **解**:抗弯刚度与截面有效高度的平方成正比,因此增加构件截面的有效高度是提高混凝土受弯构件抗弯刚度最有效的措施。

答案:A

5-4-2 **解**:抗弯刚度与截面有效高度的平方成正比,因此对挠度的影响最大。

答案:D

5-4-3 **解**:根据受弯构件受力特点可知。

答案:D

5-4-4 **解**:根据环境类别和构件类型确定。

答案:D

5-4-5 **解**:两者均为正常使用极限状态的验算。

答案:A

5-4-6 **解**:裂缝控制等级为二级,在荷载标准组合下,受拉边缘的拉应力应小于混凝土的轴心抗拉强度标准值。

答案:B

5-4-7 **解:**增加受拉钢筋截面面积,不仅可以降低裂缝截面的钢筋应力,同时也可提高钢筋与混凝土之间的黏结应力,这对减小裂缝宽度均十分有效。

答案:C

5-4-8 **解:**根据构件类型和环境条件,按规范规定的最小保护层厚度取用。

答案:C

5-4-9 **解:**钢筋混凝土受弯构件的刚度与截面有效高度 h_0 的平方成正比,因此加大截面的有效高度对提高抗弯刚度最有效。

答案:C

5-4-10 **解:**弯矩越大,截面的抗弯刚度越小,最大弯矩截面处的刚度,即为最小刚度。

答案:C

(五)预应力钢筋混凝土结构

5-5-1 **(2012,岩 26)**关于预应力混凝土轴心受拉构件的描述,下列说法不正确的是:

A. 即使张拉控制应力、材料强度等级、混凝土截面尺寸及预应力钢筋和截面面积相同,后张法构件的有效预压应力值也比先张法高
B. 对预应力钢筋超张拉,可减少预应力钢筋的损失
C. 施加预应力不仅能提高构件抗裂度,也能提高其极限承载能力
D. 构件在使用阶段前始终处于受压状态,发挥了混凝土受压性能

5-5-2 关于先张法和后张法预应力混凝土构件传递预应力方法的区别,下列中哪项叙述是正确的?

A. 先张法是靠钢筋与混凝土之间的黏结力来传递预应力,后张法是靠锚具来保持预应力
B. 先张法是靠锚具来保持预应力,后张法是靠钢筋与混凝土之间的黏结力来传递预应力
C. 先张法是靠传力架来保持预应力,后张法是靠千斤顶来保持预应力
D. 先张法和后张法均是靠锚具来保持预应力,只是张拉顺序不同

5-5-3 预应力混凝土施工采用先张法或后张法,其适用范围分别是:

A. 先张法宜用于工厂预制构件,后张法宜用于现浇构件
B. 先张法宜用于工厂预制的中、小型构件,后张法宜用于大型构件及现浇构件
C. 先张法宜用于中、小型构件,后张法宜用于大型构件
D. 先张法宜用于通用构件和标准构件,后张法宜用于非标准构件

5-5-4 条件相同的钢筋混凝土和预应力混凝土轴心受拉构件相比较，二者的区别是：

A. 前者的承载力高于后者

B. 前者的抗裂性比后者差

C. 前者与后者的承载力和抗裂性相同

D. 在相同外荷载作用下，两者混凝土截面的应力相同

5-5-5 条件相同的先、后张法预应力混凝土轴心受拉构件，如果 σ_{con} 及 σ_l 相同时，先、后张法预应力钢筋中应力 σ_{peII} 的关系是：

A. 两者相等　　B. 后张法大于先张法

C. 后张法小于先张法　　D. 谁大谁小不能确定

5-5-6 条件相同的先、后张法预应力混凝土轴心受拉构件，如果 σ_{con} 及 σ_l 相同时，先、后张法的混凝土预压应力 σ_{pc} 的关系是：

A. 后张法大于先张法　　B. 两者相等

C. 后张法小于先张法　　D. 谁大谁小不能确定

5-5-7 后张法预应力混凝土轴心受拉构件完成全部预应力损失后，预应力筋的总预拉力 $N_{pII}=50\text{kN}$。若加荷至混凝土应力为零时，外荷载 N_0 应为：

A. $N_0=50\text{kN}$

B. $N_0>50\text{kN}$

C. $N_0<50\text{kN}$

D. $N_0=50\text{kN}$ 或 $N_0>50\text{kN}$，应看 σ_l 的大小

题解及参考答案

5-5-1 **解：**消压后构件即可视为普通钢筋混凝土，所以施加预应力对构件承载力没有提高作用。

答案：C

5-5-2 **解：**先张法的工序：在台座上张拉钢筋，浇筑混凝土，混凝土达到设计强度后切断钢筋，预应力钢筋在回缩时挤压混凝土，使混凝土获得预压力。所以先张法预应力混凝土构件中，预应力是靠钢筋与混凝土之间的黏结力来传递的。

后张法的工序：先浇筑混凝土构件，并在构件中预留孔道，混凝土达到设计强度后，将预应力钢筋穿入孔道，利用构件本身作为台座，在张拉预应力钢筋的同时，使混凝土受到预压，当预应力钢筋的张拉力达到设计值后，在张拉端用锚具将钢筋锚住，使构件保持预压状态。

答案：A

5-5-3 **解：**先张法常用于工厂预制的中小型构件，后张法则主要用于大型及现浇构件。

答案：B

5-5-4 **解：**预应力混凝土轴心受拉构件在外荷载作用下，首先要抵消截面上的预压应力，所以可显著提高其抗裂荷载。

答案：B

5-5-5 **解：**完成第二批预应力损失后预应力钢筋的应力，先张法：$\sigma_{peII}=\sigma_{con}-\sigma_{l}-\alpha_{E}\sigma_{pcII}$，后张法：$\sigma_{peII}=\sigma_{con}-\sigma_{l}$。

答案：B

5-5-6 **解：**完成第二批预应力损失后混凝土中的预压应力，先张法：$\sigma_{pc}=(\sigma_{con}-\sigma_{l})A_{p}/A_{0}$。后张法：$\sigma_{pc}=(\sigma_{con}-\sigma_{l})A_{p}/A_{n}$，其中 A_0 为换算截面面积，A_n 为净截面面积，$A_0>A_n$。

答案：A

5-5-7 **解：**对于后张法预应力混凝土构件，施工阶段采用净截面面积 A_n(预应力钢筋与混凝土之间无黏结)，使用阶段则采用换算截面面积 A_0，有 $N_{pII}=(\sigma_{con}-\sigma_{l})A_{n}$，$N_{0}=(\sigma_{con}-\sigma_{l})A_{0}$。

答案：B

(六)砖、石及混凝土砌体结构

5-6-1 **(2014，岩 33)**砌体局部受压强度的提高，是因为：

A. 局部砌体处于三向受力状态
B. 非局部受压砌体有起拱作用而卸载
C. 非局部受压面积提供侧压力和力的扩散的综合影响
D. 非局部受压砌体参与受力

5-6-2 **(2013，岩 31)**砌体的抗拉强度主要取决于：

A. 块材的抗拉强度
B. 砂浆的抗压强度
C. 灰缝厚度
D. 块材的整齐程度

5-6-3 **(2013，结 33)**砌体在轴心受压时，块体的受力状态为：

A. 压力　　B. 剪力、压力
C. 弯矩、压力　　D. 弯矩、剪力、压力、拉力

5-6-4 **(2012，岩 31)**施工阶段的新砌体，砂浆尚未硬化时，砌体的抗压强度：

A. 按砂浆强度为零确定
B. 按零计算

C. 按设计强度的 30%采用

D. 按设计强度的 50%采用

5-6-5 **(2011，结 30)**在确定砌体强度时，下列哪项叙述是正确的？

A. 块体的长宽对砌体抗压强度影响很小

B. 水平灰缝厚度越厚，砌体抗压强度越高

C. 砖砌筑时含水量越大，砌体抗压强度越高，但抗剪强度越低

D. 对于提高砌体抗压强度而言，提高块体强度比提高砂浆强度更有效

5-6-6 **(2010，结 30)**网状配筋砌体的抗压强度较无筋砌体高，这是因为：

A. 网状配筋约束砌体横向变形

B. 钢筋可以承受一部分压力

C. 钢筋可以加强块体强度

D. 钢筋可以使砂浆强度提高

5-6-7 **(2009，结 30)**处于局部受压的砌体，其抗压强度提高是因为：

A. 局部受压面积上的荷载小

B. 局部受压面积上的压应力不均匀

C. 周围砌体对局部受压砌体的约束作用

D. 荷载的扩散使局部受压面积上压应力减少

5-6-8 关于砖砌体的抗压强度与砖和砂浆抗压强度的关系，下列中哪条叙述是正确的？

A. 砌体的抗压强度将随块体和砂浆强度等级的提高而提高

B. 砌体的抗压强度与砂浆的强度及块体的强度成正比例关系

C. 砌体的抗压强度小于砂浆和块体的抗压强度

D. 砌体的抗压强度比砂浆的强度大，而比块体的强度小

5-6-9 下面关于砌体抗压强度的说法，哪一个是正确的？

A. 砌体的抗压强度随砂浆和块体强度等级的提高按一定比例增加

B. 块体的外形越规则、越平整，则砌体的抗压强度越高

C. 砌体中灰缝越厚，则砌体的抗压强度越高

D. 砂浆的变形性能越大、越容易砌筑，砌体的抗压强度越高

5-6-10 砌体轴心抗拉、弯曲抗拉和抗剪强度主要取决于下列中的哪个因素？

A. 砂浆的强度

B. 块体的抗拉强度

C. 砌筑方式

D. 块体的形状和尺寸

5-6-11 截面尺寸、砂浆和块体强度等级均相同的砌体受压构件，下面哪些说法是正确的？

I. 承载力随高厚比的增大而减小
II. 承载力随偏心距的增大而减小
III. 承载力与砂浆的强度等级无关
IV. 承载力随相邻横墙间距的增加而增大

A. I、II　　　　B. I、II、III
C. I、II、III、IV　　　　D. I、III、IV

5-6-12 截面尺寸为 240mm×370mm 的砖砌短柱，轴向压力的偏心距如图所示，其受压承载力的大小顺序是：

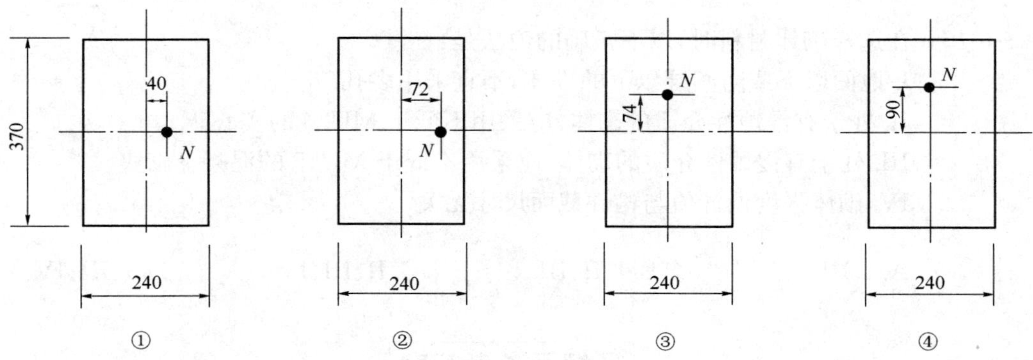

题 5-6-12 图　（尺寸单位：mm）

A. ①>②>③>④
B. ③>①>②>④
C. ④>②>③>①
D. ①>③>④>②

5-6-13 下列中哪一项是砌体局部受压强度提高的原因？

A. 非局部受压面积提供的套箍作用和应力扩散作用
B. 受压面积小
C. 砌体起拱作用而卸载
D. 受压面上应力均匀

5-6-14 如图所示，截面尺寸为 240mm×250mm 的钢筋混凝土柱，支承在 490mm 厚的砖墙上，墙采用 MU10 砌块、M2.5 混合砂浆砌筑，可能最先发生局部受压破坏的是哪个图所示的砖墙？（图中尺寸单位为 mm）

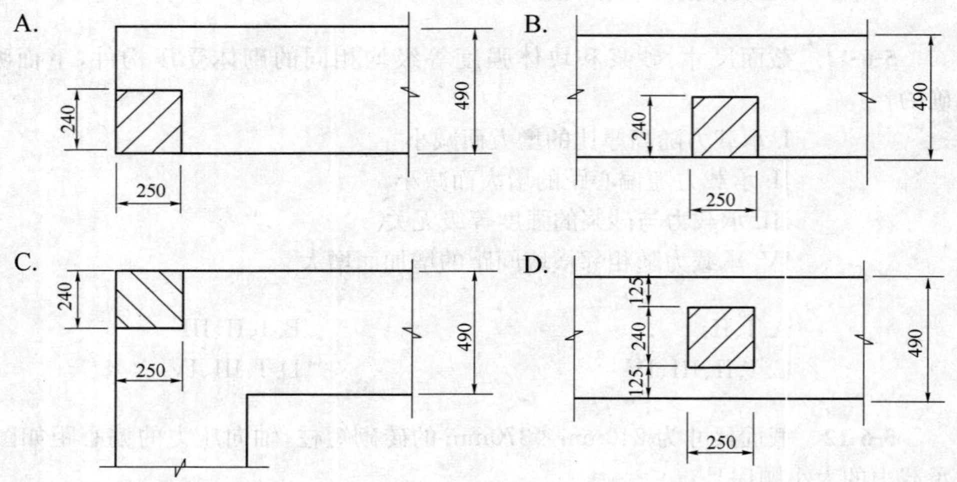

5-6-15 在选择砌体材料时，以下正确的说法是：

I. 地面以下或防潮层以下的砌体，不宜采用多孔砖

II. 处于有侵蚀性介质的砌体，应采用不低于 MU20 的实心砖

III. 处于有侵蚀性介质的砌体，应采用不低于 MU15 的混凝土砌块

IV. 砌体强度设计值与构件截面尺寸无关

A. I、III　　B. I、II、III　　C. II、III、IV　　D. I、III、IV

题解及参考答案

5-6-1 **解**：砌体的局部受压，按受力特点的不同，可以分为局部均匀受压和梁端局部受压两种。由于局部受压砌体有套箍作用及应力扩散的存在，所以砌体抵抗压力的能力有所提高，在计算砌体局部抗压承载力时，用局部抗压提高系数 β 来修正。

答案：C

5-6-2 **解**：砌体的抗拉强度与砂浆的强度等级（抗压强度）有关。

答案：B

5-6-3 **解**：灰缝厚度不均匀性导致块体受弯、受剪；块体与砂浆的弹性模量及横向变形系数不同使得块体内产生拉应力。

答案：D

5-6-4 **解**：《公路圬工桥涵设计规范》（JTG D61—2005）第 3.3.3 条规定：施工阶段砂浆尚未硬化的新砌体的强度和稳定性，可按砂浆强度为零进行验算。

答案：A

5-6-5 **解**：块体尺寸、几何形状及表面的平整度对砌体的抗压强度有一定影响。砌体内

水平灰缝愈厚，砂浆横向变形愈大，砖内横向拉应力亦愈大，砌体内的复杂应力状态亦随之加剧，砌体抗压强度降低。砌体抗压强度随浇筑时砖的含水率的增加而提高，抗剪强度将降低，但施工中砖浇水过湿，施工操作困难，强度反而降低。块体和砂浆的强度是影响砌体抗压强度的主要因素，块体和砂浆的强度高，砌体的抗压强度亦高。试验证明，提高砖的强度等级比提高砂浆的强度等级对增大砌体抗压强度的效果好。

答案:D

5-6-6 **解**:网状配筋可以约束砌体的横向变形，间接提高砌体的抗压强度。

答案:A

5-6-7 **解**:处于局部受压的砌体，周围砌体会对受压砌体产生约束作用，提高其抗压强度。

答案:C

5-6-8 **解**:砖砌体的抗压强度随砖块体和砂浆的强度等级提高而提高，但并非线性关系。

答案:A

5-6-9 **解**:砖形状的规则程度显著影响着砌体的强度。形状不规则，表面不平整，则可能引起较大的附加弯曲应力而使砖过早断裂。

答案:B

5-6-10 **解**:题中三种受力状态砌体结构的强度，均与砂浆强度等级有关。见《砌体结构设计规范》(GB 50003—2011)第3.2.2条表3.2.2。

答案:A

5-6-11 **解**:计算公式中的φ是高厚比和偏心距对受压构件承载力的影响系数，同时φ与砂浆的强度等级有关。

答案:A

5-6-12 **解**:受压承载力与e/h成反比，其中e为偏心距，h为偏心方向的截面尺寸。①、②、③、④的e/h分别为0.17、0.3、0.2、0.24。

答案:D

5-6-13 **解**:周围非局部受压砌体会对受压砌体产生套箍约束及应力扩散作用，提高其抗压强度。

答案:A

5-6-14 **解**:砌体局部抗压调整系数$\gamma=1+0.35\sqrt{A_0/A_l-1}$，其中$A_l$为局部受压面积，$A_0$为影响砌体局部抗压强度的计算面积。应注意不同情况下γ的最大取值，见《砌体结构设计规范》第5.2.2条。

答案:A

5-6-15 **解**:见《砌体结构设计规范》(GB 50003—2011)第4.3.5条关于砌体耐久性的规定。

答案:B